A NEW ANTHOLOGY OF SPANISH LITERATURE

I

A NEW ANTHOLOGY OF

A NEW ANTHOLOGY OF

RICHARD E. CHANDLER
& KESSEL SCHWARTZ

SPANISH LITERATURE

Louisiana State University Press

Copyright © 1967 by
LOUISIANA STATE UNIVERSITY PRESS

Library of Congress Catalog Card Number: 67–18263

Set in Monotype Times New Roman No. 327 by
ST. CATHERINE PRESS LTD., BRUGES, BELGIUM

Printed and bound in the United States of America by
THE COLONIAL PRESS, INC., CLINTON, MASSACHUSETTS

Designed by ROBERT L. NANCE

To Our Children

Susan Elizabeth

Jenny Lynn

Joseph David

Deborah Ann

Edward Steven

Michael Henry

PREFACE

A New Anthology of Spanish Literature is a companion to *A New History of Spanish Literature* by the same authors. The two books are intended to complement each other, and when used together give a rather comprehensive view of Spanish literature from its beginnings to the present and provide a generous sampling of important and representative works from all periods and genres. The organization of the anthology is parallel to that of the history — that is, the generic approach has been followed. All selections from epic and narrative poetry, for example, are grouped together in each volume in chronological order before introducing the section devoted to the drama. Thus, both the anthology and the history treat all of any literary genre before taking up another. The anthology, however, is divided into two parts to make it more manageable and to adapt it to the two-semester survey course in Spanish literature. The first volume begins with the *Cantar de mio Cid* and concludes with the close of the Golden Age. Volume II begins with the eighteenth century and continues to the present. The traditional literary ages have been observed within the development of any genre, and by consulting the table of contents one may read by periods rather than literary types. For greater convenience the anthology has cross-references to the history. As each selection is introduced, an indication of appropriate reading in Richard E. Chandler and Kessel Schwartz, *A New*

History of Spanish Literature (Baton Rouge, 1961) is given by page numbers. References are given as well to other portions of the anthology where related material is found.

It is expected that those who use this anthology will already have learned to read Spanish well. The texts have not been altered for ease of reading except in a few instances where excessive footnoting would be more of a hindrance than an aid. An effort has been made throughout, however, to be consistent in all texts with accentuation. Also, accent marks have been placed on some Old Spanish words not accented in the original in the interest of accurate reading on the part of those encountering Old Spanish for the first time. We have tried to be neither too generous nor too scant with footnotes, but to foresee where advanced readers might need help and to provide them with necessary aid. To demonstrate what changes occurred as Spanish developed from the Middle Ages to the present day and to encourage intelligent guessing, we often give the modern form of an Old Spanish word before translating it into English if the modern form is associated with the old.

Although it is impossible to include complete longer works and at the same time provide the broad coverage of authors necessary for a comprehensive anthology, we feel that printing only an isolated excerpt may lead to an inadequate and perhaps distorted concept of the whole. Wherever feasible, therefore, we have included plot summaries so that excerpts may be connected with the whole and identified as an integral part of it. Introductory statements about the literary works, and in most cases about the authors, are designed to help the reader gain a clearer understanding of them and to gain a valid perspective of their relationship to Spanish literature as a whole. In these introductory paragraphs we have striven consistently to avoid repetition of material that has already appeared in *A New History of Spanish Literature*.

CONTENTS

Part V NONFICTION PROSE

Part V NONFICTION PROSE

Part I EPIC AND NARRATIVE POETRY

MEDIEVAL EPIC POETRY

Cantar de mio Cid,
written *ca.* 1140, anonymous (pp. 44–54)

The *Cantar de mio Cid* (known also as the *Poema de mio Cid* and *Poema del Cid*) is one of the major works of Spanish literature. It is Spain's only complete epic poem preserved and, except for the *kharjas*, the oldest extant example of Spanish used as a literary tongue. The only manuscript of this ancient song, copied down in 1307 by Pedro Abad, is preserved in its entirety except for a missing page at the beginning and two pages from the third portion. The plot details which must have been contained in the lost portions have been found in medieval histories, and the content of the whole poem has thus been restored. The preserved portion numbers 3,735 lines of quite irregular syllable count, although those of fourteen syllables predominate. Each line is divided near its center by a caesura and assonates with the other lines of its stanza. Of no fixed length, stanzas are marked by a change of assonance and correspond generally to the various episodes of the narrative.

The poem falls into three natural divisions: (1) *Cantar del destierro*, (2) *Cantar de las bodas*, (3) *Cantar de Corpes*. The entire poem recounts a portion of the life of Ruy (Rodrigo) Díaz de Vivar, called the Cid, the Castilian nobleman who became Spain's national hero — an honor he still enjoys. Through this prime example of the *juglar*'s art we follow the Cid's adventures from the moment of his exile until his triumphant return to King Alfonso VI's court.

I. Cantar del destierro

The lost portion at the beginning of the poem, probably amounting to some fifty lines, has been restored from the *Crónica de veinte reyes* (fourteenth century). It recounts how the Cid's envious countrymen accuse him of dishonesty in holding back a portion of the tribute money collected in Alfonso VI's name from the Moorish kings of Córdoba and Sevilla. Still displeased with the Cid for having exacted an oath of him at the church of Santa Gadea,[1] Alfonso exiles him and gives him but nine days to leave the kingdom.

As the poem proper begins, the Cid and his loyal vassals prepare to depart. They gather together certain provisions for their journey into Moorish territory where they will be among enemies. As one of the conditions of the exile, the Cid has been dispossessed of all his wealth and faces the difficult task of providing for himself, his family, and those of his household by the only means open to him: warfare against the Moors. He cannot depart penniless, however, and it is at this point in the poem that we find the well-known episode of the boxes filled with sand pawned to two Jews, Raquel and Vidas. They advance the Cid money in the belief that the boxes are filled with treasure and that he will redeem them later with a generous gift.

After having secured money and provisions and having promised a thousand Masses at Burgos Cathedral to the Virgin for help and protection, the Cid and his men head for the monastery of San Pedro de Cardeña, not far from Burgos. There his wife, Doña Jimena, and his two daughters, Elvira and Sol, are to remain until he can establish himself securely in Moorish territory and send for them. The following excerpt from the poem, recounting the Cid's visit to the monastery to take leave of his family, reveals many of the admirable traits of the hero and gives us insight into the beliefs, customs, and manners of the time. In addition, its display of warm and human spirit, of tenderness, faith and courage mark this as a favorite passage.[2]

> Tornavas[3] don Martino[4] a Burgos   e mio Çid aguijó
> pora[5] San Pero de Cardeña   quanto pudo a espolón,

1 Alfonso was suspected of having conspired against his brother, King Sancho, during the siege of Zamora. Before allowing him to take the throne, the Cid forced Alfonso to swear three times that he had not been involved in Sancho's death.
2 Some peculiarities of Old Spanish will be explained in the footnotes. The first few recurrences of the same points will be marked by asterisks.

3 tornavas (tornávase) — returned. Final *e* tended to drop in Old Spanish — cf. two lines below: quel — que le. Also, the letters *b* and *v* were confused, and the imperfect ending *aba* was regularly written *ava*.
4 Martín Antolínez, one of the Cid's lieutenants, handled the negotiations with Raquel and Vidas and later challenged one of the Infantes de Carrión.
5 pora (para) — for, to.

con estos cavalleros   quel* sirven a so sabor.[6]
Apriessa[7] cantan los gallos   e quieren crebar albores,[8]
quando llegó a San Pero   el buen Campeador;
el abbat[9] don Sancho,   cristiano del Criador,
rezaba los matines   abuelta de los albores.[10]
Y[11] estava doña Ximena[12]   con çinco dueñas de pro,[13]
rogando a San Pero   e al Criador:
« Tú que a todos guías,   val a mio Çid el Campeador. »
Llamavan* a la puerta,   i[14] sopieron el mandado;
¡Dios, qué alegre fo[15]   el abbat don Sancho!
Con lumbres e con candelas[16]   al corral dieron salto,[17]
con tan grant* gozo reçiben   al que en buen ora nasco.[18]
« Gradéscolo[19] a Dios, mio Çid, » dixo* el abbat don Sancho;
« pues que aquí vos veo,   prendet* de mí ospedado. »[20]
Dixo* el Çid,   el que en buen ora nasco:*
« graçias don abbat,   e so[21] vuestro pagado;[22]
yo adobaré conducho[23]   pora* mí e pora* mios vasallos;
mas por que me vo* de tierra,   dovos* çinquaenta marcos,
si yo algún día visquiero,[24]   seervos han[25] doblados;
No quiero far[26] en el monesterio   un dinero de daño;
evades aquí[27] pora doña Ximena   dovos* çient marcos;
a ella e a sus fijas[28] e a sus dueñas   sirvádeslas est año.[29]
Dues[30] fijas* dexo* niñas   e prendetlas* en los braços;
aquí vos las acomiendo   a vos, abbat don Sancho;
dellas e de mi mugier   fagades* todo recabdo.[31]
Si essa despenssa[32] vos falleçiere[33]   o vos menguare algo,
bien las abastad,   yo assí* vos lo mando;
por un marco que despendades[34]   al monesterio daré yo quatro. »
Otorgado gelo avie[35]   el abbat de grado.

6 a so sabor (a su sabor) — as they should; as is proper; to his liking.
7 apriessa (aprisa) — Here: suddenly, unexpectedly.
8 crebar (quebrar) — to break. Quieren crebar albores — Dawn is about to break. The verb *querer* as an auxiliary sometimes meant " to be about to " or " to be on the point of. "
9 abbat (abad) — abbot. Final *d* tended to be written *t*.
10 abuelta de los albores — as day was breaking.
11 y (allí) — there. Sometimes written *i*.
12 Ximena — Jimena. The letters *x* and *j* were confused — cf. dexado — dejado.
13 dueñas de pro — excellent ladies.
14 i (y) — and.
15 fo (fue) — was.
16 candelas — candles.
17 dar salto — come out, go out (equivalent of *salir*).
18 nasco (nació) — was born; ora (hora) — hour. " El que en buen ora nasco " is an epithet typical of those used by the poet to fill out a line. We call these repeated phrases epic tags. This one means " the one who was born at a propitious moment " or " in a happy hour. " Pedro Salinas translates it into modern Spanish as " el bienhadado," i.e. " the fortunate one " or " the one favored by fate. "
19 gradéscolo (lo agradesco) — I thank, I am grateful.
20 ospedado (hospedado) — Here: lodging. Initial *h* was often omitted.
21 so (soy) — I am. The first person singular present tense of *ser, estar, dar* and *ir* appeared regularly as *so, estó, do* and *vo* up to the sixteenth century.
22 so vuestro pagado — I am pleased (satisfied) with you.

23 adobar conducho — to prepare food. Here the Cid means, of course, that he will have food prepared.
24 visquiero (viviere) — I live. The future subjunctive was frequently used in " if " clauses.
25 seervos han (os serán). This is an example of the split future tense used in the Middle Ages. It was composed of the infinitive and the present tense of *haber*: ser han — serán; ser he — seré; etc. Object pronouns were often attached to the infinitive as in our example here. The one-word future tense was also used at this time with object pronouns frequently attached: direvos — os diré.
26 far (hacer) — to do, make.
27 evades aquí (he aquí) — here is, here are, behold.
28 fijas (hijas) — daughters. Old Spanish words often have *f* where modern Spanish has *h* — cf. facer — hacer.
29 sirvádeslas est año (sirvaislas este año) — Here: take care of them this year. The Old Spanish endings for second plural were *ades, edes,* and *ides,* corresponding to modern Spanish *áis, éis,* and *ís.*
30 dues (dos) — two. Cf. sues (sus) — his, her, etc.
31 fazer recabdo de — take very good care of, be very careful with.
32 despenssa — amount or provision of money. The voiceless *s* was often written *ss* — cf. assí.
33 fallecer — run out.
34 despendades — you spend.
35 otorgado gelo avie (se lo había otorgado) — granted it to him (the request to leave his wife and daughters in the monastery). The third person singular personal pronoun *se* was regularly written *ge*. The imperfect indicative endings were often written *ie, ies, ie,* etc.

Afevos[36] doña Ximena   cón sus fijas* do va llegando;[37]
señas[38] dueñas las traen   e adúzenlas[39] en los braços.
Ant* el Campeador doña Ximena   fincó* los inojos amos.[40]
Llorava de los ojos,   quísol* besar las manos:
« Merçed, Canpeador, ¡en ora buena fostes nado![41]
Por malos mestureros[42]   de tierra sodes[43] echado. »
« Merçed, ya[44] Çid,   ¡barba tan complida![45]
Fem[46] ante vos   yo e vuestras fijas
iffantes son   e de días chicas,
con aquestas[47] mis dueñas   de quien so* yo servida.
Yo lo veo   que estades* vos en ida,
e nos de vos   partir nos hemos* en vida.
Dadnos consejo   por amor de santa María. »
Enclinó las manos   la barba vellida,[48]
a las sues fijas   en braço' las prendía,[49]
llególas al coraçón,   ca[50] mucho las quería.
Llora de los ojos,   tan fuerte mientre[51] sospira:
« Ya* doña Ximena,   la mi mugier tan complida,*
commo a la mie alma   yo tanto vos quería.[52]
Ya lo veedes*   que partir nos emos* en vida,
yo iré y vos   fincaredes remanida.[53]
Plega a Dios   e a santa María,
que aun con mis manos   case estas mis fijas,
e quede ventura   y algunos días vida,
e vos, mugier ondrada,   de mí seades* servida. »[54]

News of the Cid's exile spreads over Castile, and on the same day that he arrives at the monastery of San Pedro de Cardeña 115 more men join his band. Since six of the nine days allotted have passed, the Cid makes plans to press on the next morning. The following day he and Jimena go to the church where she kneels on the steps before the altar and offers this prayer:

« Ya* señor glorioso,   padre que en çielo estase,[55]
fezist[56] çielo e tierra,   el tercero el mare;*
fezist estrellas e luna   y el sol pora* escalentare;[57]
prisist[58] encarnación   en santa María madre,
en Belleem apareçist*   como fo tu veluntade;*
pastores te glorifficaron,   ouieron* te a laudare,

36 afevos (heos) — here is.
37 do (donde) — where; do va llegando (que llega, que está llegando) — coming, who is coming.
38 señas (sendas) — one each, i.e. each one carrying a child.
39 adúzenlas (las llevan) — carry them.
40 fincó los inojos amos — kneeled on both knees.
41 fostes nado (fuisteis nacido) — were born.
42 mestureros — trouble makers.
43 sodes (sois) — you are.
44 ya — oh! (an interjection).
45 complida — excellent.
46 Fem (Heme) — Here I am.
47 aquestas (estas) — these. Cf. aqueste (este), aquesto (esto), etc.
48 la barba vellida (la barba hermosa) — the beautiful beard, an epithet that designates the Cid. The beard was a symbol of a man's honor, and a handsome, flowing one lent dignity to its owner. A man's honor was sullied if his beard were touched by another and could be cleansed only by the death of the offender.
49 prender — to take. The poet sometimes chose the

tense of his verb through the exigencies of meter or rhyme. Though the imperfect is used here, we would expect the preterit.
50 ca — because.
51 fuerte mientre (fuertemente) — Here: deeply.
52 Another case of tense substitution, this time the imperfect for the present.
53 fincaredes remanida — you will remain.
54 Translate this and the preceding line: and may there still be for me some good luck and days of life and may you, honored wife, be served by me.
55 estase (estás) — are. This word and other final words in the verses following have the paragogic e, used to change an accented final syllable to an unaccented one. Sometimes the syllable ve was added to the end of a palabra aguda to accomplish this leveling process, as in entrove (entró) — he entered.
56 fezist (hiciste) — you made.
57 escalentare (calentar) — to heat.
58 prisiste is the second person singular preterit of prender.

tres reyes de Arabia   te vinieron adorare,
Melchior   e Caspar e Baltasare,
ore e tus e mirra   te offrecieron de veluntade;
salvest a Jonás,   quando cayó en la mare,
salvest a Daniel   con sus leones en la mala cárçel,
salvest dentro en Roma   a señor san Sebastián,[59]
salvest a santa Susanna[60]   del falso criminal;
por tierra andidiste[61] treynta y dos años,   Señor spirital,
mostrando los miraclos,[62]   por en[63] avemos qué[64] fablar;
del agua fezist* vino   e de la piedra pan,
resuçitest a Lázaro,   ca* fo* tu voluntad;
a los judíos te dexeste* prender;   do dizen monte Calvarie[65]
pusiéronte en cruz   por nombre en Golgotá;[66]
dos ladrones contigo,   éstos de señas partes,[67]
el uno es[68] en paradiso,   ca* el otro non entró allá;
estando en la cruz,   vertud fezist muy grant:
Longinos[69] era çiego,   que nunqua vido alguandre,[70]
diót* con la lança en el costado,   dont yxió[71] la sangre
corrió por el astil ayuso,[72]   las manos se ovo de untar,[73]
alçólas arriba,   llególas a la faz,
abrió sos ojos,   cató[74] a todas partes,
en ti crovo al ora,[75]   por end* es salvo de mal;
en el monumento[76]   oviste a resuçitar,*
fust* a los infiernos,   commo fo* tu voluntad;
crebanteste* las puertas,   e saqueste los santos padres.
Tú eres rey de los reyes,   e de todel mundo padre,
a ti adoro e credo   de toda voluntad,
e ruego a san Peydro   que me ayude a rogar
por mio Çid el Campeador,   que Dios le curie[77] de mal.
Quando oy* nos partimos,   en vida nos faz juntar. »
La oración fecha,*   la missa acabada la an,*
salieron de la eglesia,   ya quieren cavalgar.[78]
El Çid a doña Ximena   ívala abraçar;
doña Ximena al Çid   la manol* va besar,
llorando de los ojos,   que non sabe qué se far.*
E él a las niñas   tornólas[79] a catar:*
« a Dios vos acomiendo   e al Padre spirital;
agora nos partimos,   Dios sabe el ajuntar. »

---

59 Saint Sebastian, 255–88, was condemned to death by the Emperor Diocletian. Left for dead by his executioners, he revived and was nursed back to health by a Christian woman. He was later clubbed to death in the Roman amphitheater.
60 Susanna was wrongly accused of unchastity by two elders but was saved from death by Daniel. Her story is told in the apocryphal additions to Daniel in the Septuagint.
61 andidiste (anduviste) — you walked.
62 miraclos (milagros) — miracles.
63 por en — because of that. En is the shortened from of ende.
64 avemos qué (tenemos de qué) — we have something (to talk about). In Old Spanish haber (aver) and tener were confused.
65 do dizen monte Calvarie — on a hill called Calvary.
66 Until the sixteenth century the accent was on the last syllable according to the Hebrew usage. Thereafter the Latin accentuation prevailed: Gólgata.
67 de señas partes — one on each side.

68 The functions of ser and estar were not clearly defined in the Middle Ages.
69 Longinos is the apocryphal name of the soldier who wounded Christ in the side.
70 nunqua vido alguandre (nunca vió jamás) — never ever saw.
71 dont yxió — from which the blood flowed. Exir (pret: yxió) was the medieval equivalent of salir. dont — de donde.
72 el astil ayuso — down the handle.
73 se ovo de untar (se hubo de untar) — smeared, covered. The use of haber de in the preterit plus an infinitive was equivalent to the preterit alone. Cf. ouieron te a laudare (te laudaron) — they praised you.
74 catar — to look (medieval equivalent of mirar).
75 crovo al ora (creyó entonces) — he believed then.
76 monumento — tomb.
77 curiar — guard, keep.
78 quieren cavalgar — they are about (ready) to ride.
79 tornólas a catar (volvió a mirarlas) — he looked at them again.

Llorando de los ojos,   que non vidiestes atal,[80]
  assís parten unos d'otros[81]   commo la uña de la carne.

After this moving farewell, the Cid and his men head for exile in Moorish lands. During the last night that they spend in Christian territory, at a place called Figueruela, the angel Gabriel appears to the Cid in a dream and assures him that as long as he lives he will be successful.

Marching by night so as not to be seen by the enemy, the Cid and his band cross over into the lands of the Moorish kingdom of Toledo, a tributary of Alfonso and under his protection. The Cid captures the city of Castejón with a surprise attack, but, fearing that Alfonso might be displeased, marches on and camps outside the city of Alcocer, hoping to force the Moorish inhabitants to pay tribute.

When at the end of fifteen weeks the Moors have not yielded, the Cid lures them out of the city with a trick and then takes their stronghold by force. He and his men now establish themselves within the walls as masters.

The Moors to the southeast, organized by King Tamín of Valencia (a fictitious character) and led by two kings named Fáriz and Galve, send an army of three thousand men to retake Alcocer. By the time they reach Calatayud, many other soldiers have joined their ranks. They march on Alcocer and lay siege to it. The following excerpt from the poem takes up the story at this point. The Moors have been encamped outside the city for three weeks.

A cabo de tres sedmanas,   la quarta querié[82] entrar,
  mio Çid con los sos[83]   tornós* a acordar:[84]
  « el agua nos an vedada,[85]   exir[86] nos ha el pan,
  que nos queramos ir de noch*   no nos lo consintrán;
  grandes son los poderes   por con ellos lidiar;[87]
  dezidme, cavalleros,   cómmo vos plaze de far. »*
  Primero fabló Minaya,   un cavallero de prestar:[88]
  « de Castiella la gentil   exidos somos acá,
  si con moros non lidiáremos,   no nos darán del pan.
  Bien somos nos seysçientos,   algunos ay* de más;
  en el nombre del Criador,   que non passe por al:[89]
  vayámoslos ferir*   en aquel día de cras. »[90]
  Dixo el Campeador: « a mi guisa[91] fablastes;
  ondrástesvos,[92] Minaya,   ca aver vos lo iedes de far. »[93]
  Todos los moros e las moras   de fuera[94] los manda echar,
  que non sopiesse ninguno   esta su poridad.[95]
  El día e la noche   piénssanse de adobar.[96]
  Otro día mañana,[97]   el sol querie* apuntar,
  armado es mio Çid   con quantos que él ha;*
  fablava* mio Çid   commo odredes[98] contar:
  « todos iscamos[99] afuera,   que nadi non raste,[100]
  sinon dos pedones[101] solos   por la puerta guardar;

80 atal — such a thing.
81 assís parten unos d'otros (así se parten) — thus they part from one another.
82 The imperfect ending developed normally into ie, but was also written ía, íe, ié.
83 sos (suyos) — his men.
84 acordar — Here: to consult.
85 nos an vedada (nos han quitado) — they have cut off (our water).
86 exir — Here: to run out.
87 The Cid means the Moors before the city are too strong to be conquered by his small band.
88 de prestar — excellent.
89 non passe por al — there is no other solution, nothing else to do.
90 aquel día de cras — tomorrow.
91 guisa — manner.

92 ondrástesvos (os honrasteis) — you did yourself honor.
93 aver vos lo iedes de far (os lo habríais de hacer) — as was to be expected of you.
94 de fuera (afuera) — out, outside.
95 esta su poridad — his secret.
96 piénssanse de adobar — they begin to prepare. *Pensar de* was the equivalent of *disponerse a* or *empezar a*. Auxiliary verbs often had very weak meanings and the one here can be disregarded; thus piénssanse de adobar — they prepare themselves.
97 otro día mañana — the next morning.
98 odredes (oiréis) — you will hear.
99 *iscamos* is the present subjunctive of *exir*.
100 rastar — to remain, stay.
101 pedones (peones) — foot soldiers.

si nos muriéremos en campo, en castiello nos entrarán,
si vençiéremos la batalla, creçremos en rictad.[102]
E vos, Per Vermúdoz, la mi seña tomad;
commo sodes* muy bueno, tener la edes* sin arth;[103]
mas non aguijedes* con ella, si yo non vos lo mandar.»[104]
Al Çid besó la mano,[105] la seña va tomar.
Abrieron las puertas, fuera un salto dan;*
viéronlo las arrobdas[106] de los moros, al almofalla[107] se van tornar.
¡Qué priessa va en los moros! e tornáronse a* armar;
ante roído de atamores,[108] la tierra querié* quebrar;
veriedes[109] armarse moros, apriessa entrar en az.[110]
De parte de los moros dos señas ha[111] cabdales,[112]
e los pendones mezclados, ¿qui los podrié[113] contar?
Las azes* de los moros yas* mueven adelant,
por a mio Çid e a los sos* a manos los tomar.
« Quedas seed,[114] mesnadas,[115] aquí en este logar,
non derranche[116] ninguno fata[117] que yo lo mande.»
Aquel Per Vermúdoz non lo pudo endurar,
la seña tiene en mano, conpeçó de espolonar:
« ¡El Criador vos vala, Çid Campeador leal!
Vo* meter la vuestra seña en aquella mayor az;*
los que el debdo avedes[118] veré commo la acorrades. »[119]
Dixo el Campeador: « ¡non sea, por caridad! »
Repuso Per Vemúdoz: « non rastará por al. »[120]
Espolonó el cavallo, e metiól* en el mayor az.
Moros le reçiben por la seña ganar,
danle grandes colpes, mas nol* pueden falssar.[121]
Dixo el Campeador: « ¡válelde,[122] por caridad! »
 Enbraçan los escudos delant* los coraçones,
abaxan* las lanças abueltas de[123] los pendones,
enclinaron las caras de suso de[124] los arzones,
ívanlos* ferir de fuertes coraçones.
 A grandes vozes llama el que en buen ora naçió:
« ¡feridlos,* cavalleros, por amor del Criador!
Yo so* Roy Díaz, el Çid de Bivar Campeador! »[125]
 Todos fieren en el az do está Per Vermúdoz.
Trezientas lanças son, todas tienen pendones;
seños* moros mataron, todos de seños* colpes;

---

102 rictad (riqueza) — wealth.
103 arth — deceit; sin arth — loyally.
104 mandar — mandare (future subjunctive).
105 It was an honor to be chosen to carry the leader's flag into battle and Pedro Bermúdez is grateful.
106 arrobdas — sentinels.
107 almofalla — army, host.
108 atamores (tambores) — drums. The Moors were the first to use drums in Europe in warfare. Not only did the sound strike terror into the hearts of the enemy but also signalled certain maneuvers.
109 veriedes — you should have seen.
110 az (haz) — file, rank.
111 ha (hay) — there are.
112 cabdales — large, important. These two flags are those of Fáriz and Galve.
113 The conditional endings were sometimes written ié, iés, ié, etc.
114 quedas seed (estaos quietos) — remain in place, remain quiet.

115 The *mesnada* was a body of knights in the service of some lord. The word was sometimes used in the plural, especially in the vocative, as here.
116 derranchar — to break rank, leave the line of battle.
117 fata que (hasta que) — until.
118 los que el debdo avedes — those who have any responsibility.
119 acorrer — to help. veré como la acorredes — we'll see how you come to its (the flag's) defense.
120 non rastará por ál — it cannot be otherwise.
121 *falssar* is an ellipsis for *falssar las armas* — to break through one's armor.
122 valelde (valedle) — help him. The metathesis of *d* and *l* in this construction was common in the Middle Ages and was still used in the Golden Age.
123 abueltas — united to or with, together with.
124 de suso de — over, above.
125 It was customary for leaders to shout their names in battle to encourage their men and give them valor.

a la tornada[126] que fazen   otros tantos muertos son.

    Veriedes* tantas lanças   premer[127] e alçar,

tanta adágara[128]   foradar e passar,

tanta loriga[129]   falssar* e desmanchar,[130]

tantos pendones blancos   salir vermejos en sangre,

tantos buenos cavallos   sin sos* dueños andar.

Los moros llaman Mafómat   e los cristianos santi Yague.[131]

Cadien[132] por el campo   en un poco de logar

moros muertos   mil e trezientos ya.

    ¡Qual lidia bien[133]   sobre exorado arzón[134]

mio Çid Ruy Díaz   el buen lidiador;

Minaya Álbar Fáñez,   que Çorita[135] mandó,

Martín Antolínez,   el Burgalés de pro,*

Muño Gustioz,   que so criado fo;

Martín Muñoz,   el que mandó a Mont Mayor,

Álbar Álbaroz   e Álbar Salvadórez,

Galín Garciaz,   el bueno de Aragón,

Félez Muñoz,   so sobrino del Campeador!

Desí[136] adelante,   quantos que y* son,*

acorren* la seña   e a mio Çid el Campeador.

    A Minaya Álbar Fáñez   matáronle el cavallo,

bien lo acorren   mesnadas* de cristianos.

La lança a* quebrada,   al espada metió mano,

maguer[137] de pie   buenos colpes va dando.

Viólo mio Çid   Roy Díaz el Castellano,

acostós[138] a un aguazil[139]   que tenié* buen cavallo,

diól* tal espadada[140]   con el so[141] diestro braço,

cortól* por la çintura,   el medio echó en campo.

A Minaya Álbar Fáñez   íval* dar el cavallo:

« ¡Cavalgad, Minaya,   vos sodes el mio diestro braço!

Oy* en este día   de vos abré* grand bando;[142]

firme[143] son los moros,   aun nos[144] van del campo,

a menester[145]   que los cometamos de cabo. »[146]

Cavalgó Minaya,   el espada en la mano,

por estas fuerças   fuerte mientre* lidiando,

a los que alcança   valos delibrando.[147]

Mio Çid Roy Díaz,   el que en buena nasco,

al rey Fáriz   tres colpes le avié* dado;

los dos le fallen,[148]   y el únol* ha tomado,

por la loriga* ayuso[149]   la sangre destellando;

---

126 tornada — return. The Cid's men rode through the Moorish line, killing as they went, and then turned and rode back through.

127 premer — to lower.

128 adágara (adarga) — oval leather shield.

129 loriga (lorica) — cuirass (defensive armor covering the upper trunk front and back).

130 desmanchar — to cut through the mail.

131 santi Yague (Santiago) — Saint James, the patron saint of Spain since the battle of Clavijo in 844 and invoked in battle cries such as " Santiago y cierra, España " or " Dios ayuda y Santiago."

132 cadien (caían) — fell.

133 ¡qual lidia bien! (¡qué bien lucha!) — how well he fights.

134 exorado arzón — golden saddle horn.

135 Çorita (Zorita) was a place ruled by Minaya.

136 desí adelante (de allí en adelante) — from then on, from that moment on.

137 maguer — although, even though.

138 acostós — he approached.

139 aguazil — general (from Arabic *al–wazir*).

140 espadada — blow with a sword.

141 The definite article often appeared with possessive adjectives.

142 bando — Here: help.

143 The *s* of *firmes* has been absorbed by the initial *s* of *son*.

144 nos van (no se van) — they still are not leaving the field.

145 a menester — it is necessary.

146 cometamos de cabo (acometamos de nuevo) — (that) we attack again.

147 delibrar — to kill.

148 fallen — miss, do not hit.

149 ayuso — down.

bolvió la rienda   por írsele del campo.
Por aquel colpe   rancado es el fonssado.[150]
    Martín Antolínez   un colpe dió a Galve,
las carbonclas[151] del yelmo   echógelas* aparte,
cortól el yelmo,   que llegó a la carne;
sabet,* el otro[152]   non gel* osó esperar.
Arrancado* es   el rey Fáriz e Galve;
¡tan buen día   por la cristiandad,
ca* fuyen* los moros   della e della part![153]
Los de mio Çid   firiendo* en alcaz,[154]
el rey Fáriz   en Terrer[155] se fo* entrar,
e a Galve   nol* cogieron[156] allá;
para Calatayuth[157]   quanto puede se va.
El Campeador   íval* en alcaz,*
fata* Calatayuth   duró el segudar.[158]
    A Minaya Álbar Fáñez   bien l'anda el cavallo,
daquestos* moros   mató treinta e quatro;
espada tajador,   sangriento trae el braço,
por el cobdo[159] ayuso   la sangre destellando.
Dize Minaya: « agora so pagado,[160]
que a Castiella   irán buenos mandados,
que mio Çid Roy Díaz   lid campal[161] a arrancado. »*
    Tantos moros yazen muertos   que pocos bivos a dexados,
ca* en alcaz*   sin dubda les foron dando.[162]
Yas* tornan   los del que en buen ora nasco.
Andava mio Çid   sobre so buen cavallo,
la cofia fronzida.[163]   ¡Dios, cómmo es bien barbado![164]
almófar a cuestas,[165]   la espada en la mano.
Vió los sos   commos* van allegando:
« Grado a Dios,   aquel que está en alto,
quando tal batalla   avemos arrancado. »*
    Esta albergada[166]   los de mio Çid luego la an* robado
de escudos e de armas   e de otros averes largos;[167]
de los moriscos,   quando son llegados,
ffallaron   quinientos e diez cavallos.
Grand alegreya va   entre essos cristianos,
más de quinze de los sos   menos non fallaron.[168]
Traen oro e plata   que non saben recabdo;[169]
refechos[170] son   todos essos cristianos

150 rancado es el fonssado (vencido es el ejército) — the army is beaten, defeated.
151 carbonclas (carbunclos) — rubies. Moorish helmets were sometimes adorned with rubies. The blow dislodged them from Galve's helmet.
152 el otro refers to golpe. Translate: the next one.
153 della e della part (de una y de otra parte) — in one direction and another.
154 alcaz (alcance) — pursuit.
155 Terrer is a town near Alcocer where Fáriz takes refuge.
156 nol cogieron (no le cogieron) — they did not receive him, did not give him asylum.
157 Elsewhere spelled differently.
158 segudar — pursuit (of the enemy).
159 cobdo (codo) — elbow.
160 pagado — satisfied. Minaya had made a vow after the victory of Castejón that he would not partake of the booty after battles until blood should drip from his elbow from killing Moors.

161 lid campal — pitched battle.
162 Read this line: « porque les fueron dando alcance sin temor. »
163 cofia — a cloth cap worn under the helmet to protect the hair and head. The Cid, relaxing after the battle, has taken his helmet off and pushed the cofia back on his head so that it is wrinkled — fronzida (fruncida).
164 cómmo es bien barbado — how splendid his beard.
165 almófar — a hood of mail attached to the cuirass and covering the head under the helmet. a cuestas — hanging down his back.
166 albergada — encampment. The Cid and his men now collect the booty from the battlefield and the Moorish encampment.
167 averes largos — abundant riches, wealth.
168 fallar menos (echar de menos) — to miss, not to find.
169 recabdo — Here: how much.
170 refechos — enriched.

con aquesta ganançia   que y* avién* fallado.
A so castiello a los moros[171]   dentro los an tornados,
mandó mio Çid   aun que les diessen algo.
Grant* a* el gozo mio Çid   con todos sos vasallos.
Dió a partir[172] estos dineros   e estos averes largos;*
en la su quinta[173]   al Çid caen cient cavallos.
¡Dios, qué bien pagó   a todos sus vasallos,
a los peones   e a los encavalgados![174]
Bien lo aguisa[175]   el que en buen ora nasco,
quantos él trae   todos son pagados.*
« Oíd Minaya,   sodes mio diestro braço,
d'aquesta riqueza   que el Criador nos a* dado
a vuestra guisa*   prended con vuestra mano.
Enbiar vos quiero   a Castiella con mandado
desta batalla   que avemos* arrancado;*
al rey Alfons   que me a ayrado[176]
quiérol* enbiar   en don treinta cavallos,
todos con siellas[177]   e muy bien enfrenados,[178]
señas* espadas   de los arzones* colgando. »
Dixo Minaya Álbar Fáñez: « esto faré* yo de grado. »

In addition to the rich gift for Alfonso, the Cid sends a boot filled with silver to the Burgos Cathedral in fulfillment of his vow to have a thousand Masses said there if he should be favored in his adventures in exile. He also instructs the faithful Minaya to give what is left to his wife and daughters and to remind them that should he live he will one day make them rich.

The Cid now decides to abandon Alcocer and push on to the east. Before doing so, he sells Alcocer back to the Moors for three thousand silver *marcos*, the same price he had received for his share of the booty after taking Castejón. Meanwhile, Minaya has reached Castile and has presented the Cid's gift to Alfonso. The king pardons Minaya but withholds pardon from the Cid. Nevertheless, he decrees that any of his subjects may join the Cid without fear of confiscation of their wealth. Minaya returns with two hundred new recruits to join his chief.

The Cid continues his campaigns against the Moors and overruns all the region from Teruel to Zaragoza. At length he enters territory which is under the protection of the Conde de Barcelona. The Conde tries to drive the intruders out of his lands, but the Cid defeats him and takes him prisoner, forcing

him to surrender the famous sword Colada. The Conde arrogantly goes on a hunger strike; but after three days he yields to the Cid's persuasion to eat, and is set free. With this, the *Cantar del destierro* ends. The Cid by now has gained a great deal of wealth for himself and his followers, and his reputation as an invincible general has spread over all Spain.

II. Cantar de las bodas

The second part of the poem tells of the Cid's campaigns southward, which culminate in the capture of the great city of Valencia. Shortly thereafter, he successfully defends the city from an attack by the king of Sevilla. Further enriched by his new conquests, the Cid again sends his ambassador, Minaya, to Alfonso with a rich gift of one hundred horses and the request that his wife and daughters be permitted to join him in Valencia. He also sends a thousand silver *marcos* to the monastery of San Pedro de Cardeña, five hundred of which are for the abbot Don Sancho. At this moment, the "battling bishop," Don Jerónimo, joins the Cid and becomes the first bishop of Valencia.

Meanwhile, Minaya has had to go to Carrión to find Alfonso, who grants permission for the Cid's family to leave Castile. The Infantes de

---

171 These Moors are the inhabitants of Alcocer driven out of the city before the battle and now allowed to return.
172 dió a partir — he ordered distributed.
173 One fifth of the booty belonged by law and custom to the leader of the victorious army.
174 encavalgados — those who ride on horseback.

175 aguisar — to arrange, dispose.
176 ayrado — exiled. The verb *ayrar* meant for the king to withdraw his favor and protection from the vassal, a penalty which usually carried with it exile and confiscation of the vassal's possessions.
177 siellas (sillas) — saddles.
178 enfrenados — bridled, harnassed.

Carrión look covetously at the Cid's wealth. Although of higher rank than Ruy Díaz they secretly desire to marry his daughters in order to enrich themselves. As a first step they send greetings and offers of service through Minaya, who is escorting Jimena and the Cid's daughters, Elvira and Sol, to Valencia. There is great rejoicing upon their arrival, but the celebrations do not last long. The king of Morocco, outraged that the Cid has taken such an important portion of Moorish territory, crosses over to Spain with an army of fifty thousand soldiers to recapture Valencia. He is defeated by the Cid's forces and is forced to leave behind a huge amount of booty which the Cid's men collect.

Again Minaya is sent north with a present for Alfonso (this time two hundred horses), and he locates the king in Valladolid. Influenced by the Infantes de Carrión, Alfonso decides to marry the Cid's daughters to them, and the Cid himself travels to meet Alfonso. In a solemn interview on the banks of the Tajo, the king pardons his now rich and powerful vassal and receives his reluctant permission for the marriage of his daughters to the Infantes. The Cid and his entourage return to Valencia, where the weddings take place, but the Cid still has misgivings about his new sons-in-law and is uneasy about the future of his daughters.

III. Cantar de Corpes

The opening episodes of the third part of the poem deal with the cowardice and humiliation of the Infantes de Carrión in Valencia. They are so frightened when a caged lion escapes in the palace that one scrambles under a bench and the other tries to hide behind the beam of a wine press. The Cid, awakened by the commotion, rises from his nap, humbles the animal, and leads it back to its cage. On another occasion, the Cid is preparing for war against another army from Morocco under King Búcar, who has come to recapture the city. The Infantes are afraid to take part in the battle, but, shamed by the Cid's offer to let them remain in Valencia while others do the fighting, they ask the honor of having the first blows. In battle one of the Infantes who shows himself a coward is saved from humiliation by Pedro Bermúdez. The Cid defeats Búcar and wins his second famous sword, Tizona. Not aware of their true behavior in the fighting, he is satisfied with his sons-in-law.

As time goes by the Infantes become the laughing stock of Valencia. To restore their lost pride and avenge themselves they decide to strike at the Cid through his daughters. The Infantes request permission to return with their wives to their estates in Carrión. Although the Cid grants them permission to do so, he is suspicious, and as a precautionary measure he sends Félez Muñoz with the group. The scene shifts to the oak forest of Corpes where the Infantes intend to carry out their plan. After camping for the night and explaining that they wish to be left alone with their wives, the Infantes send all members of their party ahead the next morning.

Todos eran idos,   ellos quatro solos son,
tanto mal comidieron[1]   ifantes de Carrión:
« Bien lo creades*   don[2] Elvira e doña Sol,
aquí seredes* escarnidas[3]   en estos fieros montes.
Oy* nos partiremos,   e daxadas[4] seredes* de nos;
non abredes* part*   en tierras de Carrión.
Irán aquestos mandados   al Cid Campeador;
nos vengaremos aquesta   por la del león. »
Allí les tuellen[5]   los mantos e los pelliçones,[6]
páranlas en cuerpos[7]   y en camisas y en çiclatones.[8]
Espuelas tienen calçadas   los malos traydores,
en mano prenden las çinchas   fuertes e duradores.
Quando esto vieron las dueñas,   fablava doña Sol:
« Por Dios vos rogamos,   don Díago e don Ferrando, nos,

---

1 comedir — to plan, meditate.
2 *Don* is used here instead of *doña.*
3 escarnidas — ridiculed, put to shame, mocked.
4 daxadas (dejadas) — Here: abandoned.
5 toller — to remove, take off, take away (equivalent of *quitar*).

6 pelliçones — overgarments of silk lined with fur, sometimes ermine, other times rabbit or lamb.
7 páranlas en cuerpos — they leave them in their inner clothing.
8 camisas — undershirts; çiclatones — long cloaks embroidered with gold.

dos espadas tenedes   fuertes e tajadores,
al una dizen Colada[9]   e al otra Tizón,
cortandos[10] las cabeças,   mártires seremos nos.
Moros e cristianos[11]   departirán desta razón,[12]
que por lo que nos mereçemos   no lo prendemos nos.
   Atán malos enssienplos[13]   non fagades sobre nos:
si nos fuéremos majadas,[14]   abiltaredes[15] a vos;
retraer vos lo an[16]   en vistas[17] o en cortes. »
   Lo que ruegan las dueñas   non les ha ningún pro.
   Essora[18] les conpieçan[19] a dar   ifantes de Carrión;
con las çinchas corredizas   májanlas[20] tan sin sabor;
con las espuelas agudas,   don[21] ellas an* mal sabor,
ronpien* las camisas e las carnes   a ellas amas* a dos;
linpia salie* la sangre   sobre los çiclatones.*
   Ya lo sienten ellas   en los sos coraçones.
   ¡Quál ventura serie ésta,[22]   si ploguiesse al Criador,
que assomasse essora*   el Çid Campeador!
   Tanto las majaron*   que sin cosimente[23] son;
sangrientas en las camisas   e todos los çiclatones.
   Canssados son de ferir*   ellos amos* a dos,
ensayandos* amos   quál dará mejores colpes.
   Ya non pueden fablar   don Elvira e doña Sol,
por muertas las dexaron*   en el robredo[24] de Corpes.

Félez Muñoz had been sent on ahead, but, worried about the two girls, he separates from the others and hides in the forest. When he sees the Infantes pass by themselves and hears them talking about what they have done, he slips back along the trail, finds the girls, revives them and tends to their wounds, and eventually returns with them to Valencia. The Cid demands justice from Alfonso, and the king convokes his *cortes* in Toledo for this purpose. The Cid first demands the return of his two precious swords, and the Infantes gladly comply, believing that this is all that will be asked of them. The Cid next asks for the return of the money he had given the Infantes, which causes a little grumbling on their part since they have already spent it; nevertheless, they comply. Finally, three of the Cid's men challenge the Infantes and their oldest brother, Asur González, to individual combat and conclusively prove them to be traitors by defeating them. The Cid's honor is now restored; his daughters are avenged. As the poem ends, the hero grants his daughters' hands in marriage to princes of Navarra and Aragón.

9 The Cid had presented Colada and Tizón to his sons-in-law when they left Valencia.
10 cortandos (cortadnos) — cut off. Metathesis of *n* and *d*.
11 moros e cristianos — everybody.
12 departirán desta razón — will talk about this.
13 enssienplos (ejemplos) — Here: actions, deeds.
14 majadas — whipped, beaten.
15 abiltaredes a vos (os envileceréis) — you will debase yourselves.
16 retraer vos lo an — they will hold you responsible for it.

17 *vistas* were formal interviews between disagreeing parties.
18 essora — then.
19 conpieçan (comienzan) — begin.
20 majar — to whip, beat.
21 don (donde) — Here: from which.
22 ¡Qual ventura serié ésta! — How fortunate it would be!
23 sin cosimente — unconscious.
24 robredo (robledo) — oak forest, oak grove.

MEDIEVAL NARRATIVE POETRY

Gonzalo de Berceo,[1] first half of the thirteenth century, *Vida de Santo Domingo de Silos* (pp. 56–57)

This rather long narrative poem consists of 777 strophes of *cuaderna vía* — a four-line stanza of monorhymed Alexandrines very popular in the Middle Ages. A total of 3,108 lines of verse makes it only slightly shorter than the *Cantar de mio Cid*. Berceo's chief source for this work was the *Vita Dominici Confessoris* by the monk Grimaldi.

The poem is divided into three parts, which the poet calls "books." The first book is concerned chiefly with the life of the saint from his birth in 1000 to his appointment as head of the monastery of Silos. The second book recounts miracles he worked while still alive, continues his biography, and gives an account of his death (1073). The third book relates the miracles accomplished by the saint after his death.

The most interesting episode occurs about halfway through the first book. Up to this point, Berceo has traced the life history of the saint from his birth in Cañas of good parents to his elevation to the priorate of the convent of San Millán. As prior he refuses King García's demands for money from the convent, and, as a result, he suffers humiliation and exile for his defiance. García reminds the prior that the royal family founded the monastery. Domingo acknowledges this willingly, but he adds:

Lo que una vegada[2] a Dios es ofreçido
Nunca en otros usos debe ser metido,
Qui ende[3] lo camiase[4] seríe loco tollido,[5]
En día de el judiçio[6] seríele retrahido.[7]

Si esto por ti viene, eres mal acordado,[8]
Si otro lo conseja, eres mal consejado,
Rey, guarda tu alma, no fagas tal pecado,
Ca seríe sacrilegio, un crimen muy vedado . . .[9]

— Monge, — dixo el rey, — sodes* mal ordenado.[10]
De fablar ant* el rey, ¿qué vos fizo* osado?
Paresçe de silençio que non sodes* usado,[11]
Bien creo que seredes en ello mal fallado.

Sodes de mal sentido, como loco fablades,
Fervos e[12] sin los ojos, si mucho papeades,[13]
Mas consejarvos quiero, que callado seades,
Fablades sin licençia, mucho desordenades . . .[14]

— Monge, — dixo el rey, — sodes muy razonado,[15]
Legista[16] semejades, ca non monge travado,[17]
Non me terné[18] de vos, que so bien vendegado,[19]
Fasta que la lengua vos aya estemado . . .[20]

1 For information on Berceo and a sampling of his lyric manner, see pages 232–36.
2 vegada (vez) — time.
3 ende (de eso) — from that.
4 camiase (cambiase) — changed, should change.
5 tollido — crippled; loco tollido — a raving madman.
6 judiçio (juicio) — judgment.
7 retrahido — counted against.
8 mal acordado — not very prudent.
9 vedado — prohibited.
10 mal ordenado — not fit to be ordained.
11 usado — accustomed.
12 Fervos e (os haré) sin los ojos — I shall gouge out your eyes.
13 papear — to talk idly, foolishly.
14 mucho desordenades — you are very much out of order.
15 razonado — Here: good talker, smooth talker.
16 legista — lawyer.
17 travado — Here: tongue-tied.
18 terné (tendré), an early future of *tener* showing metathesis of the *r* and *n*.
19 vendegado (vengado) — avenged.
20 estemado — deprived.

Rey, yo bien te consejo como a tal señor,
Non quieras toller[21] nada al sancto confesor,[22]
De lo que ofreçiste non seas robador,
Si non, ver non puedes la faz del Criador.

Pero si tú quisieres los thesoros levar,[23]
Nos non te los daremos, vételos tú tomar,
Si non los amparare[24] el padrón del logar,
Nos non podremos, rey, contigo barajar.

King García leaves the monastery without the money, but he is extremely angry with Santo Domingo. Bent upon revenge, he later returns and by the use of threats forces the weak-willed abbot, who was according to Berceo "de envidia tocado," to expel Santo Domingo from the monastery. The king still harasses Santo Domingo, however, and, seeing there is no way to placate him, the saint decides to go into exile.

— Rey — dixo el monge, — si tal es mi ventura,
Que non pueda contigo aun vida segura,
Dexar quiero tu tierra por foir[25] amargura,
Iré buscar do[26] viva contra[27] Estremadura.

Comendóse al padre, que abre e çierra,
Despidióse de todos, desamparó la tierra,
Metióse en carrera, e atravesó la sierra,
Por tierras de Nágera contesçióle mala yerra.[28]

Quando fo[29] de las sierras el varón declinando
Bebiendo aguas frías, su blaguiello[30] fincando,
Arribó a la corte del bon rey Fernando.
Plogo[31] al rey, e dixo quel cresçíe grant vando.[32]

King Fernando puts the monastery of Silos under his care, and the saint is able to turn the bitter defeat of exile into victory; he changes the dying, nearly abandoned monastery into a flourishing institution.

21 toller — take away, remove.
22 The *sancto confesor* refers to San Millán, patron of the monastery.
23 levar (llevar) — Here: carry off.
24 amparar — Here: to protect.
25 foir (huir) — to flee (from), escape.
26 do (donde) — where.
27 contra — Here: toward.
28 mala yerra — misfortune.
29 fo (fue); fo... declinando — was descending, going down.
30 blaguiello (baculillo, diminutive of báculo) — walking stick.
31 Plogo al rey — The king was pleased.
32 crecerle a uno el bando — to receive help.

MEDIEVAL SATIRIC AND MORAL POETRY

Rabí don Sem Tob, *Proverbios morales,* near the middle of the fourteenth century (pp. 58–59)

This collection of proverbs in verse, known formerly by the title *Consejos y documentos al rey don Pedro*, is preserved in two manuscripts, the better of which is located in the Escorial. It contains 668 four-line strophes. The lines are of seven syllables each and rhyme *abab*. This verse form is called the *cuarteta heptasilábica*.

The Rabbi from Carrión dedicated this poetry to King Pedro I of Castile (1350–69), who assumed the throne at the death of his father, Alfonso XI. The first thirty-four strophes constitute a prologue in praise of the two kings, but they also remind Pedro of his responsibility as new ruler and of his relationship as a weak, sinful mortal to the omnipotent and forgiving God. The poet then continues with comments on life and advice for everyday living. He urges his reader to trust in God and shun sin, to be wise, to value his good name, to work, to know shame, to avoid pride, to resist evil, not to act hastily, to value good books, to judge a man by his deeds, to guard his tongue, to seek the company of wise men, to be a good friend, to beware of flatterers, to avoid stupid people and fools, and to know that the Lord is good in all His works. He extols humility, obedience, patience, poverty, courtesy, wisdom, discretion, truth, loyalty, kindness, common sense, good judgment, generosity, and good conduct. He condemns cheating and lying, anger, avarice, lust, deceit, laziness, jealousy, evil intentions, greed, pride, too much talking, too much silence, and rash actions. There is a ring of Biblical influence in many verses, particularly from the Book of Ecclesiastes, for one of the underlying thoughts of the collection is the pessimistic one that all is vanity and that life is a struggle. Nevertheless, the poet tries to arm his reader with the virtues and moral principles which will make the best possible life under these conditions.

The Rabbi's style is so terse and filled with metaphors that he is sometimes difficult to understand. He was Spain's first Jewish man of letters whose name has been recorded, and he was the first Spaniard to write maxims, aphorisms, proverbs, and the like in Spanish. In so doing he initiated a style which influenced many who followed him and gave written expression to a type of wisdom very common to the Spanish people.

Comiençan los versos del Rabí don Santo al Rey don Pedro

1. Sennor[1] noble, rrey* alto,
   Oyd* este sermón
   Que vos dise* don Santo[2]
   Judío de Carrión.

2. Comunalmente rrimado,*
   De glosas y moralmente
   De phylosophya* sacado,
   Es el desir* syguiente.*

33. Las mis canas tennilas[3]
    Non por las aborresçer;*
    Menos por desdesirlas*
    Nin moço* paresçer;*

34. Mas con miedo sobejo[4]
    Que honbres* buscarían
    En mí seso de viejo
    Y non lo fallarían.*
    . . . .

47. Por nasçer* en espino
    La rosa, yo no syento*
    Que pierde, nin el buen vino
    Por salir del sarmiento.

---

1 Orthography has generally not been modernized except for necessary accent marks. Many words, however, can readily be changed to their modern from with a few simple spelling changes: sennor — señor; rrey — rey; oyd — oíd; syga — siga; dise — dice; desir — decir; phylosophya — filosofía; tennilas — teñirlas; moço — mozo; paresçer — parecer; cojer — coger; enxemplo — ejemplo; folgança — holganza; besinas — vecinas, etc. If pronounced aloud, the majority of the old words will sound modern and will be recognized. The asterisk will denote one of these words, or will mark a peculiarity of Old Spanish already mentioned in a footnote.

2 The poet's name is written thus in the Escorial manuscript, probably as the result of the popular corruption of *don Sem Tob*. It was also written elsewhere *don Santob*. The name *don Sem Tob* means *don Buen Nombre*.

3 tennilas (teñirlas) — to dye them.

4 sobejo — very great.

48. Nyn* vale el açor* menos
Porque en vil nido syga,*
Nin los enxemplos* buenos
Porque judío los diga.[5]

110. ¿Quién puede cojer rrosa*
Syn* tocar sus espinas?
La miel es muy sabrosa,
Mas tiene agrás[6] besinas.*

111. La pas* non se alcança*
Sygno[7] con guerrear,
Nin se gana folgança[8]
Sy* non con bien lasrar.[9]

244. Non ay* tan buen thesoro*
Commo* el bien faser,*
Nin tan presçioso* oro,
Nin dulce plaser.*

254. Non ay* tan dulçe cosa
Commo la asegurança,[10]
Nin miel tan sabrosa
Commo la buena amistança.[11]

255. Non ay* cosa tan quista[12]
Commo la humilldança,[13]
Nin tan sabrosa vista
Commo la buena andança.[14]

310. En el mundo tal cabdal[15]
Non ay* commo el saber:
Más que heredad val,*
Nin thesoro, nin aver.[16]

328. Non puede onbre* auer[17]
En el mundo tal amigo
Commo el buen saber;
Nin peor enemigo

329. Que la su[18] torpedad
Del nesçio,* que es grand* pena,
Más pesada en verdad
Que plomo nin arena.

360. Cobdiçia* y derecho,
Ésta es rrasón* çierta,
Non entran so[19] vn* techo,
Nin so vna* cubierta.

361. Nunca de una camisa
Estas dos se vistieron,
Jamás de vna* deuisa*
Sennoras* nunca fueron.

362. Quando cobdiçia* viene,
Luego el derecho sale:
Do[20] ésta poder tiene
Este otro poco vale.

Danza de la muerte,
probably from the early years of the fifteenth century, anonymous (p. 58)

This Spanish poem is the oldest extant version of a theme which filtered down into Spain from northern Europe, where it had enjoyed earlier and greater popularity and had figured not only in literature but also in painting, sculpture, and the dance. The Spanish treatment of the Dance of Death motif excels those of other countries because of its sharp satire, lively dialogue, and dramatic impact. Of particular appeal to the Spaniards' democratic spirit is the poem's inexorable leveling of all classes in the final great experience of death. The Spanish author perceived the rich possibilities for social satire in the theme and exploited them fully. This is the keynote of his poem.

The *Danza de la muerte* consists of seventy-nine octaves, a total of 632 lines of verse. Its verse form, *arte mayor*, consists of eight-line strophes of twelve-syllable lines, with an accent properly placed on the second, fifth, eighth, and eleventh syllables. Considerable variation occurs, however, in the number of syllables to the line, and some accents may be

5 These two strophes (47 and 48) were quoted by the Marqués de Santillana in his letter to the Condestable de Portugal, 1449, where he judged the Rabbi's work saying: « Concurrió en estos tiempos un judío que se llamó Rabí Santo: escribió muy buenas cosas, e entre las otras, *Proverbios morales*, en verdat de assaz commendables sentencias. »
6 agras (agrias) — bitter.
7 sygno (sino) — Here: except.
8 folgança (holganza) — leisure, ease.
9 lasrar — to suffer.
10 asegurança — assurance, security.
11 amistança (amistad) — friendship.
12 quista (querida) — loved, desired, wanted.
13 humilldança (humildad) — humility.
14 buena andança — good conduct.
15 cabdal (caudal) — fortune, wealth.
16 aver (haber) — possessions, wealth.
17 auer (haber) — to have. In this and several words following, the letters u and v are confused with each other: vn — un; vna — una; deuisa — devisa, etc.
18 la su (la) — the.
19 so — beneath, underneath.
20 do (donde) — where.

missing. The rhyme scheme employed here is
ABABBCCB, a common arrangement for this
type of verse. Ordinarily there is a break at the
end of the fourth line.

Before the poem proper begins, there appears
an introductory statement in prose entitled
Prólogo en la trasladación. The use of the word
trasladación, meaning translation, lends support to the belief that the Spanish poem is a
reworking of a foreign, probably French,
original. This prologue, which consists of one
short paragraph, announces that the general
Dance of Death will begin. Death will advise
all creatures to consider the brevity of life, to
heed the words of the preachers, and to strive
to do good so that their sins may be forgiven.
Then, to illustrate, Death orders all states and
conditions of men to appear before him, willingly or unwillingly. The poem begins.

DISE* LA MUERTE:

Yo so* la muerte çierta a todas criaturas
que son y serán en el mundo durante.[1]
Demando y digo: O omne,[2] ¿por qué curas[3]
De bida* tan breue* en punto pasante?[4]
Pues non ay* tan fuerte nin resio* gigante
Que deste mi arco se puede anparar,[5]
Conuiene* que mueras quando lo tirar[6]
Con esta mi frecha* cruel traspasante.

¿Qué locura es esta tan magnifiesta*
Que piensas tú, omne,* que el otro morrá,[7]
E tú quedarás por ser bien compuesta
La tu complisyón[8] e que durará?
Non eres çierto sy* en punto[9] berná[10]

Sobre ty* a dessora[11] alguna corrupçión,
De landre[12] o carbonco,[13] o tal ynplisyón,[14]
Porque[15] el tu vil cuerpo se dessatará.[16]

¿O piensas por ser mançebo baliente*
O ninno* de días que a luenne[17] estaré,
E fasta* que liegues a biejo* impotente[18]
En la mi venida me detardaré?
Abísate* bien, que yo llegaré
A ty a dessora, que non he cuidado[19]
Que tu seas mançebo o biejo cansado,
Que qual te fallare* tal te levaré.[20]

La plática muestra seer pura berdad*
Aquesto que digo syn otra fallençia,[21]
La sancta escriptura con çertenidad,
Da sobre todo su firme sentençia,
A todos disiendo:* Fased* penitençia,
Que a morir abedes,[22] non sabedes* quando,
Sy non,[23] bed* el frayre* que está pedricando,[24]
Mirad lo que dise de su grand sabiençia . . .[25]

The preacher then speaks and says that all
men — be they popes, bishops, cardinals
dukes, or counts — must taste death, for it is
so ordained in the Scriptures. He urges his
listeners to do good works and not to trust in
worldly things, for neither treasures nor high
estates can save them from Death's snares. He
advises them to confess their sins so that they
may obtain pardon because Death is beginning his unpleasant dance to which all will be
ordered.

DISE LA MUERTE:[26]

A la dança* mortal venit* los nasçidos
Que en el mundo soes[27] de qualquiera estado.

1 durante — throughout its duration.
2 omne (hombre) — man.
3 curar de — care about, worry about.
4 pasante (adjectival present participle of *pasar*) —
passing.
5 anparar (amparar) — shelter, protect. Further spelling changes to be encountered are: n = m (before *p*
and *b*), onbre = hombre; r = l, frecha = flecha; gn
= n, signo = sino, magnifiesta = manifiesta.
6 tirar (tirare) — I shoot. The final *e* of the future subjunctive *tirare* has dropped.
7 morrá (morirá) — will die.
8 complisyón — physique, constitution. Here: body.
9 en punto — in a moment, suddenly.
10 berná (vendrá) — will come.
11 a dessora — of a sudden, unexpectedly.
12 landre — glanders (a disease affecting the air passages). Reference here is to the bubonic plague.
13 carbonco (carbunclo) — carbuncle, boil.
14 ynplisyón — swelling.
15 porque — through which.
16 se dessatará — Literally: will be untied. Translate:
will come (or fall) apart.
17 a luenne (lejos) — far away.

18 liegues (llegues) a biejo impotente — Here: you
become an impotent old man.
19 non he cuidado — I don't care.
20 Que qual . . . levaré — For I shall take you just as
I find you.
21 fallençia (falta) — lack. Syn otra fallençia — without fail.
22 a morir abedes (habéis de morir) — you are to die,
you must die.
23 Sy non — If you don't believe me.
24 pedricando (predicando) — preaching. Metathe-
sized form.
25 sabiençia (sabiduría) — wisdom.
26 Though Moratín classified this *Danza de la muerte*
as drama, it was actually not performed as a stage piece
originally. Its dialogued form, with directions such as
Dice la muerte or *Dice el rey*, heighten its dramatic
impact and undoubtedly made its recital histrionically
effective. In the sixteenth century, however, the theme
did invade the theater in the form of religious *autos*,
and its influence continued to be felt in such works as
Valdés' *Diálogo de Mercurio y Carón* and Gil Vicente's
Barcas.
27 soes (sois) — are.

El que non quisiere a fuerça e amidos[28]
Faserle he* venir muy toste priado.[29]
Pues que ya el frayre* bos* ha pedricado*
Que todos bayaes* a faser penitençia,
El que non quisiere poner diligençia[30]
Por mí non puede ser más esperado. . . .

Death now begins to call his victims one by one. Both lay and religious figures are summoned. A total of thirty-five persons appears, each stating his defense in one strophe. In the following strophe, Death answers with accusations and the inevitable sentence. This gloomy dialogue continues until the end of the poem. Those who are called to do Death's dance are the following: (1 and 2) dos Doncellas; (3) el Padre Santo, (4) el Emperador, (5) el Cardenal, (6) el Rey, (7) el Patriarca, (8) el Duque, (9) el Arzobispo, (10) el Condestable, (11) el Obispo, (12) el Caballero, (13) el Abad, (14) el Escudero, (15) el Deán, (16) el Mercadero, (17) el Arcediano, (18) el Abogado, (19) el Canónigo, (20) el Físico (physician), (21) el Cura, (22) el Labrador, (23) el Monge, (24) el Usurero, (25) el Fraile, (26) el Portero, (27) el Hermitaño, (28) el Contador (accountant), (29) el Diácono (Deacon), (30) el Recaudador (tax collector), (31) el Subdiácono, (32) el Sacristán, (33) el Rabí, (34) el Alfaquí, (35) el Santero (church janitor). Finally, so that none may escape, Death speaks to all those not named and orders them to come to his dance.

Coplas de Mingo Revulgo, 1464, anonymous (p. 59)

Among the political satires in verse form which appeared in the fifteenth century is the poem entitled *Coplas de Mingo Revulgo*, a rustic dialogue filled with allegory, in which a shepherd named Mingo Revulgo (symboli-cally representing the people of Spain) and a prophet or diviner named Gil Arribato converse with each other about the evils of the day. These *coplas* number thirty-two, though some versions include three more unnumbered ones. Each *copla* contains nine eight-syllable lines of verse and consists of a *redondilla* followed by a *quintilla*.[1] The rhyme scheme is *abba, aabba*.[2]

King Henry IV and one of his favorites, Beltrán de la Cueva, are the principal objects of the poem's satire, but the anonymous poet also clearly intended to show the ruinous state of the country, the neglect of the government in general by those in authority, and the indifference of the people to their own plight.

The poem begins as Gil Arribato greets Mingo on a Sunday morning and notices his disheveled appearance, troubled look, and dazed behavior. Mingo replies that his pitiable state and that of the flock (symbolically the Spanish people) are due to the neglect of the bad shepherd (the king). He describes in some detail the failings of the shepherd and those who surround him. He explains that the four watchdogs (representing the four cardinal virtues: Justice, Fortitude, Prudence, and Temperance) have grown too weak to protect the flock, and that the wolves (the nobles) are attacking the poor sheep. Gil Arribato reminds Mingo that not all of these evils stem from the negligence of the shepherd but in part also from the sins and inertia of the people themselves, and he urges a return to faith. As a prophet, Gil predicts the coming of three ravenous wolves (Hunger, War, and Pestilence) and suggests prayer, confession, contrition of heart, and good works as the means to forestall any further disasters. Finally Gil praises the average life because it is good and because he finds it safer than any other.

---

28 amidos — unwillingly.
29 toste — quickly (cf. French *tôt*); priado — quickly, immediately. Some versions show *parado*, in which case it is implied that the victim would have to come and stand before Death.

30 poner diligençia — to do so, i.e. to seek penitence.

1 In two *coplas*, 14 and 18, the author used a *cuarteta* instead of a *redondilla*.
2 The rhyme of the *quintilla* in *copla* 17 is *aabab*.

THE ROMANCERO

The *romances históricos* (pp. 63–66), closely related to and in many instances descended from epic poems, deal largely with events of Spanish history from the eighth to the twelfth centuries and record the exploits and adventures of famous national figures. Of the latter, the best known are Rodrigo, last king of the Goths, Bernardo del Carpio, Fernán González, the Siete Infantes de Lara, King Sancho II, and the Cid. These historical ballads, including both the *viejos tradicionales* and the *juglarescos* on national themes, are admired and loved because they are so intimately bound up with the national spirit and represent the distilled expression of the Spanish character. Authors of later ages have drawn precisely from these ballads for subject matter and have never found a surer or happier source of inspiration. The oldest ballads we know date from the fifteenth century, with an occasional one going back as far as the fourteenth. They were recorded in great numbers in the sixteenth. In addition to being preserved in written form, the ballads have also lived orally through the centuries.

One of the best known of the early traditions concerns the loss of Spain to the Moors in the early eighth century. Legend recounts that Rodrigo, the last of Spain's Gothic kings, was taken by the beauty of a young lady of his court named La Cava (also identified in the ballads as Florinda or Florinda la Cava). When she refused the king's advances, he called her to his room and forced himself upon her. Outraged and dishonored, she informed her father, Conde Julián, who was the Spanish governor of Ceuta in North Africa at that time. In order to avenge the family's honor,

Julián conspired with the North African Moors and assisted them in their invasion of Spain. Rodrigo and his army resisted, but they were defeated in an eight-day battle on the banks of the Guadelete (some say the battle took place near the Lago de la Janda). Rodrigo fled in defeat to Portugal where he met a hermit who assigned him the penance of entering a tomb with a serpent. In this manner the last king of the Goths atoned for his sins and died. The three historical ballads which follow deal with the first, middle, and last stages of this legend; i.e. with Rodrigo's conquest of La Cava, the battle with the Moors, and his death after defeat.

Plática de don Rodrigo y la Cava[1]

> Amores trata Rodrigo,[2]
> descubierto ha su cuidado;
> a la Cava[3] se lo dice,
> de quien anda enamorado.
> Miraba su lindo cuerpo,
> mira su rostro alindado,[4]
> sus lindas y blancas manos
> él se las está loando.[5]
> — Sepas, mi querida Cava,
> de ti estoy apasionado,[6]
> pido que me des remedio,
> yo estaría a tu mandado;
> mira que lo que el rey pide
> ha de ser por fuerza o grado.[7]
> La Cava, como discreta,
> en risa lo había echado:[8]
> — Pienso que burla tu alteza
> o quiere probar el vado;[9]
> no me lo mandéis, señor,
> que perderé gran ditado.[10]

---

1 Editors and collectors sometimes invent titles for ballads. Frequently, however, the poems are identified merely by their first lines. This version of the Rodrigo – La Cava affair is one of the four cited by Menéndez Pidal which were printed in *pliegos sueltos* in the first half of the sixteenth century. It is based on Pedro del Corral's *Crónica Sarracina*, also called *Historia del rey Rodrigo*, ca. 1430.

2 The ballads are printed either in eight-syllable lines with the even lines assonating or in sixteen-syllable lines divided in half by a caesura, with every line assonating. Though it is now generally agreed that the ballad meter descended from the long epic verse, four centuries of Spanish poets wrote the meter in eight-syllable lines (as in this ballad), and it is the short verse style

which the Spanish people regard as their national meter. All but the first ballad in this anthology, however, will be printed in the sixteen-syllable line.

3 La Cava comes from the Arabic *kahbah*, which means " wanton " or " harlot. " This epithet was given to this woman for her unfortunate role in the downfall of Spain. The name Florinda was not given to her until later.

4 alindado — elegant.

5 loar — to praise.

6 apasionado — passionately fond.

7 por fuerza o grado — by force or willingly.

8 en risa lo había echado — took it as a joke.

9 vado — ford.

10 ditado — honor.

El rey le hace juramento
que de veras se lo ha hablado;
ella aún lo disimula
y burlando se ha excusado.

Fuése el rey dormir la siesta;
por la Cava ha enviado,
la Cava muy descuidada[11]
fuése do el rey la ha llamado.

Lamentación del rey don Rodrigo

Las huestes de don Rodrigo   desmayaban y huían
cuando en la octava batalla[12]   sus enemigos vencían.
Rodrigo deja sus tiendas   y del real se salía:[13]
solo va el desventurado,   que no lleva compañía.
El caballo de cansado   ya mudar no se podía:
camina por donde quiere,   que no le estorba la vía.
El rey va tan desmayado,   que sentido no tenía:
muerto va de sed y hambre,   que de velle era mancilla;[14]
iba tinto de sangre,   que una brasa parecía.
Las armas lleva abolladas,[15]   que eran de gran pedrería;
la espada lleva hecha sierra   de los golpes que tenía;
el almete abollado   en la cabeza se le hundía;
la cara lleva hinchada   del trabajo que sufría.
Subióse encima de un cerro   el más alto que veía.
Dende[16] allí mira su gente   como iba de vencida.
De allí mira sus banderas,   y estandartes que tenía,
cómo están pisados   que la tierra los cubría.
Mira por los capitanes   que ninguno parescía;[17]
mira el campo tinto en sangre,   la cual arroyos corría.
El triste de ver aquesto   gran mancilla en sí tenía:
llorando de los sus ojos   de esta manera decía:
« Ayer era rey de España,   hoy no lo soy de una villa;
ayer villas y castillos,   hoy ninguno poseía;
ayer tenía criados,   hoy ninguno me servía,
hoy no tengo una almena   que pueda decir que es mía.
¡Desdichada fué la hora,   desdichado fué aquel día
en que nací y heredé   la tan grande señoría,
pues lo había de perder   todo junto y en un día!
¡Oh muerte! ¿Por qué no vienes   y llevas esta alma mía
de aqueste[18] cuerpo mezquino,   pues te se agradecería? »

La penitencia de don Rodrigo

Después que el rey don Rodrigo   a España perdido había
íbase desesperado   por donde más le placía.
Métese por las montañas   las más espesas que vía,[19]
porque no le hallen los moros   que en su seguimiento iban.[20]
Topado[21] ha con un pastor   que su ganado traía.[22]
Díjole: « Dime, buen hombre,   lo que preguntarte quería:
si hay por aquí poblado   o alguna casería

---

11 descuidada — careless.
12 The battle on the Guadelete lasted eight days according to legend.
13 The use of tenses in the ballads is quite inexact, as seen in this poem. The poet seems to want to use the present from line three on, but the *i-a* assonance at the end of the line requires that he use the imperfect. The commonest tense substitution was the imperfect for the present, though several others were employed. The choice was often dictated by meter or rhyme, particularly the latter. If translating to English, change the tense of the verb to whatever the sense demands.

14 mancilla — pity, grief.
15 abolladas — dented.
16 dende (desde) — from.
17 parescía (aparecía) — appeared.
18 aqueste (este) — this.
19 vía (veía) — he saw, could see.
20 en su seguimiento iban — were following him, pursuing him.
21 topar con — to meet, run across.
22 traía — Here: was herding, driving.

donde pueda descansar,   que gran fatiga traía. »
El pastor respondió luego   que en balde la buscaría,
porque en todo aquel desierto   sola una ermita había
donde estaba un ermitaño   que hacía muy santa vida.
El Rey fué alegre desto   por allí acabar su vida;
pidió al hombre que le diese   de comer si algo tenía.
El pastor sacó un zurrón,[23]   que siempre en él pan traía;
dióle de él y de un tasajo[24]   que acaso allí echado había.
El pan era muy moreno,   al Rey muy mal le sabía,[25]
las lágrimas se le salen,   detener no las podía,
acordándose en su tiempo   los manjares que comía.
Después que hubo descansado,   por la ermita le pedía;
el pastor le enseñó luego   por donde no erraría.
El Rey le dió una cadena   y un anillo que traía,
joyas son de gran valer   que el Rey en mucho tenía.
Comenzando a caminar,   ya cerca el sol se ponía,
llegado es a la ermita   que el pastor dicho le había;
él dando gracias a Dios,   luego a rezar se metía.
Después que hubo rezado,   para el ermitaño se iba,
hombre es de autoridad   que bien se le parescía.
Preguntóle el ermitaño   cómo allí fué su venida.[26]
El Rey, los ojos llorosos,   aquesto le respondía:
« El desdichado Rodrigo   yo soy, que rey ser solía.
Vengo a hacer penitencia   contigo en tu compañía;
no recibas pesadumbre[27]   por Dios y Santa María. »
El ermitaño se espanta,   por consolallo decía:
« Vos cierto habéis elegido   camino cual[28] convenía
para vuestra salvación,   que Dios os perdonaría. »
El ermitaño ruega a Dios   por si[29] le revelaría
la penitencia que diese   al Rey, cual le convenía.
Fuéle luego revelado,   de parte de Dios, un día,
que le meta en una tumba   con una culebra viva,
y esto tome en penitencia   por el mal que hecho había.
El ermitaño al Rey   muy alegre se volvía:
contóselo todo al Rey   como pasado le había.
El Rey de esto muy gozoso   luego en obra lo ponía.
Métese como Dios manda   para allí acabar su vida.
El ermitaño muy santo   mírale el tercero día.[30]
Dice: « ¿Cómo os va, buen Rey?   ¿Vaos bien con la compañía? »[31]
« Hasta ahora no me ha tocado   porque Dios no lo quería.
Ruega por mí, el ermitaño,[32]   porque[33] acabe bien mi vida. »
El ermitaño lloraba,   gran compasión le tenía:
comenzóle a consolar   y esforzar[34] cuanto podía.
Después vuelve el ermitaño   a ver ya si muerto había:
halla que estaba rezando   y que gemía y plañía.[35]
Preguntóle cómo estaba.   « Dios es en la ayuda mía »,
respondió el buen rey Rodrigo,   « la culebra me comía;
cómeme ya por la parte   que todo lo merecía,
por donde fué el principio   de la mi muy gran desdicha. »

23 zurrón — shepherd's bag.
24 tasajo — jerked beef.
25 muy mal le sabía — tasted very bad to him.
26 cómo allí fué su venida — why he had come there.
27 pesadumbre — grief, affliction, sorrow.
28 cual (que) — which, that.
29 por si — to see if.
30 el tercero día (al tercer día) — on the third day.

31 *Compañía* refers to the snake.
32 In the ballads and epic poetry the definite article sometimes appears with a noun in the vocative, as here.
33 *porque* followed by a subjunctive is the equivalent of *para que*.
34 esforzar — to encourage.
35 plañir — to sob, lament, whine.

El ermitaño lo esfuerza, el buen Rey allí moría:
aquí acabó el rey Rodrigo, al cielo derecho se iba.

Another popular cycle of ballads records the life of Bernardo del Carpio, the only Spanish epic hero who has not been identified historically. Legend recounts that Bernardo (sometimes written Bernaldo) was born the son of Conde Saldaña, who was secretly married to Jimena, sister of King Alfonso II. The latter opposed such a match, and when he learned of it threw Saldaña in prison, put Jimena in a convent, and took Bernardo to his court to raise. Upon reaching manhood, Bernardo led Spanish troops against the French at Roncesvalles where Charlemagne's army was defeated and Roland, the French hero, was killed. (Later versions of the ballads attribute Roland's death to Bernardo in single combat.) Bernardo eventually discovered his father's identity and requested his release, but was refused. He served his next king, Alfonso III, loyally and protected him in many battles; but each time the king promised to release Saldaña, he changed his mind. In exasperation Bernardo revolted against the king, built a castle, recruited his own private army, and finally forced the king to release his father. The latter, who died before the release could be effected, was nevertheless propped up on horseback and delivered to his son.

Bernardo del Carpio

Con cartas y mensajeros el rey al Carpio envió;
Bernaldo, como es discreto, de traición se receló;
las cartas echó en el suelo y al mensajero habló:
« Mensajero eres, amigo, no mereces culpa, no;[36]
mas al rey que acá te envía dígasle tú esta razón:
que no lo estimo yo a él, ni aun cuantos con él son;
mas por ver lo que me quiere, todavía allá iré yo. »
Y mandó juntar los suyos, de esta suerte les habló:
« Cuatrocientos sois, los míos, los que comedes mi pan:[37]
los ciento[38] irán a Carpio, para el Carpio guardar;
los ciento por los caminos, que a nadie dejen pasar;
doscientos iréis conmigo para con el rey hablar;
si mala me la[39] dijere, peor se la he de tornar. »
Por sus jornadas contadas[40] a la corte fué a llegar.
« Manténgavos Dios, buen rey, y a cuantos con vos están. »
« Malvengades vos, Bernaldo, traidor, hijo de mal padre:
dite yo Carpio en tenencia,[41] tú tómaslo de heredad. »
« Mentides, el rey, mentides, que no dices la verdad;
que si yo fuese traidor, a vos os cabría en parte.
Acordársevos debía de aquella del Encinal,[42]
cuando gentes extranjeras allí os trataron tan mal,
que os mataron el caballo, y aun a vos querían matar.
Bernaldo, como traidor,[43] de entre ellos os fué a sacar:
allí me distes el Carpio de juro[44] y de heredad:
prometístesme a mi padre, no me guardastes verdad. »
« Prendedlo, mis caballeros, que igualado se me ha. »
« Aquí, aquí, los mis doscientos, los que comedes mi pan,
que hoy era venido el día que honra habemos de ganar. »
El rey, de que[45] aquesto viera, de esta suerte fué a hablar:
« ¿Qué ha sido aquesto, Bernaldo, que así enojado te has?

---

36 An epic tag which occurs frequently in the ballads. Kings and lords had the prerogative of killing the messenger bearing bad news, but here his life is spared.
37 Another epic tag of frequent occurrence.
38 The definite article was sometimes used with numbers when such numbers referred to part of a whole already mentioned.
39 Supply some word here, such as *explicación* or

razón. The indefinite *la* still occurs in modern Spanish.
40 jornadas contadas — forced marches.
41 en tenencia — in fief.
42 *Aquella del Encinal* refers to some battle or skirmish in which Bernardo protected the king.
43 Said ironically.
44 juro — right of perpetual property or ownership.
45 de que (después que) — after.

¿Lo que hombre dice de burla de veras vas a tomar?
Yo te dó el Carpio, Bernaldo, de juro y de heredad. »
« Aquesas burlas, el rey, no son burlas de burlar;
llamástesme de traidor, traidor hijo de mal padre:
el Carpio yo no lo quiero, bien lo podéis vos guardar;
que cuando yo lo quisiere, muy bien lo sabré ganar. »

About a century after the legendary Bernardo del Carpio lived, a flesh and blood hero accomplished the separation of the county of Castile from the kingdom of León and laid the groundwork for establishment of the kingdom of Castile in 1037. Fernán González (died in 970), a typical medieval baron, was summoned to court by King Sancho *el Gordo*. While there he sold the king a horse and a hawk with the understanding that for each day the price was not paid it would double. He then married Sancha, sister of the former King Sancho of Navarra, whom Fernán had slain in battle. While in Navarra to take his bride, Fernán was imprisoned by her brother García, but was released by Sancha. Later, King Sancho ordered Fernán to appear at the *Cortes* held in León. He obeyed the summons and upon arrival demanded payment for the horse and hawk. After years of doubling daily, the debt had grown so great that the king could not pay it. He threw Fernán into prison, and once more Sancha rescued her husband, this time by exchanging clothes with him in the prison. To release himself from his debt to Fernán, the king eventually was forced to grant Castile its independence. In the ballad which follows, the king has sent a messenger to Fernán González to demand his attendance at the *Cortes*.

Fernán González es llamado a las Cortes

« Buen conde Fernán González, el rey envía por vos,
que vayades a las Cortes que se hacían en León;
que si vos allá vais, conde, daros han buen galardón,
daros ha a Palenzuela[46] y a Palencia la mayor;
daros ha a las nueve villas, con ellas a Carrión;
daros ha a Torquemada, la torre de Mormojón.
Buen conde, si allá no ides, daros han por traidor. »
Allí respondiera el conde y dijera esta razón:
« Mensajero eres, amigo, no mereces culpa, no;
que yo no he miedo al rey, ni a cuantos con él son.
Villas y castillos tengo todos a mi mandar son;
de ellos[47] me dejó mi padre, de ellos me ganara yo;
los que me dejó mi padre, poblélos de ricos hombres;[48]
las que yo me hube ganado, poblélos de labradores;
quien no tenía más de un buey, dábale otro, que eran dos;
al que casaba su hija, dole[49] yo muy rico don;
cada día que amanece, por mí hacen oración;
no la hacen por el rey, que no la merece, non;
él les puso muchos pechos[50] y quitáraselos yo. »

The tragic events recorded in the legend of the Siete Infantes de Lara occurred shortly after the death of Fernán González. The family feud which led to the deaths of the seven brothers began when the Infantes attended the wedding of their uncle, Ruy Velázquez, to Doña Lambra. The latter's cousin, Álvar Sánchez, was killed in a quarrel with the hotheaded youngest brother, Gonzalvo, during the games at the wedding celebrations. Lambra later ordered one of her servants to strike Gonzalvo with a cucumber dipped in blood, hoping thus to see her honor avenged. After doing so the servant took refuge under Lambra's cloak (a sure asylum in those days), but the enraged brothers dragged him out and

46 Palenzuela and the other place mentioned in this ballad were all in Castile. Some are still in existence today.
47 de ellos — some.

48 *Ricos hombres* were noblemen of the highest rank.
49 dole (doyle) — I give him.
50 pechos — taxes, tributes.

killed him. Lambra then turned to her husband and demanded revenge. Ruy Velázquez sent the Infantes' father, Gonzalo Gustios, on a mission into Moorish territory. Meanwhile, Ruy Velázquez had plotted with the Moors for the ambush of his seven nephews. They were slain, and their heads were delivered to Almanzor, the Moorish king, as trophies of the battle. Gonzalo Gustios, whose life had been spared by Almanzor, was called in to identify the heads of his sons.

While in captivity Gonzalo Gustios had another son by a Moorish woman. When grown to manhood, this son, named Mudarra, travelled to Christian lands, sought out his half-brothers' betrayer, and killed him. The following ballad recites the final events of this story.

Mudarra venga a los infantes

A cazar va don Rodrigo, y aun don Rodrigo de Lara:[51]
con la gran siesta que hace[52] arrimádose ha a una haya,
maldiciendo a Mudarrillo, hijo de la renegada,
que si a las manos le hubiese, que le sacaría el alma.
El señor estando en esto, Mudarrillo que asomaba:[53]
« Dios te salve, caballero, debajo de la verde haya. »
« Así haga a ti, escudero, buena sea tu llegada. »
« Dígasme tú, el caballero, ¿cómo era la tu gracia? »
« A mí dicen don Rodrigo, y aun don Rodrigo de Lara,
cuñado de Gonzalo Gustios,[54] y hermano de doña Sancha;
por sobrinos me los hube los siete infantes de Salas.
Espero aquí a Mudarrillo, hijo de la renegada;
si delante lo tuviese, yo le sacaría el alma. »
« Si a ti dicen don Rodrigo, y aun don Rodrigo de Lara,
a mí Mudarra González, hijo de la renegada,
de Gonzalo Gustios hijo, y alnado[55] de doña Sancha:
por hermanos me los hube los siete infantes de Salas:
tú los vendiste, traidor, en el val de Arabiana;
mas si Dios a mí me ayuda, aquí dejarás el alma. »
« Espéresme, don Gonzalo, iré tomar las mis armas. »
« El espero que tú diste a los infantes de Lara:
aquí morirás, traidor, enemigo de doña Sancha. »

Many episodes from the life of Rodrigo Díaz de Vivar, the Cid, some legendary and some based on fact, have been preserved in the ballads. Since the *Cantar de mio Cid* records only a portion of the life of the mature adult hero, the ballads recounting his youthful exploits *(mocedades)* are of particular interest, for it was from them that many later writers drew plots. One of the best known events in the early youth of Rodrigo concerns an affair of honor in which he was intimately involved.

Rodrigo's father, Diego Laínez, had been insulted by Count Gómez de Gormaz, known also as Count Lozano (a nickname meaning "robust" or "spirited"). Don Diego was too old and feeble to avenge his own honor and called upon his three sons to do so. When he tested them one by one, only Rodrigo passed the tests, and he was selected to cleanse the family's honor. In a duel Rodrigo kills Count Lozano, father of Jimena. She demands justice from the king and punishment for Rodrigo for her father's death. The king hesitates, fearing an uprising if he should arrest or kill Rodrigo. Finally Jimena asks again for justice, suggesting that the king settle the matter by arranging a marriage between herself and Rodrigo so that the man who had brought her so much grief might also bring her some happiness. The king accepts this solution, pardons

51 Lara was a town in the district of Lara and the home of the traitor, Rodrigo Velázquez (also called Ruy Velázquez). Salas was a smaller town in the district of Lara and the home of the Infantes. Hence they are sometimes called the Infantes de Lara and sometimes the Infantes de Salas.

52 con la gran siesta que hace — with the great heat.
53 A not infrequent ellipsis in the ballads. Translate: behold Mudarra who appears.
54 Gonzalo Gustios is the father of the Infantes.
55 alnado — stepson.

Rodrigo, and the two are married.[56] The *romance juglaresco* which follows recalls an incident after the killing of Count Lozano and before the marriage of Rodrigo and Jimena as the king calls Diego Laínez and Rodrigo to the court over the Lozano affair. The haughty, arrogant, hot-tempered young Rodrigo of the ballads as recorded here is quite different from the mature, even-tempered Cid of the epic poem. One can understand why the king might have been reluctant to cross his path.

Diego Laínez y Rodrigo van a saludar al rey

Cabalga Diego Laínez   al buen rey besar la mano;
consigo se los llevaba   los trescientos hijosdalgo.
Entre ellos iba Rodrigo   el soberbio castellano;
todos cabalgan a mula,   sólo Rodrigo a caballo;
todos visten oro y seda,   Rodrigo va bien armado;
todos espadas ceñidas,   Rodrigo estoque[57] dorado;
todos con sendas varicas,   Rodrigo lanza en la mano;
todos guantes olorosos,   Rodrigo guante mallado;[58]
todos sombreros muy ricos,   Rodrigo casco afilado,[59]
y encima del casco lleva   un bonete colorado.
Andando por su camino,   unos con otros hablando,
allegados son a Burgos;   con el rey se han encontrado.
Los que vienen con el rey   entre sí van razonando;
unos le dicen de quedo,[60]   otros lo van preguntando:
« Aquí viene entre esta gente   quien mató al Conde Lozano. »
Como lo oyera Rodrigo,   en hito[61] los ha mirado:
con alta y soberbia voz   de esta manera ha hablado:
« Si hay alguno entre vosotros,   su pariente o adeudado,[62]
que le pese de su muerte,   salga luego a damandallo;
yo se lo defenderé   quiera a pie, quiera a caballo. »
Todos responden a una: « Demándelo su pecado. »
Todos se apearon juntos   para al rey besar la mano;
Rodrigo se quedó solo   encima de su caballo.
Entonces habló su padre,   bien oiréis lo que ha hablado:
« Apeaos vos, mi hijo,   besaréis al rey la mano,
porque él es vuestro señor,   vos, hijo, sois su vasallo. »
Desque Rodrigo esto oyó   sintióse más agraviado:
las palabras que responde   son de hombre muy enojado.
« Si otro me lo dijera,   ya me lo hubiera pagado;
mas por mandarlo vos, padre,   yo lo haré de buen grado. »
Ya se apeaba Rodrigo   para al rey besar la mano;
al hincar de la rodilla,   el estoque se ha arrancado.
Espantóse de esto el rey,   y dijo como turbado:
« Quítate, Rodrigo, allá,   quítate me allá, diablo,
que tienes el gesto de hombre,   y los hechos de león bravo. »
Como Rodrigo esto oyó,   apriesa pide el caballo;
con una voz alterada,   contra el rey así ha hablado:
« Por besar mano de rey   no me tengo por honrado;
porque la besó mi padre   me tengo por afrentado. »[63]

---

56 Though the ballads do not dwell upon the struggle in Jimena's heart between love (for Rodrigo) and honor (i.e. her duty to avenge her father's death), Guillén de Castro and Corneille after him used this theme to good effect in their dramas.
57 estoque — rapier.
58 guante mallado — gauntlet of mail.
59 casco afilado — pointed helmet.
60 de quedo — softly.
61 en hito — fixedly.

62 adeudado — retainer.
63 The attitude of disrespect for the king is characteristic of the turbulent times in which the Cid lived and of the fierce, independent spirit of medieval noblemen such as the Cid, Fernán González, and Bernardo del Carpio. The king in question here was Fernando I, *el Magno*. The Cid's great respect for King Alfonso VI (who sent him into exile) as evidenced in the *Cantar de mio Cid* offers a marked contrast to his contemptuous treatment of the king here.

En diciendo estas palabras   salido se ha del palacio:
consigo se los tornaba   los trescientos hijosdalgo:
si bien vinieron vestidos,   volvieron mejor armados,
y si vinieron en mulas,   todos vuelven en caballos.

A second popular cycle of events from the Cid's earlier life revolves around the partitioning of Fernando I's extensive kingdom among his children. At his death, Fernando broke his unified realm up into small kingdoms, giving Castilla to Sancho, León to Alfonso, Galicia and northern Portugal to García, the city of Toro to Elvira, and the city of Zamora to Urraca. Sancho, the oldest, believed that all the kingdoms should belong to him, and he set out to win them back. The Cid was his vassal, and he advised Sancho to obey his father's will and not make war on his brothers and sisters. Nevertheless, when the fighting began the Cid fought for his king.

Alfonso and García were soon defeated and Sancho took over the kingdoms of León and Galicia with part of Portugal. García was thrown into prison, but Alfonso escaped and took refuge with the Moors in Toledo. Elvira promptly surrendered Toro when Sancho demanded it, but Urraca still held out in Zamora. To make his victory complete, Sancho laid siege to Zamora, sending the Cid to the walls of the city to demand surrender.

The Cid was still reluctant to fight against Urraca, for he felt that Sancho's action was unjust. Urraca and her advisers refused Sancho's ultimatum and according to legend the siege continued for years.

Inside the city, Bellido Dolfos, after Conde Julián the most notorious traitor in Spanish literature, offered to end the siege, counting on some mysterious reward from Urraca if he should be successful. Feigning a quarrel with Arias Gonzalo, the uncle and aged counselor of Urraca and patriarch of the city, Bellido Dolfos dashed into Sancho's camp, accompanied by a cry of warning from Arias Gonzalo that the Castilians should beware of the traitor who had just left. Unmindful of the warning in his eagerness to take the city, Sancho withdrew with Bellido Dolfos to hear the latter's plan for breaching the walls. But instead of revealing to King Sancho how he might enter, the traitor stabbed him in the back and fled on horseback toward Zamora. The Cid, learning too late that Sancho had been killed, pursued the murderer but failed to catch him, for, as the legend explains, he did not have his spurs on.

La traición de Bellido Dolfos

« Rey don Sancho, rey don Sancho,   no digas que no te aviso
que del cerco de Zamora   un traidor había salido:
Vellido Dolfos se llama,   hijo de Dolfos Vellido,
a quien él mismo matara   y después echó en el río.
Si te engaña, rey don Sancho,   no digas que no lo digo. »[64]
Oídolo ha el traidor,   ¡gran enojo ha recibido!
Fuése donde estaba el rey;   de aquesta suerte le ha dicho:
« Bien conoscedes, señor,   el malquerer y homecillo[65]
que el malo de Arias Gonzalo   y sus hijos han conmigo:
en fin, hasta tu real   agora me han perseguido:
esto, porque les reptaba   que estorbaban tu partido,
que otorgase doña Urraca   a Zamora en tu servicio.
Agora que han bien mirado   como está bien entendido
que tú prendas a Zamora   por el postigo[66] salido,
trabajan buscar tu daño   dañando el crédito mío.
Si me quieres por vasallo,   serviréte sin partido. »[67]
El buen rey siendo contento,   díjole: « Muéstrame, amigo,
por donde tome a Zamora,   que en ella serás tenido
mucho más que Arias Gonzalo,   que la manda con desvío. »[68]
Besóle el traidor la mano,   en gran poridad[69] le dijo:

64 These lines are the warning called by Arias Gonzalo.
65 homecillo — enmity, hate.
66 postigo — postern gate (a small door inside a larger one).

67 sin partido — without pay.
68 desvío — aversion, displeasure.
69 poridad — secret.

« Vámonos tú y yo, señor,   solos, por no hacer bullicio,
verás lo que me demandas,   y ordenarás tu partido
donde se haga una cava,   y lo que manda mi aviso.
Después con ciento de a pie   matar las guardas me obligo,
y se entrarán tus banderas   guardándoles el postigo. »
Otro día de mañana   cabalgan Sancho y Vellido,
el buen rey en su caballo,   y Vellido en su rocino:[70]
juntos van a ver la cerca,[71]   solos a ver el postigo.
Desque el rey lo ha rodeado   saliérase cabe[72] el río,
do se hubo de apear   por necesidad que ha habido.
Encomendóle un venablo[73]   a ese malo de Vellido:
dorado era y pequeño,   que el rey lo traía consigo.
Arrojóselo el traidor,   malamente lo ha herido;
pasóle por las espaldas,   con la tierra lo ha cosido.
Vuelve riendas al caballo   a más correr al postigo.
La causa de la corrida   le demandaba Rodrigo,
el cual dicen de Vivar: el malo no ha respondido.
El Cid apriesa cabalga;   sin espuelas lo ha seguido:
nunca le pudo alcanzar,   que en la ciudad se ha metido.
Que le metan en prisión   doña Urraca ha proveído:
guárdale Arias Gonzalo   para cuando sea pedido.
Tornóse el Cid con coraje,   como no prendió a Vellido,
maldiciendo al caballero   que sin espuelas ha ido.[74]
No sospecha tal desastre,   cuida ser otro el delito,
que si lo que era creyera,   bien defendiera el postigo
hasta vengar la muerte   del rey don Sancho el querido.

Since Sancho had no heirs, the throne of Castile fell rightfully to his brother Alfonso, who had been living in exile since Sancho's victory over him in León. The Castilians naturally took a gloomy view of this for they had no desire to be subjects of a Leonese king. Furthermore, they suspected Alfonso and the Zamorans of treachery in Sancho's death in view of the fact that Bellido Dolfos had returned to the city after the murder. The Cid therefore proposed that the city be challenged and be forced to defend its name and honor. As the following ballad recounts, Diego Ordóñez of the house of Lara issued the challenge for the Castilians.

It is presumed that there was at least one epic poem on the story of the siege of Zamora, *El cerco de Zamora*, summarized in the *Primera crónica general*. In addition a whole series of ballads memorializes the events from this dramatic moment of Spanish history.

El reto de los zamoranos

Ya cabalgó Diego Ordóñez[75]   del real se había salido
armado de piezas dobles   en un caballo morcillo;
la lanza lleva terciada,[76]   levantado en los estribos.
Va a rieptar[77] los de Zamora   por la traición de Vellido;
vido[78] estar a Arias Gonzalo   asomado en el castillo;
con un denuedo feroz,   estas palabras le ha dicho:

70 rocino (rocín) — hack, nag.
71 cerca — fence. Probably part of the fortifications.
72 cabe — beside.
73 venablo — javelin.
74 Two famous proverbs have arisen from this legend: « No se ganó Zamora en una hora » and « Mal haya sea el caballero que sin espuelas cabalga. »
75 Diego Ordóñez was King Sancho's uncle. In this ballad, however, he calls the king his cousin.
76 la lanza lleva terciada — he holds his lance diagonally, i.e. across his saddle.

77 rieptar (retar) — to challenge. The challenge or *reto* was a legal procedure employed in the Middle Ages and followed a time honored formula. The *reto* was delivered against someone suspected of treachery and amounted to an accusation. Those challenged then had to defend themselves in judicial combat. If they were defeated they were proved guilty of treachery; if they were victorious they were proved innocent. The challenger had to defend his charge against five champions selected by the city.
78 vido (vió) — he saw.

« Yo riepto a los de Zamora por traidores conoscidos,
porque fueron[79] en la muerte del rey don Sancho mi primo,
y acogieron en la villa al que[80] esta traición hizo.
Por eso fueron traidores, en consejo, fecho y dicho;
por eso riepto a los viejos, por eso riepto a los niños,
y a los que están por nascer, hasta los recién nascidos;
riepto al pan, riepto las carnes; riepto las aguas y el vino,
desde las hojas del monte hasta las piedras del río. »
Respondióle Arias Gonzalo, ¡oh qué bien ha respondido!:
« Si yo soy cual tú lo dices, no debiera ser nascido;
más hablas como esforzado,[81] e no como entendido,
porque sabes que en Castilla hay un fuero[82] establecido,
que el que riepta concejo[83] haya de lidiar con cinco,
y si alguno le venciere, el concejo queda quito. »[84]
Don Diego, que lo oyera, algo fuera arrepentido;
mas sin mostrar cobardía, dijo: « Afírmome a lo dicho,
y con esas condiciones yo acepto el desafío;
que los mataré en el campo, o dirán lo que yo he dicho. »[85]

The Leonese, Asturians, and Galicians readily accepted their new king, Alfonso, but the Castilians, represented by the Cid, were still embittered over the treacherous murder of Sancho and could not easily give their allegiance to the new monarch. The traditional rivalry between the Castilians and the Leonese had now been heightened by the former's suspicion that Alfonso and Urraca had conspired in the death of Sancho. History records that before acknowledging him king, twelve Castilian compurgators of whom the Cid was one, exacted an oath from Alfonso and forced him to swear that he had had no part in the killing of Sancho. The ballads record, however, that in the final test all but the Cid were afraid to incur Alfonso's enmity and withdrew. The king agreed to the public oath at the church of Santa Gadea in Burgos, one of the churches designated for this purpose. The Cid himself administered the oath and forced Alfonso to repeat it three times. Alfonso never forgot this humiliation and was later easily persuaded to exile the Cid on other charges.

La jura de Santa Gadea

En Toledo estaba Alfonso, que non cuidaba reinar;[86]
desterrárale don Sancho por su reino le quitar:
Doña Urraca a don Alfonso mensajero fué a enviar;
las nuevas que le traían a él gran placer le dan.
« Rey Alfonso, rey Alfonso, que te envían a llamar;
castellanos y leoneses por rey alzado te han,
por la muerte de don Sancho, que Vellido fué a matar:
solo entre todos Rodrigo que no te quiere acetar,
porque amaba mucho al rey, quiere que hayas de jurar
que en la su muerte, señor, no tuvistes qué culpar. »
« Bien vengáis, los mensajeros, secretos queráis estar,
que si el rey moro lo sabe, él aquí nos detendrá. »
El conde don Peranzures un consejo le fué a dar,
que caballos bien herrados al revés habían de herrar.
Descuélganse por el muro, sálense de la ciudad,
fueron a dar a Castilla, do esperándolos están.

79 fueron — Here: were involved, took part in.
80 This refers to Bellido Dolfos.
81 esforzado — brave, valiant, strong.
82 fuero — law.
83 concejo — city and all its inhabitants.
84 quito — acquitted.
85 The outcome of the combat between the Zamoran defenders and Diego Ordóñez is told in other ballads. The five sons of Arias Gonzalo defend the honor of the city, but because of a technicality the issue is never decided. Zamora and the Leonese are proved neither guilty nor innocent.
86 non cuidaba reinar — thought he was no longer king.

Al rey le besan la mano,   el Cid no quiere besar;
sus parientes castellanos   todos juntados se han.
« Heredero sois, Alfonso,   nadie os lo quiere negar;
pero si os place, señor,   non vos debe de pesar
que nos fagáis juramento   cual vos lo quieren tomar;
vos y doce de los vuesos,[87]   los que vos queráis nombrar
de que en la muerte del rey   non tenedes qué culpar. »
« Pláceme, los castellanos,   todo os lo quiero otorgar. »
En Santa Gadea de Burgos,   allí el rey se va a jurar;
Rodrigo tomó la jura   sin un punto más tardar,
y en un cerrojo bendito[88]   le comienza a conjurar:
« Don Alonso,[89] y los leoneses,   veníos vos a salvar[90]
que en la muerte de don Sancho   non tuvisteis qué culpar,
ni tampoco de ella os plugo,   ni a ella disteis lugar:
mala muerte hayáis, Alfonso,   sin non dijerdes verdad;
villanos sean en ella,   non fidalgos de solar,
que non sean castellanos,   por más deshonra vos dar,
sino de Asturias de Oviedo   que non vos tengan piedad. »
« Amén, amén », dijo el rey,   « que non fuí en tal maldad. »
Tres veces tomó la jura,   tantas le van preguntar.
El rey, viéndose afincado,[91]   contra el Cid se fué a airar:
« Mucho me afincáis, Rodrigo,   en lo que no hay que dudar,
cras besarme héis la mano,   si agora me hacéis jurar. »
« Sí, señor, » dijera el Cid,   « si el sueldo me habéis de dar,
que en la tierra de otros reyes   a fijosdalgo les dan.
Cuyo vasallo yo fuere   también me lo ha de pagar;
si vos dármelo quisiéredes,   a mi placer me vendrá. »
El rey por tales razones   contra el Cid se fué a enojar;
siempre desde allí adelante   gran tiempo le quiso mal.

The Moorish or frontier ballads, dealing with the lives, loves, and battles of Moors and Christians alike, were often based on some historical event, largely in the area around Granada. One of the most famous and best loved of the *romances fronterizos* is *La pérdida de Alhama*, also called *¡Ay de mi Alhama!* after the refrain which is repeated every two lines. This ballad recalls the loss of a city located some twenty miles southwest of Granada. Alhama belonged to the Moorish king Muley Abul Hasán (died in 1485) but was captured by the Spaniard Rodrigo Ponce de León, Marqués de Cádiz, on February 28, 1482. The ballad records the Moorish king's grief upon learning of his loss. Ginés Pérez de Hita, who first published it in 1595, maintained that the ballad was taken from an Arabic poem, but Menéndez Pidal questions this. According to legend the Moorish authorities, fearing the high emotion engendered after the loss of the city, forbade anyone to sing or recite the ballad. Lord Byron, Southey, Mérimée, and others have translated this poem. There are various versions, as is the case with most popular ballads.

La pérdida de Alhama

Paseábase el rey moro   por la ciudad de Granada,
desde la puerta de Elvira   hasta la de Vivarambla.[92]
« ¡Ay de mi Alhama! »[93]

87 vuesos (vuestros) — Here: your men, your vassals.
88 cerrojo — bolt. Some say the Cid administered the oath on a book of the Evangelists or on a crucifix. Others say he did it on a crossbow. Our ballad shows him using a "holy bolt," still on display in the St. Agatha church.

89 Alonso (Alfonso) — Alphonse.
90 salvar — to prove.
91 afincado — hard pressed.
92 *La puerta de Elvira* and *la de Vivarambla* were gates of the city of Granada.
93 This is the lament of the Moorish king, repeated throughout the poem.

cartas le fueron venidas   que Alhama era ganada:
las cartas echó en el fuego,   y al mensajero matara.
      « ¡Ay de mi Alhama! »
Descabalga de una mula,   y en un caballo cabalga;
por el Zacatín[94] arriba   subido se había al Alhambra.
      « ¡Ay de mi Alhama! »
Como en el Alhambra estuvo,   al mismo punto mandaba
que se toquen sus trompetas,   sus añafiles[95] de plata.
      « ¡Ay de mi Alhama! »
Y que las cajas de guerra[96]   apriesa toquen al arma,
porque lo oigan sus moros,   los de la Vega[97] y Granada.
      « ¡Ay de mi Alhama! »
Los moros que el son oyeron   que al sangriento Marte llama,
uno a uno y dos a dos   juntado se ha gran batalla.
      « ¡Ay de mi Alhama! »
Allí habló un moro viejo,   de esta manera hablara:
« ¿Para qué nos llamas, rey,   para qué es esta llamada? »
      « ¡Ay de mi Alhama! »
« Habéis de saber, amigos,   una nueva desdichada:
que cristianos de braveza   ya nos han ganado Alhama. »
      « ¡Ay de mi Alhama! »
Allí habló un alfaquí[98]   de barba cruda y cana:
« ¡Bien se te emplea,[99] buen rey,   buen rey, bien se te empleara! »
      « ¡Ay de mi Alhama! »
« Mataste los Bencerrajes,[100]   que eran la flor de Granada;
cogiste los tornadizos[101]   de Córdoba la nombrada. »
      « ¡Ay de mi Alhama! »
« Por eso mereces, rey,   una pena muy doblada:
que te pierdas tú y el reino,   y aquí se pierda Granada. »
      « ¡Ay de mi Alhama! »

The ballad entitled *Abenámar* is another good example of the frontier ballad. It relates an episode in the struggle of the Christians against the Moors which lasted for so many centuries. The Christian king of this poem was very likely Juan II, who fought and won the battle of La Higueruela near Granada in 1431. It is possible that on the day of the battle Juan questioned one of his Moorish friends about the city of Granada which he could see in the distance and which he longed to possess. The *Abenámar* ballad may have had its origin in Arabic poetry, an assumption strengthened by the poem's personification of the city of Granada and the courting of the city as though it were a girl. This was a device common to Arabic poetry but little used by Spanish and other western poets. Despite this evidence, some critics feel that the ballad was not contemporaneous with the battle of La Higueruela but rather was an artistic invention of the first half of the sixteenth century. Ginés Pérez de Hita included a version of this poem in his *Guerras civiles de Granada* (1595), and several translations have been made of it, including those by Southey, Gibson, and Chateaubriand.

Abenámar

« ¡Abenámar, Abenámar,[102]   moro de la morería[103]
el día que tú naciste   grandes señales había!

94 Zacatín was a street in Granada.
95 añafiles — long, straight Moorish trumpets.
96 cajas de guerra — drums.
97 *La Vega* is a plain west of the city.
98 alfaquí — wise man, mullah, or learned Mohammedan counselor.
99 Bien se te emplea — It's what you deserve.
100 Bencerrajes (Abencerrajes) were a noble family of Granada, some of whom were put to death by Abul Hasán over a minor squabble.
101 tornadizo — turncoat. Pedro Venegas, a Spaniard captured at the age of eight by the Moors, married a Moorish woman and adopted her religion. He was known as *el tornadizo*. His son rose to prominence at the court of Abul Hasán, the king in this ballad.
102 Abenámar was a Moorish prince who belonged to a political faction at the moment in exile and living under Juan II's protection. In real life his name may have been, according to some sources, Júzef Abenalamao, and according to others Yusuf Ibn Alahmar.
103 morería — Moordom; Moorish kingdom of Granada.

Estaba la mar en calma,   la luna estaba crecida:[104]
moro que en tal signo nace,   no debe decir mentira. »
Allí respondiera el moro,   bien oiréis lo que decía:
« Yo te la[105] diré, señor,   aunque me cueste la vida,
porque soy hijo de un moro   y una cristiana cautiva;
siendo yo niño y muchacho   mi madre me lo decía:
que mentira no dijese,   que era grande villanía;
por tanto pregunta, rey,   que la verdad te diría. »
« Yo te agradezco, Abenámar,   aquesa tu cortesía.
¿Qué castillos son aquéllos?   ¡Altos son y relucían! »
« El Alhambra[106] era, señor,   y la otra la mezquita;[107]
los otros los Alijares,[108]   labrados a maravilla.
El moro que los labraba   cien doblas ganaba al día,
y el día que no los labraba   otras tantas se perdía,
desque los tuvo labrados   el rey le quitó la vida,[109]
porque no labre otros tales   al rey del Andalucía.
El otro es Generalife[110]   huerta que par no tenía;
el otro Torres Bermejas,[111]   castillo de gran valía. »
Allí habló el rey don Juan,   bien oiréis lo que decía:
« Si tú quisieses, Granada,   contigo me casaría;[112]
daréte en arras y dote   a Córdoba y a Sevilla. »
« Casada soy, rey don Juan,   casada soy, que no víuda;[113]
el moro que a mí me tiene,   muy grande bien me quería. »

The following old ballad may be one of the very few Spanish poems to descend from an Arabic original, according to an opinion of Milá y Fontanals. Its special charm lies in its fragmentary nature, the music of its opening line, its suggestiveness, and the unusual feature of first person singular narration. Menéndez Pidal said of it that it may be "uno de aquellos cantos que para juglarescas moras escribía el Arcipreste de Hita."

Romance de la mora Moraima

Yo me era mora Moraima[114]   morilla de un bel catar:[115]
cristiano vino a mi puerta,   cuitada,[116] por me engañar.
Hablóme en algarabía[117]   como aquel que la bien sabe:
« Ábrasme las puertas, mora,   si Alá te guarde de mal. »
« ¿Cómo te abriré, mezquina,[118]   que no sé quién te serás? »
« Yo soy el moro Mazote,   hermano de la tu madre,
que un cristiano dejo muerto;   tras mí viene el alcalde.
Si no me abres tú, mi vida,   aquí me verás matar ».
Cuando esto oí, cuitada,   comencéme a levantar;
vistiérame una almejía[119]   no hallando mi brial,
fuérame para la puerta   y abríla de par en par.[120]

104 A full moon was considered a good omen.

105 *La* must refer to an implied *verdad*.

106 El Alhambra is in modern Spanish La Alhambra. It was the palace of the Moorish kings of Granada and was built in the thirteenth and fourteenth centuries.

107 mezquita — mosque, probably the city's main mosque, no longer in existence. The poet should have said *el otro* to agree with *castillo* instead of *la otra* to agree with *la mezquita*.

108 *Los Alijares*, frequently mentioned by Spanish writers, was a palace or castle which no longer exists.

109 The killing of architects had precedents in oriental history.

110 *Generalife* was a summer house and garden for the kings.

111 *Torres Bermejas*, named for the red stone of which it is built, was formerly a fortress.

112 A marriage proposal to a city was an oriental poetic fancy.

113 *Viuda* is stressed on the *i* to keep the *i-a* assonance.

114 The Moraima of this ballad has not been identified, though there was a person with this name who was a favorite of Boabdil, king of Granada.

115 de un bel catar — fair to see.

116 cuitada — sad, filled with troubles. Here: poor me.

117 algarabía — Arabic language.

118 mezquina — wretched, unhappy; small, weak.

119 almejía — small cloak worn by poor Moors.

120 abríla de par en par — I opened it wide.

The ballad entitled *Romance del Conde Arnaldos* appears in nearly all Spanish ballad collections and has won international fame. It has been translated by Bowring, Gibson, Lockhart, and Berchet and paraphrased by Longfellow in *The Secret of the Sea (The Seaside and the Fireside)*. The usual version of the Conde Arnaldos poem is the one given here, though a more complete one is in existence, having been found among the Spanish Jews of Morocco. The mystery and appeal of the ballad are heightened, however, in the shorter version, for the reader is left to imagine what the count might have done. In the extra lines of the Moroccan version the count goes aboard the ship, finds his family and servant there, and on the next day sees seven ships looking for him.

Romance del Conde Arnaldos

¡Quién hubiese tal ventura[121]   sobre las aguas del mar,
como hubo el conde Arnaldos   la mañana de San Juan!
Con un falcón en la mano   la caza iba a cazar,
vió venir una galera   que a tierra quiere llegar.
Las velas traía de seda,   la ejarcia[122] de un cendal,[123]
marinero que la manda   diciendo viene un cantar.
que la mar facía en calma,   los vientos hace amainar,[124]
los peces que andan nel hondo   arriba los hace andar,
las aves que andan volando   nel mástel las face posar.
Allí fabló el conde Arnaldos,   bien oiréis lo que dirá:
« Por Dios te ruego, marinero,   dígasme ora ese cantar. »
Respondióle el marinero,   tal respuesta le fué a dar:
« Yo no digo esta canción   sino a quien conmigo va. »

Another anthology favorite without which no ballad collection seems to be complete is that haunting, lyrical old ballad entitled *Romance de Fonte-Frida*, extremely popular during the reign of Ferdinand and Isabel. The turtledove, noted for its affection for its mate and young, symbolized fidelity in the Middle Ages. Once widowed, the female could not be consoled or enticed to seek another mate. Instead she sought to be alone with her grief, would not rest on green branches, and would drink only muddy water. Even the nightingale, the most attractive of birds and symbolic of the lover, could not persuade her to abandon her mourning.

Romance de Fonte-Frida

Fonte-frida,[125] fonte-frida   fonte-frida y con amor,
do todas las avecicas   van tomar consolación,
si no es la tortolica   que está viuda y con dolor.
Por allí fuera a pasar   el traidor de ruiseñor:
« Si tú quisieses, señora,   yo sería tu servidor. »[126]
« Vete de ahí, enemigo,   malo, falso, engañador,
que ni poso en ramo verde,   ni en prado que tenga flor;
que si el agua hallo clara,   turbia la bebía yo;
que no quiero haber marido,   porque hijos no haya, no:
no quiero placer con ellos,   ni menos consolación.
¡Déjame, triste enemigo,   malo, falso, mal traidor,
que no quiero ser tu amiga   ni casar contigo, no!

Typical of the *romances juglarescos* is the following Spanish version of an episode from the *Chanson de Roland*. In the French poem it is Charlemagne who has the dream and announces Roland's death to "la belle Aude," whereas in the Spanish ballad it is Doña Alda

---

121 ¡Quién hubiese tal ventura! — Would that I might have such good fortune! In some versions this line reads: « Quién hubiera tal ventura sobre las aguas de mar. »
122 ejarcia (jarcia) — rigging. Some versions show *ejercia*.
123 cendal — a silk imported from India; twisted crepe.
124 amainar — to die down. The magical, soothing effect of music on all nature has long been accepted.
125 Fonte-frida (fuente fría) — cool spring. The poet addresses the spring.
126 servidor — Here: lover.

herself who has the prophetic dream. The transmission of this theme to Spain was not direct, for according to Menéndez Pidal the poet based his poem on a Spanish source which had in turn been derived from various French reworkings.

Romance de doña Alda

En París está doña Alda, la esposa de don Roldán,[127]
trescientas damas con ella para la acompañar:
todas visten un vestido, todas calzan un calzar,[128]
todas comen a una mesa, todas comían de un pan,[129]
si no era doña Alda, que era la mayoral.[130]
Las ciento hilaban oro, las ciento tejen cendal,
las ciento tañen instrumentos para doña Alda holgar.
Al son de los instrumentos doña Alda adormido se ha:
ensoñado había un sueño, un sueño de gran pesar.
Recordó[131] despavorida y con un pavor muy grande,
los gritos daba tan grandes, que se oían en la ciudad.
Allí hablaron sus doncellas, bien oiréis lo que dirán:
« ¿Qué es aquesto, mi señora? ¿quién es el que os hizo mal? »
« Un sueño soñé, doncellas, que me ha dado gran pesar;
que me veía en un monte en un desierto lugar:
de so[132] los montes muy altos un azor vide[133] volar,
tras dél viene una aguililla que lo ahinca[134] muy mal.
El azor con gran cuita metióse so mi brial;[135]
el aguililla con grande ira de allí lo iba a sacar;
con las uñas lo despluma, con el pico lo deshace. »
Allí habló su camarera, bien oiréis lo que dirá:
« Aquese sueño, señora, bine[136] os lo entiendo soltar:
el azor es vuestro esposo, que viene de allén[137] la mar;
el águila sedes vos, con la cual ha de casar,
y aquel monte es la iglesia donde os han de velar. »[138]
« Si así es, mi camarera, bien te lo entiendo pagar. »
Otro día de mañana cartas de fuera le traen;
tintas venían de dentro, de fuera escritas con sangre,
que su Roldán era muerto en la caza de Roncesvalles.[139]

"Más galán que Gerineldo" is a proverb which attests to the popularity of the favorite page of Spanish balladry. Over 160 versions of the Gerineldo ballads have been collected from all over the Spanish-speaking world. The basic story of these poems was originally founded on the legendary love of Eginardo, secretary and chamberlain of Charlemagne, and Emma, Charlemagne's daughter. The detail of the sword placed in the bed, says Menéndez Pidal, was an old juridical symbol indicative of respect for virginity. The king lays his sword between the two sleeping people as an "expresión de un imposible deseo de proteger la pureza de su hija y, a la vez, como una acusación y una amenaza."

Romance de Gerineldo

« Gerineldo, Gerineldo, paje del rey más querido;
¡dichosa fuera la dama que se casara contigo! »[140]
« Porque soy criado suyo, ¡cómo se burla conmigo! »
« Non me burlo, Gerineldo; advierte lo que te digo:

---

127 Doña Alda is *la belle Aude* from the *Chanson de Roland.* Roldán is Roland.
128 calzar (calzado) — shoes.
129 todas comían de un pan — all ate the same food.
130 mayoral — mistress.
131 recordó — she awakened.
132 so — under, below.
133 vide (vi) — I saw.

134 ahincar — to press.
135 brial — tunic.
136 bine (bien) — well.
137 allén (allende) — beyond.
138 velar — Here: to marry, to veil (as for a marriage).
139 Roncesvalles was a pass in the Pyrenees where the French were defeated in 778.
140 The princess is talking to Gerineldo here.

a las doce de la noche   echa a andar para el castillo,
desque mi padre y mi madre   estéan[141] adormecidos. »
Aun no eran dadas las doce   ya llamaba en el postigo.
Mas la reina, con ser[142] reina,   aun no se había dormido.
« Levántate, buen rey,   levántate conmigo;
o nos roban la Infantina,   o nos roban el castillo. »
Levantárase el buen rey   con un camisón vestido;
cogió la espada en la mano,   y echó a andar por el castillo.
Topólos[143] boca con boca   como mujer y marido:
alzó los ojos arriba, y dixo: « ¡Válgame Cristo!
yo si mato a la Infantina   queda mi reino perdido;
y si mato a Gerineldo . . .   ¡criélo desde muy niño! »
Puso la espada entre ambos: « Ésta será buen testigo. »
A otro día de mañana[144]   Gerineldo aborrecido.[145]
« ¿Tú que tienes, Gerineldo;   tú que tienes, paje mío?
¿Hízote mal el mi pan,   o te hizo mal el mi vino? »
« Non me hizo mal vuestro pan,   nin me hizo mal vuestro vino;
falta un cofre a la Infantina   y a mí me lo habían pedido. »
« ¡Dese cofre, Gerineldo,   la mi espada es buen testigo!
O te has de casar con ella   o la has de buscar marido. »
« Señor, mi padre non tiene   ni para echarla un vestido. »
« Échaselo de sayal[146]   pues ella lo ha merecido. »[147]

---

141 estéan (estén) — are.
142 con ser — being; because she was.
143 Topólos — He found them.
144 A otro día de mañana — the next morning.

145 aborrecido — sad, dejected.
146 sayal — sack cloth.
147 She deserves sack cloth for her behavior the previous night.

EPIC POETRY IN THE GOLDEN AGE

Alonso de Ercilla y Zúñiga, 1533–94, *La Araucana* (pp. 60–61)

Don Alonso de Ercilla y Zúñiga was born of aristocratic parents. At the age of fifteen he became a page of the prince who was to become Felipe II of Spain. He therefore received a fine education and traveled widely over Europe in the company of royal personages. He was in England with Felipe on the occasion of the prince's marriage to Mary Tudor when news came of the Araucanian Indian wars in Chile. He decided to go to America as a soldier with the Adelantado Jerónimo de Alderete, who had been appointed to succeed Valdivia in the New World. Ercilla's arrival in Peru was delayed until 1556, however, by the death of Alderete in Panama and other contretemps. In the following year he reached Chile to serve for seven years as a captain in the Spanish army under Don García Hurtado de Mendoza, son of the Spanish viceroy at Lima, Don Andrés Hurtado de Mendoza. An interesting episode in Ercilla's life concerns his death sentence while in Chile. The hotheaded young Don García sentenced both Ercilla and Juan de Pineda to be beheaded in the public square in La Imperial for having engaged in a quarrel during a public holiday. The two men were reprieved only at the last moment as Don García reacted to public sentiment in their favor, but Ercilla was nevertheless imprisoned for three months and then exiled from Chile. Later in life, García was offended that Ercilla had given him only a secondary role in *La Araucana* and hired several poets to write refutations of Ercilla's poem. None of these, however, has enjoyed the success of the original. Ercilla eventually made his way back to Spain, was well received by his king, and served him and his country in many important ways until his death in 1594.

Ercilla's long historical epic poem *La Araucana* consists of 21,072 lines of verse and is divided into thirty-seven cantos. Part I, published in 1569, contains the first fifteen cantos. Part II, published in 1578, contains cantos sixteen through twenty-nine, and Part III, published in 1589, contains cantos thirty through thirty-seven. The verse form employed by Ercilla throughout is the *octava real*, also called *octava rima*, a strophe which originated in Italy. It was used by Ariosto in the *Orlando Furioso*, a poem no doubt familiar to Ercilla. As its name implies, the *octava real* consists of eight lines of verse, each eleven syllables in length, rhyming *ABABABCC*. In *La Araucana* there are 2,634 strophes.

Don Alonso announces in his opening lines that he will not sing of ladies nor of love nor of enamoured gallants, but of the valor, deeds, and prowess of those valiant Spaniards who subdued the untamed Araucanians. Part I of his poem deals with the early encounters of the Spanish forces in Chile with the Araucanian Indians who inhabited the central and southern portions of the country. Although Ercilla was not present at this stage of the conquest, he arrived on the scene shortly afterwards and gathered his information from eyewitnesses and participants, both Spanish and Indian. Ercilla himself later took part in the wars and saw with his own eyes much of the action he recreated in the second part of the poem. In Part III he continued his role of soldier and poet-chronicler of the arduous campaigns against the stubborn and heroic Araucanians.

In the dedication of *La Araucana* to his sovereign, Felipe II, Ercilla claims to be historically accurate, a statement he repeats at some length in the prologue. He notes also that to achieve historical accuracy he composed part of his poem in the midst of the events and often for lack of paper he had to write his octaves on bits of leather and pieces of letters, some of which would scarcely hold six lines of verse. These fragments were organized later in Spain where Ercilla finished writing the poem. Yet despite his efforts to give a true and faithful representation of the campaigns, Ercilla misrepresented the American scene to some extent. The human emotions he portrays are accurate, but his descriptions of the Indians, their manner of speaking and their way of life are not. This resulted in a somewhat sentimentalized, romantic picture of the Araucanian people.

Ercilla describes in detail the violence, the cruelty, the blood, the suffering, the anguish, the fear, the death, and all the other horrors that accompany warfare. Yet he does not over-state matters. His style is simple and direct without the flourishes and embellishments one might expect. He was not a master of versification, but he did have a knack for bringing to life very animated and confused battle scenes. Despite his frequently stated fears of being monotonous, which prompted him to make several digressions, he maintains interest in his theme. He included a few famous events from contemporary history, such as descriptions of the battles of San Quintín and Lepanto and of Felipe II's wars in Portugal. Although these digressions interrupt the principal narrative, they heighten the patriotic effect for which Ercilla was striving. He also injected fantastic elements into his poem through the use of visions and dreams, though he usually identified them as such for his readers. In the course of the narrative he weaves in a few Indian love stories, such as the one about Rengo, who leaves his bride to meet death in battle, or another about the unfortunate Tegualda, who is seen by Ercilla himself after dark on a battle field strewn with corpses as she searches for the body of her slain husband. From the outset Ercilla admired the noble enemy, and his poem is as much a commemoration of the Araucanian's dignified heroism and love of freedom as it is a tale of the adventures and exploits of Spanish heroes. He lamented the brutalities on both sides, and though he singled out Spanish heroes for high praise, he also grumbled at their needless cruelties. In the opening canto we find the following verses which reveal his admiration for the Indians.

. . . .

Cosas diré también harto notables
De gente que a ningún rey obedecen,
Temerarias empresas memorables
Que celebrarse con razón merecen;
Raras industrias, términos loables
Que más los españoles engrandecen;
Pues no es el vencedor más estimado
De aquello en que el vencido es reputado...
  Son de gestos robustos, desbarbados,
Bien formados los cuerpos y crecidos,

Espaldas grandes, pechos levantados,
Recios miembros, de nervios bien fornidos;[1]
Ágiles, desenvueltos,[2] alentados,[3]
Animosos, valientes, atrevidos,
Duros en el trabajo, y sufridores
De fríos mortales, hambres y calores.
  No ha habido rey jamás que sujetase
Esta soberbia gente libertada,
Ni extranjera nación que se jactase[4]
De haber dado en sus términos pisada;
Ni comarcana tierra que se osase
Mover en contra y levantar espada:
Siempre fué exenta, indómita, temida,
De reyes libre y de cerviz erguida.

The following excerpt is from Part III, Canto XXXII. The Araucanians under Caupolicán attack a Spanish fort at noon, believing they will catch the Spaniards napping. Betrayed by one of their own number, however, the Indians are trapped and destroyed. Although a soldier himself, Ercilla shudders at the sight of the incredible slaughter.

¡Dios sempiterno,[5] qué fracaso extraño,
Qué riza,[6] qué destrozo y batería
Hubo en la triste gente, que al engaño[7]
Ciega, pensando de engañar, venía!
¿Quién podrá referir el grave daño,
La espantosa y tremenda artillería,[8]
El ñublado[9] de tiros turbulento[10]
Que descargó de golpe en un momento?
  Unos vieran de claro atravesados,[11]
Otros llevados la cabeza y brazos,
Otros sin forma alguna machucados,[12]
Y muchos barrenados de picazos:
Miembros sin cuerpos, cuerpos desmembra-
Lloviendo lejos trozos y pedazos,   [dos,
Hígados, intestinos, rotos huesos,
Entrañas vivas y bullentes sesos...[13]
  Las voces, los lamentos, los gemidos,
El miserable y lastimoso duelo,
El rumor de las armas y alaridos
Hinchen el aire y cóncavo del cielo:
Luchando con la muerte los caídos
Se tuercen y revuelcan por el suelo,
Saliendo a un mismo tiempo tantas vidas
Por diversos lugares y heridas...

1 fornidos — robust, stout.
2 desenvueltos — self-assured, free, easy.
3 alentados — courageous, spirited.
4 que se jactase — that might boast.
5 sempiterno — eternal, everlasting.
6 riza — ravage, destruction.
7 *Engaño* refers to the betrayal by Andresillo, the Indian living among the Spaniards.
8 *artellería:* The Spaniards fired their cannon point

blank into the Indians as the latter rushed into the fort.
9 ñublado (nublado) — Here: great number, multitude.
10 *Turbulento* modifies *ñublado.*
11 Indians were ripped apart or had holes torn in them by the shot.
12 machucar — to pound; sin forma alguna machucados — pounded completely out of shape.
13 bullentes sesos — quivering brains.

Part II THE DRAMA

ORIGIN OF THE DRAMA

El auto de los reyes magos,
about the middle of the twelfth century,
anonymous (pp. 67–70)

This oldest preserved Spanish drama, sometimes referred to as the *Misterio de los reyes magos,* was discovered toward the end of the eighteenth century by a Spanish priest of Toledo, Don Felipe Fernández Vallejo, who later became Archbishop of Santiago. He found it at the end of an old manuscript containing a commentary on Lamentations, written in the style of handwriting current in the twelfth century. The preserved portion of this little play is incomplete and very short, consisting of only 147 lines of verse of different length with those of seven and nine syllables predominating. Related in many ways to the liturgical drama of Europe of its day, this Spanish version of the Nativity nevertheless has its own distinct personality and differs from all others in striking ways. The hesitations and doubts of the three Magi, the importance given to astrologers (to be expected in a country where astrology was highly developed), the polymetric tendency of the verse, and the test suggested by one of the Magi for the divinity of Jesus are elements which distinguish the Spanish drama from others of its kind.[1]

ESCENA PRIMERA

GASPAR, *solo*
 ¡Dios criador, qual maravilla,
 no sé qual es aquesta* estrella!

Agora* primas[2] la e veída,[3]
poco timpo a[4] que es nacida.
¿Nacido es el Criador
que es de la[5.] gentes senior?
Non es verdad, non sé que digo,
todo esto non vale uno higo.
Otra nocte[6] me lo cataré,[7]
si es vertad, bine[8] lo sabré.
                    (pausa)
¿Bine* es vertad lo que io* digo?
En todo, en todo lo prohío.[9]
¿Non pudet[10] seer otra sennal?*
Aquesto es i non es al;[11]
nacido es Dios, por ver,[12] de fembra*
in aquest mes de december.
Allá iré o que fure,[13] adorarlo e,*
por Dios de todos lo terné.*

BALTASAR, *solo*
 Esta strela non sé dond[14] viene
 quin[15] la trae o quin la tiene.
 ¿Por qué es aquesta sennal?*
 En mis días non vi atal.[16]
 Certas nacido es en tierra
 aquel qui en pace i en guera
 senior a a seer da[17] oriente
 de todos hasta in occidente.
 Por tres noches me lo veré,
 y más de vero[18] lo sabré.
                    (pausa)
 ¿En todo, en todo es nacido?
 Non sé si algo e veído.*
 Iré, lo adoraré,
 y pregaré[19] y rogaré.

MELCHIOR, *solo*
 Val, Criador, ¿atal facinda
 fu nunquas alguandre falada[20]

1 In the interest of more rapid reading, some of the Old Spanish words have been modernized in the version of the play which follows. Most old spellings and archaisms, however, have been retained in an attempt to preserve the flavor of the primitive original. No modernizations have been made that would change the syllable count of a line of verse. The asterisks again denote recurrences of peculiarities of Old Spanish already introduced in the preceding selections or in the present text.
2 primas — for the first time.
3 e veída (he visto) — I have seen. Past participles in OS often agreed with the direct object of the verb.
4 poco timpo a (poco tiempo hace) — a short time ago, not long ago. OS used *ha* in such time expressions.
5 *la* should read *las* (a scribal error).
6 Latin *ct* yielded *ch* in this and other words; L. *noctem* became Sp. *noche.*

7 catar — to look, watch.
8 bine (bien) — well.
9 prohío — I maintain.
10 pudet (puede) — can.
11 *Al* is the OS equivalent of modern *otra cosa;* non es al — it is nothing else.
12 por ver (de veras) — truly.
13 o que fure — wherever he may be.
14 dond (de donde) — from where, whence.
15 quin (quien) — who.
16 atal — such a thing.
17 a a seer da (ha de ser del) — is to be of the.
18 de vero (de veras) — truly, in truth.
19 pregar — to pray.
20 ¿atal facinda fu nunquas alguandre falada? — has a thing like this ever happened before? facinda (hacienda) — matter, thing; fu (fue) — was; alguandre — at any time (used to reinforce *nunca*).

41

o en escriptura trubada?²¹
Tal estrela non es en celo,²²
desto so* yo bono estrellero;²³
bine lo veo sines escarno²⁴
que uno omne* es nacido de carne,
que es senior de todo el mundo,
así como el cilo* es redondo;
de todas gentes senior será
i todo siglo iugará.²⁵
¿Es?   ¿Non es?
Creo que verdad es.
Veer lo e* otra vegada,²⁶
si es verdad o si es nada.
                    (pausa)
Nacido es el Criador
de todas las gentes mayor.
Bien lo veo que es verdad,
iré allá, por caridad.

ESCENA SEGUNDA

GASPAR, *a* BALTASAR
Dios vos salve, senior; ¿sodes* vos strelero?²⁷
Dezidme la verdad, de vos saberlo quiro
¿Vedes* tal maravilla?
Nacida es una estrella.

BALTASAR
Nacido es el Criador,
que de las gentes es senior.
Iré, lo adoraré.

GASPAR
Io* otrosí²⁸ rogar lo e.*

MELCHIOR, *a los otros dos*
Seniores, ¿a qual tirra, o* queredes* andar?
¿Queredes ir conmigo al Criador rogar?
¿Avedes* lo veído?* Io lo vo* adorar.

GASPAR
Nos imos²⁹ otrosí,* sil* podremos falar.³⁰
Andemos tras el strela,³¹ veremos el logar.

MELCHIOR
¿Cómo podremos provar* si es homne*
o si es rei de terra o si celestial?   [mortal

BALTASAR
¿Queredes* bine* saber cómo lo sabremos?
Oro, mirra, acenso³² a él ofrecremos:

si fuere rei de terra, el oro querrá;
si fuere omne* mortal, la mira tomará;
si rei celestial, estos dos dexará,*
tomará el encenso quel* pertenecerá.

GASPAR *y* **MELCHIOR**
Andemos i así lo fagamos.

ESCENA TERCERA

LOS MAGOS *y* **HERODES**
Salve te el Criador, Dios te curie³³ de mal,
un poco te dizeremos, non te queremos al,*
Dios te dé longa vita i te curie de mal;
imos* in romería aquel rei adorar
que es nacido in tirra, nol* podemos fallar.*

HERODES
¿Qué decides, o* ides? ¿A quin ides buscar?
¿De quál terra venides,* o* queredes andar?
Decid me vostros³⁴ nombres, no m' los
                              [querades celar.³⁵

GASPAR
A mi dizen Gaspar,
est otro Melchior, ad achest³⁶ Baltasar.
Rei, un rei es nacido que es senior de tirra,
que mandará el seclo³⁷ en grant pace³⁸ sines
                              [guerra.

HERODES
¿Es así por verdad?

GASPAR
Sí, rei, por caridad.

HERODES
¿I* cómo lo sabedes?
¿Ya provado lo avedes?*

GASPAR
Rei, vertad te dizremos,
que provado lo avemos.

MELCHIOR
Esto es grand maravilla.
Un strela* es nacida.

BALTASAR
Sennal* face* que es nacido
i* in carne humana venido.

HERODES
¿Quanto i a³⁹ que la vistes
i que la percibistes?⁴⁰

21 trubada (trovada) — found.
22 celo (cielo) — sky; cf. *cilo* (cielo) five lines below.
23 bono estrellero — good astrologer.
24 sines escarno — without doubt.
25 todo siglo iugará (todo el mundo juzgará) — will judge (rule) the whole world.
26 vegada — time (equivalent of *vez*).
27 strelero — astrologer (see note 23).
28 otrosí — also, too.
29 imos — we are going.
30 falar (hallar) — to find.
31 strela (estrella) — star.
32 acenso — incense, cf. *encenso* four lines below.
33 curiar — to guard, keep.
34 vostros (vuestros) — your.
35 celar — to conceal, hide.
36 ad achest (a aqueste) — this one.
37 seclo (siglo) — Here: world.
38 pace (paz) — peace.
39 ¿quanto i a (cuanto tiempo hace)? — how long ago, how long has it been?
40 percibir (apercibir) — to perceive, see.

GASPAR

Trece días a,*
i más non averá,*
que la avemos veída*
i bine* percebida.

HERODES

Pus[41] andad i buscad,
i a él adorad,
i por aquí tornad.
Io* allá iré,
i adorarlo e.*

ESCENA CUARTA

HERODES *solo*

¿Quin* vió numquas[42] tal mal,
Sobre rei otro tal?
¡Aun no so* io* morto,[43]
ni so[44] la terra pusto![45]
¿Rei otro sobre mí?
¡Numquas* atal* non vi!
El seglo* va a çaga,[46]
ia* non sé qué me faga;*
por vertad no lo creo
ata[47] que io lo veo.
Venga mío maiordoma
que míos averes* toma.
  (El mayordomo sale)
Idme por míos abades,
I por míos podestades,[48]
i por míos scrivanos[49]
i por míos gramatgos,[50]
i por míos streleros,*
i por míos retóricos;[51]
dezir m'an la vertad, si iace[52] in escripto,
o si lo saben elos,[53] o si lo an* sabido.

ESCENA QUINTA

HERODES *y sus* SABIOS

LOS SABIOS

Rei, ¿qué te place? He nos venidos.[54]

HERODES

¿I traedes vostros* escriptos?

LOS SABIOS

Rei, sí traemos,
los mejores que nos avemos.*

HERODES

Pus* catad,[55]
dezid me la vertad,
si es aquel omne nacido
que estos tres rees m'an dicho.
Di, rabí, la vertad, si tú lo as sabido.

RABÍ PRIMERO

Por veras vos lo digo
que no lo fallo* escripto.

RABÍ SEGUNDO

¡Hamihala,[56] cómo eres enartado![57]
¿Por qué eres rabí clamado?[58]
Non entendes las profecías,
las que nos dixo* Ieremías.[59]
¡Par mi lei,[60] nos somos erados![61]
¿Por qué non somos acordados?
¿Por qué non dezimos vertad?

RABÍ PRIMERO

Io* non la sé, por caridad.

RABÍ SEGUNDO

Porque no la avemos* usada,
ni en nostras vocas[62] es falada.*

---

41 pus (pues) — then, well.
42 numquas (nunca) — Here: ever.
43 morto (muerto) — dead.
44 so — beneath.
45 pusto (puesto) — put, placed.
46 a çaga (a zaga) — backwards.
47 ata (hasta) — until.
48 podestades — magistrates.
49 scrivanos (escribanos) — scribes.
50 gramatgos (gramaturgos) — grammarians.
51 retórico — orator.
52 iace (yace) — lies, is located.
53 elos (ellos) — they.

54 he nos venidos — we are here, here we are.
55 catar — to look.
56 Hamihala is a puzzling word. Some say it means *A mi Alá.* Ford suggests *Ha Mihala,* meaning " Ah, Michael, " the name of the rabbi.
57 enartado — deceived.
58 clamado (llamado) — called.
59 Ieremías (Jeremías) — Jeremiah.
60 par mi lei (por mi ley) — upon my faith, upon my word.
61 erados (errados) — wrong.
62 vocas (bocas) — mouths.

THE DRAMA OF THE RENAISSANCE

Bartolomé de Torres Naharro, 1476?–1531?

Comedia himenea (pp. 73–75)

Comedia himenea is the best of the eight plays produced by Torres Naharro and contains all the important ingredients of the "cape and sword" play which was to reach its full development with Lope de Vega and Calderón in the seventeenth century. Typical cape and sword elements in Naharro's play are (1) the enamored *galán* who courts his lady from the street, (2) the adventurous young lady who opens her door to her lover and thus jeopardizes her family's honor, (3) the jealous brother who feels his honor has been sullied and is determined to cleanse it, (4) secondary love intrigues among the servants of the two principals, and (5) the final happy ending with weddings. The entire play hinges on the point of honor, a theme that later became standard in the theater. Most of these features had already appeared in the *Celestina* (p. 131), which was undoubtedly one of Naharro's sources, not only for plot details as those just mentioned but also for the development of certain characters. Boreas and Eliso, two servants in the *Comedia himenea*, greatly resemble Sempronio and Pármeno, two servants in the *Celestina*. Also, Naharro's Febea is in some ways similar to Rojas' Melibea.

Comedia himenea consists of 1,470 lines of verse and is about half the length of a standard play. Throughout his work, Naharro used a strophe called *estancia octosilábica*. The *estancia* was a verse form usually consisting of a combination of eleven- and seven-syllable lines arranged in a pattern according to the whim of the author. The pattern was then repeated throughout the composition. A popular type of *estancia*, used by Garcilaso and many others, was the following: *abCabC cdeeDfF*. Naharro used eight- and four-syllable lines with a quite similar pattern: *abcab-ccdeeff*. The eleventh line in each strophe is a *pie quebrado* of only four syllables. Also, the author includes three songs — two in the second act and a third one to close the play.

The play opens with an *Introito y argumento* in which a scurrilous rural type urges the audience to have fun on this night of pleas-ures. He recounts in an earthy way some of his own adventures with women and then in a more serious vein settles down to the real business at hand: a summary of the plot of the play to follow.

In the first act, Himeneo and his two servants, Boreas and Eliso, are standing in the street outside Febea's house. Himeneo, in love with Febea, laments the fact that she has not responded to his attentions and has left him standing there. Eliso points out that it would be wise for them to withdraw to avoid a meeting with the Marqués, Febea's brother, for undoubtedly a fight would ensue and someone would be hurt. Himeneo resists but is finally persuaded to go home and leave the two servants to guard the street. Once the master is gone, Boreas kills time by telling Eliso of his affair with Dorotea, Febea's maid. When the Marqués and his man Turpedio appear, Himeneo's two servants sense trouble and quickly withdraw. The Marqués reveals that he does not want Himeneo paying court to his sister, but he decides not to have a showdown at this point.

The second act finds Himeneo back serenading Febea. She talks to him and is eventually persuaded to open her door to him on the next night. After Himeneo and his servants leave, the Marqués and Turpedio appear but decide not to chase them since they will surely catch them the next night. Act III is devoted to the secondary love intrigue of the servants. In Act IV on the following night, Himeneo enters Febea's house and leaves his men in the street to act as lookouts. These two cowardly fellows run for their lives when the Marqués and Turpedio appear. The latter, suspecting that Himeneo is inside the house, draw their swords and rush in. Here begins the fifth and final act.

JORNADA QUINTA

MARQUÉS
¡Oh mala mujer traidora!
¿Dónde vais?

TURPEDIO
Paso,[1] señor.

1 paso — easy, be careful.

FEBEA

¡Ay de mí, desventurada!

MARQUÉS

¿Pues qué os parece, señora?
¿Para tan gran deshonor
habéis sido tan guardada?
Confesaos con este paje,
que conviene que muráis,
pues con la vida ensuciáis
un tan antiguo linaje.
Quiero daros,
que os do* la vida en mataros.[2]

FEBEA

Vos me sois señor y hermano
(Maldigo mi mala suerte
y el día en que fuí nacida),
yo me pongo en vuestra mano,
y antes os pido la muerte
que no que me deis la vida.
Quiero morir, pues que veo
que nací tan sin ventura.
Gozará la sepultura
lo que no pudo Himeneo.

MARQUÉS

¿Fué herido?

TURPEDIO

No, que los pies le han valido.[3]

FEBEA

Señor, después de rogaros
que en la muerte que me dais
no os mostréis todo crüel,
quiero también suplicaros
que pues a mí me matáis,
que dejéis vivir a él.
Porque, según le atribuyo,
si sé que muere de esta arte,
dejaré mi mal aparte
por mejor llorar el suyo.

MARQUÉS

Toca a vos
poner vuestra alma con Dios . . .

FEBEA

Haced, hermano, con Dios,
que yo no paso la raya,[4]
pues mi padre, que Dios haya,
me dejó sujeta a vos,
Y podéis
cuanto en mí hacer queréis.
Pero pues d'esta manera

y así de rota, abatida,
tan sin duelo me matáis,
por amor de Dios siquiera
dadme un momento de vida,
pues toda me la quitáis.
Y no dejéis de escucharme
ni me matéis sin me oír,
que menos quiero vivir
aunque no queráis matarme,
que es locura
querer vida sin ventura.
No me quejo de que muero,
pues soy mortal como creo,
mas de la muerte traidora;
que si viniera primero
que[5] conociera a Himeneo,
viniera mucho en buen hora.
Mas viniendo de esta suerte,
tan sin razón, a mi ver,
¿cuál será el hombre o mujer
que no le doldrá[6] mi muerte
contemplando
por qué y dónde, cómo y cuándo?
Yo nunca hice traición.
Si maté, yo no sé a quien;
si robé, no lo he sabido;
mi querer fué con razón;
y si quise, hice bien
en querer a mi marido.
Cuanto más que las doncellas,
mientras que tiempo tuvieren,
harán mal si no murieren
por los que mueren por ellas.
Pues muriendo
dejan sus famas viviendo.
Pues, muerte, ven cuandoquiera,
que yo te quiero atender
con rostro alegre y jocundo;
que el morir de esta manera
a mí debe placer
y pesar a todo el mundo.
Sientan las gentes mi mal,
por mayor mal de los males,
y todos los animales
hagan hoy nueva señal.
Y las aves
pierdan sus cantos suaves.
La tierra haga temblor,
los mares corran fortuna,[7]
los cielos resplandezcan,
y pierda el sol su claror,

---

2 According to the honor code, a brother could kill his
sister with impunity if she had dishonored the family
name. With her death the honor was restored.

3 Himeneo left when he heard the Marqués and Turpedio entering, not because he was a coward but in
order to avoid a scandal if possible.

4 raya — bounds, limit. Febea means that she is not
going beyond the limits of custom and will not rebel
against her brother.

5 primero que (antes de que) — before.

6 doldrá (dolerá) — will grieve, will hurt.

7 fortuna — storm, tempest.

tórnese negra la luna,
las estrellas no parezcan,
las piedras se pongan luto,
cesen los ríos corrientes,
séquense todas las fuentes,
no den los árboles fruto,
de tal suerte,
que todos sientan mi muerte.

(The brother remains adamant and demands that FEBEA *make her confession before he kills her.)*

FEBEA

Confieso que en ser yo buena
mayor pecado no veo
que hice desque nací,
y merezco toda pena
por dar pasión a Himeneo
y en tomalla para mí.
Confieso que peca y yerra
la que[8] suele procurar
que no gocen ni gozar
lo que ha de comer la tierra,
y ante vos
yo digo mi culpa a Dios.

MARQUÉS

No es ésa la confesión
que vuestra alma ha menester.[9]
Confesaos por otra vía.

FEBEA

Pues a Dios pido perdón
si no fué tal mi querer
como el de quien me quería.
Que si fuera verdadero
mi querer como debiera,
por lo que de él sucediera
no muriera como muero.

MARQUÉS

Pues, señora,
ya me parece que es hora.

(Himeneo enters sword in hand with BOREAS *and* ELISO. TURPEDIO *is present.* DORESTA *enters later.)*

HIMENEO

Caballero, no os mováis.

MARQUÉS

¿Cómo no? ¡Mozo!

TURPEDIO

Señor.

MARQUÉS

Llega presto.

TURPEDIO

Vesme aquí.

HIMENEO

No braveéis[10] si mandáis.
Callad, y haréis mejor,
si queréis creer a mí.

MARQUÉS

¿Pues quién sois vos, gentilhombre?

HIMENEO

Soy aquél que más desea
la honra y bien de Febea,
y ha de ser
pues que fué y es mi mujer.

MARQUÉS

Catad,[11] pues sois caballero,
no queráis forzosamente
tomaros tal presunción.

HIMENEO

No quiera Dios, ni yo quiero
sino muy humanamente
lo que me da la razón.
Y porque[12] con la verdad
se conforme mi querella,
hagamos luego con ella
que diga su voluntad,
y con todo
hágase de aqueste modo:
que si Febea dijere
que me quiere por marido,
pues lo soy, testigo Dios,
que pues la razón lo quiere,
no perdiendo en el partido,
lo tengáis por bueno vos.
Pues sabéis bien que en linaje
y en cualquier cosa que sea,
la condición de Febea
me tiene poca ventaje.[13]
Y esto digo
porque vos sois buen testigo.

MARQUÉS

Bien veo que sois iguales
para poderos casar,
y lo saben dondequiera;
pero digo que los tales
lo deberían negociar
por otra mejor manera.

8 *La que* is an ellipsis meaning *la mujer que;* the subject of *gocen* is understood to be " men. " Translate these four lines: I confess that the woman who keeps men from enjoying what the earth will devour (i e., the body) and does not enjoy it herself sins and errs.
9 ha menester — needs.

10 bravear — to bully, menace.
11 catad — Here: take heed.
12 porque (para que) — so that, in order that.
13 ventaje (ventaja) — advantage. The spelling with *e* is needed for rhyme with *linaje*.

HIMENEO

Ya sé yo poner tercero[14]
donde fuere menester;
pero si tomo mujer,
para mí solo la quiero.
Pues así
quise engañarme por mí.

MARQUÉS

Señora, vos ¿qué hacéis
que no decís ni habláis
lo que pasa entre él y vos?

FEBEA

Yo digo que pues que veis
cuán mal camino lleváis,
que podéis iros con Dios.

MARQUÉS

¿Por qué?

FEBEA

       Porque paráis mientes
que me quisiteis matar
porque me supe casar
sin ayuda de parientes,
y muy bien.

MARQUÉS

Pues, gracias a Dios.

FEBEA

       Amén.

HIMENEO

Yo, señora, pues, ordeno
que se quede lo pasado
si bien mataros quisiera;
y él hacía como bueno,
y le fuera mal contado
si de otro modo hiciera.

MARQUÉS

No haya más, pues que es ya hecho.
Plega al divino Mesías
que lo gocéis muchos días
y que os haga buen provecho,
pues casasteis
mejor de lo que pensasteis.

HIMENEO

Yo digo, pues que así es,
que vos nos toméis las manos
por quitar estas zozobras;[15]
y, si quisierdes después,
seamos buenos hermanos
y hagámosnos[16] las obras.

MARQUÉS

¿Queréis vos? (*a* FEBEA)

FEBEA

       Soy muy contenta.

MARQUÉS

Dad acá.

ELISO

       Gracias a Dios.

BOREAS

Sí, pues que hace por nos
en sacarnos de esta afrenta.

MARQUÉS

Pues veamos
qué será bien que hagamos.

HIMENEO

Si vuestra merced mandare,
vámosnos a mi posada,
sentirá mis ganas todas,
y según allí ordenare
nombraremos la jornada
para el día de las bodas.

ELISO

Pues antes que aqueso sea,
Boreas y yo, señores,
nos damos por servidores
a la señora Febea.

FEBEA

Por hermanos.

BOREAS

Besamos sus pies y manos.

ELISO

También al señor Marqués
ofrecemos el deseo,
con perdón de lo pasado.

TURPEDIO

Yo también, pues que así es,
me doy al señor Himeneo
por servidor y criado.

FEBEA

Mas porque nuestros afanes
nos causen cumplida fiesta,
casemos a mi Doresta
con uno de estos galanes . . . .

HIMENEO

Yo tomo el cargo, señora,
de casaros a Doresta
si se confía de mí;
dejésmoslo por ahora.
Vámosnos; que es cosa honesta.
no nos tome el sol aquí.[17]

MARQUÉS

Pues, adiós.

14 tercero — Here: go-between. Himeneo does not trust male go-betweens, as the rest of the speech shows.
15 zozobra — anxiety, trouble.

16 Mod. Span. *hagámonos*. Here and elsewhere the *s* is retained, cf. *vámosnos* eight lines below.
17 The preceding scene has taken place early in the morning and it is almost daylight now.

HIMENEO

No quiero nada.

MARQUÉS

Sí, señor.

HIMENEO

Por Dios, no vais.

MARQUÉS

¿Por qué no?

HIMENEO

Porque vengáis
a conocer mi posada.
Holgaremos,
que cantando nos iremos.

MARQUÉS

Pláceme por vuestro amor,
si mi hermana vuestra esposa
nos hiciese compañía.

FEBEA

Soy contenta.

HIMENEO

Pues, señor
cantemos alguna cosa
solamente por la vía.

MARQUÉS

¿Qué diremos?

HIMENEO

De la gloria
que siente mi corazón
desque venció su pasión.

MARQUÉS

Decid: victoria, victoria;
vencedores,
cantad victoria en amores.
Victoria, victoria,
los mis vencedores,
victoria en amores.
Victoria, mis ojos,
cantad, si llorasteis,
pues os escapasteis
de tantos enojos;
de ricos despojos
seréis gozadores.
Victoria en amores,
victoria, victoria.

(Finis)

Miguel de Cervantes Saavedra,[1] 1547–1616,
El retablo[2] de las marvillas (pp. 80–81)

Cervantes sensibly yielded the palm to
Lope de Vega, realizing as he did that the
latter was the king of dramatists. Cervantes
recalled in the prologue to the 1615 edition of
his dramatic pieces: "Tuve otras cosas en que
ocuparme; dejé la pluma y las comedias,
y entró luego el monstruo de naturaleza,
el gran Lope de Vega, y alzóse con la monarquía cómica." Despite this resolution to
cease writing for the stage, which he made
about 1587, Cervantes continued at intervals
throughout his life to produce plays, though
without the popular success of Lope.

In the relatively minor art form of the one
act farce or *entremés*, however, Cervantes remained unsurpassed master. *El retablo de las
maravillas*, probably written around the turn
of the century but not published until 1615,
represents Cervantes at his best in his work
for the theater. He turned an unoriginal
theme, found in *El conde Lucanor* and elsewhere, into a delightful few minutes of dramatic entertainment. Here one finds the same
dual vision of the real and the ideal which
pervades his fiction. With his *socarronería*,
Cervantes points out that the *retablo* was
written for "cristianos viejos" and "hijos legí-
timos." When the little musician of the play,
Rabelín, is mocked and his qualities de-
nigrated, Chanfalla points out that he is a
good Christian and "hidalgo de solar conocido," to which the *gobernador* promptly replies, "Calidades son bien necesarias para ser
buen músico."

It has been pointed out that at times the
Retablo de las maravillas takes on the aspect
of a puppet show. Cervantes was obviously
fond of these shows for the tone of the
Retablo recalls, in fact, that of the episode of
Maese Pedro in the second part of *Don
Quijote*. As in most of Cervantes' work of
humorous force, beneath the slapstick of the
Retablo lies an important, universal message
about life and the problems of being
human.

The play concerns a fraud perpetrated on
the citizenry of a town by three strolling
players. They announce a pageant of marvels
but explain that those who have any trace of
Jewish blood or are of illegitimate birth will
be unable to see the marvelous things in the
show. Though nothing at all takes place on
the stage, the audience reacts as though they
were seeing all sorts of things, for not one
wishes the others to think that he is a *confeso*
or illegitimate.

1 See pp. 185–221 for excerpts from *Don Quijote*.

2 retablo — series of historical pictures, **pageant.**

THE DRAMA OF THE GOLDEN AGE

Lope Félix de Vega Carpio, 1562–1635, *Fuente Ovejuna* (pp. 82–87)

This historical drama, written before 1618 since its title appears in the list of plays included by Lope in his 1618 printing of *El peregrino en su patria*, achieved proper recognition late because of its unavailability. Today, however, it is one of Lope's most popular plays, and it has been translated into German, French, English, and Russian. The village whose name forms the title of the drama may have been known originally as Fuente Abejuna (Fountain of the Bees), but by Lope's time it had become Fuente Ovejuna (Fountain of the Sheep).

The action of *Fuente Ovejuna* is bound up in the historical and political events of the last half of the fifteenth century. Lope took the principal theme from a relatively minor incident which occurred in the town in April, 1476. The common people of the village, humiliated and driven to desperation by the excesses of a tyrannical overlord, finally rose up and killed him and a number of his henchmen. The king sent an investigator to determine those guilty of the crime, but although the investigator resorted to torture, he could force nobody to answer his question "Who killed the comendador?" except with the words "Fuente Ovejuna did it." This historical event is recorded in the *Crónica de las tres órdenes y caballerías de Santiago, Calatrava y Alcántara*, 1572, by Rades y Andrada, where Lope undoubtedly read it. Lope adheres closely to the historical account, and the characters in his drama are those who played the part in real life: namely Fernán Gómez, the tyrannical comendador; Rodrigo Téllez Girón, Maestre de Calatrava; King Ferdinand and Queen Isabel; and several others.

A secondary theme of the play is the triumph of the Catholic sovereigns over their competitors for the throne of Castile, vacated by the death of the weakling Enrique IV in 1474. The latter's reign was characterized by political and moral disorder; and the king's vacillations and everyone's doubts about the legitimacy of his daughter, Juana *la Beltraneja*, obscured the succession. King Alfonso V of Portugal claimed the throne, as did Isabel *la Católica*. Lope, always a strong defender of royalty, champions the new king and queen, Ferdinand and Isabel, and implies that they will finally bring order and justice into the land as they defeat the nobility and take Fuente Ovejuna under their protection. Nevertheless, a genuine democratic spirit forms the basis of *Fuente Ovejuna*, for vengeance here, unlike that of most other Golden Age drama, is not a personal matter. The difficulty in identification of the play's nature stems from the fact that, as in many Golden Age plays, the king's interest and those of the common people were identical in combating the nobility. The entire town rises against tyranny to obtain justice, thus expressing the Spaniard's love of freedom and insistence upon personal dignity. During the Republic of 1931, *Fuente Ovejuna* was revived. It became a very popular item in the repertory of Federico García Lorca's traveling theatrical company, La Barraca, which took this play and others to the provinces.

The play is typically baroque in its constant stress on tension and opposites. The nobles oppose the people; the nobles oppose the king. While Flores lives in both worlds, some of the other characters represent the conflict between good and evil. Frondoso is virtuous; the comendador is evil. Frondoso's love for Laurencia is noble; the comendador's desires are base.

Act I opens as Fernán Gómez, comendador of Fuente Ovejuna, is impatiently awaiting the arrival of the Maestre de Calatrava, the very young but promising Don Rodrigo Téllez Girón. When the two meet, Fernán Gómez urges Don Rodrigo to join his relatives who have sided with King Alfonso of Portugal in his struggle for the throne of Castile. He defends Alfonso's claim to the throne and advises Rodrigo to gather his men at arms and take Ciudad Real as a step in the furthering of Alfonso's aims. Rodrigo agrees to the plan.

Laurencia and Pascuala, standing in the public square of Fuente Ovejuna, deplore the comendador's abuses of women and girls in the vicinity. They recall his attempts to seduce them, and both resolve to defy him. Mengo, Barrildo, and Frondoso enter, and the baroque elements of the play are once more made manifest as Lope introduces a comic note in the clever discourses on human types, opposites, and the existence of love. Flores, a servant of the comendador, arrives and tells them that Ciudad Real has fallen to Don Rodrigo. He announces that the comendador is returning to Fuente Ovejuna, and the townspeople present to the comendador many gifts to welcome him home. The lecherous nobleman tries to lure Laurencia and Pascuala into his house, but they manage to escape.

At Medina del Campo, Fernando and Isabel are making plans to resist Alfonso. Two messengers arrive to announce the fall of Ciudad Real. To recapture the city Fernando dispatches an army under Don Manrique, Maestre de Santiago, and the Conde de Cabra. Meanwhile, in the country near Fuente Ovejuna, Frondoso and Laurencia talk of love. The comendador, out on a hunt, accidentally runs across them, and as he appears, Frondoso hides. But when the comendador seeks to overcome Laurencia by force, Frondoso threatens him with his own crossbow which he had momentarily laid on the ground so that he could grapple with Laurencia.

In the second act, Esteban, the village mayor and Laurencia's father, complains about the lack of grain and the incompetence of astrologers. Other villagers discuss the abuses of the comendador. The nobleman haughtily demands that Laurencia's father influence her to submit to him. The commoners protest as strongly as they dare against the tyrant's insults, but he orders them to their homes. The comendador, still smarting under the humiliation of the crossbow incident, plans vengeance. A soldier appears to inform him that Ciudad Real has been attacked by King Fernando's army, and the comendador prepares to leave to help the besieged city.

Meanwhile, in the country Pascuala, Laurencia, and Mengo speak of their loathing for the comendador and his abuses. Jacinta enters and implores their help to save her from the comendador's men who have come to take her to him. Mengo protects her but is beaten for his pains, and the comendador drags Jacinta off with him.

Frondoso proposes marriage to Laurencia, asks Esteban for her hand, and receives consent from both. The comendador's excesses have almost exhausted the town's patience, but there is to be more. At the wedding celebrations held for Frondoso and Laurencia, the comendador, who has been defeated at Ciudad Real, interrupts, imprisons Frondoso, beats Esteban with his own mayor's staff of authority, and carries off both Frondoso and Laurencia. The townspeople can endure no more and agree to make plans.

Act III opens as the peasants are planning to take matters into their own hands. They arrange a meeting in the council room of the city hall where Esteban asks if there is a single man in the village who has not suffered at the hands of the comendador. Juan Rojo suggests that they send emissaries to King Fernando to seek protection and help, but Barrildo says the king is too busy with his wars. The *regidor* suggests as a solution that they all abandon the village, but Rojo says there is no time for such a drastic move. The scene continues as follows:

REGIDOR
Ya, todo el árbol[1] de la paciencia roto,[2]
corre la nave de temor perdida.
La hija quita con tan gran fiereza
a un hombre honrado, de quien es regida
la patria[3] en que vivís, y en la cabeza
la vara[4] quiebran tan injustamente.
¿Qué esclavo se trató con más bajeza?

JUAN ROJO
¿Qué es lo que quieres tú que el pueblo
[intente?

REGIDOR
Morir, o dar la muerte a los tiranos
pues somos muchos, y ellos poca gente.

BARRILDO
¡Contra el señor las armas en las manos!

ESTEBAN
El Rey sólo es señor después del cielo,
y no bárbaros hombres inhumanos.
Si Dios ayuda nuestro justo celo,
¿qué nos ha de costar?

MENGO
                    Mirad señores,
que vais en estas cosas con recelo.
Puesto que por los simples labradores

---

1 árbol — mast.
2 This scene is written in hendecasyllables with irregular rhyme.

3 patria — Here: town.
4 vara — staff (the mayor's symbol of office and authority).

estoy aquí, que más injurias pasan,[5]
más cuerdo represento sus temores.

JUAN ROJO

Si nuestras desventuras se compasan,[6]
para perder las vidas, ¿qué aguardamos?
Las casas y las viñas nos abrasan:
tiranos son; a la venganza vamos.

ESCENA III

(LAURENCIA *desmelenada. Dichos.*)

LAURENCIA

Dejadme entrar, que bien puedo[7]
en consejo de los hombres;
que bien puede una mujer,
si no a dar voto, a dar voces.
¿Conocéisme?

ESTEBAN

¡Santo cielo!
¿No es mi hija?

JUAN ROJO

¿No conoces
a Laurencia?

LAURENCIA

Vengo tal
que mi diferencia os pone
en contingencia[8] quien soy.

ESTEBAN

¡Hija mía!

LAURENCIA

No me nombres
tu hija.

ESTEBAN

¿Por qué, mis ojos?
¿Por qué?

LAURENCIA

Por muchas razones,
y sean las principales,
porque dejas que me roben
tiranos sin que me vengues,
traidores sin que me cobres.
Aun no era yo de Frondoso,
para que digas que tome,
como marido, venganza;
que aquí por tu cuenta corre;[9]
que en tanto que[10] de las bodas
no haya llegado la noche,
del padre y no del marido,

la obligación presupone;
que en tanto que no me entregan
una joya, aunque la compre,
no han de correr por mi cuenta
las guardas ni los ladrones.
Llevóme de vuestros ojos
a su casa Fernán Gómez;
la oveja al lobo dejasteis,
como cobardes pastores.
¿Qué dagas no vi en mi pecho?[11]
¡Qué desatinos enormes,
qué palabras, qué amenazas,
y qué delitos atroces
por rendir mi castidad
a sus apetitos torpes!
Mis cabellos, ¿no lo dicen?
Las señales de los golpes,
¿no se ven aquí, y la sangre?
¿Vosotros sois hombres nobles?
¿Vosotros padres y deudos?
¿Vosotros, que no se os rompen
las entrañas de dolor,
de verme en tantos dolores?
Ovejas sois, bien lo dice
de Fuente Ovejuna el nombre.
Dadme unas armas a mí,
pues sois piedras, pues sois bronces,
pues sois jaspes,[12] pues sois tigres . . .
Tigres no, porque feroces
siguen quien roba a sus hijos,
matando los cazadores
antes que entren por el mar,
y por sus ondas se arrojen.
Liebres cobardes nacisteis;
bárbaros sois, no españoles.
Gallinas, ¡vuestras mujeres
sufrís que otros hombres gocen![13]
Ponéos ruecas[14] en la cinta:
¿Para qué os ceñís estoques?[15]
¡Vive Dios que he de trazar[16]
que solas mujeres cobren
la honra destos tiranos,
la sangre destos traidores,
y que os han de tirar piedras,
hilanderas, maricones,[17]
amujerados, cobardes,
y que mañana os adornen
nuestras tocas y basquiñas,[18]
solimanes[19] y colores!

5 Mengo means that the humble peasants always end up bearing the brunt of any difficulties.
6 se compasan — are taken into account.
7 The verse form now used is *romance* in *o-e*.
8 contingencia — Here: doubt.
9 corre por tu cuenta — the responsibility is yours.
10 en tanto que — as long as.
11 Laurencia refers to the threats made against her by the comendador while she was his captive.
12 jaspes — Here: marble.
13 Read: ¡Sufrís que otros hombres gocen sus mujeres!
14 rueca — distaff for spinning.
15 estoques — rapiers.
16 trazar — make sure; to work out.
17 maricones — " fairies. "
18 basquiña — skirt.
19 solimán — cosmetics. Corrosive sublimate was used as face powder.

A Frondoso quiere ya,
sin sentencia, sin pregones,
colgar el Comendador
de una almena de la torre;
de todos hará lo mismo;
y yo me huelgo, medio hombres,
porque quede sin mujeres
esta villa honrada, y torne
aquel siglo de amazonas,
eterno espanto del orbe.

ESTEBAN

Yo, hija, no soy de aquéllos
que permiten que los nombres
con esos títulos viles.
Iré solo, si se pone
todo el mundo contra mí.

JUAN ROJO

Y yo, por más que me asombre
la grandeza del contrario.

REGIDOR

Muramos todos.

BARRILDO

Descoge
un lienzo al viento en un palo,
y mueran estos enormes.

JUAN ROJO

¿Qué orden pensáis tener?

MENGO

Ir a matarle sin orden.
Juntad el pueblo a una voz;
que todos están conformes
en que los tiranos mueran.

ESTEBAN

Tomad espadas, lanzones,
ballestas, chuzos[20] y palos.

MENGO

¡Los reyes nuestros señores
vivan!

TODOS

¡Vivan muchos años!

MENGO

¡Mueran tiranos traidores!

TODOS

¡Traidores tiranos mueran!

(Vanse todos los hombres)

LAURENCIA

Caminad; que el cielo os oye.
¡Ah, mujeres de la villa!
¡Acudid, porque se cobre
vuestro honor, acudid todas!

(The women of the town organize their own

battalion under Laurencia and march off to
share in the destruction of the hated tyrant.)

. . . .

ESCENA V

(Sala en casa del COMENDADOR.*)*

COMENDADOR

De ese cordel que de las manos sobra,[21]
quiero que le colguéis, por mayor pena.

FRONDOSO

¡Qué nombre, gran Señor, tu sangre[22] cobra!

COMENDADOR

Colgadle luego en la primera almena.

FRONDOSO

Nunca fué mi intención poner por obra
tu muerte entonces.[23]

(Alboroto dentro)

FLORES

Grande ruido suena.

COMENDADOR

¿Ruido?

FLORES

Y de manera, que interrompen
tu justicia, Señor.

ORTUÑO

Las puertas rompen.

COMENDADOR

¡La puerta de mi casa, y siendo casa
de la encomienda![24]

FLORES

El pueblo junto viene.

ESCENA VI

JUAN ROJO *(Dentro)*

¡Rompe, derriba, hunde, quema, abrasa!

ORTUÑO

Un popular motín mal se detiene.

COMENDADOR

¡El pueblo contra mí!

FLORES

La furia pasa
tan adelante, que las puertas tiene
echadas por la tierra.

COMENDADOR

Desatalde.
Templa, Frondoso, ese villano alcalde.

FRONDOSO

Yo voy, Señor; que amor les ha movido.

[*(Vase)*

---

20 chuzo — pike.
21 The verse form beginning here is *octava real*, a favorite of Lope.

22 tu sangre — Here: your name, your honor.
23 Frondoso refers to the crossbow incident.
24 encomienda — Here: commandery.

MENGO *(Dentro)*
¡Vivan Fernando e Isabel, y mueran
los traidores!

FLORES
                    Señor, por Dios te pido
que no te hallen aquí.

COMENDADOR
                         Si perseveran,
este aposento es fuerte y defendido.
Ellos se volverán.

FLORES
                         Cuando se alteran
los pueblos agraviados, y resuelven,
nunca sin sangre o sin venganza vuelven.

COMENDADOR
En esta puerta, así como rastrillo,[25]
su furor con las armas defendamos.

FRONDOSO *(Dentro)*
¡Viva Fuente Ovejuna!

COMENDADOR
                         ¡Qué caudillo!
Estoy porque a su furia acometamos.[26]

FLORES
De la tuya, Señor, me maravillo.

ESCENA VII

(ESTEBAN, FRONDOSO, JUAN ROJO, MENGO, BARRILDO,
y LABRADORES, ARMADOS TODOS. *El* COMENDADOR,
FLORES, ORTUÑO, CIMBRANOS.)

ESTEBAN
Ya el tirano y los cómplices miramos.
¡Fuente Ovejuna! Los tiranos mueran.

COMENDADOR
Pueblo, esperad.

TODOS
                    Agravios nunca esperan.

COMENDADOR
Decídmelos a mí; que iré pagando,
a fe de caballero, esos errores.

TODOS
¡Fuente Ovejuna! ¡Viva el rey Fernando!
¡Mueran malos cristianos y traidores!

COMENDADOR
¿No me queréis oír? Yo estoy hablando;
yo soy vuestro señor.

TODOS
                         Nuestros señores
son los Reyes Católicos.

COMENDADOR
                    Espera.

TODOS
¡Fuente Ovejuna! Fernán Gómez muera!

(Pelean. El COMENDADOR *y los suyos van
retirándose, y los amotinados se entran persi-
guiéndoles.)*

ESCENA VIII

(LAURENCIA, PASCUALA, JACINTA *y otras muchas
mujeres, armadas. Dichos, dentro.*)

LAURENCIA
Parad en este puesto de esperanzas,
soldados atrevidos, no mujeres.

PASCUALA
¿Los que mujeres son en las venganzas,
en él beban su sangre, es bien que esperes?[27]

JACINTA
Su cuerpo recojamos en las lanzas.

PASCUALA
Todas son de esos mismos pareceres.

ESTEBAN *(Dentro)*
¡Muere, traidor Comendador!

COMENDADOR *(Dentro)*
                         Ya muero.
¡Piedad, Señor, que en tu clemencia espero!

BARRILDO *(Dentro)*
Aquí está Flores.

MENGO *(Dentro)*
                         Dale a ese bellaco;
que ése fué el que me dió dos mil azotes.

FRONDOSO *(Dentro)*
No me vengo si el alma no le saco.

LAURENCIA
No excusamos entrar.[28]

PASCUALA
                         No te alborotes.
Bien es guardar la puerta.

BARRILDO *(Dentro)*
                         No me aplaco.
¡Con lágrimas agora, marquesotes![29]

LAURENCIA
Pascuala, yo entro dentro; que la espada
no ha de estar tan sujeta ni envainada. *(Vase)*

BARRILDO *(Dentro)*
Aquí está Ortuño.

FRONDOSO *(Dentro)*
                         Córtale la cara.

---

25 rastrillo — Here: iron grating (such as those at
castle gates which could be lowered in case of attack).
26 The comendador refers to Frondoso ironically as
he says, *Estoy porque a su furia acometamos* — I'm for
meeting their fury head on.

27 Pascuala wonders if Laurencia could really expect
the men, who had not shown too much spirit before, to
kill the comendador.
28 No excusamos entrar — we cannot help but enter.
29 *Marquesotes* is a contemptuous form of *marqués*.

ESCENA IX

(FLORES, *huyendo de Mengo.* PASCUALA, JACINTA, *mujeres; después,* LAURENCIA *y* ORTUÑO.)

FLORES

Mengo, ¡piedad! que no soy yo el culpado.

MENGO

Cuando ser alcahuete no bastara,
bastaba haberme el pícaro azotado.

PASCUALA

Dánoslo a las mujeres, Mengo, para[30] . . .
Acaba por tu vida.

MENGO

Ya está dado;
que no le quiero yo mayor castigo.

PASCUALA

Vengaré tus azotes.

MENGO

Eso digo.

JACINTA

Ea, muera el traidor.

FLORES

¡Entre mujeres!

JACINTA

¿No le viene muy ancho?[31]

PASCUALA

¿Aqueso lloras?

JACINTA

Muere, concertador de sus placeres.

PASCUALA

Ea, ¡muera el traidor!

FLORES

¡Piedad, señoras!

(*Sale* ORTUÑO, *huyendo de* LAURENCIA.)

ORTUÑO

Mira que no soy yo . . .

LAURENCIA

Ya sé quién eres.
Entrad, teñid las armas vencedoras
en estos viles.

PASCUALA

Moriré matando.

TODOS

¡Fuente Ovejuna y viva el rey Fernando!

In Scene X Don Manrique reports to King Fernando that Ciudad Real has been taken and that the Conde de Cabra is in charge there. The king is pleased. Flores, though wounded, has made his way to Toro to report the killing of Fernán Gómez to the king and ask that those responsible be brought to justice. He describes the uprising as follows:

REY

Repórtate.

FLORES

Rey supremo,[32]
mis heridas no consienten
dilatar el triste caso,
por ser mi vida tan breve.
De Fuente Ovejuna vengo,
donde, con pecho inclemente,
los vecinos de la villa
a su señor dieron muerte.
Muerto Fernán Gómez queda
por sus súbditos aleves;
que vasallos indignados
con leve causa se atreven.
Con título de tirano,
que le acumula[33] la plebe,
a la fuerza de esta voz[34]
el hecho fiero acometen;
y quebrantando su casa,
no atendiendo a que se ofrece
por la fe de caballero
a que pagará a quien debe,
no sólo no le escucharon,
pero con furia impaciente
rompen el cruzado pecho[35]
con mil heridas crueles,
y por las altas ventanas
le hacen que al suelo vuele,
adonde en picas y espadas
le recogen las mujeres.
Llévanle a una casa muerto,
y a porfía, quien más puede,
mesa su barba y cabello,
y apriesa su rostro hieren.[36]
En efecto, fué la furia
tan grande que en ellos crece,
que las mayores tajadas
las orejas a ser vienen.
Sus armas[37] borran con picas,
y a voces dicen que quieren
tus reales armas fijar,
porque aquéllas les ofenden.
Saqueáronle la casa,
cual si de enemigos fuese,

---

30 para — stop (a verb).
31 ¿No le viene muy ancho? — Isn't that better than you deserve? (Don't you like it?).
32 *Romance* in *e-e* begins here, often used for narratives called *relaciones*.
33 acumula — Here: imputes.

34 voz — Here: word, i.e. tyrant.
35 *Cruzado pecho* refers to the cross of the Order of Calatrava which the comendador wore on his chest.
36 These details are not the invention of Lope but are reported by Francisco de Rades y Andrada.
37 armas — Here: coat of arms.

y gozosos entre todos
han repartido sus bienes.
Lo dicho he visto escondido,
porque mi infelice[38] suerte
en tal trance no permite
que mi vida se perdiese;
y así estuve todo el día
hasta que la noche viene,
y salir pude escondido
para que cuenta te diese.
Haz, Señor, pues eres justo,
que la justa pena lleven
de un riguroso caso
los bárbaros delincuentes:
mira que su sangre a voces
pide que tu rigor prueben.

King Fernando assures Flores that justice will be done and orders that a judge go to Fuente Ovejuna to discover who are the guilty ones so that they may be punished. The people of Fuente Ovejuna rejoice over their victory and sing songs in praise of Fernando and Isabel, each adding his own *copla* to the song. Juan Rojo brings in the royal coat of arms of the Catholic Sovereigns with the intention of displaying it in the city hall. The town approves for it is glad to be rid of the tyrant and to place itself under the protection of other rulers. Esteban coaches all the town folk on their roles before the king's investigator arrives, and all agree that no matter what means are used to get them to inform on each other they will have only one answer: "Fuente Ovejuna." To be sure they all understand, they practice their parts with Esteban acting as investigator. The locale in Scene XV is in the home of Don Rodrigo in Almagro. He has just heard of Fernán Gómez's death and at first wants to go destroy the town and all its inhabitants. When he learns, however, that the town has placed itself under the protection of Fernando and Isabel, he changes his mind and even decides that he will go offer his allegiance to the new king and queen. Scene XVI contains the only sonnet in the play.

ESCENA XVI

LAURENCIA

Amando, recelar daño en lo amado[39]
nueva pena de amor se considera;
que quien en lo que ama daño espera,

aumenta en el temor nuevo cuidado.
    El firme pensamiento desvelado,
si le aflige el temor, fácil se altera;
que no es a firme fe pena ligera
ver llevar el temor al bien robado.
    Mi esposo adoro; la ocasión que veo
al temor de su daño me condena,
si no le ayuda la felice suerte.
    Al bien suyo se inclina mi deseo:
si está presente, está cierta mi pena;
si está en ausencia, está cierta mi muerte.

In the next scene Laurencia tries to persuade Frondoso to flee to save his life, fearing that the investigator will condemn him. Frondoso refuses. The *juez* tries to obtain information by torture from the citizens of Fuente Ovejuna. Offstage are the judge, Esteban, a boy, Pascuala, and Mengo. Onstage are Laurencia and Frondoso.

JUEZ *(Dentro)*

Decid la verdad, buen viejo.[40]

FRONDOSO

Un viejo, Laurencia mía,
atormentan.

LAURENCIA

                    ¡Qué porfía!

ESTEBAN *(Dentro)*

Déjenme un poco.

JUEZ

                    Ya os dejo.
Decid, ¿quién mató a Fernando?

ESTEBAN *(Dentro)*

Fuente Ovejuna lo hizo.

LAURENCIA

Tu nombre, padre, eternizo.

FRONDOSO

¡Bravo caso![41]

JUEZ *(Dentro)*

                    Ese muchacho
aprieta. Perro, yo sé
que lo sabes. Di quién fué.
¿Callas? Aprieta, borracho.

NIÑO *(Dentro)*

Fuente Ovejuna, Señor.

JUEZ *(Dentro)*

¡Por vida del Rey, villanos,
que os ahorque con mis manos!
¿Quién mató al Comendador?

---

38 *Infelice* is poetic license for *infeliz*.
39 In this sonnet Laurencia speaks of her fear for Frondoso's safety, knowing he is being sought by the investigator sent by Ferdinand and Isabella.

40 *Redondilla* begins here. The *viejo* is Esteban.
41 ¡Bravo caso! — What courage! The previous line is missing. It would have been a verse rhyming with Fernando.

FRONDOSO
¡Que a un niño le den tormento,
y niegue de aquesta suerte!

LAURENCIA
¡Bravo pueblo!

FRONDOSO
                    Bravo y fuerte.

JUEZ *(Dentro)*
Esa mujer al momento
en ese potro[42] tened.
Dale esa mancuerda[43] luego.

LAURENCIA
Ya está de cólera ciego.

JUEZ *(Dentro)*
Que os he de matar, creed,
en este potro, villanos.
¿Quién mató al Comendador?

PASCUALA *(Dentro)*
Fuente Ovejuna, señor.

JUEZ *(Dentro)*
Dale.

FRONDOSO
              Pensamientos vanos.

LAURENCIA
Pascuala niega, Frondoso.

FRONDOSO
Niegan niños, ¿qué te espantas?

JUEZ *(Dentro)*
Parece que los encantas.
Aprieta.

PASCUALA *(Dentro)*
                    ¡Ay cielo piadoso!

JUEZ *(Dentro)*
Aprieta, infame. ¿Estás sordo?

PASCUALA *(Dentro)*
Fuente Ovejuna lo hizo.

JUEZ *(Dentro)*
Traedme aquel más rollizo,
ese desnudo, ese gordo.

LAURENCIA
¡Pobre Mengo! Él es sin duda.

FRONDOSO
Temo que ha de confesar.

MENGO *(Dentro)*
¡Ay, ay!

JUEZ *(Dentro)*
                    Comienza a apretar.

MENGO *(Dentro)*
¡Ay!

JUEZ *(Dentro)*
              ¿Es menester ayuda?

MENGO *(Dentro)*
¡Ay, ay!

JUEZ *(Dentro)*
                    ¿Quién mató, villano,
al señor Comendador?

MENGO *(Dentro)*
¡Ay, yo lo diré, señor!

JUEZ *(Dentro)*
Afloja un poco la mano.

FRONDOSO
Él confiesa.

JUEZ *(Dentro)*
                    Al palo aplica
la espalda.

MENGO *(Dentro)*
                    Quedo; que yo lo diré.

JUEZ *(Dentro)*
¿Quién lo mató?

MENGO *(Dentro)*
Señor, Fuente Ovejunica.

JUEZ *(Dentro)*
¿Hay tan gran bellaquería?
Del dolor se están burlando.
En quien estaba esperando
niega con mayor porfía.
Dejaldos; que estoy cansado.

FRONDOSO
¡Oh Mengo, bien te haga Dios!
Temor que tuve de dos,
el tuyo me le ha quitado

In the final scenes we learn that under
Fernando and Isabel peace has returned to
Castile. Rodrigo Téllez Girón offers his
services to the new king and queen and they
accept. The *juez* reports to the king his failure
in Fuente Ovejuna and suggests that the king
will either have to pardon them all or kill the
entire village. The people of Fuente Ovejuna
appear before the king requesting to be his
subjects.

ESCENA XXV

*(ESTEBAN, ALONSO, FRONDOSO, LAURENCIA, MENGO,
LABRADORES, EL JUEZ, DON MANRIQUE, EL REY,
DOÑA ISABEL.)*

LAURENCIA
                    ¿Aquestos los reyes son?

FRONDOSO
                    Y en Castilla poderosos.

LAURENCIA
                    Por mi fe, que son hermosos:
¡bendígalos san Antón!

---

42 potro — torture rack.

43 mancuerda — a turn of the rack.

DOÑA ISABEL

¿Los agresores son éstos?

ESTEBAN

Fuente Ovejuna, señora,
que humildes llegan agora
para serviros dispuestos.
La sobrada tiranía
y el insufrible rigor
del muerto Comendador,
que mil insultos hacía,
fué el autor de tanto daño.
Las haciendas nos robaba
y las doncellas forzaba,
siendo de piedad extraño.

FRONDOSO

Tanto, que aquesta zagala,
que el cielo me ha concedido,
en que tan dichoso he sido,
que nadie en dicha me iguala,
cuando conmigo casó,
aquella noche primera,
mejor que si suya fuera,
a su casa la llevó;
y a no saberse guardar
ella, que en virtud florece,
ya manifiesto parece
lo que pudiera pasar.

MENGO

¿No es ya tiempo que hable yo?
Si me dais licencia, entiendo
que os admiraréis, sabiendo
del modo que me trató.
Porque quise defender
una moza de su gente,
que con término insolente,
fuerza la querían hacer,
aquel perverso Nerón,[44]
de manera me ha tratado,
que el reverso me ha dejado
como rueda de salmón.[45]
. . . .

ESTEBAN

Señor, tuyos ser queremos.
Rey nuestro eres natural,
y con título de tal
ya tus armas puesto habemos.
Esperamos tu clemencia,
y que veas esperamos
que en este caso te damos
por abono la inocencia.

REY

Pues no puede averiguarse

el suceso por escrito,
aunque fué grave el delito,
por fuerza ha de perdonarse.
Y la villa es bien se quede
en mí, pues de mí se vale,
hasta ver si acaso sale
comendador que la herede.[46]

FRONDOSO

Su majestad habla, en fin,
como quien tanto ha acertado.
Y aquí, discreto Senado,
FUENTE OVEJUNA da fin.

Tirso de Molina, 1584–1648, *El burlador de Sevilla* (pp. 87–89)

Tirso de Molina, who wrote theological plays as well as some refreshing psychological dramas which reveal his keen insight into human nature, is primarily famous for *El burlador de Sevilla y convidado de piedra.* It was with this piece that he introduced into European literature a new legend about Don Juan, the reckless libertine. Tirso combines with his theme of the successful seducer of women that of the blasphemer and evildoer who eventually must pay for his sins as he discovers that the mercy of God is not infinite. Critics disagree as to the date of the play's first performance, and although some date it as early as 1623, it may have been earlier. Fabio, the servant who appears in the 1630 edition, has been identified as Quevedo, Tirso's friend with whom he quarreled in 1621. Tirso visited Portugal in 1619–20 and in the play recalls his impressions of Lisbon through a speech of one of the characters named Gonzalo de Ulloa. These two bits of evidence would seem to indicate the year 1620 as the date of the play's composition, i.e. after Tirso's visit to Portugal and before his quarrel with Quevedo (whom he would not have immortalized after differing with him).

Nearly every possible type of Don Juan has been created in world literature since Tirso first introduced him. Some writers stress the invitation of the stone guest. Some portray Don Juan as an effeminate character, some as a criminal type. In some works Don Juan is saved; in others he is condemned. Among the many who have treated the theme are: the

44 Nerón — Nero, emperor of Rome in the first century. Used here as a synonym for tyrant.
45 Mengo again refers to his flogging (He left my back like a slice of salmon).

46 Given the struggle between the king and the nobles, such a grant was unlikely, which might further account for the king's willingness to be lenient.

Italians Cicognini, Giliberto, Biancolelli, and Goldini; the Frenchmen Dorimond, Viliers, Molière, Thomas Corneille, Mérimée, Dumas, Flaubert, and Rostand; the Germans Hoffmann, Heyse, and Mozart; the Englishmen Byron, Mansfield, and Shaw; the Russian Pushkin; and the Spaniards Zorrilla, Campoamor, Grau, and others. Zorrilla's nineteenth-century version of the theme, *Don Juan Tenorio*, is still performed in Spanish-speaking nations on November 2, All Souls' Day.

El burlador de Sevilla opens *in medias res* with Don Juan in the palace of the king of Naples where he has been sent from Spain because of his seduction of many women. In the king's palace he seduces Isabel by pretending to be her betrothed, Duke Octavio. Don Pedro Tenorio, Don Juan's uncle, is the Spanish ambassador to Naples. He is ordered by the king to investigate Isabel's outcry, but upon learning that his nephew is the seducer, he allows him to escape. To protect her honor, Isabel says that the culprit was Octavio, and the king orders his arrest. Pedro first reveals to Octavio Isabel's apparent infidelity and then allows him, too, to escape to Spain. The ship on which Don Juan has sailed is wrecked, and he and his servant Catalinón almost drown. Tisbea, a fishermaid who in a long soliloquy has been boasting of her indifference to men and her harshness to suitors, is intrigued by the fast-talking Don Juan.

The scene shifts to the court of King Alfonso XI of Castile. Don Gonzalo de Ulloa has just returned from Lisbon and a mission to Juan, king of Portugal (a chronological impossibility to which Tirso remains indifferent). Gonzalo relates his mission to the king and gives a long description of Lisbon. The king tells Gonzalo that he has arranged for the latter's daughter, Ana, to marry Don Juan.

Meanwhile, Don Juan seduces Tisbea, burns her hut, and, taking two of her horses, runs off with Catalinón. When Catalinón seeks to warn Don Juan about his deceitful actions the latter scoffs at the possibility of retribution. Tisbea expresses her frustration in a long lament, and though she throws herself into the sea, she is saved by her fishermen friends.

In the second act, Isabel has revealed her betrayal to King Alfonso and expects him to punish Don Juan, but out of deference to his father, the loyal Don Diego, the king sends Don Juan off to Lebrija to get him out of the way. Alfonso then decides he can settle matters by marrying Juan to Isabel, but since he has already told Don Gonzalo that he will marry Juan to Ana, he worries over what he can say to him. Duke Octavio appears before the king to complain, and as compensation for the wrong he has suffered the king offers him the hand of Ana, hoping thus to satisfy everyone concerned.

Don Juan goes to Sevilla where he meets the Marqués de la Mota. After discussing their various conquests and evil deeds, Mota reveals to Don Juan that he is in love with Ana, but that her father has promised her to another. Ana, first promised to Juan but now to Octavio, sends a message to Mota, whom she loves; but a servant gives it to Don Juan to give to Mota. Juan reads the note, which arranges for an assignation at eleven that night, and tells Mota that the appointment is for twelve. Scoffing at admonitions from his father Don Diego, Juan manages to exchange capes with Mota and goes off to make love to Ana. She discovers the exchange and calls out. Don Gonzalo rushes in, surprises Juan, and is killed in the sword fight which follows. Juan escapes and returns the cape to Mota, who is then accused of Don Gonzalo's murder. The king orders him beheaded. Juan now sets out for Lebrija, but on the way he encounters a rustic wedding festival. Batricio, the bridegroom, interprets Don Juan's presence as a bad omen. Juan, impressed by the beauty of the bride, Aminta, prepares to seduce her as the second act ends.

In the third act Batricio ponders his fate and that of his marriage to Aminta.

Sale BATRICIO, *pensativo*

BATRICIO

    Celos, reloj de cuidados
    que a todas las horas dais
    tormentos con que matáis,[1]
    aunque dais desconcertados;[2]
    celos, del vivir desprecios,
    con que ignorancias hacéis,
    pues todo lo que tenéis
    de ricos, tenéis de necios,[3]
    dejadme de atormentar;
    pues es cosa sabida
    que, cuando amor me da vida,

---

1 Jealousy torments one at all times, just as the clock strikes the hour.
2 The verse form here is *redondilla*.

3 The meaning is that jealousy is no respecter of persons. It strikes high and low alike.

la muerte me queréis dar.
¿Qué me queréis, caballero,[4]
que me atormentáis ansí?
Bien dije cuando le vi
en mis bodas, « ¡mal agüero! »
¿No es bueno que se sentó
a cenar con mi mujer,
y a mí en el plato meter
la mano no me dejó?
Pues cada vez que quería
metella la desviaba
diciendo a cuanto tomaba:
« ¡Grosería, grosería! »
Pues llegándome a quejar
a algunos, me respondían
y con risa me decían:
« No tenéis de que os quejar;
eso no es cosa que importe;
no tenéis de qué temer;
callad, que debe de ser
uso de allá de la corte. »
¡Buen uso, trato estremado![5]
Mas no se usara en Sodoma:[6]
que otro con la novia coma,
y que ayune el desposado.
Pues el otro bellacón[7]
a cuanto comer quería:
« ¿Esto no come?, » decía;
« No tenéis, señor, razón; »
y de delante al momento
me lo quitaba. Corrido[8]
estó; bien sé yo que ha sido
culebra[9] y no casamiento.
Ya no se puede sufrir
ni entre cristianos pasar;
y acabando de cenar
con los dos, ¿mas que[10] a dormir
se ha de ir también, si porfía,
con nosotros, y ha de ser,
el llegar yo[11] a mi mujer,
« grosería, grosería? »
Ya viene,[12] no me resisto.
Aquí me quiero esconder;
pero ya no puede ser,
que imagino que me ha visto.

Don Juan talks to Batricio and informs him that Aminta has written him a letter inviting him (Don Juan) to come to her (though she had not really done so), and that he will kill anyone who stands in his way. Batricio finds resistance useless and Don Juan goes to Aminta, convincing her father, Gaseno, on the way that he intends to marry her. Aminta of course is not expecting Don Juan, but Batricio. Scene VIII begins:

Sale AMINTA *como que está acostada*

AMINTA
¿Quién llama a Aminta?
¿Es mi Batricio?

DON JUAN
No soy
tu Batricio.

AMINTA
Pues, ¿quién?

DON JUAN
Mira
de espacio,[13] Aminta, quien soy.

AMINTA
¡Ay de mí!   ¡Yo soy perdida!
¿En mi aposento a estas horas?

DON JUAN
Éstas son las horas mías.

AMINTA
Volveos, que daré voces.
No excedáis a la cortesía
que a mi Batricio se debe.
Ved que hay romanas Emilias
en Dos Hermanas también,
y hay Lucrecias vengativas.[14]

DON JUAN
Escúchame dos palabras,
y esconde de las mejillas
en el corazón la grana,[15]
por ti más preciosa y rica.

AMINTA
Vete, que vendrá mi esposo.

DON JUAN
Yo lo soy; ¿de qué te admiras?

AMINTA
¿Desde cuándo?

DON JUAN
Desde agora.

4 Batricio refers here to Don Juan.
5 ¡Buen uso, trato estremado! — A fine custom, outrageous behavior!
6 Mas no se usara en Sodoma — It would not be allowed even in Sodom.
7 bellacón — rogue.
8 corrido — ashamed.
9 culebra — a big joke.
10 ¿mas que? — what will you bet that?
11 el llegar yo (al llegar yo) — when I approach.
12 Batricio sees Don Juan coming.
13 Mira de espacio — look slowly, carefully.
14 Ved . . . vengativas — In Dos Hermanas there are Roman Aemilias and vengeful Lucretias also (Aemilia was noted for patience and fortitude and Lucretia for virtue and vengeance.)
15 esconde . . . grana — Hide the red of your cheeks in your heart.

AMINTA

    ¿Quién lo ha tratado?

DON JUAN

                    Mi dicha.

AMINTA

    ¿Y quién nos casó?

DON JUAN

                      Tus ojos.

AMINTA

    ¿Con qué poder?

DON JUAN

                  Con la vista.

AMINTA

    ¿Sábelo Batricio?

DON JUAN

               Sí,
que te olvida.

AMINTA

             ¿Que me olvida?

DON JUAN

Sí, que yo te adoro.

AMINTA

              ¿Cómo?

DON JUAN

Con mis dos brazos.

AMINTA

             Desvía.[16]

DON JUAN

¿Cómo puedo, si es verdad
que muero?

AMINTA

        ¡Qué gran mentira!

DON JUAN

Aminta, escucha y sabrás,
si quieres que te lo diga,
la verdad; que las mujeres
sois de verdades amigas.
Yo soy noble caballero,
cabeza de la familia
de los Tenorios, antiguos
ganadores de Sevilla.[17]
Mi padre, después del rey,
se reverencia y estima,
y en la corte, de sus labios
pende la muerte o la vida.
Corriendo el camino acaso,
llegué a verte, que amor guía
tal vez las cosas de suerte,
que él mismo dellas se olvida.
Vite, adoréte, abraséme

tanto, que tu amor me anima
a que contigo me case;
mira qué acción tan precisa.
Y aunque lo mormure el reino
y aunque el rey lo contradiga,
y aunque mi padre enojado
con amenazas lo impida,
tu esposo tengo de ser.
¿Qué dices?

AMINTA

           No sé qué diga,
que se encubren tus verdades
con retóricas mentiras.
Porque si estoy desposada,
como es cosa conocida,
con Batricio, el matrimonio
no se absuelve[18] aunque él desista.

DON JUAN

En no siendo consumado,
por engaño o por malicia
puede anularse.

AMINTA

           En Batricio
todo fue verdad sencilla.

DON JUAN

Ahora bien: dame esa mano,
y esta voluntad confirma
con ella.

AMINTA

         ¿Que no me engañas?

DON JUAN

Mío el engaño sería.

AMINTA

Pues jura que cumplirás
la palabra prometida.

DON JUAN

Juro a esta mano,[19] señora,
invierno de nieve fría,
de cumplirte la palabra.

AMINTA

Jura a Dios que te maldiga
si no la cumples.

DON JUAN

         Si acaso
la palabra y la fe mía
te faltare, ruego a Dios
que a traición y alevosía
me dé muerte un hombre . . .
           [(*Aparte*) muerto;[20]
que vivo, ¡Dios no permita!

---

16 Desvía — Go away.
17 ganadores de Sevilla — conquerors of Seville.
18 el matrimonio no se absuelve — the marriage is not annulled.

19 Juro . . . mano — I swear by this hand.
20 me . . . muerto — may a dead man kill me. Don Juan is responsible for his eventual destiny as we see at the end of the drama.

AMINTA

Pues con ese juramento
soy tu esposa.

DON JUAN

El alma mía
entre los brazos te ofrezco.

AMINTA

Tuya es el alma y la vida.

DON JUAN

¡Ay, Aminta de mis ojos!
Mañana sobre virillas[21]
de tersa plata estrellada
con clavos de oro de Tíbar,[22]
pondrás los hermosos pies,
y en prisión de gargantillas[23]
la alabastrina garganta,
y los dedos en sortijas,
en cuyo engaste parezcan[24]
trasparentes perlas finas.

AMINTA

A tu voluntad, esposo,
la mía desde hoy se inclina:
tuya soy

DON JUAN

(Aparte) ¡Qué mal conoces
al *Burlador de Sevilla!* (*Vanse*)

On her way back from Italy to marry Don Juan, Isabel meets Tisbea and learns that she too had been deceived by Don Juan. The two set out for Seville in search of their offender.

Don Juan, back in Seville illegally, is informed by Catalinón that both Octavio and Mota are aware of his betrayals and are looking for him. As they make their way to their lodging they come upon the sepulchre of Don Gonzalo de Ulloa, Ana's father, whom Tenorio had killed.

DON JUAN

¿Qué sepulcro es éste?

CATALINÓN

Aquí
don Gonzalo está enterrado.

DON JUAN

Éste es al que muerte di.
¡Gran sepulcro le han labrado!

CATALINÓN

Ordenólo el rey ansí.
¿Cómo dice este letrero?[25]

DON JUAN

« Aquí aguarda del Señor,
el más leal caballero,
la venganza de un traidor. »
Del mote reírme quiero.
¿Y habéisos vos de vengar,
buen viejo, barbas de piedra?

CATALINÓN

No se las podrás pelar,
que en barbas muy fuertes medra.[26]

DON JUAN

Aquesta noche a cenar
os aguardo en mi posada.
Allí el desafío haremos,
si la venganza os agrada;[27]
aunque mal reñir podremos,
si es de piedra vuestra espada.

CATALINÓN

Ya señor, ha anochecido;
vámonos a recoger.

DON JUAN

Larga esta venganza ha sido.
Si es que vos la habéis de hacer,
importa no estar dormido,
que si a la muerte aguardáis
la venganza, la esperanza
agora es bien que perdáis,
pues vuestro enojo y venganza
tan largo me lo fiáis.[28]

(*Vanse y ponen la mesa dos* CRIADOS.)[29]

CRIADO 1º

Quiero apercibir la cena,[30]
que vendrá a cenar don Juan.

CRIADO 2º

Puestas las mesas están.
¡Qué flema tiene si empieza!
Ya tarda como solía,
mi señor; no me contenta;
la bebida se calienta
y la comida se enfría.
Mas ¿quién a don Juan ordena
esta desorden?[31]

---

21 virillas — decoration or adornment on shoes.
22 Tíbar — Gold Coast.
23 en . . . gargantillas — imprisoned in necklaces.
24 en cuyo . . . parezcan — in whose setting they will appear to be.
25 Catalinón probably does not know how to read.
26 To pull another's beard was a deadly insult.
27 Again Don Juan helps determine his own end.

28 tan . . . fiáis — you charge it and give me such a long time to pay.
29 One must assume that Juan and Catalinón are now at the out-of-the-way inn that Catalinón had found for them.
30 *Redondilla* begins here.
31 Mas ¿quién . . . desorden? — But who can get order out of Don Juan's disorder?

(Entran DON JUAN *y* CATALINÓN.*)*

DON JUAN

¿Cerraste?

CATALINÓN

Ya cerré como mandaste.

DON JUAN

¡Hola!. Tráiganme la cena

CRIADO 2º

Ya está aquí.

DON JUAN

Catalinón,
siéntate.

CATALINÓN

Yo soy amigo
de cenar de espacio.[32]

DON JUAN

Digo
que te sientes.

CATALINÓN

La razón
haré.[33]

CRIADO 1º

También es camino
éste, si come con él[34]

DON JUAN

Siéntate.

(Un golpe dentro)

CATALINÓN

Golpe es aquél.

DON JUAN

Que llamaron imagino;
mira quien es.

CRIADO 1º

Voy volando.

CATALINÓN

¿Si es la justicia, señor?

DON JUAN

Sea, no tengas temor.

(Vuelve el CRIADO, *huyendo.)*

¿Quién es? ¿De qué estás temblando?

CATALINÓN

De algún mal da testimonio.

DON JUAN

Mal mi cólera resisto.
Habla, responde, ¿qué has visto?
¿Asombróte algún demonio?
Ve tú, y mira aquella puerta:
¡Presto, acaba!

CATALINÓN

¿Yo?

DON JUAN

Tú, pues.
Acaba, menea los pies.

CATALINÓN

A mi agüela hallaron muerta
como racimo colgada,
y desde entonces se suena
que anda siempre su alma en pena.
Tanto golpe no me agrada.

DON JUAN

Acaba.

CATALINÓN

Señor, si sabes
que soy un Catalinón.[35]

DON JUAN

Acaba.

CATALINÓN

¡Fuerte ocasión!

DON JUAN

¿No vas?

CATALINÓN

¿Quién tiene las llaves
de la puerta?

CRIADO 2º

Con la aldaba
está cerrada no más,

DON JUAN

¿Qué tienes? ¿Por qué no vas?

CATALINÓN

Hoy Catalinón acaba.
¿Mas si las forzadas vienen[36]
a vengarse de los dos?

(Llega CATALINÓN *a la puerta y viene corriendo; cae y levántase.)*

DON JUAN

¿Qué es eso?

CATALINÓN

¡Válgame Dios!
¡Que me matan, que me tienen!

DON JUAN

¿Quién te tiene, quien te mata?
¿Qué has visto?

CATALINÓN

Señor, yo allí
vide cuando . . . luego fuí . . .
¿Quién me ase, quién me arrebata?

---

32 Yo soy . . . espacio — I like to eat at my leisure.
33 La razón haré — I'll do as you ask, i.e. I'll accept the invitation.
34 También . . . él — This fellow must be on the road traveling, if he eats with him. Catalinón's familiarity

prompts this. Servants were allowed greater privileges on the road.
35 One meaning of Catalinón is *coward*.
36 Mas . . . vienen — Suppose the ravished women are coming.

Llegué, cuando después ciego . . .
cuando vile, ¡juro a Dios! . . .
Habló y dijo, ¿quién sois vos? . . .
respondió . . . respondí luego . . .
topé y vide . . .

DON JUAN

¿A quién?

CATALINÓN

No sé.

DON JUAN

¡Como el vino desatina!
Dame la vela, gallina,
y yo a quien llama veré.

(Toma DON JUAN *la vela y llega a la puerta.
Sale al encuentro* DON GONZALO, *en la forma
que estaba en el sepulcro, y* DON JUAN *se retira
atrás turbado, empuñando la espada, y en la
otra la vela, y* DON GONZALO *hacia él, con pasos
menudos, y al compás* DON JUAN, *retirándose
hasta estar en medio del teatro.)*

DON JUAN

¿Quién va?

DON GONZALO

Yo soy.

DON JUAN

¿Quién sois vos?

DON GONZALO

Soy el caballero honrado
que a cenar has convidado.

DON JUAN

Cena habrá para los dos,
  y si vienen más contigo,
para todos cena habrá.
Ya puesta la mesa está.
Siéntate.

CATALINÓN

¡Dios sea conmigo!
¡San Panuncio, San Antón!
Pues ¿los muertos comen? Di —
Por señas dice que sí.

DON JUAN

Siéntate, Catalinón.

CATALINÓN

No, señor, yo lo recibo
por cenado.

DON JUAN

Es desconcierto:
¡qué temor tienes a un muerto!
¿Qué hicieras estando vivo?
Necio y villano temor.

CATALINÓN

Cena con tu convidado,
que yo, señor, ya he cenado.

DON JUAN

¿He de enojarme?

CATALINÓN

Señor,
¡vive Dios que güelo mal![37]

DON JUAN

Llega, que aguardando estoy.

CATALINÓN

Yo pienso que muerto soy,
y está muerto mi arrabal.[38]

(Tiemblan los Criados.)

DON JUAN

Y vosotros, ¿qué decís?
¿Qué hacéis? ¡Necio temblar!

CATALINÓN

Nunca quisiera cenar
con gente de otro país.
¿Yo señor, con *convidado
de piedra*?

DON JUAN

¡Necio temer!
Si es piedra ¿qué te ha de hacer?

CATALINÓN

Dejarme descalabrado.

DON JUAN

Háblale con cortesía.

CATALINÓN

¿Está bueno? ¿Es buena tierra
la otra vida? ¿Es llano o sierra?
¿Prémiase allá la poesía?

CRIADO 1º

A todo dice que sí,
con la cabeza.

CATALINÓN

¿Hay allá
muchas tabernas? Sí habrá,
si Noé reside allí.

DON JUAN

¡Hola! dadnos de beber.

CATALINÓN

Señor muerto, ¿allá se bebe
con nieve?[39]   *(Baja la cabeza.)*
Así, que hay nieve.
¡Buen país!

DON JUAN

Si oír cantar
queréis, cantarán.   *(Baja la cabeza.)*

37 ¡güelo mal! — I smell bad.
38 está . . . arrabal — my backside is dead.

39 ¿allá se bebe con nieve? — Does one drink ice-cold
drinks there?

CRIADO 2º

Sí, dijo.

DON JUAN

Cantad.

CATALINÓN

Tiene el seor[40] muerto
buen gusto.

CRIADO 1º

Es noble, por cierto,
y amigo de regocijo.

(Cantan dentro:)

Si de mi amor aguardáis,
señora, de aquesta suerte
el galardón en la muerte,
¡qué largo me lo fiáis!

CATALINÓN

O es sin duda veraniego[41]
el señor muerto, o debe ser
hombre de poco comer.
Temblando al plato me llego.
Poco beben por allá;   *(Bebe.)*
yo beberé por los dos.
Brindis de piedra ¡por Dios!
Menos temor tengo ya.

(Cantan:)

Si ese plazo me convida
para que gozaros pueda,
pues larga vida me queda,
dejad que pase la vida.
Si de mi amor aguardáis,
señora, de aquesta suerte
el galardón en la muerte,
¡qué largo me lo fiáis!

CATALINÓN

¿Con cuál de tantas mujeres[42]
como[43] has burlado, señor,
hablan?

DON JUAN

De todas me río,
amigo, en esta ocasión.
En Nápoles a Isabela . . .

CATALINÓN

Ésa, señor, ya no es hoy
burlada, porque se casa
contigo, como es razón.
Burlaste a la pescadora
que del mar te redimió,
pagándole el hospedaje
en moneda de rigor.
Burlaste a doña Ana . . .

DON JUAN

Calla,
que hay parte aquí que lastó[44]
por ella, y vengarse aguarda.

CATALINÓN

Hombre es de mucho valor,
que él es piedra, tú eres carne:
no es buena resolución.

(Hace señas que se quite la mesa, y queden solos.)

DON JUAN

¡Hola! quitad esa mesa,
que hace señas que los dos
nos quedemos, y se vayan
los demás.

CATALINÓN

¡Malo, por Dios!
No te quedes, porque hay muerto
que mata de un mojicón
a un gigante.

DON JUAN

Salíos todos.
¡A ser yo Catalinón . . . ![45]
Vete, que viene.

(Vanse, y quedan los dos solos y hace señas que cierre la puerta.)

DON JUAN

La puerta
ya está cerrada. Ya estoy
aguardando. Di, ¿qué quieres,
sombra o fantasma o visión?
Si andas en pena o si aguardas
alguna satisfación
para tu remedio, dilo;
que mi palabra te doy
de hacer lo que me ordenares.
¿Estás gozando de Dios?[46]
¿Dite la muerte en pecado?
Habla, que suspenso estoy.

(Habla paso, como cosa del otro mundo.)

DON GONZALO

¿Cumplirásme una palabra
como caballero?

DON JUAN

Honor
tengo, y las palabras cumplo,
porque caballero soy.

DON GONZALO

Dame esa mano, no temas.

40 seor (señor) — sir, mister; seor muerto — dead gentleman.
41 es . . . veraniego — doubtless feels too hot to eat.
42 *Romance* in *o* begins here.
43 como — that, whom (equivalent of *que*).
44 lastó — paid the debt.
45 ¡A . . . Catalinón! — If I were Catalinón (I might be afraid).
46 ¿Estás . . . Dios? — Are you in the grace of God?

DON JUAN

¿Eso dices? ¿Yo temor?
Si fueras el mismo infierno
la mano te diera yo.   *(Dale la mano.)*

DON GONZALO

Bajo esta palabra y mano,
mañana a las diez estoy
para cenar aguardando.
¿Irás?

DON JUAN

Empresa mayor
entendí que me pedías.
Mañana tu güésped soy.
¿Dónde he de ir?

DON GONZALO

A mi capilla.

DON JUAN

¿Iré solo?

DON GONZALO

No, los dos;
y cúmpleme la palabra
como la he cumplido yo.

DON JUAN

Digo que la cumpliré;
que soy Tenorio.

DON GONZALO

Yo soy
Ulloa.

DON JUAN

Yo iré sin falta.

DON GONZALO

Yo lo creo.   Adiós   *(Va a la puerta.)*

DON JUAN

Adiós.
Aguarda, iréte alumbrando.

DON GONZALO

No alumbres, que en gracia estoy.

(Vase muy poco a poco, mirando a DON JUAN,
y DON JUAN *a él, hasta que desaparece y queda*
DON JUAN *con pavor.)*

DON JUAN

¡Válgame Dios! todo el cuerpo
se ha bañado de un sudor,
y dentro de las entrañas
se me hiela el corazón.
Cuando me tomó la mano,
de suerte me la apretó,
que un infierno parecía:
jamás vide tal calor.
Un aliento respiraba,
organizando la voz,
tan frío, que parecía
infernal respiración.
Pero todas son ideas

que da la imaginación:
el temor y temer muertos
es más villano temor;
que si un cuerpo noble, vivo,
con potencias y razón
y con alma, no se teme,
¿quién cuerpos muertos temió?
Mañana iré a la capilla
donde convidado soy,
por que se admire y espante
Sevilla de mi valor.   *(Vase)*

The king now tells Don Diego that he will order the marriages of Don Juan and Isabela and of Mota and Ana. Octavio for the present is neglected. He appears before the king, however, asking to be allowed to fight with Don Juan to prove him a traitor, but the king refuses permission. Octavio now accidentally runs into Gaseno and Aminta, who are looking for Don Juan. Octavio sees in them a way to avenge himself on Don Juan and offers to escort Aminta to the palace.

Later Don Juan reports to Catalinón that the king has arranged for his wedding that very night, but they have another matter to attend to.

DON JUAN

Otro negocio tenemos[47]
que hacer, aunque nos aguarden.

CATALINÓN

¿Cuál es?

DON JUAN

Cenar con el muerto.

CATALINÓN

Necedad de necedades.

DON JUAN

¿No ves que di mi palabra?

CATALINÓN

Y cuando se la quebrantes
¿qué importa? ¿Ha de pedirte
una figura de jaspe
la palabra?

DON JUAN

Podrá el muerto
llamarme a voces infame.

CATALINÓN

Ya está cerrada la iglesia.

DON JUAN

Llama.

CATALINÓN

¿Qué importa que llame?
¿Quién tiene de abrir? que están
durmiendo los sacristanes.

47 The verse form here is *romance* in *a-e*.

DON JUAN
Llama a este postigo.

CATALINÓN
                    Abierto
está.

DON JUAN
            Pues entra.

CATALINÓN
                    Entre un fraile
con su hisopo y estola.[48]

DON JUAN
Sígueme y calla.

CATALINÓN
                ¿Que calle?

DON JUAN
Sí.

CATALINÓN
        Dios en paz
destos convites me saque.

(Entran por una puerta y salen por otra.)

¡Qué escura que está la iglesia,
señor, para ser tan grande!
¡Ay de mí!   ¡Tenme, señor;
porque de la capa me asen!

*(Sale DON GONZALO como de antes, y encuén-
trase con ellos.)*

DON JUAN
    ¿Quién va?

DON GONZALO
            Yo soy.

CATALINÓN
                ¡Muerto estoy!

DON GONZALO
El muerto soy, no te espantes.
No entendí que me cumplieras
la palabra,[49] según haces
de todos burla.

DON JUAN
                ¿Me tienes
en opinión de cobarde?

DON GONZALO
Sí, que aquella noche huiste
de mí cuando me mataste.

DON JUAN
Huí de ser conocido;
mas ya me tienes delante.
Di presto lo que me quieres.

DON GONZALO
Quiero a cenar convidarte.

CATALINÓN
Aquí escusamos la cena,
que toda ha de ser fiambre,
pues no parece cocina.

DON JUAN
Cenemos.

DON GONZALO
            Para cenar
es menester que levantes
esa tumba.

DON JUAN
                Y si te importa,
levantaré esos pilares.

DON GONZALO
Valiente estás.

DON JUAN
                Tengo brío
y corazón en las carnes.

CATALINÓN
Mesa de Guinea es ésta.[50]
Pues ¿no hay por allá quien lave?

DON GONZALO
Siéntate.

DON JUAN
            ¿Adónde?

CATALINÓN
                    Con sillas
vienen ya dos negros pajes.

(Entran dos enlutados con dos sillas.)

¿También acá se usan lutos
y bayeticas[51] de Flandes?

DON GONZALO
Siéntate tú.

CATALINÓN
            Yo, señor,
he merendado esta tarde.

GONZALO
No repliques.

CATALINÓN
                No replico.
Dios en paz desto me saque.   *(Aparte)*.
¿Qué plato es éste, señor?

DON GONZALO
Este plato es de alacranes
y víboras.

CATALINÓN
            ¡Gentil plato!

48 Entre . . . estola — Let a friar enter with his hyssop
and stole.
49 Even though Gonzalo earlier had said he was sure
Juan would come, he could not really be completely
certain, given Don Juan's previous behavior.

50 Mesa de Guinea es ésta — The table is black.
51 bayeticas — flannel.

DON GONZALO

Éstos son nuestros manjares.
¿No comes tú?

DON JUAN

Comeré
si me dieses áspid y áspides
cuantos el infierno tiene.

DON GONZALO

También quiero que te canten.

CATALINÓN

¿Qué vino beben acá?

DON GONZALO

Pruébalo.

CATALINÓN

Hiel y vinagre
es este vino.

DON GONZALO

Este vino
esprimen nuestros lagares.

(Cantan:)

Adviertan los que de Dios
juzgan los castigos grandes,
que no hay plazo que no llegue
ni deuda que no se pague.

CATALINÓN

¡Malo es esto, vive Cristo!
que he entendido este romance,
y que con nosotros habla.

DON JUAN

Un hielo el pecho me parte.

(Cantan:)

Mientras en el mundo viva,
no es justo que diga nadie:
« ¡qué largo me lo fiáis! »
siendo tan breve el cobrarse.

CATALINÓN

¿De qué es este guisadillo?

DON GONZALO

De uñas.

CATALINÓN

De uñas de sastre
será, si es guisado de uñas.[52]

DON JUAN

Ya he cenado; haz que levanten
la mesa.

DON GONZALO

Dame esa mano;
no temas, la mano dame.

DON JUAN

¿Eso dices? ¿Yo, temor?
¡Que me abraso! ¡No me abrases
con tu fuego!

DON GONZALO

Éste es poco
para el fuego que buscaste.
Las maravillas de Dios
son, don Juan, investigables,[53]
y así quiere que tus culpas
a manos de un muerto pagues
y si pagas desta suerte,
ésta es justicia de Dios:
« quien tal hace, que tal pague. »

DON JUAN

¡Que me abraso, no me aprietes!
Con la daga he de matarte.
Mas ¡ay! que me canso en vano
de tirar golpes al aire.
A tu hija no ofendí,
que vió mis engaños antes.

DON GONZALO

No importa, que ya pusiste
tu intento.

DON JUAN

Deja que llame
quien me confiese y absuelva.

DON GONZALO

No hay lugar; ya acuerdas tarde.

DON JUAN

¡Que me quemo!   ¡Que me abraso!
¡Muerto soy!   *(Cae muerto.)*

CATALINÓN

No hay quien se escape,
que aquí tengo de morir
también por acompañarte.

DON GONZALO

Ésta es justicia de Dios:
« quien tal hace que tal pague. »

(Húndese el sepulcro con DON JUAN *y* DON
GONZALO, *con mucho ruido, y sale* CATALINÓN
arrastrando.)

CATALINÓN

¡Válgame Dios!   ¿Qué es aquesto?
Toda la capilla se arde,
y con el muerto he quedado
para que le vele y guarde.
Arrastrando como pueda
iré a avisar a su padre.
¡San Jorge, San *Agnus Dei,*[54]
sacadme en paz a la calle!   *(Vase)*

52 Tailors had the reputation of being rapacious. Quevedo has much to say on the deceit of tailors.
53 *Investigables* should read *ininvestigables* — uninvestigable, not to be fathomed.
54 Agnus Dei — Lamb of God.

(Salen el REY, DON DIEGO *y acompañamiento.)*

DON DIEGO

Ya el marqués, señor, espera
besar vuestros pies reales.

REY

Entre luego y avisad
al conde, porque no aguarde.

(Salen BATRICIO *y* GASENO.*)*

BATRICIO

¿Dónde, señor, se permite
desenvolturas tan grandes,
que tus criados afrenten
a los hombres miserables?

REY

¿Qué dices?

BATRICIO

Don Juan Tenorio,
alevoso y detestable,
la noche del casamiento,
antes que le consumase,
a mi mujer me quitó;
testigos tengo delante.

(Salen TISBEA *e* ISABELA *y acompañamiento.)*

TISBEA

Si vuestra alteza, señor,
de don Juan Tenorio no hace
justicia, a Dios y a los hombres,
mientras viva, he de quejarme.
Derrotado le echó el mar;
dile vida y hospedaje,
y pagóme esta amistad
con mentirme y engañarme
con nombre de mi marido.

REY

¿Qué dices?

ISABELA

Dice verdades.

(Salen AMINTA *y el* DUQUE OCTAVIO.*)*

AMINTA

¿Adónde mi esposo está?

REY

¿Quién es?

AMINTA

Pues ¿aún no lo sabe?
El señor don Juan Tenorio,
con quien vengo a desposarme,
porque me debe el honor,
y es noble y no ha de negarme.
Manda que nos desposemos.

(Sale el MARQUÉS DE LA MOTA.*)*

MOTA

Pues es tiempo, gran señor
que a luz verdades se saquen,

sabrás que don Juan Tenorio
la culpa que me imputaste
tuvo él, pues como amigo,
pudo el crüel engañarme;
de que tengo dos testigos.

REY

¿Hay desvergüenza tan grande?
Prendelde y matalde luego.

DON DIEGO

En premio de mis servicios
haz que le prendan y pague
sus culpas, porque del cielo
rayos contra mí no bajen,
si es mi hijo tan malo.

REY

¡Esto mis privados hacen!

(Sale CATALINÓN.*)*

CATALINÓN

Señores, todos oíd
el suceso más notable
que en el mundo ha sucedido,
y en oyéndome, matadme.
Don Juan, del Comendador
haciendo burla, una tarde,
después de haberle quitado
las dos prendas que más valen,
tirando al bulto de piedra
la barba por ultrajarle,
a cenar le convidó.
¡Nunca fuera a convidarle![55]
Fué el bulto y convidóle;
y agora porque no os canse,
acabando de cenar,
entre mil presagios graves,
de la mano le tomó,
y le aprieta hasta quitarle
la vida, diciendo: « Dios
me manda que así te mate,
castigando tus delitos.
Quien tal hace, que tal pague ».

REY

¿Qué dices?

CATALINÓN

Lo que es verdad,
diciendo antes que acabase
que a doña Ana no debía
honor, que lo oyeron antes
del engaño.

MOTA

Por las nuevas
mil albricias pienso darte.

---

55 ¡Nunca fuera a convidarle! — If only he had not
invited him!

REY

¡Justo castigo del cielo!
Y agora es bien que se casen
todos, pues la causa es muerta,
vida de tantos desastres.[56]

OCTAVIO

Pues ha enviudado Isabela,
quiero con ella casarme.

MOTA

Yo con mi prima.[57]

BATRICIO

Y nosotros[58]
con las nuestras, porque acabe
El convidado de piedra.

REY

Y el sepulcro se traslade
en San Francisco en Madrid,
para memoria más grande.

Juan Ruiz de Alarcón, 1580–1639, *La verdad sospechosa* (pp. 89–91)

Though he is recognized today as one of the four great dramatic poets of Spain's Golden Age, Ruiz de Alarcón was unpopular in his day both as a playwright and as an individual. For reasons not altogether clear he alienated the literary world of Madrid. A roster of those who attacked him publicly in print would include the names of many important writers of the first twenty-five years of the seventeenth century, among them Lope de Vega, Góngora, Quevedo, Vélez de Guevara, Mira de Amescua, Castillo y Solórzano, Montalbán, and Tirso de Molina (though he befriended him also). Alarcón was deformed physically, a hunchback with a hump both in front and in back. His enemies and detractors taunted him mercilessly about his appearance and made cruel jokes about his hump. Typical of these is the one ascribed to a person named Juan Fernández:

> Tanto de corcova atrás
> y adelante, Alarcón, tienes,
> que saber es por demás
> de dónde te corco-vienes
> o adónde te corco-vas.

Vélez de Guevara spoke of him as "colchado de melones" and contended that when he saw Alarcón from a distance he could not tell whether he was coming or going. Others called him "hombre formado de paréntesis," "hombre que de embrión parece que no ha salido," "poeta entre dos platos" and "nonada entre dos corcovas." Alarcón withstood these brutal jests with remarkable serenity and defended himself with dignity in his dramas. His answer to Lope de Vega, who attacked him frequently, appears in his drama *Los pechos privilegiados:*

> Culpa a aquél que, de su alma
> olvidando los defetos,
> graceja con apodar
> los que otro tiene en el cuerpo . . .
> Dios no lo da todo a uno . . .
> Al que le plugo de dar
> mal cuerpo, dió sufrimiento
> para llevar cuerdamente
> los apodos de los necios.

Alarcón's plays were performed with some frequency in Madrid despite the hostility of his literary enemies. Efforts were made to ruin him, however, by public signs of disapproval. On one occasion, for example, foul smelling oil was spilled in the theater to disrupt the performance and drive the audience away. Such concerted opposition to him and his work must certainly have affected the man and his career. In addition to the attacks on him for his physical ugliness, he was also chided for pride in his family names, a certain foppishness he was said to have had, his great desire to be addressed as *Don* Juan, his red beard, and his repeated requests for a government position. His attacks upon human weaknesses, his characterizations of odious types such as liars and slanderers, and his defense of virtuous conduct may have been in part a reaction to the inimical attitude of his contemporaries. His dramas are laced with moral philosophy and ethics. He comments on a very wide range of human experiences, and speaks often wisely on friendship, love, jealousy, hate, sacrifice, love of money, the power of money, kindness, slander, and honor. Despite his suffering, his attitude is only very rarely cynical. He believed in the dignity of the individual and in reason, justice, and kindness in human relationships.

After finally securing a government job as legal officer for the Council of the Indies in 1626, he forsook writing altogether. With the reasonable salary he drew he was able to live

---

56 vida . . . desastres — the cause of so much harm.
57 *Prima* refers to Ana.

58 Batricio marries Aminta and Anfriso marries Tisbea.

well. He had one daughter by Ángela Cervantes, of whom nothing else is known. After his retirement from the literary world, the attacks on him ceased, and though he worked very hard, his last twelve years of life were comfortable. Denied fame in his own day, he has since been acclaimed as one of Spain's best playwrights. Lope de Vega began a reaction in his favor in 1630 when in *Laurel de Apolo* he spoke kindly of him and mentioned his *dulce ingenio*. Corneille, who supposedly said he would have given two of his own plays to have written Alarcón's *La verdad sospechosa*, revealed to the world the importance of Alarcón's work. Since that time, many of Spain's leading literary and scholarly figures have eulogized him.

Alarcón wrote *La verdad sospechosa*, the best known of his plays, about 1619 and saw it performed for the first time in 1624. He printed two volumes of his dramas—the *Parte primera* in 1628 and the *Parte segunda* in 1634. The latter contains *La verdad sospechosa*, though curiously the play had been printed in 1630 as the work of Lope de Vega. Certain differences exist between the two versions, a subject well treated by Arthur L. Owen in *Hispania* (California), VII (1925).

This play is ordinarily interpreted as a thesis play designed to demonstrate the odiousness of lying and how the inveterate liar is eventually trapped by his own falsifications. Alfonso Reyes disagrees with this, however, and calls it "una comedia de regocijo que muestra cierto gusto juvenil." He contends that the play's importance is not that it is an invective against liars, but that it is the first play in the history of the European theater where the comedy of character triumphs definitely over the comedy of intrigue. More important, he says, than the technical perfection of the play (which appealed so strongly to Corneille) is the portrayal of the character of the liar, Don García, whose conduct is rooted as in real life in his own way of being. The final solution of the drama is not brought about by García's lies but by his error in believing Jacinta to be Lucrecia. Lastly, Don García's punishment (he has to give up the girl he loves and marry another) may not seem satisfactory to the moralist. Castro Leal joins Reyes in believing that Don García's misfortunes are caused by mistaken identity only and that Alarcón had no didactic intent. Most readers, however, find that the moral lesson is obvious. Indeed, the moral is skillfully interwoven with the plot

structure and forms with it an artistic whole, an accomplishment which reveals Ruiz de Alarcón as a more careful writer than Lope de Vega or most of the other dramatists of his time.

As the play opens, Don Beltrán welcomes his son García home from Salamanca where he has been a student, and assigns Tristán to be his counselor and friend. The father is horrified when he learns that García, although generous, brave, and pious most of the time, constantly embellishes the truth. Since lying is so repugnant a vice to Beltrán, and since he fears his son's vice may soon become known, he decides to arrange a marriage for him as soon as possible in the hope that he will settle down.

As García and Tristán are out walking the following day in *las Platerías*, a section in Madrid full of silversmiths' shops, they see Jacinta and her friend Lucrecia. García is greatly attracted to Jacinta and sends Tristán to find out who she is. Through a series of coincidences cleverly contrived by Alarcón, García erroneously thinks until the final scene that Jacinta's name is Lucrecia. The plot of the entire play hinges upon this mistaken identity.

In the following scene García meets a friend, Juan de Sosa, who is in love with Jacinta. García invents an involved lie about a party he had supposedly given the night before and describes dishes, music, fruits, beverages chilled with ice and snow, and goes into great detail with the description of a toothpick holder. Don Juan is convinced that García gave the party for Jacinta. When Tristán reprimands García for lying, the latter reveals that nothing pleases him more than to top any story he hears.

Don Beltrán asks for Jacinta's hand in marriage for his son, but she hesitates to give up Juan de Sosa. She tells her servant, however, that she was attracted to the rich *indiano* (another of García's lies) she had seen in *las Platerías*. Don Juan indignantly accuses Jacinta of playing him false.

In Act II the mistaken identity continues. Beltrán tells his son of the marriage he has arranged with Jacinta. García, not knowing that Jacinta is the name of the girl he wants to marry, concocts such a complex lie about already being married that his father believes him. Juan de Sosa, jealous and offended, challenges García to a duel, but Félix intervenes and explains that García had lied about the party. Jacinta and Lucrecia are not aware of García's confusion as to their names. Therefore, believing that García is in love with her, Jacinta is offended when she hears him state his love for Lucrecia. He tells Jacinta, whom he loves as Lucrecia, that he is not married and had said he was only to escape an unwanted marriage. The real Lucrecia, also present, half believes García, but Jacinta becomes angry.

In Act III, García, still persisting in his error and determined to win his lady, writes a note addressed to Lucrecia, in which he declares his love for her and requests a rendezvous at the Magdalena, an Augustinian convent. Lucrecia receives the note, and, convinced now of García's sincerity, grants him the meeting. She goes there with Jacinta.

ESCENA IV

(*Claustro del convento de la Magdalena, con puerta a la iglesia.* JACINTA y LUCRECIA, *con mantos.*)

JACINTA

¿Qué? ¿Prosigue don García?[1]

LUCRECIA

De modo que con saber
su engañoso proceder,
como tan firme porfía,
    casi me tiene dudosa.

JACINTA

Quizá no eres engañada,
que la verdad no es vedada
a la boca mentirosa.
    Quizá es verdad que te quiere,
y más donde[2] tu beldad
asegura esa verdad
en cualquiera[3] que te viere.

LUCRECIA

Siempre tú me favoreces;
mas yo lo creyera así,
a no haberte visto a ti,
que al mismo sol obscureces.

JACINTA

Bien sabes tú lo que vales,
y que en esta competencia
nunca ha salido sentencia,[4]
por tener votos iguales.
    Y no es sola la hermosura
quien[5] causa amoroso ardor,
que también tiene el amor
su pedazo de ventura.
    Yo me holgaré que por ti,
amiga, me haya trocado,

y que tú hayas alcanzado
lo que yo no merecí;
    porque ni tú tienes culpa,
ni él me tiene obligación.
Pero ve con prevención,
que no te queda disculpa
    si te arrojas en amar,
y al fin quedas engañada
de quien estás ya avisada
que sólo sabe engañar.

LUCRECIA

Gracias, Jacinta, te doy;
mas tu sospecha corrige,
que estoy por creerle, dije;
no que por quererle estoy.

JACINTA

Obligaráte el creer
y querrás, siendo obligada:
y así es corta la jornada
que hay de creer a querer.

LUCRECIA

Pues, ¿qué dirás si supieres
que un papel he recebido?

JACINTA

Diré que ya le has creído,
y aun diré que ya le quieres.

LUCRECIA

Erraráste; y considera
que tal vez la voluntad
hace por curiosidad
lo que por amor no hiciera.
¿Tú no le hablaste gustosa
en la Platería?

JACINTA

Sí.

LUCRECIA

¿Y fuiste en oírle allí
enamorada o curiosa?

JACINTA

Curiosa.

LUCRECIA

Pues yo con él
curiosa también he sido,
como tú en haberle oído,
en recebir su papel.

JACINTA

Notorio verás tu error,
si adviertes que es el oír
cortesía; y admitir
un papel claro favor.

---

1 This question implies a preceding statement that don García is coming.
2 donde — since.

3 *hombre* is understood after *cualquiera*.
4 sentencia — decision.
5 quien — Here: that, which.

LUCRECIA

    Eso fuera a saber él[6]
que su papel recebí;
mas él piensa que rompí,
sin leello, su papel.

JACINTA

    Pues con eso es cierta cosa
que curiosidad ha sido.

LUCRECIA

    En mi vida me ha valido
tanto gusto el ser curiosa.
    Y porque su falsedad
conozcas, escucha y mira
si es mentira la mentira
que más parece verdad.

      (Saca un papel y le abre.)

ESCENA V

CAMINO,[7] DON GARCÍA y TRISTÁN. *Dichas.*

CAMINO (*Ap. a* DON GARCÍA.)

    ¿Veis la que tiene en la mano
un papel?

DON GARCÍA

        Sí.

CAMINO

          Pues aquélla
es Lucrecia.

DON GARCÍA

        (*Ap.* ¡Oh, causa bella
de dolor tan inhumano!
Ya me abraso de celoso.)
¡Oh, Camino, cuánto os debo!

TRISTÁN (*A* CAMINO.)

    Mañana os vestís de nuevo.[8]

CAMINO

    Por vos he de ser dichoso.

DON GARCÍA

    Llegarme, Tristán, pretendo
adonde, sin que me vea,
si posible fuere, lea
el papel que está leyendo.

TRISTÁN

    No es difícil; que si vas
a esta capilla arrimado,
saliendo por aquel lado,
de espaldas la cogerás.

DON GARCÍA

    Bien dices. Ven por aquí.

    (*Vanse* DON GARCÍA, TRISTÁN *y* CAMINO.)

JACINTA

    Lee bajo, que darás
mal ejemplo.

LUCRECIA

        No me oirás.
Toma y lee para ti.

    (*Da el papel a* JACINTA.)[9]

JACINTA

    Ése es mejor parecer.

ESCENA VI

DON GARCÍA y TRISTÁN, *por otra puerta, cogen de
espaldas a* JACINTA y LUCRECIA.

TRISTÁN

    Bien el fin se consiguió.

DON GARCÍA

    Tú, si ves mejor que yo,
procura, Tristán, leer.

JACINTA

    (*Lee.*) « Ya que mal crédito cobras
de mis palabras sentidas,[10]
dime si serán creídas,
pues nunca mienten, las obras.
    Que si consiste el creerme,
señora, en ser tu marido,
y ha de dar el ser creído
materia al favorecerme,
    por éste, Lucrecia mía,
que de mi mano te doy
firmado, digo que soy
ya *tu esposo don García.* »

DON GARCÍA (*Ap. a* TRISTÁN.)

    ¡Vive Dios, que es mi papel!

TRISTÁN

    ¡Pues qué! ¿No lo vió en su casa?

DON GARCÍA

    Por ventura lo repasa,
regalándose con él.

TRISTÁN

    Comoquiera te está bien.

DON GARCÍA

    Comoquiera soy dichoso.

JACINTA

    Él es breve y compendioso;
o bien siente o miente bien.

DON GARCÍA (*A* JACINTA.)

    Volved los ojos, señora,
cuyos rayos no resisto.

---

6 a saber él — if he knew.
7 Camino is Lucrecia's servant.
8 Tristán means that Camino will receive a good gift
for his good news.

9 This keeps García from discovering his mistake about
the identity of the two girls.
10 sentidas — sincere.

JACINTA (*Ap. a* LUCRECIA.)

    Cúbrete, pues no te ha visto,
y desengáñate agora.

    (*Tápanse* LUCRECIA *y* JACINTA.)

LUCRECIA (*Ap. a* JACINTA.)

    Disimula y no me nombres.

DON GARCÍA

    Corred los delgados velos
a ese asombro de los cielos,
a ese cielo de los hombres.
    ¿Posible es que os llego a ver[11]
homicida de mi vida?
Mas como sois mi homicida,
en la iglesia hubo de ser.
Si os obliga a retraer[12]
mi muerte, no hayáis temor;
que de las leyes de amor
es tan grande el desconcierto,
que dejan preso al que es muerto,
y libre al que es matador.
    Ya espero que de mi pena
estáis, mi bien, condolida,
si el estar arrepentida
os trajo a la Madalena.
Ved cómo el amor ordena
recompensa al mal que siento;
pues si yo llevé el tormento
de vuestra crueldad, señora,
la gloria me llevo agora
de vuestro arrepentimiento.
    ¿No me habláis, dueño querido?
¿No os obliga el mal que paso?
¿Arrepentísos acaso
de haberos arrepentido?
Que advirtáis, señora, os pido
que otra vez me mataréis;
si porque en la iglesia os veis
probáis en mí los aceros,
mirad que no ha de valeros
si en ella el delito hacéis.[13]

JACINTA

    ¿Conocéisme?

DON GARCÍA

            ¡Y bien, por Dios!
Tanto, que desde aquel día
que os hablé en la Platería,
no me conozco por vos;

de suerte que de los dos
vivo más en vos que en mí;
que tanto, desde que os vi,
en vos transformado estoy,
que ni conozco el que soy,
ni me acuerdo del que fui.

JACINTA

    Bien se echa de ver que estáis
del que fuistes[14] olvidado,
pues sin ver que sois casado
nuevo amor solicitáis.

DON GARCÍA

    ¡Yo casado! ¿En eso dais?

JACINTA

    ¿Pues no?

DON GARCÍA

            ¡Qué vana porfía!
Fue, por Dios, invención mía,
por ser vuestro.

JACINTA

            O por no sello;
y si os vuelven a hablar dello,
seréis casado en Turquía.[15]

DON GARCÍA

    Y vuelvo a jurar, por Dios,[16]
que en este amoroso estado
para todas soy casado,
y soltero para vos.

JACINTA (*Ap. a* LUCRECIA.)

    ¿Ves tu desengaño?

LUCRECIA (*Ap.*)

            ¡Ah, cielos!
Apenas una centella
siento de amor, y ya della
nacen vulcanes de celos.

DON GARCÍA

    Aquella noche, señora;
que en el balcón os hablé,
¿todo el caso no os conté?

JACINTA

    ¡A mí en balcón!

LUCRECIA (*Ap.*)

            ¡Ah, traidora!

JACINTA

    Advertid que os engañáis.
¿Vos me hablastes?

---

11 *Décimas* begin here.

12 Mas . . . retraer — But as you are my murderess, it must have been in the church. If my death obliges you to seek sanctuary, etc. (Sanctuary covered crimes committed outside the church but not those within the church.)

13 Again a reference to the laws of sanctuary. The scene takes place at the Magdalena.

14 *Fuistes* should read *fuisteis*. Ruiz de Alarcón regu-

larly used *es* for *eis* in the second person plural preterit. The ending *steis* was not used extensively, however, until the end of the seventeenth century.

15 seréis . . . Turquía — you will be married many times. *Ser casado en Turquía* was an expression that meant to be married many times. García had said in Act II that he would be *casado en Turquía* if necessary to avoid an unwanted marriage.

16 *Redondillas* begin here.

DON GARCÍA

     ¡Bien, por Dios!

LUCRECIA *(Ap.)*

  ¡Habláisle de noche vos,
  y a mí consejos me dais!

DON GARCÍA

   Y el papel que recibistes,
  ¿negaréislo?

JACINTA

      ¿Yo papel?

LUCRECIA *(Ap.)*

  ¡Ved qué amiga tan fiel!

DON GARCÍA

   Y sé yo que lo leístes.

JACINTA

   Pasar por donaire puede,
  cuando no daña, el mentir;
  mas no se puede sufrir
  cuando ese límite excede.

DON GARCÍA

   ¿No os hablé en vuestro balcón,
  Lucrecia, tres noches ha?

JACINTA *(Ap.)*

   ¡Yo Lucrecia! Bueno va:
  toro nuevo, otra invención.[17]
   A Lucrecia ha conocido,
  y es muy cierto el adoralla;[18]
  pues finge, por no enojalla,
  que por ella me ha tenido.

LUCRECIA *(Ap.)*

   Todo lo entiendo. ¡Ah, traidora!
  Sin duda que le avisó
  que la tapada fui yo,
  y quiere enmendallo agora
  con fingir que fue el tenella
  por mí, la causa de hablalla.

TRISTÁN *(A* DON GARCÍA.*)*

  Negar debe de importalla,
  por la que está junto della[19]
   ser Lucrecia.

DON GARCÍA

      Así lo entiendo;
  que si por mí lo negara,
  encubriera ya la cara.
  Pero no se conociendo,
   ¿se hablaran las dos?

TRISTÁN

      Por puntos[20]
  suele en las iglesias verse

que parlan, sin conocerse,
  los que aciertan a estar juntos.

DON GARCÍA

   Dices bien.

TRISTÁN

      Fingiendo agora
  que se engañaron tus ojos,
  lo enmendarás.

DON GARCÍA

      Los antojos
  de un ardiente amor, señora,
   me tienen tan deslumbrado,
  que por otra os he tenido.
  Perdonad; que yerro ha sido
  de esa cortina[21] causado;
   que como a la fantasía
  fácil engaña el deseo,
  cualquiera dama que veo
  se me figura la mía.

JACINTA *(Ap.)*

   Entendíle la intención.

LUCRECIA *(Ap.)*

   Avisóle la taimada.[22]

JACINTA

  Según eso, la adorada
  es Lucrecia.

DON GARCÍA

     El corazón,
  desde el punto que la vi,
  la hizo dueño de mi fe.

JACINTA *(Ap.)*

  ¡Bueno es esto!

LUCRECIA *(Ap.)*

      ¡Que ésta esté
  haciendo burla de mí!
   No me doy por entendida,
  por no hacer aquí un exceso.

JACINTA

  Pues yo pienso que a estar de eso
  cierta, os fuera agradecida
  Lucrecia.

DON GARCÍA

     ¿Tratáis con ella?

JACINTA

  Trato, y es amiga mía;
  tanto, que me atrevería
  a afirmar que en mí y en ella
  vive sólo un corazón.

---

17 toro ... invención — each new bull demands a
different technique.
18 el adoralla — that he loves her.
19 Read with this word order: Debe de importarla
negar ser Lucrecia por la que está junto della. Por la

que está junto della — because of the one who is standing next to her.
20 por puntos — often.
21 cortina — veil.
22 taimada — clever, cunning.

DON GARCÍA

(*Ap.* Si eres tú, bien claro está.
¡Qué bien a entender me da
su recato y su intención!)
　　Pues ya que mi dicha ordena
tan buena ocasión, señora,
pues sois ángel, sed agora
mensajera de mi pena.
　　Mi firmeza le decid,
y perdonadme si os doy
este oficio.

TRISTÁN *(Ap.)*

　　　　Oficio es hoy
de las mozas en Madrid,

DON GARCÍA

　　Persuadilda que a tan grande
amor ingrata no sea.

JACINTA

Hacelde vos que lo crea,
que yo la haré que se ablande.

DON GARCÍA

　　¿Por qué no creerá que muero,
pues he visto su beldad?

JACINTA

Porque, si os digo verdad,
no os tiene por verdadero.

DON GARCÍA

　　¡Ésta es verdad, vive Dios!

JACINTA

Hacelde vos que lo crea.
¿Qué importa que verdad sea,
si el que la dice sois vos?
　　Que la boca mentirosa
incurre en tan torpe mengua,
que solamente en su lengua
es *la verdad sospechosa*.[23]

DON GARCÍA

　　Señora . . .

JACINTA

　　　　Basta: mirad
que dais nota.[24]

DON GARCÍA

　　　　　　Yo obedezco.

JACINTA

¿Vas contenta?

LUCRECIA

　　　　Yo agradezco,
Jacinta, tu voluntad.

　　　(Vanse las dos.)

García now wants to marry the girl he calls
Lucrecia. Tristán tells him that the major
obstacle to winning her is that she thinks he is
married, and suggests that he asks Juan de
Sosa to testify that he is single. Tristán has
not seen Juan since the argument with García
in *las Platerías*, however, and when he asks
his master to tell him what happened there
he hears the following wild tale about a duel.

GARCÍA

Yo te lo quiero contar,
que pues sé por experiencia
tu secreto y tu prudencia,
bien te lo puedo fiar.
　　A las siete de la tarde[25]
me escribió que me aguardaba
en San Blas don Juan de Sosa
para un caso de importancia.
Callé, por ser desafío,
que quiere el que no lo calla
que le estorben o le ayuden,
cobardes acciones ambas.
Llegué al aplazado sitio[26]
donde don Juan me aguardaba
con su espada y con sus celos,
que son armas de ventaja.
Su sentimiento propuso;
satisfice a su demanda,
y por quedar bien, al fin,
desnudamos las espadas.
Elegí mi medio al punto,[27]
y haciéndole una ganancia
por los grados del perfil,[28]
le di una fuerte estocada.
Sagrado fue de su vida
un *Agnus Dei*[29] que llevaba,
que topando en él la punta,
hizo dos partes mi espada.
Él sacó pies[30] del gran golpe
pero con ardiente rabia
vino tirando una punta;
mas yo, por la parte flaca
cogí su espada, formando

---

23 In Golden Age plays the author quite often introduced the title of the play through the speech of one of
the characters.
24 que dais nota — you are attracting attention.
25 *Romance* in *a-a* begins here.
26 aplazado sitio — agreed on spot.
27 Elegí . . . punto — I chose my distance at once.
Medio was the distance from one's opponent. The point

of the sword could not pass beyond the wrist of the
opponent's right hand.
28 haciéndole . . . perfil — advancing quickly to one
side of the line of engagement to attack from the side.
29 An *Agnus Dei* was a sacred relic worn around the
neck or on the chest.
30 sacar pies — to retire, withdraw.

un atajo.[31] Él presto saca
— como la respiración
tan corta línea le tapa,
por faltarle los dos tercios
a mi poco fiel espada —
la suya, corriendo filos;[32]
y como cerca me halla
(porque yo busqué el estrecho,
por la falta de mis armas),
a la cabeza, furioso,
me tiró una cuchillada.
Recibíla en el principio
de su formación[33] y baja,
matándole el movimiento
sobre la suya mi espada.[34]
¡Aquí fué Troya! Saqué
un revés con tal pujanza,
que la falta de mi acero
hizo allí muy poca falta;
que abriéndole en la cabeza
un palmo de cuchillada,
vino sin sentido al suelo,
y aun sospecho que sin alma.
Dejéle así, y con secreto
me vine. Esto es lo que pasa,
y de no verle estos días,
Tristán, es ésta la causa.

TRISTÁN
¡Qué suceso tan extraño!
¿Y si murió?

DON GARCÍA
        Cosa es clara,
porque hasta los mismos sesos
esparció por la campaña.

TRISTÁN
¡Pobre don Juan! . . . Mas, ¿no es éste
que viene aquí?

ESCENA VIII

DON JUAN y DON BELTRÁN. *Dichos.*

DON GARCÍA
        ¡Cosa extraña!

TRISTÁN
¿También a mí me la pegas?[35]
¿Al secretario del alma?
(*Ap.* Por Dios, que se lo creí,
con conocelle las mañas.

Mas, ¿a quién no engañarán
mentiras tan bien trovadas?)

DON GARCÍA
Sin duda que le han curado
por ensalmo.

TRISTÁN
        Cuchillada
que rompió los mismos sesos,
¿en tan breve tiempo sana?

DON GARCÍA
¿Es mucho? Ensalmo sé yo
con que un hombre en Salamanca,
a quien cortaron a cercén[36]
un brazo con media espalda,
volviéndosela a pegar,
en menos de una semana
quedó tan sano y tan bueno
como primero.

TRISTÁN
        ¡Ya escampa!

DON GARCÍA
Esto no me lo contaron;
yo lo vi mismo.

TRISTÁN
        Eso basta.

DON GARCÍA
De la verdad, por la vida,
no quitaré una palabra.

TRISTÁN
(*Ap.* ¡Que ninguno se conozca!)[37]
Señor, mis servicios paga
con enseñarme ese salmo.

DON GARCÍA
Está en dicciones hebraicas,
y si no sabes la lengua,
no has de saber pronunciarlas.

TRISTÁN
Y tú, ¿sábesla?

DON GARCÍA
        ¡Qué bueno!
Mejor que la castellana:
hablo diez lenguas.

TRISTÁN
        (*Ap.* Y todas
para mentir no te bastan.)
Cuerpo de verdades[38] lleno

---

31 cogí . . . atajo — I caught his sword on a right angle parry. Tapar la respiración — to hold in check. línea — line between two fighters.
32 corriendo filos — letting it slide along the edge of my sword.
33 principio . . . formación — near the hilt.
34 This means he caught Juan's blow just as he was beginning to strike and that García's sword came down over Juan's and thus killed its force.

35 pegarla a alguien — to deceive or try to deceive someone.
36 cercén — all around; cortar a cercén — to amputate.
37 ¡Que . . . conozca! — Can one ever really know anybody!
38 *Cuerpo de verdades* is an ironical exclamation used to reprimand a liar.

con razón el tuyo llaman,
pues ninguna sale dél.
(*Ap.* Ni hay mentira que no salga.)

DON BELTRÁN (*A* DON JUAN.)
¿Qué decís?

DON JUAN
        Esto es verdad:
ni caballero ni dama
tiene, si mal no me acuerdo,
de esos nombres Salamanca.

DON BELTRÁN
(*Ap.* Sin duda que fué invención
de García, cosa es clara.
Disimular me conviene.)
Gocéis por edades largas,
con una rica encomienda,[39]
de la cruz de Calatrava.

DON JUAN
Creed que siempre he de ser
más vuestro cuanto más valga.
Y perdonadme, que ahora,
por andar dando las gracias
a esos señores, no os voy
sirviendo hasta vuestra casa.

        (*Vase.*)

ESCENA IX

DON BELTRÁN, DON GARCÍA, TRISTÁN.

DON BELTRÁN
(*Ap.*) ¡Válgame Dios! ¿Es posible
que a mí no me perdonaran
las costumbres deste mozo?
¿Que aun a mí en mis proprias canas
me mintiese, al mismo tiempo
que riñéndoselo estaba?
¿Y que le creyese yo
en cosa tan de importancia
tan presto, habiendo ya oído
de sus engaños la fama?
Mas, ¿quién creyera que a mí
me mintiera, cuando estaba
reprendiéndole eso mismo?
Y, ¿qué juez se recelara
que el mismo ladrón le robe,
de cuyo castigo trata?

TRISTÁN
¿Determinaste a llegar?

DON GARCÍA
Sí, Tristán.

TRISTÁN
        Pues Dios te valga.

DON GARCÍA
Padre . . .

DON BELTRÁN
        ¡No me llames padre,
vil! Enemigo me llama;
que no tiene sangre mía
quien no me parece en nada.
Quítate de ante mis ojos,
que por Dios, si no mirara . . .

TRISTÁN (*Ap. a* DON GARCÍA.)
El mar está por el cielo.[40]
Mejor ocasión aguarda.

DON BELTRÁN
¡Cielos! ¿Qué castigo es éste?
¿Es posible que a quien ama
la verdad como yo, un hijo
de condición tan contraria
le diésedes? ¿Es posible
que quien tanto su honor guarda
como yo, engendrase un hijo
de inclinaciones tan bajas;
y a Gabriel,[41] que honor y vida
daba a mi sangre y mis canas,
llevásedes tan en flor?
Cosas son que a no mirarlas
como cristiano . . .

DON GARCÍA (*Ap.*)
        ¿Qué es esto?

TRISTÁN (*Ap. a su amo.*)
Quítate de aquí. ¿Qué aguardas?

DON BELTRÁN
Déjanos solos, Tristán.
Pero vuelve, no te vayas;
por ventura la vergüenza
de que sepas tú su infamia
podrá en él lo que no pudo
el respeto de mis canas.
Y cuando ni esta vergüenza
le obligue a enmendar sus faltas,
servíréle por lo menos
de castigo el publicallas.
Dí, liviano, ¿qué fin llevas?
Loco, dí, ¿qué gusto sacas
de mentir tan sin recato?
Y cuando con todos vayas
tras tu inclinación, ¿conmigo
siquiera no te enfrenaras?
¿Con qué intento el matrimonio
fingiste de Salamanca,
para quitarles también
el crédito a mis palabras?

---

39 encomienda — commandery, a lucrative position
in a military order of which the order of Calatrava was
one of the most important.

40 El . . . cielo — he really has his dander up (or some
similar expression to describe great anger in a person).
41 Gabriel is Beltrán's other son who had died.

¿Con qué cara hablaré yo
a los que dije que estabas
con doña Sancha de Herrera
desposado? ¿Con qué cara,
cuando, sabiendo que fué
fingida esta doña Sancha,
por cómplices del embuste
infamen mis nobles canas?
¿Qué medio tomaré yo
que saque bien esta mancha,
pues a mejor negociar,[42]
si de mí quiero quitarla,
he de ponerla en mi hijo,
y diciendo que la causa
fuiste tú, he de ser yo mismo
pregonero de tu infamia?
Si algún cuidado amoroso
te obligó a que me engañaras,
¿qué enemigo te oprimía?
¿Qué puñal te amenazaba,
sino un padre, padre al fin?
Que este nombre solo basta
para saber de qué modo
le enternecieran tus ansias.
¡Un viejo que fué mancebo,
y sabe bien la pujanza
con que en pechos juveniles
prenden amorosas llamas!

DON GARCÍA

Pues si lo sabes, y entonces
para excusarme bastara,
para que mi error perdones
agora, padre, me valga.
Parecerme que sería
respetar poco tus canas
no obedecerte, pudiendo,
me obligó a que te engañara.
Error fué, no fué delito;
no fué culpa, fué ignorancia;
la causa, amor; tú, mi padre,
pues tú dices que esto basta.
Y ya que el daño supiste,
escucha la hermosa causa,
porque el mismo dañador
el daño te satisfaga.
Doña Lucrecia, la hija
de don Juan de Luna, es alma
desta vida; es principal
y heredera de su casa;
y para hacerme dichoso
con su hermosa mano, falta
sólo que tú lo consientas,
y declares que la fama

de ser yo casado tuvo
ese principio, y es falsa.

DON BELTRÁN

¡No, no! ¡Jesús! ¡Calla! ¿En otra
habías de meterme? ¡Basta!
Ya, si dices que ésta es luz,
he de pensar que me engañas.

DON GARCÍA

No, señor: lo que a las obras
se remite es verdad clara,
y Tristán, de quien te fías,
es testigo de mis ansias.
Dílo, Tristán.

TRISTÁN

       Sí, señor:
lo que dice es lo que pasa.

DON BELTRÁN

¿No te corres desto? Dí:
¿no te avergüenza que hayas
menester que tu criado
acredite lo que hablas?
Ahora bien, yo quiero hablar
a don Juan, y el cielo haga
que te dé a Lucrecia, que eres
tal, que ella es la engañada.
Mas primero he de informarme
en esto de Salamanca;
que ya temo que en decirme
que me engañaste, me engañas.
Que aunque la verdad sabía
antes que a hablarte llegara,
la has hecho ya sospechosa
tú con sólo confesarla. (*Vase.*)

DON GARCÍA

Bien se ha hecho.

TRISTÁN

       ¡Y cómo bien!
Que yo pensé que hoy probabas
en ti aquel psalmo hebreo
que brazos cortados sana.

(*Vanse.*)

ESCENA X

*Sala con vistas a un jardín, en casa de Don Juan de
Luna.*[43] DON JUAN DE LUNA, DON SANCHO.[44]

DON JUAN DE LUNA

Parece que la noche ha refrescado.[45]

DON SANCHO

Señor don Juan de Luna, para el río,[46]
éste es fresco en mi edad demasïado.

---

42 a mejor negociar — under the best of circumstances.
43 Juan de Luna is Lucrecia's father.
44 Don Sancho is Jacinta's father.

45 *Tercetos* begin here.
46 para el río — to go and eat at the river.

DON JUAN DE LUNA

Mejor será que en ese jardín mío
se nos ponga la mesa, y que gocemos
la cena con sazón,[47] templado el frío.

DON SANCHO

Discreto parecer. Noche tendremos
que dar a Manzanares más templada;
que ofenden la salud estos extremos.[48]

DON JUAN DE LUNA *(Dirigiéndose adentro.)*

Gozad de vuestra hermosa convidada[49]
por esta noche en el jardín, Lucrecia.

DON SANCHO

Veáisla, quiera Dios, bien empleada;[50]
que es un ángel.

DON JUAN DE LUNA

Demás de que no es necia,
y ser cual veis, don Sancho, tan hermosa,
menos que la virtud la vida precia.

ESCENA XI

UN CRIADO. *Dichos.*

CRIADO *(A DON SANCHO.)*

Preguntando por vos, don Juan de Sosa
a la puerta llegó, y pide licencia.

DON SANCHO

¿A tal hora?

DON JUAN DE LUNA

Será ocasión forsoza.

DON SANCHO

Entre el señor don Juan.
(Va el criado a avisar.)

ESCENA XII

DON JUAN, *con un papel.* DON JUAN DE LUNA,
DON SANCHO.

DON JUAN *(A DON SANCHO.)*

A esa presencia
sin el papel[51] que veis, nunca llegara;
mas ya con él faltaba la paciencia,
que no quiso el amor que dilatara
la nueva un punto, si alcanzar la gloria
consiste en eso, de mi prenda cara.
Ya el hábito salió: si en la memoria
la palabra[52] tenéis que me habéis dado,
colmaréis con cumplirla mi vitoria.

DON SANCHO

Mi fe, señor don Juan, habéis premiado,

con no haber esta nueva tan dichosa
por un momento solo dilatado.
A darle voy a mi Jacinta hermosa,
y perdonad; que por estar desnuda,[53]
no la mando salir. *(Vase.)*

DON JUAN DE LUNA

Por cierta cosa
tuve siempre el vencer,[54] que el cielo
la verdad más oculta, y premïada[55] [ayuda
dilación pudo haber, pero no duda.

ESCENA XIII

DON GARCÍA, DON BELTRÁN, TRISTÁN, DON JUAN DE
LUNA, DON JUAN.

DON BELTRÁN

Ésta no es ocasión acomodada
de hablarle; que hay visita, y una cosa
tan grave a solas ha de ser tratada.

DON GARCÍA

Antes nos servirá don Juan de Sosa
en lo de Salamanca por testigo.

DON BELTRÁN

¡Que lo hayáis menester! ¡Qué infame cosa!
En tanto que a don Juan de Luna digo
nuestra intención, podréis entretenello.

DON JUAN DE LUNA

¡Amigo don Beltrán! . . .

DON BELTRÁN

¡Don Juan amigo! . . .

DON JUAN DE LUNA

¿A tales horas tal exceso?

DON BELTRÁN

En ello
conoceréis que estoy enamorado.

DON JUAN DE LUNA

Dichosa la que pudo merecello.

DON BELTRÁN

Perdón me habéis de dar; que haber
[hallado
la puerta abierta, y la amistad que os tengo,
para entrar sin licencia me la han dado.

DON JUAN DE LUNA

Cumplimientos dejad cuando prevengo
el pecho a la ocasión desta venida.

DON BELTRÁN

Quiero deciros, pues, a lo que vengo.

---

47 con sazón — at ease.
48 extremos — extremes of temperature.
49 *hermosa convidada* refers to Jacinta.
50 bien empleada — happily married.
51 papel — a paper showing his commander's rank in the military order, membership in which had been made a condition for his marrying Jacinta.

52 *La palabra* refers to Sancho's promise to give Jacinta to Don Juan.
53 desnuda — not properly dressed for the occasion.
54 el vencer — your victory.
55 premïada — crushing, oppressive.

DON GARCÍA (*A* DON JUAN DE SOSA.)
Pudo, señor don Juan, ser oprimida
de algún pecho de envidia emponzoñado,
verdad tan clara, pero no vencida.
Podéis, por Dios, creer que me ha
vuestra vitoria[56]   [alegrado

DON JUAN
De quien sois lo creo.

DON GARCÍA
Del hábito gocéis encomendado
como vos merecéis y yo deseo.

DON JUAN DE LUNA
Es en eso Lucrecia tan dichosa,
que pienso que es soñado el bien que veo.
Con perdón del señor don Juan de Sosa,
oíd una palabra, don García.
Que a Lucrecia queréis por vuestra esposa
me ha dicho don Beltrán.

DON GARCÍA
El alma mía,
mi dicha, honor y vida está en su mano.

DON JUAN DE LUNA
Yo desde aquí por ella os doy la mía;
que como yo sé en eso lo que gano,
lo sabe ella también, según la he oído
hablar de vos.

(*Se dan las manos.*)

DON GARCÍA
Por bien tan soberano
los pies, señor don Juan de Luna, os pido.

ESCENA XIV

DON SANCHO, JACINTA, LUCRECIA. *Dichos.*

LUCRECIA
Al fin, tras tantos contrastes,[57]
tu dulce esperanza logras.

JACINTA
Con que tú logres la tuya
seré del todo dichosa.

DON JUAN DE LUNA
Ella sale con Jacinta,
ajena de tanta gloria,
más de calor descompuesta
que aderezada de boda.
Dejad que albricias le pida
de una nueva tan dichosa.

DON BELTRÁN (*Ap. a* DON GARCÍA.)
Acá está don Sancho. ¡Mira
en qué vengo a verme agora!

DON GARCÍA
Yerros causados de amor,
quien es cuerdo los perdona.

LUCRECIA
¿No es casado en Salamanca?

DON JUAN DE LUNA
Fue invención suya engañosa,
procurando que su padre
no le casase con otra.

LUCRECIA
Siendo así, mi voluntad
es la tuya, y soy dichosa.

DON SANCHO
Llegad, ilustres mancebos,
a vuestras alegres novias,
que dichosas se confiesan,
y os aguardan amorosas.

DON GARCÍA
Agora de mis verdades
darán probanza las obras.

(*Vanse* DON GARCÍA *y* DON JUAN *a* JACINTA.)

DON JUAN
¿Adónde vais, don García?
Veis allí a Lucrecia hermosa.

DON GARCÍA
¿Cómo Lucrecia?

DON BELTRÁN
¿Qué es esto?

DON GARCÍA (*A* JACINTA.)
Vos sois mi dueño, señora.

DON BELTRÁN
¿Otra tenemos?

DON GARCÍA
Si el nombre
erré, no erré la persona.
Vos sois a quien yo he pedido,
y vos la que el alma adora.

LUCRECIA
Y este papel, engañoso,

(*Saca un papel.*)

que es de vuestra mano propria,
¿lo que decís no desdice?

DON BELTRÁN
¡Que en tal afrenta me pongas!

DON JUAN
Dadme, Jacinta, la mano,
y daréis fin a estas cosas.

DON SANCHO
Dale la mano a don Juan.

---

56 *Vitoria* refers to Don Juan's new rank in the order
of Calatrava.

57 *Romance* in *o-a* begins here.

JACINTA (*A* DON JUAN.)
>Vuestra soy.

DON GARCÍA *(Ap.)*
>Perdí mi gloria.

DON BELTRÁN
>¡Vive Dios, si no recibes
>a Lucrecia por esposa,
>que te he de quitar la vida!

DON JUAN DE LUNA
>La mano os he dado agora
>por Lucrecia, y me la distes;
>si vuestra inconstancia loca
>os ha mudado tan presto,
>yo lavaré mi deshonra
>con sangre de vuestras venas.

TRISTÁN
>Tú tienes la culpa toda;
>que si al principio dijeras
>la verdad, ésta es la hora
>que de Jacinta gozabas.
>Ya no hay remedio; perdona,
>y da la mano a Lucrecia,
>que también es buena moza.

DON GARCÍA
>La mano doy, pues es fuerza.

TRISTÁN
>Y aquí verás cuán dañosa
>es la mentira; y verá
>el Senado que en la boca
>del que mentir acostumbra,
>es *la verdad sospechosa.*

Pedro Calderón de la Barca, 1600–81, *La vida es sueño* (pp. 91–94)

The careers of two men encompass the drama of Spain's Golden Age. Lope de Vega, already undisputed master of the stage when Calderón was born, established the national drama of Spain, endowed it with a vast repertoire, and accompanied it to its zenith. Calderón inherited Lope's role when the latter died. He filled the drama with baroque imagery and formalism, and accompanied it through its decline. After Calderón's death in 1681, the Golden Age was over. Since these two writers are generally acclaimed as the best Spain has produced in the field of the drama and since their careers represent the course of the theater throughout its greatest century, they are almost inevitably compared with each other. Lope, the *monstruo de la naturaleza*, was the great improviser, the unfettered genius, the romantic, the dramatist of the people, the painter of passions. He concentrated on plot to the detriment of character portrayal. He crystallized national sentiment, and filled his *comedias* with action. His poetry, little touched by Gongorism, is often more lyric than dramatic and with its use of folk materials often had a freshness that found a response in the hearts of the people. More prolific than any other writer, Lope produced, according to Montalbán's count, 1,800 *comedias* and 400 *autos*.

Calderón, the *monstruo de ingenio*, represents the careful craftsman, the methodical writer, the planner. His plots, particularly of his cape and sword plays, show more control than Lope's. In his philosophical dramas he treated problems of man's existence and destiny which Lope did not even approach. He took his art seriously and spent more time and thought on his work than Lope. Stylistically he represents the culmination of the baroque manner in the theater, and his poetry is characteristically filled with elaborate and often strained metaphors and ornamentation of all kinds. Because of his concern with form, he polished his poetry to a high lustre and created unsurpassed highlights. He was not interested in the people but wrote for the aristocracy. After Lope's death in 1635, Felipe IV appointed Calderón official poet to the court and rewarded him for his work with knighthood in the Order of Santiago. After 1637, just at the height of his career, Calderón began to withdraw from active life. In 1650 he took religious orders and thenceforth lived in semi-retirement until his death in 1681, though he continued to produce entertainments for the courts and *autos sacramentales* for various municipalities. His total output is small compared to that of Lope or Tirso, but large compared to that of nearly anyone else. He wrote 120 *comedias*, 80 *autos*, 20 one-act pieces, and some lyric poetry.

Calderón produced almost all the plays for which he is famous between the years 1625 and 1637. From these years come his best known cape and sword plays, such as *Casa con dos puertas mala es de guardar* and *La dama duende*, and his best honor tragedies, such as *El médico de su honra* and *A secreto agravio, secreto venganza.*[1] The honor code represented in these tragedies was extended to its extreme limits. Although some of its provisions may seem abhorrent or silly to modern

1 The well-known *El alcalde de Zalamea* was written probably about 1642 after Calderón's return from the Catalan War.

readers, Calderón's use of them indicates his thorough understanding of this important dramatic motif.

The cape and sword plays reflect Calderón's impetuous, roistering youth. He was involved in a number of duelling scrapes, from which he is said to have carried a scar on his forehead. His most notorious escapade brought him a verbal chastisement from Hortensio Félix Paravicino, the most famous preacher of the day. Calderón's half-brother was stabbed on the street and his assailant took refuge in a Trinitarian convent nearby. With several other people, including officers of the law, Calderón broke into the convent, searched the cells, mishandled the nuns, and created quite a scandal (though he did not find his quarry). Calderón replied to Paravicino's reprimand with some saucy lines in his next play. Offended, Paravicino complained to the king, who, though he smiled when he read the lines, required Calderón to delete them from his drama.

Calderón's dramas were doubtlessly the court's favorite entertainment and deservedly so for their excellence. But another factor was involved in their success. Staging techniques, machinery, and decoration advanced greatly just as Calderón achieved popularity, and when he became court entertainer the king paid for the construction of elaborate sets. One of the most spectacular settings in Buen Retiro, Felipe IV's new palace, was that of Calderón's *El mayor encanto amor* which was performed on a stage floating on a large pool and lighted with three thousand lanterns. Contributing to the spectacle was the enactment of a shipwreck, the appearance of a barge drawn by dolphins, and the explosion of Circe's palace simulated with fireworks. The king and his guests watched the proceedings from gondolas, also floating on the pool. Naturally such extravaganzas were not available to the public nor could unfavored playwrights count on any such backing for their productions.

La vida es sueño, probably Spain's best known drama, is a philosophical, allegorical 3-act play written about 1635—the climax of Calderón's most productive period. This drama sums up beautifully, though at times inconsistently, the seventeenth century preoccupations with this life and the hereafter. Among the many themes it treats are those of free will, good works, faith, the salvation of man's soul, predestination, man's surmount-

ing his bestial nature and subjecting it to the power of reason, and, in general, man's doubts about his destiny. It contains Calderón's fullest development of his strongest idea, the illusoriness of life and its unreality. Segismundo, the principal character, may represent man imprisoned in a spiritual darkness from which he may free himself through faith and good works, though with his finite mind he should not try to fathom the infinite intentions of God. The triumph of self-control over the natural man, through the recognition of his responsibilities and obligations to his fellowman and through the exercise of his free will, is one of the most attractive themes of the play.

The play is constructed in the baroque manner with a secondary plot to create tension and contrast. Some critics object to the Rosaura-Astolfo honor theme, but Calderón fused it skillfully with the philosophical framework. An intensely lyrical and dramatic rendition of eternal and universal problems, *La vida es sueño* compares favorably with the best theatrical productions of any country.

Calderón employed primarily the *romance* meter in this play, but he also wrote in an assortment of strophes—*silvas*, *redondillas*, *octavas reales*, *quintillas*, and *décimas*. His work was, as he conceived it, entirely original, but some see in it oriental sources such as *Barlaam y Josaphat* and the Arabian Nights. Others suggest as sources Lope de Vega's *El hijo de Reduán* and *Barlaam y Josafat*, Boccaccio's *Decameron*, and Agustín de Rojas' *El viaje entretenido*.

As Act I begins, Rosaura, dressed as a man and accompanied by her servant, Clarín, comes to Poland in pursuit of a man who has dishonored her. Her horse throws her. As she and Clarín descend the mountain, Rosaura sees a tower in the distance from which comes the sound of clanking chains. Inside the tower the prisoner Segismundo in a famous soliloquy laments to Heaven that the birds, beasts, fish, and even the stream have more freedom than he, although they lack his soul. Rosaura and Clarín enter the tower, but as they are talking to Segismundo, the jailer Clotaldo arrests them. He recognizes Rosaura's sword as one he had left as a pledge to her mother, Violante. Thinking that Rosaura is his son, he is torn between duty to the king and love for his child.

The scene shifts to the palace where Astolfo and Estrella, the nephew and niece of King

Basilio, are discussing the succession to the throne. Astolfo proposes that they marry and rule jointly when Basilio abdicates. The king enters and, after mentioning his interest in mathematics and astrology, reveals that his wife gave birth to his son Segismundo under such adverse signs that she died in childbirth. Since the stars foretold that the child would grow up to be a monster and would trample over his own father, Basilio had Segismundo locked in the tower. He now wishes to give his son his human and divine rights and test if perchance the stars may not have been wrong. He feels that a strong will, through works, can overcome the dictates of the stars. Therefore he decrees that if Segismundo is wise and kind when taken from his prison, he will be allowed to rule. If he is bold and cruel, he will be returned to his cell, and Astolfo and Estrella will inherit the throne. Clotaldo's immediate conflict has now been resolved by the king's decision to bring Segismundo to the court, but he is disturbed when Rosaura, now properly dressed, reveals to him that her seducer is Astolfo.

Clotaldo gives Segismundo a drug, and while he is unconscious the king orders him brought to the palace. He explains that if Segismundo fails the test his distress will not be so great if he does not know the truth. In the event of failure, they will return him to prison and tell him it was all a dream. Segismundo awakens in the palace and marvels to find himself dressed in fine fabrics and surrounded by servants. When Clotaldo explains to him that he is really the prince, he threatens to kill the old man. Later Segismundo insults Astolfo and is rude to Estrella. A servant continues to vex him and Segismundo throws him from a balcony. Basilio visits Segismundo, discovers the servant's death, and is rejected by his son. In the end he regrets having sired him. Basilio warns his son that he may be dreaming and that he may awaken at any moment. Segismundo almost recognizes Rosaura when she enters, and attracted by her beauty, attempts to violate her. Clotaldo intervenes, and Segismundo turns on him. Astolfo duels with Segismundo to prevent Clotaldo's death.

Astolfo has been courting Estrella, but she is jealous of the picture of a lady (Rosaura) he wears in a locket around his neck. As he is bringing the picture to Estrella, Rosaura, acting as Estrella's maid, struggles with him for it. She insists that the portrait is hers and

Estrella forces Astolfo to return it. At the same time she demands the other, non-existent one. He is naturally unable to produce it, and a quarrel ensues.

Clarín is arrested to keep him from telling secrets out of court. Having failed the test, Segismundo is returned to the tower. We pick up the action at the end of Act II as Basilio enters the tower where Segismundo is imprisoned.

ACT II

ESCENA XVIII

BASILIO, *rebozado*. CLOTALDO, SEGISMUNDO, *adormecido*.

BASILIO
> Clotaldo.

CLOTALDO
> ¡Señor! ¿así[2]
> viene vuestra majestad?

BASILIO
> La necia curiosidad
> de ver lo que pasa aquí
> a Segismundo (¡ay de mí!)
> deste modo me ha traído.

CLOTALDO
> Mírale allí reducido
> a su miserable estado.

BASILIO
> ¡Ay, príncipe desdichado,
> y en triste punto nacido!
> Llega a despertarle, ya
> que fuerza y vigor perdió
> con el opio que bebió.

CLOTALDO
> Inquieto, señor, está,
> y hablando.

BASILIO
> ¿Qué soñará
> ahora? Escuchemos, pues.

SEGISMUNDO *(entre sueños)*.
> Piadoso príncipe es
> el que castiga tiranos:
> Clotaldo muera a mis manos.
> Mi padre bese mis pies.

CLOTALDO
> Con la muerte me amenaza.

BASILIO
> A mí con rigor me afrenta.

CLOTALDO
> Quitarme la vida intenta.

2 *Décimas* begin here.

BASILIO

Rendirme a sus plantas traza.

SEGISMUNDO *(entre sueños)*.

Salga a la anchurosa plaza
del gran teatro del mundo
este valor sin segundo:
porque mi venganza cuadre,
al príncipe Segismundo
vean triunfar de su padre. *(Despierta.)*
Mas ¡ay de mí! ¿dónde estoy?

BASILIO *(A* CLOTALDO.)

Pues a mí no me ha de ver.
Ya sabes lo que has de hacer.
Desde allí a escucharte voy.

(Retírase.)

SEGISMUNDO

¿Soy yo por ventura? ¿soy
el que preso y aherrojado
llego a verme en tal estado?
¿No sois mi sepulcro vos,
torre? Sí. ¡Válgame Dios,
qué de cosas he soñado!

CLOTALDO

(Ap. A mí me toca llegar
a hacer la desecha ahora.)[3]

SEGISMUNDO

¿Es ya de despertar hora?

CLOTALDO

Sí, hora es ya de despertar.
¿Todo el día te has de estar
durmiendo? ¿Desde que yo
al águila que voló
con tardo vuelo seguí,
y te quedaste tú aquí,
nunca has despertado?

SEGISMUNDO

No,
ni aun agora he despertado;
que según, Clotaldo, entiendo,
todavía estoy durmiendo:
y no estoy muy engañado;
porque si ha sido soñado,
lo que vi palpable y cierto,
lo que veo será incierto;
y no es mucho que rendido,
pues veo estando dormido,
que sueñe estando despierto.

CLOTALDO

Lo que soñaste me di.

SEGISMUNDO

Supuesto que sueño fué,

no diré lo que soñé.
Lo que vi, Clotaldo, sí.
Yo desperté, yo me vi
(¡qué crueldad tan lisonjera!)
en un lecho que pudiera,
con matices y colores,
ser el catre de las flores
que tejió la Primavera.[4]
Allí mil nobles rendidos
a mis pies nombre me dieron
de su príncipe y sirvieron
galas, joyas y vestidos.
La calma de mis sentidos
tú trocaste en alegría,
diciendo la dicha mía,
que aunque estoy de esta manera,
príncipe de Polonia era.

CLOTALDO

Buenas albricias tendría.[5]

SEGISMUNDO

No muy buenas: por traidor,
con pecho atrevido y fuerte
dos veces te daba muerte.[6]

CLOTALDO

¿Para mí tanto rigor?

SEGISMUNDO

De todos era señor,
y de todos me vengaba;
sólo a una mujer amaba . . .
Que fué verdad, creo yo,
en que todo se acabó,
y esto sólo no se acaba.

(Vase el rey.)

CLOTALDO

(Ap. Enternecido se ha ido
el rey de haberlo escuchado.)
Como habíamos hablado,
de aquella águila, dormido,
tu sueño imperios han sido,
mas en sueño fuera bien
honrar entonces a quien
te crió en tantos empeños,[7]
Segismundo: que aun en sueños
no se pierde el hacer bien.

(Vase.)

ESCENA XIX

SEGISMUNDO

Es verdad; pues reprimamos
esta fiera condición,
esta furia, esta ambición,

---

3 a hacer la desecha ahora — to make believe, to pretend.

4 el catre de las flores que tejió la Primavera — a tapestry of flowers woven by Spring.

5 Buenas albricias tendría — I must have been well rewarded.

6 te daba muerte — I was about to kill you.

7 en tantos empeños — with so much care.

por sí alguna vez soñamos.
Y sí haremos, pues estamos
en mundo tan singular,
que el vivir sólo es soñar;
y la experiencia me enseña,
que el hombre que vive, sueña
lo que es, hasta despertar.

Sueña el rey que es rey, y vive
con este engaño mandando,
disponiendo y gobernando;
y este aplauso, que recibe
prestado, en el viento escribe;
y en cenizas le convierte
la muerte (¡desdicha fuerte!):
¿que hay quien intente reinar
viendo que ha de dispertar
en el sueño de la muerte?

Sueña el rico en su riqueza,
que más cuidado le ofrece;
sueña el pobre que padece
su miseria y su pobreza;
sueña el que a medrar empieza,
sueña el que afana y pretende,[8]
sueña el que agravia y ofende,
y en el mundo, en conclusión,
todos sueñan lo que son,
aunque ninguno lo entiende.

Yo sueño que estoy aquí,
destas prisiones cargado;
y soñé que en otro estado
más lisonjero me vi.
¿Qué es la vida? Un frenesí.
¿Qué es la vida? Una ilusión,
una sombra, una ficción,
y el mayor bien es pequeño:
que toda la vida es sueño,
y los sueños sueños son.

JORNADA TERCERA

ESCENA PRIMERA

CLARÍN

En una encantada torre,[9]
por lo que sé, vivo preso.
¿Qué me harán por lo que ignoro,
si por lo que sé me han muerto?
¡Que un hombre con tanta hambre
viniese a morir viviendo!
Lástima tengo de mí;

todos dirán: « Bien lo creo »;
y bien se puede creer,
pues para mí este silencio
no conforma con el nombre
Clarín, y callar no puedo.
Quien me hace compañía
aquí, si a decirlo acierto,
son arañas y ratones,
¡miren qué dulces jilgueros!
De los sueños de esta noche
la triste cabeza tengo
llena de mil chirimías,[10]
de trompetas y embelecos,[11]
de procesiones y cruces,
de disciplinantes;[12] y éstos,
unos suben, otros bajan;
unos se desmayan viendo
la sangre que llevan otros;
mas yo, la verdad diciendo,
de no comer me desmayo;
que en una prisión me veo,
donde ya todos los días
en el filósofo leo
Nicomedes, y las noches
en el concilio Niceno.[13]
Si llaman santo al callar,
como en calendario nuevo,
San Secreto es para mí,[14]
pues le ayuno y no le huelgo;[15]
aunque está bien merecido
el castigo que padezco,
pues callé, siendo criado,
que es el mayor sacrilegio.

(Ruido de cajas y clarines, y voces dentro.)

ESCENA II

SOLDADOS, CLARÍN.

SOLDADO 1º *(Dentro)*
Ésta es la torre en que está.
Echad la puerta en el suelo.
Entrad todos.

CLARÍN
¡Vive Dios!
Que a mí me buscan es cierto,
pues que dicen que aquí estoy.
¿Qué me querrán?

SOLDADO 1º *(Dentro)*
Entrad dentro.

(Salen varios soldados.)

---

8 el que afana y pretende — he who wishes to obtain
rank and social standing.
9 *Romance* in *e-o* begins here.
10 chirimías — oboes.
11 embelecos — fantasies.
12 disciplinantes — flagellants.

13 an obvious pun on *comer* and *cenar*.
14 Si llaman ... para mí — If they make silence a
saint, in a new calendar I shall be Saint Secret.
15 le ayuno y no le huelgo — I fast and do not eat on
his day.

SOLDADO 2º
Aquí está.

CLARÍN
No está.

SOLDADOS *(todos)*
Señor . . .

CLARÍN *(Ap.)*
¿Si vienen borrachos éstos?

SOLDADO 1º
Tú nuestro príncipe eres;
ni admitimos ni queremos
sino al señor natural,
y no a príncipe extranjero.
A todos nos da los pies.

SOLDADOS
¡Viva el gran príncipe nuestro!

CLARÍN *(Ap.)*
Vive Dios, que va de veras.
¿Si es costumbre en este reino
prender uno cada día
y hacerle príncipe, y luego
volverle a la torre? Sí,
pues cada día lo veo:
fuerza es hacer mi papel.

SOLDADOS
Danos tus plantas.

CLARÍN
No puedo
porque las he menester
para mí, y fuera defecto
ser príncipe desplantado.[16]

SOLDADO 2º
Todos a tu padre mesmo
le dijimos, que a ti sólo
por príncipe conocemos.
No al de Moscovia.[17]

CLARÍN
¿A mi padre
le perdisteis el respeto?
Sois unos tales por cuales.[18]

SOLDADO 1º
Fué lealtad de nuestro pecho.

CLARÍN
Si fué lealtad, yo os perdono.

SOLDADO 2º
Sal a restaurar tu imperio.
¡Viva Segismundo!

TODOS
¡Viva!

CLARÍN *(Ap.)*
¿Segismundo dicen? Bueno:
Segismundos llaman todos
los príncipes contrahechos.

ESCENA III

SEGISMUNDO, CLARÍN, SOLDADOS.

SEGISMUNDO
¿Quién nombra aquí a Segismundo?

CLARÍN *(Ap.)*
¡Mas que soy príncipe huero!

SOLDADO 1º
¿Quién es Segismundo?

SEGISMUNDO
Yo.

SOLDADO 2º *(A* CLARÍN*)*
¿Pues cómo, atrevido y necio,
tú te hacías Segismundo?

CLARÍN
¿Yo Segismundo? Eso niego.
Vosotros fuisteis los que
me segismundeasteis: luego
vuestra[19] ha sido solamente
necedad y atrevimiento.

SOLDADO 1º
Gran príncipe Segismundo,
(que las señas que traemos
tuyas son, aunque por fe
te aclamamos señor nuestro),
tu padre, el gran rey Basilio,
temeroso que los cielos
cumplan un hado, que dice
que ha de verse a tus pies puesto,
vencido de ti, pretende
quitarte acción y derecho
y dársele a Astolfo, duque
de Moscovia. Para esto
juntó su corte, y el vulgo,
penetrando ya y sabiendo
que tiene rey natural
no quiere que un extranjero
venga a mandarle. Y así,
haciendo noble desprecio
dè la inclemencia del hado,
te ha buscado donde preso
vives, para que asistido
de sus armas, y saliendo
desta torre a restaurar
tu imperial corona y cetro,

---

16 Clarín's pun is that he cannot give them his feet (to kneel before) because he needs them, and it would be a defect to be a cripple.
17 The people refer here to Astolfo who hopes to get the throne.
18 Sois unos tales por cuales — You are a bunch of so and so's.
19 *Vuestra*, though feminine, modifies both *necedad* and *atrevimiento*.

se la quites a un tirano.
Sal, pues; que en ese desierto,
ejército numeroso
de bandidos y plebeyos
te aclama: la libertad
te espera: oye sus acentos.

VOCES *(Den.)*
¡Viva Segismundo, viva!

SEGISMUNDO
¿Otra vez (¡qué es esto, cielos!)
queréis que sueñe grandezas,
que ha de deshacer el tiempo?
¿Otra vez queréis que vea
entre sombras y bosquejos
la majestad y la pompa
desvanecida del viento?
¿Otra vez queréis que toque
el desengaño, o el riesgo
a que el humano poder
nace humilde y vive atento?
Pues no ha de ser, no ha de ser
mirarme otra vez sujeto
a mi fortuna; y pues sé
que toda esta vida es sueño,
idos, sombras, que fingís
hoy a mis sentidos muertos
cuerpo y voz, siendo verdad
que ni tenéis voz ni cuerpo;
que no quiero majestades
fingidas, pompas no quiero
fantásticas, ilusiones
que al soplo menos ligero[20]
del aura han de deshacerse,
bien como el florido almendro,
que por madrugar sus flores,
sin aviso y sin consejo,
al primer soplo se apagan,
marchitando y desluciendo
de sus rosados capullos
belleza, luz y ornamento.
Ya os conozco, ya os conozco.
Y sé que os pasa lo mesmo
con cualquiera que se duerme:
para mí no hay fingimientos;
que, desengañado ya,
sé bien que *la vida es sueño.*

SOLDADO 2º
Si piensas que te engañamos,
vuelve a esos montes soberbios
los ojos, para que veas
la gente que aguarda en ellos
para obedecerte.

SEGISMUNDO
Ya
otra vez vi aquesto mesmo
tan clara y distintamente
como ahora lo estoy viendo,
y fué sueño.

SOLDADO 2º
Cosas grandes
siempre, gran señor, trajeron
anuncios; y esto sería,
si lo soñaste primero.

SEGISMUNDO
Dices bien, anuncio fué;
y caso que fuese cierto,
pues que la vida es tan corta,
soñemos, alma, soñemos
otra vez; pero ha de ser
con atención y consejo[21]
de que hemos de dispertar
deste gusto al mejor tiempo[22];
que llevándolo sabido,
será el desengaño menos;
que es hacer burla del daño
adelantarle el consejo.
Y con esta prevención
de que cuando fuese cierto,
es todo el poder prestado
y ha de volverse a su dueño,
atrevámonos a todo. —
Vasallos, yo os agradezco
la lealtad; en mí lleváis
quien os libre osado y diestro
de extranjera esclavitud.
Tocad al arma, que presto
veréis mi inmenso valor.
Contra mi padre pretendo
tomar armas, y sacar
verdaderos a los cielos.
Presto he de verle a mis plantas . . .
(Aparte.)
Mas si antes de esto dispierto,
¿no será bien no decirlo,
supuesto que no he de hacerlo?

TODOS
¡Viva Segismundo, viva!

ESCENA IV

CLOTALDO, SEGISMUNDO, CLARÍN, SOLDADOS.

CLOTALDO
¿Qué alboroto es éste, cielos?

SEGISMUNDO
Clotaldo.

20 *Menos ligero* was an oversight on Calderón's part.
He meant *más ligero.*

21 con atención y consejo — with forethought and
council.
22 al mejor tiempo — when least expected.

CLOTALDO

    Señor . . . *(Aparte.)* En mí
su rigor prueba.

CLARÍN *(aparte).*

     Yo apuesto
que le despeña del monte.

     (Vase.)

CLOTALDO

A tus reales plantas llego,
ya sé que a morir.

SEGISMUNDO

     Levanta,
levanta, padre, del suelo;
que tú has de ser norte y guía
de quien fíe mis aciertos;
que ya sé que mi crianza
a tu mucha lealtad debo.
Dame los brazos.

CLOTALDO

     ¿Qué dices?

SEGISMUNDO

Que estoy soñando, y que quiero
obrar bien, pues no se pierde
el hacer bien, aun en sueños.

CLOTALDO

Pues, señor, si el obrar bien
es ya tu blasón, es cierto
que no te ofenda el que yo
hoy solicite lo mesmo.
¡A tu padre has de hacer guerra!
Yo aconsejarte no puedo
contra mi rey, ni valerte.
A tus plantas estoy puesto,
dame la muerte.

SEGISMUNDO

     ¡Villano,
traidor, ingrato! *(Aparte.)* Mas, ¡cielos!
el reportarme conviene,
que aun no sé si estoy dispierto.
Clotaldo, vuestro valor
os envidio y agradezco.
Idos a servir al rey,
que en el campo nos veremos. —
Vosotros, tocad al arma.

CLOTALDO

Mil veces tus plantas beso.

     (Vase.)

SEGISMONDO

A reinar, fortuna, vamos;

no me despiertes si duermo,
y si es verdad, no me aduermas.
Mas sea verdad o sueño,
obrar bien es lo que importa;
si fuera verdad, por serlo;
si no, por ganar amigos
para cuando despertemos.

   (Vanse, tocando cajas.)

    Salón del palacio real

     ESCENA V

    BASILIO *y* ASTOLFO.

BASILIO

¿Quién, Astolfo, podrá parar prudente[23]
la furia de un caballo desbocado?[24]
¿Quién detener de un río la corriente
que corre al mar soberbio despeñado?
¿Quién un peñasco suspender valiente
de la cima de un monte desgajado?
Pues todo fácil de parar se mira,
más que de un vulgo la soberbia ira.

  Dígalo en bandos el rumor partido,[25]
pues se oye resonar en lo profundo
de los montes el eco repetido,
unos *¡Astolfo!* y otros *¡Segismundo!*
El dosel de la jura,[26] reducido
a segunda intención, a horror segundo,[27]
teatro funesto es, donde importuna
representa tragedias la fortuna.

ASTOLFO

Señor, suspéndase hoy tanta alegría;
cese el aplauso y gusto lisonjero,
que tu mano feliz me prometía;
que si Polonia (a quien mandar espero)
hoy se resiste a la obediencia mía,
es porque la merezca yo primero.
Dadme un caballo y de arrogancia lleno,
rayo descienda el que blasona trueno.[28]

     (Vase.)

BASILIO

Poco reparo tiene lo infalible,
y mucho riesgo lo previsto tiene:
Si ha de ser, la defensa es imposible,
que quien la excusa más, más la previene.
¡Dura ley! ¡fuerte caso! ¡horror terrible!
Quien piensa huir el riesgo, al riesgo viene;
con lo que yo guardaba me he perdido;
yo mismo, yo mi patria he destruido.

---

23 *Octavas reales* begin here.
24 la furia de un caballo desbocado — the violence of a runaway horse.
25 Read as follows: Dígalo el rumor partido en bandos — Let the tumult split into two camps say it.
26 El dosel de la jura — The canopy of the oath. The king received the oath of allegiance there from his vassals.
27 *A segunda intención, a horror segundo* refers to Segismundo's second attempt.
28 Dadme . . . trueno — Give me a horse and full of arrogance let him who thunders be a lightning bolt.

ESCENA VI

ESTRELLA, BASILIO.

ESTRELLA

Si tu presencia, gran señor, no trata
de enfrenar el tumulto sucedido,
que de uno en otro bando se dilata,
por las calles y plazas dividido,
verás tu reino en ondas de escarlata
nadar, entre la púrpura teñido
de su sangre, que ya con triste modo,
todo es desdichas y tragedias todo.

Tanta es la ruina de tu imperio, tanta
la fuerza del rigor duro, sangriento,
que visto admira y escuchado espanta.
El sol se turba y se embaraza el viento;
cada piedra una pirámide levanta,
y cada flor construye un monumento,
cada edificio es un sepulcro altivo,
cada soldado un esqueleto vivo.

ESCENA VII

CLOTALDO, BASILIO, ESTRELLA.

CLOTALDO

¡Gracias a Dios que vivo a tus pies llego!

BASILIO

Clotaldo, ¿pues qué hay de Segismundo?

CLOTALDO

Que el vulgo, monstruo despeñado y ciego,
la torre penetró, y de lo profundo
della sacó su príncipe, que luego
que vió segunda vez su honor segundo,
valiente se mostró, diciendo fiero,
que ha de sacar al cielo verdadero.

BASILIO

Dadme un caballo, porque yo en persona
vencer valiente un hijo ingrato quiero;
y en la defensa ya de mi corona
lo que la ciencia erró, venza el acero.

(Vase.)

ESTRELLA

Pues yo al lado del sol seré Belona[29]:
poner mi nombre junto al suyo espero;
que he de volar sobre tendidas alas
a competir con la deidad de Palas.[30]

(Vase, y tocan al arma.)

ESCENA VIII

ROSAURA, *que detiene a* CLOTALDO.

ROSAURA

Aunque el valor que se encierra[31]
en tu pecho, desde allí

da voces, óyeme a mí,
que yo sé que todo es guerra.

Bien sabes que yo llegué
pobre, humilde, desdichada
a Polonia, y amparada
de tu valor, en ti hallé
piedad; mandásteme (¡ay cielos!)
que disfrazada viviese
en palacio, y pretendiese,
disimulando mis celos,
guardarme de Astolfo. En fin
él me vió, y tanto atropella
mi honor, que viéndome, a Estrella
de noche habla en un jardín;
déste la llave he tomado,
y te podré dar lugar
de que en él puedas entrar
a dar fin a mi cuidado.

Así, altivo, osado y fuerte,
volver por mi honor podrás,
pues que ya resuelto estás
a vengarme con su muerte.

CLOTALDO

Verdad es que me incliné,
desde el punto que te vi,
a hacer, Rosaura, por ti
(testigo tu llanto fué)
cuanto mi vida pudiese.
Lo primero que intenté,
quitarte aquel traje fué;
porque, si acaso, te viese
Astolfo en tu propio traje,
sin juzgar a liviandad
la loca temeridad
que hace del honor ultraje.

En este tiempo trazaba
cómo cobrar se pudiese
tu honor perdido, aunque fuese
(tanto tu honor me arrastraba)
dando muerte a Astolfo. ¡Mira
qué caduco desvarío![32]
Si bien, no siendo rey mío,
ni me asombra, ni me admira.

Darle pensé muerte; cuando
Segismundo pretendió
dármela a mí, y él llegó,
su peligro atropellando,
a hacer en defensa mía
muestras de su voluntad,
que fueron temeridad,
pasando de valentía.

¿Pues cómo yo ahora (advierte),
teniendo alma agradecida

---

29 Pues yo ... Belona — I shall be at the side of the king, Belona. Sol means the king. Belona is Bellona, the Roman goddess of war.

30 Palas is Pallas Athena, protectress of warriors.
31 *Redondillas* begin here.
32 caduco desvarío — short-lived wild notion.

a quien me ha dado la vida
le tengo de dar la muerte?
   Y así, entre los dos partido
el afecto y el cuidado,
viendo que a ti te la[33] he dado,
y que dél la he recibido,
   no sé a qué parte acudir:
no sé a qué parte ayudar,
si a ti me obligué con dar,
dél lo estoy con recibir;
   y así, en la acción que se ofrece,
nada a mi amor satisface,
porque soy persona que hace,
y persona que padece.

ROSAURA

   No tengo que prevenir
que en un varón singular,
cuanto es noble acción el dar,
es bajeza el recibir.
   Y este principio asentado,[34]
no has de estarle agradecido,
supuesto que si él ha sido
el que la vida te ha dado,
   y tú a mí, evidente cosa
es, que él forzó tu nobleza
a que hiciese una bajeza,
y yo una acción generosa.
   Luego estás dél ofendido,
luego estás de mí obligado,
supuesto que a mí me has dado
lo que dél has recibido;
   y así debes acudir
a mi honor en riesgo tanto,
pues yo le prefiero,[35] cuanto
va de dar a recibir.

CLOTALDO

   Aunque la nobleza vive
de la parte del que da,
el agradecerla está
de parte del que recibe.
   Y pues ya dar he sabido,
ya tengo con nombre honroso
el nombre de generoso:
déjame el de agradecido,
   pues le puedo conseguir
siendo agradecido, cuanto
liberal, pues honra tanto
el dar como el recibir.

ROSAURA

   De ti recibí la vida,[36]

y tú mismo me dijiste,
cuando la vida me diste,
que la que estaba ofendida
   no era vida: luego yo
nada de ti he recibido,
pues vida no vida ha sido
la que tu mano me dió.
   Y si debes ser primero
liberal que agradecido
(como de ti mismo he oído),
que me des la vida espero,
   que no me la has dado; y pues
el dar engrandece más,
si antes liberal, serás
agradecido después.

CLOTALDO

   Vencido de tu argumento,
antes liberal seré.
Yo, Rosaura, te daré
mi hacienda, y en un convento
   vive; que está bien pensado
el medio que solicito;
pues huyendo de un delito,
te recoges a un sagrado;[37]
   que cuando desdichas siente
el reino tan dividido,
habiendo noble nacido,
no he de ser quien las aumente.
   Con el remedio elegido
soy en el reino leal,
soy contigo liberal,
con Astolfo agradecido;
   y así escoge el que te cuadre,
quedándose entre los dos,
que no hiciera ¡vive Dios!
más, cuando[38] fuera tu padre.

ROSAURA

   Cuando tú mi padre fueras,
sufriera esa injuria yo;
pero no siéndolo, no.

CLOTALDO

   ¿Pues qué es lo que hacer esperas?

ROSAURA

   Matar al duque.

CLOTALDO

           ¿Una dama,
que padre no ha conocido,
tanto valor ha tenido?

ROSAURA

   Sí.

33 *La* refers to *vida.*
34 y este principio asentado — and with this principle
well established.
35 yo le prefiero — I take precedence over him (by as
much difference as there is between giving and receiv-
ing).

36 Rosaura refers here to Clotaldo's saving of her
honor in Act II.
37 pues . . . sagrado — since fleeing a crime you find
a sanctuary.
38 cuando — Here: if.

CLOTALDO
¿Quién te alienta?

ROSAURA
Mi fama.

CLOTALDO
Mira que a Astolfo has de ver . . .

ROSAURA
Todo mi honor lo atropella.

CLOTALDO
Tu rey, y esposo de Estrella.

ROSAURA
¡Vive Dios que no ha de ser!

CLOTALDO
Es locura.

ROSAURA
Ya lo veo.

CLOTALDO
Pues véncela.

ROSAURA
No podré.

CLOTALDO
Pues perderás . . .

ROSAURA
Ya lo sé.

CLOTALDO
Vida y honor.

ROSAURA
Bien lo creo.

CLOTALDO
¿Qué intentas?

ROSAURA
Mi muerte.

CLOTALDO
Mira
que eso es despecho.

ROSAURA
Es honor.

CLOTALDO
Es desatino.

ROSAURA
Es valor.

CLOTALDO
Es frenesí.

ROSAURA
Es rabia, es ira.

CLOTALDO
En fin, ¿que no se da medio
a tu ciega pasión?

39 This type of contrasting dialogue is typical of baroque plays.
40 The verse form beginning here is *pareados*.

ROSAURA
No.

CLOTALDO
¿Quién ha de ayudarte?

ROSAURA
Yo.

CLOTALDO
¿No hay remedio?

ROSAURA
No hay remedio.

CLOTALDO
Piensa bien si hay otros modos . . .

ROSAURA
Perderme de otra manera. *(Vase.)*

CLOTALDO
Pues si has de perderte, espera,
hija, y perdámonos todos. *(Vase.)*[39]

ESCENA IX

SEGISMUNDO, *vestido de pieles*; SOLDADOS, *marchando*; CLARÍN.
(Tocan cajas.)

SEGISMUNDO
Si este día me viera[40]
Roma en los triunfos de su edad primera,
¡oh, cuánto se alegrara
viendo lograr una ocasión tan rara
de tener una fiera[41]
que sus grandes ejércitos rigiera;
a cuyo altivo aliento
fuera poca conquista el firmamento!
Pero el vuelo abatamos,
espíritu; no así desvanezcamos
aqueste aplauso incierto,
si ha de pesarme cuando esté dispierto,
de haberlo conseguido
para haberlo perdido;
pues mientras menos fuere,
menos se sentirá si se perdiere.
(Tocan un clarín.)

CLARÍN
En un veloz caballo
(perdóname, que fuerza es el pintallo
en viniéndome a cuento),
en quien un mapa se dibuja atento,
pues el cuerpo es la tierra,
el fuego el alma que en el pecho encierra,
la espuma el mar, y el aire es el suspiro,
en cuya confusión un caos admiro;
pues en el alma, espuma, cuerpo, aliento,
monstruo es de fuego, tierra, mar y viento,[42]

41 Segismundo refers to his former state.
42 Clarín describes Rosaura's horse in Gongoristic fashion.

de color remendado,
rucio, y a su propósito rodado,[43]
del que bate la espuela;
que en vez de correr vuela;[44]
a tu presencia llega
airosa una mujer.

SEGISMUNDO

Su luz me ciega.

CLARÍN

¡Vive Dios, que es Rosaura! *(Retírase.)*

SEGISMUNDO

El cielo a mi presencia la restaura.

ESCENA X

ROSAURA, *con vaquero, espada y daga*. SEGISMUNDO,
SOLDADOS.

ROSAURA

Generoso Segismundo,[45]
cuya majestad heroica
sale al día de sus hechos
de la noche de sus sombras;
y como el mayor planeta,
que en los brazos de la aurora
se restituye luciente
a las plantas y a las rosas,
y sobre montes y mares,
cuando coronado asoma,
luz esparce, rayos brilla,
cumbres baña, espumas borda;
así amenazas al mundo,
luciente sol de Polonia,
que a una mujer infelice,
que hoy a tus plantas se arroja,
ampares por ser mujer
y desdichada: dos cosas,
que para obligarle a un hombre,
que de valiente blasona,
cualquiera de las dos basta,
cualquiera de las dos sobra.
Tres veces son las que ya
me admiras, tres las que ignoras
quién soy, pues las tres me viste
en diverso traje y forma.
La primera me creíste
varón en la rigurosa
prisión, donde fué tu vida
de mis desdichas lisonja.
La segunda me admiraste
mujer, cuando fué la pompa

de tu majestad un sueño,
un fantasma, una sombra.
La tercera es hoy, que siendo
monstruo de una especie y otra,
entre galas de mujer
armas de varón me adornan.[46]
Y por que compadecido
mejor mi amparo dispongas,
es bien que de mis sucesos
trágicas fortunas oigas.
De noble madre nací
en la corte de Moscovia,
que, según fué desdichada,
debió de ser muy hermosa.
En ésta puso los ojos
un traidor, que no le nombra
mi voz por no conocerle,
de cuyo valor me informa
el mío; pues siendo objeto
de su idea, siento ahora
no haber nacido gentil,
para persuadirme loca
a que fué algún dios de aquéllos
que en metamorfosis llora
lluvia de oro, cisne y toro
en Dánae, Leda y Europa.[47]
Cuando pensé que alargaba,
citando aleves historias,
el discurso, hallo que en él
te he dicho en razones pocas
que mi madre, persuadida
a finezas amorosas,
fué, como ninguna, bella,
y fué infeliz como todas.
Aquella necia disculpa
de fe y palabra de esposa
la alcanzó tanto, que aún hoy
el pensamiento la llora;
habiendo sido un tirano
tan Eneas de su Troya,
que la dejó hasta la espada.[48]
Enváinese aquí su hoja,
que yo la desnudaré
antes que acabe la historia.
Deste, pues, mal dado nudo
que ni ata ni aprisiona,
o matrimonio o delito,
si bien todo es una cosa,
nací yo tan parecida,
que fuí un retrato, una copia,

---

43 rucio . . . rodado — dapple gray.
44 The horse does not run but flies.
45 *Romance* in *o-a* begins here.
46 Rosaura is wearing a dress, but she is nevertheless armed.
47 Danae was the mother of Perseus; Zeus was his father. Leda was the mother of Castor and Pollux; Zeus

was the father. Europa was the mother of Minos; Zeus was the father. Zeus appeared to the three women in different forms — a shower of gold, a swan, and a bull.
48 What Rosaura means is that he left so hastily he forgot his sword. Clotaldo had deceived Rosaura's mother and left her the sword.

ya que en la hermosura no,
en la dicha y en las obras;
y así, no habré menester
decir que poco dichosa
heredera de fortunas,
corrí con ella una propia.
Lo más que podré decirte
de mí, es el dueño que roba
los trofeos de mi honor,
los despojos de mi honra.
Astolfo . . . ¡Ay de mí! al nombrarle
se encoleriza y se enoja
el corazón, propio efecto
de que enemigo le nombra.
Astolfo fué el dueño ingrato
que olvidado de las glorias
(porque en un pasado amor
se olvida hasta la memoria),
vino a Polonia, llamado
de su conquista famosa,
a casarse con Estrella,
que fué de mi ocaso antorcha.[49]
¿Quién creerá, que habiendo sido
una estrella quien conforma
dos amantes, sea una Estrella
la que los divida ahora?
Yo ofendida, yo burlada,
quedé triste, quedé loca,
quedé muerta, quedé yo,
que es decir, que quedó toda
la confusión del infierno
cifrada en mi Babilonia;[50]
y declarándome muda
(porque hay penas y congojas
que las dicen los afectos
mucho mejor que la boca),
dije mis penas callando,
hasta que una vez a solas,
Violante mi madre (¡ay, cielos!)
rompió la prisión, y en tropa
del pecho salieron juntas,
tropezando unas con otras.
No me embaracé en decirlas;
que en sabiendo una persona
que, a quien sus flaquezas cuenta,
ha sido cómplice en otras,
parece que ya le hace
la salva y le desahoga;
que a veces el mal ejemplo
sirve de algo.   En fin, piadosa
oyó mis quejas, y quiso
consolarme con las propias:
juez que ha sido delincuente,
¡qué fácilmente perdona!

Escarmentando en sí misma,
y por negar a la ociosa
libertad, al tiempo fácil,
el remedio de su honra,
no le tuvo en mis desdichas;
por mejor consejo toma
que le siga, y que le obligue,
con finezas prodigiosas,
a la deuda de mi honor;
y para que a menos costa
fuese, quiso mi fortuna
que en traje de hombre me ponga.
Descolgó una antigua espada
que es ésta que ciño: ahora
es tiempo que se desnude,
como prometí, la hoja
pues confiada en sus señas,
me dijo: « Parte a Polonia,
y procura que te vean
ese acero que te adorna,
los más nobles; que en alguno
podrá ser que hallen piadosa
acogida tus fortunas,
y consuelo tus congojas. »
Llegué a Polonia, en efecto:
pasemos, pues que no importa
el decirlo, y ya se sabe,
que un bruto que se desboca
me llevó a tu cueva, adonde
tú de mirarme te asombras.
Pasemos que allí Clotaldo
de mi parte se apasiona,
que pide mi vida al rey,
que el rey mi vida le otorga,
que informado de quién soy,
me persuade a que me ponga
mi propio traje, y que sirva
a Estrella, donde ingeniosa
estorbé el amor de Astolfo
y el ser Estrella su esposa.
Pasemos que aquí me viste
otra vez confuso, y otra
con el traje de mujer
confundiste entrambas formas;
y vamos a que Clotaldo,
persuadido a que le importa
que se casen y que reinen
Astolfo y Estrella hermosa,
contra mi honor me aconseja
que la pretensión deponga.
Yo, viendo que tú ¡oh, valiente
Segismundo! a quien hoy toca
la venganza, pues el cielo
quiere que la cárcel rompas

---

49 que fué de mi ocaso antorcha — who was the torch
of my setting sun.

50 Calderón here means Babel, synonymous with confusion.

de esa rústica prisión,
donde ha sido tu persona
al sentimiento una fiera,
al sufrimiento una roca,
las armas contra tu patria
y contra tu padre tomas.
Vengo a ayudarte, mezclando
entre las galas costosas
de Diana,[51] los arneses
de Palas, vistiendo ahora
ya la tela y ya el acero,
que entrambos juntos me adornan.
Ea, pues, fuerte caudillo,
a los dos juntos importa
impedir y deshacer
estas concertadas bodas:
a mí, por que no se case
el que mi esposo se nombra,
y a ti, porque, estando juntos
sus dos estados, no pongan
con más poder y más fuerza
en duda nuestra victoria.
Mujer vengo a persuadirte
al remedio de mi honra,
y varón vengo a alentarte
a que cobres tu corona.
Mujer vengo a enternecerte
cuando a tus plantas me ponga
y varón vengo a servirte
con mi acero y mi persona.
Y así piensa, que si hoy
como mujer me enamoras
como varón te daré
la muerte en defensa honrosa
de mi honor, porque he de ser
en su conquista amorosa,
mujer para darte quejas,
varón para ganar honras.

SEGISMUNDO (Ap.)
Cielos, si es verdad que sueño,
suspendedme la memoria,
que no es posible que quepan
en un sueño tantas cosas.
¡Válgame Dios, quién supiera,
o saber salir de todas,
o no pensar en ninguna!
¿Quién vió penas tan dudosas?
Si soñé aquella grandeza
en que me vi, ¿cómo ahora
esta mujer me refiere
unas señas tan notorias?
Luego fué verdad, no sueño;
y si fué verdad (que es otra
confusión, y no menor),

¿cómo mi vida le nombra
sueño? ¿Pues tan parecidas
a los sueños son las glorias,
que las verdaderas son
tenidas por mentirosas,
y las fingidas por ciertas?
¡Tan poco hay de unas a otras,
que hay cuestión sobre saber
si lo que se ve y se goza,
es mentira o es verdad!
¿Tan semejante es la copia
al original, que hay duda
en saber si es ella propia?
Pues si es así, y ha de verse
desvanecida entre sombras
la grandeza y el poder,
la majestad y la pompa,
sepamos aprovechar
este rato que nos toca,
pues sólo se goza en ella
lo que entre sueños se goza.
Rosaura está en mi poder;
su hermosura el alma adora;
gocemos, pues, la ocasión;
el amor las leyes rompa
del valor y la confianza
con que a mis plantas se postra.
Esto es sueño, y pues lo es,
soñemos dichas ahora,
que después serán pesares.
Mas ¡con mis razones propias
vuelvo a convencerme a mí!
Si es sueño, si es vanagloria,
¿quién, por vanagloria humana,
pierde una divina gloria?
¿Qué pasado bien no es sueño?
¿Quién tuvo dichas heroicas
que entre sí no diga, cuando
las revuelve en su memoria:
sin duda que fué soñado
cuanto vi? Pues si esto toca
mi desengaño, si sé
que es el gusto llama hermosa,
que la convierte en cenizas
cualquiera viento que sopla,[52]
acudamos a lo eterno,
que es la fama vividora
donde ni duermen las dichas,
ni las grandezas reposan.
Rosaura está sin honor;
más a un príncipe le toca
el dar honor, que quitarle.
¡Vive Dios! que de su honra
he de ser conquistador,

51 Diana was the Roman goddess of the chase.

52 si sé . . . sopla — If I know that pleasure is a beautiful flame that any breeze can change into ashes.

antes que de mi corona.
Huyamos de la ocasión,[53]
que es muy fuerte. — Al arma toca,
         (A un soldado.)
que hoy he de dar la batalla,
antes que la obscura sombra
sepulte los rayos de oro
entre verdinegras ondas.[54]

ROSAURA

¡Señor! ¿pues así te ausentas?
¿Pues ni una palabra sola
no te debe mi cuidado,
ni merece mi congoja?
¿Cómo es posible, señor,
que ni me mires ni oigas?
¿Aun no me vuelves el rostro?

SEGISMUNDO

Rosaura, al honor le importa,
por ser piadoso contigo,
ser crüel contigo ahora.
No te responde mi voz,
porque mi honor te responda;
no te hablo, porque quiero
que te hablen por mí mis obras,
ni te miro, porque es fuerza,
en pena tan rigurosa,
que no mire tu hermosura
quien ha de mirar tu honra.

    (Vase, y los soldados con él.)

ROSAURA

    ¿Qué enigmas, cielos, son éstos?
Después de tanto pesar,
¡aún me queda que dudar
con equívocas respuestas!

ESCENA XI

CLARÍN, ROSAURA.

CLARÍN

    ¿Señora, es hora de verte?[55]

ROSAURA

¡Ay, Clarín! ¿dónde has estado?

CLARÍN

En una torre encerrado
brujuleando mi muerte,
    si me da, o si no me da;
y a figura que me diera,
pasante quínola fuera

mi vida: que estuve ya
para dar un estallido.[56]

ROSAURA

¿Por qué?

CLARÍN

    Porque sé el secreto
de quién eres, y en efecto,
Clotaldo . . . ¿Pero qué ruido
es éste? *(Suenan cajas.)*

ROSAURA

    ¿Qué puede ser?

CLARÍN

Que del palacio sitiado
sale un escuadrón armado
a resistir o vencer
el del fiero Segismundo.

ROSAURA

¿Pues cómo cobarde estoy,
y ya a su lado no soy
un escándalo del mundo,
    cuando ya tanta crueldad
cierra sin orden ni ley?
        (Vase.)

ESCENA XII

CLARÍN, SOLDADOS, DENTRO.

TODOS *(unos)*.

¡Viva nuestro invicto rey!

TODOS *(otros.)*

¡Viva nuestra libertad!

CLARÍN

    ¡La libertad y el rey vivan!
Vivan muy enhorabuena,
que a mí nada me da pena
como en cuenta me reciban[57]
    que yo, apartado este día
en tan grande confusión,
haga el papel de Nerón[58]
que de nada se dolía.
    Si bien me quiero doler
de algo, y ha de ser de mí:
escondido, desde aquí
toda la fiesta he de ver.
    El sitio es oculto y fuerte,
entre estas peñas. — Pues ya
la muerte no me hallará,
dos higas para la muerte.

(Escóndese; tocan cajas y suena ruido de armas.)

---

53 huyamos de la ocasión — let us flee from this temptation.
54 antes . . . ondas — before night falls (a Gongoristic phrase).
55 *Redondilla* begins here.
56 En una torre . . . estallido — Locked in a tower, examining my hand at cards — in other words, fortune telling as to whether he would be killed or not. A *figura*

is a court card. A *pasante quínola* is a winning hand of four of a kind. Clarín means he was almost executed because he knew Rosaura's secret. In other words, he had a close call.
57 como en cuenta me reciban — If they take me for what I am.
58 Nerón is Nero, Roman Emperor, 54–86 A.D.

ESCENA XIII

BASILIO, CLOTALDO y ASTOLFO, *huyendo.* CLARÍN,
oculto.

BASILIO

¡Hay más infelice rey!
¡Hay padre más perseguido!

CLOTALDO

Ya tu ejército vencido
baja sin tino ni ley.

ASTOLFO

Los traidores vencedores
quedan.

BASILIO

En batallas tales
los que vencen son leales,
los vencidos son traidores.
Huyamos, Clotaldo, pues,
del cruel, del inhumano
rigor de un hijo tirano.

(*Disparan dentro y cae* CLARÍN *herido de
donde está.*)

BASILIO

¡Válgame el cielo!

ASTOLFO

¿Quién es
este infelice soldado,
que a nuestros pies ha caído
en sangre todo teñido?

CLARÍN

Soy un hombre desdichado,
que por quererme guardar
de la muerte, la busqué.
Huyendo della, encontré
con ella, pues no hay lugar,
para la muerte, secreto;
de donde claro se arguye
que quien más su efecto huye,
es quien se llega a su efecto.
Por eso, tornad, tornad
a la lid sangrienta luego;
que entre las armas y el fuego
hay mayor seguridad
que en el monte más guardado,
. pues no hay seguro camino
a la fuerza del destino
y a la inclemencia del hado;
y así, aunque a libraros vais
de la muerte con huir,
mirad que vais a morir
si está de Dios que muráis.[59] (*Cae dentro.*)

BASILIO

¡Mirad que vais a morir[60]
si está de Dios que muráis!
¡Qué bien (¡ay cielos!) persuade
nuestro error, nuestra ignorancia
a mayor conocimiento
este cadáver que habla
por la boca de una herida,
siendo el humor que desata
sangrienta lengua que enseña
que son diligencias vanas
del hombre, cuantas dispone
contra mayor fuerza y causa!
Pues yo, por librar de muertes
y sediciones mi patria,
vine a entregarla a los mismos
de quien pretendí librarla.

CLOTALDO

Aunque el hado, señor, sabe
todos los caminos, y halla
a quien busca entre lo espeso
de las peñas, no es cristiana
determinación decir
que no hay reparo a su saña.
Sí hay, que el prudente varón
victoria del hado alcanza;
y si no estás reservado
de la pena y la desgracia,
haz por donde te reserves.[61]

ASTOLFO

Clotaldo, señor, te habla
como prudente varón
que madura edad alcanza,
yo como joven valiente:
entre las espesas matas
de este monte está un caballo,
veloz aborto del aura;[62]
huye en él, que yo, entretanto,
te guardaré las espaldas.

BASILIO

Si está de Dios que yo muera,
o si la muerte me aguarda
aquí, hoy la quiero buscar,
esperando cara a cara. (*Tocan al arma.*)

ESCENA XIV

SEGISMUNDO, ESTRELLA, ROSAURA, *soldados, acompañamiento;* BASILIO, ASTOLFO, CLOTALDO.

SOLDADO

En lo intrincado del monte,
entre sus espesas ramas,
el rey se esconde.

---

59 Calderón put this bit of philosophy in Clarín's part,
but it is atypical of a *gracioso.*
60 *Romance* in *a-a* begins here.
61 Haz . . . reserves — Do something to preserve yourself.
62 veloz aborto del aura — a beast born from the wind.

SEGISMUNDO
        ¡Seguidle!
No quede en sus cumbres planta
que no examine el cuidado,
tronco a tronco, y rama a rama.

CLOTALDO
  ¡Huye, señor!

BASILIO
       ¿Para qué?

ASTOLFO
  ¿Qué intentas?

BASILIO
       Astolfo, aparta.

CLOTALDO
  ¿Qué quieres?

BASILIO
       Hacer, Clotaldo,
un remedio que me falta. —
Si a mí buscándome vas, *(A* SEGISMUNDO.*)*
ya estoy, príncipe, a tus plantas:
       (Arrodillándose.)
sea dellas blanca alfombra
esta nieve de mis canas.
Pisa mi cerviz y huella
mi corona;[63] postra, arrastra
mi decoro y mi respeto;
toma de mi honor venganza,
sírvete de mí cautivo;
y tras prevenciones tantas,
cumpla el hado su homenaje,
cumpla el cielo su palabra.

SEGISMUNDO
Corte ilustre de Polonia,
que de admiraciones tantas
sois testigos, atended,
que vuestro príncipe os habla.
Lo que está determinado
del cielo, y en azul tabla
Dios con el dedo escribió,
de quien son cifras y estampas
tantos papeles azules
que adornan letras doradas,[64]
nunca engaña, nunca miente;
porque quien miente y engaña
es quien, para usar mal dellas,
las penetra y las alcanza.
Mi padre, que está presente,
por excusarse a la saña
de mi condición, me hizo

un bruto, una fiera humana;
de suerte, que cuando yo
por mi nobleza gallarda,
por mi sangre generosa,
por mi condición bizarra
hubiera nacido dócil
y humilde, sólo bastara
tal género de vivir,
tal linaje de crianza,
a hacer fieras mis costumbres:
¡qué buen modo de estorbarlas!
Si a cualquier hombre dijesen:
« Alguna fiera inhumana
te dará muerte » ¿escogiera
buen remedio en despertalla
cuando estuviera durmiendo?
Si dijeran: « Esta espada
que traes ceñida ha de ser
quien te dé muerte »; vana
diligencia de evitarlo
fuera entonces desnudarla
y ponérsela a los pechos.
Si dijesen: « Golfos de agua
han de ser tu sepultura
en monumentos de plata »;
mal hiciera en darse al mar,
cuando soberbio levanta
rizados montes de nieve,
de cristal crespas montañas.[65]
Lo mismo le ha sucedido
que a quien, porque le amenaza
una fiera, la despierta;
que a quien, temiendo una espada,
la desnuda; y que a quien mueve
las ondas de una borrasca,[66]
y cuando fuera (escuchadme)
dormida fiera mi saña,
templada espada mi furia,
mi rigor quieta bonanza,
la fortuna no se vence
con injusticia y venganza,
porque antes se incita más;
y así, quien vencer aguarda
a su fortuna, ha de ser
con cordura y con templanza.
No antes de venir el daño
se reserva ni se guarda
quien le previene; que aunque
puede humilde (cosa es clara)
reservarse dél, no es
sino después que se halla

63 sea . . . corona — Let the snow of my hair be a white carpet for them. Tread on my neck and trample my crown.
64 y en azul tabla . . . doradas — what God has written on the blue tablets with golden letters (the stars in the sky).
65 cuando . . . montañas — when it is proudly lifting curling, white-capped mountains of crystal (high waves).
66 mueve . . . borrasca — sets sail in a storm.

en la ocasión, porque aquésta
no hay camino de estorbarla.
Sirva de ejemplo este raro
espectáculo, esta extraña
admiración, este horror,
este prodigio; pues nada
es más que[67] llegar a ver
con prevenciones tan varias,
rendido a mis pies un padre,
y atropellado a un monarca.
Sentencia del cielo fué;
por más que quiso estorbarla
él, no pudo; ¿y podré yo,
que soy menor en las canas,
en el valor y en la ciencia,
vencerla? — Señor, levanta.   *(Al rey.)*
Dame tu mano; que ya
que el cielo te desengaña
de que has errado en el modo
de vencerla, humilde aguarda
mi cuello a que tú te vengues:
rendido estoy a tus plantas.

BASILIO

Hijo, que tan noble acción
otra vez en mis entrañas
te engendra, príncipe eres.
A ti el laurel y la palma
se te deben; tú venciste;
corónente tus hazañas.

TODOS

¡Viva Segismundo, viva!

SEGISMUNDO

Pues que ya vencer aguarda
mi valor grandes victorias,
hoy ha de ser la más alta
vencerme a mí. — Astolfo dé
la mano luego a Rosaura,
pues sabe que de su honor
es deuda, y yo he de cobrarla.

ASTOLFO

Aunque es verdad que la debo
obligaciones, repara
que ella no sabe quién es;
y es bajeza y es infamia
casarme yo con mujer . . .

CLOTALDO

No prosigas, tente, aguarda;
porque Rosaura es tan noble
como tú, Astolfo, y mi espada
lo defenderá en el campo;
que es mi hija, y esto basta.

ASTOLFO

¿Qué dices?

CLOTALDO

Que yo hasta verla
casada, noble y honrada,
no la quise descubrir.
La historia desto es muy larga;
pero, en fin, es hija mía.

ASTOLFO

Pues siendo así, mi palabra
cumpliré.

SEGISMUNDO

Pues por que Estrella
no quede desconsolada,
viendo que príncipe pierde
de tanto valor y fama,
de mi propia mano yo
con esposo he de casarla
que en méritos y fortuna,
si no le excede, le iguala.
Dame la mano.

ESTRELLA

Yo gano
en merecer dicha tanta.

SEGISMUNDO

A Clotaldo, que leal
sirvió a mi padre, le aguardan
mis brazos, con las mercedes
que él pidiere que le haga.

SOLDADO

Si así a quien no te ha servido
honras, ¿a mí que fui causa
del alboroto del reino,
y de la torre en que estabas
te saqué, qué me darás?

SEGISMUNDO

La torre; y por que no salgas
della nunca, hasta morir
has de estar allí con guardas,
que el traidor no es menester
siendo la traición pasada.

BASILIO

Tu ingenio a todos admira.

ASTOLFO

¡Qué condición tan mudada!

ROSAURA

¡Qué discreto y qué prudente!

SEGISMUNDO

¿Qué os admira? ¿qué os espanta,
si fué mi maestro un sueño,
y estoy temiendo en mis ansias
que he de despertar y hallarme
otra vez en mi cerrada
prisión?   Y cuando no sea,
el soñarlo sólo basta:

67 pues nada es más que — nothing is better than.

pues así llegué a saber
que toda la dicha humana
en fin pasa como un sueño,
y quiero hoy aprovecharla
el tiempo que me durare:

pidiendo de nuestras faltas
perdón, pues de pechos nobles
es tan propio el perdonarlas.[68]

FIN

[68] This is a standard closing for Golden Age plays.
The actor begs the indulgence of the audience for any
unintentional infelicities.

Part III   PROSE FICTION

PROSE FICTION OF THE MIDDLE AGES

Calila y Dimna, 1251 ?,
anonymous (pp. 158–59)

Spanish prose fiction got its start with the famous *Libro de Calila y Dimna*, a collection of apologues which was translated from the Arabic into Spanish sometime during the thirteenth century. This translation was supposedly made in 1251 at the order of Prince Alfonso (who later became Alfonso X, *el Sabio*), Spain's greatest medieval patron of the writing arts. The date 1251 was determined by José Alemany who worked with the only two remaining manuscripts of the book, now preserved in the Escorial library. Antonio García Solalinde disagrees, however, and has insisted that the actual date of the translation should be advanced some thirty years. The remote ancestor of the *Calila y Dimna* was a Sanskrit original from India entitled *Panchatantra*, which means "Five Books." This volume of stories, arranged in five parts, spawned a great number of imitations in India and elsewhere in the world. The original *Panchatantra*, according to Hertel and Ryder, may have been composed in Kashmir about 200 B.C., but some of the stories of this collection were already old at that time. Each of the five books is independent of the others and contains a story with numerous tales woven into the principal framework. Del Río finds that an additional source of the *Calila* was the *Mahabharata*, "Great Poem of Bharata," an extremely long Indian epic poem of 100,000 couplets of verse.

The stories of the *Panchatantra* were translated into many tongues. One of the most important translations was made for King Cosroes I by a Persian physician named Barzuyeh whose Pehlevi translation (Pehlevi was the vernacular tongue of Western Iran dating from the third century, now loosely called old Persian) has been lost. From it an Arabic translation was made about the middle of the eighth century by a Persian named Ruzbeh who was converted to Islam during the caliphate of Almanzor and adopted the name of Abdalla Ben Almocafa. Not content with a mere translation, however, he added a prologue in which he explained in detail the moral intent of the book and the profit to be derived from it. Alfonso *el Sabio*'s translators used this Arabic version as a source, and their Spanish translation is the oldest known European version in a modern tongue. The stories were also translated into other tongues (Syrian, Greek, Hebrew, Persian) but not through the Arabic. The Rabbi Joel, who lived about the beginning of the twelfth century, probably in Italy, made a Hebrew translation which was turned into Latin by Juan de Capua at the end of the thirteenth or beginning of the fourteenth century with the title *Directorium vitae humanae alias parabola antiquorum sapientium*. *(Guide of Human Life or the Teaching of Ancient Wise Men)*. These Latin and Spanish versions, according to an opinion of J. A. Tamayo, best represent the Arabic original of Ben Almocafa, and the Latin form was the source for most other renditions of the book in the vulgar tongues of Europe. Influences of these stories are to be found sprinkled throughout European literature, for these anecdotes constitute the beginnings of the narrator's art in prose.

The *Calila* initiated a vigorous didactic movement in Castilian prose, for its obvious intent was the dissemination of moral teachings. At this time the language was not yet thought of as an instrument of artistic expression but rather as a means of conveying religious doctrine, moral lessons, and scientific knowledge. The practical and common-sense morality of the Indian tales was easily adapted to Christianity and in time acquired widespread use in Spanish pulpits. In the prologue to the *Calila*, Ben Almocafa stresses the didactic mission of his translation as he advises the reader to move slowly through his book and let its wisdom penetrate his consciousness. He adds that one should not read just to finish the stories but to understand the hidden meaning, to apply what he has learned to life, and to use the knowledge gained in reading to lead others. Among the many bits of advice offered is the Golden Rule in the negative: "Non querer para los otros lo que non querría para sí." All wise men, says Almocafa, have striven after knowledge; and those who learn what the philosophers have to say will find wisdom more valuable than treasure.

The entire book is divided into eighteen

chapters. The first chapter relates how the physician Barzuyeh traveled to India in search of certain herbs which reputedly had the virtue of bringing the dead back to life. He tried for a year to find these marvelous drugs but could not. When he complained to the philosophers and physicians of India, they told him that the medicines he had read about were in reality the writings of the philosophers in which were contained advice and wisdom *(los castigos y el saber)* and that the dead restored to life were the fools who are enlightened and made wise by reading the works of philosophers and wise men. When Barzuyeh heard this he sought out these writings, translated them into the language of Persia, and composed the book called *Calila y Dimna*. The second chapter deals with the life of Barzuyeh and reveals how he grew in wisdom and stature and learned to esteem the truly important things in life.

The framing story of Calila and Dimna begins in chapter three. A traveling merchant has a cart drawn by two oxen, Senceba and Bendeba. Senceba falls into a ditch, is injured, and has to be left behind. He wanders off into a green meadow to recover his strength and grow fat and sleek. The lion, king of the land in which Senceba finds himself, is troubled by this newcomer's presence and is afraid of him because he is so large and has such a loud voice. Two lynxes, named Calila and Dimna, also enter the kingdom of the lion, and one of them, Dimna, decides to ingratiate himself with the king to gain favor, wealth, and power. He knows the king is afraid of Senceba and asks permission to determine whether the ox is dangerous. He reports that there is no danger, and when he later brings Senceba to the court, the lion becomes quite fond of the ox and takes him into his confidence. Dimna, envious of Senceba's success, plots to ruin him. By clever but treacherous manipulations, he finally precipitates a fight between the two friends and the king kills Senceba.

The king, saddened by what he has done, mourns over his favorite's death. His mother tells him to examine his heart and to acknowledge that he was tricked by Dimna into killing his friend. But he is unwilling to condemn Dimna without proof of his guilt and orders an investigation. Dimna is jailed and then for seven days is taken before the court where he cleverly defends himself against his accusers.

Calila visits him in jail and advises him to confess his guilt but returns home so worried that he himself will be guilty by association that he dies that very night. Finally the king takes a hand in the investigation, learns the truth about Dimna, and condemns him to death by starvation: "que lo matasen con fambre e con set, e murió mala muerte en la cárcel."

The framing story of the lion and the ox ends with the death of Dimna, but the book continues with more tales. The first part, devoted to Calila and Dimna, occupies a little less than one half of the entire book and covers the first four chapters. More interesting than the framing story itself are the fables and anecdotes woven into it for illustrative purposes. These tales contain philosophical, moral, and religious comments on life as well as advice and warnings about human foibles, weaknesses, and treachery. Typical of the first part is the following fable told by Dimna to the king as he attempts to persuade him to kill the ox. It is introduced by Dimna with the following explanation: "Non seas engañado, ca[1] Senceba, si te non podiere facer* mal, desí[2] guisará[3] de te lo facer por otri; ca dicen: si posare contigo huéspet* una hora del día, et tú non conocieres sus costumbres, non te asegures dél; et guárdate, que non te avenga[4] dél o por él lo que avino al piojo por hospedar a la pulga." Dijo el león: "¿Cómo fué eso?"

El piojo e la pulga

Dijo Dymna: « Dicen que un piojo estaba muy vicioso[5] en el lecho de un rico home,* et habíe* de su sangre cuanta quería, andando sobre él muy suave, que le non sentíe;* et acaesció que le demandó una pulga posada una noche muy escura, que facíe* mal tiempo, et él hospedóla et díjole: « Alberga comigo esta noche en sabrosa sangre, e mullido lecho e caliente. » Et la pulga fízolo así, et albergó con él, et adormiéndose el rico home, mordióle la pulga muy mal, et él sintiólo e levantóse del lecho, e mandó sacudir las sábanas, et mirar si había alguna cosa; et en faciendo* esto, saltó la pulga a una parte e guardóse, e fallaron* al piojo mal andante, et matáronle porque non pudo tan aína[6] foir,[7] et escapó la pulga que feciera el mal. Et yo, señor, non te di este enjemplo sinon porque sepas que el mal amigo non se guarda home dél; ca si non

1 ca — because.
2 desí — afterwards, immediately.
3 guisará — will arrange.
4 avenir — to happen.

5 vicioso — comfortable.
6 aína — quickly, soon.
7 foir (huir) — to flee.

puede facer mal por sí, guísalo por otri, como el alacrán que siempre está aparejado para ferir. Et si non te temes de Senceba, témete de tus vasallos que ha fecho atrevidos contra ti, et te ha homiciado con ellos. Empero yo sé bien que el non lidiará contigo, mas facerlo ha* por otros.

El Caballero Cifar, ca. 1300
anonymous (p. 162)

Spain's first full-length original novel is the *Historia del Caballero de Dios que había por nombre Cifar*, commonly referred to as the *Caballero Cifar*. Although basically a romance of chivalry, it contains many different elements, and its author drew from many sources. The identity of its author has not been established, but Pedro Balaguer proposes that he was a cleric familiar with the principal cultural elements of his day: oriental science and geography; didactic moralizing, of which there is an abundance; Latin writings; and the French literature of chivalry. He also cites in support of this thesis the indoctrinating tone of the book and certain references to church matters in the prologue. The mixture of oriental culture and Latin literature, he says, indicates that the author lived in Toledo, a city where these cultural currents met. However this may be, it seems clear that the author was influenced from many sources and probably had no single purpose in mind in composing his novel. The first part (Books I and II as Wagner divided the work) has the characteristics of the Byzantine novel, with obvious borrowings from the life of St. Eustachius and subdued overtones of the novel of chivalry. Moralizing comments are sprinkled throughout Books I and II and culminate in Book III, which is a straightforward moral treatise. Book IV is more like the novel of chivalry as inherited from France, and as the fantastic and supernatural elements increase the moralizing decreases. Viewed as a whole, the book shows a noticeable growth in the direction of the novel of chivalry as based on the Breton romances. Cifar himself, the hero of Books I and II, is not the proud, provocative knight of the French romances but rather a humble yet brave Christian knight, who, like the Cid, is a family man. His son, Roboán, the hero of Book IV, has more of the characteristics of the dashing knight.

The earliest known printing of the *Caballero Cifar* was done in Sevilla in 1512. For many years, consequently, it was erroneously considered to be just another sixteenth century novel of chivalry; but the discovery of another manuscript in 1872 corrected this error, and it is now assumed that it was written shortly after 1300. A prologue included in the 1872 printing but not in the 1512 version contains clear references to the year 1300 when great numbers of pilgrims traveled to Rome in search of special Papal blessings. Also, it relates in detail the transfer of the body of Cardinal Gonzalo García Gudiel (who died in 1299) from Rome to Toledo and the difficulties experienced and expenses incurred by the Archdeacon Ferrand Martínez in getting the body of his friend back to Spain. As he was the first cardinal to be buried in Spain, the occasion was of such importance that King Fernando IV met the funeral procession when it passed through Burgos, as did the Archbishop of Toledo when it entered his city. Many other important people of Spain who are named in the prologue did likewise. The description of these events is so fresh and detailed that one may logically assume them to have been recorded shortly after their occurrence, thus placing the date of composition of the *Cifar* in the first quarter of the fourteenth century. The omission of the prologue in the 1512 printing by an editor who probably thought it of no interest at the time lends credence to the theory that it was composed as an interesting news item of the day.

Through the seventy-nine chapters of Book I, entitled *El caballero de Dios*,[1] we follow the adventures and vicissitudes of the knight Cifar. Cifar lives in India with his wife and two infant sons, but, though of noble blood, he is very poor. His poverty results from the fact that horses and other animals that come into his possession die on the tenth day. Having fallen out of favor with his king because of the machinations of evil counselors, Cifar decides to leave his home and seek his fortune elsewhere. Before leaving he confides to his wife, Grima, the great secret of his life. He had learned from his grandfather that he was a descendant of kings, but that one of his ancestors had been so wicked that he had lost

---

1 The prologue explains Cifar's names as follows: " . . . ovo nonbre Zifar de bautismo e después ovo nonbre el Caballero de Dios, porque se tovo él sienpre con Dios e Dios con él en todos los fechos . . . E porende es dicho este libro del Caballero de Dios. "

the throne. It had been prophesied, however, that a descendant as good as the ancestor had been bad would win a kingdom.

Accompanied by his wife and sons Garfín and Roboán, Cifar sets out in search of a better life. At the end of the tenth day his horse dies and he must continue on foot, allowing his wife and sons to ride another horse. They reach Galapia, a city ruled by a widow referred to as the *Señora de la Villa*. The city is besieged by the evil Count Rodán, whose nephew Cifar has to kill before he can enter the city. Recognizing Cifar's virtues and knightly abilities, the Señora de la Villa puts him in charge of the army. Through skillful leadership Cifar manages to defeat the Count's army and capture his son. The Count repents of his injustices toward the Señora, asks her forgiveness, and persuades her to marry his son.

After a month Cifar moves on with his family and arrives in the kingdom of Falac. There one of his sons is carried off by a lioness, the other wanders off and disappears, and his wife is kidnapped by sailors and carried off over the sea. Although his troubles are nearly unbearable, Cifar is assured by a voice from Heaven that he will eventually be reunited with his family and will find happiness. On board the ship Grima's captives kill one another in a quarrel over her, and she sails unharmed into a port of the Kingdom of Orbín where she is welcomed and protected by the king and queen.

Meanwhile, Cifar has found refuge with a hermit and becomes acquainted with El Ribaldo,[2] a fellow working for a fisherman nearby. After testing each other to their satisfaction, Cifar and El Ribaldo continue on together as knight and squire to the Kingdom of Mentón. Cifar again becomes the hero of a besieged city and rides out to do single combat against an enemy prince, whom he kills. A bit later he sallies forth to face two enemy champions at the same time, an episode contained in Chapter 67.

De como el Caballero Zifar mató al otro caballero, que era sobrino del rey de Ester.

E quando fué otro día en la mañana ante del alba, el caballero[3] fué armado e cabalgó en su caballo e fuése para la puerta de la villa, e dixo a los otros de las torres que sy algunt lidiador saliese, que gelo* feziesen saber. E de la hueste[4] non salió ningunt lidiador, e dixo uno de los que estaban en las torres: « Caballero, non sale ninguno, e bien podedes yr sy quisierdes. » « Plázeme, » dixo el caballero, « pues Dios lo tiene por bien. » E en yéndose el caballero, vieron salir de las torres dos caballeros armados de la hueste, que venían contra la villa dando bozes[5] sy avía dos por dos que lidiasen. E los de las torres dieron bozes al caballero que se tornase. El él vínose para la puerta e preguntóles qué era lo que querían, e ellos le dixieron: « Caballero, mester avíades[6] otro conpañón. » « ¿E por qué? » dixo el caballero. « Porque son dos caballeros bien armados e demandan sy ay dos por dos que quieran lidiar. » « Certas, » dixo el caballero, « non he aquí conpañón ninguno, mas tomaré a Dios por conpañón, que me ayudó ayer contra el otro, e me ayudará oy* contra estos dos. » « ¡E qué buen conpañón escogiste! » dixieron los otros. « Yd en nonbre de Dios, e él por la su merçed vos ayude. »

Abrieron las puertas e dexáronle yr, e quando fué fuera en el canpo, dixieron los otros dos caballeros muy soberbiamente e commo en desdén: « Caballero, ¿dó el tu conpañón? » « Aquí es comigo, » dixo el caballero. « ¿E paresçe? » dixieron los otros. « Non paresçe a vos, » dixo el caballero, « ca non sodes dinos[7] de lo ver. » « ¿Cómmo, » dixieron los caballeros, « invisible es, que se non puede ver? » « Çertas invisible, » dixo el caballero, « a los muy pecadores. » « ¿E cómmo, » dixieron los caballeros, « más pecadores tienes que[8] somos nos que tú? » « A mi creençia es, » dixo el caballero, « que sy; ca vos con muy grand soberbia tenedes çercado este rey en est çibdad, non vos faziendo mal nin meresçiendo por qué. E bien creo que sy lo desçercásedes[9] que faríades[10] mesura e bondat, e fazervos-ya* Dios bien por ende.* » « Çertas, » dixieron los otros, « bien cuyda[11]

---

2 El Ribaldo (meaning knave or ruffian) is the original squire and the prototype of Sancho Panza. He is crafty and somewhat of a *pícaro* in Book I, but in Book II he grows in stature and because of his good services and ability he is raised to knighthood. Known as *El Caballero Amigo*, he aids Cifar's sons in their campaigns against Count Nasón and is often used as a message bearer to the enemy.

3 Cifar is referred to in this episode as *el caballero*.

4 hueste — host, army. This refers to the enemy army camped outside the city.

5 dando bozes (voces) — shouting, calling out.

6 mester avíades — you need.

7 dinos (dignos) — worthy.

8 tener que — Here: to think, consider.

9 desçercar — to lift a siege.

10 faríades (haríais) — you would do, make.

11 cuidar — Here: to think, believe.

este caballero que desçercaremos nos este rey por sus palabras apuestas. Bien creedes que lo non faremos fasta quel* tomemos por la barba. » « Palabras son de soberbia ésas, » dixo el caballero Zifar, « e parad mientes[12] que Dios vos lo querrá acaloñar[13]. » E destos dos caballeros era el uno el fijo del rey de Ester, e el otro su sobrino: los más poderosos caballeros que eran en la hueste, e los mejores de armas. Todos los que eran en la hueste e en la çibdat estaban parando mientes* a lo que fazían estos caballeros e maravillábanse mucho en que se detenían; peroque* les semejaba que estaban razonando, e cuydaban* que fablaban en alguna pletesía.[14] E eso mesmo cuydaba el rey de Mentón, que estaba en su alcáçar con su fija e con su mayordomo mirándolos. E el rey dixo a su mayordomo: « ¿Es aquél el nuestro caballero estraño? » « Señor, » dixo el mayordomo, « sy. » « ¿E cómmo, » dixo el rey, « cuyda lidiar con aquellos dos caballeros? » « Yo non lo sé, » dixo el mayordomo. « ¡Dios Señor! » dixo el rey, « ayude a la nuestra parte! » « Sy fará, » dixo la infante, « por la su merçed, ca nos non lo meresçemos por que tanto mal nos feziesen. »

Los dos caballeros de la hueste tornaron contra el caballero e dixiéronle : « Caballero, ¿dó es tú conpañón? Loco eres sy tú sólo quieres conusco[15] lidiar. » « E ya vos lo dixe, » dixo el caballero, « que comigo está mi conpañón, e cuydo* que está más çerca de que non sodes amos uno de otro. » « ¿E eres tú, caballero, » dixieron los otros, « que mataste el nuestro pariente? » « Matólo su soberbia e su locura, » dixo el caballero, « lo que cuydo que matará a vos. Amigos, non tengades en poco a ninguno porque vos seades buenos caballeros de alta sangre. Çertas debedes pensar que en el mundo ay de más alta sangre e de más alto logar que non vos. » « Non lo eres tú, » dixo un caballero dellos. « Nin me yo pornía[16] en tan grandes grandías,[17] » dixo el caballero, « commo pongo a vos, e bien sé quien so;* e ninguno non puede bien judgar[18] nin conosçer a otro si ante non sabe conosçer

e judgar a sy mesmo. Peroque[19] vos digo que ante judgué a mí que a vos, e porende* non ay de errar en lo que dixe. Pero commoquier* que caballeros buenos sodes,* e de grant logar, non debedes tener en poco los otros caballeros del mundo asy commo fazedes con soberbia. Çertas todos los omes del mundo deben esquivar[20] los peligros, non solamente los grandes mas los pequeños. Ca do ome[21] cuyda* que ay muy pequeño peligro a las vegadas[22] es muy grande; ca de pequeña çentella se levanta a las vegadas* grant fuego, e maguer que* el enemigo omildoso[23] sea, non le deben tener en poco; ante lo debe ome temer. » « ¿E qué enemigo eres tú, » dixo el fijo del rey, « para nos a ti temer? » « Non digo yo por mí, » dixo el caballero, « mas digo que es sabio el que teme a su enemigo e se sabe guardar dél, maguer non sea buen caballero nin tan muy poderoso; ca pequeño can suele enbargar muy grant venado, e muy pequeña cosa mueve a las vegadas la muy grande e la faze caer. » « ¿Pues por derribados nos tienes? » dixo el fijo del rey. « Çertas non por mí, » dixo el caballero, « ca yo non vos podría derribar nin me atrevo atanto en mí. » « Querría saber, » dixo el fijo del rey, « en cuyo esfuerço salistes acá, pues en vos non vos atrevedes. » « Çertas, » dixo el caballero, « en el esfuerço de mi conpañón. » « Mal acorrido[24] serás dél, » dixieron los otros, « quando fueres en nuestro poder. » « Bien debedes saber, » dixo el caballero, « que el diablo non ha ningunt poder sobre aquél quien a Dios se acomienda,[25] e porende* non me veredes en vuestro poder. » « E mucho nos baldonas, »[26] dixieron los otros; « Este caballero vayamos a él. » E fincaron las espuelas a los caballos e dexáronse yr contra el caballero, e él fizo eso mesmo.

Los caballeros dieron seños[27] golpes con las lanças en el escudo del Caballero Zifar, de guisa que quebrantaron las lanças en él, mas non podieron abatir al caballero, ca era muy cabalgante.[28] E el caballero dió una lançada al sobrino del rey que le metió la lança por el costado e falsó las guarniçiones[29] e dió con él

---

12 parar mientes — to consider, note.
13 acaloñar — to impute as a crime; to hold against.
14 pletesía — negotiation, arrangement.
15 conusco (con nosotros) — with us.
16 pornía (pondría) — would put.
17 grandías — arrogant threats or boasts.
18 judgar (juzgar) — to judge.
19 peroque — Here: but.
20 esquivar — to avoid.

21 ome (hombre) — man (used here as an indefinite subject equivalent to English " one ").
22 vegada — time (equivalent of *vez*).
23 omildoso — humble.
24 acorrer — to help.
25 acomendar — to commend.
26 baldonar — to insult, affront.
27 seños (sendos) — one each.
28 muy cabalgante — very good rider.
29 guarnición — armor, accoutrements.

muerto en tierra. E desy[30] metieron mano a las espadas el caballero e el fijo del rey, e dábanse tamaños golpes ençima de los yelmos e de las guarniçiones que trayan, en manera que los golpes oya[31] el rey de Mentón ençima del alcáçar do estaba. E qué buen abogado[32] avía el caballero en la infante, que sy él fuese su hermano non estaba más devotamente faziendo sus pregarias[33] a Dios por él, e demandando muchas vegadas al mayordomo e deziendo: « ¿Cómmo va al mi caballero? » fasta quél vino dezir por nuevas que avía muerto el un caballero de los dos, e que estaba lidiando con el otro. « Ay Nuestro Señor Dios, » dixo ella, « bendito sea el tu nombre, que tanto bien e tanta merçed fazes por este caballero. E pues buen comienço le has dado a su fecho, pídote por merçed quel des buen acabamiento. » E luego se tornó a su oración commo ante estaba, e los caballeros se andaban feriendo en el canpo de las espadas muy de rezio, en manera que les non fincó pedaço en los escudos.

De commo el Caballero Zifar mató al otro fijo del rey e se llevó los caballos.

E el caballero Zifar veyendo[34] que se non podían enpesçer[35] por las guarniçiones que tenían muy buenas e muy fuertes metió mano a una misericordia[36] que traya* e llegóse al fijo del rey e púsole el braço al cuello e baxóle contra sy, ca era muy valiente, e cortóle las correas de la capellina[37] e un baçinete[38] que tenía so ella, e tirógelas* e començólo a ferir en la cabeça de muy grandes golpes con la misericordia sobrel almofa,[39] fasta que se despuntó la misericordia. E metió mano a una maça[40] que tenía e dióle tantos golpes en la cabeça fasta que lo mató.

All the city knows of Cifar's great heroism in defeating the enemy champions, and the king, eager for knowledge about the foreign knight, concludes that he must have been sent to them by God. From this time on Cifar is known as " El Caballero de Dios." Later, Cifar leads the army of Mentón to victory, the siege is lifted, and the king prepares to reward Cifar for his help by giving him his daughter's hand in marriage.

Book II, entitled *El rey de Mentón*, begins with the marriage of the princess and Cifar. The old king insists that the marriage not be consummated for two years since his daughter *era pequeña de días*. Worried about his bigamous marriage, Cifar extends the period for two years by explaining to his new wife that to atone for a very great sin he must take a vow of chastity. The old king dies, leaving Cifar to rule. Meanwhile, Grima has made her way to Mentón where she sees and recognizes her husband, but says nothing for fear of ruining him.

Cifar's two sons have been found and reared by a wealthy man, and now that they are old enough he sends them to the court of the King of Mentón to be knighted. There they meet their mother and father, and later, after his second wife dies (just a week before the end of his vow), Cifar presents his true wife and sons to his subjects. The rest of Book II is spent relating adventures of the two sons against the rebellious Count Nasón and the marvelous experiences of the Caballero Atrevido who is spirited off to the underwater abode of the Lady of the Lake, mistress of Lake Solfareo where Count Nasón's ashes were scattered. It is here that the *matière de Bretagne* begins to intrude into the story, and the author leans more and more heavily on it as the novel progresses. As Book II ends, Roboán asks permission of his father to go out into the world as a knight errant to seek his fortune. Cifar takes his sons aside, seats them in front of him, and prepares to give them advice.

Book III, *Castigos del rey de Mentón*, is devoted to the advice given to his sons by Cifar. It is based largely on the thirteenth century *Flores de filosofía*, with borrowings from the *Siete Partidas* of Alfonso *el Sabio* and from the *Castigos y documentos* of Juan García de Castrojeriz. It also contains biblical allusions and stories and an assortment of typical medieval illustrative anecdotes.

Book IV, entitled *Los hechos de Roboán*, recounts the adventures of Cifar's son. After leaving Mentón, Roboán travels to Pandulfa where he saves Princess Seringa's kingdom.

30 desy — afterwards.
31 oya (oía) — heard.
32 abogado — Here: advocate, representative.
33 pregaria (plegaria) — prayer. Medieval Spanish often had *r* where modern words have *l*, cf. nobre (noble).
34 veyendo (viendo) — seeing.
35 enpesçer — to harm, hurt, damage.

36 misericordia — dagger used to administer the *coup de grâce*.
37 capellina — headpiece or helmet.
38 baçinete — another piece of the headgear, a basinet or light steel helmet worn under the battle helmet.
39 almofa (almófar) — headpiece of mail under the helmet.
40 maça (maza) — mace.

The two young people fall in love, but Roboán asks her to wait a year for him since he has to fulfill his knightly mission. He travels on to the Empire of Trigrida (on the Tigris river) where he incurs the emperor's wrath by asking him the forbidden question: Why do you never laugh? He is banished to the Islas Dotadas, where he promptly marries the Empress of the Isles. His reception on the Islas Dotadas and the fantastic adventures he has there clearly show the influence of the Arthurian legends, already introduced by the author with the Caballero Atrevido's adventures at the end of Book II.

Título del infante Roboán, de commo entró en las Ínsolas Dotadas, e commo casó con Nobleza, señora de ally.

Desque el infante se fue ydo en su batel[41] en que el enperador[42] lo metió, non sabíe* por do* se yba[43] nin pudo entender quien lo guiaba; e asy yba* rezio[44] aquel batel commo viento. E otro día en la mañana quando el sol salíe,* llegó a la costera de la mar a la otra parte, a unas peñas tan altas que semejaba que con el çielo llegaban. E non avía sallida nin entrada ninguna, sy non[45] por un postigo[46] sólo que teníe* las puertas de fierro. E asy commo fue llegado en derecho del[47] postigo, tan ayna* fueron las puertas abiertas, e non paresçió ninguno que las abriese nin las çerrase. E el infante salió del batel e entró por el postigo, e luego fueron las puertas çerradas. E en la peña avíe un caño[48] fecho a mano, por do pudiese entrar un caballero armado en su caballo, e estaban lánparas colgadas de la peña, que ardíen e alunbraban todo el caño. E el infante fué muy espantado porque non vio ninguno con quien fablase nin a quien preguntase qué logar era aquél, e quisiera se tornar de grado[49] sy pudiera, mas las puertas estaban tan bien çerradas e tan juntas con la peña, que non las podía mover a ninguna parte. E fuése por el caño adelante lo más que pudo, asy que bien fué ora de terçia[50] ante que al otro cabo llegase, ca bien avíe seys migeros[51] en aquel caño de la una parte fasta la otra. E quando llegó al postigo de la otra parte

abriéronse luego las puertas de fierro, e falló allí dos donzellas muy bien vestidas e muy apuestas, en sendos palafrenes,[52] e teníen un palafrén de las riendas muy bien ensellado e muy bien enfrenado, e desçendieron a él e besáronle las manos e fiziéronle cabalgar en aquel palafrén, e fuéronse con él diziéndole que su señora la enperadriz lo enbiaba mucho saludar, e que lo salíen a resçebir dos reys sus vasallos, con muy grand caballería, e le besaríen las manos e lo resçibiríen por señor, e le faríen luego omenaje todos los del inperio a la ora que llegase a la enperadriz; e que supiese bien por çierto que esta enperadriz avíe sesenta reys al su mandar en el su señorío, e que todos seríen al su serviçio e al su mandamiento.

« Señoras, » dixo el infante, « ¿esto cómmo puede ser, ca yo nunca en esta tierra fui nin saben quién me soy, nin enbiaron por mí, sy non que soy aquí llegado, e non sé sy por la mi buena ventura o por mi desaventura? » « Señor, » dixieron las donzellas, « la vuestra ventura fue, que anda conbusco[53] guardándovos, e enderesçándovos[54] e guiando la vuestra fazienda de bien en mejor. E Nuestro Señor Dios, al que vos tomastes por guiador quando vos despedistes del rey vuestro padre e de la reyna vuestra madre, vos quiso enderesçar e guiar a este logar donde avedes de ser señor, e darvos por conpañera a la enperadriz, que es muy rica e muy poderosa, e la más fermosa e la más acostunbrada[55] dueña que en el mundo naçió. E commoquier que su madre fue una de las más fermosas del mundo, mucho más es esta su fija . . . »

« Señoras, » dixo el infante, « ¿dónde ha la vuestra señora este tal poder para saber e conosçer las cosas que non ve? E esto vos digo por lo que de ante me dixistes, que quando me despedí del rey mi padre e de la reyna mi madre, que tomé por compañero a Nuestro Señor Dios; e çierto verdad es que asy fue. » « Señor, » dixieron las donzellas, « la enperadriz su madre la dexó encantada, e a todo el su señorío, de guisa que ninguno non puede entrar acá syn su mandado, e el señorío es todo çerrado enderredor de muy altas peñas,

41 batel — boat.
42 Refers to the Emperor of Trigrida who had banished Roboán and put him on the boat.
43 yba (iba) — was going.
44 rezio (recio) — Here: fast.
45 sy non — except.
46 postigo — postern gate.
47 en derecho de — in front of.
48 caño — tunnel.

49 de grado — willingly.
50 ora (hora) de terçia — hour of the Divine Office, 9 A.M.
51 migero — mile (Sp. *milla*).
52 palafrén — riding horse, as opposed to war horse.
53 conbusco — with you.
54 enderesçar — to lead in the right way.
55 acostunbrada — Here: cultured.

asy commo vistes quando entrastes por el postigo adó[56] vos traxo el batel. E non ay más de quatro postigos para sallir e entrar, asy commo aquel por do vos entrastes. Ca sabed que tan ayna commo entrastes en el batel, tan ayna sopo ella la vuestra fazienda toda e quién érades e todas las cosas que pasastes deque[57] nasçistes acá; pero non puede saber lo que ha de venir. »

E el infante fue maravillado destas cosas atán estrañas que aquellas donzellas le dezíen, e pensó en las palabras que el enperador le dixo quando se partió de él, que él lo enbiaríe a logar que por ventura querríe más la muerte que la vida, o por ventura que seríe grand su pro e su honrra, sy lo supiese bien guardar. E tovo que* éste era el logar do podríe acaesçer una de estas dos cosas, commo dicho es. E el infante les preguntó: « ¿Cómmo ha nonbre esta vuestra señora? » « Señor, » dixeron ellas, « Nobleza. » « ¿E por qué le dizen asy? » dixo él. « Porque su padre le puso nonbre assy, e con grand derecho, ca ésta es la mejor acostunbrada dueña de todo el mundo; ca nobleza non puede ser syn buenas costunbres. » . . .

E el infante yendo con las donzellas en este solaz,[58] la una a la parte diestra e la otra a la parte syniestra, vieron venir muy grand caballería e muy bien guarnida,[59] con aquellos dos reys que las donzellas avíen dicho al infante. E deque* llegaron a él los reys, descabalgaron e fueron le besar los pies, que asy era costunbre de la tierra. E el infante non gelos* quería dar, fasta que le dixeron las donzellas que non los estrañase,[60] ca a fazer lo avíe de todo en todo. E desy* cabalgaron e tomaron al infante en medio, e fuéronse a la çibdad donde estaba la enperadriz. E estaban allí treynta reys de sus vasallos, e estaba la enperadriz e un grand palaçio en un estrado[61] que era muy noble. E quando el infante entró por el palaçio do estaba la enperadriz, fueron a él los reyes e fincaron los ynojos antél e besáronle los pies. E quando llegó el ynfante a la enperadriz, quiso le besar las manos, e ella no gelas* quiso dar, ante lo fué tomar por la mano e fuélo a posar cabe[62] ella, ca asy lo avíen por costunbre. E allí resçibió ella a él por suyo, e él a ella por suya, e santiguólos un arçobispo que allí era e dióles la bendiçión. E luego los reys e los condes e los vizcondes e todos los grandes omes e los procuradores de las çibdades e de las villas, le fizieron omenaje, e lo resçibieron por señor e por enperador, e púsole ella una corona muy noble de grand preçio en la cabeça con las sus manos, e dióle paz e díxole asy: « Biva este mío señor e acresçiente[63] Dios en la su honrra e en los sus días, e dure en el ynperio, guardando a cada uno en justiçia e non menguando[64] en el serviçio de Dios. » E luego dixeron todos: « Amén. »

During the course of his marvelous adventures on the Islas Dotadas, Roboán is thrice tempted by the devil in the guise of a beautiful woman. Finally Roboán is spirited back to the sea on an enchanted horse. He returns to reality with only memories of the magic land where he was wed to the Empress Nobleza, but he carries a banner given to him by that fair lady which will have the magical power of assuring success in all he undertakes. Back in Trigrida, Roboán inherits the Empire upon the death of the emperor, who dies without heir. After putting down a rebellion or two, Roboán sends for his old love, Seringa, who very gladly comes to marry him. After a year their son is born, and they name him *Fijo de Bendición*. Roboán and Seringa travel back to Pandulfa and then on to Mentón where Cifar's family is once again happily reunited.

E çertas non debe ninguno dudar sy ovo grant alegría e grant plazer entre éstos; que dize el cuento que en syete días que moraron con el rey de Mentón, non fué noche ninguna que escura paresçiese, ca tan clara era la noche commo el día; e nunca les venía sueño a los oios, mas estaban catando* los unos a los otros commo sy fuesen ymágines de piedra en un tenor,[65] e non se moviesen. E çiertamente esto non venía sy non por merçed de Dios que los quería por la su bondat de ellos. E desy* tornaron para su inperio, do mostró Dios por ellos muchos miraglos, de guisa que a toda aquella tierra que éstos ovieron a mandar; e dizenle oy en día la Tierra de Bendición. E tomó este nonbre del fijo del enperador e de la enperadriz, que ovo nonbre Fijo de Bendición, asy commo ya oyestes, de que dizen

---

56 adó (adonde) — Here: to which.
57 deque (desde que) — since.
58 solaz — enjoyment.
59 guarnida — equipped, dressed.
60 estrañar (extrañar) — Here: to estrange.
61 estrado — dais.
62 cabe — beside.
63 acresçentar (acrecentar) — to increase.
64 menguar — to fail, fall short.
65 en un tenor — all fixed in the same style or attitude.

que ay fecho un libro en caldeo,[66] en que cuenta toda la su vida e muchos buenos fechos que fizo.

Juan Manuel, 1282–1348
El Conde Lucanor (pp. 163–64; 422–25)

El Conde Lucanor, 1323–35, formerly known as *El libro de Patronio*, is the best prose fiction to come out of fourteenth century Spain. It has given Don Juan Manuel a reputation which ranks him alongside his fellow countryman and contemporary, Juan Ruiz, the author of *El libro de buen amor*. Juan Manuel is to prose what Juan Ruiz is to poetry. Also, Juan Manuel stands beside two other giants of European fiction during the Middle Ages, Boccaccio and Chaucer, and shares with them the honor of being the first to make novelistic prose an art. The Spaniard's importance in this connection seems all the more significant when one considers that his masterpiece, *El Conde Lucanor*, was completed at least thirteen years before Boccaccio wrote his *Decameron*, and five years before the birth of Chaucer. Juan Manuel may be regarded, then, as one of the pioneers of European narrative fiction. His language was quite the same as that used in the thirteenth century by his illustrious uncle, Alfonso *el Sabio*, but he adapted that language to his own very personal manner and changed Spanish prose narration from an impersonal and anonymous sounding style into an artistically developed one.

Juan Manuel used the framework device of the oriental apologue in stringing together the stories of *El Conde Lucanor*. He depicts Count Lucanor as a fourteenth century nobleman, beset with cares and problems, who seeks the advice of his friend and counselor Patronio before making a decision or taking action. The oft-repeated "Otra vez fablaba el conde Lucanor con Patronio" (or similar statements which introduce each new episode) grows a little tiresome before the end of the book; but though Don Juan shows little invention here, he makes up for it in the manner in which he adapts his materials, endowing them all with a fresh, personal stamp. Fifty-one

times Lucanor asks Patronio for advice, and as many times the reliable sage responds with an appropriate illustrative anecdote.[1] There is no central plot, and the only unifying elements are the characters of Lucanor and Patronio. The stories are generally rather short. The chapters are called *Enxemplos* in keeping with Don Juan's moral purpose of providing his fellow man with guidelines to honorable and virtuous conduct. Each tale contains some wise moral and is concluded by a couplet which succinctly sums it up. After the fifty-one tales have been completed, the book continues through three more parts (some say two since Parts II and III are sometimes printed together as Part II). These continuations, all very brief, are obscure moral treatises which lack the interest of the original fifty-one stories. Juan Manuel named them simply *Segunda*, *Tercera*, and *Cuarta parte del libro de Patronio*.

Don Juan was not original in subject matter, but he adapted the most diverse elements to his use. From Spanish historical tradition he drew episodes and real-life characters such as Minaya Álvar Fáñez, Pedro Meléndez de Valdés, Lorenzo Suárez Gallinato, Fernán González, and Nuño Laínez, some of whom had already made their appearance in literature. From the orientals he drew material for his animal apologues, such as the one about the fox and the crow with the piece of cheese, or the fox who pretended to be dead, or the two horses and the lion; he seemed to have a special interest in birds and used them more than other animals in his tales. From the Crusades he took well-known characters such as Richard the Lion-Hearted and Saladin. He adapted the stories of The Dreaming Milkmaid, the king's magic cloth, the test of friendship, the miser whose heart was found after his death in his money box, and the dying man's conversation with his soul. He drew on his personal experience and related the story of the hawk and the eagle, based upon a hunting experience of his father. He also used allegory in two tales in which he contrasted Good and Bad and Truth and Falsehood. He dealt with the magical in the story of Don Illán, the magician. He had something to say

66 In the 1872 prologue the author claims the book was translated from Chaldean to Latin to Spanish, but this was most likely not true. Here the same exotic reference is made to a supposed book about the *Fijo de Bendición*.

1 Menéndez y Pelayo considers that there are only fifty original anecdotes from Juan Manuel's pen for at

the end of number 50 Patronio says: " vos no quiero más responder a otras preguntas que me fagades, et que en este enxemplo quiero facer fin a este libro. " Juan Manuel then adds: " El conde tovo éste por buen consejo, et fízolo después así et fallóse ende bien. " Nevertheless *Enxemplo* LI repeats the pattern one more time.

on the duties of the king in the story of the philosopher who pretended to understand the language of the crows. His advice for the handling of an ill-tempered wife is well known.

In this great thematic diversity, Don Juan never lost sight of his moral purpose. Unlike much literature of his age which often contained licentious or indecent elements, *El Conde Lucanor* contains none of this. Not one of his tales deals with love except one about the passion the Emperor Saladin conceived for a married woman; but even this ends honorably as Saladin is shown the wickedness of his desire. Though there is satire in his work, for instance in the story of the magic cloth, Don Juan bears no grudges and attacks no particular class of society. He strives only to impart the highest ideals of conduct. Underlying his rather austere moral principles is a firm religious faith.

Don Juan's book is, however, more than this. It is in some respects a faithful representation of fourteenth-century Spain. The opening paragraphs of the tales in which the Count explains his problems to Patronio contain many interesting sidelights on the life of the times, and reflect, probably accurately, the real problems and vexations which a fourteenth-century count actually had to face. Giménez Soler sees in these paragraphs many autobiographical details from the life of Don Juan.

In the prologue Don Juan muses about the handiwork of God who gave each man a different face, no two of which are alike. Also, he says, no two men are alike in their will and intention, but they are alike in that they learn most easily that which gives them the most pleasure. Since the majority of men do not understand subtle matters, they do not enjoy reading books and therefore cannot understand or appreciate them. Consequently Don Juan has a theory for making men swallow their medicine and like it. In the following paragraphs, which conclude the prologue, he explains how he does this.

Por ende yo don Johan, fijo del infante don Manuel, adelantado mayor de la frontera et del regno de Murcia, fiz este libro, compuesto de las más fermosas palabras que yo pude, et entre las palabras entremetí algunos enxemplos, de que se podrían aprovechar los que los

2 melecina (medicina) — medicine.
3 pagamiento — satisfaction, pleasure.
4 lieve (lleve) — it will take, carry.

oyeren. Et esto fiz segund la manera que facen los físicos, que cuando quieren facer alguna melecina[2] que aproveche al fígado, por razón que naturalmente el fígado se paga de las cosas dulces, mezclan con aquellas melecinas que quieren melecinar el fígado azúcar o miel o alguna cosa dulce porque por el pagamiento[3] que el fígado ha de la cosa dulce, en tirándola para sí, lieve[4] con ella la melecina quel' ha de aprovechar. Et eso mismo facen a cualquier miembro que haya menester alguna melecina, que siempre le dan alguna cosa que naturalmente aquel miembro la haya de tirar para sí: et a esta semejanza, con la merced de Dios, será fecho este libro; et los que lo leyeren, si por su voluntad tomaren placer de las cosas aprovechosas que ende fallaren, serles-ha bien; et aun los que tan bien non entendieren, non podrán excusar que en leyendo el libro, por las palabras falagueras et compuestas que ende[5] fallarán, que non hayan a leer las cosas aprovechosas que son y[6] mezcladas, et aunque ellos non lo deseen, aprovecharse-han de ellas, así como el fígado et los otros miembros dichos se aprovechan de las melecinas que son mezcladas con las cosas de que se ellos pagan. Et Dios, que es complido et complidor de todos los bienes fechos, por la su santa merced et por la su piedad quiera que los que este libro leyeren, que se aprovechen al su servicio en este mundo a los cuerpos, et en el otro a las ánimas, así como él sabe que yo, don Johan, lo digo a esa entención. Et lo que y fallaren que non es bien dicho, non pongan la culpa a la mía entención, mas pónganla a la mengua del mi entendimiento. Et si alguna cosa y fallaren bien dicha et aprovechosa, gradézcanlo a Dios, ca él es por quien todos los buenos dichos se facen et se dicen.

Et pues el prólogo es ya acabado, de aquí adelante comenzará la materia del libro en manera de diálogo entre un grant señor, que fablaba con un su consejero, et decían al señor conde Lucanor, et al consejero Patronio.

ENXEMPLO XVIII

De lo que contesció a Don Pero Meléndes de Valdés cuando se le quebró la pierna.

Fablaba el conde Lucanor con Patronio, su consejero, un día, et díjole: « Patronio, vos bien sabedes que yo he contienda con un mi vecino, que es home muy poderoso et muy hondrado, et habemos entramos[7] puesto pos-

5 ende — in it.
6 y (allí) — Here: in it.
7 entramos (entrambos) — both.

tura[8] de ir a una villa, et cualquier de nos que allá vaya cobrará la villa, et perderla-ha el otro que fuere más tarde, et vos sabedes cómo tengo toda mi gente ayuntada.[9] Et bien fío por la merced de Dios, que si yo fuese, que fincaría ende con grand pro[10] y con grand honra, et agora estó embargado et non lo puedo facer por esta ocasión[11] que me acaesció, que non estó bien sano; et como quier que[12] me es grand pérdida en lo de la villa, bien vos digo que me tengo por más ocasionado por la mengua[13] que tomo et por la honra que a él viene, que aun por la pérdida. Et por la fianza[14] que yo en vos he, ruégovos que me digades lo que entendedes que en esto podría facer. » « Señor conde, dijo Patronio, como quier que vos facedes razón de vos quejar, et para que en tales cosas como éstas fagades siempre lo mejor, placerme-y-a que supiésedes lo que contesció a don Rodrigo Meléndez Valdés. » Et el conde le rogó que le dijiera cómo fuera aquello.

« Señor conde, dijo Patronio, don Pero Meléndez de Valdés era caballero mucho honrado del reino de León, et había por costumbre que cada que[15] le acaescía algún embargo, que siempre decía: *Bendicho sea Dios, ca pues él lo fizo, esto es lo mejor*. Et este don Pero Meléndez de Valdés era consejero et muy privado del rey de León; et otros sus contrarios, por grand envidia que le hobieron, axacáronle[16] muy gran falsedad, et buscáronle tanto mal con el rey, que acordó[17] de lo mandar matar: et seyendo don Pero Meléndez en su casa, llegó mandado del rey que enviaba por él, et los que le habían de matar estábanle esperando a media legua de aquella su casa: et queriendo cabalgar don Pero Meléndez para se ir para el rey, cayó de una escalera, et quebróse la pierna. Et cuando sus gentes que habían de ir con él vieron esta ocasión que le acaesciera, pesóles ende mucho, et comenzáronlo a maltraer, diciéndole: « ¡Ah, don Pero Meléndez! Vos que decides siempre: *Lo que Dios face, esto es lo mejor*, tened vos agora este bien que Dios vos ha fecho. » Et él dijoles que fuesen ciertos, que como quier que ellos tomaban gran pesar desta ocasión que le contesciera, que ellos dirían, que pues Dios lo ficiera, que aquello era lo mejor: et por cosa

que[18] ficieron nunca le pudieron sacar desta intención. Et los que le estaban esperando por lo matar por mandado del rey, desque vieron que non venía, et supieron lo que le había contescido, tornáronse para el rey et contáronle la razón por qué non podieran cumplir su mandado: et don Pero Meléndez estuvo gran tiempo que non pudo cabalgar. Et en cuanto él así estaba mal trecho, supo el rey que aquello que habían axacado a don Pero Meléndez que era muy gran falsedad, et prendió aquellos que gelo[19] habían dicho, et fué a ver a don Pero Meléndez, et contóle la falsedad que dél le dijeran, et cómo le él mandara matar, et pidió' perdón por el yerro quel' hobiera a facer, et le fizo mucha hondra et mucho bien por le facer enmienda, et mandó luego facer muy grand justicia ante él de aquellos que aquella falsedad le levantaron: et así libró Dios a don Pero Meléndez porque era sin culpa, et fué verdadera la palabra que él siempre solía decir, *que todo lo que Dios face, aquello es lo mejor*.

» Et vos, señor conde Lucanor, por este embargo que agora vos vino non vos quejedes, et tened por cierto en vuestro corazón *que todo lo que Dios face, aquello es lo mejor;* et si lo ansí pensáredes, él vos lo sacará todo a bien: pero debedes entender aquellas cosas que acaescen, que son en dos maneras. La una es, si viene a home algún embargo en que se puede poner consejo.[20] La otra es, si viene a home algunt embargo en que se non puede poner consejo alguno. Et en los embargos en que se puede poner consejo alguno, debe facer home todo cuanto pudiere por lo poner y*, et non lo debe dejar por dar a entender que por voluntad de Dios o por ventura se enderezará, ca esto sería tentar a Dios: mas pues el home ha cumplido entendimiento et razón, todas las cosas que facer pudiere por poner consejo en las cosas que le acaescieren, débelo facer: mas en las cosas en que non se podría y* poner consejo ninguno, aquéllas debe home tener que pues se facen por la voluntad de Dios, que aquello es lo mejor. Et pues esto que a vos acaesció es de las cosas que vienen por la voluntad de Dios, et en que non se puede poner consejo, poned en vuestro talante que pues Dios lo face, que es lo mejor, et Dios lo

---

8 poner postura — to make a pact or agreement.
9 ayuntada (ajuntada) — gathered together.
10 pro — profit, advantage.
11 ocasión — Here: accident, injury.
12 como quier que — although, even though.
13 mengua — loss (of honor or reputation in this case).

14 fianza — trust, confidence.
15 cada que (cada vez que) — each time that.
16 axacar (achacar) — to impute.
17 acordar de — to agree to; to decide to.
18 por cosa que — no matter what.
19 *Gelo* is the equivalent of modern *se lo*.
20 poner consejo — to do something about, to remedy.

guisará que se faga así como lo vos tenedes en corazón. »

Et el conde tovo que Patronio le decía verdat et le daba buen consejo, et fízolo así, et fallóse ende bien. Et porque don Johan tovo que éste era buen consejo, fízolo ansí escrebir en este libro, et fizo estos viesos[21] que dicen ansí:

> Non te quejes por lo que Dios quisiere,
> Ca por tu bien será cuanto Él ficiere.

ENXEMPLO XIX

De lo que acontesció a los cuervos con los buhos.

Un día fablaba el conde Lucanor con Patronio, su consejero, et díjole así: « Patronio, yo hobe contienda con home muy poderoso, et aquel mi enemigo había en su casa un su pariente et criado et home a quien el había fecho mucho bien; et un día por cosas que acaescieron entre ellos, aquel mi enemigo fízole mucho mal et muchas deshondras, et aquel home con quien él había tantos deudos, veyendo[22] el mal que había rescebido, et queriendo catar[23] manera cómo se vengar vínose para mí, et yo tengo que es mi muy grand pro, ca éste me puede desengañar et apercibir cómo pueda más ligeramente facer daño a aquel mi enemigo: pero por la fiucia[24] que yo he en vos, ruégovos que me consejedes lo que yo faga en este fecho. » « Señor conde, dijo Patronio, lo primero vos digo que este hombre non vino sinón por vos engañar; et para que sepades la manera de su engaño, placerme-y-a que supiésedes lo que contesció a los buhos et a los cuervos. » Et el conde le rogó que le dijiese cómo fuera aquello.

« Señor conde, dijo Patronio, los cuervos et los buhos habían entre sí muy grand contienda, pero los cuervos eran en mayor queja; ca los buhos, porque es su costumbre de andar de noche, et de día están escondidos en cuevas que son muy malas de fallar, venían de noche a los árboles de los cuervos donde albergaban,[25] et mataban muchos dellos, et facíanles mucho mal. Et pasando los cuervos tanto daño, un cuervo que había entre ellos muy sabidor, que se dolía mucho del mal que habían recebido de los buhos, sus enemigos,

fabló con los cuervos sus parientes, et cató esta manera para se poder vengar; et la manera fué que los cuervos le mesaron[26] todo, salvo ende un poco de las alas con que volaba muy mal et muy poco; et desque así fué tan mal trecho, fuése para los buhos, et contóles el mal et daño que los cuervos le ficieran, et señaladamente porque les decía que non quisiesen ser contra ellos.[27] Et pues tan mal lo habían fecho contra él, que si ellos quisiesen que él les mostraría muchas maneras como se pudiesen vengar de los cuervos et facerles mucho daño. Cuando los buhos esto oyeron, plógoles mucho, et tuvieron que por este cuervo que iba con ellos era todo su fecho enderezado, et comenzaron a facer mucho bien al cuervo, et fiaron en él todas sus faciendas[28] et sus poridades.[29] Et entre los otros buhos había uno que era muy viejo, et había pasado por muchas cosas: et desque vió este fecho del cuervo, entendió el engaño con que el cuervo andaba, et fuése para el mayoral[30] de los buhos, et díjole que fuese cierto que aquel cuervo non viniera a ellos sinón por su daño et por saber sus faciendas, et que le echasen de su compaña. Mas este buho non fué creído de los otros buhos, et desque él vió que lo non querían creer partióse dellos, et fuése buscar tierra do los cuervos non lo pudiesen fallar. Et los otros buhos pensaron bien del cuervo: et desque las péñolas fueron iguales,[31] dijo a los buhos, que pues podía volar, que quería saber do estaban los cuervos, et que vernía[32] a decírgelo porque pudiesen ayuntarse et irlos destruir todos; et a los buhos plogo mucho desto; et desque el cuervo fué con los otros cuervos, ayuntáronse muchos dellos, et sabiendo toda la facienda de los buhos, fueron a ellos de día et cuando ellos non vuelan et se están guardados et sin recelo, et mataron et destruyeron a tantos dellos, porque fincaron los cuervos vencedores de toda su guerra. Et todo este mal vino a los buhos porque fiaron en el cuervo, que naturalmente era su enemigo.

» Et vos, señor conde Lucanor, pues sabedes que este home que a vos vino es muy adeudado[33] con aquel vuestro enemigo, et naturalmente él et todo su linaje son vuestros ene-

---

21 viesos (versos) — verses.
22 veyendo (viendo) — seeing.
23 catar — Here: to seek, look for.
24 fiucia — confidence.
25 albergaban — Here: nested.
26 mesar — to tear out or pull hair or beard; Here: to pull out feathers.
27 *Ellos* refers to owls.

28 faciendas — Here: affairs.
29 poridad — secret.
30 mayoral — chief, leader.
31 desque las péñolas fueron iguales — after his feathers had grown out.
32 vernía (vendría) — he would come.
33 muy adeudado — very closely related.

migos, conséjovos yo que en ninguna manera
non lo traigades en vuestra compañía, ca
cierto sed que non vino a vos sinón por vos
engañar et por vos facer algunt daño; pero si
él vos quisiere servir, siendo alongado[34] de
vos, en guisa que[35] non vos pueda empecer[36]
nin saber nada de vuestra facienda, et de fecho
ficiere tanto mal et tantos mancellamientos[37]
a aquel vuestro enemigo con quien él ha
aquellos deudos, que veades vos que le non
finca logar para se poder con él avenir,[38]
estonce[39] podredes vos fiar dél; pero siempre
fiad en él tanto, que non vos pueda venir
daño. »

El conde tovo que Patronio, su consejero, le
decía verdad, et le daba buen consejo, et fízolo
ansí, et fallóse ende bien. Et porque don Johan
tovo que éste era buen consejo, fízolo así
escrebir en este libro, et fizo los viesos que
dicen ansí:

Al que tu enemigo suel ser,
Nunca quieras dél mucho creer.

ENXEMPLO XXXV

De lo que contesció a un mancebo que casó con una
mujer muy fuerte et muy brava.

Un día fablaba el conde Lucanor con Patronio, su consejero, et díjole: « Patronio, un mi
criado me dijo le traían casamiento con una
mujer muy rica, et aun que es más honrada
que non él, et que el casamiento es muy bueno
para él, sinón por un embargo que y ha, et el
embargo es éste. Díjome que le dijieron que
aquella mujer era la más fuerte et la más
brava cosa del mundo, et ahora ruégovos que
me consejedes si le mandaré que case con
aquella mujer, pues sabe de cuál manera es,
o si le mandaré que lo non faga. » « Señor
conde, dijo Patronio, si él fuere tal como fué
un fijo de un home bueno que era moro, con-
sejalde que case con ella; mas si non fuere
atal, non se lo consejedes. » El conde le rogó
que le dijiese cómo fuera aquello.

Patronio le dijo que en una villa había un
moro honrado que había un fijo, el mejor
mancebo que en el mundo podría ser; mas
non era tan rico que pudiese cumplir tantos
fechos nin tan grandes como el su corazón le
daba a entender que debía cumplir, et por esto
era él en grand cuidado, porque había la

voluntad, et non había el poder. Et en aquella
villa mesma había otro moro muy más honrado et muy más rico que su padre, et había
una fija et non más, et era muy contraria de
aquel mancebo, que cuanto aquel mancebo
había de buenas maneras, tanto las había ella
de malas et revesadas; et por ende home del
mundo[40] non quería casar con aquel diablo.
Et aquel tan buen mancebo vino un día a su
padre et díjole que bien sabía él que non era
tan rico que pudiese darle con que él pudiese
vevir a su honra, et que pues le convenía facer
vida menguada et lazdrada,[41] o irse de aquella
tierra, que si él por bien toviese, que le parecía
mejor seso de catar algún casamiento con que
pudiese haber alguna pasada.[42] Et el padre le
dijo que le placería ende mucho si pudiese
fallar casamiento que le compliese. Et estonce
le dijo el fijo que si él quisiese que podería
guisar que aquel home bueno que había
aquella fija, que gela diese para él. Cuando el
padre esto oyó, fué mucho maravillado, et
díjole que cómo cuidaba en tal cosa, que non
había home que la conosciese, que por pobre
que fuese quisiese casar con ella; et el fijo le
dijo que le pedía por merced que le guisase
aquel casamiento; et tanto le afincó,[43] que
como quier que el padre lo tuvo por extraño,
que gelo otorgó. Et fuése luego para aquel
home bueno, et amos eran mucho amigos, et
díjole todo lo que pasaba con su fijo, que se
atrevía a casar con su fija, que le pluguiese, et
gela diese para él. Cuando el home bueno esto
oyó decir a aquel su amigo, díjole: « Por Dios,
amigo, si yo tal cosa ficiese, seervos-y-a muy
falso amigo; ca vos habedes muy buen fijo, et
ternía que facía muy grant falsedad si yo vos
consintiese su mal nin su muerte, ca so cierto
que si con mi fija casase, que sería muerto, o le
valdría más la muerte que la vida. Et vos non
entendades que vos digo esto por non cumplir
vuestro talante, ca si la quisiéredes, a mí bien
me place de la dar a vuestro fijo, o a otro que
me la saque de casa. » Et aquel su amigo díjole
que le gradescía mucho esto que le decía, et
que le rogaba, que pues su fijo quería aquel
casamiento, que le pluguiese; et el casamiento
se fizo, et levaron la novia a casa de su marido.
Et los moros han por costumbre que adoban
de cenar[44] a los novios, et pónenles la mesa, et
déjanlos en su casa fasta otro día, et ficié-

---

34 alongado de — not near, far from.
35 en guisa que — so that.
36 empecer — to harm, injure.
37 mancellamientos — defamations.
38 avenirse con — to become reconciled with.
39 estonce (entonces) — then.

40 home del mundo (hombre del mundo) — nobody
in the world.
41 lazdrada (lazrada) — miserable, wretched.
42 pasada — income sufficient to support life.
43 afincar — to insist.
44 adoban de cenar — prepare supper.

ronlo así aquéllos; pero estaban los padres et las madres et parientes del novio et de la novia con grand recelo, cuidando que otro día fallarían el novio muerto o muy mal trecho. Et luego que ellos fincaron solos en casa, asentáronse a la mesa, et ante que ella hobiese decir cosa, cató el novio en derredor de la mesa, et vió un su alano,[45] et díjole ya cuanto bravamente: « Alano, dadnos agua a las manos. » Et el alano non lo fizo, et él se comenzó a ensañar, et díjole más bravamente que le diese agua a las manos, et el perro non lo fizo. Et desque vió que non lo facía, levantóse muy sañudo de la mesa, et metió mano a la espada, et endereszó al alano; et cuando el alano le vió venir contra sí comenzó a foir, et él en pos dél, saltando amos por la ropa et por la mesa et por el fuego; tanto andovo en pos dél, fasta que lo alcanzó, et cortóle la cabeza et las piernas et los brazos, et fízolo todo piezas, et ensangrentó toda la casa et la ropa et la mesa; et ansí muy sañudo et ensangrentado tornóse a la mesa, et cató al derredor, et vió un gato, et mandó que les diese del agua a las manos; et porque non lo fizo díjole: « ¿Cómo, don falso traidor, no viste lo que fice al alano porque non quiso facer lo que le mandé? Yo prometo que si un punto más porfías[46] conmigo, que eso mesmo faré a tí que al alano. Et porque lo non fizo levantóse, et tomóle por las piernas, et dió con él a la pared, et fízole más de cien pedazos, mostrando muy mayor saña que contra el alano. Et así bravo et sañudo, faciendo malos continentes, tornóse a sentar a la mesa, et cató a todas partes; et la mujer que le vió esto facer, tovo que estaba loco et fuera de seso, et non decía nada. Et desque hobo catado a todas partes, vió un su caballo que estaba en casa, et él non había más de aquél, et díjole bravamente que le diese agua a las manos, et el caballo non lo fizo. Et desque vió que lo non facía díjole: « ¿Cómo, don caballo, cuidades que porque non he otro sinón vos, que por eso vos dejaré si non ficiéredes lo que vos mandare? Que tan mala muerte vos daré como a los otros, et non ha cosa viva en el mundo que non faga lo que yo mandare, que eso mesmo le non faga. » El caballo estovo quedo, et desque él vió que non facía su mandado, fué a él et cortóle la cabeza, et con la mayor saña que podía mostrar despedazábalo todo. Et cuando la mujer vió que

matara el caballo non habiendo otro, et que decía que esto faría a cualquier cosa que su mandado non ficiese, tovo que esto ya non se facía por juego, et hobo tan grand miedo que non sabía si era muerta o viva. Et él así bravo et sañudo et ensangrentado, tornóse a la mesa, et jurando que si mil caballos et homes et mujeres él hobiese en casa que le saliesen de mandado, que todos serían muertos, asentóse et cató a toda parte, teniendo la espada ensangrentada en el regazo. Et desque cató a una parte et a otra et non vió cosa viva, volvió los ojos contra su mujer muy bravamente, et díjole con grand saña, teniendo la espada sacada en la mano: « Levantadvos et dadme agua a las manos. » Et la mujer, que non esperaba otra cosa sinon que la despedazaría toda, levantóse muy apriesa et dióle agua a las manos et díjole: ¡Ah! cómo agradezco a Dios porque fecistes lo que vos mandé; ca de otra guisa, por el pesar que estos locos me ficieron, eso hubiera yo fecho a vos que ellos. » Et después mandóle que le diese de comer; et ella fízolo, et con tal son[47] se lo decía, que ella cuidaba que la cabeza era ida por el polvo,[48] et así pasó el fecho entre ellos aquella noche, et nunca ella fabló mas facía todo lo que él le mandaba. Et desque hobieron dormido una pieza, dijo él a ella: « Con esta saña que hobe esta noche non puedo bien dormir; catad que non me despierte cras ninguno, et tenedme bien adobado de comer. » Et cuando fué grand mañana, los padres et las madres et los parientes allegáronse a la puerta, et en cuanto non fablaban ninguno, cuidaron que el novio estaba muerto o ferido; et desque vieron entre las puertas a la novia et non al novio, cuidáronlo más, et cuando la novia los vió a la puerta llegó muy paso et con grand miedo, et comenzóles luego a decir: « Locos traidores, ¿qué facedes et cómo osades llegar a la puerta? Non fablad, callad; si no, también vosotros como yo, todos somos muertos. » Et cuando todos esto oyeron, fueron muy maravillados; et desque supieron cómo pasaran en uno[49] aquella noche, preciaron mucho al mancebo, porque así supiera facer lo que le complía et castigara[50] tan bien su casa; et de aquel día adelante fué aquella mujer tan bien mandada, et hobieron muy buena vida. Et dende a pocos días su suegro quiso facer así como ficiera su yerno, et por

---

45 alano — large mastiff (cross between a bulldog and a greyhound).
46 porfiar — to be obstinate, subborn.
47 con tal son — with such a voice (i.e. sound).

48 cuidaba . . . polvo — she thought her head was rolling in the dust.
49 pasaron en uno — passed peacefully.
50 castigar — Here: to order, operate, run.

aquella manera mató un caballo, et díjole su mujer: « A la fe, don fulán, tarde vos acordastes, ca ya non vos valdrá nada si matásedes cient caballos, que ante lo hobiérades a comenzar, ca ya bien nos conoscemos.

» Et vos, señor conde, si aquel vuestro criado quiere casar con tal mujer, si fuere él tal como aquel mancebo, consejadle que case seguramente, ca él sabrá cómo ha de pasar en su casa; más si non fuere tal que entienda lo que debe facer o lo que le cumple, dejadle pasar por su ventura. Et aun conséjovos que con todos los homes que hubierdes que facer, faced que siempre dedes a entender en qué manera han de pasar convusco. »

El conde tovo éste por buen consejo, et fízolo así, et fallóse ende bien. Et porque don Johan lo tovo por buen enxemplo, fízolo escrebir en este libro, et fizo estos viesos que dicen así:

Si al comienzo non muestras quien eres,
Nunca podrás después cuando lo quisieres.

PROSE FICTION OF THE RENAISSANCE
THE NOVEL OF CHIVALRY, THE SENTIMENTAL NOVEL, THE CELESTINA

Garci Rodríguez de Montalvo,
Amadís de Gaula, 1508 (pp. 167–70)

The novel of chivalry had waxed and waned in the rest of Europe when sixteenth-century Spanish authors revived it. The book which initiated this revival of interest in knight errantry was *Los cuatro libros del virtuoso caballero Amadís de Gaula* by Garci Rodríguez de Montalvo, printed in Zaragoza in 1508 and written some time after 1492. Although it was not the first such novel printed in Spain (as Cervantes noted in Chapter VI of *Don Quijote*, Part I) few would disagree with his evaluation of it as "the best of all books of this kind that have been composed." We would also agree with Cervantes' opinion that this book was a "cosa de misterio," for certain important mysteries concerning it have not yet been resolved to everyone's satisfaction. The name of the author in the 1508 version is given three slightly different forms: Garci Rodríguez de Montalvo, Garci Ordóñez de Montalvo, and Garci Gutiérrez de Montalvo. More important than this discrepancy is the mystery of the book's country of origin. Portugal, Spain, and France have all laid claim to having produced the "original" Amadís, but no copy earlier than Montalvo's has as yet been found. In the absence of conclusive evidence, Menéndez y Pelayo feels that we cannot ascertain in what language the primitive Amadís was written and that there were probably several medieval versions in Portuguese and Spanish.[1] He finds also that the *Amadís* was a free imitation of the novels of the Arthurian Cycle *(matière de Bretagne)* but not of any one in particular. The book was in existence, he says, before 1325 and could possibly have been composed as early as the second half of the thirteenth century.

In a recent study E. B. Place postulates an edition of Montalvo's *Amadís* previous to the 1508 printing, probably sometime between 1492 and 1508. He also asserts that no mention of the *Amadís* has been found earlier than 1345–50. The two earliest references to it

occur in the writings of the fourteenth-century Spaniards, Pero Ferruz (also written Ferrús) and Pero López de Ayala (1332–1407). In some verses addressed to López de Ayala, Ferruz mentions that there was at the time a three-volume (or three-part) edition of the *Amadís*:

> "Sus proezas fallaredes
> en tres libros . . ."

Mr. Place surmises that Ferruz might have been imparting new information about the three-book edition, which implies a previous edition already known. In his *Rimado de Palacio*, López de Ayala himself refers to a youthful acquaintance with the *Amadís*, the reading of which he considered a waste of time:

> "Plogome otrosí oír muchas vegadas
> Libros de devaneos e mentiras probadas,
> Amadís, Lanzalote e burlas asacadas
> En que perdí tiempo e muy malas jornadas."

Place concludes that the earliest Spanish version of the Amadís was "written in Spanish-speaking territory at some time during the long reign of Alfonso XI of Castile" (1312–50), and that its author was perhaps encouraged by the court to write it as a means of popularizing chivalric conduct in conjunction with the important knighting ceremonies which took place in 1331.

Montalvo did not invent Amadís or his story. In the heading to his first chapter (which he calls *Introducción*) he clearly points out that he "corrected it from ancient originals which were corrupt and composed in ancient style through the fault of different writers." He also states that he removed many superfluous words, inserting others of more polished and elegant style. We do not know, of course, what "ancient originals" Montalvo improved on, but he assuredly reworked the first three books in the manner he described and probably composed the fourth book himself. He also wrote the first sequel, entitled *Sergas de Esplandián* (1510).

Besides Montalvo's fifth "Book" there were

---

1 It is interesting to note that most of the action of *Amadís* takes place in Great Britain and neighboring lands and that no Spanish character is introduced until Book IV. His name is Don Brián de Monjaste. No action takes place in Spain.

seven other continuations of the *Amadís*, a grand total of twelve Books. The hero's sons and grandsons, through these sequels, continued roaming the face of the earth in the never-ending quest for adventure. Amadís also invaded the realm of poetry and drama and was made the subject of several ballads and a number of plays. Tales of his exploits were translated into foreign tongues and his influence on the history of the novel and good manners has been very great.

Amadís' popularity lasted through the sixteenth century. He symbolized the perfect knight and lover, the epitome of honor and valor, the model of the loyal vassal, the protector of the weak and oppressed, the champion of right against wrong, and the arm of justice. Oriana, his lady, typified feminine perfection and was as constant in love as her faithful knight. The novel is long, and taxes the modern reader's patience to read through the four books. The details of the encounters between knights become repetitious and Amadís' or his brothers' inevitable victories strain our credulity. In limited dosage, however, such tales have charm. When extracted from the seemingly interminable maze of battles and digressions in which more than 300 characters appear, the plot appears sound and proceeds logically to its end. Because of this obvious unity, Menéndez y Pelayo judges the *Amadís* to be one of the world's great novels: "la primera novela moderna, el primer ejemplo de narración larga en prosa, concebida y ejecutada como tal."

In the introduction we learn that the action takes place "no muchos años después de la pasión de nostro redentor e salvador Jesucristo" though the story is in reality timeless. King Perión of Gaula (probably Wales) visits the realm of King Garinter of Lesser Britain. There he falls in love with Garinter's daughter, Elisena, and from the secret love of the two is born a son. To prevent discovery, Elisena sets him adrift in a small ark with a ring, a sword, and a piece of parchment on which is written: *Este es Amadís Sin-Tiempo, hijo de rey.* A Scottish knight named Gandales finds the child floating in the sea, picks him up, takes him home, gives him the name Doncel del Mar, and raises him with his own son Gandalín. One day Urganda *la Desconocida*, a friendly enchantress who later becomes Amadís' fairy godmother, predicts to Gandales Amadís' future:

Dígote de aquél que hallaste en la mar, que será flor de los caballeros de su tiempo; éste hará estre-

mecer los fuertes, éste comenzará todas las cosas e acabará a su honra, en que los otros fallescieron; éste hará tales cosas, que ninguno cuidaría que pudiesen ser comenzadas ni acabadas por cuerpo de hombre; éste hará los soberbios ser de buen talante; éste habrá crueza de corazón contra aquéllos que se lo merecieren; e aun más te digo, que éste será el caballero del mundo que más lealmente mantendrá amor e amará en tal lugar cual conviene a la su alta proeza; e sabe que viene de reyes de ambas partes.

King Languines of Scotland visits Gandales and, impressed by the young Doncel del Mar, takes him along to his court. There Amadís meets Oriana, daughter of Lisuarte, king of Great Britain. Although she is but ten years old and Amadís is twelve, the story of their love begins here.

El autor deja reinando a Lisuarte con mucha paz e sosiego en la Gran Bretaña, e torna al Doncel del Mar, que en esta sazón era de doce años, e en sus miembros parescía bien de quince; él servía ante la Reina, e así della como de todas las dueñas e doncellas era mucho amado; mas desque allí fué Oriana, la hija del rey Lisuarte, dióle la Reina al Doncel del Mar que la sirviese, diciendo: « Amiga, éste es un doncel que os servirá. » Ella dijo que le placía. El Doncel tuvo esta palabra en su corazón, de tal guisa, que después nunca de la memoria la apartó; que sin falta, así como esta historia lo dice, en días de su vida no fué enojado de servir, y en ella su corazón fué siempre otorgado, y este amor duró cuanto ellos duraron; que, así como la él amaba,[2] así amaba ella a él, en tal guisa, que una hora nunca de amar se dejaron; mas el Doncel del Mar, que no conocía ni sabía nada de cómo ella le amaba, teníase por muy osado en haber en ella puesto su pensamiento, según la grandeza y fermosura suya, sin cuidar de ser osado a le decir una sola palabra; y ella, que lo amaba de corazón, guardábase de hablar con él más que con otro, porque ninguna cosa sospechasen; mas los ojos habían gran placer de mostrar al corazón la cosa del mundo que más amaba.

Amadís now desires to sally forth in the world in search of adventure, to win fame, and thus deserve the love of Oriana. He is knighted by Perión, though they do not know each other as father and son, and begins a long

---

2 The position of object pronouns in the *Amadís* does not always correspond to modern usage.

series of adventures which finally win him acclaim and his beloved's hand. He saves Perión's life, defeats the wicked and oppressive knight Galpano, and then sets out for Gaula to assist Perión who is hard pressed by his enemy, King Abies of Ireland. A great battle is fought and more slaughter is expected, but to save needless killing Amadís and Abies agree to settle the issue in single combat. Abies is defeated and Perión's kingdom is saved. Meanwhile, Elisena has married Perión, and they have another son, Galaor, who is kidnapped by a giant. Through the ring Amadís is now recognized as Perión's son. He goes to Lisuarte's court, where he is received with great honor. Hearing of Galaor's exploits, Amadís sets out to find him.

Riding through the countryside Amadís is urged by his dwarf companion to enter a castle and kill an evil knight named Arcalaus *el Encantador*, who had mercilessly killed two good knights. As night falls Amadís prepares to descend some stairs leading underground.

El Enano se fué su vía, e Amadís descendió por las gradas e fué adelante, que ninguna cosa veía; e tanto fué por ellas ayuso, que se falló en un llano, y era tan escuro, que no sabía donde fuese; e fué así adelante, e topó en una pared, e trayendo las manos por ella, dió en una barra de yerro,[3] en que estaba una llave colgada, e abrió un candado de la red, e oyó una voz que decía: « ¡Ay señor Dios! ¿Hasta cuándo será esta grande cuita? ¡Ay muerte! ¿Ónde tardas do serías tanto menester? » Amadís escuchó una pieza[4] e no oyó más; entró dentro por la cueva, su escudo al cuello y el yelmo en la cabeza, e la espada desnuda en la mano, e luego se halló en un fermoso palacio, donde había una lámpara que le alumbraba, e vió en una cama seis hombres armados, que dormían e tenían cabe[5] sí escudos e hachas, y él se llegó e tomó una de las hachas e pasó adelante, e oyó más de cien voces altas que decían: « ¡Dios, Señor, envíanos la muerte, porque tan dolorosa cuita no suframos! » Él fué muy maravillado de las oír, e al ruido de las voces despertaron los hombres que dormían, e dijo uno a otro: « Levántate

e toma el azote e faz callar aquella cativa[6] gente, que no nos dejan holgar[7] en nuestro sueño. » « Eso haré yo de grado, » dijo él, « e que laceren el sueño[8] de que me despertaron. » Entonces se levantó muy presto, e tomando el azote, vió ir delante sí a Amadís, de lo que muy maravillado fué en lo ver allí e dijo: « ¿Quién va allá? » « Yo vó, » dijo Amadís. « E, ¿quién sois? » dijo el hombre. « Soy un caballero extraño, » dijo Amadís. « Pues, ¿quién vos metió acá sin licencia alguna? » « No ninguno,[9] » dijo Amadís, « que yo me entré. » « Vos, » dijo él, « esto fué en mal punto para vos, que converná[10] que seáis luego metido en aquella cuita que son aquellos cativos que dan tan grandes voces. » E tornándose, cerró presto la puerta, e despertando a los otros, dijo: « Compañeros, veis aquí un mal andante caballero, que de su grado acá entró. » Entonces dijo el uno dellos, que era el carcelero, e había el cuerpo e la fuerza muy grande en demasía: « Agora me dejad con él, que yo le porné[11] con aquéllos que allí yacen. » E tomando una hacha e una adarga, se fué contra él e dijo: « Si dudas tu muerte, deja tus armas; e si no, atiéndela, que presto desta mi hacha la habrás. » Amadís fué sañudo en se oír amenazar, e dijo: « Yo no daría por ti una paja; que como quier que[12] seas grande e valiente, eres malo e de mala sangre, e fallecerte ha el corazón. » E luego alzaron las hachas e firiéronse ambos con ellas; e el carcelero le dió por cima del yelmo, e entró la hacha bien por él, e Amadís le dió en el adarga; así que, gela pasó, y el otro que tiró afuera llevó la hacha en el adarga, e puso mano a la espada, e dejóse ir a él e cortóle la asta de la hacha; el otro, que era muy valiente, cuidólo meter so sí; mas de otra guisa le vino; que en Amadís había más fuerza que en ningún otro que se fallase en aquel tiempo, e el carcelero le cogió entre sus brazos, e punaba por lo derribar. E Amadís le dió de la manzana[13] de la espada en el rostro, que le quebrantó la una quijada e derribólo ante sí atordido,[14] e firióle en la cabeza, de guisa que no hobo menester maestro;[15] e los otros que los miraban dieron voces que lo no matase; si no, que él sería muerto. « No sé cómo

---

3 yerro (hierro) — iron.
4 pieza — Here: while.
5 cabe — beside, next to.
6 cativa (cautiva) — captive.
7 holgar — Here: to rest.
8 laceren el sueño — suffer for the sleep (that they disturbed).
9 no ninguno — nobody, no one.

10 converná (convendrá) — it will be fitting, proper.
11 porné (pondré) — I shall put.
12 como quier que — although, even though.
13 manzana — Here: pommel, knob.
14 atordido — stunned.
15 no hobo menester maestro — he had no need of a surgeon (a cliché in the *Amadís*).

averná, »¹⁶ dijo Amadís, « mas déste seguro
seré. » E metiendo la espada en la vaina, sacó
la hacha de la adarga, e fué a ellos, que contra
él por lo ferir todos juntos venían, e descar-
garon en él sus golpes cuanto más recio
pudieron; pero él firió al uno, que fasta los
meollos¹⁷ lo hendió, e dió con él a sus pies;
e luego dió a otro que más le aquejaba por el
costado e abriógelo; así que, lo derribó; e
trabó a otro de la hacha tan recio, que dió con
él de hinojos en tierra; e así éste como el otro
que lo querían herir demandáronle merced
que los no matase.¹⁸ « Pues dejad luego las
armas, » dijo Amadís, « e mostradme esta
gente que da voces. » Ellos las dejaron, e
fueron luego ante él.

Amadís oyó gemir e llorar en una cámara
pequeña, e dijo: « ¿Quién yace aquí? »
« Señor, » dijeron ellos, « una dueña que es
muy cuitada. » « Pues abrid esa puerta, » dijo
él, « e verla he. » E uno dellos tornó¹⁹ do
yacía el grande carcelero, e tomándole dos
llaves que en la cinta tenía, abrió la puerta de
la cámara; e la dueña, que cuidó que el carcelero fuese, dijo: « ¡Ay varón! ¡Por Dios habed
merced de mí, e dadme la muerte, e no tantos
martirios cuales me dades! » Otrosí dijo: « ¡Oh
Rey! en mal día fuí yo de vos tan amada, que
tan caro me cuesta vuestro amor. » Amadís
hubo della gran duelo, que las lágrimas le
vinieron a los ojos, e dijo: « Dueña, no soy el
que pensáis, antes aquél que os sacará de aquí,
si puede. » « ¡Ay santa María!, » dijo, « ¿quién
sois vos, que acá entrar podistes? » « Soy un
caballero extraño, » dijo él. « Pues, ¿qué se
fizo²⁰ el gran cruel carcelero e los otros que
guardaban? » « Lo que será de todos los
malos que se no enmienden, » dijo él, e mandó
a uno de los hombres que le trajese lumbre,
y él así lo fizo; e Amadís vió la dueña con una
gruesa cadena a la garganta, e los vestidos
rotos por muchas partes, que las carnes se le
parecían; e como ella vió que Amadís con
piedad la miraba, dijo: « Señor, como quiera
que así me veáis, ya fué tiempo²¹ que era rica,
como fija de rey que soy, e por rey soy en
aquesta cuita. » « Dueña, » dijo él, « no vos
quejéis, que éstas tales son vueltas e autos de
la fortuna, porque ninguno las puede huir ni
dellas apartar, e si es persona que algo vale
aquél por quien este mal sufrís e sostenéis,

vuestra pobreza e bajo traer se tornará
riqueza, e la cuita en grande alegría; pero en
lo uno ni en lo otro poco nos debemos fiar. »
E hízole tirar la cadena, e mandó que le tra-
jesen algo con que se podiese cobrir, y el
hombre que las candelas llevaba trajo un
manto de escarlata que Arcalaus había dado
a aquel su carcelero. Amadís la cubrió con
él, e tomándola por la mano la sacó fuera al
palacio, diciéndole que no temiese de allí
volver si antes él²² no matasen; y llevándola
consigo, llegaron donde el gran carcelero e los
otros muertos estaban, de que ella fué muy
espantada, e dijo: « ¡Ay manos!, cuántas
heridas e cuántas cruezas fecho habéis a mí
e a otros que aquí yacen, sin que lo mereciesen,
e aunque vosotras la venganza sintáis, siéntelo
aquella desventurada de ánima que os
sostenía. » « Señora, » dijo Amadís, « tanto
que vos ponga con mi escudero yo tornaré a
los sacar todos, que ninguno quede así. »

Fueron adelante, e llegando a la red, vino
allí un hombre e dijo al que las candelas
llevaba: « Díceos Arcalaus que dó²³ es el
caballero que acá entró, si lo matastes o si es
preso. » El hobo tan gran miedo que no habló,
e las candelas se le cayeron de las manos.
Amadís las tomó e dijo: « No hayas miedo,
rivaldo;²⁴ ¿de qué temes siendo en mi guarda?
Ve adelante. » E subieron por las gradas hasta
salir al corral, e vieron que gran pieza de la
noche era pasada, y el lunar era muy claro.
Cuando la dueña vió el cielo y el aire, fué muy
leda²⁵ a maravilla, como quien no lo había
gran tiempo visto, e dijo: « ¡Ay buen caballero! Dios te guarde e dé el galardón que en
me sacar de aquí mereces. » Amadís la llevaba
por la mano, e llegó donde dejara Gandalín;
mas no lo halló, e temióse de lo haber perdido,
e dijo: « Si el mejor escudero del mundo es
muerto, por él se hará la mayor e más cruel
venganza que nunca se hizo, si yo vivo. »
Estando así, oyó dar unas voces, e yendo allá,
halló al Enano que dél se partiera colgado por
la pierna de una viga, e deyuso dél un fuego
con cosas de malos olores; e vió a otra parte
a Gandalín, que a un poste atado estaba,
e quieríéndolo desatar, dijo: « Señor, acorred
ante al Enano, que muy cuitado es. » Amadís
así lo hizo, que sosteniéndole en su brazo, con
la espada cortó la cuerda e púsolo en el suelo,

16 No sé ... averná — I do not know how this will
turn out.
17 meollos — brains.
18 Los no matase is not unusual word order in the
Amadís.
19 tornó — returned.

20 ¿qué se fizo? — what became of?
21 ya fué tiempo — there was a time.
22 Él is the object here.
23 dó (dónde) — where.
24 rivaldo (ribaldo) — knave.
25 leda — gay, happy.

e fué a desatar a Gandalín, diciendo: « Cierto, amigo, no te preciaba tanto como yo el que te aquí puso. » E fuése a la puerta del castillo e hallóla cerrada de una puerta colgadiza; e como vió que no podía salir, apartóse al un cabo del corral, donde había un poyo, e sentóse allí con la dueña; e tuvo consigo a Gandalín e al Enano e los dos hombres de la cárcel.

Gandalín le mostró una casa donde metieran su caballo, e fué allá, e quebrando la puerta, hallólo ensillado e enfrenado, e trájolo cabe sí, e de grado quisiera volver por los presos; mas hobo recelo que la dueña no[26] recibiese daño de Arcalaus, pues ya en el castillo era; e acordó de esperar el día, e preguntó a la dueña quién era el rey que la amaba, e por quién aquella gran cuita sofría. « Señor, » dijo ella, « siendo este Arcalaus muy grande enemigo del rey de quien soy amada, e sabiéndolo él, e no pudiendo dél haber venganza, acordó de la tomar en mí, creyendo que éste era el mayor pesar que le facía; e como quiera que ante mucha gente me tomase, metióse conmigo en un aire tan escuro, que ninguno me pudo ver; esto fué por sus encantamentos que él obra. E púsome allí donde me fallastes, diciendo que padesciendo yo en tal tenebregura,[27] e aquél que me ama en me no ver ni saber de mí, holgaba su corazón con aquella venganza. » « Decidme, » dijo Amadís, « si vos pluguiere quién es ese rey. » « Arbán de Norgales, » dijo la dueña; « no sé si dél habéis noticia. » « A Dios, merced, » dijo Amadís, « que es el caballero del mundo que yo más amo; agora no he de vos tanta piedad como antes, pues que por uno de los mejores hombres del mundo lo sufristes, por aquél que con doblada alegría e honra vuestra voluntad será satisfecha. » Hablando en esto y en otras cosas, estovieron allí hasta la mañana que el día fué claro. Entonces vió Amadís a las finiestras[28] un caballero que le dijo: « ¿Sois vos el que me matastes mi carcelero e mis hombres? » « ¡Cómo! » dijo Amadís, « ¿vos sois aquél que injustamente matáis caballeros e prendéis dueñas e doncellas? Cierto yo os tengo por el más desleal caballero del mundo, por haber más crueza que bondad. » « Aun vos no sabéis, » dijo el caballero, « toda mi crueza; mas yo haré que la sepáis ante de mucho, e haré que no os trabajéis de emendar ni

retraer cosa que yo haga a tuerto o a derecho. » E tiróse de la finiestra, e no tardó mucho que lo vió salir al corral muy bien armado y encima de un gran caballo; y él era uno de los grandes caballeros del mundo que gigante no fuese. Amadís lo miraba, creyendo que en él había gran fuerza por razón; e Arcalaus le dijo: « ¿Qué me miras? » « Mírote, » dijo él, « porque, según tu parecer,[29] podrías ser hombre muy señalado si tus malas obras no lo estorbasen, e la deslealtad que has gana de mantener. » « A buen tiempo, » dijo Arcalaus, « me trajo la fortuna si de tal como tú había de ser reprehendido, » e fué para él, su lanza baja, e Amadís asimismo; e Arcalaus lo firió en el escudo, e fué la lanza en piezas,[30] e juntáronse los caballos, y ellos uno con otro tan bravamente, que cayeron a sendas partes; mas luego fueron en pie, como aquéllos que muy vivos e esforzados eran, e firiéronse con las espadas de tal guisa, que fué entre ellos una tan cruel e brava batalla, que ninguno lo podría creer si no la viese; que duró mucho por ser ambos de tan gran fuerza e ardimiento;[31] pero Arcalaus se tiró afuera e dijo: « Caballero, tú estás en aventura de muerte, e no sé quién eres; dímelo porque lo sepa; que yo más pienso en te matar que en vencer. » « Mi muerte, » dijo Amadís, « está en la voluntad de Dios, a quien yo temo, e la tuya en la del diablo, que es ya enojado de te sostener, e quiere que el cuerpo, a quien tantos vicios malos ha dado, con el ánima perezca; e pues deseas saber quién soy, dígote que he nombre Amadís de Gaula, e soy caballero de la reina Brisena,[32] e agora punad de dar cima[33] a la batalla; que vos no dejaré más folgar. » Arcalaus tomó su escudo e su espada, e firiéronse ambos de muy fuertes e duros golpes; así que, la plaza era sembrada de los pedazos de sus escudos e de las mallas de las armas. E siendo ya la hora de tercia,[34] que Arcalaus había perdido mucha de su fuerza, fué a dar un golpe por cima del yelmo a Amadís, e no pudiendo tener la espada, salióle de las manos y cayó en tierra, e como la quiso tomar, pújole Amadís tan recio, que le hizo dar con las manos en el suelo; e como se levantó, dióle con la espada un tal golpe por cima del yelmo, que le atordesció. Cuando Arcalaus se vió en aventura de muerte, comenzó de fuir contra un palacio donde saliera, e Amadís en

26 Omit *no* in translating.
27 tenebregura — dark and dismal place.
28 finiestras — windows.
29 según tu parecer — according to the way you look, according to your appearance.

30 piezas — pieces.
31 ardimiento — courage.
32 Brisena was the wife of King Lisuarte.
33 cima — Here: end.
34 hora de tercia — 9:00 a.m.

pos dél, e ambos entraron en el palacio; mas Arcalaus se acogió a una cámara, e a la puerta della estaba una dueña, que miraba cómo se combatían. Arcalaus desque en la cámara fué tomó una espada e dijo contra Amadís: « Agora, entra, e combátete conmigo. » « Mas combatámonos en este palacio, que es mayor, » dijo Amadís. « No quiero, » dijo Arcalaus. « ¡Cómo! » dijo Amadís, « ¿ende[35] te crees amparar? » E poniendo el escudo ante sí, entró con él, e alzando la espada por lo ferir, perdió la fuerza de todos los miembros y el sentido, e cayó en tierra como muerto. Arcalaus dijo: « No quiero que muráis de otra muerte sino de ésta. » E dijo a la dueña que los miraba: « Paréceos, amiga, que me vengaré bien deste caballero? » « Paréceme, » dijo ella, « que vos vengaréis a vuestra voluntad. » E luego desarmó a Amadís, que no sabía de sí parte, e armóse él de aquellas armas e dijo a la dueña: « Este caballero[36] no le mueva de aquí ninguno por cuanto vos amades, e así lo dejad fasta que el alma le sea salida. E salió así armado al corral, e todos cuidaron que lo matara. E la dueña que de la cárcel saliera hacía gran duelo, mas en el de Gandalín no es de fablar; e Arcalaus dijo: « Dueña, buscad otro que de aquí os saque, que el que vistes desempachado es. » Cuando por Gandalín fué esto oído cayó en tierra tal como muerto. Arcalaus tomó la dueña e dijo: « Venid conmigo, e veréis cómo muere aquel malaventurado que comigo se combatió. » E lleván-dola donde Amadís estaba, le dijo: « ¿Qué vos parece, dueña? » Ella comenzó agramente a llorar e dijo: « ¡Ay buen caballero, cuánto dolor e tristeza será a muchos buenos por la tu muerte! » Arcalaus dijo a la otra dueña, que era su mujer: « Amiga, desque este caballero sea muerto faced tornar esa dueña a la cárcel donde él la sacó, e yo me iré a casa del rey Lisuarte, e diré allá cómo me combatí con éste; que de su voluntad e la mía fué acordado de tomar esta batalla con tal condición, que el vencedor tajase al otro la cabeza, e lo fuese decir aquella[37] corte dentro de quince días, e desta manera ninguno terná razón de me demandar esta muerte; e yo quedaré con la mayor gloria y alteza en las armas que haya caballero en todo el mundo, en haber vencido a éste, que par no tenía. » E tornándose al corral, hizo poner en la cárcel escura a Gandalín e al Enano. Gandalín quisiera que lo matara, e íbalo llamando: « Traidor, que

mataste al más leal caballero que nunca[38] nació. » Mas Arcalaus lo mandó llevar a sus hombres rastrando por la pierna, diciendo: « Si le matase no te daría pena; allá dentro la habrás muy mayor que la misma muerte. » Y cabalgando en el caballo de Amadís, llevando consigo tres escuderos, se metió en el camino donde el rey Lisuarte era.

After Arcalaus leaves, Amadís is magically restored to consciousness by two mysterious damsels who appear in the room in which he is lying. He then arms himself anew and before leaving the castle sets free all the prisoners in the dungeons.

The adventures continue as the spotlight is shared by Amadís and Galaor. In an attempt to get control of Lisuarte's kingdom, Arcalaus imprisons him and Oriana. Lisuarte is rescued by Galaor, however, and Amadís saves Oriana. About this time a third brother appears, the offspring of the daughter of the Count of Selandia and Perión, who had spent two years in Germany in his youth. Florestán, as the half-brother was named, joins Amadís and Galaor as they go to restore to Princess Briolanja the kingdom taken from her by her uncle Abiseos. With this, Book I ends.

In Book II, Amadís gains control of Ínsula Firme, so called because it was an island connected to land by a narrow spit. Although others had tried before Amadís, none had been able to overcome the spell cast upon Ínsula Firme by Apolidón of Greece. Amadís accomplishes this by proving himself the most constant of lovers and the best of knights — he passes the test of the Arco de Leales Amadores. Oriana mistakenly thinks Amadís has fallen in love with another. She writes a letter which dismisses him. Amadís retires to Peña Pobre, changes his name to Beltenebrós, and prepares to die of a broken heart, but the lovers' quarrel is soon forgotten. The knight returns to Lisuarte's court where he is welcomed by Oriana. Gandanel and Brocadán, two knights at court, conspire against Amadís and persuade Lisuarte to exile him. After Amadís leaves, Oriana learns that she is pregnant with Esplandián, whose exploits are recounted in the *Sergas de Esplandián*. On the advice of her handmaiden she decides to conceal her condition.

Discord at Lisuarte's court aroused by the exile of Amadís continues as Book III opens.

35 ende — from it, of it.
36 *Este caballero* is the object of *mueva*.

37 Read: *a aquella*.
38 nunca — Here: ever.

Esplandián's youth is recounted. Born in secret, nursed by a lioness, and raised by the hermit Nasciano and his sister, he grows up, like his father, ignorant of his parentage — a necessity for knights errant. Meantime Amadís travels to Germany where he is known as *El Caballero de la Verde Espada* and *El Caballero del Enano* (his constant companion now is the dwarf Ardián). He also travels through Bohemia and Romania and sets out for Constantinople, but his ship is driven off course. He comes to the *Ínsula del Diablo* where the monster Endriago lives. Amadís' encounter with Endriago, in chapter eleven, is one of the most striking passages of the entire four books.

De cómo el caballero de la Verde Espada, después de partido de Grasinda para ir a Constantinopla, le forzó fortuna en el mar, de tal manera, que le arribó en la ínsula del Diablo, donde halló una bestia fiera, llamada Endriago.

Por la mar navegando el caballero de la Verde Espada con su compaña la vía de Constantinopla, como oído habéis, con muy buen viento, súbitamente tornando al contrario, como muchas veces acaece, fué la mar tan embravecida, tan fuera de compás, que ni la fuerza de la fusta,[39] que grande era, ni la sabiduría de los mareantes no pudieron tanto resistir, que muchas veces en peligro de ser anegada no fuese; las lluvias eran tan espesas e los vientos tan apoderados, y el cielo tan escuro, que en gran desesperación estaban de ser las vidas remediadas por ninguna manera, ni lo podían creer, así él como el maestro Elisabat e los otros, si no fuese por la gran misericordia del muy alto Señor, e muchas veces la fusta, así de día como de noche, se les henchía de agua, que no podían sosegar, ni comer ni dormir sin grandes sobresaltos, pues otro concierto alguna en ella no había sino aquél que la fortuna le placía que tomase. Así andovieron ocho días, sin saber ni atinar a cuál parte de la mar andoviesen, sin que la tormenta un punto ni momento cesase; en cabo de los cuales, con la gran fuerza de los vientos, una noche, antes que amaneciese, la fusta a la tierra llegada fué tan reciamente, que por ninguna guisa la podían despegar; esto dió gran consuelo a todos, como si de muerte a la vida tornados fueran; mas la mañana venida, reconociendo los marineros en la parte que estaban, sabiendo ser allí la

ínsola que del Diablo se llamaba, donde una bestia fiera toda la había despoblado, en dobladas angustias y dolores sus ánimos fueron, teniéndolo en muy mayor grado de peligro que el que en la mar esperaban; e firiéndose con las manos en los rostros, llorando fuertemente, al caballero de la Verde Espada se vinieron, sin otra cosa le decir; él, muy maravillado de ser así su alegría en tan gran tristeza tornada, no sabiendo la causa dello, estaba como embarazado, preguntándoles qué cosa tan súpita y breve tan presto su placer en gran lloro mudara. « ¡Oh caballero! » dijeron ellos, « tanta es la tribulación, que las fuerzas no bastan para la recontar. Mas cuéntela ese maestro Elisabat, que bien sabe por qué razón esta ínsola del Diablo tiene nombre. »

El maestro, que no menos turbado que ellos era, esforzado por el caballero del Enano, temblando sus carnes, turbada la palabra, con mucha gravedad y temor contó al caballero lo que saber quería, diciendo así: « Señor caballero del Enano, sabed que desta ínsola a que aportados somos fué señor un gigante, Bandaguido llamado, el cual con su braveza grande y esquiveza hizo sus tributarios a todos los más gigantes que con él comarcaban.[40] Este fué casado con una giganta mansa, de buena condición, e tanto cuanto[41] el marido con su maldad de enojo e crueza hacía a los cristianos, matándolos y destruyéndolos, ella con piedad los reparaba cada que[42] podía. En esta dueña hobo Bandaguido una hija, que después que en talle de doncella fué llegada, tanto la natura la ornó e acrescentó en fermosura, que en gran parte del mundo otra mujer de su grandeza ni sangre que su igual fuese no se podía fallar.

Taken by incestuous love, Bandaguido and his daughter Bandaguida murder his wife (her mother). Bandaguido tells his subjects not to mourn because the woman he will now marry will give birth to a person that will make them feared everywhere and make them masters of their enemies. Elisabat continues the story:

Todos callaron, con miedo del Gigante, e no osaron hacer otra cosa. E luego ese día públicamente tomó por mujer a su fija Bandaguida, en la cual aquella malaventurada noche fué engendrada una animalía, por ordenanza de los diablos, en quien ella e su padre e marido creían, de la forma que aquí oiréis.

---

39 fusta — lateen-rigged lighter; a small boat.
40 todos . . . comarcaban — all the other giants whose domains bordered his.

41 tanto cuanto — while.
42 cada que (cada vez que) — each time that.

Tenía el cuerpo y el rostro cubierto de pelo, y encima había conchas, sobrepuestas unas sobre otras, tan fuertes, que ninguna arma las podía pasar, e las piernas e pies eran muy gruesos y recios, y encima de los hombros había alas tan grandes, que fasta los pies le cobrían, e no de péñolas,[43] mas de un cuero negro como la pez, luciento, belloso,[44] tan fuerte, que ninguna arma las podía empecer, con las cuales se cobría como lo ficiese un hombre con un escudo; y debajo dellas le salían brazos muy fuertes, así como de león, todos cubiertos de conchas más menudas que las del cuerpo, e las manos había de hechura de águila, con cinco dedos, e las uñas tan fuertes e tan grandes, que en el mundo no se podía ser cosa tan fuerte que entre ellas entrase, que luego no fuese desfecha. Dientes tenía dos en cada una de las quijadas, tan fuertes y tan largos que de la boca un codo[45] le salían, e los ojos grandes y redondos muy bermejos como brasas; así que, de muy lueñe,[46] siendo de noche, eran vistos, e todas las gentes huían dél. Saltaba e corría tan ligiero, que no había venado que por pies se le podiese escapar; comía y bebía pocas veces, e algunos tiempos ningunas, que no sentía en ello pena ninguna; toda su holganza era matar hombres e las otras animalías vivas, e cuando faltaba leones e osos, que algo se le defendían, tornaba muy sañudo, y echaba por sus narices un humo tan espantable, que semejaba llamas de fuego, e daba unas voces roncas, espantosas de oír; así que todas las cosas vivas huían ant'él como ante la muerte; olía tan mal, que no había cosa que no emponzoñase. Era tan espantoso cuando sacudía las conchas unas con otras e facía crujir los dientes e las alas, que no parecía sino que la tierra facía estremecer. Tal es esta animalía, Endriago llamado, como os digo, dijo el maestro Elisabat. E aún más vos digo, que la fuerza grande del pecado del Gigante y de su fija causó que en él entrase el enemigo malo, que mucho en su fuerza e crueza acrecienta.

Mucho fué maravillado el caballero de la Verde Espada desto que el maestro le contó de aquel diablo, Endriago llamado, nascido de hombre e mujer, e la otra gente muy espantados;[47] mas el caballero le dijo: « Maestro,

pues ¿cómo cosa tan desemejada[48] pudo ser nascida de cuerpo de mujer? » « Yo os lo diré, » dijo el maestro, « según se falla en un libro que el emperador de Constantinopla tiene, cuya fué esta ínsola, e hala perdido[49] porque su poder no basta para matar este diablo. Sabed, » dijo el maestro, « que sintiéndose preñada aquella Bandaguida, lo dijo al Gigante, y él hobo dello mucho placer, porque vía ser verdad lo que sus dioses le dijeran; e así creía que sería lo al.[50] E dijo que eran menester tres o cuatro amas para lo que pariese, pues que había de ser la más fuerte cosa que hobiese en el mundo. Pues creciendo aquella mala criatura en el vientre de la madre, como era hechura e obra del diablo, facíala adolecer muchas veces, e la color del rostro y de los ojos eran jaldados[51] de color de ponzoña, mas todo lo tenía ella por bien, creyendo que, según los dioses lo habían dicho, que sería aquel su fijo el más fuerte e más bravo que se nunca viera, y que si tal fuese, que buscaría manera alguna para matar a su padre y que se casaría con el hijo; que éste es el mayor peligro de los malos, enviciarse e deleitarse tanto en los pecados, que aunque la gracia del muy alto Señor en ellos espira,[52] no solamente no la sienten ni la conocen, mas como cosa pesada y extraña la aborrescen y desechan, teniendo el pensamiento e la obra en siempre crecer en las maldades como subjetos y vencidos dellas. Venido pues el tiempo, parió un fijo, e no con mucha premia,[53] porque las malas cosas fasta la fin siempre se muestran agradables. Cuando las amas que para le criar aparejadas estaban vieron criatura tan desemejada, mucho fueron espantadas, pero habiendo gran miedo del Gigante, callaron y envolviéronle en los paños que para él tenían, e atreviéndose una dellas más que las otras, dióle la teta, e él la tomó, e mamó tan fuertemente, que la fizo dar grandes gritos; e cuando se lo quitaron cayó ella muerta de la mucha ponzoña que la penetrara. Esto fué dicho luego al Gigante, e viendo aquel su fijo, maravillóse de tan desemejada criatura, e acordó de preguntar a sus dioses por qué le dieran tal fijo; e fuése al templo donde los tenía, y eran tres, el uno figura de hombre, y el otro de león, y el tercero de grifo,[54] e faciendo sus sacrificios,

43 péñolas — feathers.
44 belloso (velloso) — hairy.
45 codo — half an arm's length, a cubit.
46 lueñe — distant, far off.
47 Supply *fueron*.
48 desemejada — disfigured, ugly (cf. Engl. unlikely).
49 hala perdido (la ha perdido) — has lost it.

50 lo al (lo demás) — the rest.
51 jaldados — yellow.
52 en ellos espira — moves in them, is in them.
53 no con mucha premia — with little difficulty.
54 grifo — griffin (a fabulous creature, half eagle and half lion).

les preguntó por qué le habían dado tal fijo. El ídolo que era figura de hombre le dijo: « Tal convenía que fuese, porque así como sus cosas serán extrañas e maravillosas, así conviene que lo sea él, especialmente en destruir cristianos, que a nosotros procuran de destruir, e por esto yo le dí de mi semejanza en le facer conforme al albedrío de los hombres, de que todas las bestias carecen. » El otro ídolo le dijo: « Pues yo quise dotarle de gran braveza e fortaleza, como los leones lo tenemos. » El otro le dijo: « Yo le di alas e uñas e ligereza sobre cuantas animalías serán en el mundo. » Oído esto por el Gigante, díjoles: « ¿Cómo lo criaré, que el ama fué muerta luego que le dió la teta? » Ellos le dijeron: « Faz que las otras dos amas le den a mamar, y éstas también morirán; mas la otra que quedare, críelo con la leche de tus ganados fasta un año; y en este tiempo será tan grande e tan fermoso como lo somos nosotros, que hemos sido causa de su engendramiento; y cata que te defendemos que por ninguna guisa tú ni tu mujer ni otra persona alguna no lo vean en todo este año, sino aquella mujer que te decimos que dél cure. El Gigante mandó que lo ficiesen así como los ídolos gelo dijeron; y desta forma fué criada aquella esquiva bestia como oís. »

« En cabo del año, que[55] sopo el Gigante del ama cómo era muy crescido, e oíanle dar unas voces roncas y espantosas, acordó con su hija, que tenía por mujer, de ir a verlo, e luego entraron en la cámara donde estaba, e viéronle andar corriendo e saltando. E como el Endriago vió a su madre vino para ella, e saltando, echóle las uñas al rostro e fendióle[56] las narices y quebróle los ojos, e antes que de sus manos saliese fué muerta. Cuando el Gigante lo vió, poso mano a la espada para lo matar, e dióse con ella en la una pierna tal ferida, que toda la tajó e cayó en el suelo, e a poco rato fué muerto. El Endriago saltó por cima dél, e saliendo por la puerta de la cámara, dejando toda la gente del castillo emponzoñados, se fué a las montañas, e no pasó mucho tiempo que los unos muertos por él, e los que barcas e fustas pudieron haber, para fuir por la mar, que la ínsola no fuese despoblada, e así lo está pasa ya de cuarenta años. Esto es lo que yo sé, desta mala y endiablada bestia, » dijo el maestro. El caballero de la Verde Espada, dijo: « Maestro, grandes

cosas me habéis dicho, e mucho sofre Dios nuestro Señor a aquéllos que le desirven;[57] pero, al fin, si se no enmiendan, dales pena tan crecida como ha sido su maldad; e agora os ruego, maestro, que digáis de mañana misa, porque yo quiero ver a esta ínsola, y si él[58] me aderezare, tornarla a su santo servicio. »

Aquella noche pasaron con gran espanto, así de la mar, que muy brava era, como del miedo que del Endriago tenían, pensando que saldría de un castillo que allí cerca tenía, donde muchas veces albergaba; y el alba del día venida, el maestro cantó misa, y el caballero de la Verde Espada la oyó con mucha homildad, rogando a Dios le ayudase en aquel peligro que por su servicio se quería poner; e si su voluntad era que su muerte allí fuese venida, él por la su piedad le hobiese merced al alma. E luego se armó e fizo sacar su caballo en tierra, e Gandalín con él, e dijo a los de la nao:[59] « Amigos, yo quiero entrar en aquel castillo, e si allí hallo el Endriago, combatirme con él, e si no le fallo, miraré si está en tal disposición para que allí seáis aposentados en tanto que la mar face bonanza; e yo buscaré esta bestia por estas montañas, e si della escapo, tornarme he a vosotros; e si no, haced lo que mejor vierdes. »

Cuando esto oyeron ellos, fueron muy espantados, más que de ante eran; porque aun allí dentro en la mar todos sus ánimos no bastaban para sofrir el miedo del Endriago, e por más afrenta y peligro que la braveza grande de la mar le tenían, y que bastase el de aquel caballero a que de su propria voluntad fuese a lo buscar para se con él combatir; e por cierto todas las otras grandes cosas que dél oyeran e vieran que en armas hecho había, en comparación desta en nada lo estimaban; y el maestro Elisabat, que como hombre de letras e de misa fuese, mucho gelo extrañó, trayéndole a la memoria que las semejantes cosas, siendo fuera de la natura de los hombres, por no caer en homicidio de sus ánimas se habían de dejar; mas el caballero de la Verde Espada le respondió que si aquel inconveniente que él decía toviese en la memoria, excusado le fuera salir de su tierra para buscar las peligrosas aventuras; y que si por él algunas habían pasado, sabiéndose que ésta dejaba, todas ellas en sí quedaban ningunas; así que, a él le convenía matar aquella mala y desemejada bestia, o morir como lo debían facer

---

55 que — Here: when.
56 fendió (hendió) — he split.
57 mucho ... desirven — God our Lord puts up

with a great deal from those who do not serve him.
58 The antecedent of *él* is *Dios*.
59 nao — ship.

aquéllos que dejando su naturaleza a la ajena, iban para ganar prez y honra. Entonces miró a Gandalín, que en tanto que él fablaba con el maestro e con los de la fusta se había armado de las armas que allí falló para le ayudar, e vióle estar en su caballo llorando fuertemente, e díjole: «¿Quién te ha puesto en tal cosa? Desármate; que si lo haces para me servir y me ayudar, ya sabes tú que no ha de ser perdiendo la vida, sino quedando con ella, para que la fortuna de mi muerte puedas recontar en aquella parte que es la principal causa y membranza por donde yo la recibo.» E faciéndole por fuerza desarmarse, fué con él la vía del castillo, y entrando en él, falláronlo yermo, sino de las aves, e vieron que había dentro buenas casas, aunque algunas eran derribadas, e las puertas principales, que eran muy fuertes, y recios candados con que se cerrasen, de lo cual le plogo mucho; e mandó a Gandalín que fuese llamar a todos los de la galea e les dijese el buen aparejo que en el castillo tenían; y él así lo fizo. Todos salieron luego, aunque con gran temor del Endriago, pero que la mar no cesaba su tormenta, y entraron en el castillo, y el caballero de la Verde Espada les dijo: «Mis buenos amigos, yo quiero ir a buscar por esta ínsola al Endriago, e si me fuere bien, tocará la bocina Gandalín, y entonces creed que él es muerto y yo vivo; e si mal me va, no será menester de faceros señal alguna; y en tanto cerrad estas puertas e traed alguna provisión de la galea; que aquí podéis estar fasta que el tiempo sea para navegar más enderezado.»

Entonces partió el caballero de la Verde Espada dellos, quedando todos llorando; mas las cosas de llantos e amarguras que Ardián el su enano facía, esto no se podría decir; que él mesaba sus cabellos y fería con sus palmas el rostro, e daba con la cabeza a las paredes, llamándose cativo porque su fuerte ventura lo trajera a servir a tal hombre, que mil veces le llegaba al punto de la muerte, mirando las extrañezas que le vía facer, y en aquélla donde el emperador de Constantinopla, con todo su gran señorío, no osaba ni podía poner remedio; e como vió que su señor iba por el campo, subióse por una escalera de piedra encima del muro, cuasi sin ningún sentido, como aquél que mucho se dolía de su señor; y el maestro Elisabat mandó poner un altar con las reliquias que para decir misa traía, e fizo tomar cirios encendidos a todos, e fin-

cados de rodillas, rogaban a Dios que guardase aquel caballero que por su servicio dél y por escapar[60] la vida dellos así conocidamente a la muerte se ofrecía. El caballero de la Verde Espada iba, como oís, con aquel esfuerzo y semblante que su bravo corazón le otorgaba, et Gandalín en pos dél, llorando fuertemente, creyendo que los días de su señor con la fin de aquel día la habrían ellos. El caballero volvió a él, e díjole riendo: «Mi buen hermano, no tengas tan poca esperanza en la misericordia de Dios ni en la vista de mi señora Oriana, que así te desesperes; que no solamente tengo delante mí la su sabrosa membranza, mas su propria persona, e mis ojos la veen, y me está diciendo que la defienda yo desta bestia mala. Pues ¿qué piensas tú, mi verdadero amigo, que debo yo hacer? ¿No sabes que en la su vida e muerte está la mía? ¿Consejarme has tú que la deje matar y que ante mis ojos muera? No plega a Dios que tal pensases; e si tú no la vees, yo la veo, que delante mí está, pues si su sola membranza me hizo pasar a mi gran honra las cosas que tú sabes, ¿qué tanto más[61] debe poder su propria presencia?» E diciendo esto, crescióle tanto el esfuerzo, que muy tarde se le facía en no fallar el Endriago; y entrando en un valle de brava montaña y peñas de muchas cavidades, dijo: «Da voces, Gandalín, porque por ellas podrá ser que el Endriago a nosotros acudirá; et ruégote mucho que si aquí moriere, procures de llevar a mi señora Oriana aquello que es suyo enteramente que será mi corazón; e dile que gelo envío por no dar cuenta ante Dios de cómo lo ajeno llevaba comigo.» Cuando Gandalín esto oyó, no solamente dió voces, mas mesando sus cabellos, llorando, dió grandes gritos, deseando su muerte antes que ver la de aquel su señor, que tanto amaba, et no tardó mucho que vieron salir de entre las peñas el Endriago muy más[62] bravo e fuerte que lo nunca fué;[63] de lo cual fué causa que, como los diablos viesen que este caballero ponía más esperanza en su amiga Oriana que en Dios, tuvieron logar de entrar más fuertemente en él y le facer más sañudo, diciendo ellos: «Si déste le escapamos, no hay en el mundo otro que tan osado ni tan fuerte sea, que tal cosa ose acometer.»

El Endriago venía tan sañudo, echando por la boca humo mezclado con llamas de fuego, e firiendo los dientes unos con otros, faciendo gran espuma e faciendo crujir las conchas e las

60 escapar — Here: to save.
61 ¿qué tanto más? — how much more?

62 muy más — much more.
63 que lo nunca fué — than he ever was.

alas tan fuertemente, que gran espanto era de
lo ver. Así hobo el caballero de la Verde
Espada, especialmente oyendo los silbos e las
espantosas voces roncas que daba; e como
quiera que por palabra gelo señalaran, en
comparación de la vista era tanto como nada;
e cuando el Endriago los vió comenzó a dar
grandes saltos e voces, como aquél que mucho
tiempo pasara sin que hombre ninguno viera,
e luego vino contra ellos. Cuando los caballos
del de la Verde Espada y de Gandalín lo
vieron, comenzaron a fuir tan espantados, que
apenas los podían tener, dando muy grandes
bufidos. E cuando el de la Verde Espada vió
que su caballo a él no se podía llegar, descendió muy presto e dijo a Gandalín: « Hermano,
tente afuera en ese caballo, porque ambos no
nos perdamos, et mira la ventura que Dios me
querrá dar contra este diablo tan espantable,
e ruégale que por la su piedad me guíe cómo
le quite yo de aquí, y sea esta tierra tornada al
su servicio, e si aquí tengo de morir, que me
haya merced del ánima, y en lo otro faz como
te dije. » Gandalín no le podo responder; tan
reciamente lloraba, porque su muerte veía tan
cierta, si Dios milagrosamente no lo escapase.
El caballero de la Verde Espada tomó su lanza
e cubrióse de su escudo como hombre que ya
la muerte tenía tragada, perdido todo su
pavor, e lo más que podo se fué contra el
Endriago así a pie como estaba. El diablo,
como lo vido, vino luego para él, y echó un
fuego por la boca con un humo tan negro, que
apenas se podían ver el uno al otro, y el de la
Verde Espada se metió por el fumo adelante,
y llegando cerca dél, le encontró con la lanza
por muy gran dicha en el un ojo; así que, gelo
quebró; y el Endriago echó las uñas en la
lanza e tomóla con la boca e hízola pedazos,
quedando el fierro con un poco del asta metido
por la lengua e por las agallas; que tan recio
vino, que él mesmo se metió por ella; e dió un
salto por lo tomar, mas con el desatiento[64] del
ojo quebrado no pudo, e porque el caballero
se guardó con gran esfuerzo e viveza de
corazón, así como aquél que se vía en la misma
muerte, et puso mano a la su muy buena
espada, e fué a él que estaba como desaten-
tado, así del ojo como de la mucha sangre que
de la boca le salía, e con los grandes resoplidos
y resollidos que daba, todo lo más de ella se le
entraba por la garganta, de manera que cuasi
el aliento le quitara, e no podía cerrar la boca
ni morder con ella; y llegó a él por el un
costado, e dióle tan gran golpe por cima del

concás,[65] que le no pareció sino que diera en
una peña dura, e ninguna cosa le cortó.

Como el Endriago le vido tan cerca de sí,
pensóle de tomar entre las uñas, e no le
alcanzó sino en el escudo, e levógelo tan recio,
que le fizo dar de manos en tierra; y en tanto
que el diablo lo despedazó todo con sus muy
fuertes e duras uñas, hobo el caballero de la
Verde Espada logar de levantarse, y como sin
escudo se vió, e la espada no cortaba ninguna
cosa, bien entendió que su fecho no era nada,
si Dios no le enderezase a que el otro ojo le
pudiese quebrar; que por otra ninguna parte
no aprovechaba nada trabajar de lo ferir, e con
saña, pospuesto todo temor, fuése para el
Endriago, que muy fallecido e flaco estaba,
de la mucha sangre que perdía del ojo quebrado; e como las cosas pasadas de su propria
servidumbre se caen y perecen, e ya enojado
nuestro Señor que el enemigo malo hobiese
tenido tanto poder y fecho tanto mal en
aquéllos que, aunque pecadores, en su santa
fe católica creían, quiso darle el esfuerzo e
gracia especial, que sin ella ninguno fuera
poderoso de acometer ni osar esperar tan gran
peligro, a este caballero, para que sobre toda
orden de natura diese fin a aquél que a muchos
lo había dado, entre los cuales fueron aquellos
malaventurados su padre e madre; y pensando
acertarle en el otro ojo con la espada, quísole
Dios guiar a que gela metió por una de las
ventanas de las narices, que muy anchas las
tenía, e con la gran fuerza que puso e la que el
Endriago traía, el espada caló tanto, que le
llegó a los sesos; mas el Endriago, como le
vido tan cerca, abrazóse con él, e con las sus
muy fuertes e agudas uñas rompióle todas las
armas de las espaldas e la carne e los huesos
fasta las entrañas; e como él estaba ahogado
de la mucha sangre que bebía, e con el golpe
de la espada que a los sesos le pasó, e sobre
todo, la sentencia que de Dios sobre él era
dada, e no se podía revocar, no se podiendo ya
tener, abrió los brazos e cayó a la una parte
como muerto sin ningún sentido. El caballero,
como así lo vió, tiró por la espada y metiógela
por la boca cuanto más pudo, tantas veces,
que lo acabó de matar; pero quiero que sepáis
que antes que el alma le saliese, salió de su
boca el diablo e fué por el aire con muy gran
tronido; así que, los que estaban en el castillo
lo oyeron como si cabe ellos fuera, de lo cual
hobieron gran espanto, e conocieron cómo el
caballero estaba ya en la batalla; e como
quiera que encerrados estovieron en tan fuerte

---

64 desatiento — loss of skill, accuracy.

65 concás — shell-shaped covering, carapace.

lugar, e con tales aldabas e candados, no fueron muy seguros de sus vidas; e si no, porque la mar, todavía era muy brava, no osaran allí atender que a ella no se fueran; pero tornáronse a Dios con muchas oraciones que de aquel peligro los sacase, e guardase a aquel caballero que por su servicio cosa tan extraña acometía.

Pues como el Endriago fué muerto, el caballero se quitó afuera, e yéndose para Gandalín, que ya contra él venía, no se pudo tener, e cayó amortecido cabe un arroyo de agua que por allí pasaba. Gandalín, como llegó y le vió tan espantables heridas, cuidó que era muerto, y dejándose caer del caballo, comenzó a dar muy grandes voces, mesándose. Entonces el caballero acordó ya cuanto e díjole: « ¡Ay mi buen hermano y verdadero amigo! ya ves que yo soy muerto; yo te ruego por la crianza que de tu padre e madre hobe,[66] e por el gran amor que siempre te he tenido, que me seas bueno en la muerte como en la vida lo has sido, e como[67] yo fuere muerto, tomes mi corazón e lo lleves a mi señora Oriana, e dile que, pues siempre fué suyo, e lo tovo en su poder desde aquel primero día que yo la vi, mientra en este cuitado cuerpo encerrado estovo, e nunca un momento se enojó de la servir, que consigo lo tenga en remembranza de aquél cuyo fué,[68] aunque como ajeno lo poseía, porque desta memoria allí donde mi ánima estoviere recebirá descanso. »

Amadís does not die, of course. He is nursed back to health by Elisabat and goes on to Constantinople, where the Emperor rewards him for ridding his realm of Endriago. Now known as *El Caballero Griego*, Amadís returns to Great Britain only to learn that Lisuarte has promised to send Oriana to Rome to marry the emperor. He and his champions intercept the fleet as it moves toward Rome, defeat the Romans, deliver Oriana, and take her to Ínsula Firme.

As Book IV opens Lisuarte declares war on Amadís and suffers defeat. To make matters worse, Arcalaus again plots against Lisuarte and attacks with an army, hoping to find him weakened by his struggle against Amadís. Amadís, however, comes to aid the stricken Lisuarte and routs Arcalaus for the third time. Moved by this act of friendship and loyalty and apprised of the fact that Amadís and Oriana are secretly wed and the parents of

a son, Lisuarte agrees to a reconciliation with Amadís, now virtually a king in his own right. All obstacles to their public wedding having been removed (particularly in view of the fact that the Emperor of Rome had been killed in the war), Amadís and Oriana are married; and Galaor weds Briolanja. Once again Urganda *la Desconocida* makes her appearance. This time rising out of the sea on the back of a horrible serpent, she forecasts the future of Esplandián as she had done for Amadís and sets the stage for a sequel.

Diego de San Pedro, *Cárcel de Amor*, 1492 (p. 171)

The sentimental novel, of which *Cárcel de amor* is the prime Spanish example, flourished for nearly two centuries in Spain. Diego de San Pedro's little book went through forty-five Spanish and foreign editions in the sixteenth century, which makes it one of the two most popular books of its time; the other (according to an evaluation by Menéndez y Pelayo) was *Amadís de Gaula*. The sentimental novel was in a sense an outgrowth of the novel of chivalry and the *Cárcel* contains a number of chivalric elements: warfare, challenges, a duel, judicial combat, a siege, the supernatural, the worship of a lady from afar, and her rescue from prison by her lover. The novel of chivalry, however, was objective in its treatment whereas the sentimental novel was introspective and probed the inner being of people. Gili y Gaya has pointed out that Amadís became the prototype of sentimental heroes and loyal lovers when, feeling himself spurned by Oriana, he abandoned his wanderings as a knight errant and withdrew to Peña Pobre. There he assumed the name Beltenebrós, and prepared to die consumed by the tortures of unrequited love, which, though they might destroy the body, would refine and elevate the spirit. Chivalric literature had inherited a sentimental tradition from the past through the courtly love poetry brought down into Spain from Provence and widely cultivated there. One of Spain's earliest lyric poems speaks of "un escolar que siempre dueñas amó" who had lived in Lombardy "por aprender cortesía."

Although the sentimental novel held some things in common with the literature of knight-

---

66 Amadís refers to Gandalín's parents who had picked him up at sea and had taken him into their home.

67 como — Here: when.
68 aquél cuyo fué — the one it belonged to.

hood and courtly love poetry, it subordinated everything to one principal concern: Love. Love became the all-in-all, the source of all virtue. It chastened, purified, and uplifted. It had value per se and did not need correspondence. The hero of the sentimental novel only hoped to be loved in return. No reward from the lady was expected. Love became a kind of religion with rituals and rules, and the lady was worshipped as a sort of holy creature, superior in every way to her lover. Faced with an impossible love and no hope of fulfilment, his suicide was a perfect solution. Yet there was no bitterness or complaining over his tragic fate. San Pedro acquired authority as an expert in this kind of love, which was probably more affected than felt. Some of his contemporaries, however, were scandalized by what they considered his heretical parallels between love and the Christian religion, and lamented his exaltation of the beloved, whom he constantly called his *Dios*. As a consequence, the *Cárcel* was banned for a time.

Despite the preponderance of love in *Cárcel de amor*, San Pedro employed other motives and fictional elements. The honor theme is quite evident in the behavior of the King of Macedonia, who condemns his daughter to death because of her alleged dishonorable conduct. The influence of Dante is seen through the use of allegory in describing the Prison of Love. Also inherited from Italy was the epistolary style in which a substantial part of the story is told. This technique was initiated by Eneas Silvio Piccolomini, later elected Pope Pius II, in *Historia de duobus amantibus Eurialo et Lucretia*, 1444. Although the *Cárcel* is not dialogued to the same extent that the Celestina is, each chapter, except for those in letter form, is nevertheless spoken by one of the principal characters. Much of the novel is narrated, therefore, in the first person singular. The author (identified simply as *el auctor*) fills in between speeches or letters with necessary details of plot. This technique imparts to the reader a feeling of intimacy and participation which together with clever but simple psychology, may account in part for the *Cárcel's* becoming the "breviary of love" of its age. San Pedro's style is highly polished, but at times it suffers from being overly rhetorical. He had a weakness for antitheses, comparisons, Latinized syntax, and conjunctive sentences. Overstatements in his chapters which list fifteen causes why women should not be maligned and twenty reasons why men should

feel obligated to women got him in trouble with the Inquisition. This stout defense of women contrasts sharply with anti-feminine literature written in imitation of the *Corbacho*.

The exact date of composition of the *Cárcel* has not been determined. According to Gili y Gaya, it was written sometime between 1483 and 1492, when it was printed; according to other authorities it was composed as early as 1465. In *Desprecio de la fortuna*, written possibly after 1492, San Pedro regrets his youthful works, among which he lists *Cárcel de amor*. Of it he says:

> "¡Qué propia para amador,
> qué dulce para sabor,
> qué salsa para pecar!
> y como la obra tal
> no tuvo en leerse calma,
> he sentido por mi mal
> quán enemiga mortal
> fué la lengua para el alma."

Despite official anathema and the author's regrets, *Cárcel de amor* lived on to exert an important influence at home and abroad.

In addition to *Cárcel*, San Pedro produced other works in both prose and verse, including the *Tratado de amores de Arnalte e Lucenda*, 1491, and the *Sermón de amor*, 1511. The *Cancionero general* of 1511 contains fifteen of his poems, among them the *Desprecio de la fortuna*. An interesting sidelight is Nicolás Núñez's short sequel to the *Cárcel*. Núñez considered Leriano's death too tragic. Therefore he describes Laureola's desolation and causes Leriano to appear in a dream and console her. This sequel was not popular, however.

The *Cárcel* begins with an allegorical description of the Prison of Love where *el auctor* meets the prisoner Leriano. The latter explains to *el auctor* that he is the son of Duke Guersio, and that he has fallen in love with Laureola, daughter of King Gaulo. This explains his presence in the *Cárcel de amor*. The author becomes the go-between and carries letters back and forth between Leriano and Laureola. Leriano, favored by Laureola, goes to Suria and meets her face to face. A jealous rival named Persio accuses the two lovers of secret meetings and improper conduct. The king imprisons his daughter and orders a judicial combat to cleanse his honor. Leriano defeats Persio, but the king intercedes to save his champion's life.

Persio hires three men to swear to the king that they, too, had witnessed Laureola's misconduct, and the king orders her put to death. Leriano organizes an army, kills Persio, and frees Laureola. He captures one of the conspirators, who confesses his accusation was false, and it appears that the love story will end happily. However, Laureola feels that Leriano has wronged her by endangering her life and honor with his love and refuses to see him again. Leriano, now desperate, takes to his bed to die of starvation. The novel closes with the *Llanto de su madre de Leriano* (probably the model for Pleberio's lament in the *Celestina*) and the author's final remarks.

EL AUCTOR

El lloro que hazía su madre de Leriano crecía la pena a todos los que en ella participaban; y como él sienpre se acordase de Laureola, de lo que allí pasaba tenía poca memoria. Y viendo que le quedaba poco espacio para gozar de ver las dos cartas que della tenía, no sabía qué forma se diese con ellas.[1] Quando pensaba rasgallas, parecíale que ofendería a Laureola en dexar perder razones de tanto precio; quando pensaba ponerlas en poder de algún suyo,[2] temía que serían vistas de donde para quien las envió se esperaba peligro.[3] Pues tomando de sus dudas lo más seguro, hizo traer una copa de agua, y hechas las cartas pedaços echólos en ella; y acabado esto, mandó que le sentasen en la cama, y sentado, bebióselas en el agua y así quedó contenta su voluntad. Y llegada la ora de su fin, puestos en mí los ojos, dixo: « Acabados son mis males, » y assí quedó su muerte en testimonio de su fe.[4]

Lo que yo sentí y hize, ligero está de juzgar. Los lloros que por él se hizieron son de tanta lástima que me parece crueldad escribillos. Sus onrras[5] fueron conformes a su merecimiento, las quales acabadas, acordé de partirme. Por cierto con mejor voluntad caminara para la otra vida que para esta tierra: con sospiros caminé, con lágrimas partí, con gemidos hablé, y con tales pensamientos llegué a Peñafiel,[6] donde quedo besando las manos de vuestra merced.[7]

Fernando de Rojas, d. 1541,
La Celestina, 1499 (pp. 172–75)

Although scholars have worked at the problem for many years, some doubts still exist as to the origin of the *Celestina*. It is now widely believed that Fernando de Rojas, a converted Jew who lived in Montalbán and Talavera, wrote the entire work. Although the scholarly world is not in agreement even on this point, everyone who knows the *Celestina* agrees that it deserves its fame as one of the truly great masterpieces of Spanish literature. It is generally accorded a rank second only to the *Quijote*. Readers are unanimous in acknowledging the book's impact on following generations not only in Spain, but also in Western Europe as a whole. It stands today as one of the significant milestones in the development of European realism.

The first known edition of the *Celestina* contained only sixteen acts and was printed in Sevilla in 1499 under the title of *Comedia de Calisto y Melibea*. Just when the work was actually written remains in doubt. Menéndez Pidal feels that it was composed several years before the 1499 printing, possibly as early as 1490. Other sixteen-act editions appeared in 1500 (Salamanca) and in 1501 (Sevilla) both with the same title mentioned above. In 1502, however, a new edition of twenty-one acts appeared in Salamanca under the title *Tragicomedia de Calisto y Melibea*. Opinion is divided on the authorship of the five acts added in 1502. Some hold that Rojas wrote all twenty-one while others insist that the five interpolated acts are by another author. Another widely held view is that Rojas wrote all but the first act. Although the early editions reveal the author's concern with the title as he changed *Comedia* to *Tragicomedia*, by the middle of the sixteenth century the work became known by the name of the character who dominates it entirely: Celestina.

Some controversy has also arisen over whether the *Celestina* should be classified as a novel or drama. Its twenty-one (sixteen

---

1 no sabía . . . ellas — He did not know what to do with them.
2 algún suyo — some friend of his.
3 Read: de donde se esperaba peligro para quien las envió, i.e. some harm would come to Laureola who had sent them.
4 The drinking of the beloved's letters in a glass of water and slow suicide by starvation and melancholy are symbolic of the attitude which allows the afflicted

lover to savor the cruel delights of suffering for love. This torment is good since it comes from the beloved, and death is bad only insofar as it will put an end to his suffering for her.
5 onrras (honras) — obsequies, funeral rites.
6 Peñafiel was the city where Diego de San Pedro lived.
7 *Vuestra merced* refers to Don Diego Hernandes for whom San Pedro had written the book.

original) acts and complete lack of stage directions seem to preclude the notion that Rojas wrote his work to be staged. Rather it seems intended to be read, perhaps aloud but not necessarily so. Yet, to call it a dialogued novel is not entirely satisfactory if one keeps in mind its great dramatic force and the total absence of novelistic narration. It therefore seems to be a genre unique in itself and does not conveniently fit any of the standard classifications.

The *Celestina* launched the Spanish version of the Renaissance and marked the maturation of the Spanish theater. As Cejador y Frauca says in his introduction to his *Clásicos Castellanos* edition of the *Celestina*: "El Renacimiento español puede decirse que nace con *La Celestina*, y con ella nace nuestro teatro, pero tan maduro y acabado, tan humano y recio, tan reflexivo y artístico, y a la vez tan natural, que ningún otro drama de los posteriores se le puede comparar."

The *Celestina* has been very popular in most ages since its first appearance. Cervantes called it "Libro en mi entender divino — si encubriera más lo humano." Sixty-six editions of it were made in Spanish in the sixteenth century, though it was neglected in the seventeenth. The latter part of the nineteenth century and the twentieth century have seen a revival of interest. Evidence of the mid-twentieth century renewal of interest in the book in the English-speaking world is the appearance of three new translations since 1955, two in the United States and one in England. Abbreviated versions of the *Celestina* have been prepared and presented on the stage, but no performance of the entire work as Rojas left it has been attempted.

The number of characters developed in the *Celestina* is less than one might expect for its length and dialogue style. The entire cast numbers fourteen and divides conveniently into two categories. Calisto and Melibea (young lovers frequently compared to Romeo and Juliet) and Alisa and Pleberio (Melibea's parents) represent the aristocracy and speak in the florid, erudite, and artifical style of the Italianate Renaissance; they are characters inherited from literary tradition. The contrasting group consists of Celestina (an old bawd), Sempronio, Pármeno, Tristán, and Sosia (Calisto's servants), Elicia and Areusa (prostitutes and pupils of Celestina), Crito (an unimportant character), Centurio (a ruffian), and Lucrecia (Pleberio's servant). These characters represent the seamier side of Spanish

life of the fifteenth century, all drawn from reality, and speaking the popular and picturesque language of the day. Sempronio nevertheless speaks to Calisto in an erudite manner; and the others, too, occasionally vary from their natural levels of speech. The dualism represented by these two groups underlies the entire work as Rojas skillfully welds into a harmonius whole the disparate elements of his world.

The *Celestina*'s coarser elements have raised questions about its morality or lack of it. Calisto's seduction of Melibea; the carnal appetite of Pármeno and others; the indelicate talk of the two young prostitutes; heretical statements of Calisto; the conjuring up of Pluto and other elements of black magic; and, of course, the talk of and about Celestina are ingredients which support such questions. On the other side of the ledger is the moral lesson of retribution for sin illustrated by the death of both Calisto and Melibea (presumably for their illicit love affair) and those of Celestina, Sempronio, and Pármeno for their evil and greed. Rojas' statement at the beginning of Act I, if taken seriously, makes clear his moral purpose:

"La comedia de Calisto y Melibea, compuesta en reprehensión de los locos enamorados, que, vencidos en su desordenado apetito, a sus amigas llaman e dizen ser su Dios. Así mesmo fecha en aviso de los engaños de las alcahuetas e malos e lisonjeros sirvientes."

Act I is the longest of all and is the one Rojas claims to have found already written while on vacation. It begins as Calisto enters Melibea's garden in pursuit of a stray falcon. Upon seeing the beautiful girl he says:

ACTO PRIMERO[1]

CALISTO
En esto veo, Melibea, la grandeza de Dios.

MELIBEA
¿En qué Calisto?

CALISTO
En dar poder a natura[2] que de tan perfecta hermosura te dotase e facer a mí inmérito tanta merced que verte alcançase e en tan conveniente lugar, que mi secreto dolor mani-

1 Since the *Celestina* is rather difficult to read, most spellings have been modernized. However, some old spellings have been retained to preserve something of the flavor of the original.
2 natura (naturaleza) — nature.

festarte pudiese. Sin duda, incomparablemente es mayor tal galardón, que el servicio,
sacrificio, devoción e obras pías, que por este
lugar alcançar tengo yo a Dios ofrecido, ni
otro poder mi voluntad humana puede cumplir. ¿Quién vió en esta vida cuerpo glorificado
de ningún hombre, como agora el mío? Por
cierto los gloriosos santos, que se deleitan en
la visión divina, no gozan más que yo agora
en el acatamiento[3] tuyo. Mas ¡o triste! que en
esto diferimos: que ellos puramente se glori-
fican sin temor de caer de tal bienaventuranza
e yo mixto[4] me alegro con recelo del esquivo
tormento, que tu ausencia me ha de causar.

MELIBEA
¿Por grande premio tienes esto, Calisto?

CALISTO
Téngolo por tanto en verdad que, si Dios me
diese en el cielo la silla sobre sus santos, no lo
tendría por tanta felicidad.

MELIBEA
Pues aun más igual[5] galardón te daré yo, si
perseveras.

CALISTO
¡O bienaventuradas orejas mías, que indigna-
mente tan gran palabra habéis oído!

MELIBEA
Mas[6] desaventuradas de que[7] me acabes de
oír. Porque la paga[8] será tan fiera, cual merece
tu loco atrevimiento. E el intento de tus
palabras, Calisto, ha sido de ingenio de tal
hombre[9] como tú, haber de salir para se
perder[10] en la virtud de tal mujer como yo.
¡Vete! ¡Vete de aí, torpe! Que no puede mi
paciencia tolerar que haya subido en corazón
humano conmigo el ilícito amor comunicar
su deleite.

CALISTO
Iré como aquél contra quien solamente la
adversa fortuna pone su estudio[11] con odio
cruel.

After being rebuffed by Melibea, Calisto
returns home, where in a conversation with his
servant, he reveals his love-sickness and extols
Melibea's beauty:

CALISTO
Dame acá el laúd.

SEMPRONIO
Señor, vesle aquí.

CALISTO
¿Cuál dolor puede ser tal,
que se iguale con mi mal?

SEMPRONIO
Destemplado está ese laud.

CALISTO
¿Cómo templará el destemplado? ¿Cómo sentirá el armonía aquél, que consigo está tan
discorde? ¿Aquél en quien la voluntad a la
razón no obedece? ¿Quien tiene dentro del
pecho aguijones, paz, guerra, tregua, amor,
enemistad, injurias, pecados, sospechas, todo
a una causa? Pero tañe e canta la más triste
canción que sepas.

SEMPRONIO
Mira Nero de Tarpeya
a Roma cómo se ardía:
gritos dan niños e viejos
e él de nada se dolía.

CALISTO
Mayor es mi fuego e menor la piedad de
quien agora digo.

SEMPRONIO
No me engaño yo, que loco está este mi amo.

CALISTO
¿Qué estás murmurando, Sempronio?

SEMPRONIO
No digo nada.

CALISTO
Di lo que dices, no temas.

SEMPRONIO
Digo que ¿cómo puede ser mayor el fuego que
atormenta un vivo que el que quemó tal
ciudad e tanta multitud de gente?

CALISTO
¿Cómo? Yo te lo diré. Mayor es la llama que
dura ochenta años, que la que en un día pasa,
y mayor la que mata un ánima que la que
quema cien mil cuerpos. Como de la aparen-
cia a la existencia, como de lo vivo a lo pin-
tado, como de la sombra a lo real, tanta
diferencia hay del fuego que dices al que me
quema. Por cierto, si el del purgatorio es tal,
más querría que mi espíritu fuese con los de
los brutos animales que por medio de aquél
ir a la gloria de los santos.

3 acatamiento — Here: sight (implying respect or homage).
4 mixto — with both body and soul.
5 más igual — Here: more fitting, suitable.
6 mas — Here: rather.
7 de que (después que) — after.
8 paga — Here: punishment.
9 tal hombre — such a (base) man.
10 haber . . . perder — will be wasted, will be of no avail.
11 estudio — determination (severe opposition).

SEMPRONIO

¡Algo es lo que digo![12] ¡A más ha de ir este hecho![13] No basta loco sino hereje.

CALISTO

¿No te digo que hables alto cuando hablares? ¿Qué dices?

SEMPRONIO

Digo que Dios nunca quiera tal; que es especie de herejía lo que agora dijiste.

CALISTO

¿Por qué?

SEMPRONIO

Porque lo que dices contradice la cristiana religión.

CALISTO

¿Qué a mí?[14]

SEMPRONIO

¿Tú no eres cristiano?

CALISTO

¿Yo? Melibeo soy e a Melibea adoro e en Melibea creo e a Melibea amo.

SEMPRONIO

Tú te lo dirás. Como Melibea es grande, no cabe en el corazón de mi amo, que por la boca le sale a borbollones.[15] No es más menester. Bien sé de qué pie cojeas. Yo te sanaré.

Sempronio diagnoses Calisto's trouble as being ordinary love sickness and scolds him for subjecting the dignity of man to the imperfection of woman. He lectures Calisto on the wiles and deceits of women and advises him to overcome this passion for a baser creature. Sempronio tells his master that he has been greatly blessed by nature with beauty and strength, that he is rich, and that he was born under a lucky star and is loved by all. But Calisto disagrees.

CALISTO

Pero no de Melibea. E en todo lo que me has gloriado,[16] Sempronio, sin proporción ni comparación se aventaja Melibea. Mira la nobleza e antigüedad de su linaje, el grandísimo patrimonio, el excelentísimo ingenio, las resplandecientes virtudes, la altitud e inefable gracia, la soberana hermosura, de la cual te ruego me

dejes hablar un poco, porque haya algún refrigerio. E lo que te dijere será de lo descubierto; que, si de lo oculto yo hablarte supiera, no nos fuera necesario altercar tan miserablemente estas razones.

SEMPRONIO

¡Qué mentiras e qué locuras dirá agora este cautivo de mi amo!

CALISTO

¿Cómo es eso?

SEMPRONIO

Dije que digas, que muy gran placer habré de lo oír. ¡Así te medre Dios, como me será agradable ese sermón![17]

CALISTO

¿Qué?

SEMPRONIO

Que ¡así me medre Dios, como me será gracioso de oír!

CALISTO

Pues porque hayas placer, yo lo figuraré por partes mucho por extenso.[18]

SEMPRONIO

¡Duelos tenemos![19] Esto es tras lo que yo andaba. De pasarse habrá ya esta importunidad.

CALISTO

Comienço por los cabellos. ¿Ves tú las madejas del oro delgado, que hilan en Arabia? Más lindos son e no resplandecen menos. Su longura hasta el postrero asiento de sus pies; después crinados[20] e atados con la delgada cuerda, como ella se los pone, no ha más menester para convertir los hombres en piedras.

SEMPRONIO

¡Más en asnos!

CALISTO

¿Qué dices?

SEMPRONIO

Dije que esos tales no serían cerdas de asno.

CALISTO

¡Ved qué torpe e qué comparación!

SEMPRONIO

¿Tú cuerdo?

---

12 ¡Algo . . . digo! — What I said is right. Sempronio refers to his former statement about his master's madness.

13 ¡A más . . . hecho! — This affair will go even farther.

14 ¿Qué a mí? — How does that concern me?

15 a borbollones — in gushes.

16 gloriado — Here: attributed.

17 Así . . . sermón — Literally: May God prosper you to the same extent that your sermon will be pleasant for me to hear. Freely: God bless me, I'm really in for a sermon now.

18 yo . . . extenso — I'll describe her very much in detail.

19 Duelos tenemos — We're in for it now. The rest of the speech means: I walked right into it. There's no escaping this bad situation.

20 crinados — combed.

CALISTO

Los ojos verdes, rasgados; las pestañas luengas; las cejas delgadas e alzadas; la nariz mediana; la boca pequeña; los dientes menudos e blancos; los labios colorados e grosezuelos;[21] el torno del rostro poco más luengo que redondo; el pecho alto; la redondez e forma de las pequeñas tetas, ¿quién te la podría figurar? ¡Que se despereza el hombre cuando las mira! La tez lisa, lustrosa; el cuero suyo escurece la nieve; la color mezclada,[22] cual[23] ella la escogió para sí.

SEMPRONIO

¡En sus trece está este necio![24]

CALISTO

Las manos pequeñas en mediana manera, de dulce carne acompañadas; los dedos luengos; las uñas en ellos largas e coloradas, que parecen rubíes entre perlas. Aquella proporción, que ver no pude, no sin duda por el bulto de fuera juzgo incomparablemente ser mejor, que la que París[25] juzgó entre las tres Deesas.[26]

SEMPRONIO

¿Has dicho?

CALISTO

Cuan brevemente pude.

Sempronio suggests that Calisto seek the help of an old hag named Celestina to help conquer Melibea, and after getting Calisto's approval brings her to him. Meanwhile, Pármeno, another servant, has told Calisto a great many things about the old woman. She, finding Pármeno unsympathetic, tries to persuade him to join her and Sempronio in their plan to fleece Calisto. But Pármeno is not totally converted to the scheme, even though Celestina tempts him with an offer to place Areusa at his disposal. At the end of their meeting, Calisto gives Celestina a hundred gold coins as an advance payment.

After Celestina leaves, Calisto worries about the outcome of her mission to Melibea and sends Sempronio to urge the old woman to do her best. Sempronio overtakes and notifies her that though he is willing to go along with the scheme to get as much out of Calisto as they can, he will desert at the first sign of disaster. She reassures him and speaks of her experience in her profession, but to

assure her success she later conjures Pluto and requests his help. Also, she requests that Pluto enter some thread, already anointed with snake oil, which she will sell to Melibea. In Act IV, Celestina enters Melibea's house and though the girl resists for a time she finally yields to the request that she send Calisto a prayer and a cord (worn as a belt) with curative powers to heal his toothache. Celestina cleverly moves Melibea to pity— the first step to love.

On her way back to Calisto's house, Celestina encounters Sempronio and promises him a small reward. This irritates him, for he expects a full share of the profits. Celestina reports the success of her mission and refers to her ragged clothes to force a gift out of Calisto; he orders a cloak and a dress for her. Sempronio and Pármeno do not like this, for such a gift cannot be shared. As Celestina leaves she assures Calisto that she will win Melibea for him. She also deals with Pármeno again in the attempt to win him over completely to her side and takes him to Areusa's abode. The next morning Pármeno is ready to join Celestina and Sempronio in their scheme to fleece Calisto.

In Act IX we find Sempronio and Pármeno on their way to Celestina's house. As the act unfolds we have a very lively, realistic scene involving the principal low-life characters of the book.

SEMPRONIO

Baja, Pármeno, nuestras capas e espadas, si te parece, que es hora que vamos a comer.

PÁRMENO

Vamos presto. Ya creo que se quejarán de nuestra tardança. No por esa calle sino por estotra, porque nos entremos por la iglesia e veremos si hubiere acabado Celestina sus devociones: llevarla hemos de camino.

SEMPRONIO

A donosa hora ha de estar rezando.

PÁRMENO

No se puede decir sin tiempo fecho lo que en todo tiempo se puede facer.

SEMPRONIO

Verdad es; pero mal conoces a Celestina. Cuando ella tiene que hacer, no se acuerda de Dios ni cura de santidades.[27] Cuando hay que

---

21 grosezuelos — full.
22 la color mezclada — her colors beautifully blended.
23 cual — as if.
24 ¡En ... necio! — This fool is certainly sticking to his subject.

25 In mythology Paris had to choose the most beautiful among three goddesses: Juno, Minerva, and Venus.
26 Deesas — goddesses.
27 santidades — holy things, saintly thoughts.

roer en casa, sanos están los santos;[28] cuando va a la iglesia con sus cuentas en la mano, no sobra el comer en casa.[29] Aunque ella te crió,[30] mejor conozco yo sus propiedades que tú. Lo que en sus cuentas reza es los virgos que tiene a cargo e cuántos enamorados hay en la ciudad e cuántas mozas tiene encomendadas e qué despenseros[31] le dan ración e cuál lo mejor e cómo les llaman por nombre, porque cuando los encontrare no hable como extraña e qué canónigo es más mozo e franco. Cuando menea los labios es fingir mentiras, ordenar cautelas[32] para haber dinero: por aquí le entraré, esto me responderá, estotro replicaré. Así vive ésta, que nosotros mucho honramos.

PÁRMENO

Más que eso sé yo; sino, porque te enojaste estotro día, no quiero hablar; cuando lo dije a Calisto.

SEMPRONIO

Aunque lo sepamos para nuestro provecho, no lo publiquemos para nuestro daño. Saberlo nuestro amo es echalla por quien es e no curar della.[33] Dejándola, vendrá forzado[34] otra, de cuyo trabajo no esperemos parte, como desta, que de grado o por fuerza nos dará de lo que le diere.

PÁRMENO

Bien has dicho. Calla, que está abierta la puerta. En casa está. Llama antes que entres, que por ventura están envueltas e no querrán ser así vistas.

SEMPRONIO

Entra, no cures, que todos somos de casa. Ya ponen la mesa.

CELESTINA

¡O mis enamorados, mis perlas de oro! ¡Tal me venga el año, cual me parece vuestra venida![35]

PÁRMENO

¡Qué palabras tiene la noble! Bien ves, hermano, estos halagos fingidos.

SEMPRONIO

Déjala, que deso vive. Que no sé quién diablos le mostró tanta ruindad.

PÁRMENO

La necesidad e pobreza, la hambre. Que no hay mejor maestra en el mundo, no hay mejor despertadora e avivadora de ingenios. ¿Quién mostró a las picazas[36] e papagayos imitar nuestra propia habla con sus harapadas[37] lenguas, nuestro órgano e voz, sino ésta?

CELESTINA

¡Muchachas! ¡Muchachas! ¡Bobas! Andad acá bajo, presto, que están aquí dos hombres, que me quieren forzar.

ELICIA

¡Mas nunca acá vinieran![38] ¡E mucho convidar con tiempo![39] Que ha tres horas que está aquí mi prima. Este perezoso de Sempronio habrá sido causa de la tardanza, que no ha ojos por do verme.

SEMPRONIO

Calla, mi señora, mi vida, mis amores. Que quien a otro sirve, no es libre. Así que sujeción me relieva de culpa. No hayamos enojo, asentémonos a comer.

ELICIA

¡Así! ¡Para asentar a comer, muy diligente! ¡A mesa puesta con tus manos lavadas e poca vergüenza!

SEMPRONIO

Después reñiremos; comamos agora. Asiéntate, madre Celestina, tú primero.

CELESTINA

Asentaos vosotros, mis hijos, que harto lugar hay para todos, a Dios gracias: tanto nos diesen del paraíso, cuando allá vamos. Poneos en orden, cada uno cabe la suya; yo, que estoy sola, pondré cabo mí este jarro e taza, que no es más mi vida de cuanto con ello hablo.[40] Después que me fuí faziendo vieja, no sé mejor oficio a la mesa, que escanciar.[41] Porque quien la miel trata, siempre se le pega dello. Pues de noche en invierno no hay tal escalentador de cama. Que con dos jarrillos destos, que beba, cuando me quiero acostar, no siento frío en toda la noche. Desto aforro[42] todos mis vestidos, cuando viene la navidad; esto me calienta la sangre; esto me sostiene

---

28 sanos . . . santos — she leaves the saints alone.
29 no sobra . . . casa — there's a shortage of food in the house.
30 Celestina had known Pármeno's mother intimately and had known Pármeno as a small boy.
31 despensero — steward.
32 ordenar cautelas — to devise schemes.
33 Saberlo . . . della — If our master learns this he will recognize her for what she is and will have nothing else to do with her.
34 forzado — necessarily, without fail.

35 Tal . . . venida — May the whole year be (joyful) for me as your visit now is.
36 picaza — magpie.
37 harapadas (arpadas) — broken, blunted.
38 ¡Mas . . . vinieran! — I wish they hadn't come!
39 ¡E . . . tiempo! — And they had plenty of time to get here!
40 no es . . . hablo — my life is no longer troubled when they are my company.
41 escanciar — to pour, serve.
42 aforrar — to line.

continuo en un ser;⁴³ esto me hace andar siempre alegre; esto me para fresca; desto vea yo sobrado en casa, que nunca temeré el mal año. Que un cortezón de pan ratonado⁴⁴ me basta para tres días. Esto quita la tristeza del corazón, más que el oro ni el coral; esto da esfuerzo al mozo e al viejo fuerza, pone color al descolorido, coraje al cobarde, al flojo diligencia, conforta los cerebros, saca el frío del estómago, quita el hedor del anélito,⁴⁵ hace potentes los fríos,⁴⁶ hace sufrir los afanes de las labranzas, a los cansados segadores hace sudar toda agua mala,⁴⁷ sana el romadizo⁴⁸ e las muelas, sostiénese sin heder⁴⁹ en la mar, lo cual no hace el agua. Más propiedades te diría dello que todos tenéis cabellos. Así, no sé quien no se goce en mentarlo.⁵⁰ No tiene sino una tacha, que lo bueno vale caro e lo malo hace daño. Así con lo que sana el hígado enferma la bolsa. Pero todavía con mi fatiga busco lo mejor, para eso poco que bebo. Una sola docena de veces a cada comida. No me harán pasar de allí, salvo si no soy convidada como agora.

PÁRMENO
Madre, pues tres veces dicen que es bueno e honesto todos los que escribieron.

CELESTINA
Hijos, estará corrupta la letra, por treze tres.

SEMPRONIO
Tía señora, a todos nos sabe bien, comiendo e hablando. Porque después no habrá tiempo para entender en los amores deste perdido de nuestro amo e de aquella graciosa e gentil Melibea.

ELICIA
¡Apártateme allá, desabrido,⁵¹ enojoso! ¡Mal provecho te haga lo que comes!, tal comida me has dado. Por mi alma, revesar quiero cuanto tengo en el cuerpo, de asco de oírte llamar aquella gentil. ¡Mirad quién gentil! ¡Jesú, Jesú! ¡e qué hastío⁵² e enojo es ver tu poca vergüenza! ¿A quién gentil? ¡Mal me haga Dios si ella lo es ni tiene parte dello;

sino que hay ojos, que de lagaña⁵³ se agradan. Santiguarme⁵⁴ quiero de tu necedad e poco conocimiento. ¡O quien estuviese de gana⁵⁵ para disputar contigo su hermosura e gentileza! ¿Gentil es Melibea? Entonces lo es, entonces acertarán, cuando andan a pares los diez mandamientos.⁵⁶ Aquella hermosura por una moneda se compra de la tienda. Por cierto que conozco yo en la calle donde ella vive cuatro doncellas, en quien Dios más repartió su gracia que no en Melibea. Que si algo tiene de hermosura, es por buenos atavíos⁵⁷ que trae. Poneldos a un palo, también diréis que es gentil. Por mi vida, que no lo digo por alabarme; mas creo que soy tan hermosa como vuestra Melibea.

AREUSA
Pues no la has tú visto como yo, hermana mía. Dios me lo demande, si en ayunas⁵⁸ la topases, si aquel día pudieses comer de asco. Todo el año se está encerrada con mudas⁵⁹ de mil suciedades. Por una vez que haya de salir donde pueda ser vista, enviste su cara con hiel e miel, con unas tostadas e higos pasados⁶⁰ e con otras cosas, que por reverencia de la mesa dejo de decir. Las riquezas las hacen a estar hermosas e ser alabadas; que no las gracias de su cuerpo. Que así goce de mí,⁶¹ unas tetas tiene, para ser doncella, como si tres veces hubiese parido: no parecen sino dos grandes calabazas. El vientre no se le he visto; pero, juzgando por lo otro, creo que le tiene tan flojo, como vieja de cincuenta años. No sé qué se ha visto Calisto, porque deja de amar otras, que más ligeramente podría haber e con quien más él holgase; sino que el gusto dañado muchas veces juzga por dulce lo amargo.

SEMPRONIO
Hermana, paréceme aquí cada bohonero⁶² alaba sus agujas, que el contrario deso se suena por la ciudad.

AREUSA
Ninguna cosa es más lejos de verdad que la vulgar opinión. Nunca alegre vivirás si por

43 continuo en un ser — all in one piece, all together.
44 cortezón ... ratonado — a crust of mouse-eaten bread.
45 el hedor del anélito — the odor of the breath.
46 los fríos — the frigid.
47 sudar toda agua mala — sweat out their poisons, have a good sweat.
48 romadizo — cold.
49 heder — to stink, i.e. to turn sour.
50 mentarlo — to talk about it.
51 desabrido — rude.
52 hastío — disgust, loathing.
53 lagaña — blearedness, i.e. she appeals to bleary

eyes. The meaning is that only the bleary eyed would find her beautiful.
54 santiguarse — to cross oneself, to make the sign of the cross.
55 ¡O quien ... gana! — Oh I wish I were in the mood!
56 cuando ... mandamientos — when the ten commandments are doubled, i.e. never.
57 atavíos — clothes.
58 en ayunas — before breakfast.
59 muda — cosmetic.
60 pasados — overripe, rotten.
61 Que ... mí — Really, Take my word for it.
62 bohonero — peddler.

voluntad de muchos te riges. Porque éstas son conclusiones verdaderas, que cualquier cosa, que el vulgo piensa, es vanidad; lo que habla, falsedad; lo que repreueba es bondad; lo que apreuba, maldad. E pues éste es su más cierto uso e costumbre, no juzgues la bondad e hermosura de Melibea por eso ser la que afirmas.

SEMPRONIO

Señora, el vulgo parlero no perdona las tachas de sus señores e así yo creo que, si alguna tuviese Melibea, ya sería descubierta de los que con ella más que con nosotros tratan. E aunque lo que dices concediese, Calisto es caballero, Melibea fijadalgo: así que los nacidos por linaje escogido búscanse unos a otros. Por ende no es de maravillar que ame antes a ésta que a otra.

AREUSA

Ruin sea quien por ruin se tiene.[63] Las obras hacen linaje,[64] que al fin todos somos hijos de Adán e Eva. Procure de ser cada uno bueno por sí e no vaya a buscar en la nobleza de sus pasados la virtud.

CELESTINA

Hijos, por mi vida, que cesen esas razones de enojo. E tú, Elicia, que te tornes a la mesa e dejes esos enojos.

ELICIA

Con tal que mala pro me hiciese,[65] con tal que reventase en comiéndolo. ¿Había yo de comer con ese malvado, que en mi cara me ha porfiado que es más gentil su andrajo[66] de Melibea que yo?

SEMPRONIO

Calla, mi vida, que tú la comparaste. Toda comparación es odiosa; tú tienes la culpa e no yo.

AREUSA

Ven, hermana, a comer. No hagas agora ese placer a estos locos porfiados; si no, levantarme he yo de la mesa.

ELICIA

Necesidad de complacerte me hace contentar a ese enemigo mío e usar de virtud con todos.

SEMPRONIO

¡He! ¡he! ¡he!

ELICIA

¿De qué te ríes? ¡De mal cáncer sea comida esa boca desgraciada, enojosa!

CELESTINA

No le respondas, hijo; si no, nunca acabaremos. Entendamos en lo que hace a nuestro caso. Decidme, ¿cómo quedó Calisto? ¿Cómo lo dejastes? ¿Cómo os pudistes entramos[67] descabullir[68] dél?

PÁRMENO

Allá fué la maldición,[69] echando fuego, desesperado, perdido, medio loco, a misa a la Magdalena, a rogar a Dios que te dé gracia, que puedas bien roer los huesos destos pollos e protestando no volver a casa hasta oír que eres venida con Melibea en tu arremango.[70] Tu saya e manto e aun mi sayo, cierto está; lo otro vaya e venga.[71] El cuándo lo dará no sé.

CELESTINA

Sea cuando fuere. Buenas son mangas pasada la Pascua.[72] Todo aquello alegra que con poco trabajo se gana, mayormente viniendo de parte donde tan poca mella[73] hace, de hombre tan rico, que con los salvados[74] de su casa podría yo salir de lacería, según lo mucho le sobra. No les duele a tales lo que gastan e según la causa por que lo dan; no sienten con el embebecimiento del amor, no les pena, no ven, no oyen. Lo cual yo juzgo por otros, que he conocido menos apasionados e metidos en este fuego de amor a que Calisto veo. Que ni comen ni beben, ni ríen ni lloran, ni duermen ni velan, ni hablan ni callan, ni penan ni descansan, ni están contentos ni se quejan, según la perplejidad de aquella dulce e fiera llaga de sus corazones. E si alguna cosa déstas la natural necesidad les fuerza a hacer, están en el acto tan olvidados, que comiendo se olvida la mano de llevar la vianda a la boca. Pues si con ellos hablan, jamás conveniente respuesta vuelven. Allí tienen los cuerpos; con sus amigas los corazones e sentidos. Mucha fuerza tiene el amor: no sólo la tierra, mas aun las mares traspasa, según su poder. Igual mando tiene en todo género de hombres. Todas las dificultades quiebra. Ansiosa cosa es, temerosa e solícita. Todas las cosas mira en derredor. Así que, si vosotros buenos enamorados habéis sido, juzgaréis yo decir verdad.

---

63 Ruin . . . ruin — Vile is as vile does.
64 Las obras hacen linaje — Works make family trees.
65 Con . . . hiciese — But it will do me harm.
66 andrajo — rag; Here: ragamuffin, scarecrow.
67 entramos (entrambos) — both.
68 descabullir — to sneak away.
69 Allá . . . maldición — He went off cursing.

70 arremango — skirt tucked up in front to carry a load.
71 lo otro . . . venga — the rest is in doubt.
72 Buenas . . . Pascua — I'll take anything good, in season or out.
73 mella — harm, damage.
74 salvados — leftovers.

SEMPRONIO

Señora, en todo concedo con tu razón, que aquí está quien me causó algún tiempo andar fecho otro Calisto, perdido el sentido, cansado el cuerpo, la cabeza vana, los días mal durmiendo, las noches todas velando, dando alboradas,[75] haciendo momos,[76] saltando paredes, poniendo cada día la vida al tablero,[77] esperando toros, corriendo caballos, tirando barra,[78] echando lanza, cansando amigos, quebrando espadas, haciendo escalas, vistiendo armas e otros mil actos de enamorado, haciendo coplas, pintando motes, sacando invenciones. Pero todo lo doy por bien empleado, pues tal joya gané.

ELICIA

¡Mucho piensas que me tienes ganada! Pues hágote cierto que no has tú vuelto la cabeza, cuando está en casa otro que más quiero, más gracioso que tú e aun que no anda buscando cómo me dar enojo. A cabo de un año, que me vienes a ver, tarde e con mal.[79]

CELESTINA

Hijo, déjala decir, que devanea. Mientra más deso la oyeres, más se confirma en su amor. Todo es porque habéis aquí alabado a Melibea. No sabe en otra cosa, que os lo pagar, sino en decir eso e creo que no ve la hora de haber comido[80] para lo que yo me sé.[81] Pues esotra su prima yo me la conozco. Gozad vuestras frescas mocedades, que quien tiempo tiene e mejor le espera,[82] tiempo viene que se arrepiente. Como yo hago agora por algunas horas que dejé perder, cuando moza, cuando me preciaban, cuando me querían. Que ya ¡mal pecado!, caducado he, nadie no me quiere. ¡Que sabe Dios mi buen deseo! Besaos y abrazaos, que a mí no me queda otra cosa sino gozarme de vello. Mientra a la mesa estáis, de la cinta arriba todo se perdona. Cuando seáis aparte, no quiero poner tasa,[83] pues que el rey no la pone. Que yo sé por las muchachas, que nunca de importunos os

acusen e la vieja Celestina mascará de dentera con sus botas encías[84] las migajas de los manteles. Bendígaos Dios, ¡cómo lo reís y holgáis, putillos, loquillos, traviesos! ¡En esto había de parar el nublado de las cuestioncillas,[85] que habéis tenido! ¡Mirad no derribéis la mesa!

ELICIA

Madre, a la puerta llaman. ¡El solaz es derramado![86]

CELESTINA

Mira, hija, quién es: por ventura será quien lo acreciente e allegue.

ELICIA

O la voz me engaña o es mi prima Lucrecia.

CELESTINA

Ábrela e entre ella e buenos años. Que aun a ella algo se le entiende desto que aquí hablamos; aunque su mucho encerramiento[87] le impide el gozo de su mocedad.

AREUSA

Así goce de mí, que es verdad, que éstas, que sirven a señoras, ni gozan deleite ni conocen los dulces premios de amor. Nunca tratan con parientes, con iguales a quien pueden hablar tú por tú,[88] con quien digan: ¿qué cenaste? ¿estás preñada? ¿cuántas gallinas crías? llévame a merendar a tu casa; muéstrame tu enamorado; ¿cuánto ha que no te vió? ¿cómo te va con él? ¿quién son tus vecinas? e otras cosas de igualdad semejantes. ¡O tía, y qué duro nombre[89] e qué grave e soberbio es señora contino[90] en la boca! Por esto me vivo sobre mí,[91] desde que me sé conocer.[92] Que jamás me precié de llamarme de otrie;[93] sino mía. Mayormente destas señoras que agora se usan.[94] Gástase con ellas lo mejor del tiempo, e con una saya rota de las que ellas desechan pagan servicio de diez años. Denostadas, maltratadas las traen, contino sojuzgadas, que hablar delante dellas no osan. E cuando ven cerca el tiempo de la obligación

---

75 alboradas — serenades at dawn.

76 momos — unaccustomed gestures.

77 poniendo . . . tablero — risking my life every day.

78 barra — javelin.

79 A cabo . . . mal — At the end of a year you come to see me, and you are too late and make a mess of things.

80 no ve . . . comido — she is waiting for dinner to be over.

81 para . . . sé — for you know what.

82 que quien . . . le espera — that whoever has the time but waits for a better opportunity.

83 tasa — rule, limit.

84 mascará . . . encías — will chew with her toothless gums.

85 el nublado de las cuestioncillas — the trouble over the little argument.

86 El solaz es derramado — The fun is ruined.

87 encerramiento — seclusion. As we see in the next speech, Celestina means that Lucrecia must remain most of the time in her mistress' house.

88 tú por tú — familiarly.

89 nombre — Here: word.

90 contino (continuo) — continuously.

91 Por . . . mí — That's why I live to myself.

92 desde . . . conocer — since I have known my own will.

93 *Otrie* is popular for *otro*.

94 Mayormente . . . usan — Especially (not) of the kind of mistresses one finds nowadays.

de casallas, levántanles un caramillo[95] que se echan con el mozo o con el hijo o pídenles celos del marido o que meten hombres en casa o que hurtó la taza o perdió el anillo; danles un ciento de azotes e échanlas la puerta fuera, las haldas[96] en la cabeza, diciendo: allá irás, ladrona, puta, no destruirás mi casa e honra. Así que esperan galardón, sacan baldón;[97] esperan salir casadas, salen amenguadas;[98] esperan vestidos e joyas de boda, salen desnudas e denostadas. Éstos son sus premios, éstos son sus beneficios e pagos. Oblíganles a dar marido,[99] quítanles el vestido. La mejor honra que en sus casas tienen, es andar hechas callejeras,[100] de dueña en dueña, con sus mensajes acuestas.[101] Nunca oyen su nombre propio de la boca dellas; sino puta acá, puta acullá. ¿A do vas, tiñosa? ¿Qué hiciste, bellaca? ¿Por qué comiste esto, golosa? ¿Cómo fregaste la sartén, puerca? ¿Por qué no limpiaste el manto, sucia? ¿Cómo dijiste esto, necia? ¿Quién perdió el plato, desaliñada? ¿Cómo faltó el paño de manos, ladrona? A tu rufián lo habrás dado. Ven acá, mala mujer, la gallina habada[102] no parece; pues búscala presto; si no, en la primera blanca de tu soldada la contaré. E tras esto mil chapinazos[103] e pellizcos, palos e azotes. No hay quien las sepa contentar, ni quien pueda sufrillas. Su placer es dar voces, su gloria es reñir. De lo mejor fecho menos contentamiento muestran. Por esto, madre, he quesido[104] más vivir en mi pequeña casa, exenta e señora, que no en sus ricos palacios sojuzgada e cautiva.

CELESTINA
En tu seso has estado, bien sabes lo que haces. Que los sabios dicen: que vale más una migaja de pan con paz, que toda la casa llena de viandas con rencilla. Mas agora cese esta razón, que entra Lucrecia.

LUCRECIA
Buena pro os haga, tía e la compañía. Dios bendiga tanta gente e tan honrada.

CELESTINA
¿Tanta, hija? ¿Por mucha has ésta? Bien parece que no me conociste en mi prosperi-

dad, hoy ha veinte años. ¡Ay, quien me vió e quien me ve agora, no sé cómo no quiebra su corazón de dolor! Yo vi, mi amor, a esta mesa, donde agora están tus primas asentadas, nueve mozas de tus días, que la mayor no pasaba de dieciocho e ninguna había menor de catorce. Mundo es, pase, ande su rueda, rodee sus alcaduces,[105] unos llenos, otros vacíos. La ley es de fortuna que ninguna cosa en un ser mucho tiempo permanece:[106] su orden es mudanzas. No puedo decir sin lágrimas la mucha honra que entonces tenía; aunque por mis pecados e mala dicha poco a poco ha venido en diminución. Como declinaban mis días, así disminuía e menguaba mi provecho. Proverbio es antiguo, que cuanto al mundo es o crece o descrece. Todo tiene sus límites, todo tiene sus grados. Mi honra llegó a la cumbre, según quien yo era: de necesidad es que desmengüe[107] e abaje. Cerca ando de mi fin. En esto veo que me queda poca vida. Pero bien sé que subí para descender, florescí para secarme, gocé para entristecerme, nací para vivir, viví para crecer, crecí para envejecer, envejecí para morirme. E pues esto antes de agora me consta,[108] sufriré con menos pena mi mal; aunque del todo no pueda despedir el sentimiento, como sea de carne sentible formada.

LUCRECIA
Trabajo tenías, madre, con tantas mozas, que es ganado muy trabajoso de guardar.

CELESTINA
¿Trabajo, mi amor? Antes descanso e alivio. Todas me obedecían, todas me honraban, de todas era acatada, ninguna salía de mi querer, lo que yo decía era lo bueno, a cada cual daba su cobro. No escogían más de lo que yo les mandaba: cojo o tuerto o manco, aquél habían por[109] sano, que más dinero me daba. Mío era el provecho, suyo el afán. Pues servidores, ¿no tenía por su causa dellas? Caballeros viejos e mozos, abades de todas dignidades, desde obispos hasta sacristanes. En entrando por la iglesia, veía derrocar[110] bonetes en mi honor, como si yo fuera una

95 levántanles un caramillo — they accuse them of some trick (deceit).
96 haldas (faldas) — skirts.
97 baldón — insult.
98 amenguadas — defamed.
99 Oblíganles . . . marido — If they force them to provide them a husband.
100 callejeras — street trotters.
101 acuestas (a cuestas) — on their backs.
102 gallina habada — steamed chicken.
103 chapinazo — blow with a slipper.

104 quesido (querido) — wanted, wished.
105 Mundo . . . alcaduces — That's the way the world is; let it go on, let it continue; let it turn its buckets (i.e. buckets on a water wheel).
106 La ley . . . permanece — Chance rules the world and nothing remains the same forever.
107 desmenguar — to diminish.
108 constar — to be clear, evident, certain.
109 habían por — accepted as.
110 derrocar — to tip, doff.

duquesa. El que menos había que negociar[111] conmigo, por más ruin[112] se tenía. De media legua que me viesen, dejaban las Horas.[113] Uno a uno, dos a dos, venían a donde yo estaba, a ver si mandaba algo, a preguntarme cada uno por la suya. Que hombre había, que estando diciendo misa, en viéndome entrar, se turbaba, que no hacía ni decía cosa a derechas. Unos me llamaban señora, otros tía, otros enamorada, otros vieja honrada. Allí se concertaban sus venidas a mi casa, allí las idas a la suya, allí se me ofrecían dineros, allí promesas, allí otras dádivas, besando el cabo de mi manto e aun algunos en la cara, por me tener más contenta. Agora hame traído la fortuna a tal estado, que me digas: buena pro hagan las zapatas.[114]

SEMPRONIO

Espantados nos tienes con tales cosas como nos cuentas de esa religiosa gente e benditas coronas. ¡Sí, que no serían todos![115]

CELESTINA

No, hijo, ni Dios lo mande que yo tal cosa levante. Que muchos viejos devotos había con quien yo poco medraba[116] e aun que no me podían ver; pero creo que de envidia de los otros me hablaban. Como la clerecía era grande, había de todos: unos muy castos, otros que tenían cargo[117] de mantener a las de mi oficio. E aun todavía creo que no faltan. E enviaban sus escuderos e mozos a que me acompañasen, e apenas era llegada a mi casa, cuando entraban por mi puerta muchos pollos e gallinas, ansarones,[118] anadones,[119] perdices, tórtolas, perniles de tocino,[120] tortas de trigo, lechones. Cada cual, como lo recibía de aquellos diezmos[121] de Dios, así lo venían luego a registrar, para que comiese yo e aquellas sus devotas. ¿Pues, vino? ¿No me sobraba de lo mejor que se bebía en la ciudad, venido de diversas partes, de Monviedro, de Luque, de Toro, de Madrigal, de San Martín e de otros muchos lugares, e tantos que, aunque tengo la diferencia de los gustos e sabor en la boca, no tengo la diversidad de

sus tierras en la memoria. Que harto es[122] que una vieja, como yo, en oliendo cualquiera vino, diga de donde es. Pues otros curas sin renta, no era ofrecido el bodigo,[123] cuando, en besando el filigrés la estola, era del primero boleo[124] en mi casa. Espesos, como piedras a tablado,[125] entraban muchachos cargados de provisiones por mi puerta. No sé cómo puedo vivir, cayendo de tal estado.

AREUSA

Por Dios, pues somos venidas a haber placer, no llores, madre, ni te fatigues: que Dios lo remediará todo.

CELESTINA

Harto tengo, hija, que llorar, acordándome de tan alegre tiempo e tal vida, como yo tenía e cuán servida era de todo el mundo. Que jamás hubo fruta nueva, de que yo primero no gozase, que otros supiesen si era nacida. En mi casa se había de hallar, si para alguna preñada se buscase.

SEMPRONIO

Madre, ningún provecho trae la memoria del buen tiempo, si cobrar no se puede; antes tristeza. Como a ti agora, que nos has sacado el placer de entre las manos. Álcese la mesa. Irnos hemos a holgar e tú darás respuesta a esa doncella, que aquí es venida.

CELESTINA

Hija Lucrecia, dejadas estas razones, querría que me dijeses a qué fué agora tu buena venida.

LUCRECIA

Por cierto, ya se me había olvidado mi principal demanda e mensaje con la memoria de ese tan alegre tiempo como has contado e así me estuviera un año sin comer, escuchándote e pensando en aquella vida buena, que aquellas mozas gozarían, que me parece e semeja que estoy yo agora en ella. Mi venida, señora, es lo que tú sabrás: pedirte el ceñidero[126] e, demás desto, te ruega mi señora sea de ti visitada e muy presto, porque se siente muy fatigada de desmayos e de dolor del corazón.

---

111 El que . . . conmigo — He who had the least dealings with me.
112 ruin — Here: unfortunate.
113 las Horas — prayers, devotions.
114 zapatas — shoes. The meaning seems to be that Celestina now has to do more trotting back and forth than in the " good old days " and the wish is for her shoes to give her good service.
115 Sí, . . . todos — You don't mean that *all* of them were like that.
116 medrar — to profit.
117 tenían cargo — felt it their duty.

118 ansarón — goose.
119 anadón — duck.
120 pernil de tocino — shoulder of pork.
121 diezmos — tithes.
122 Que harto es — It is a lot to expect.
123 bodigo — small loaf of fine white bread given as an offering.
124 del primero boleo — right away, at once.
125 Espesos . . . tablado — As thick as rocks around a target.
126 el ceñidero — the cord. Refers to the sash or belt which Celestina requested from Melibea.

CELESTINA

Hija, destos dolorcillos tales, más es el ruido que las nueces.[127] Maravillada estoy sentirse del corazón mujer tan moza.

LUCRECIA

¡Así te arrastren,[128] traidora! ¿Tú no sabes qué es? Hace la vieja falsa sus hechizos e vase; después hácese de nuevas.[129]

CELESTINA

¿Qué dices, hija?

LUCRECIA

Madre, que vamos presto e me des el cordón.[130]

CELESTINA

Vamos, que yo le llevo.

Celestina returns to Melibea's house. Although she resists for a time, Melibea finally admits to her love for Calisto and agrees to see him that very night. Celestina's victory over Melibea's resistance is now complete. She meets Calisto and his servants on the street and is rewarded for the good news of the rendezvous with a rich gift. Pármeno and Sempronio are suspicious of Celestina and fear they will not get their share, but allow her to go home without bothering her.

Calisto goes accompanied by his servants to Melibea's house and speaks with her, though they are separated by a door. Calisto offers to break the door down, but Melibea suggests they meet the next night in her father's garden. Pármeno and Sempronio, who are supposed to be on guard in the street while Calisto speaks with Melibea, are frightened by a noise and run away; they have no intention of risking their lives for their master. About daybreak they go to Celestina's house and demand their share of the profits. When she refuses to give them anything at all, Sempronio attacks her and beats her to death. To escape from the gathering crowd and the police, Sempronio and Pármeno leap out of a second-story window. Injured by their fall, they cannot escape and are taken by the police and immediately beheaded. That night Calisto orders two other servants to carry a ladder

to Melibea's garden so he may scale the wall. The lovers have their first meeting.

Meanwhile, Areusa and Elicia plot to avenge Celestina's death. From Sosia, Areusa learns that Calisto will go again to Melibea's garden, and she persuades the ruffian Centurio to lie in ambush and kill Calisto. Although Centurio agrees at first, he later changes his mind because of the danger involved, and decides to send some friends simply to make noise and frighten Calisto's men. In Act XIX, Calisto climbs over the garden wall and speaks to Melibea.

CALISTO

Vencido me tiene el dulzor de tu suave canto;[131] no puedo más sufrir tu penado esperar. ¡O mi señora e mi bien todo! ¿Cuál mujer podía haber nacida, que desprivase[132] tu gran merecimiento? ¡O salteada[133] melodía! ¡O gozoso rato! ¡O corazón mío! ¿E cómo no pudiste más tiempo sufrir sin interromper tu gozo e cumplir el deseo de entrambos?

MELIBEA

¡O sabrosa traición! ¡O dulce sobresalto! ¿Es mi señor de mi alma? No lo puedo creer. ¿Dónde estabas, luciente sol? ¿Dónde me tenías tu claridad escondida? ¿Había rato que escuchabas? ¿Por qué me dejabas echar palabras sin seso al aire, con mi ronca voz de cisne? Todo se goza este huerto con tu venida. Mira la luna cuán clara se nos muestra, mira las nubes cómo huyen. Oye la corriente agua desta fontecica, ¡cuánto más suave murmurio su río lleva por entre las frescas hierbas! Escucha los altos cipreses, ¡cómo se dan paz unos ramos con otros por intercesión de un templadico viento que los menea! Mira sus quietas sombras, ¡cuán oscuras están e aparejadas para encubrir nuestro deleite! Lucrecia, ¿qué sientes, amiga? ¿Tórnaste loca de placer? Déjamele, no me le despedaces, no le trabajes sus miembros con tus pesados abrazos. Déjame gozar lo que es mío, no me ocupes mi placer.

CALISTO

Pues, señora e gloria mía, si mi vida quieres, no cese tu suave canto. No sea de peor condición mi presencia, con que te alegras, que mi ausencia, que te fatiga.[134]

---

127 más . . . nueces — can't be too serious.
128 Así te arrastren — I hope they drag you through the streets like a criminal.
129 hácese de nuevas — pretends to know nothing about it.
130 cordón — the cord (sash).

131 Melibea had been singing as Calisto approached the garden.
132 desprivar — to exceed.
133 salteada — unfinished.
134 No sea . . . fatiga — Let my presence, which you enjoy, have no worse effect than my absence, which grieves you.

The conversation between the two lovers continues until it is interrupted by shouts from Sosia, Calisto's man who had been left on guard outside the wall beside the ladder.

SOSIA

¿Así, bellacos, rufianes, veníades a asombrar a los que no os temen? Pues yo juro que si esperárades, que yo os hiciera ir como merecíades.

CALISTO

Señora, Sosia es aquél que da voces. Déjame ir a valerle, no le maten, que no está sino un pajecico con él. Dame presto mi capa, que está debajo de tí.

MELIBEA

¡O triste de mi ventura! No vayas allá sin tus corazas;[135] tórnate a armar.

CALISTO

Señora, lo que no hace espada e capa e corazón, no lo hacen corazas e capacete[136] e cobardía.

SOSIA

¿Aún tornáis? Esperadme. Quizá venís por lana.[137]

CALISTO

Déjame, por Dios, señora, que puesta está mi escala.

MELIBEA

¡O desdichada yo! e ¿cómo vas tan recio e con tanta prisa e desarmado a meterte entre quien no conoces? Lucrecia, ven presto acá, que es ido Calisto a un ruido. Echémosle sus corazas por la pared, que se quedan acá.

TRISTÁN

Tente, señor, no bajes, que idos son; que no era sino Traso[138] el cojo e otros bellacos, que pasaban voceando. Que ya se torna Sosia. Tente, tente, señor, con las manos al escala.

CALISTO

¡O, válgame Santa María! ¡Muerto soy! ¡Confesión![139]

TRISTÁN

Llégate presto, Sosia, que el triste de nuestro amo es caído del escala e no habla ni se bulle.

SOSIA

¡Señor, señor! ¡A esotra puerta![140] ¡Tan muerto es como mi abuelo! ¡O gran desventura!

LUCRECIA

¡Escucha, escucha! ¡Gran mal es éste!

MELIBEA

¿Qué es esto? ¿Qué oigo? ¡Amarga de mí!

TRISTÁN

¡O mi señor e mi bien muerto! ¡O mi señor despeñado! ¡O triste muerte sin confesión! Coge, Sosia, esos sesos[141] de esos cantos, júntalos con la cabeza del desdichado amo nuestro. ¡O día de aziago! ¡O arrebatado fin!

MELIBEA

¡O desconsolada de mí! ¿Qué es esto? ¿Qué puede ser tan áspero acontecimiento como oigo? Ayúdame a subir, Lucrecia, por estas paredes, veré mi dolor; si no hundiré con alaridos la casa de mi padre. ¡Mi bien e placer, todo es ido en humo! ¡Mi alegría es perdida! ¡Consumióse mi gloria!

LUCRECIA

Tristán, ¿qué dices, mi amor? ¿Qué es eso, que lloras tan sin mesura?

TRISTÁN

¡Lloro mi gran mal, lloro mis muchos dolores! Cayó mi señor Calisto del escala e es muerto. Su cabeza está en tres partes. Sin confesión pereció. Díselo a la triste e nueva amiga, que no espere más su penado amador. Toma tú, Sosia, desos pies. Llevemos el cuerpo de nuestro querido amo donde no padezca su honra detrimento,[142] aunque sea muerto en este lugar. Vaya con nosotros llanto, acompáñenos soledad, síganos desconsuelo, visítenos tristeza, cúbranos luto e dolorosa jerga.[143]

MELIBEA

¡O la más de las tristes triste! ¡Tan tarde alcanzado el placer, tan presto venido el dolor!

LUCRECIA

Señora, no rasgues tu cara ni meses tus cabellos. ¡Agora[144] en placer, agora en tristeza! ¿Qué planeta hubo, que tan presto contrarió su operación? ¡Qué poco corazón es éste! Levanta, por Dios, no seas hallada de tu padre en tan sospechoso lugar, que serás sentida. Señora, señora, ¿no me oyes? No te amortezcas,[145] por Dios. Ten esfuerzo para sufrir la pena, pues tuviste osadía para el placer.

---

135 corazas — armor.
136 capacete — helmet.
137 Sosia quotes part of a proverb: You come for wool and return shorn. In Spanish: Venir por lana e volver trasquilado.
138 Traso was the fellow sent by Centurio to make noise and frighten Calisto and his men.
139 Calisto has lost his footing and fallen, striking his head on the pavement.

140 Said to a deaf person. Translate: He doesn't hear me.
141 sesos — brains.
142 donde . . . detrimento — where it will not suffer dishonor.
143 jerga — coarse cloth, sack cloth.
144 agora . . . agora — first . . . then.
145 No te amortezcas — don't faint, don't swoon.

MELIBEA

¿Oyes lo que aquellos mozos van hablando?
¿Oyes sus tristes cantares? ¡Rezando llevan
con responso mi bien todo! ¡Muerta llevan
mi alegría! ¡No es tiempo de yo vivir! ¿Cómo
no gocé más del gozo? ¿Cómo tuve en tan
poco la gloria que entre mis manos tuve? ¡O
ingratos mortales! ¡Jamás conocéis vuestros
bienes, sino cuando dellos carecéis!

LUCRECIA

Avívate, aviva, que mayor mengua será
hallarte en el huerto que placer sentiste con
la venida ni pena con ver que es muerto.
Entremos en la cámara, acostarte as. Llamaré
a tu padre e fingiremos otro mal, pues éste
no es para poderse encubrir.

Lucrecia finds Pleberio, tells him that his
daughter has suddenly taken ill, and urges
him to go see her. When he enters her room,
Melibea sends him for a musical instrument
so that her suffering may be calmed by music.
While he is gone, Melibea and Lucrecia
climb up into the tower. From the balcony
Melibea confesses everything to her father.
Then she hurls herself from the balcony and
dies at his feet. In the final act, Alisa inquires
as to the cause of Pleberio's weeping. He tells
her of Melibea's death and concludes the
book with a long lament, the final part of
which follows:

¡O amor, amor! ¡Que no pensé que tenías
fuerza ni poder de matar a tus sujetos! Herida
fué de ti mi juventud, por medio de tus brasas
pasé: ¿cómo me soltaste, para me dar la paga
de la huida en mi vejez? Bien pensé que de tus
lazos me había librado, cuando los cuarenta
años toqué, cuando fui contento con mi
conjugal compañera, cuando me vi con el
fruto que me cortaste en día de hoy. No pensé
que tomabas en los hijos la venganza de los
padres. No sé si hieres con hierro ni si quemas
con fuego. Sana dejas la ropa; lastimas el
corazón. Haces que feo amen e hermoso les
parezca.[146] ¿Quién te dió tanto poder? ¿Quién
te puso nombre que no te conviene? Si amor

fueses, amarías a tus sirvientes. Si los amases,
no les darías pena. Si alegres viviesen, no se
matarían, como agora mi amada hija. ¿En
qué pararon tus sirvientes e sus ministros?
La falsa alcahueta Celestina murió a manos
de los más fieles compañeros que ella para su
servicio emponzoñado jamás halló. Ellos
murieron degollados. Calisto, despeñado. Mi
triste hija quiso tomar la misma muerte por
seguirle. Esto todo causas. Dulce nombre te
dieron; amargos hechos haces. No das iguales
galardones. Inicua es la ley, que a todos igual
no es. Alegra tu sonido; entristece tu trato.
Bienaventurados los que no conociste o de
los que no te curaste.[147] Dios te llamaron
otros, no sé con qué error de su sentido
traídos. Cata que Dios mata los que crió; tú
matas los que te siguen. Enemigo de toda
razón, a los que menos te sirven das mayores
dones, hasta tenerlos metidos en tu congojosa
danza. Enemigo de amigos, amigo de enemigos, ¿por qué te riges sin orden ni concierto?
Ciego te pintan, pobre e mozo. Pónente un
arco en la mano, con que tiras a tiento;[148]
más ciegos son tus ministros, que jamás
sienten ni ven el desabrido[149] galardón que
saca de tu servicio. Tu fuego es de ardiente
rayo,[150] que jamás hace señal dó llega. La
leña, que gasta tu llama, son almas e vidas
de humanas criaturas, las cuales son tantas,
que de quien comenzar pueda, apenas me
ocurre.[151] No sólo de cristianos; mas de
gentiles e judíos e todo en pago de buenos
servicios. ¿Qué me dirás de aquel Macías de
nuestro tiempo, cómo acabó amando, cuyo
triste fin tú fuiste la causa? ¿Qué hizo por ti
París? ¿Qué Elena? ¿Qué hizo Ypermestra?
¿Qué Egisto? Todo el mundo lo sabe. Pues a
Sapho, Ariadna, Leandro, ¿qué pago les diste?
Hasta David e Salomón no quisiste dejar sin
pena. Por tu amistad Sansón pagó lo que
mereció, por creerse de quien tú le forzaste a
darle fe.[152] Otros muchos, que callo, porque
tengo harto que contar en mi mal.

Del mundo me quejo, porque en sí me
crió,[153] porque no me dando vida, no engen-
draba en él a Melibea;[154] no nacida, no
amara; no amando, cesara mi quejosa e des-

---

146 Haces . . . parezca — You make the ugly appear
acceptable and beautiful.
147 curarse de — to pay attention to, to take an interest in.
148 a tiento — Here: blindly.
149 desabrido — cruel, disagreeable.
150 rayo — lightning.
151 que de . . . ocurre — that I scarcely know with

whom to begin, i.e. Love's victims have been so many
that he cannot begin to tell the tale.
152 por . . . fe — for having believed in the woman to
whom you forced him to pledge his faith.
153 en sí me crió — it created me.
154 porque no me dando . . . Melibea — because had
it not given me life, I would not have sired Melibea.

consolada postrimería.[155] ¡O mi compañera buena! ¡O mi hija despedazada! ¿Por qué no quisiste que estorbase tu muerte[156]? ¿Por qué no hubiste lástima de tu querida e amada madre? ¿Por qué te mostraste tan cruel con tu viejo padre? ¿Por qué me dejaste, cuando yo te había de dejar?[157] ¿Por qué me dejaste penado? ¿Por qué me dejaste triste e solo in hac lachrymarum valle?[158]

---

155 postrimería — last stages of life, declining years.
156 ¿Por qué . . . muerte — Why were you unwilling for me to prevent your death?

157 cuando . . . dejar — when it was I who should have left you.
158 in hac lachrymarum valle — in this vale of tears.

PROSE FICTION OF THE GOLDEN AGE

THE PASTORAL NOVEL, THE HISTORICAL NOVEL, THE PICARESQUE NOVEL, THE QUIJOTE

Jorge de Montemayor, 1520?–61,
Diana, 1559? (pp. 176–77)

Los siete libros de la Diana, Spain's first and best pastoral romance, descended from a long tradition of bucolic literature. Pastoral influence may be traced from Biblical times, when the shepherd David and others wrote psalms. The Greeks and the Romans, especially Theocritus and Vergil, cultivated this theme, which later moved into southern France where Provençal poets made use of it. From there it penetrated into Spain and blended with the rustic folk poetry of the Galician-Portuguese school of poets. Early Castilian poets who wrote on pastoral subjects were Juan Ruiz and the Marqués de Santillana. With the Renaissance, Italian influence began to be felt, and the theme invaded the theater of Juan del Encina, Gil Vicente and Lope de Rueda, and the eclogues of Garcilaso de la Vega. Shepherds had appeared earlier in the Christmas *autos*, and many years later the shepherd Mingo Revulgo voiced a strong protest against corruption and negligence in government. The immediate forebears of Montemayor's novel, however, were Italians: Boccaccio with *Ninfale Fiesolano* and *Ameto* (the first pastoral novel to mingle prose and verse) and especially Jacopo Sannazaro, whose *Arcadia* Montemayor imitated. Other important influences on Montemayor were León Hebreo's *Diálogos de amor*, Ausías March's *Cantos de amor*, and Bernardim Ribeiro's *Menina e Moça*.

In the *Diana* there is even greater emphasis on the theme of love than in the *Cárcel de amor*. There are no chivalric sidelights, except for an insignificant one in Book VII. The tale of Abindarráez and Jarifa, a chivalric interlude, was not written by Montemayor and was interpolated at the end of Book IV in a Valladolid printing in 1561, after Montemayor's death. In the manner of a Byzantine novel, Montemayor invents for the *Diana* several plots (each relating some love affair), deals with them individually, and then brings them together (Book IV). He later separates them only to reunite them once more. He uses four main plots to recount the loves of the following pairs: (1) Sireno and Diana, (2) Selvagia and Alanio, (3) Felismena and Felis, (4) Belisa and Arsileo. These characters reappear (with the exception of Alanio) in later Books as Montemayor brings long separated lovers together. Secondary love tales are those of (1) Selvagia and Sylvano, (2) Amarílida and Filemón, and (3) Duarda and Danteo. Except for the Diana-Sireno affair, all the major plots end happily with weddings.

Love is the sole preoccupation of all the characters, artifically represented as shepherds and shepherdesses. Their elevated style of speech and their fine reasonings on the metaphysics of love belie their feigned rusticity and identify them as persons of high social standing and good breeding. They feel and interpret love according to their station, and the higher the station the purer and more platonic the love. Love is virtuous, and, though its aim is marriage, it is never sensual. The shepherdesses are highly modest and the shepherds chaste. Love tends to become carnal as one descends the social ladder, and the sensual attack on the three nymphs is perpetrated by *fieros salvajes* covered with hair, representing beasts. Love brings ecstasy or despair and is something to be revealed to others. Love affairs are begun only to be broken and the *incurable de amor* suffering from the *mal de amor* dominates the scene. The *desamado* (no-longer-loved-one) weeps oceans of tears as he remembers how blissful his life had been and how wretched it has become. Sympathetic shepherds and shepherdesses, eager to hear of the misfortunes of love, weep with him, their tears irrigating the grass and swelling the rivers. To describe the soul state of the incurable *desamado*, Montemayor runs the gamut of sad words such as *suspiros, amargo llanto, doler, desastrado fin, desconsuelo, infeliz, llorar, muerte, sin ventura, hado contrario, morir, quejar, lágrimas, triste, dolor, mi mal, ingrata fiera, entristecer, tristeza, sufrir, adversidades, remedio, desesperanza, ira, soledad, melancólico, ausencia*. The tearful conversations take place in the midst of very pleasant but artificial settings which describe no place in particular. The shepherds spend the *siesta* sitting in the shade together at the nearly inevitable *fuente de los alisos* or *verde prado* near a *clara fuente* in a *valle ameno*.

Montemayor sprinkles poems generously throughout his prose, using a total of fifty-one — two of these are in Portuguese. Though Cervantes judged his long-line poetry harshly, modern criticism does not agree that it is as bad as he would have us believe. Most feel, however, that his short-line verse is superior. Cervantes saved the *Diana* from the fire during the scrutiny of Don Quijote's library, but with the reservation that everything relating to the *sabia Felicia* be removed from it.

Montemayor, in real life something of a lover himself, met his death prematurely in Italy in a duel over a question of love. Consequently, he may have borrowed superficially from his own experience in writing the *Diana*. Since the days of Lope de Vega it has been customary to link the Diana of the novel with a real person, and Lope himself bluntly states in the first act of *La Dorotea* that the "Diana de Montemayor fué una dama natural de Valencia de don Juan, junto a León, y Ezla, su río, y ella serán eternos por su pluma." Manuel de Faria e Sousa in his edition of Camões' *Os Lusíadas* recalls in a note how in the year 1603 Felipe III and his queen stopped for the night in a town of León named Valderas (possibly a mistake for Valencia) and were there introduced to a certain woman named Ana who was known as the model of Montemayor's Diana. According to this report Ana was then sixty years old and would have been sixteen when the *Diana* was published in 1559 (?). Some of the details concerning Sireno in the plot summary prefixed to the novel could apply to Montemayor.

After the usual preliminary opening paraphernalia, which includes a dedication to Don Juan Castella de Vilanova and three poems, Montemayor offers the following *Argumento deste libro*:

En los campos de la principal y antigua ciudad de León, riberas del río Ezla, uvo una pastora llamada Diana, cuya hermosura fué extremadíssima sobre todas las de su tiempo. Ésta quiso y fué querida en extremo de un pastor llamado Sireno, en cuyos amores uvo toda la limpieza y honestidad possible. Y en el mismo tiempo, la quiso más que a sí otro pastor llamado Sylvano, el qual fué de la pastora tan aborrecido que no avía cosa en la vida a quien[1] peor quissiesse. Sucedió, pues, que como Sireno fuesse forçadamente fuera del reyno,[2] a cosas que su partida no podía escusarse, y la pastora quedasse muy triste por su ausencia, los tiempos y el coraçón de Diana se mudaron; y ella se casó con otro pastor llamado Delio, poniendo en olvido el que tanto avía querido. El qual, viniendo después de un año de absencia con gran desseo de ver a su pastora, supo antes que llegasse cómo era ya casada. Y de aquí comiença el primero libro y en los demás hallarán muy diversas hystorias, de casos que verdaderamente an sucedido, aunque van disfraçados debaxo de nombres y estilo pastoril.

Libro primero de la Diana de Jorge de Montemayor

Bajaba de las montañas de León el olvidado Sireno a quien Amor, la fortuna, el tiempo, tratavan de manera que del menor mal que en tan triste vida padecía, no se esperava menos que perdella. Ya no llorava el desventurado pastor el mal que la ausencia le prometía, ni los temores de olvido le importavan porque vía cumplidas las profecías de su recelo, tan en perjuizio suyo que ya no tenía más infortunios con que amenazalle. Pues llegando el pastor a los verdes y deleitosos prados que el caudaloso río Ezla con sus aguas va regando, le vino a la memoria el gran contentamiento de que en algún tiempo allí gozado avía, siendo tan señor de su libertad, como entonces subjecto a quien sin causa lo tenía sepultado en las tinieblas de su olvido.[3] Consideraba aquel dichoso tiempo que[4] por aquellos prados y hermosa ribera apacentava su ganado, poniendo los ojos en sólo el interesse que de traelle bien apacentado se le seguía y las horas que le sobravan, gastava el pastor en sólo gozar del suave olor de las doradas flores, al tiempo que la primavera, con las alegres nuevas del verano, se esparze por el universo, tomando a vezes su rabel[5] que muy pulido en un çurrón[6] siempre traía, otras vezes una çampoña,[7] al son de la qual com-

---

1 a quien — Here: which, that.
2 fuesse . . . reyno — had to leave the kingdom. Some find this statement evidence of Montemayor's departure from Spain to accompany Felipe to England in 1554. There is some doubt, however, that the shepherd Sireno is Montemayor in disguise.

3 This refers to Diana.
4 que — Here: when.
5 rabel — rebec (an early form of the violin).
6 çurrón (zurrón) — shepherd's pouch.
7 çampoña (zampoña) — rustic flute.

ponía los dulces versos con que de las pastoras de toda aquella comarca era loado. No se metía el pastor en la consideración de los malos o buenos sucessos de la fortuna ni en la mudança y variación de los tiempos; no le passava por el pensamiento la diligencia y codicias del ambicioso Cortesano ni la confiança y presunción de la Dama, celebrada por el solo voto y parecer de sus apassionados; tampoco le dava pena la hinchazón y descuido del orgulloso privado. En el campo se crió, en el campo apacentava su ganado y assí no salían del campo sus pensamientos hasta que el crudo amor tomó aquella possessión de su libertad, que él suele tomar de los que más libres se imaginan. Venía, pues, el triste Sireno, los ojos hechos fuentes, el rostro mudado y el coraçón tan hecho a sufrir desventuras que si la fortuna le quisiera dar algún contento, fuera menester buscar otro coraçón nuevo para recebille. El vestido era de un sayal[8] tan áspero como su ventura, un cayado en la mano, un çurrón del brazo izquierdo colgando. Arrimóse al pie de una haya; comenzó a tender sus ojos por la hermosa ribera hasta que llegó con ellos al lugar donde primero avía visto la hermosura, gracia, y honestidad de la pastora Diana, aquélla en quien naturaleza sumó todas las perficiones[9] que por muchas partes avía repartido. Lo que su coraçón sintió, imagínelo aquél que en algún tiempo se halló metido entre memorias tristes.

No pudo el desventurado pastor poner silencio a las lágrimas, ni escusar los sospiros que del alma le salían. Y volviendo los ojos al cielo, començó a dezir desta manera:

— ¡Ay, memoria mía, enemiga de mi descanso! ¿No os ocupárades mejor en hazerme olvidar desgustos presentes, que en ponerme delante los ojos contentos passados? ¿Qué dezís, memoria? Que en este prado vi a mi señora Diana. Que en él comencé a sentir lo que no acabaré de llorar. Que junto a aquella clara fuente, cercada de altos y verdes alisos, con muchas lágrimas algunas vezes me jurava que no avía cosa en la vida, ni voluntad de padres, ni persuasión de hermanos, ni importunidad de parientes que de su pensamiento la apartasse. Y que quando esto dezía salían por aquellos hermosos ojos unas lágrimas, como orientales perlas, que parecían testigo de lo que en el coraçón le quedava, mandándome so pena de ser tenido por hombre de bajo enten-

dimiento que creyesse lo que tantas vezes me dezía. Pues espera un poco, memoria, ya que me avéis puesto delante los fundamentos de mi desventura — que tales fueron ellos, pues el bien que entonces passé, fué principio del mal que ahora padesco — no se os olviden para templarme este descontento de ponerme delante los ojos uno a uno los trabajos, los desassosiegos, los temores, los recelos, las sospechas, los celos, las desconfianças que aún en el mejor estado no dejan al que verdaderamente ama. ¡Ay, memoria, memoria, destruidora de mi descanso, quán cierto está responderme quel mayor trabajo que en estas consideraciones se passava era muy pequeño en comparación del contentamiento que a trueque dél recebía! Vos, memoria, tenéis mucha razón y lo peor dello es tenella tan grande.

Y estando en esto, sacó del seno un papel donde tenía embueltos unos cordones de seda verde y cabellos — ¡y qué cabellos! — y poniéndolos sobre la verde yerba, con muchas lágrimas sacó su rabel, no tan loçano como lo traía al tiempo que de Diana era favorecido, y començó a cantar lo siguiente:

> ¡Cabellos, quánta mudança
> he visto después que os vi
> y quán mal parece ay[10]
> essa color de esperança![11]
> Bien pensava yo, cabellos,
> aunque con algún temor,
> que no fuera otro pastor
> digno de verse cabe[12] ellos.
> ¡Ay, cabellos, quántos días
> la mi Diana mirava
> si os traía o si os dejava
> y otras cien mil niñerías!
> Y quántas vezes llorando
> ¡ay, lágrimas engañosas!
> pedía celos de cosas
> de que yo estava burlando.
> Los ojos que me matavan
> dezí,[13] dorados cabellos,
> ¿qué culpa tuve en creellos
> pues ellos me asseguravan?
> ¿No vistes vos que algún día
> mil lágrimas derramava
> hasta que yo le jurava
> que sus palabras creía?
> ¿Quién vió tanta hermosura
> en tan mudable subjecto
> y en amador tan perfecto?
> ¿Quién vió tanta desventura?
> O cabellos, ¿no os corréis[14]
> por venir a do venistes

---

8 sayal — coarse woolen cloth, sackcloth.
9 perficiones (perfecciones) — perfections.
10 ay (allí) — there.
11 Green is the color of hope.

12 cabe — beside, near.
13 dezí (decid) — tell (me).
14 ¿no os corréis? — are you not ashamed?

viéndome cómo me vistes
en verme cómo me veis?
    Sobre el arena sentada
de aquel río la vi yo
do con el dedo escrivió:
antes muerta que mudada.
    Mira el amor lo que ordena
que os viene a hazer creer
cosas dichas por mujer
y escritas en el arena.

No acabara tan presto Sireno el triste canto, si las lágrimas no le fueran a la mano, tal estava como aquél a quien fortuna tiene atajados todos los caminos de su remedio. Dejó caer su rabel, toma los dorados cabellos, vuélvelos a su lugar, diziendo:

— ¡Ay, prendas de la más hermosa y desleal pastora, que humanos ojos pudieron ver! ¡Quán a vuestro salvo me avéis engañado! ¡Ay, que no puedo dexar de veros, estando todo mi mal en averos visto!

Y quando del çurrón sacó la mano, acaso topó con una carta que en tiempo de su prosperidad Diana le avía enviado; y como la vió, con un ardiente sospiro que del alma le salía, dijo:

— ¡Ay, carta, carta, abrasada te vea, por mano de quien mejor lo pueda hazer que yo, pues jamás en cosa mía pude hazer lo que quisiesse! ¡Malhaya quien aora te leyere! Mas ¿quién podrá dejar de hazello?

Y descogiéndola, vió que dezía desta manera:

Carta de Diana a Sireno

« Sireno mío, ¡quán mal suffriría tus palabras quien no pensasse que amor te las hazía dezir! Dízesme que no te quiero quanto devo, no sé en que lo vees, ni entiendo cómo te pueda querer más. Mira que ya no es tiempo de no creerme, pues vees que lo que te quiero me fuerça a creer lo que de tu pensamiento me dizes. Muchas vezes imagino que assí como imaginas que no te quiero, queriéndote más que a mí, assí deves pensar que me quieres teniéndome aborrescida. Mira, Sireno, quel tiempo lo ha hecho mejor contigo, de lo que al principio de nuestros amores sospechaste y que quedando mi honrra a salvo, la qual te deve todo lo del mundo, no avría cosa en él, que por ti no hiziesse. Suplícote todo quanto puedo, que no te metas entre celos y sospechas, que ya sabes quán pocos escapan de sus manos con la vida, la qual te dé Dios con el contento que yo te desseo.

As Book I continues, the forgotten Sireno meets the spurned Sylvano, and they console each other as they recall in conversation and song the sad history of their love for Diana. Although it does not comfort him, Sireno learns that Diana is unhappy in her marriage and that Delio, her husband, is not skilled in any of the things shepherds value, such as playing a musical instrument, singing, wrestling, and dancing with the girls on Sunday. A shepherdess named Selvagia approaches playing a rustic flute and singing a sad song. She tells them her story.

In the *reyno de los Lusitanos* she had visited the temple of Minerva one night with other shepherds and had fallen in love with a beautiful shepherdess named Ysmenia. Ysmenia plays a trick on the visitor and tells her that she is really a man, bringing her cousin Alanio (who looks like her and with whom she is in love) in on the ruse. A week later, Alanio and Selvagia fall in love. Ysmenia, now jealous, pretends to love Montano, but really falls in love with him — this wins Alanio away from Selvagia. Montano in his turn falls in love with Selvagia, and the cycle is now complete: Alanio loves Ysmenia, Ysmenia loves Montano, Montano loves Selvagia, and Selvagia loves Alanio. With no explanation, Selvagia's father takes her to a neighboring town where she hears later that Montano has married Ysmenia and that Alanio is thinking of marrying her sister, Sylvia. Selvagia is disconsolate. As Book I ends the three wend their way home singing laments, agreeing to meet the next day at the same place.

In Book II Sireno, Sylvano, and Selvagia meet on the following day and from a hiding place listen as three nymphs, Dórida, Cinthia, and Polydora, sing of Sireno's sad love affair. When the nymphs are suddenly attacked by three *fieros salvajes*, the shepherds try to defend them with their slings. Finally a beautiful shepherdess named Felismena saves them all by killing the savages. She then tells her story. Born a twin, it was prophesied that she and her brother would be the unhappiest of mortals in love but the most skillful in warfare. She had fallen in love with Don Felis, but his father, fearing a marriage, sent Felis to the court, leaving Felismena inconsolable. She decides to do what a woman had never thought of doing before. She masquerades as a man, goes to the court, and assuming the name Valerio enters the service of Don Felis as a page. She learns that Felis is wooing a certain Celia, who spurns him. Celia has written a letter to Felis which he reads to Valerio (Felismena).

Carta de Celia a Don Felis

Nunca cosa que yo sospechasse de vuestros amores, dió tan lexos de la verdad que me diesse ocasión de no creer más vezes a mi sospecha, que a vuestra disculpa, y si en esto os hago agravio, poneldo a cuenta de vuestro descuydo, que bien pudiérades negar los amores passados[15] y no dar ocasión a que por vuestra confesión os condenasse. Dezís que fuy causa que olvidássedes los amores primeros; consoláos con que no faltará otra que lo sea[16] de los segundos. Y asseguráos, señor don Felis, porque os certifico que no ay cosa que peor esté a un cavallero, que hallar en qualquier dama ocasión de perderse por ella. Y no diré más porque en males sin remedio, el no procurárselo es lo mejor.

Felis replies to the letter with one of his own and sends Valerio (Felismena) with it to Celia. Felismena is now the go-between for the man she loves.

Y tomando la carta y informándome de lo que avía de hazer, me fuy en casa de la señora Celia, ymaginando el estado triste a que mis amores me avían traydo, pues yo misma me hazía guerra, siéndome forçado ser intercessora de cosa tan contraria a mi contentamiento. Pues llegando en casa de Celia y hallando un page suyo a la puerta, le pregunté si podía hablar a su señora. Y el page, informado de mí cuyo era, le dixo a Celia, alabándole mucho mi hermosura y disposición y diziéndole que nuevamente don Felis me avía recebido.[17] La señora Celia le dixo: « Pues a hombre recebido de nuevo descubre luego don Felis sus pensamientos, alguna grande ocasión deve aver para ello. Díle que entre y sepamos lo que quiere. » Yo entré luego donde la enemiga de bien estava y con el acatamiento[18] debido, le besé las manos y le puse en ellas la carta de don Felis. La señora Celia la tomó y puso los ojos en mí de manera que yo le sentí la alteración que mi vista[19] le avía causado porque ella estuvo tan fuera de sí, que palabra no me dixo por entonces. Pero después bolviendo un poco sobre sí, me dixo: « ¿Qué ventura te a traydo a esta corte para que don Felis la[20] tuviera tan buena como es

tenerte por criado? » « Señora, » le respondí yo, « la ventura que a esta corte me a traydo no puede dexar de ser muy mejor de lo que nunca pensé pues a sido causa que yo viesse tan gran perfición y hermosura, como la que delante mis ojos tengo; y si antes me dolían las ansias, los sospiros y los continuos desassosiegos de don Felis, mi señor, agora que e visto la causa de su mal, se me a convertido en embidia la manzilla[21] que dél tenía. Mas si es verdad, hermosa señora, que mi venida te es agradable, suplícote por lo que deves al grande amor que él te tiene, que tu respuesta también lo sea. » « No hay cosa, » me respondió Celia, « que yo dexe de hacer por ti aunque estava determinada de no querer bien a quien a dexado otro por mí. Que grandíssima discreción es saber la persona aprovecharse de casos agenos para poderse valer en los suyos. » Y entonces le respondí: « No creas, señora, que avría cosa en la vida porque don Felis te olvidasse.[22] Y si a olvidado a otra dama por causa tuya, no te espantes, que tu hermosura y discreción es tanta, y la de la otra dama tan poca, que no ay para qué imaginar que por averla olvidado a causa tuya, te olvidara a ti a causa de otra. » « ¿Y cómo, » dixo Celia, « conociste tú a Felismena, la dama a quien tu señor en su tierra servía? » « Sí conocí, » dixe yo, « aunque no también como fuera necesario para escusar tantas desventuras. Verdad es que era vezina de la casa de mi padre pero visto tu gran hermosura, acompañada de tanta gracia y discreción, no ay porque culpar a don Felis de aver olvidado los primeros amores. » A esto me respondió Celia ledamente[23] y riyendo: « Presto as aprendido de tu amor a saber lisongear. » « A saberte bien servir, » le respondí, « querría yo poder aprender, que adonde tanta causa ay para lo que se dize, no puede caber lisonja. » La señora Celia tornó muy de veras a preguntarme le dixesse qué cosa era Felismena. A lo qual yo le respondí: « Quanto a su hermosura, algunos ay que la tienen por muy hermosa, mas a mí jamás me lo pareció. Porque la principal parte que para serlo es menester, muchos días a[24] que le falta. » « ¿Qué parte es éssa?, » preguntó Celia. « Es el contentamiento, » dixe yo, « porque nunca adonde[25] él no está puede

15 Celia has rejected Felis' suit because he had abandoned Felismena upon coming to the court.
16 otra . . . sea — another (woman) who will be the cause (of your forgetting the second love affair).
17 me avía recebido — had just hired me.
18 acatamiento — respect.
19 mi vista — the sight of me.
20 The antecedent of la is ventura.
21 manzilla — pity.
22 porque . . . olvidasse — that would make Don Felis forget you.
23 ledamente — merrily, cheerfully.
24 muchos días a (muchos días hace) — for many days.
25 adonde (donde) — where.

aver perfecta hermosura. » « La mayor razón del mundo tienes, » dixo ella, « mas yo e visto algunas damas que les está[26] también el estar tristes, y a otras el estar enojadas, que es cosa estraña; y verdaderamente que el enojo y la tristeza las haze más hermosas de lo que son. » Y entonces le respondí: « Desdichada de hermosura que a de[27] tener por maestro el enojo o la tristeza; a mí poco se me entienden estas cosas pero la dama que a menester industrias, movimientos o passiones para parecer bien, ni la tengo por hermosa, ni ay para qué contarla entre las que lo son. » « Muy gran razón tienes, » dixo la señora Celia, « y no avrá cosa en que no la tengas, según eres discreto. » « Caro me cuesta, » respondí yo, « tenelle en tantas cosas. Suplícote, señora, respondas a la carta porque también la tenga don Felis, mi señor, de recebir este contentamiento por mi mano. » « Soy contenta, » me dixo Celia, « mas primero me has de dezir cómo está Felismena en esto de la discreción. ¿Es muy avisada? »[28]

Valerio (Felismena) responds to Celia's questions about Felismena, then persuades her to read the letter from Felis. The page returns to Felis with the good news that Celia has read his letter. But Celia has now fallen in love with Valerio. The page (Felismena) must continue serving as the go-between for Felis and bends every effort to persuade Celia to respond to her master's love.

Deste modo se passaron muchos días que le[29] servía de tercera, a grandíssima costa de mi contentamiento, al cabo de los quales los amores de los dos yvan de mal en peor, porque era tanto lo que Celia me quería que la gran fuerça de amor la hizo que perdiesse lo que devía a sí misma. Y un día, después de averle llevado y traído muchos recaudos y de averle yo fingido algunos, por no ver triste a quien tanto quería, estando suplicando a la señora Celia con todo el acatamiento possible que se doliesse de tan triste vida, como don Felis a causa suya passava y que mirasse que en no favorecelle, iva contra lo que a sí misma devía, lo qual yo hazía por verle tal que no se esperava otra cosa sino la muerte, del gran mal que su pensamiento le hazía sentir. Ella, con lágrimas en los ojos y con muchos sospiros, me respondió: « Desdichada de mí, o Valerio,

que en fin acabo de entender quán engañada vivo contigo. No creya yo[30] hasta agora que me pedías favores para tu señor, sino por gozar de mi vista el tiempo que gastavas en pedírmelos. Mas ya conozco que los pides de veras y que pues gustas de que yo agora le trate bien, sin duda no deves quererme. ¡O quán mal me pagas lo que te quiero y lo que por ti dexo de querer! Plega a Dios que el tiempo me vengue de ti, pues el amor no a sido parte para ello. Que no puedo yo creer que la fortuna me sea tan contraria que no te dé el pago de no avella conocido. Y dí a tu señor don Felis que si viva me quiere ver, que no me vea, y tú, traydor, enemigo de mi descanso, no parezcas delante de estos cansados ojos, pues sus lágrimas no an sido parte para[31] darte a entender lo mucho que me deves. » Y con esto se me quitó delante con tantas lágrimas que las mías no fueron parte para detenella porque con grandíssima priessa se metió en un aposento y cerrando tras sí la puerta, ni bastó llamar suplicándole con mis amorosas palabras que me abriesse y tomasse de mí la satisfación que fuesse servida ni dezille otras muchas cosas en que se mostrava la poca razón que avía tenido de enojarse para que quisiesse abrirme. Mas antes, desde allá dentro me dixo con una furia estraña: « Ingrato y desagradecido Valerio, el más que mis ojos pensaron ver, no me veas ni me hables, que no ay satisfación para tan grande desamor ni quiero otro remedio para el mal que me heziste, sino la muerte, la qual yo con mis proprias manos tomaré en satisfación de la que tú mereces. Y yo viendo esto, me vine a casa del mi don Felis con más tristeza de la que pude disimular y le dixe que no avía podido hablar a Celia por cierta visita en que estava ocupada. Mas otro día, de mañana supimos y aún se supo en toda la ciudad que aquella noche le avía tomado un desmayo con que avía dado el alma, que no poco espanto puso en toda la corte. Pues lo que don Felis sintió su muerte y quánto le llegó al ánima no se puede dezir ni ay entendimiento humano que alcançallo pueda, porque las cosas que dezía, las lástimas, las lágrimas, los ardientes sospiros eran sin número. Pues de mí no digo nada porque de una parte la desastrada muerte de Celia me llegava al ánima, y de otra las lágrimas de don Felis me traspassavan el coraçón. Aunque esto no fué nada, según lo

26 les está — becomes them.
27 a de (ha de) — Here: must have, has to have.
28 avisada — prudent.

29 *Le* refers to Felis.
30 No creya yo (No creía yo) — I did not believe.
31 ser parte para — to be sufficient to.

que después sentí porque, como don Felis supo su muerte, la misma noche desapareció de casa sin que criado suyo ni otra persona supiesse dél. Ya veis, hermosas Nimphas, lo que yo sentiría; pluguiera a Dios que yo fuera la muerta y no me sucediera tan gran desdicha, que cansada devía estar la fortuna de las de hasta allí. Pues como no bastasse la diligencia que en saber del mi don Felis se puso, que no fué pequeña, yo determiné ponerme en este hábito[32] en que me veis, en el qual a más de dos años que e andado buscándole por muchas partes y mi fortuna me a estorvado hallalle, aunque no le devo poco pues me a traído a tiempo que este pequeño servicio pudiese hazeros. Y creedme, hermosas Nimphas, que lo tengo después de la vida de aquél en quien puse toda mi esperanza por el mayor contento que en ella pudiera recebir.

The three nymphs are deeply moved by Felismena's tragic story and invite her to go with them to the Temple of Diana where the wise Felicia will cure her love sickness. Sireno, Sylvano, and Selvagia go along.

Book III digresses to tell the story of Belisa and Arsileo. The latter had been killed by mistake by his father, Arsenio, who was in love with Belisa. She now joins the love pilgrims and Book IV is spent in describing the marvels of Diana's temple. In Book V Felicia dispenses her magic water. As a result Sireno is cured of his love for Diana. Sylvano and Selvagia forget their former loves and fall in love with each other. Later, Arsileo appears with the explanation that a jealous necromancer had created the illusion that he had been killed, and he and Belisa are reunited. Book VI introduces another unhappy love affair which is settled happily by Felismena. Also, Diana, in tears, explains to Sireno that she had married Delio because it was her parents' wish. But Sireno remains unmoved and rejoices that he is free. As Sireno and Sylvano jest about their past silliness in loving Diana, she accepts the hopelessness of her situation and leaves. In Book VII Felismena finds her long-lost lover with whom she returns to Diana's temple. There a triple wedding takes place: Felismena and Felis, Selvagia and Sylvano, and Belisa and Arsileo. Montemayor concludes with a promise to continue his story in a second part, but he died before he could write it.

32 Felismena is now dressed as a shepherd.

Ginés Pérez de Hita, 1544?–1619?,
Guerras civiles de Granada, 1595; 1604
(pp. 178–79)

The Moorish or historical novel developed in Spain in the second half of the sixteenth century and is best represented by the *Historia de los bandos de los Zegríes y Abencerrajes*, commonly called *Guerras civiles de Granada*. Although not widely cultivated in Spain, this type of novel bequeathed to posterity the sentimentalized, romantic Moor, a literary figure that captivated the fantasy of later generations and was a special favorite in the French novel of the seventeenth century and during the Romantic movement of the nineteenth century. The Moorish theme, given permanence by Pérez de Hita, was later treated by such notables as Lope de Vega, Calderón, Nicolás Fernández de Moratín, Martínez de la Rosa, Pedro Antonio de Alarcón, Mlle. de Scudéry, Mme. de Lafayette, Chateaubriand, and Washington Irving.

Very little is known about Ginés Pérez de Hita. We are not even certain of the dates of his birth and death. His biographers have concluded that he was born in 1544, probably in the town of Mula on the Moorish frontier. Possibly his mother was from Murcia and he may have lived there for a time during his childhood. In the *Guerras* he favors Murcian knights, and a very fine young Christian captive girl who saved the Sultana from suicide was Esperanza de Hita, from Mula. The author mentions his own name in Chapter XVI, Part I, where he says that some men from Mula, named Pérez de Hita, fought with don Juan de Ávalos against the Moors of Baza. Ginés Pérez de Hita entered the service of Luis de Fajardo, Marqués de los Vélez, as an *escudero* and fought under his banners in 1569 and 1570 in the wars against the *moriscos* of the Alpujarra. Little else is known of his life. Besides the *Guerras*, he wrote two little known poems, neither of which contributes to his reputation. One is in octaves entitled *Libro de la población y hazañas de la muy noble y leal ciudad de Lorca*, 1572. The other, mostly in *versos sueltos*, is named *Los diez y siete libros de Daris el bello troyano*, 1596, a reworking of the *Crónica troyana*.

The *Guerras civiles* is divided into two parts and is really two different works. The first part, printed in Zaragoza in 1595, deals with the Moorish society of Granada in its last days before the surrender to Fernando V in January of 1492. This part qualifies as a historical novel, for the author maintains a broad, generalized historical base yet uses his imagination freely and injects large amounts of fiction. His sources are principally the *romances fronterizos* and *moriscos* which he sprinkles about in appropriate places. Some of these ballads are historical and some contemporary to the events described, and Pérez blends them into his narrative as poetic summaries of his prose narratives and as proof of their veracity. He used as sources two historians mentioned by name in the novel: Hernando del Pulgar, author of *Crónica de los reyes católicos*, 1565; and Esteban Garibay y Zamalloa, who wrote *Compendio histórico de los reyes católicos*, 1571. No doubt Pérez also drew upon oral tradition and legend.

In the heading to Part I, Pérez states that the author of the book was a Moor named Aben Hamín, native of Granada, and that it was translated into Spanish by Ginés Pérez de Hita. Such harmless editorial deceit was widely practiced in this age, and Pérez's Aben Hamín is certainly kin to Cervantes' Cide Hamete Benengeli. Part I has far outstripped in popularity the relatively inferior second part and has been reprinted far more frequently. Part II was finished in 1597 but was not printed until 1604. Labeled *historia anovelada* by Aribáu, it deals with events and characters not related to those of Part I and recounts the story of the *morisco* rebellion in the Alpujarra region at the foot of the Sierra Morena. The events of Part II occur some seventy-five years after those of Part I. In Part I Pérez is concerned with the splendor of the Moorish court, the knightly games, the tournaments, the single combats between gallant Moors and Christians on the plain of Granada, the love affairs of Moorish men and ladies, the chivalrous conduct of Moorish heroes, and the central theme of the beheading of thirty-six Abencerrajes by *el rey chico*, Boabdil, and the resultant turmoil in the city. The second part of the book concerns sieges, struggles between armies, cruel acts of vengeance by the *moriscos*, and reprisals by the Christians. Its poems, mostly by Pérez himself, are inferior to those of the first part.

The plan of the novel is loose, and although there are many novelistic episodes not vitally connected with the central theme, it is precisely these portions that contain much of the charm of the novel. Often the *Guerras civiles* reads like a novel of chivalry as bold knights challenge each other, but there are no fantastic or supernatural elements. The idealization of the Moorish hero has its precedent in the idealized shepherd of the pastoral novel, and the love affairs of knights and ladies recall the sentimental novel. Menéndez y Pelayo criticizes Pérez for what he calls ridiculous etymologies and stupendous anachronisms; but he praises him highly for his epic vitality, his clever mixing of prose and poetry, the marvelous descriptions, the spirit of tolerance and humanity, the picturesque details, and the nobility of sentiments. In spite of a certain monotony in the combat scenes, the *Guerras civiles* is more readable today than other forms of idealized fiction of the sixteenth century. It stands as the fullest expression of the Moorish novel, and its popularity is attested to by thirty-two editions in the seventeenth century and six more in the eighteenth.

In the opening chapters of his novel Pérez de Hita speaks very seriously about the founding of the city of Granada and of the history and extension of the kingdom of Granada. He lists its Moorish kings from Mahomad Alhamar whose reign ended in 1262, to Muley Hazén whose reign began in 1465, interrupting his roster of monarchs to tell of the battle of Alporchones between Christians and Moors. Then he continues with background material such as the names of important Moorish families and cities of the realm and a description of important buildings. He also points out that Muley Hazén has been replaced on the throne by his son, Boabdil, *el rey chico*. The city is thus divided into two factions, though Muley Hazén has very little power, lists few supporters, and lives in retirement. Up to this point (Chapter III) the narrative has been serious and dry, but in Chapter IV Pérez introduces the first of many novelistic episodes — the single combat between Muza, illegitimate son of Muley Hazén and half-brother of Boabdil, and Don Rodrigo Téllez Girón, Maestre de Calatrava. The Spaniard has appeared on the plain before Granada and issued a written challenge to any Moorish knight to do battle. The letter addressed to *el rey chico* arrives during the festivities celebrating the latter's newly acquired crown. The Moorish knights select their champion by a lottery and the Sultana draws Muza's name. The following excerpt tells of the fight between the two men.

CAPÍTULO QUARTO
QUE TRATA LA BATALLA
QUE EL VALIENTE MUÇA TUVO
CON EL MAESTRE, Y DE OTRAS COSAS
QUE MÁS PASSARON

Assí como el mensagero del Maestre fué partido con la carta, siendo el desafío aceptado, los Moros cavalleros y el Rey quedaron hablando en muchas cosas, principalmente en el desafío del valeroso Maestre. La Reyna y las damas que allí estavan no holgaron mucho dello, porque ya sabían bien que el valor del Maestre era grande y diestro en las armas. Y a quien más en particular este desafío pesó, fué a la muy hermosa y discreta Fátima, que amava a Muça de muy firme amor; después que dexó los amores del valiente Abindarráez,[1] visto que Abindarráez los tratava con la hermosa Xarita. Esta Fátima que digo era muy hermosa, y era Zegrí,[2] y dama de muy grande aviso y discreción, estava muy aficionada al valiente Muça y sus cosas, dándoselo algunas vezes a entender, con un sabroso y dulce mirar. Mas de Muça digo que estava muy fuera deste propósito, porque amava de todo coraçón a la hermosa Daraxa, hija de Hamat Alagez, cavallero de muy gran cuenta, y hazía por ella y en su servicio muy grandes y señaladas cosas. Mas esta dama Daraxa no amava a Muça, porque tenía todo su amor puesto en Abenhamete, cavallero Abencerrage, hombre gentil y gallardo y de muy grande valor. Y assí mismo el Abencerrage amava a la hermosa Daraxa, y le servía en todo quanto podía. Pues bolviendo a nuestro Muça, aquella noche siguiente adereçó todo lo necessario para la batalla que avía de hazer con el buen Maestre, y la hermosa Fátima le envió con un paje suyo un pendoncillo de una muy fina seda para la lança, el medio morado y el otro medio verde, todo recamado con muy ricas labores de oro, y por él sembradas muchas FF, en que declaravan el nombre de Fátima. El paje lo dió a Muça diziendo: «Valeroso Muça, Fátima mi señora os besa las manos y os suplica que pongáys en vuestra lança este pendoncillo en su servicio, porque será muy contenta si lo lleváys a la batalla.» Muça tomó el pendón, mostrando muy buen semblante, porque era para con las damas muy cortés, aunque cierto más quisiera que aquella empresa fuera de la hermosa Daraxa que de ninguna otra dama

del mundo. Mas como era tan discreto como valiente, lo recibió, diziéndole al paje: «Amigo, di a la hermosa Fátima, que yo le tengo en grande merced el pendoncillo que me embía, aunque en mí no aya méritos para que prenda de tan hermosa dama lleve conmigo. Y que Alá me dé gracia para que yo lo pueda servir, y que yo le prometo de ponerlo en mi lança y con él entrar en la batalla. Porque tengo entendido que con tal prenda, y embiada de tan hermosa señora, será muy cierta la victoria de mi parte.» El paje se fué con esto, y en llegando a Fátima, le dixo todo lo que con el valiente Muça passara; que no fué poco alegre Fátima con ello. Pues el alva aun no era bien rompida, quando el buen Muça ya estava de todo punto muy bien adereçado para salir al campo. Y dando dello aviso al Rey, se levantó y mandó que se tocassen las trompetas y clarines, al son de los quales se juntaron gran cantidad de cavalleros, de los más principales de Granada, sabiendo ya la ocasión dello. El Rey se puso aquel día muy galán, conforme a su persona Real convenía. Llevava una marlota[3] de tela de oro tan rica que no tenía precio, con tantas perlas y piedras de valor que muy pocos Reyes las pudieran tener tales. Mandó el Rey que saliessen docientos cavalleros adereçados de guerra, para seguridad de su hermano Muça, los quales se adereçaron muy presto. Todos los demás salieron muy ricamente vestidos, que no huvo ningún cavallero que no vistiesse seda y brocado. Bolviendo al caso, aun no eran los rayos del sol bien tendidos por la hermosa y espaciosa vega, quando el Rey Chico y su cavallería salió por la puerta que dizen de Bibalmaçan, llevando a su hermano Muça al lado, y todos los demás cavalleros con él, con tanta gallardía que era cosa de mirar la diversidad de los trajes y vestidos de los Moros cavalleros. Y los demás cavalleros que yvan de guerra no menos parecer y gallardía llevavan: parecían tan bien con sus adargas blancas y lanças y pendoncillos, con tantas divisas y cifras en ellos, que era cosa de mirar. Yva por capitán de la gente de guerra Mahomad Alabez, valiente cavallero y gallardo, muy galán, enamorado de una dama llamada Cohayda, en grande estremo hermosa. Llevava este valiente Moro un listón morado en su adarga, y en él, por divisa, una corona de oro, y una letra que dezía: «De mi sangre.» Dando a entender que venía de aquel valeroso Rey Almohabez, que passó en

---

1 Abindarráez is one of the Moorish knights.
2 The Zegríes were a family or clan of Moorish knights,

enemies of the Abencerrajes, another important clan.
3 marlota — a kind of Moorish gown or cloak.

España en tiempo de su destruyción, el qual mató el Infante don Sancho, como arriba es dicho. La misma divisa llevava este gallardo Moro en su pendoncillo. Ansí, pues, salieron de Granada estas dos quadrillas, y anduvieron hasta donde estava el buen Maestre con sus cinquenta cavalleros aguardando, no menos adereçados que la contraria parte. Assí como llegó el Rey, se tocaron sus clarines, a los quales respondieron las trompetas del Maestre. Cierto que era cosa de ver assí los de una parte como los de la otra. Después de averse mirado los unos a los otros, el valeroso Muça no veya[4] la hora de verse con el Maestre, y tomando licencia de su hermano el Rey, salió con su cavallo passo a passo con muy gentil ayre y gallardía, mostrando en su aspecto ser varón de gran esfuerço. Llevava el bravo Moro su cuerpo bien guarnecido, sobre un jubón de armar[5] una muy fina y delgada cota,[6] qual dizen jacerina,[7] y sobre ella una muy fina coraça,[8] toda aforrada en terciopelo verde, y encima della una muy rica marlota del mismo terciopelo, muy labrada con oro, por ella sembradas muchas DD de oro, hechas en arábigo. Y esta letra llevava el Moro por ser principio del nombre de Daraxa, a quien el amava en demasía. El bonete era ansí mismo verde con ramos labrados de mucho oro, y laçadas con las mismas DD arriba dichas. Llevava una muy fina adarga, hecha dentro en Fez,[9] y un listón por ella travessado ansí mismo verde, y en medio una cifra galana, que era una mano de una donzella, que apretava en el puño un coraçon, tanto al parecer que salía del coraçon gotas de sangre, con una letra que dezía: « Más merece. » Yva tan gallardo Muça que qualquiera que lo mirava recebía de verle grande contento. El Maestre, que venir lo vido, luego coligió que aquel cavallero era Muça, con quien avía de hazer la batalla, y ansí luego mandó a sus cavalleros que ninguno se moviesse en su socorro, aunque le viessen puesto en necessidad, y lo huviesse menester. Y dando de las espuelas al cavallo se fué passo ante passo hacia la parte que venía el Moro Muça, con no menos ayre y gallardía que el enemigo. Yva el Maestre muy bien armado, y sobre las armas, una ropa de terciopelo azul muy ricamente labrada y recamada de oro. Su escudo era verde y el

campo blanco, y en él puesta una cruz roja, hermosa, la qual señal también llevava en el pecho. El cavallo del Maestre era muy bueno, de color rucio rodado. Llevava el Maestre en la lança un pendoncillo blanco, y en él la cruz roja como la del escudo, y baxo de la cruz una letra que dezía: « Por ésta y por mi Rey. » Parecía el Maestre tan bien, que a todos daba de verle grandíssimo contento. Y dixo el Rey a los que con él estavan: « No sin causa este cavallero tiene gran fama, porque en su talle y buena disposición se muestra el valor de su persona. » En este tiempo llegaron los dos valientes cavalleros, cerca el uno del otro. Y después de averse mirado muy bien, el que primero habló fué Muça, diziendo: « Por cierto, valeroso cavallero, que vuestra persona muestra bien claro ser vos de quien tanta fama anda por el mundo, y vuestro Rey se puede tener por bien andante[10] en tener un tan preciado cavallero como vos a su mandado. Y por sola la fama que de vuestro valor buela por todo el mundo, me tengo por muy bien andante Moro entrar con vos en batalla, porque si Alá quisiesse y Mahoma lo otorgasse que yo de tan buen cavallero alcançasse victoria, todas las glorias dél serían mías, que no poca honra y gloria sería para mí y todo mi linage. Y si al contrario fuesse que yo quedasse vencido, no me daría mucha pena serlo de la mano de tan buen cavallero. » Con esto dió Muça fin a sus razones. A las quales palabras respondió el valeroso y esforçado Maestre muy cortésmente, diziendo: « Por un recado que ayer recebí del Rey, sé que os llaman Muça, de quien no menos fama se publica que de mí vos avéys[11] dicho, y que soys su hermano, descendientes de aquel valeroso y antiguo capitán Muça,[12] que en los passados tiempos ganó gran parte de nuestra España. Y ansí lo tengo yo en mucho hazer con tan alto cavallero batalla. Y pues que cada uno de su parte dessea la honra y gloria della, vengamos a ponerla en execución, dexando en las manos de la fortuna el fin del caso, y no aguardemos que más tarde se nos haga. » El valeroso Moro que assí oyó hablar al Maestre, le sobrevino una muy grande vergüença, por aver dilatado tanto la escaramuça, y sin responder palabra alguna, con mucha presteza rodeó su cavallo, el qual era de gran bondad,

---

4 no veya (no veía) — did not see.
5 jubón de armar — a doublet worn in fighting.
6 cota — coat of mail.
7 jacerina — coat of mail.
8 coraça (coraza) — cuirass.
9 Fez was an important Moorish city in northwest

Africa and was the capital of Morocco until 1548.
10 bien andante — fortunate, lucky.
11 avéys (habéis) — you have.
12 Captain Muza was a Moorish leader who helped conquer Spain in the early years of the eighth century.

y apretándose el bonete bien en la cabeça, debaxo del qual llevava un muy fino y azerado caxco,[13] se apartó un gran trecho: lo mismo avía hecho el Maestre. A este tiempo la Reyna y todas las damas estavan puestas en las torres del Alhambra,[14] por mirar desde allí la escaramuça. Fátima estava junto a la Reyna, muy ricamente vestida de damasco verde y morado, de la color del pendoncillo que le embiara a Muça. Tenía por toda la ropa sembradas muchas MM griegas, por ser primera letra del nombre de su amante Muça. El Rey, como vido los cavalleros apartados y que aguardavan señal de batalla, mandó tocar los clarines y dulçaynas,[15] a las quales respondieron las trompetas del Maestre. Siendo la señal hecha, los dos valientes cavalleros arremetieron sus cavallos el uno para el otro, con grande furia y braveza, con la qual passaron el uno por el otro, dándose muy grandes encuentros; mas ninguno perdió la silla, ni hizo desdén ni mudança que mal pareciesse. Las lanças quedaron sanas, el adarga de Muça fué falseada, y el hierro de la lança tocó en la fina coraça, y rompió parte della, y paró en la jacerina sin hazerle otro mal. El encuentro que dió Muça, también passó el escudo del Maestre, y el hierro de la lança tocó en el fuerte peto,[16] que a no serlo tan bueno, fuera por el duro hierro falseado, por ser muy fino y hecho en Damasco.[17] Los cavalleros sacaron las lanças muy ligeramente, y con gran destreza començaron a escaramuçar, rodeándose el uno al otro, procurando de se herir; mas el cavallo del Maestre aunque era de gran bondad, no era tan ligero como el que llevava Muça, a cuya causa el Maestre no podía hazer golpe a su gusto, por andar Muça tan ligero con el suyo. Y ansí Muça entrava y salía quando quería con grandíssima ligereza, dándole algunos golpes al Maestre. El qual, como viesse que el cavallo de Muça era tan rebuelto y ligero, no sabiendo qué se hazer, acordó, muy confiado en la fortaleza de su braço, de tirarle la lança. Y ansí aguardando que Muça le entrasse, como le viesse venir contra él con tanta furia como un rayo, con gran presteza terceó la lança, y levantando sobre los estribos, con gran furia y fortaleza le arrojó la lança. Muça, que venir lo vido, quiso con gran ligereza hurtarle el cuerpo,[18] y ansí en un pensamiento bolvió la rienda al cavallo por

apartarse del golpe. Mas no lo pudo hazer tan presto que primero la lança del Maestre no llegasse, la qual dió al cavallo por la ijada un duro golpe, que lo passó de una banda a otra. El cavallo de Muça, viéndose tan malamente herido, començó a dar tan grandes saltos, y a hazer tales cosas, dando muy grandes corcobos, que era cosa de espanto. Lo qual siendo de Muça entendido, porque de su mismo cavallo algún daño no le viniesse, saltó de la silla en el suelo, y con ánimo de un león, se fué para el Maestre por desjarretalle[19] el suyo. El Maestre que venir le vido, luego entendió su intención, y porque no le desjarretasse el cavallo, saltó dél tan ligero como un ave. Y embraçando su escudo, aviendo dexado la lança, puso mano a su espada y se fué para Muça, el qual ya venía lleno de cólera y saña contra el Maestre, por averle ansí tan malamente herido su cavallo, y con una hermosa cimitarra se fué a herir al Maestre de muy grandes golpes; el qual de muy buena gana le recibió. De esta suerte, en pie, començaron a pelear los dos fuertes cavalleros, dándose muy crecidos golpes, tanto que se deshazían los escudos y las armas; mas el valeroso Maestre, que era más diestro en ellas que Muça, puesto que Muça fuesse de bravo coraçón y ánimo invencible, quiso mostrar do llegava su valor, y ansí affirmando su espada sobre la cimitarra de Muça, hizo señal y muestra que le quería tirar por baxo al muslo. Y ansí dexando passar la espada por baxo la cimitarra, apuntó y señaló aquel golpe; Muça con presteza fué al reparo, porque su muslo no fuesse herido. El Maestre con una presteza increyble bolvió de mandoble[20] a la cabeça, de modo que el valiente Muça no pudo yr al reparo tan presto como fuera necessario: y ansí el golpe del Maestre hizo effecto de tal manera, que la mitad del verde bonete cortó, do el penacho vino al suelo, quedando el caxco descubierto, que si tan fino no fuera y de tan estremado temple, Muça lo passara muy mal; mas con todo esso no dexó de quedar Muça medio aturdido de aquel pesado golpe. Y reconociendo el mal estado en que estava, acudió con su cimitarra con gran presteza y fuerça, y descargó un desaforado golpe; el Maestre lo recibió en su escudo, el qual por la fuerça de aquel golpe vino, cortado el medio, al suelo: y siendo rota la manga de la loriga,

13 caxco (casco) — headpiece.
14 The Alhambra is a famous palace in Granada.
15 dulçaynas (dulzainas) — flageolets (flute-like instruments).
16 peto — breastplate.

17 Damasco — Damascus, a city of Syria famous for its steel.
18 hurtarle el cuerpo — to dodge it.
19 desjarretar — to hamstring.
20 mandoble — a two-handed sword blow.

el Maestre recibió una herida en el braço, aunque pequeña, de a do le salía mucha sangre. Causa fué esta herida que el Maestre se encendiesse en viva saña, y determinando vengar la herida, acometió un golpe a la cabeça de Muça, el qual con presteza fué al reparo, por no ser en ella herido. El Maestre, viendo el reparo hecho, se dexó caer con la espada de revés por baxo, y le dió una herida en el muslo, que no le prestó la loriga que encima llevava, para que la fina espada del Maestre no hallasse carne. Desta manera los dos cavalleros andavan muy bravos y encarnizados, dándose grandes golpes. Quien a esta hora mirara a la hermosa Fátima, bien claro conociera el amor que a Muça le tenía: porque assí como vido aquel bravo golpe que el Maestre le diera y le derribara el bonete y penacho en el suelo, ella entendió y tuvo por cierto que Muça quedava mal herido. Y más viendo el buen cavallo ya tendido muerto en el suelo, no lo pudo sufrir más; de todo punto perdido su color, con desmayo cruel que le dió, se le cubrió el enamorado coraçón y cayó sin ningún sentido en el suelo a los pies de la Reyna. La qual maravillada de tal acaecimiento, le mandó echar agua en el rostro, con cuyos fríos Fátima tornó en sí, y abriendo los ojos todos llenos de agua, dió un grande suspiro diziendo: « O Mahoma, y ¿por qué no te dueles de mí? » Y tornándose a amortecer, estuvo ansí una gran pieça. La Reyna la mandó llevar a su aposento, y que le hiziessen algunos remedios. Xarifa y Daraxa y Cohayda la llevaron a su aposento, con harta tristeza del mal tan repentino de Fátima, por ser dellas en estremo amada. Estando en su aposento la desnudaron y acostaron en su cama, haziéndole los remedios necessarios, hasta tanto que la hermosa Fátima tornó en su acuerdo. Y tornada, les dixo a Daraxa y a Xarifa que la dexassen allí sola un poco, para que reposasse. Ellas assí lo hizieron, y se tornaron a donde estava la Reyna mirando la batalla de Muça y el Maestre, que en aquella sazón andava más encolerizada y encendida. Mas bien claro se mostrava el Maestre llevar grande ventaja a Muça, atento ser más diestro en las armas; puesto caso que Muça fuesse de muy bravo coraçón y no mostrasse punto de cobardía en aquel punto, antes con mayor ánimo redobla sus golpes, hiriendo al Maestre muy duramente, que no menos de su parte estava y con ventaja, como es dicho. A Muça le salía mucha sangre de la herida del muslo, y tanta que ya no se podía dexar de sentir que Muça no anduviesse algo desfallecido. Lo qual visto por el Maestre, considerando que aquel Moro era hermano del Rey de Granada, y que era tan buen cavallero, desseando que fuesse Christiano, y que siéndolo se podría ganar algo en los negocios de la guerra, en provecho del Rey Don Fernando, determinó de no llevar la batalla adelante, y de hazer amistad con Muça. Y ansí luego se retiró a fuera, diziendo: « Valeroso Muça, paréceme que para negocios de fiestas hazer tan sangrienta batalla como hazemos, no es justo; demos le fin si te pareciere, que a ello me mueve ser tú tan buen cavallero, y ser hermano del Rey, de quien tengo offrecidas mercedes. Y no digo esto porque de mi parte sienta yo aver perdido nada del campo, ni de mi esfuerço, sino porque desseo amistad contigo, por tu valor. » Muça, que vido retirar al Maestre, muy maravillado dello, también se retiró, diziendo: « Muy claramente se dexa entender, valeroso Maestre, que te retiras y no quieres fenecer la batalla, por verme en mal estado y en término que della yo no podía sacar sino la muerte, y tú de compassión movido de mi mala fortuna me quieres conceder la vida, de la qual yo muy bien conozco que me hazes merced. Mas sé te dezir que si tu voluntad fuere que nuestra lid se fenezca, de mi parte no faltaré hasta morir: con el qual pagaré lo que a ser buen cavallero devo. Mas si, como dizes, lo hazes por respecto de mi amistad, te lo agradezco grandemente, y lo tengo por merced que un tan singular cavallero se me dé por amigo. Y assí prometo y juro de serlo tuyo hasta la muerte, y de no yr contra tu persona, agora ni en ningún tiempo, sino en todo quanto fuere en mi poder servirte. » Y diziendo esto, dexó la cimitarra de la mano, y se fué para el Maestre, y lo abraçó. Y el Maestre hizo lo mismo; que el ánimo le dava que de aquel Moro avía de salir algún notable bien a los Christianos. El Rey y los demás, que estavan mirando la batalla, espantados de aquel espectáculo, se maravillaron mucho y no sabían qué se dezir. Y al cabo, entendiendo que eran amistades, el Rey con seys solos cavalleros se llegó a hablar al Maestre, y después de averse tratado cosas de grandes cortesías, sabiendo el Rey las amistades del Maestre y de su hermano, aunque, a la verdad, no holgó mucho dello, dió orden de entrar en Granada, porque Muça fuesse curado, que lo avía menester. Y ansí se partieron los dos valerosos cavalleros, llevando en sus coraçones el amistad muy fixa y sellada. Y este fin tuvo esta batalla. Buelto el Rey a Granada con los suyos, no se hablava en otra cosa sino en la bondad del Maestre y de su valor y esfuerço y cortesía, y con mucha razón, porque todo cabía en el buen Maestre. Y por él se dixo aquel famoso romance, que dizen:

¡Ay, Dios, qué buen Cavallero
el Maestre de Calatrava!
y quán bien corre los Moros
en la Vega de Granada,
Desde la Fuente del Pino
hasta la Sierra Nevada,
y en essas puertas de Elvira,[21]
mete el puñal y la lança:
Las puertas eran de hierro,
de parte a parte las passa.

Chapters V and VI are mostly taken up with various love affairs and jealous outbreaks between the Zegríes and Abencerrajes (clans which Pérez calls *bandos* — factions, parties). The rivalry between the knights of these two groups leads finally to civil war in Granada. Because they feel their honor has been offended in love affairs involving men of their number, the Zegríes plot to avenge themselves on the Abencerrajes. At a celebration where knights joust with make-believe weapons, they attack the Abencerrajes with real weapons which they had concealed under their clothing. The leader of the Abencerrajes is wounded, and he in turn kills the leader of the Zegríes. The king, who often has to settle disputes between the two clans, investigates; but his advisers persuade him not to punish the Zegríes. The city becomes quiet after a near riot. Chapter VII introduces another amatory episode in which Sarracino and Abenámar duel under Galiana's balcony, an event which will have repercussions.

A Christian knight, Manuel Ponce de León, issues another challenge to the Moors. While it is being argued who will meet him, Malique Alabez goes out to fight, having received the Sultana's permission. Although Ponce seems to be winning, they decide to stop lest both armies, anxious to fight, should be drawn together.

Abenámar now wishes to avenge himself on Sarracino, who had defeated him under Galiana's balcony and won favor. At Abenámar's request the king orders a tournament on the Day of San Juan and makes Abenámar

president *(mantenedor)*. His duty is to compete with any knight in a game of rings in which riders attempt to catch a ring on their lances while riding at top speed. Each competitor puts up as forfeit a portrait of his lady and the losing knight must present his forfeit to the winner's lady. Pérez describes in great detail the pageantry of the fiesta which includes some spectacular floats that enter the arena. Typical of these descriptions is the following one of the Abencerraje float.

Entró en la plaça una muy hermosa galera, tan bien hecha y tan bien puesta como si anduviera por el agua; toda llena de ricas flámulas y gallardetes morados y verdes, todos de brocado muy fino, toda la flocadura[22] de muy subido valor. La chusma[23] de la galera venía con sus armillas por quarteles puestas, los unos de damasco morado, los otros de damasco verde. Toda la palamenta,[24] y árboles, y entenas, parecían ser hechos de fina plata, y toda la obra de popa, de fino oro, con un tendalete[25] de brocado encarnado, sembrado de muchas estrellas de oro, y assimismo era la vela del bastardo y trinquete;[26] las quales venían tendidas con tanta magestad y pompa, que jamás se vió galera de Príncipe de mar que tan rica y vistosa fuesse. Traya tres fanales riquíssimos que parecían ser de oro. La divisa de la galera era un salvage que desquixalava[27] un león, señal y divisa de los claros Abencerrajes. Todos los marineros y proeles venían vestidos de damasco rojo, con muchos texidos y guarniciones de oro; toda la xarcia,[28] de fina seda morada. En el espolón[29] venía puesto un mundo, hecho de crystal muy rico, y en torno una faxa de oro, en la qual avía unas letras que dezían: « Todo es poco. » Bravo blasón, y solamente digno que el famoso Alexandro o César le pusieran; aunque después por él les vino grande y notable daño a todos los del linage claro de los Abencerrajes,[30] del qual venían dentro de la galera treynta cavalleros mancebos Abencerrages, muy galanamente puestos de libreas de brocado encarnado, todas hechas de riquíssima obra de texidos y recamos de oro. Los penachos eran encarnados y azules, poblados de mucha argentería de oro, cosa brava de ver. Por capitán de

21 puertas de Elvira — gates at the north end of the city of Granada.
22 flocadura — fringe trimming.
23 chusma — crew.
24 palamenta — set of oars.
25 tendalete — awning.

26 bastardo — jaw-rope (vela de bastardo — gaff-rigged sail; trinquete — foresail).
27 desquixalar (desquijarar) — to break the jaw of.
28 xarcia (jarcia) — rigging.
29 espolón — ram (of a fighting ship).
30 The motto *Todo es poco* is cited later as incriminating evidence against the Abencerrajes.

todos venía un cavallero llamado Albín Hamete, de mucho valor y rico. Venía arrimado al estanterol[31] de la galera, el qual estanterol parecía de oro fino. Desta manera entró en la plaça la muy rica y bizarra galera, con mucha música de chirimías y clarines, tan suave, que se elevavan los entendimientos. El ingenio[32] con que navegava la galera era estraño y de grandíssima costa, que parecía que yva en el ayre, parecía bogar; de cinco en cinco, las velas, todas tendidas, de modo que yva a remo y vela, con tanta gallardía, que era cosa de grande admiración. Y en llegando enfrente de los miradores reales, la galera disparó el cañón de crugía[33] y las demás pieças que llevava, con tanta furia que parecía hundirse toda la ciudad de Granada. Acabada el artillería gruessa, luego docientos tiradores que venían dentro de la galera dispararon mucha escopetería, con tanto estruendo y ruydo, que no se veyan los unos a los otros. Toda la plaça estava escura, por la mucha humareda de la pólvora. Assí como la galera hizo su salva, respondió toda la artillería de la Alhambra y Torres Bermejas,[34] que assí estava ello concertado. Todo el mundo parecía hundirse. Grandíssimo contento dió a todos tan bravo espectáculo y ruydo, y assí dixo el Rey, « que no se avía hecho mejor entrada que aquélla. » De mortal ravia y embidia ardían los Zegríes y Gomeles, en ver que los Abencerrages huviessen hecho semejante grandeza como aquélla de aquella galera. Y assí un Zegrí le dixo al Rey: « No sé dónde han de parar los pensamientos deste linaje, destos cavalleros Abencerrages y sus pretensiones, que tan altos andan que casi van escureciendo las cosas de vuestra Casa Real. » « Antes no tenéys razón — dixo el Rey —; que mientras más honrados y valerosos cavalleros tiene un Rey, más honrado y en más es tenido un Rey; y estos cavalleros Abencerrages, como son claros de linaje y de casta de Reyes, se estreman en todas sus cosas, y hazen muy bien. » « Bueno fuera — dixo un cavallero de los Gomeles[35] —, si sus cosas fueran endereçadas a un llano y buen fin; mas passan por muy alto sus pensamientos. Hasta agora no han parado en ningún malo, ni dellos se puede presumir

cosa que mala sea, porque todas sus cosas se arriman a demasiada virtud. » Con esto se puso fin a la plática, aunque los Gomeles querían passar adelante con dañada intención contra los Abencerrages; mas porque la galera se movió, paró su intento. La galera, acabado de jugar su artillería, dió buelta por toda la plaça, con tanto contento de todas las damas, que no pudo ser más, porque todos los cavalleros fueron conocidos ser Abencerrages, de cuyas proezas y fama estava el mundo lleno. Llegada la galera junto del mantenedor,[36] todos los treynta cavalleros saltaron en tierra, donde les fueron dados muy poderosos cavallos, todos encubertados del mismo brocado encarnado, y adornados de grandes penachos y testeras riquísimas. Apenas los treynta cavalleros salieron de la galera, quando ella, haziendo ciaescurre,[37] al son de su rica música, y, disparando toda su artillería, se salió de la plaça; y a ella, respondiendo el Alhambra, dexó a todos embobados y llenos de contento. Agora será bueno bolver al famoso Reduán y Abindarráez, que todavía avían estado en la plaça por ver lo que passava. Reduán, muy descontento y triste por lo que Lindaraxa le avía dicho, aviéndose encontrado con Abindarráez, le dixo desta manera: « ¡O mil vezes Abindarráez bien afortunado, que vives contento con saber que tu señora Xarifa te ama, que es el mayor bien que puedes tener! Y yo cien mil vezes mal afortunado, pues claramente sé que a quien amo no me ama, ni me estima, y yo en este día muy agriamente me ha despedido y desengañado. » « Sepamos — dixo Abindarráez — quién es la dama a quien estás rendido tan de veras, y tan poco conocimiento tiene de tu valor. » « Es tu prima Lindaraxa » — respondió Reduán. « Pues ¿no ves que vas muy engañado, que ella ama a Hamete Gazul, por ser bizarro y gentil cavallero? Da orden de olvidarla y no pienses más en ella, porque sabrás que será tu cuydado perdido, y no has de sacar fruto dello — dixo Abindarráez —; no porque no llevas brava insignia de tu passión, y muy bien lo has publicado; mas no hay de qué hazer caso de mugeres, que muy brevemente buelve la veleta a todos vientos. » Esto dezía Abinda-

---

31 estanterol — railing (to which the awning was attached).
32 ingenio — machine, mechanical apparatus.
33 crugía (crujía) — midship gangway of a galley.
34 Torres Bermejas is another famous building in Granada.
35 The Gomeles were another family of noblemen, enemies of the Abencerrajes.

36 mantenedor — president of a tournament (in this case Abenámar who will compete with all comers in the game of rings).
37 ciaescurre — maneuver of a ship in which it turns around by having the oars on one side row forward and on the other side backward.

rráez sonriéndose, y dezía verdad, que Reduán
sacó aquel día una muy avisada insignia de su
pena, que era el monte Mongibel, ardiendo en
vivas llamas, muy al natural dibuxado, con
una letra que dezía: « Mayor está en mi
alma. » Reduán, viendo que Abindarráez se
sonreya, dixo: « Bien parece, Abindarráez,
que vives contento; quédate a Dios, que no
puedo suffrir más la pena de mi dolor, y nada
me da contento. » Y diziendo esto, picó a
priessa y salió de la plaça él y sus cavalleros;
lo mismo hizo Abindarráez, despidiéndose de
su Xarifa. Los treynta cavalleros de la galera,
ya puestos en orden para la sortija,[38] el capitán
dellos llegó al mantenedor y le dixo: « Señor
cavallero, aquí no traemos retratos de damas
para poner en competencia; sólo queremos
correr cada uno de nosotros una lança, como
es uso y costumbre de cavalleros. Abenámar
dixo que él gustava dello. Y ansí, por cuitar
prolixidad, todos los treynta Abencerrages
corrieron cada uno una lança muy gallarda-
mente, y tan bien, que al mantenedor le fué
desta vez muy mal; porque todos los treynta
cavalleros le ganaron joya, las quales les
fueron dadas; y los cavalleros, al son de
mucha música de menestriles,[39] las fueron
dando y repartiendo por todas las damas
a quien ellos servían. Hecho esto, con muy
gentil ayre, entre todos hizieron una travada
y gallarda escaramuça y caracol, con lanças
y adargas, que para aquel caso avían proveydo.
Y assí, escaramuçando, se salieron de la plaça,
dexando a todos muy contentos.

Before the day's festivities are over, Don
Rodrigo Téllez Girón enters the arena, runs
three rings with Abenámar, and beats him
each time. Albayaldos, a Moorish nobleman
who had felt that Muza should have beaten
Téllez, now challenges him. The Maestre and
Alabayaldos fight and Ponce de León and
Malique Alabez decide to finish their battle.
Muza, who becomes the peacemaker of the
novel, is the referee. As usual the Christians
defeat the Moors. Albayaldos, mortally
wounded, turns Christian and is baptized Don
Juan by the Maestre. Malique Alabez's life is
saved by Muza, who asks for mercy on his
behalf. Reduán and Gazul, both in love with
Lindaraja, duel over her until nearly exhausted, but Muza stops them before both die.

More trouble breaks out between the Zegríes
and Abencerrajes, and five Zegríes are killed.
Enraged, the Zegríes now plot against the
Abencerrajes and agree to tell the King two
lies: that the Sultana has committed adultery
with the leader of the Abencerrajes, Albinhamad; and that the Abencerrajes plan to kill
him and take his throne. Aliatar, cousin of
Albayaldos, challenges the Maestre de Calatrava in a vain attempt to avenge his cousin's
death and is killed. The king orders a party to
brighten their lives after losing two such valor-
ous knights. He marries off most of the lovers
as part of the celebration. Pérez digresses to
relate the episode of the rescue of Haja by
Reduán and their marriage. He also tells of
the battle of Jaén.

The Zegríes now carry out their plan. The
king, persuaded by their lies, orders the Abencerrajes beheaded in the Patio de los Leones.

Bolvamos agora al Rey Chico, de Granada,
que estava en los Alixares,[40] como avemos
dicho, donde el cavallero Zegrí le dixo que los
cavalleros de Jaén eran de más valor que los
Abencerrages; pues les avían hecho retirar
a pesar suyo.[41] A lo qual respondió el Rey:
« Bien estoy con esto, pero si no fuera el valor
de los cavalleros Abencerrages y Alabezes, no
fuera mucho no bolver ninguno de nosotros
a Granada; mas ellos hizieron tanto por su
valor, que salimos a nuestro salvo, sin que nos
quitassen la cavalgada del ganado que truxi-
mos y de algunos captivos. » « O qué ciego
que está vuestra Magestad — dixo el Zegrí —,
y cómo buelve por quien son traydores a la
real Corona, y lo causa la demasiada bondad
y confiança que vuestra Magestad tiene deste
linage de los Abencerrages, sin saber en la
trayción en que andan. Muchos cavalleros ay
en Granada que lo han querido dezir y no se
atreven, ni han osado, respecto del buen
crédito que contigo, señor, este linage tiene.
Y en verdad que yo no quisiera dezirlo; mas
soy obligado a bolver por la honra de mi Rey
y señor. Y assí digo a vuestra Magestad, que
de ningún cavallero Abencerrage se fíe de oy
más, en ninguna manera, si no quieres perder
el Reyno. » Turbado el Rey, le dixo: « Pues
dime, amigo, lo que sabes; no me lo tengas
cubierto, que yo te prometo grandes mercedes. » « No quisiera ser yo el descubridor

---

38 sortija — game of rings (in which a horseman riding
at top speed attempts to catch a ring on his lance).
39 menestril (ministril) — musician (player of a reed
instrument).
40 Alixares was a summer palace.

41 The Christians had defeated the Moors at Jaén,
and the Zegríes now try to accuse the Abencerrajes of
cowardice. The king, however, does not admit such an
accusation.

deste secreto, sino que otro lo fuera; mas pues vuestra Magestad me lo manda, lo avré de dezir; dándome palabra real de no descubrirme: porque ya vuestra Magestad sabe que yo y todos los de mi linage estamos mal puestos en las voluntades de los Abencerrages, y podrían dezir que de embidia de su nobleza y próspera fortuna y fama los avemos revuelto con vuestra Magestad, lo qual yo no querría por todo lo del mundo. » « No recéléys tal cosa — dixo el Rey —, que yo doy mi real palabra que nadie lo entienda de mí, ni por mí sea descubierto. » « Pues manda vuestra Magestad llamar a Mahandín Gomel, que también sabe este secreto, y a mis dos sobrinos Mahomad y Alhamuy, que ellos son tales cavalleros que no me dexarán mentir, según lo que éstos han visto, y otros quatro cavalleros Gomeles, primos hermanos del Mahandín Gomel, que digo. » El Rey, sin más, sosiego, los mandó llamar, y siendo venidos todos en secreto, sin que más cavalleros uviesse, el Zegrí comencó a dezir desta suerte (como que le pesava mostrando en su aspecto): « Sabrás, poderoso Rey, que todos los cavalleros Abencerrages están conjurados contra ti para matarte por quitarte el Reyno. Y este atrevimiento ha salido dellos, porque mi señora la Reyna tiene amores con el Abencerrage llamado Albinhamad, que es uno de los más ricos y poderosos cavalleros de Granada. Qué quieres, o Rey de Granada que te diga, sino que cada Abencerrage es un Rey, es un Señor, es un Príncipe: no ay en Granada suerte de gente que no lo adore: más preferidos son que vuestra Magestad. Bien tendréys en la memoria, señor mío, quando en Generalife[42] hazíamos zambra,[43] que el Maestre embió a pedir desafío, y salió Muça por suerte: pues aquel día, yendo paseando yo y este cavallero Gomel que está presente por la huerta de Generalife, por una de aquellas calles que están hechas de arrayhán,[44] de improviso, debaxo de un rosal, que haze rosas blancas, que es muy grande, yo vide a la Reyna holgar con Albinhamad. Y era tanta la dulçura de su passatiempo, que no nos sintieron: yo se lo mostré a Mahandín Gomel, que está presente, que no me dexará mentir, y muy quedo nos desviamos de aquel lugar y aguardamos en qué parava la cosa: y a cabo de rato vimos salir a la Reyna sola por allá debaxo, junto de la fuente de los Laureles, y poco a poco se fué a donde estavan las damas

muy dissimuladamente. De allí a una gran pieça vimos salir Albinhamad, muy de espacio, dissimulado, dando bueltas por la huerta, cogiendo rosas blancas y rojas, y dellas hizo una guirnalda y se la puso en la cabeça. Nosotros nos fuymos hazia él como que no sabíamos nada, y le hablamos preguntando en qué se passa el tiempo. A lo qual Albinhamad nos respondió: « Ando tomando plazer por esta huerta, que es muy rica y tiene mucho que ver. » Y diziendo esto nos dió a cada uno de nosotros dos rosas, y ansí nos venimos hablando hasta llegar donde vuestra Magestad estava con los demás cavalleros. Quisimos darte aviso de lo que passava y no osamos, por ser cosa de tanto peso, por no disfamar a la Reyna y alborotar tu Corte, porque entonces eras aún nuevo Rey. Y esto es lo que passa, y abre el ojo y mira que ya que has perdido la honra no pierdas el Reyno y después la vida, que es más que todo. ¿Es posible que no has advertido ni caydo en las cosas de los Abencerrages? ¿No te acuerdas, en el juego de la sortija, de aquella Real Galera que el vando Abencerrage metió, cómo en el espolón traya un mundo hecho de cristal, y al torno dél unas letras que dezían « Todo es poco »? En esto ellos dan a entender que el mundo es poco para ellos: y en la copa della, en lo alto del fanal, trayan un salvage que desquixalava un león. Pues ¿qué quiere ser esto, sino tú el león y ellos quien te acaba y aniquila? Buelve, señor, sobre ti, haz castigo que assombre el mundo, mueran los Abencerrages y muera la descomedida y adúltera Reyna, pues ansí pone tu honra por tierra. » Sintió tanta pena y dolor el Rey en oyr cosas tales como aquel traydor Zegrí le dezía, que dando crédito a ellas se cayó amortecido en tierra gran espacio de tiempo. Y al cabo de tornar en sí, abriendo los ojos, dió un profundo sospiro, diziendo: « O, Mahoma, y en qué te offendí; ¿éste es el pago que me das por los bienes y servicio que te he hecho, por los sacrificios que tengo offrecidos, por las Mezquitas que tengo en tu nombre hechas, por la copia de incienso que he quemado en tus altares? A, traydor, cómo me has engañado. No más traydores; vive Alá que han de morir los Abencerrages y la Reyna ha de morir en fuego. Sus,[45] cavalleros, vamos a Granada y préndase la Reyna luego, que yo haré tal castigo que sea sonado por el mundo. » Uno de los

---

42 Generalife, a summer house and garden on a hill above the Alhambra.
43 zambra — a Moorish party, a soirée.

44 arrayhán (arrayán) — myrtle.
45 sus — forward.

cavalleros traydores, que era Gomel, dixo:
« Esso no, que no lo acertarás; porque si a la
Reyna se prende, todo es perdido y pones tu
vida y Reyno en condición de perderse: porque si la Reyna se prende, luego Albinhamad
sospechará la causa de su prisión y recelarse
ha, y convocará a todos los de su linage que
estén alistados para tu daño y en defensa de la
Reyna. Y sin esto, ya sabes que son de su
vando y parcialidad los Alabezes y Vanegas
y Gazules, que son todos la flor de Granada.
Mas lo que se ha de hazer para tu vengança es
que muy sossegadamente y sin alboroto man-
des un día llamar a los Abencerrages que
vengan a tu Palacio Real, y esta llamada a de
ser[46] uno a uno, y ten veynte o treynta cavalleros muy adereçados de armas, de quien tú,
señor, te fíes, y en entrando que entre el cavallero Abencerrage, mándale luego degollar.
Y siendo assí hecho uno a uno, quando el caso
se venga a entender ya no quedará ninguno de
todos ellos: y quando se venga a saber por
todos sus amigos, y ellos quisieren hazer algo
contra ti, ya tendrás el Reyno amedrentado
y en tu favor a todos los Zegríes, y Gomeles,
y Maças, que no son tan pocos ni valen tan
poco que no te sacaran a paz y a salvo de todo
peligro. Y esto hecho, mandarás prender a la
Reyna, y pondrás su negocio por justicia,
haziéndole su acusación de adúltera, y que de
quatro cavalleros que entren con otros quatro
que le acusaron a hazer batalla. Y que si los
cavalleros que la defendieren vencieren a los
quatro acusadores, que será la Reyna libre;
y que si los cavalleros de su parte fueren vencidos, que muera la Reyna. Y desta forma,
todos los del linage de la Reyna, que con
Almoradís, y Almohades, y Marines, no se
mostrarán tan esquivos ni se moverán assí tan
ligero, pensando que está la justicia de tu
parte, y lo tendrán por muy bueno. Y en lo
demás, dexa, señor, hazer a nosotros que todo
lo allanaremos, de modo que quedes vengado
y tu vida y Reyno seguro. » « Bien me acon-
sejáys, o cavalleros leales míos — dixo el
Rey —. Mas ¿quién serán los quatro cavalleros que harán la acusación a la Reyna
y entrarán por ello en batalla, que sean tales,
que salgan con su pretensión? » « No cure
vuestra Magestad desso — dixo el traydor
Zegrí —, que yo seré el uno; y Mahardón, mi
primo hermano, el otro; y Mahandín, el tercero; y su hermano Alyhamete, el quarto.
Y fía en Mahoma, que agora en toda tu Corte

no se hallarán otros quatro que tan valientes
sean ni de tanto valor, aunque se ponga Muça
en cuenta. » « Pues, sus — dixo el engañado
y desventurado Rey —, hágase assí; vamos
a Granada y daremos orden en tomar justa
vengança. ¡O, Granada, desaventurada de ti,
y qué vuelta se te apareja, y qué cayda has de
dar tan grande, que jamás no te puedas levantar ni cobrar tu nobleza ni riqueza! » Con esto
se fueron los traydores y el Rey a Granada,
y entrando en el Alhambra se fueron a la Real
Casa del Rey, a donde la Reyna con sus damas
le salieron a recebir hasta las puertas del Real
Palacio. Mas el Rey no quiso poner los ojos
en la Reyna, sino passar de largo, sin detenerse
con ella como solía, de que no poco maravillada la Reyna se recogió a su aposento con
sus damas, no sabiendo la causa de aquel no
usado desdén del Rey. El qual passó aquel día
dissimuladamente con sus cavalleros hasta la
noche, que muy temprano cenó y se fué
a recoger a su cámara, diziendo que se sentía
indispuesto. Assí todos los cavalleros se
fueron a sus posadas. Toda aquella noche el
desventurado Rey passó occupado en mil
pensamientos; no podía reposar; dezía entre
sí. ¡O, sin ventura Audillí,[47] Rey de Granada,
quán a punto estás de perderte a ti y a tu
Reyno! Si yo mato estos cavalleros, gran mal
a mí y a mi Reyno se apareja; y si no los mato
y es verdad lo que me han dicho, también soy
perdido: ¡no sé qué remedio tome para salir de
tantas tribulaciones! ¿Es possible que cavalleros de tan claro linage pensassen hazer tal
trayción? No me puedo persuadir a creer tal.
¿Y es possible que mi muger, la Reyna, hiziesse
tal maldad? No lo creo; porque jamás he visto
en ella cosa que no deva a recatada muger.
Mas ¿a qué propósito y a qué causa los Zegríes
me han dicho esto? No sin mysterio me lo han
dicho. Si ello es ansí, vive Alá poderoso, que
han de morir los Abencerrages y la Reyna.
En esto y en otros diversos pensamientos
passó el Rey toda aquella noche, sin poderla
dormir, hasta la mañana, que se levantó y
salió a su Real Palacio, donde halló muchos
cavalleros que le aguardavan, todos Zegríes,
y Gomeles, y Maças, y con ellos los cavalleros
traydores; todos se levantaron de sus assientos
y hizieron grande mesura al Rey, dándole los
buenos días. Y estando en esto entró un escudero que dixo al Rey cómo la noche passada
avía venido Muça y los cavalleros Abencerrages de la vega de pelear con los Christianos,

---

46 a de ser (ha de ser) — is to be, must be.

47 Audillí, another name by which Boabdil was known.

y trayan dos vanderas de Christianos ganadas y más de treynta cabeças. El Rey mostró holgarse dello, mas otra le quedava. Y llamando a parte al traydor Zegrí le dixo que luego pusiesse treynta cavalleros muy bien adereçados en el Quarto de los Leones, y que tuviesse apercebido un verdugo con todo lo necessario para lo que estava tratado. Luego el traydor Zegrí salió del Real Palacio y puso por obra lo que el Rey le mandara. Y estando todo puesto a punto, el Rey fué avisado dello y se fué al Quarto de los Leones, a donde halló al traydor Zegrí con treynta cavalleros Zegríes y Gomeles, muy bien adereçados, y con ellos un verdugo. Y al punto, con un page suyo mandó llamar a Abencarrax, su alguazil mayor. El page fué y lo llamó de parte del Rey: Abencarrax fué luego al Real llamado. Y ansí como entró en la quadra de los Leones le echaron mano sin que pudiesse hazer resistencia; y allí, en una taça de alabastro muy grande, en un punto fué degollado. Desta suerte fué llamado Albinhamad, el que fué acusado de adulterio con la Reyna, y también fué degollado como el primero. Desta suerte fueron degollados treynta y seys cavalleros Abencerrages de los más principales de Granada, sin que nadie lo entendiesse. Y fueran todos sin que quedara ninguno, sino que Dios nuestro Señor bolvió por ellos: porque sus obras y valor no merecieron que todos acabassen tan abatidamente por ser muy amigos de Christianos y averles hecho muy buenas obras. Y aun quieren dezir los que estavan allí al tiempo del degollar, que morían Christianos, llamando a Christo Crucificado que fuesse con ellos, y en aquel postrer trance les favoreciesse: y ansí se dixo después. Bolviendo al caso, no quiso Dios que aquella crueldad passasse de allí, y fué que un pagezillo, a caso de uno destos cavalleros Abencerrages, se entró sin que nadie lo echasse de ver con su señor, el qual vido cómo a su señor degollaron, y vido todos los demás cavalleros degollados, los quales él conocía muy bien. Y al tiempo que abrieron la puerta para yr a llamar a otro cavallero, el pagezillo salió, y todo lleno de temor llorando por su señor, junto de la fuente del Alhambra, donde agora está el alameda, encontró con el cavallero Malique Alabez y con Abenámar y Sarrazino, que subían al Alhambra para hablar con el Rey. Y como allí los encontrasse, todo lloroso y temblando les dixo: « ¡Ay, señores cavalleros, que por Alhá sancto, que no passéys más adelante, sino queréys morir mala muerte! » « ¿Cómo ansí? »

— respondió Alabez. « Cómo, señor — dixo el page —, avréys de saber que dentro del Quarto de los Leones ay grande cantidad de cavalleros degollados, todos son Abencerrages, y mi señor con ellos, que yo lo vi degollar; porque yo entré con él y no pararon mientes en mí, porque el sancto Alhá ansí lo permitió; y quando tornaron a abrir la puerta falsa del Quarto de los Leones me salí. »

The remaining Abencerrajes are saved from death, but Boabdil exiles them and gives the Sultana thirty days to prove her innocence. The city is in a turmoil. Muza attempts to reconcile the two opposing forces but fails. When Moraina, the King's sister, goes to upbraid him for the death of her husband (one of the murdered Abencerrajes), he kills her and her two sons in a fit of rage. Civil war now breaks out, and Muley Hazén comes out of retirement to lead a mob against his son who is forced to withdraw. Both sides kill indiscriminately any enemy they find, and there are many deaths (*más matanza cada día que en Roma*). Meanwhile, another faction has arisen under Abdalí, Muley Hazén's brother, and the slaughter continues. Boabdil, weakened but still powerful, demands that the Sultana name her champions and that her trial take place. She writes to a Christian ("*porque de moros no quiero confiar un caso de tanta importancia*"), Don Juan Chacón. He and three friends, Manuel Ponce de León, Alonso de Aguilar, and Diego de Córdoba, dress in Turkish disguises and appear on the day of the judicial combat against the four Zegrí accusers. The Christians win, and the last accuser to die confesses that all had been a lie — the queen and the Abencerrajes are vindicated.

Three kings in Granada now make the situation impossible, and Boabdil finally agrees to become a vassal of Fernando V. As civil disturbances continue in the city, Boabdil with the help of Muza defeats Abdalí, and Muley Hazén is taken prisoner by Christians from Murcia. Peace is now restored. Fernando demands the surrender of the city and when Boabdil refuses, he lays siege and takes it. On January 2, 1492, Queen Isabel and her court enter Granada. Many Moors are converted to Christianity, including Muza and his sweetheart, Celima. Boabdil goes to Africa and is killed by the Moors for having lost Granada. Part I ends with an account of the death of Alonso de Aguilar in a battle against the Alpujarra Moors.

Lazarillo de Tormes, 1554,
anonymous (pp. 179–87)

Interest in the picaresque had thrived for centuries in Spain before the appearance of the novel of roguery. Important works in which it had appeared are *El caballero Cifar*, *El corbacho*, *El libro de buen amor*, and *La Celestina*. The first picaresque novel to be printed in Spain was Francisco Delicado's *La lozana andaluza*, written in 1524 and published in 1528, twenty-six years before the appearance of the *Lazarillo*. Thus *La vida de Lazarillo de Tormes y de sus fortunas y adversidades* did not initiate the picaresque genre, but has the distinction of having fixed its form and of having given to Spanish fiction one of its best characters.

In 1554 the first preserved editions of this little book appeared; one in Burgos, another in Antwerp, and a third in Alcalá. One strongly suspects, however, from references by Brunet and from statements in the Alcalá printing of 1554, that an edition of it was made in Antwerp in 1553. No trace of such an edition has as yet been found, however. *Lazarillo* immediately became a favorite among people of all social classes for in it they saw a realistic and accurate, though satirical, representation of important segments of Spanish life. Of special appeal was the never failing humor in the midst of biting satire. Because of its attack on the clergy, the novel was placed on the Index in 1559 but was re-issued in purged form fourteen years later to satisfy public demand. An English translation was made in 1586, and it was soon translated into other European tongues. Its impact and that of the other major Spanish picaresque novels on the course of European fiction was significant. *Lazarillo* is still read with pleasure today, and one is inclined to agree with Cejador y Frauca that it is the most significant literary work produced during the reign of Emperor Carlos V.

Many educated guesses have been made concerning the authorship of *Lazarillo*. Some of the names suggested as possible authors are (1) Fray Juan de Ortega, an Hieronymite priest, who was said to have composed the book in his youth and to have kept the first draft in his cell; (2) Diego Hurtado de Mendoza, a very famous soldier and statesman who wrote an important history, *Guerra de Granada*; (3) Juan de Valdés, humanist author of the *Diálogo de la lengua*, an important philological document; (4) Alfonso de Valdés, defender of Carlos V in *Diálogo de Lactancio y un arcediano*; (5) Cristóbal de Villalón, author of the *Crotalón*; (6) Lope de Rueda, dramatist and actor who like Lazarillo lived in Toledo; (7) Sebastián de Horozco, writer of both verse and prose and father of the famous philologist Sebastián de Horozco y Covarrubias. Unfortunately the authorship of *Lazarillo* has not yet been settled to everyone's satisfaction, and the controversy continues.

Lazarillo recounts the story of his life in the first person singular — beginning with his birth and continuing through a series of adventures and misadventures until he becomes a respectable citizen of Toledo. The book is very short and consists of a prologue and seven chapters called *Tratados*. Moralizing is held to a minimum, but the intention of the author is so clearly evident in the satirical description of human types and institutions that there is no need for sermons. *Lazarillo* is a clear indictment of the hypocrisy, sham, fraud, miserliness, false pride, deceit, bribery, economic stagnation, and all the other things which contributed to Spain's unhappy condition at that time. Unlike the heroes of the novels of chivalry or the shepherds of the pastoral novels, Lazarillo does not live in a dream world but in a real one where his main concern is to prevent his own starvation. Life at times becomes almost unbearable for him because of hunger, and he wants to die. He survives by tricks and deceits; yet one does not consider him a criminal but a boy driven to desperation. One would like to think that Lazarillo, like his Biblical ancestor Lazarus (Luke 16:20–22), could have been carried by the angels into Abraham's bosom.

In the prologue the author refers to Pliny's statement that no book is so bad that it does not contain something of profit. Most men, he says quoting Tulius, try to excel because they want praise and honor, and he confesses to be no different from others in this respect. He then dedicates the book to a person identified simply as *vuestra merced*. Cejador considers this to be merely an editorial device.

In *Tratado I* Lazarillo introduces himself and his family. He was the son of Tomé González and Antoña Pérez, but since he was born in a mill on the river Tormes he took his surname from it. His father was convicted of stealing grain and was sent off to the wars, where he died. Lázaro's mother befriended a Negro man and later presented Lázaro with a little dark-skinned brother. Since Lázaro's stepfather was hanged for crimes and his mother given a hundred lashes, when a blind man asks to be allowed to take the boy with him Lázaro's mother consents, and he enters the service of his first master. As they leave Salamanca, Lázaro learns his first lesson when the blind man smashes his head against a stone bull after he encourages the innocent lad to try to hear a noise inside it.

As with every other master he serves, Lázaro's big problem with the blind man is to get enough to eat, and he resorts to a number of deceptions to outwit his miserly master. Although he suffers and is sometimes physically injured by the beggar, Lázaro learns many things which help him survive later in life. Eventually, however, Lázaro avenges himself by placing his blind master before a stone post and telling him to leap. The blind man breaks his head on the post, and Lázaro clears the city gates on the run.

Tratado II sees Lázaro in the service of a hypocritical and miserly cleric who keeps his food tightly locked up in a box. Lázaro gets a key from a tinker but is shortly caught and badly hurt by the cleric. When able to walk, Lázaro is discharged.

Tratado III, dealing with an impoverished nobleman, is judged by many to be the best of the book. After leaving the service of the miserly cleric, Lazarillo makes his way to Toledo where he hopes to find a remedy for his misfortunes.

TRATADO TERCERO
DE CÓMO LÁZARO SE ASENTÓ
CON UN ESCUDERO, Y
DE LO QUE LE ACAECIÓ CON ÉL

Desta manera me fué forzado sacar fuerzas de flaqueza. Y poco a poco, con ayuda de las buenas gentes, di comigo en esta insigne ciudad de Toledo, adonde, con la merced de Dios, dende a quince días se me cerró la herida.[1] Y mientras estaba malo, siempre me daban alguna limosna; mas, después que estuve sano, todos me decían:

— Tú, bellaco y gallofero[2] eres. Busca, busca un amo a quien sirvas.

« ¿Y adónde se hallará ése? — decía yo entre mí — si Dios agora de nuevo, como crió el mundo, no lo criase. »

Andando así discurriendo de puerta en puerta, con harto poco remedio, porque ya la caridad se subió al cielo,[3] topóme Dios con un escudero que iba por la calle, con razonable vestido, bien peinado, su paso y compás en orden. Miróme, y yo a él, y díjome:

— Muchacho, ¿buscas amo?

Yo le dije:

— Sí, señor.

— Pues, vente tras mí, — me respondió — que Dios te ha hecho merced en topar comigo. Alguna buena oración rezaste hoy.

Y seguíle, dando gracias a Dios por lo que le oí, y también que me parecía, según su hábito y continente, ser el que yo había menester.

Era de mañana cuando este mi tercero amo topé. Y llevóme tras sí gran parte de la ciudad. Pasábamos por las plazas donde se vendía pan y otras provisiones. Yo pensaba, y aun deseaba, que allí me quería cargar de lo que se vendía, porque ésta era propia hora cuando se suele proveer de lo necesario; mas muy a tendido paso[4] pasaba por estas cosas. « Por ventura no lo ve aquí a su contento, — decía yo — y querrá que lo compremos en otro cabo. »[5]

Desta manera anduvimos hasta que dió las once. Entonces se entró en la iglesia mayor, y yo tras él, y muy devotamente le vi oír misa y los otros oficios divinos, hasta que todo fué acabado y la gente ida. Entonces salimos de la iglesia.

A buen paso tendido comenzamos a ir por una calle abajo. Yo iba el más alegre del mundo en ver que no nos habíamos ocupado en buscar de comer. Bien consideré que debía ser hombre mi nuevo amo que se proveía en junto,[6] y que ya la comida estaría a punto,[7] y tal como yo la deseaba y aun la había menester.

En este tiempo dió el reloj la una después de medio día, y llegamos a una casa ante la cual mi amo se paró, y yo con él. Y derribando el cabo de la capa sobre el lado izquierdo, sacó una llave de la manga, y abrió su puerta, y entramos en casa. La cual tenía la entrada obscura y lóbrega de tal manera que parecía que ponía temor a los que en ella entraban, aunque dentro della estaba un patio pequeño y razonables cámaras.

---

1 Lázaro had been wounded by the cleric in the preceding chapter.
2 gallofero — tramp, bum.
3 Lázaro refers here to Astrea, the goddess of justice, who had come down to earth from heaven but went back because of the evil she found among men. Lázaro

means that there is no charity for him and therefore no justice.
4 a tendido paso — at a fast pace.
5 en otro cabo — elsewhere.
6 en junto — at one time (in one purchase).
7 estar a punto — to be ready.

Desque fuimos entrados, quita de sobre sí su capa y, preguntando si tenía las manos limpias, la sacudimos y doblamos y, muy limpiamente soplando un poyo[8] que allí estaba, la puso en él. Y hecho esto, sentóse cabo della,[9] preguntándome muy por extenso de dónde era y cómo había venido a aquella cuidad.

Y yo le di más larga cuenta que quisiera, porque me parecía más conveniente hora de mandar poner la mesa y escudillar la olla[10] que de lo que me pedía. Con todo eso, yo le satisfice de mi persona lo mejor que mentir supe, diciendo mis bienes y callando lo demás, porque me parecía no ser para en cámara.[11] Esto hecho, estuvo así un poco, y yo luego vi mala señal, por ser ya casi las dos y no le ver más aliento de comer que a un muerto.

Después desto, consideraba aquel tener cerrada la puerta con llave, ni sentir arriba ni abajo pasos de viva persona por la casa. Todo lo que yo había visto eran paredes, sin ver en ella silleta, ni tajo, ni banco, ni mesa, ni aun tal arcaz como el de marras.[12] Finalmente, ella parecía casa encantada. Estando así, díjome:

— Tú, mozo, ¿has comido?

— No, señor, — dije yo — que aun no eran dadas las ocho cuando con vuestra merced encontré.

— Pues, aunque de mañana, yo había almorzado y, cuando así como algo, hágote saber que hasta la noche me estoy así. Por eso, pásate como pudieres, que después cenaremos.

Vuestra merced[13] crea, cuando esto le oí, que estuve en poco de caer de mi estado,[14] no tanto de hambre como por conocer de todo en todo la fortuna serme adversa. Allí se me representaron de nuevo mis fatigas, y torné a llorar mis trabajos. Allí se me vino a la memoria la consideración que hacía cuando me pensaba ir del clérigo, diciendo que, aunque aquél era desventurado y mísero, por ventura toparía con otro peor. Finalmente, allí lloré mi trabajosa vida pasada, y mi cercana muerte venidera.

Y con todo, disimulando lo mejor que pude, le dije:

— Señor, mozo soy que no me fatigo[15] mucho por comer, bendito Dios. Deso me

podré yo alabar entre todos mis iguales por de mejor garganta,[16] y así fuí yo loado della, hasta hoy día, de los amos que yo he tenido.

— Virtud es ésa, — dijo él — y por eso te querré yo más. Porque el hartar es de los puercos, y el comer regaladamente es de los hombres de bien.

« ¡Bien te he entendido! — dije yo entre mí. — ¡Maldita tanta medicina y bondad como aquestos mis amos que yo hallo hallan en la hambre! »

Púseme a un cabo del portal, y saqué unos pedazos de pan del seno, que me habían quedado de los de por Dios.[17] Él, que vió esto, díjome:

— Ven acá, mozo. ¿Qué comes?

Yo lleguéme a él y mostréle el pan. Tomóme él un pedazo, de tres que eran: el mejor y más grande. Y díjome:

— Por mi vida, que parece éste buen pan.

— ¡Y cómo! ¿Agora, — dije yo — señor, es bueno?

— Sí, a fe — dijo él. — ¿Adónde lo hubiste? ¿Si es[18] amasado de manos limpias?

— No sé yo eso, — le dije — mas a mí no me pone asco el sabor dello.

— Así plega a Dios, — dijo el pobre de mi amo.

Y llevándolo a la boca, comenzó a dar en él tan fieros bocados como yo en lo otro.

— Sabrosísimo pan está, — dijo — por Dios.

Y como le sentí de qué pie cojeaba, dime prisa. Porque le vi en disposición, si acababa antes que yo, se comediría a[19] ayudarme a lo que me quedase. Y con esto acabamos casi a una.[20] Comenzó a sacudir con las manos unas pocas de migajas, y bien menudas, que en los pechos se le habían quedado. Y entró en una camareta que allí estaba, y sacó un jarro desbocado y no muy nuevo y, desque hubo bebido, convidóme con él. Yo, por hacer del continente,[21] dije:

— Señor, no bebo vino.

— Agua es, — me respondió. Bien — puedes beber.

Entonces tomé el jarro y bebí. No mucho, porque de sed no era mi congoja.

---

8 poyo — bench, stone seat.
9 cabo de — next to, beside.
10 escudillar la olla — to dish up the stew.
11 no ser para en cámara — not proper (for the parlor).
12 el de marras — that of long ago (Lázaro refers to the box of the cleric).
13 Lázaro addresses himself to the person to whom he is telling his story.
14 estuve . . . estado — I almost fainted.

15 no me fatigo por — I don't bother about, I don't worry about.
16 de mejor garganta — Here: moderation.
17 de los de por Dios — of those I had begged (in God's name).
18 ¿Si es? — I wonder if it is, Do you suppose it is?
19 se comediría a — he would arrange to.
20 a una — together.
21 hacer del continente — to pretend to be moderate.

Así estuvimos hasta la noche, hablando en cosas que me preguntaba, a las cuales yo le respondí lo mejor que supe. En este tiempo metióme en la cámara donde estaba el jarro de que bebimos, y díjome:

— Mozo, párate allí, y verás como hacemos esta cama, para que la sepas hacer de aquí adelante.

Púseme de un cabo y él del otro, e hicimos la negra[22] cama. En la cual no había mucho que hacer, porque ella tenía sobre unos bancos un cañizo,[23] sobre el cual estaba tendida la ropa encima de un negro colchón. Que, por no estar muy continuada a lavarse,[24] no parecía colchón, aunque servía dél, con harta menos lana que era menester. Aquél tendimos, haciendo cuenta[25] de ablandarle. Lo cual era imposible, porque de lo duro, mal se puede hacer blando. El diablo del enjalma maldita la cosa[26] tenía dentro de sí. Que puesto sobre el cañizo, todas las cañas se señalaban, y parecían a lo propio entrecuesto[27] de flaquísimo puerco. Y sobre aquel hambriento colchón un alfamar del mismo jaez, del cual el color yo no pude alcanzar. Hecha la cama y la noche venida, díjome:

— Lázaro, ya es tarde, y de aquí a la plaza hay gran trecho. También, en esta ciudad andan muchos ladrones que siendo de noche capean.[28] Pasemos como podamos y, mañana, venido el día, Dios hará merced. Porque yo por estar solo no estoy proveído; antes he comido estos días por allá fuera. Mas agora hacerlo hemos de otra manera.

— Señor, de mí, — dije yo — ninguna pena tenga vuestra merced, que bien sé pasar una noche, y aun más, si es menester, sin comer.

— Vivirás más y más sano — me respondió — porque, como decíamos hoy, no hay tal cosa en el mundo para vivir mucho que comer poco.

« Si por esa vía es, — dije entre mí — nunca yo moriré, que siempre he guardado esa regla por fuerza, y aun espero en mi desdicha tenerla toda mi vida. »

Y acostóse en la cama, poniendo, por cabecera las calzas y el jubón. Y mandóme echar a sus pies, lo cual yo hice. Mas, ¡maldito el sueño que yo dormí![29] Porque las cañas y mis salidos huesos en toda la noche dejaron de rifar[30] y encenderse. Que con mis trabajos, males y hambre, pienso que en mi cuerpo no había libra de carne. Y también, como aquel día no había comido casi nada, rabiaba de hambre, la cual con el sueño no tenía amistad. Maldíjeme mil veces (¡Dios me lo perdone!), y a mi ruin fortuna, allí lo más de la noche y, lo peor, no osándome revolver por no despertarle, pedí a Dios muchas veces la muerte.

La mañana venida, levantámonos, y comienza a limpiar y sacudir sus calzas y jubón, sayo y capa (¡y yo que le servía de pelillo!).[31] Y vístese muy a su placer de espacio. Echéle aguamanos, peinóse, y púsose su espada en el talabarte y, al tiempo que la ponía, díjome:

— ¡O si supieses, mozo, qué pieza es ésta! No hay marco de oro en el mundo por que yo la diese. Mas así, ninguna de cuantas Antonio[32] hizo, no acertó a ponerle los aceros tan prestos como ésta los tiene.

Y sacóla de la vaina, y tentóla con los dedos, diciendo:

— ¿Vesla aquí? Yo me obligo con ella cercenar un copo de lana. Y yo dije entre mí: — « y yo con mis dientes, aunque no son de acero, un pan de cuatro libras. »

Tornóla a meter, y ciñósela, y un sartal de cuentas gruesas del talabarte. Y con un paso sosegado y el cuerpo derecho, haciendo con él y con la cabeza muy gentiles meneos, echando el cabo de la capa sobre el hombro y a veces so[33] el brazo, y poniendo la mano derecha en el costado, salió por la puerta, diciendo:

— Lázaro, mira por la casa en tanto que voy a oír misa, y haz la cama, y ve por la vasija de agua al río, que aquí bajo está, y cierra la puerta con llave no nos hurten algo, y ponla aquí al quicio,[34] porque si yo viniere en tanto pueda entrar.

Y súbese por la calle arriba con tan gentil semblante y continente que quien no le conociera pensara ser muy cercano pariente al conde de Arcos[35] o, a lo menos, camarero que le daba de vestir.

« ¡Bendito seáis Vos, Señor, — quedé yo diciendo — que dais la enfermedad y ponéis el remedio! ¿Quién encontrará a aquel mi señor que no piense, según el contento de sí

---

22 negra — Here: terrible, wretched.
23 cañizo — frame.
24 por . . . lavarse — because it was not often washed.
25 haciendo cuenta — pretending to.
26 maldita la cosa — not a single thing.
27 entrecuesto — backbone.
28 capear — to steal capes.
29 ¡maldito . . . dormí! — I didn't sleep a wink.

30 rifar — to quarrel, contend.
31 y yo . . . pelillo — I served him only in a ceremonial capacity.
32 Antonio was a famous sword maker.
33 so — beneath, under.
34 al quicio — hidden behind the hinge.
35 Arcos should probably be Alarcos, a well known, hence important, count.

lleva, haber anoche bien cenado y dormido en buena cama y, aunque agora es de mañana, no le cuenten por bien almorzado? ¡Grandes secretos son, Señor, los que Vos hacéis, y las gentes ignoran! ¿A quién no engañara aquella buena disposición y razonable capa y sayo? ¿Y quién pensara que aquel gentil hombre se pasó ayer todo el día con aquel mendrugo de pan que su criado Lázaro trujo[36] un día y una noche en el arca de su seno,[37] do no se le podía pegar mucha limpieza; y hoy, lavándose las manos y cara, a falta de paño de manos, se hacía servir de la falda del sayo? Nadie por cierto lo sospechara. ¡O Señor, y cuántos de aquéstos debéis Vos tener por el mundo derramados que padecen, por la negra que llaman honra, lo que por Vos no sufrirían! »

Así estaba yo a la puerta, mirando y considerando estas cosas, hasta que el señor mi amo traspuso la larga y angosta calle. Tornéme a entrar en casa, y en un credo[38] la anduve toda, alto y bajo, sin hacer represa[39] ni hallar en qué. Hago la negra dura cama, y tomo el jarro, y doy comigo en el río, donde en una huerta vi a mi amo en gran requesta[40] con dos rebozadas mujeres, al parecer de las que en aquel lugar no hacen falta. Antes muchas tienen por estilo de irse a las mañanicas del verano a refrescar, y almorzar sin llevar qué,[41] por aquellas frescas riberas, con confianza que no ha de faltar quien se lo dé, según las tienen puestas en esta costumbre aquellos hidalgos del lugar.

Y como digo, él estaba entre ellas, hecho un Macías,[42] diciéndoles más dulzuras que Ovidio escribió. Pero como sintieron dél que estaba bien enternecido, no se les hizo de vergüenza[43] pedirle de almorzar, con el acostumbrado pago.

El, sintiéndose tan frío de bolsa cuanto caliente del estómago, tomóle tal calofrío que le robó la color del gesto,[44] y comenzó a turbarse en la plática y a poner excusas no válidas.

Ellas, que debían ser bien instituídas,[45] como le sintieron la enfermedad, dejáronle para el que era.

Yo, que estaba comiendo ciertos tronchos de berzas, con los cuales me desayuné, con mucha diligencia, como mozo nuevo, sin ser visto de mi amo, torné a casa. De la cual pensé barrer alguna parte, que bien era menester; mas no hallé con qué. Púseme a pensar qué haría, y parecióme esperar a mi amo hasta que el día demediase,[46] y si viniese y por ventura trajese algo que comiésemos; mas en vano fué mi experiencia.

Desque vi ser las dos, y no venía, y la hambre me aquejaba, cierro mi puerta y pongo la llave do mandó, y tórnome a mi menester.[47] Con baja y enferma voz, e inclinadas mis manos en los senos, puesto Dios ante mis ojos, y la lengua en su nombre, comienzo a pedir pan por las puertas y casas más grandes que me parecía. Mas, como yo este oficio le hubiese mamado en la leche, quiero decir que con el gran maestro, el ciego, lo aprendí, tan suficiente discípulo salí que, aunque en este pueblo no había caridad, ni el año fuese muy abundante, tan buena maña me di que, antes que el reloj diese las cuatro, ya yo tenía otras tantas libras de pan ensiladas[48] en el cuerpo, y más de otras dos en las mangas y senos.

Volvíme a la posada, y al pasar por la tripería, pedí a una de aquellas mujeres, y dióme un pedazo de uña de vaca con otras pocas de tripas cocidas.

Cuando llegué a casa, ya el bueno de mi amo estaba en ella, doblada su capa y puesta en el poyo, y él paseándose por el patio. Como entré, vínose para mí. Pensé que me quería reñir la tardanza; mas mejor lo hizo Dios. Preguntóme dó venía. Yo le dije:

— Señor, hasta que dió las dos, estuve aquí y, de que vi que vuestra merced no venía, fuíme por esa ciudad a encomendarme a las buenas gentes, y hanme dado esto que veis.

Mostréle el pan y las tripas que en un cabo de la falda traía, a lo cual él mostró buen semblante, y dijo:

— Pues, esperado te he a comer, y de que vi que no veniste, comí. Mas tú haces como hombre de bien en eso, que más vale pedirlo por Dios que no hurtarlo,[49] y así Él me ayude como ello me parece bien.[50] Y solamente te

---

36 trujo (trajo) — Here: carried.
37 arca de su seno — in his shirt bosom.
38 en un credo — quickly.
39 sin hacer represa — without stopping.
40 en gran requesta — in amorous conversation.
41 sin llevar qué — without taking anything along (to lunch on).
42 Macías was a model lover.
43 no ... vergüenza — they were not ashamed.
44 gesto — Here: face.
45 instituídas — expert, clever.
46 demediar — to be half over.
47 menester — Here: profession, i.e. begging.
48 ensiladas — stored, put away, i.e. Lázaro has eaten several pounds of bread.
49 Omit no if translating.
50 El ... bien — may He help me as this seems right to me.

encomiendo no sepan que vives comigo, por lo que toca a mi honra, aunque bien creo que será secreto según lo poco que en este pueblo soy conocido. ¡Nunca a él[51] yo hubiera de venir!

— Deso pierda, señor, cuidado — le dije yo — que maldito aquél que ninguno tiene de pedirme esa cuenta,[52] ni yo de darla.

— Agora pues, come, pecador. Que si a Dios place, presto nos veremos sin necesidad, aunque te digo que después que en esta casa entré nunca bien me ha ido. Debe ser de mal suelo. Que hay casas desdichadas y de mal pie,[53] que a los que viven en ellas pegan la desdicha. Ésta debe de ser sin duda dellas; mas yo te prometo, acabado el mes, no quede en ella, aunque me la den por mía.

Sentéme al cabo del poyo y, porque no me tuviese por glotón, callé la merienda. Y comienzo a cenar y morder en mis tripas y pan, y disimuladamente miraba al desventurado señor mío, que no partía sus ojos de mis faldas que a aquella sazón servían de plato. Tanta lástima haya Dios de mí como yo había dél, porque sentí lo que sentía, y muchas veces había por ello pasado, y pasaba cada día. Pensaba si sería bien comedirme a convidarle; mas, por me haber dicho que había comido, temíame no aceptaría el convite. Finalmente, yo deseaba quel pecador ayudase a su trabajo[54] del mío, y se desayunase como el día antes hizo, pues había mejor aparejo, por ser mejor la vianda y menos mi hambre.

Quiso Dios cumplir mi deseo, y aun pienso que el suyo. Porque, como comencé a comer y él se andaba paseando, llegóse a mí y díjome:

— Dígote, Lázaro, que tienes en comer la mejor gracia que en mi vida vi a hombre, y que nadie te lo ve hacer que no le pongas gana, aunque no la tenga.

« La muy buena[55] que tú tienes — dije yo entre mí — te hace parecer la mía hermosa. »

Con todo, parecióme ayudarle, pues se ayudaba y me abría camino para ello, y díjele:

— Señor, el buen aparejo hace buen artífice. Este pan está sabrosísimo, y esta uña de vaca tan bien cocida y sazonada que no habrá a quien no convide con su sabor.

— ¿Uña de vaca es?

— Sí señor.

— Dígote que es el mejor bocado del mundo, y que no hay faisán que así me sepa.

— Pues pruebe, señor, y verá qué tal está.

Póngole en las uñas la otra, y tres o cuatro raciones de pan, de lo más blanco. Y asentóseme al lado, y comienza a comer, como aquél que lo había gana, royendo cada huesecillo de aquéllos mejor que un galgo suyo lo hiciera.

— Con almodrote — decía — es éste singular manjar.

« Con mejor salsa lo comes tú, »[56] respondí yo paso.

— Por Dios, que me ha sabido como si no hubiera hoy comido bocado.

« ¡Así me vengan los buenos años como es ello! »[57] — dije yo entre mí.

Pidióme el jarro del agua, y díselo como lo había traído. Es señal que, pues no le faltaba el agua, que no le había a mi amo sobrado la comida. Bebimos, y muy contentos nos fuimos a dormir como la noche pasada.

Y por evitar prolijidad, desta manera estuvimos ocho o diez días, yéndose el pecador en la mañana con aquel contento y paso contado[58] a papar aire[59] por las calles, teniendo en el pobre Lázaro una cabeza de lobo.[60]

Contemplaba yo muchas veces mi desastre que, escapando de los amos ruines que había tenido, y buscando mejoría, viniese a topar con quien no solo no me mantuviese, mas a quien yo había de mantener. Con todo, le quería bien con ver que no tenía ni podía más. Y antes le había lástima que enemistad. Y muchas veces, por llevar a la posada con que él lo pasase, yo lo pasaba mal.

Porque una mañana, levantándose el triste en camisa, subió a lo alto de la casa a hacer sus menesteres[61] y, en tanto, yo, por salir de sospecha, desenvolvíle el jubón y las calzas que a la cabecera dejó, y hallé una bolsilla de terciopelo raso, hecha cien dobleces, y sin maldita la blanca, ni señal que la hubiese tenido mucho tiempo.

« Éste — decía yo — es pobre, y nadie da lo que no tiene. Mas el avariento ciego y el malaventurado mezquino clérigo que, con dárselo Dios a ambos, al uno de mano besada y al

---

51 The antecedent of *él* is *pueblo*.
52 maldito . . . cuenta — not a soul will ask me for an account of this.
53 de mal pie — unlucky.
54 trabajo — Here: trouble.
55 Supply *gana*.
56 The *salsa* Lázaro is talking about is hunger.
57 Así . . . ello — May good years come to me as sure as this is true.
58 paso contado — slow step, measured step.
59 papar aire — to do nothing.
60 cabeza de lobo — dupe, foil (said of someone who uses another person as a pretext or excuse for what he does).
61 hacer sus menesteres — to attend to his personal needs.

otro de lengua suelta, me mataban de hambre, aquéllos es justo desamar, y aquéste es de haber mancilla. »[62]

Dios me es testigo que hoy día, cuando topo con alguno de su hábito con aquel paso y pompa, le he lástima, con pensar si padece lo que aquél le vi sufrir. Al cual, con toda su pobreza, holgaría de servir más que a los otros, por lo que he dicho. Sólo tenía dél un poco de descontento: que quisiera yo que no tuviera tanta presunción, mas que abajara un poco su fantasía con lo mucho que subía su necesidad. Mas, según me parece, es regla ya entre ellos usada y guardada: aunque no haya cornada de trueco,[63] ha de andar el birrete en su lugar. El Señor lo remedie, que ya con este mal han de morir.

Pues, estando yo en tal estado, pasando la vida que digo, quiso mi mala fortuna (que de perseguirme no era satisfecha) que en aquella trabajada y vergonzosa vivienda[64] no durase. Y fué, como el año en esta tierra fuese estéril de pan, acordaron el Ayuntamiento que todos los pobres extranjeros se fuesen de la ciudad, con pregón que el que de allí adelante topasen fuese punido con azotes. Y así, ejecutando la ley, desde a cuatro días que el pregón se dió,[65] vi llevar una procesión de pobres azotando por las Cuatro Calles.[66] Lo cual me puso tan gran espanto que nunca osé desmandarme a demandar.[67]

Aquí viera, quien verlo pudiera, la abstinencia de mi casa y la tristeza y silencio de los moradores della, tanto, que nos acaeció estar dos o tres días sin comer bocado ni hablar palabra. A mí diéronme la vida unas mujercillas hilanderas de algodón, que hacían bonetes y vivían par de[68] nosotros, con las cuales yo tuve vecindad y conocimiento. Que de la laceria que les traían me daban alguna cosilla, con la cual muy pasado[69] me pasaba.

Y no tenía tanta lástima de mí como del lastimado de mi amo, que en ocho días maldito el bocado que comió. A lo menos en casa bien los estuvimos sin comer. No sé yo cómo o dónde andaba, y qué comía. ¡Y verle venir a medio día la calle abajo, con estirado cuerpo, más largo que galgo de buena casta! Y por lo que tocaba a su negra, que dicen honra,

tomaba una paja, de las que aun asaz no había en casa, y salía a la puerta escarbando los[70] que nada entre sí tenían, quejándose todavía de aquel mal solar, diciendo:

— Malo está de ver que la desdicha desta vivienda[71] lo hace. Como ves, es lóbrega, triste, obscura. Mientras aquí estuviéremos, hemos de padecer. Ya deseo que se acabe este mes por salir della.

Pues, estando en esta afligida y hambrienta persecución, un día, no sé por cual dicha o ventura, en el pobre poder de mi amo entró un real. Con el cual él vino a casa tan ufano como si tuviera el tesoro de Venecia y, con gesto muy alegre y risueño, me lo dió, diciendo:

— Toma, Lázaro, que Dios ya va abriendo su mano. Ve a la plaza y merca pan y vino y carne; ¡quebremos el ojo al diablo![72] Y más te hago saber, porque te huelgues, que he alquilado otra casa, y en esta desastrada no hemos de estar más de en cumpliendo el mes.[73] ¡Maldita sea ella y el que en ella puso la primera teja, que con mal en ella entré! Por nuestro Señor, cuanto ha[74] que en ella vivo, gota de vino ni bocado de carne no he comido, ni he habido descanso ninguno; mas, ¡tal vista tiene y tal obscuridad y tristeza! Ve y ven presto, y comamos hoy como condes.

Tomo mi real y jarro y, a los pies dándoles prisa, comienzo a subir mi calle, encaminando mis pasos para la plaza, muy contento y alegre. Mas ¿qué me aprovecha, si está constituido en mi triste fortuna que ningún gozo me venga sin zozobra? Y así fué éste. Porque, yendo la calle arriba, echando mi cuenta[75] en lo que le emplearía, que fuese mejor y más provechosamente gastado, dando infinitas gracias a Dios que a mi amo había hecho con dinero, a deshora me vino al encuentro un muerto, que por la calle abajo muchos clérigos y gente en unas andas traían.

Arriméme a la pared, por darles lugar y, desque el cuerpo pasó, venía luego par del lecho una que debía ser su mujer del difunto, cargada de luto (y con ella otras muchas mujeres), la cual iba llorando a grandes voces, y diciendo:

— Marido y señor mío, ¿adónde os me llevan? ¡A la casa triste y desdichada, a la casa

---

62 haber mancilla — to be sorry for.
63 cornada de trueco — a small coin.
64 vivienda — way of life.
65 desde . . . dió — four days after the announcement had been made.
66 Cuatro Calles is a square in Toledo.
67 nunca . . . demandar — I never dared go against the law and beg.
68 par de — near, next to.

69 muy pasado (Supply: *de hambre*) — very exhausted from hunger.
70 Supply: *dientes.*
71 vivienda — Here: abode, house.
72 ¡quebremos . . . diablo! — let's go the limit, all out!
73 más . . . mes — longer than the end of the month.
74 cuanto ha — all the time.
75 echando mi cuenta — figuring up.

lóbrega y obscura, a la casa donde nunca comen ni beben!

Yo que aquello oí, juntóseme el cielo con la tierra,[76] y dije:

— ¡O desdichado de mí! Para mi casa llevan este muerto.

Dejo el camino que llevaba, y hendí por medio de la gente, y vuelvo por la calle abajo a todo el más correr que pude para mi casa. Y entrando en ella, cierro a grande prisa, invocando el auxilio y favor de mi amo, abrazándome dél, que me venga a ayudar y a defender la entrada. El cual algo alterado, pensando que fuese otra cosa, me dijo:

— ¿Qu'es eso, mozo? ¿Qué voces das? ¿Qué has? ¿Por qué cierras la puerta con tal furia?

— ¡O señor! — dije yo — ¡acuda aquí, que nos traen acá un muerto!

— ¿Cómo así? — respondió él.

— Aquí arriba lo encontré, y venía diciendo su mujer: « Marido y señor mío, ¿adónde os llevan? ¡A la casa lóbrega y obscura, a la casa triste y desdichada, a la casa donde nunca comen ni beben! » Acá, señor, nos le traen.

Y ciertamente, cuando mi amo esto oyó, aunque no tenía por qué estar muy risueño, rió tanto que muy gran rato estuvo sin poder hablar. En este tiempo tenía yo echada el aldaba a la puerta, y puesto el hombro en ella por más defensa. Pasó la gente con su muerto, y yo todavía me recelaba que nos le habían de meter en casa. Y desque fué ya más harto de reír que de comer, el bueno de mi amo díjome:

— Verdad es, Lázaro, según la viuda lo va diciendo, tú tuviste razón de pensar lo que pensaste; mas, pues Dios lo ha hecho mejor y pasan adelante, abre, abre, y ve por de comer.

— Déjalos, señor, acaben de pasar la calle — dije yo.

Al fin vino mi amo a la puerta de la calle, y ábrela esforzándome, que bien era menester, según el miedo y alteración, y me torno a encaminar.

Mas, aunque comimos bien aquel día, maldito el gusto yo tomaba en ello,[77] ni en aquellos tres días torné en mi color. Y mi amo muy risueño, todas las veces que se le acordaba aquella mi consideración.[78]

De esta manera estuve con mi tercero y pobre amo, que fué este escudero, algunos días, y en todos deseando saber la intención de su venida y estada en esta tierra. Porque, desde el primer día que con él asenté, le conocí ser extranjero, por el poco conocimiento y trato que con los naturales della tenía.

Al fin se cumplió mi deseo y supe lo que deseaba. Porque un día que habíamos comido razonablemente y estaba algo contento, contóme su hacienda[79] y díjome ser de Castilla la Vieja, y que había dejado su tierra no más de[80] por no quitar el bonete a un caballero, su vecino.

— Señor, — dije yo — si él era lo que decís, y tenía más que vos, no errabais en quitárselo primero pues decís que él también os lo quitaba.

— Sí es, y sí tiene, y también me lo quitaba él a mí. Mas, de cuantas veces yo se le quitaba primero, no fuera malo comedirse él alguna,[81] y ganarme por la mano.[82]

— Paréceme, señor, — le dije yo — que en eso no mirara, mayormente con mis mayores que yo y que tienen más.

— Eres muchacho — me respondió — y no sientes las cosas de la honra, en que el día de hoy está todo el caudal de los hombres de bien. Pues, hágote saber que yo soy, como ves, un escudero; mas vótote a Dios, si al conde topo en la calle y no me quita muy bien quitado del todo[83] el bonete que, otra vez que venga, me sepa yo entrar en una casa, fingiendo yo en ella algún negocio, o atravesar otra calle, si la hay, antes que llegue a mí, por no quitárselo. Que un hidalgo no debe a otro que a Dios y al rey nada, ni es justo, siendo hombre de bien, se descuide un punto[84] de tener en mucho su persona. Acuérdome que un día deshonré en mi tierra a un oficial, y quise poner en él las manos, porque cada vez que le topaba me decía: « Mantenga Dios a vuestra merced. » « Vos, don villano ruin — le dije yo — ¿por qué no sois bien criado? ' ¿Manténgaos Dios, ' me habéis de decir, como si fuese quienquiera? » De allí adelante, de aquí acullá[85] me quitaba el bonete, y hablaba como debía.

— ¿Y no es buena manera de saludar un hombre a otro — dije yo — decirle que le mantenga Dios?

76 juntóseme . . . tierra — I became very sad, afflicted, worried — cf. Engl. " My world fell in on me. "
77 maldito . . . ello — I took very little pleasure in it.
78 aquella mi consideración — that thought of mine.
79 hacienda — Here: story.
80 no más de — for no other reason than.

81 no fuera . . . alguna — it wouldn't have been bad for him to be obliging some times.
82 ganarme por la mano — to beat me to it, i.e. tip his hat first.
83 muy . . . todo — all the way off and quickly.
84 punto — Here: moment.
85 de aquí acullá — everywhere.

— ¡Mira mucho de enhoramala![86] — dijo él. — A los hombres de poca arte dicen eso; mas a los más altos, como yo, no les han de hablar menos de: « Beso las manos de vuestra merced, » o por lo menos: « Bésoos, señor, las manos, » si el que me habla es caballero. Y así, a aquél de mi tierra que me atestaba de mantenimiento, nunca más le quise sufrir, ni sufriría, ni sufriré a hombre del mundo, del rey abajo, que « Manténgaos Dios » me diga.

« Pecador de mí — dije yo — por eso tiene[87] tan poco cuidado de mantenerte, pues no sufres que nadie se lo ruegue. »

— Mayormente — dijo — que no soy tan pobre que no tengo en mi tierra un solar de casas, que a estar ellas en pie y bien labradas (diez y seis leguas de donde nací, en aquella costanilla[88] de Valladolid), valdrían más de doscientos mil maravedís, según se podrían hacer grandes y buenas. Y tengo un palomar que, a no estar[89] derribado como está, daría cada año más de doscientos palominos. Y otras cosas, que me callo, que dejé por lo que tocaba a mi honra.

Y vine a esta ciudad, pensando que hallaría un buen asiento, mas no me ha sucedido como pensé. Canónigos y señores de la iglesia, muchos hallo; mas es gente tan limitada que no los sacara de su paso todo el mundo. Caballeros de media talla[90] también me ruegan; mas servir a éstos es gran trabajo. Porque de hombre os habéis de convertir en malilla[91] y, si no, « Anda con Dios, » os dicen. Y las más veces son los pagamentos a largos plazos y, las más y las más ciertas, comido por servido.[92] Ya cuando quieren reformar conciencia y satisfaceros vuestros sudores, sois librado en la recámara,[93] en un sudado jubón o raída capa o sayo. Ya, cuando asienta hombre con un señor de título, todavía pasa su laceria. Pues, ¿por ventura no hay en mí habilidad para servir y contentar a éstos? Por Dios, si con él topase, muy gran su privado pienso que fuese;[94] y que mil servicios le hiciese, porque yo sabría mentirle tan bien como otro, y agradarle a las mil maravillas.

Reírle hía mucho sus donaires y costumbres, aunque no fuesen las mejores del mundo. Nunca decirle cosa con que le pesase, aunque mucho le cumpliese. Ser muy diligente en su persona, en dicho y hecho. No me matar por no hacer bien las cosas que él no había de ver. Y ponerme a reñir, donde él lo oyese, con la gente de servicio, porque pareciese tener gran cuidado de lo que a él tocaba. Si riñese con alguno su criado, dar unos puntillos agudos para le encender la ira, y que pareciesen en favor del culpado. Decirle bien de lo que bien le estuviese[95] y, por el contrario, ser malicioso, mofador, malsinar[96] a los de casa y a los de fuera, pesquisar y procurar de saber vidas ajenas para contárselas; y otras muchas galas desta calidad que hoy día se usan en palacio y a los señores dél parecen bien. Y no quieren ver en sus casas hombres virtuosos; antes los aborrecen y tienen en poco, y llaman necios, y que no son personas de negocios, ni con quien el señor se puede descuidar. Y con éstos los astutos usan, como digo, el día de hoy, de lo que yo usaría; mas no quiere mi ventura que le halle.

Desta manera lamentaba también su adversa fortuna mi amo, dándome relación de su persona valerosa.

Pues, estando en esto, entró por la puerta un hombre y una vieja. El hombre le pide el alquiler de la casa, y la vieja el de la cama. Hacen cuenta, y de dos meses le alcanzaron lo que él en un año no alcanzara. Pienso que fueron doce o trece reales. Y él les dió muy buena respuesta: que saldría a la plaza a trocar una pieza de a dos, y que a la tarde volviesen. Mas su salida fué sin vuelta.

Por manera que a la tarde ellos volvieron; mas fué tarde. Yo les dije que aun no era venido. Venida la noche, y él no, yo hube miedo de quedar en casa solo, y fuíme a las vecinas, y contéles el caso, y allí dormí.

Venida la mañana, los acreedores vuelven y preguntan por el vecino; mas, a estotra puerta.[97] Las mujeres les responden:

— Veis aquí su mozo y la llave de la puerta.

---

86 ¡Mira . . . enhoramala! — Look, confound it.
87 The subject of *tiene* is *Dios*.
88 costanilla — gentle slope.
89 a no estar — if it were not.
90 de media talla — not rich.
91 malilla — do-it-all, jack of all trades.
92 las más . . . servido — most times you get only food for your services.
93 sois . . . recámara — you are paid off in the wardroom.

94 muy gran . . . fuese — I think I would be a big favorite of his.
95 Decirle . . . estuviese — Speak highly of things that seem good to him.
96 malsinar — to gossip, bear tales.
97 *A estotra puerta* is part of a proverb which concludes *que ésta no se abre*, said when a deaf person does not respond. English: no response, no reaction.

Ellos me preguntaron por él, y díjeles que no sabía adónde estaba, y que tampoco había vuelto a casa desque salió a trocar la pieza, y que pensaba que de mí y de ellos se había ido con el trueco.

De que esto me oyeron, van por un alguacil y un escribano. Y hélos do vuelven luego con ellos, y toman la llave, y llámanme, y llaman testigos, y abren la puerta, y entran a embargar la hacienda de mi amo hasta ser pagados de su deuda. Anduvieron toda la casa, y halláronla desembarazada, como he contado, y dícenme:

— ¿Qu'es de la hacienda de tu amo, sus arcas y paños de pared y alhajas de casa?

— No sé yo eso, — les respondí.

— Sin duda — dicen ellos — esta noche lo deben de haber alzado y llevado a alguna parte. Señor alguacil, prended a este mozo, que él sabe dónde está.

En esto vino el alguacil, y echóme mano por el collar del jubón, diciendo:

— Muchacho, tú eres preso si no descubres los bienes deste tu amo.

Yo, como en otra tal[98] no me hubiese visto (porque asido del collar, sí, había sido muchas veces; mas era mansamente dél trabado para que mostrase el camino al que no veía),[99] yo hube mucho miedo, y llorando prometíle de decir lo que me preguntaban.

— Bien está — dicen ellos. — Pues di lo que sabes y no hayas temor.

Sentóse el escribano en un poyo para escribir el inventario, preguntándome qué tenía.

— Señores, — dije yo — lo que este mi amo tiene, según él me dijo, es un muy buen solar de casas y un palomar derribado.

— Bien está — dicen ellos. — Por poco que eso valga, hay para nos entregar[100] de la deuda. ¿Y a qué parte de la ciudad tiene eso? — me preguntaron.

— En su tierra, — les respondí.

— Por Dios, que está bueno el negocio — dijeron ellos. — ¿Y adónde es su tierra?

— De Castilla la Vieja me dijo él que era, — les dije.

Riéronse mucho el alguacil y el escribano, diciendo:

— Bastante, relación es ésta para cobrar vuestra deuda, aunque mejor fuese.[101]

Las vecinas, que estaban presentes, dijeron:

— Señores, éste es un niño inocente, y ha pocos días que está con ese escudero, y no sabe dél más que vuestras mercedes; sino cuanto[102] el pecadorcico se llega aquí a nuestra casa, y le damos de comer lo que podemos, por amor de Dios, y a las noches se iba a dormir con él.

Vista mi inocencia, dejáronme, dándome por libre. Y el alguacil y el escribano piden al hombre y a la mujer sus derechos.[103] Sobre lo cual tuvieron gran contienda y ruido. Porque ellos alegaron no ser obligados a pagar, pues no había de qué ni se hacía el embargo. Los otros decían que habían dejado de ir a otro negocio que les importaba más, por venir a aquél.

Finalmente, después de dadas muchas voces, al cabo carga un porquerón con el viejo alfamar de la vieja; aunque no iba muy cargado. Allá van todos cinco dando voces. No sé en qué paró. Creo yo que el pecador alfamar pagara por todos. Y bien se empleaba, pues el tiempo que había de reposar y descansar de los trabajos pasados, se andaba alquilando.[104]

Así, como he contado, me dejó mi pobre tercero amo, do acabé de conocer mi ruin dicha. Pues, señalándose todo lo que podía contra mí,[105] hacía mis negocios tan al revés que los amos, que suelen ser dejados de los mozos, en mí no fuese así, mas que mi amo me dejase y huyese de mí.

Tratado IV consists of only one short paragraph of less than a hundred words in which Lázaro relates how he entered the service of a Mercedarian monk devoted to "negocios seglares y visitar." The monk spent most of his time roaming about and wore out more shoes than all the other members of the monastery. He gave Lazarillo some shoes which the boy wore out in a week's time. Unable to endure the pace any longer, he left the monk's service.

Tratado V contains the *Lazarillo*'s sharpest attack on religion in the person of a fraudulent seller of indulgences.

---

98 otra tal — such a plight.
99 Lázaro refers to his blind master.
100 entregar — Here: pay.
101 aunque ... fuese — even though it were larger (the debt).

102 sino cuanto — besides.
103 derechos — Here: fees.
104 se andaba alquilando — was being rented out.
105 señalándose ... mí — showing itself as adverse to me as it could (subject is *dicha*).

TRATADO QUINTO
CÓMO LÁZARO SE ASENTÓ
CON UN BULDERO, Y DE LAS
COSAS QUE CON ÉL PASÓ

En el quinto[106] por mi ventura di, que fué un buldero,[107] el más desenvuelto y desvergonzado, y el mayor echador dellas[108] que jamás yo vi, ni ver espero, ni pienso nadie vió. Porque tenía y buscaba modos y maneras y muy sutiles invenciones.

En entrando en los lugares do habían de presentar la bula, primero presentaba a los clérigos o curas algunas cosillas, no tampoco de mucho valor ni sustancia: una lechuga murciana, si era por el tiempo, un par de limas o naranjas, un melocotón, un par de duraznos, cada sendas peras[109] verdiñales. Así procuraba tenerlos propicios porque favoreciesen su negocio y llamasen sus feligreses, a tomar la bula.

Ofreciéndosele a él las gracias, informábase de la suficiencia[110] dellos. Si decían que entendían, no hablaba palabra en latín por no dar tropezón; mas aprovechábase de un gentil y bien cortado romance[111] y desenvoltísima lengua. Y si sabía que los dichos clérigos eran de los reverendos, digo que más con dineros que con letras y con reverendas[112] se ordenan, hacíase entre ellos un Santo Tomás,[113] y hablaba dos horas en latín. A lo menos que lo parecía, aunque no lo era.

Cuando por bien[114] no le tomaban las bulas, buscaba cómo por mal se las tomasen. Y para aquello hacía molestias al pueblo, y otras veces con mañosos artificios. Y porque todos los que le veía hacer sería largo de contar, diré uno muy sutil y donoso, con el cual probaré bien su suficiencia.

En un lugar de la Sagra de Toledo había predicado dos o tres días, haciendo sus acostumbradas diligencias, y no le habían tomado bula, ni a mi ver tenían intención de se la tomar. Estaba dado al diablo con aquello y, pensando qué hacer, se acordó de convidar al pueblo, para otro día de mañana despedir la bula.

Y esa noche, después de cenar, pusiéronse a jugar la colación[115] él y el aguacil. Y sobre el juego vinieron a reñir y a haber malas palabras. Él llamó al aguacil ladrón, y el otro a él falsario. Sobre esto, el señor comisario, mi señor, tomó un lanzón, que en el portal do jugaban estaba. El aguacil puso mano a su espada, que en la cinta tenía.

Al ruido y voces que todos dimos, acuden los huéspedes y vecinos y métense en medio. Y ellos, muy enojados, procurándose desembarazar de los que en medio estaban, para se matar. Mas, como la gente al gran ruido cargase[116] y la casa estuviese llena della, viendo que no podían afrentarse con las armas, decíanse palabras injuriosas. Entre las cuales el aguacil dijo a mi amo que era falsario y las bulas, que predicaba, que eran falsas.

Finalmente, que los del pueblo, viendo que no bastaban a ponerlos en paz, acordaron de llevar al aguacil de la posada a otra parte. Y así quedó mi amo muy enojado. Y después que los huéspedes y vecinos le hubieron rogado que perdiese el enojo y se fuese a dormir, se fué, y así nos echamos todos.[117]

La mañana venida, mi amo se fué a la iglesia, y mandó tañer a misa y al sermón para despedir la bula. Y el pueblo se juntó. El cual andaba murmurando de las bulas, diciendo como eran falsas, y que el mismo aguacil riñendo lo había descubierto. De manera que, atrás que[118] tenían mala gana de tomarla, con aquello del todo la aborrecieron.

El señor comisario se subió al púlpito, y comienza su sermón, y a animar la gente a que no quedasen sin tanto bien e indulgencia como la santa bula traía.

Estando en lo mejor del sermón, entra por la puerta de la iglesia el aguacil y, desque hizo oración, levantóse y, con voz alta y pausada, cuerdamente comenzó a decir:

— Buenos hombres, oídme una palabra, que después oiréis a quien quisiereis. Yo vine aquí con este echacuervo[119] que os predica. El cual me engañó, y dijo que le favoreciese en este negocio, y que partiríamos la ganancia. Y agora, visto el daño que haría a mi conciencia y a vuestras haciendas, arrepentido de lo hecho, os declaro claramente que las bulas

---

106 Supply *amo.*
107 buldero — indulgence seller (for the remission of sins).
108 *Dellas* refers to *bulas* (indulgences) implicit in the word *buldero.*
109 cada sendas peras — one pear to each one.
110 suficiencia — learning, knowledge.
111 romance — Spanish.
112 reverendas — letters (of recommendation) from a prelate.

113 Thomas Aquinas.
114 por bien — willingly (cf. por mal).
115 jugar la colación — to gamble for dessert (to see who would pay for it).
116 cargar — Here: to crowd around.
117 nos echamos todos — we all went to sleep.
118 atrás que — besides the fact that.
119 echacuervo — cheater, impostor.

que predica son falsas, y que no le creáis ni las toméis, y que yo directe ni indirecte no soy parte en ellas, y que desde agora dejo la vara[120] y doy con ella en el suelo. Y si en algún tiempo éste fuere castigado por la falsedad, que vosotros me seáis testigos como yo no soy con él ni le doy a ello ayuda; antes os desengaño y declaro su maldad.

Y acabó su razonamiento.

Algunos hombres honrados que allí estaban se quisieron levantar y echar al alguacil fuera de la iglesia, por evitar escándalo. Mas mi amo les fué a la mano[121] y mandó a todos que so pena de excomunión no le estorbasen; mas que le dejasen decir todo lo que quisiese. Y así él también tuvo silencio mientras el alguacil dijo todo lo que he dicho.

Como calló, mi amo le preguntó si quería decir más, que lo dijese. El alguacil dijo:

— Harto más hay que decir de vos y de vuestra falsedad; mas por agora basta.

El señor comisario se hincó de rodillas en el púlpito y, puestas las manos[122] y mirando al cielo, dijo así:

— Señor Dios, a quien ninguna cosa es escondida, antes todas manifiestas, y a quien nada es imposible, antes todo posible, Tú sabes la verdad, y cuán injustamente yo soy afrentado. En lo que a mí toca, yo le perdono, porque Tú, Señor, me perdones. No mires a aquél que no sabe lo que hace ni dice; mas la injuria a Ti hecha, Te suplico, y por justicia Te pido, no disimules. Porque alguno que está aquí, que por ventura pensó tomar aquesta santa bula, dando crédito a las falsas palabras de aquel hombre lo dejara de hacer. Y, pues es tanto perjuicio del prójimo, Te suplico yo, Señor, no lo disimules; mas luego muestra aquí milagro, y sea desta manera: que si es verdad lo que aquél dice, y que yo traigo maldad y falsedad, este púlpito se hunda comigo y meta siete estados[123] debajo de tierra, do él ni yo jamás parezcamos; y, si es verdad lo que yo digo, y aquél, persuadido del demonio, por quitar y privar a los que están presentes de tan gran bien, dice maldad, también sea castigado, y de todos conocida su malicia.

Apenas había acabado su oración el devoto señor mío, cuando el negro[124] alguacil cae de su estado, y da tan gran golpe en el suelo que la iglesia toda hizo resonar, y comenzó a bramar y echar espumajos por la boca, y torcerla, y hacer visajes con el gesto, dando de pie y de mano,[125] revolviéndose por aquel suelo a una parte y a otra.

El estruendo y voces de la gente era tan grande que no se oían unos a otros. Algunos estaban espantados y temerosos; unos decían:

— El Señor le socorra y valga.

Otros:

— Bien se le emplea,[126] pues levantaba tan falso testimonio.

Finalmente, algunos que allí estaban (y a mi parecer, no sin harto temor) se llegaron, y le trabaron de los brazos, con los cuales daba fuertes puñadas a los que cerca dél estaban. Otros le tiraban por las piernas, y tuvieron reciamente, porque no había mula falsa[127] en el mundo que tan recias coces tirase. Y así le tuvieron un gran rato. Porque más de quince hombres estaban sobre él, y a todos daba las manos llenas y, si se descuidaban — en los hocicos.

A todo esto, el señor mi amo estaba en el púlpito de rodillas, las manos y los ojos puestos en el cielo, transportado en la divina esencia que el planto y ruido y voces que en la iglesia había no eran parte para[128] apartarle de su divina contemplación.

Aquellos buenos hombres llegaron a él, y dando voces le despertaron, y le suplicaron quisiese socorrer a aquel pobre que estaba muriendo, y que no mirase a las cosas pasadas ni a sus dichos malos, pues ya dellos tenía el pago; mas, si en algo podría aprovechar para librarle del peligro y pasión que padecía, por amor de Dios lo hiciese, pues ellos veían clara la culpa del culpado, y la verdad y bondad suya, pues a su petición y venganza el Señor no alargó el castigo.

El señor comisario, como quien despierta de un dulce sueño, los miró, y miró al delincuente, y a todos los que alrededor estaban, y muy pausadamente les dijo:

— Buenos hombres, vosotros nunca habíais de rogar por un hombre en quien Dios tan señaladamente se ha señalado; mas pues Él nos manda que no volvamos mal por mal y perdonemos las injurias, con confianza podremos suplicarle que cumpla lo que nos manda, y Su Majestad perdone a éste que le

---

120 vara — rod (of authority carried by the *alguacil*).
121 les fué a la mano — restrained them.
122 puestas las manos — with his hands in a prayerful attitude.
123 One *estado* equals seven feet. Seven was a mysterious number.

124 negro — Here: corrupt, evil.
125 dando . . . mano — striking out with feet and hands.
126 Bien . . . emplea — Serves him right.
127 falsa — Here: treacherous.
128 no eran parte para — were not enough to.

ofendió poniendo en Su santa fe obstáculo. Vamos todos a suplicarle.

Y así bajó del púlpito, y encomendó a que muy devotamente suplicasen a nuestro Señor tuviese por bien[129] de perdonar a aquel pecador, y volverle en su salud y sano juicio, y lanzar dél el demonio, si Su Majestad había permitido que por su gran pecado en él entrase.

Todos se hincaron de rodillas y, delante del altar con los clérigos, comenzaban a cantar con voz baja una letanía. Y viniendo él con la cruz y agua bendita, después de haber sobre él cantado, el señor mi amo, puestas las manos al cielo, y los ojos que casi nada se le parecía sino un poco de blanco, comienza una oración no menos larga que devota, con la cual hizo llorar a toda la gente (como suelen hacer en los sermones de pasión, de predicador y auditorio devoto), suplicando a nuestro Señor, pues no quería la muerte del pecador, sino su vida y arrepentimiento, que a aquél, encaminado por el demonio y persuadido de la muerte y pecado, le quisiese perdonar y dar vida y salud, para que se arrepintiese y confesase sus pecados.

Y esto hecho, mandó traer la bula, y púsosela en la cabeza. Y luego el pecador del alguacil comenzó poco a poco a estar mejor y tornar en sí.[130] Y desque fué bien vuelto en su acuerdo,[131] echóse a los pies del señor comisario, y demandóle perdón. Confesó haber dicho aquello por la boca y mandamiento del demonio, lo uno por hacer a él daño y vengarse del enojo, lo otro y más principal, porque el demonio recibía mucha pena del bien que allí se hiciera en tomar la bula.

El señor mi amo le perdonó, y fueron hechas las amistades entre ellos. Y a tomar la bula hubo tanta prisa que casi ánima viviente en el lugar no quedó sin ella, marido y mujer, e hijos e hijas, mozos y mozas.

Divulgóse la nueva de lo acaecido por los lugares comarcanos y, cuando a ellos llegábamos, no era menester sermón ni ir a la iglesia, que a la posada la venían a tomar, como si fueran peras que se dieran de balde. De manera que, en diez o doce lugares de aquellos alrededores donde fuimos, echó el señor mi amo otras tantas mil bulas sin predicar sermón.

Cuando se hizo el ensayo,[132] confieso mi pecado que también fuí dello espantado, y creí que así era, como otros muchos. Mas, con ver

después la risa y burla que mi amo y el alguacil llevaban y hacían del negocio, conocí cómo había sido industriado por el industrioso e inventivo de mi amo.

Y aunque muchacho cayóme mucho en gracia, y dije entre mí: « ¡Cuántas déstas deben de hacer estos burladores entre la inocente gente! »

Finalmente, estuve con este mi quinto amo cerca de cuatro meses, en los cuales pasé también hartas fatigas.

In *Tratado VI* Lázaro tells of entering the service of two masters, one a painter of tambourines for whom he mixed colors, and the other a chaplain who sets Lázaro up as a water seller. Lázaro now begins his ascent to a comfortable life and from the profit he makes in his new work he buys himself new clothes and a cape and sword. In *Tratado VII* he takes a job with a law officer *(alguacil)* but soon quits because it is dangerous. He finally becomes town crier in Toledo, marries, and as the book ends finds himself "en la cumbre de toda buena fortuna," a member in good standing of the hypocritical society he has so accurately portrayed in his memoirs.

Francisco Gómez de Quevedo y Villegas, 1580–1645, *El Buscón*, 1626 (p. 185)

Unlike most authors, who want to see what they write in print as soon as possible, Quevedo resisted the publication of his works. Although he had written many works before 1620, he did not personally order anything printed before that date. His serious publication began in 1626, though he had printed an item or two before that year and, of course, many of his poems had been published in collections. Indeed, a book of poetry was scarcely considered complete without something from Quevedo's pen. In some instances his works were not printed until twenty years after their composition, having circulated in manuscript for a long time. Although printing of his writings was retarded, growth of Quevedo's reputation was not. So many manuscript copies of his works were made that more have been preserved than for any other Spanish author.

---

129 tener por bien — to agree to, be willing to.
130 tornar en sí — to come to, to regain one's senses.
131 desque . . . acuerdo — after he had completely regained his senses.

132 ensayo — Here: drama (i.e. After he had put on his act).

The only novel which Quevedo produced, according to a classification by Astrana Marín, was written probably in 1608 (some say 1603 and others, 1607) but was not printed until 1626. Because of this delay in printing and the fact that a number of manuscript copies were made, the novel has a variety of titles, all somewhat similar. The longest of these is *Historia de la vida del Buscón llamado don Pablos, ejemplo de vagamundos y tacaños.* The popular title of the book, however, is *El Buscón.* It is a picaresque novel and in the tradition of that type recounts the adventures and misadventures of don Pablos, a young man of humble origin whom Quevedo calls *príncipe de la vida buscona.* As a typical *pícaro,* Pablos wanders over the face of Spain in a desperate search (hence *buscón*)[1] for a way to sustain life without work. The novel is divided into twenty-three chapters and is rather short. According to the manuscript, it is divided into one, two, or three *libros* or parts. In his travels, Pablos falls in with a great variety of human beings, none of whom is portrayed with kindness, although sometimes with humor. In the struggle to stay alive, which resolves itself into a battle between the "haves" and "have-nots," Quevedo introduces many kinds of rogues, scoundrels, cheats, murderers, prostitutes, gamblers, etc., and exhibits the one characteristic which pervades and unifies all his writings: satire. Quevedo mercilessly flays his fellow man, for he hates corruption and feels impelled to expose society's evils. However, he lacks a positive cure and thus is a reformer without reforms. Perhaps he felt it enough to subject evil to the pitiless light of truth, and he knew more about the evils of seventeenth century Spanish society than any man of his day.

His religious faith was firm, and he believed in the virtues which had made the Spain of Carlos V great. He did not crusade in favor of anything but rather against everything which made men less than good or which contributed to the degeneracy of his times. His only solution is the inferred one of the power of truth, honesty, justice, mercy, courage, strength, and faith. He was a moralist, but he belonged to the past; a man of the Renaissance living at a time when the values he cherished had dis-

appeared. That he hoped he could somehow uplift mankind is faintly evident in the prologue to the *Buscón* where he states "no poco fruto podrás sacar dél (el libro) si tienes atención al escarmiento." He closes the book with a moral admonition: "nunca mejora de estado quien muda solamente de lugar, y no de vida y costumbres." *El Buscón*, though a youthful work, reveals Quevedo's bitter disillusionment, his misanthropy, his abhorrence of dishonesty in any form, and his impatience with human kind. It also exhibits his great prose style and one of the brightest wits ever produced by Spain.

Pablos introduces his family in Chapter I, for the *Buscón*, like other picaresque novels, is autobiographical. His father was a barber and thief who was eventually hanged. His mother was a Celestina-like character who dealt in witchcraft and repeatedly got into trouble with the authorities. His brother died at the age of seven from beatings suffered in jail, where he was sent for emptying his father's customers' pockets when their faces were down in a lavatory. Pablos persuades his parents to send him to school, but he soon leaves it after an unpleasant experience or two. He then enters the service of Diego Coronel, a lad about his age, and the two of them enter the boarding school of a man named Cabra.

CAPÍTULO III

De cómo fuí a un pupilaje[2] por criado de don Diego Coronel

Determinó, pues, don Alonso de poner a su hijo en pupilaje, lo uno por apartarle de su regalo,[3] y lo otro, por ahorrar de cuidado. Supo que había en Segovia un licenciado Cabra, que tenía por oficio de criar hijos de caballeros, y envió allá el suyo, y a mí para que le acompañase y sirviese. Entramos primer domingo después de Cuaresma en poder de la hambre viva, porque tal lacería no admite encarecimiento. Él era un clérigo cerbatana,[4] largo[5] sólo en el talle, una cabeza pequeña, pelo bermejo. No hay más que decir para quien sabe el refrán que dice, ni gato ni perro de aquella color. Los ojos, avecinados en el cogote, que parecía que miraba por cuévanos;[6] tan hundidos y obscuros, que era buen sitio el

---

1 In a manuscript of the Menéndez y Pelayo library, printed in the *Clásicos castellanos* series (Vol. 5, ed. Américo Castro), Pablos is called a *buscavidas* in the title rather than a *buscón.*
2 pupilaje — boarding school.
3 regalo — Here: pleasure, luxury, easy life.
4 cerbatana — peashooter, i.e. long and slender.
5 a pun on *largo* — long; generous.
6 cuévanos — baskets, hampers.

suyo para tiendas de mercaderes; la nariz, entre Roma y Francia,[7] porque se le había comido de unas búas[8] de resfriado, que aun no fueron de vicio, porque cuestan dinero; las barbas, descoloridas de miedo de la boca vecina, que, de pura hambre, parecía que amenazaba a comérselas; los dientes, le faltaban no sé cuántos, y pienso que por holgazanes y vagamundos se los habían desterrado; el gaznate, largo como avestruz, con una nuez tan salida, que parecía se iba a buscar de comer, forzada de la necesidad; los brazos secos; las manos, como un manojo de sarmientos[9] cada una. Mirado de medio abajo, parecía tenedor, o compás con dos piernas largas y flacas; su andar, muy despacio; si se descomponía algo, le sonaban los huesos como tablillas de San Lázaro;[10] la habla, hética; la barba, grande, por nunca se la cortar por no gastar; y él decía que era tanto el asco que le daba ver las manos del barbero por su cara, que antes se dejaría matar que tal permitiese; cortábale los cabellos un muchacho de los otros. Traía un bonete los días de sol, ratonado, con mil gateras y guarniciones de grasa; era de cosa que fué paño, con los fundos de caspa.[11] La sotana, según decían algunos, era milagrosa, porque no se sabía de qué color era. Unos, viéndola tan sin pelo, la tenían por de cuero de rana; otros decían que era ilusión; desde cerca parecía negra, y desde lejos, entre azul; llevábala sin ceñidor; no traía cuello ni puños; parecía, con los cabellos largos y la sotana mísera y corta, lacayuelo de la muerte. Cada zapato podía ser tumba de un filisteo.[12] Pues ¿su aposento? Aun arañas no había en él; conjuraba los ratones, de miedo que no le royesen algunos mendrugos que guardaba; la cama tenía en el suelo, y dormía siempre de un lado, por no gastar las sábanas; al fin, era archipobre y protomiseria.

A poder, pues, déste vine, y en su poder estuve con don Diego; la noche que llegamos nos señaló nuestro aposento, y nos hizo una plática corta, que, aun por no gastar tiempo, no duró más. Dijonos lo que habíamos de hacer; estuvimos ocupados en esto hasta la hora del comer. Fuimos allá; comían los amos primero, y servíamos los criados. El refitorio[13] era un aposento como un medio celemín; sentábanse a una mesa hasta cinco caballeros. Yo miré primero por los gatos; y como no los vi, pregunté que cómo no los había a otro criado antiguo, el cual, de flaco, estaba ya con la marca del pupilaje. Comenzó a enternecerse, y dijo: « ¿Cómo gatos? ¿Quién os ha dicho a vos que los gatos son amigos de ayunos y penitencias? En lo gordo se os echa de ver que sois nuevo. »[14] Yo, con esto, comencéme a afligir; y más me afligí cuando advertí que todos los que vivían en el pupilaje de antes estaban como leznas,[15] con unas caras que parecía se afeitaban con diaquilón.[16] Sentóse el licenciado Cabra; echó la bendición; comieron una comida eterna, sin principio ni fin; trajeron caldo en unas escudillas de madera, tan claro, que en comer en una de ellas peligrara Narciso[17] más que en la fuente. Noté la ansia con que los macilentos dedos se echaron a nado tras un garbanzo huérfano y solo que estaba en el suelo.[18] Decía Cabra a cada sorbo: « Cierto que no hay cosa como la olla, digan lo que dijeren; todo lo demás es vicio y gula. » Y acabando de decirlo, echóse su escudilla a pechos,[19] diciendo: « Todo esto es salud y otro tanto ingenio. » « ¡Mal ingenio te acabe!, » decía yo entre mí, cuando vi un mozo medio espíritu, tan flaco, con un plato de carne en las manos, que parecía la había quitado de sí mismo. Venía un nabo aventurero a vuelta;[20] dijo el maestro: « ¿Nabos hay? » No hay perdiz para mí que se le iguale; coman, que me huelgo de verlos comer. » Repartió a cada uno tan poco carnero, que entre lo que se les pegó a las uñas y se les quedó entre los dientes, pienso que se les consumió todo, dejando descomulgadas las tripas de participantes.[21] Cabra los miraba,

---

7 A pun on *romo* — flat-nosed and *mal francés* — syphillis, implied in the word Francia. This means that his nose was flat and also pockmarked as if from syphilis, but the marks were from cold pustules and not from vice, for the latter would have cost money.
8 búas — pustules.
9 sarmiento — vine, runner.
10 tablillas de San Lázaro — little pieces of wood rattled by lepers while begging.
11 caspa — dandruff.
12 filisteo — very tall and corpulent person. The reference is to Goliath, the Philistine giant killed by David, hence, each shoe was as big as Goliath's tomb.
13 refitorio — dining room.

14 En lo gordo . . . nuevo — One can see you are new by how fat you are.
15 lezna — awl.
16 diaquilón — astringent.
17 Narciso — Narcissus, who fell in love with his own reflection. Had he drunk this soup he would have been in danger of drinking his own image for the soup was as thin as water and would have reflected his face.
18 suelo — Here: bottom (of the bowl).
19 echóse . . . pechos — he ate heartily.
20 a vuelta — beside it (the meat).
21 A person could be excommunicated for dealing with another who had been excommunicated. The sense here is that the guts had been punished without having shared in the " crime. "

y decía: « Coman, que mozos son y me huelgo de ver sus buenas ganas. » Mire v. m.[22] qué aliño para los que bostezaban de hambre.

Acabaron todos, y quedaron unos mendrugos en la mesa, y en el plato dos pellejos y unos huesos; y dijo el pupilero: « Quede esto para los criados, que también han de comer, no lo queramos todo. » « ¡Mal te haga Dios y lo que has comido, lacerado, » decía yo, « que tal amenaza has hecho a mis tripas! » Echó la bendición, y dijo: « Ea, demos lugar a los criados, y váyanse hasta las dos a hacer un poco de ejercicio, porque no les haga mal lo que han comido. » Entonces yo no pude tener la risa, abriendo toda la boca. Enojóse mucho, y díjome que aprendiese modestia, y tres o cuatro sentencias viejas, y fuése.

Sentámonos nosotros. Yo, que vi el negocio mal parado, y que mis tripas pedían justicia, como más sano y más fuerte que los otros, arremetí al plato, como arremetieron todos, y emboquéme de tres mendrugos los dos y el un pellejo. Comenzaron los otros a gritar; al ruido entró Cabra diciendo: « Coman como hermanos; y pues Dios les da con qué, no riñan, que para todos hay. » Volvióse a gozar del sol, y dejónos solos. Certifico a v. m. que vi a uno de ellos, al más flaco, que se llamaba Jurre, vizcaíno, tan olvidado de cómo y por dónde se comía, que una cortecilla que le cupo la llegó dos veces a los ojos, y entre tres no la acertaba a encaminar de las manos a la boca.

While in Cabra's boarding school the two boys nearly starve. They get so hungry that they swallow their own words. In that house, mastiffs become lean greyhounds and heavy workhorses light as feathers. Persons suffering from the itch have but to enter Cabra's house to be cured, for there all eating and devouring stops at once. Finally, one of the boarders does die of malnutrition. Diego's father rescues the boys and after a three month convalescence sends them to Alcalá. At the university, Pablos undergoes some terrible experiences and is badly mistreated by his fellow students, but he becomes their friend and profits greatly by what happens to him. He learns to play pranks as well as any university student, as Chapter VI shows.

CAPÍTULO VI

DE LAS CRUELDADES DEL
AMA Y TRAVESURAS QUE YO HICE

« Haz como vieres, »[23] dice el refrán, y dice bien. De puro considerar en él vine a resolverme de ser bellaco con los bellacos, y más, si pudiese, que todos. No sé si salí con ello; pero yo aseguro a v. m. que hice todas las diligencias posibles. Lo primero, yo puse pena de la vida[24] a todos los cochinos que se entrasen en casa y los pollos del ama[25] que del corral pasasen a mi aposento. Sucedió que un día entraron dos puercos del mejor garbo[26] que vi en mi vida; yo estaba jugando con los otros criados, y oílos gruñir, y dije a uno: « Vaya y vea quién gruñe en nuestra casa. » Fué y dijo que dos marranos. Yo, que lo oí, me enojé tanto, que salí allá diciendo que era mucha bellaquería y atrevimiento venir a gruñir a casas ajenas, y diciendo esto, envaséle[27] a cada uno — a puerta cerrada — la espada por los pechos y luego los acogotamos;[28] y por que no se oyese el ruido que hacían, todos a la par dábamos grandísimos gritos como que cantábamos, y así espiraron en nuestras manos. Sacamos los vientres, recogimos la sangre, y a puros jergones[29] los medio chamuscamos en el corral; de suerte, que cuando vinieron los amos ya estaba hecho, aunque mal, sino eran los vientres, que no estaban acabadas de hacer las morcillas, y no por falta de prisa, que en verdad que por no detenernos las habíamos dejado la mitad de lo que ellas se tenían dentro. Supo, pues, don Diego y el mayordomo el caso, y enojáronse conmigo de manera que obligaron a los huéspedes — que de risa no se podían valer — a volver por mí. Preguntábame don Diego qué había de decir si me acusaban y me prendía la justicia. A lo cual respondí yo que me llamaría a hambre,[30] que es el sagrado de los estudiantes, y si no me valiese diría: « Como se entraron sin llamar a la puerta, como en su casa, entendí que eran nuestros. » Riéronse todos de la disculpa.

---

22 *v. m.* is an abbreviation of *vuestra merced* — Literally: your grace. Freely: you.
23 Haz como vieres — Do as you see (others do). cf. English " When in Rome, " etc.
24 pena de la vida — death sentence.
25 Students hired a housekeeper to work for them, and the picaresque novel often mentions them.
26 dos . . . garbo — two of the finest looking pigs.
27 envasar — Here: to run through, to stick.

28 acogotar — to kill with a blow on the neck.
29 a puros jergones — with burning straw from the mattresses. This means that they took the pigs outside and singed them over a fire made with the straw from their mattresses.
30 *Llamarse a la iglesia* meant to take refuge in the church where one could not be arrested. Pablos substitutes *hambre* for *iglesia*. His defense or refuge will be hunger.

Dijo don Diego: « A fe, Pablos, que os hacéis a las armas.[31] Era de notar ver a mi amo tan quieto y religioso, y a mí tan travieso, que el uno exageraba al otro o la virtud o el vicio.

No cabía el ama de contento porque éramos los dos al mohino;[32] habíamos conjurado contra la despensa. Yo era el despensero Judas, que desde entonces heredé no sé qué amor a la sisa en este oficio. La carne no guardaba en manos del ama la orden retórica, porque siempre iba de más a menos, y la vez que[33] podía echar cabra o oveja, no echaba carnero, y si había huesos, no entraba cosa magra;[34] y así, hacía unas ollas tísicas,[35] de puro flacas; unos caldos, que, a estar cuajados,[36] se podían hacer sartas de cristal dellos. Las dos Pascuas, por diferenciar, para que estuviese gorda la olla, solía echar unos cabos de velas de sebo. Ella decía — cuando yo estaba delante — a mi amo: « Por cierto que no hay servicio como el de Pablicos, si él no fuese travieso; consérvele v. m., que bien se le puede sufrir el ser travieso por la fidelidad; lo mejor de la plaza trae. » Yo, por el consiguiente, decía della lo mismo, y así teníamos engañada la casa. Si se compraba aceite de por junto,[37] carbón o tocino, escondíamos la metad, y cuando nos parecía decíamos el ama y yo: « Modérense vs. ms. en el gasto, que en verdad, si se dan tanta priesa, no baste la hacienda del rey. Ya se ha acabado el aceite o el carbón. Pero tal priesa se han dado. Mande v. m. comprar más, y a fe que se ha de lucir de otra manera;[38] denle dineros a Pablicos. » Dábanmelos, y vendíamosle la metad sisada, y de lo que comprábamos la otra metad, y esto era en todo. Y si alguna vez compraba yo algo en la plaza por lo que valía, reñíamos adrede[39] el ama y yo. Ella decía como enojada: « No me digáis a mí, Pablicos, que éstos son dos cuartos de ensalada. » Yo hacía que lloraba, daba muchas voces, y íbame a quejar a mi señor y apretábale para que enviase el mayordomo a saberlo para que callase el ama, que adrede porfiaba. Iba,

y sabíalo, y con esto asegurábamos al amo y al mayordomo, y quedaban agradecidos, en mí a las obras, y en el ama al celo de su bien. Decíale don Diego muy satisfecho de mí: « Así fuese Pablicos aplicado a virtud como es de fiar; toda esta es la lealtad. ¿Qué me decís vos dél? »

Tuvímoslos desta manera chupándolos como sanguijuelas; yo apostaré que v. m. se espanta de la suma del dinero al cabo del año. Ello mucho debió ser, pero no obligaba a restitución, porque el ama confesaba y comulgaba de ocho a ocho días,[40] y nunca le vi rastro ni imaginación de volver nada ni hacer escrúpulo, con ser, como digo, una santa. Traía un rosario al cuello siempre tan grande, que era más barato llevar un haz de leña a cuestas. Dél colgaban muchos manojos de imágenes, cruces y cuentas de perdones. En todas decía que rezaba cada noche por sus bienhechores. Contaba ciento y tantos santos abogados[41] suyos, y en verdad que había menester todas estas ayudas para desquitarse de lo que pecaba. Acostábase en un aposento encima del de mi amo, y rezaba más oraciones que un ciego. Entraba por el Justo Juez[42] y acababa con el *Conquibules*[43] — que ella decía — y en la *Salve Rehila*.[44] Decía las oraciones en latín adrede para fingirse inocente; de suerte que nos despedazábamos de risa todos. Tenía otras habilidades; era conqueridora de voluntades y corchete de gustos,[45] que es lo mismo que alcahueta; pero disculpábase conmigo diciendo que le venía de casta, como al rey de Francia curar lamparones.[46]

Pensará v. m. que siempre estuvimos en paz, pues ¿quién ignora que dos amigos, como sean cudiciosos, si están juntos se han de procurar engañar el uno al otro? Sucedió que el ama criaba gallinas en el corral; yo tenía gana de comerla una; tenía doce o trece pollos grandecitos, y un día, estando dándoles de comer, comenzó a decir: « pío, pío, »[47] y esto muchas veces. Yo, que oí el modo de llamar, comencé a dar voces y dije: « ¡Oh cuerpo de Dios,[48]

31 hacerse a las armas — to become accustomed to things.
32 dos al mohino — two against one (a gambling expressión).
33 la vez que — every time that.
34 cosa magra — a slice of meat.
35 tísico — consumptive, tubercular.
36 cuajar — to curdle, coagulate.
37 de por junto — wholesale, in large quantity.
38 a fe que . . . manera — I am sure it will be a different matter (i.e. it will improve).
39 adrede — on purpose, purposely.
40 de ocho a ocho días — every week.

41 abogados — Here: advocates.
42 *Justo Juez* are the first words of a prayer.
43 *Conquibules* is Quevedo's imitation of the mutilated Latin of the housekeeper. *Quicumque vult salvus* is what she tried to say.
44 *Salve Rehila* should be *Salve Regina*.
45 corchete de gustos — director of delights.
46 lamparones — scrofula (French kings supposedly had the power to cure this condition).
47 pío — peep, cheep (imitation of the sound of baby chickens). *Pío* also means Pious, a Pope's title.
48 cuerpo de Dios — For Heaven's sake (a popular exclamation).

ama! ¿No hubiérades[49] muerto un hombre o hurtado moneda al Rey, cosa que yo pudiera callar, y no haber hecho lo que habéis hecho, que es imposible dejarlo de decir? ¡Mal aventurado de mí y de vos! » Ella, como vió hacer extremos con tantas veras, turbóse algún tanto y dijo: « Pues, Pablos, ¿yo qué he hecho? Si te burlas, no me aflijas más. » « ¿Cómo burlas? ¡pesia tal![50] Yo no puedo dejar de dar parte a[51] la Inquisición, porque si no, estaré descomulgado. » « ¿Inquisición?, » dijo ella, y empezó a temblar; « pues ¿yo he hecho algo contra la fe? » « Eso es lo peor, » decía yo; « no os burléis con los inquisidores; decid que fuistes una boba y que os desdecís, y no neguéis la blasfemia y desacato. » Ella con el miedo dijo: « Pues, Pablos, y si me desdigo, ¿castigaránme? » Respondíle: « No, porque sólo os absolverán. » « Pues yo me desdigo, » dijo; « pero dime tú de qué, que no lo sé yo; así tengan buen siglo las ánimas de mis difuntos. » « ¿Es posible que no advertisteis en qué? No sé cómo lo diga, que el desacato es tal que me acobarda. ¿No os acordáis que dijisteis a los pollos « pío, pío, » y es Pío nombre de los papas, vicarios de Dios y cabezas de la Iglesia? Papaos el pecadillo.[52] » Ella quedó como muerta, y dijo: « Pablos, yo lo dije, pero no me perdone Dios si fué con malicia. Yo me desdigo; mira si hay camino para que se pueda excusar el acusarme, que me moriré si me veo en la Inquisición. » « Como vos juréis en una ara consagrada que no tuvistes malicia, yo asegurado podré dejar de acusaros; pero será necesario que esos dos pollos que comieron llamándoles con el santísimo nombre de los pontífices me los deis para que yo los lleve a un familiar[53] que los queme, porque están dañados, y tras esto habéis de jurar de no reincidir de ningún modo. » Ella muy contenta dijo: « Pues llévatelos, Pablos, agora, que mañana juraré. » Yo, por más asegurarla, dije: « Lo peor es, Cipriana — que así se llamaba —, que yo voy a riesgo, porque me dirá el familiar si soy yo, y entre tanto me podrá hacer vejación.[54] Llevadlos vos, que yo, pardiez que temo. » « Pablos — decía cuando

me oyó esto —, por amor de Dios, que te duelas de mí y los lleves, que a ti no te puede suceder nada. » Dejéla que me lo rogase mucho, y, al fin — que era lo que quería —, determinéme, tomé los pollos, escondílos en mi aposento, hice que[55] iba fuera, y volví diciendo: « Mejor se ha hecho que yo pensaba; quería el familiarcito venir tras mí a ver la mujer, pero lindamente le he engañado y negociado. » Dióme mil abrazos y otro pollo para mí, y yo fuíme con él adonde había dejado sus compañeros, y hice hacer en casa de un pastelero una cazuela, y comímelos con los demás criados. Supo el ama y don Diego la maraña, y toda la casa la celebró en extremo. El ama llegó tan al cabo de pena que por poco se muriera,[56] y de enojo no estuvo a dos dedos[57] — a no tener por qué callar — de decir mis sisas.

Yo, que me vi ya mal con el ama, y que no la podía burlar, busqué nuevas trazas de holgarme, y di en lo que llaman los estudiantes correr o rebatar.[58] En esto me sucedieron cosas graciosísimas, porque yendo una noche a las nueve — que ya anda poca gente — por la calle Mayor, vi una confitería y en ella un cofín[59] de pasas sobre el tablero, y tomando vuelo, vine, agarréle, di a correr; el confitero dió tras mí y otros criados y vecinos. Yo, como iba cargado, vi que aunque les llevaba ventaja, me habían de alcanzar, y al volver una esquina sentéme sobre él y envolví la capa a la pierna de presto, y empecé a decir con la pierna en la mano: « ¡Ay! Dios se lo perdone, que me ha pisado. » Oyéronme esto, y en llegando empecé a decir: « Por tan alta señora, »[60] y lo ordinario de « la hora menguada, y aire corruto. » Ellos se venían desgañifando,[61] y dijéronme: « ¿Va por ahí un hombre, hermano? » « Ahí delante, que aquí me pisó, loado sea el Señor. »

Arrancaron con esto y fuéronse; quedé solo, llevéme el cofín a casa, conté la burla y no quisieron creer que había sucedido así, aunque lo celebraron mucho, por lo cual los convidé para otra noche a verme correr[62] cajas. . . .

49 ¿No hubiérades? — Couldn't you have?
50 ¡pesia tal! — confound it!
51 dar parte a — to inform.
52 Papaos el pecadillo — Recognize your sin, admit your sin.
53 familiar — an officer of the Inquisition.
54 me dirá . . . vejación — the officer will ask me if I am the one (involved) and then will be able to cause me some trouble.
55 hice que — I pretended.
56 por poco se muriera — she almost died.

57 estuvo a dos dedos — she was very close.
58 rebatar (arrebatar) — to snatch, carry off.
59 cofín — small basket.
60 *Por tan alta señora* is equivalent to *Por la Virgen*, a phrase commonly used by beggars. Much used by beggars also were the following ones of *la hora menguada* and *aire corruto* (corrompido). The beggar would say his misfortunes befell him in an " unfortunate or fateful hour " and because of " corrupt air. "
61 desgañifando — shouting, screaming.
62 correr — to steal.

Yo, como era muchacho y veía que me alababan el ingenio con que salía destas travesuras, animábame para hacer otras más. Cada día traía la pretina de jarras de monjas,[63] que les pidía para beber y me venía con ellas; introduje que no diesen nada sin prenda primero. Y así, prometí a don Diego y a todos los compañeros de quitar una noche las espadas a la misma ronda. Señalóse cuál había de ser, y fuimos juntos, yo delante, y en columbrar la justicia lleguéme con otro de los criados de casa muy alborotado, y dije: « ¿Justicia? » Respondieron: « Sí. » « ¿Es el corregidor? » Dijeron que sí. Hinquéme de rodillas y dije: « Señor, en sus manos de v. m. está mi remedio y mi venganza, y mucho provecho de la república; mande v. m. oírme dos palabras a solas, si quiere una gran prisión.[64] Apartóse, y ya los corchetes[65] estaban empuñando las espadas y los alguaciles poniendo mano a las varetas, y díjele: « Señor, yo he venido de Sevilla siguiendo seis hombres los más facinerosos[66] del mundo, todos ladrones y matadores de hombres, y entre ellos viene uno que mató a mi madre y a un hermano mío por robarlos, y le está probado esto, y vienen acompañando, según le he oído decir, a una espía francesa, y aun sospecho, por lo que les he oído, que es — y abajando más la voz dije — de Antonio Pérez. »[67] Con esto el corregidor dió un salto hacia arriba y dijo: « ¿Adónde están? » « Señor, en la casa pública; no se detenga v. m., que las ánimas de mi madre y hermanos se lo pagarán en oraciones, y el rey. » « Jesús. No nos detengamos; seguidme todos, dadme una rodela. » Yo le dije, tornándole a apartar: « Señor, perderse ha si v. m. hace eso; antes importa que todos entren sin espadas y uno a uno, que ellos están en los aposentos y traen pistoletes, y en viendo entrar con espadas, como no las puede traer sino la justicia, dispararán. Con dagas es mejor, y cogerlos por detrás los brazos, que demasiados vamos. » Cuadróle al corregidor la traza[68] con la codicia de la prisión. En esto llegamos cerca, y el corregidor, advertido, mandó que debajo de unas hierbas pusiesen todos las espadas escondidas en un campo que está frente casi de la casa:

pusiéronlas y caminaron. Yo, que había avisado al otro que ellos dejarlas y él tomarlas y pescarse a casa fuese todo uno, hízolo así, y al entrar todos, quedéme atrás el postrero, y en entrando ellos mezclados con otra gente que iba, di cantonada,[69] y emboquéme por una callejuela que va a dar a la Vitoria,[70] que no me alcanzara un galgo. Ellos que entraron y no vieron nada, porque no había sino estudiantes y pícaros, que es todo uno, comenzaron a buscarme, y no me hallando sospecharon lo que fué; yendo a buscar sus espadas, no hallaron media. ¿Quién contará las diligencias que hizo con el rector[71] el corregidor aquella noche? Anduvieron todos los patios reconociendo las camas. Llegaron a casa, y yo, por que no me conociesen, estaba echado en la cama con un tocador[72] y con una vela en la mano y un cristo en la otra, y un compañero clérigo ayudándome a morir; los demás, rezando las letanías. Llegó el rector y la justicia, y viendo el espectáculo, se salieron, no persuadiéndose que allí pudiera haber habido lugar para tal cosa. No miraron nada, antes el rector me dijo un responso. Preguntó si estaba ya sin habla, y dijéronle que sí, y con tanto se fueron desesperados de hallar rastro, jurando el rector de remitirle si le topasen, y el corregidor de ahorcarle aunque fuese hijo de un grande. Levantéme de la cama, y hasta hoy no se ha acabado de solemnizar la burla en Alcalá. . . .

Pablos receives a letter from his uncle, who is an executioner in Segovia, which tells him he has just executed the boy's father. His mother is in the Inquisition jail in Toledo. Pablos decides to leave Don Diego's service and return to Segovia to claim his small inheritance. On the way he falls in with a motley assortment of characters, including a mad fencing master, a frustrated cleric poet, a retired soldier whose face is so scarred it looks like a map, and a hermit whose beard is so long it drags in the mud. Eventually he reaches Segovia and is mortified to see a procession of criminals being flogged through the streets by his uncle. His uncle's friends, all scoundrels, eat supper together, and the event

---

63 la pretina . . . monjas — my belt (hanging full) of nunnery jars. The poor went to nunnery doors for water which was given to them in a small jug. Pablos steals them.
64 prisión — Here: arrest, capture.
65 corchete — cop, patrolman.
66 facineroso — villainous, wicked.
67 Antonio Pérez had been secretary to Felipe II but

was now in exile in France. He was still wanted by the police as can be seen here.
68 Cuadróle . . . traza — the scheme suited the *corregidor*.
69 di cantonada — I disappeared from sight.
70 La Vitoria was a convent.
71 The rector of the university.
72 tocador — night cap.

ends in a drunken brawl. Pablos, humiliated, leaves the next morning for Madrid without telling his uncle good-bye.

He meets Don Toribio Rodríguez Vallejo Gómez de Ampuero y Jordán, an impoverished nobleman, whose name Quevedo characterizes as *campanudo* since it begins with *don* and ends with *dan*. Don Toribio takes Pablos with him to Madrid where they join with other *caballeros de la industria*. Eventually they all land in jail, and all except Pablos, who bribes the authorities with some of his inheritance money, are exiled from Madrid. Pablos decides to pretend he is rich in order to marry a woman with money. He rents a horse, pretends to have servants, and begins to court a certain Doña Ana whom he has met in the park. He invites her and several others to lunch and hires a caterer to prepare an outdoor meal, an expenditure which will pay dividends according to his calculations. The lunch is a delight and everything seems to be going well when Pablos' former master, Diego Coronel, joins the group. He is Ana's cousin and interested in any man she might want to marry. He is puzzled that this Felipe Tristán (Pablos' pseudonym) should look so much like his former servant named Pablos, but though suspicious, does nothing. Pablos is determined to win Ana if he can, and after a night of gambling, he continues his story.

Venimos a casa a la una y media de la noche, y acostámonos después de haber partido la ganancia. Consoléme con esto algo de lo sucedido, y a la mañana me levanté a buscar mi caballo, y no hallé por alquilar ninguno, por lo cual conocí que había otros muchos como yo. Pues andar a pie parecería mal y más agora, fuíme hacia San Felipe, y topé con un lacayo que tenía un caballo de un letrado, y le aguardaba, que se había acabado de apear a oír misa; metíle cuatro reales en la mano, porque mientras su amo estaba en la iglesia me dejase dar dos vueltas en el caballo por la calle del Arenal; dílas arriba y abajo, sin ver nada; y al dar la tercera vuelta, asomóse doña Ana. Yo, que la vi — y no sabía las mañas del caballo, ni era buen jinete —, quise hacer galanterías; díle dos varazos, tiréle de la rienda; empinóse, y dió luego dos coces; y apretó a correr, y dió conmigo por las orejas en un charco. Yo, que me

vi así, y rodeado de niños que se habían allegado, y delante de mi señora, comencé a decir: « ¡Oh hi de puta,[73] no fuérades vos valenzuela![74] Estas temeridades me han de acabar; habíanme dicho las mañas y quise porfiar con él. » Traía el lacayo ya el caballo, que se paró luego; yo torné a subir, y ya al ruido estaba a la ventana don Diego Coronel, que vivía en la misma casa de sus primas. Yo, que le vi, me demudé. Preguntóme si había sido algo; dije que no, aunque tenía estropeada una pierna. Dábame el lacayo priesa, porque no saliese su amo y le viese, que había de ir a palacio; y soy tan desgraciado, que estando en el caballo diciéndome que nos fuésemos, llega por detrás el letradillo, y conociendo su rocín, arremete al lacayo y empieza a darle de puñadas, diciendo en altas voces que qué bellaquería era dar su caballo a nadie; y lo peor fué que, volviéndose a mí, me dijo que me apease con Dios, muy enojado. Todo pasaba a vista de mi dama y de don Diego: no se ha visto en tanta vergüenza ningún azotado.[75] Estaba tristísimo de ver dos desgracias tan grandes en un palmo de tierra. Al fin me hube de apear; subió el letrado, y fuése; y yo, por hacer la desecha,[76] quedéme hablando desde la calle con don Diego, y dije:

« En mi vida subí en tan mala bestia. Está ahí en San Felipe mi caballo el overo, y es desbocado y forzado en la carrera; dije cómo yo le corría y hacía parar; dijeron que allí estaba otro en que no lo haría (y era deste licenciado); quise probarlo: no se puede creer qué duro es de caderas; y con tan mala silla fué milagro no matarme. »

« Sí, fué, » dijo don Diego, « y con todo, parece que se siente v. m. de esa pierna. »

« Sí, siento, » dije yo, « y me querría ir a tomar mi caballo. »

La muchacha quedó satisfecha y con lástima de mi caída; mas el don Diego cobró mala sospecha de lo del letrado, y fué total causa de mi desdicha, fuera de otras muchas que me sucedieron. Y la mayor y fundamento de las otras fué que cuando llegué a casa, y fuí a ver un arca adonde tenía en una maleta todo el dinero que me había quedado de mi herencia y lo que había ganado — menos cien reales que yo traía conmigo — hallé que el buen licenciado Brandalagas y Pero López[77] habían cargado con ello, y no parecieron. Quedé como muerto, sin pensar qué consejo tomar

73 *Hi de puta* is considered in quite bad taste today but appears not infrequently in picaresque literature.
74 The *valenzuela* was a certain highly valued breed of horse.

75 azotado — convicted criminal (publicly flogged to increase shame).
76 hacer la desecha — to minimize (the incident).
77 Two cronies of Pablos.

de mi remedio. Decía entre mí: « ¡Malhaya quien fía en hacienda mal ganada, que se va como se viene! ¡Triste de mí! ¿Qué haré? » Ni sabía si irme a buscarlos, si dar parte a la justicia. Esto no me parecía, porque si los prendían, habían de declarar lo del hábito[78] y otras cosas, y era morir en la horca; pues seguirlos, no sabía por dónde.

Al fin, por no perder también el casamiento — que ya yo me consideraba remediado con el dote —, determiné de quedarme, y apretarlo sumamente. Comí, y a la tarde alquilé un caballo; y fuíme hacia la calle de mi dama. Y como no llevaba lacayo, por no pasar sin él, aguardaba a la esquina, antes de entrar, a que pasase algún hombre que lo pareciese; y en entrando partía detrás dél, haciéndole lacayo sin serlo; y en llegando al fin de la calle, poníame detrás de la esquina, aguardando a que volviese otro que lo pareciese.

Al fin yo no sé si fué la fuerza de la verdad de ser yo el mismo pícaro que sospechaba don Diego, o si fué la sospecha del caballo del letrado, o si fué que don Diego se puso a inquirir quién era y de qué vivía, y me espiaba; al fin, tanto hizo, que por el más extraordinario camino del mundo supo la verdad; porque yo apretaba lo del casamiento por papeles bravamente; y él acosado de ellas, que tenían deseo de acabarle, andando en mi busca, topó con el licenciado Flechilla[79] — que fué el que me convidó a comer cuando yo estaba con los caballeros —; y éste, enojado de como yo no le había vuelto a ver, hablando con don Diego, y sabiendo cómo yo había sido su criado, le dijo cómo había estado con él, y cómo había dos días que me había topado a caballo muy bien puesto, y le había contado cómo me casaba riquísimamente. No aguardó más don Diego, y partiendo para su casa, encontró con aquellos caballeros amigos míos,[80] el del hábito y el de la cadena, junto a la Puerta del Sol, y contóles lo que pasaba; y díjoles que se aparejasen, y que a la noche en viéndome en la calle, que me magullasen los cascos, y que me conocerían en la capa que él traía, que la llevaría yo. Concertáronse, y en entrando en la calle, topáronme; y disimularon de tal suerte los tres, que jamás pensé que éramos tan amigos como entonces. Estuvímonos en buena conversación, tratando de lo que sería bien hacer a la noche, hasta el avemaría. Entonces despidiéronse los dos, y echaron hacia abajo; y yo y don Diego quedamos solos, y echamos a San Felipe. Llegando a la entrada de la calle de la Paz, dijo don Diego: « Por vida de don Felipe, que troquemos capas, que me importa pasar por aquí y que no me conozcan. » « Sea en buen hora, » dije yo. Tomé la suya inocentemente, y dile la mía; ofrecíle mi persona para hacerle espaldas;[81] más él — que tenía trazado el deshacerme las mías[82] — dijo que le importaba ir solo, que me fuese yo, y no me hube bien apartado, cuando ordena el diablo que dos que a él le aguardaban para darle de cintazaros[83] por una mujercilla, entendiendo, por la capa, que era don Diego, levantan y empiezan una lluvia de cintarazos sobre mis espaldas y cabeza, que di voces; y en ellas y la cara conocieron que no era yo don Diego. Huyeron, y yo me quedé en la calle con los palos; disimulé tres o cuatro chichones[84] que tenía, y detúveme un rato, que no me atreví a entrar en la calle de miedo. Al fin, a las doce — que era la hora en que solía hablar con mi niña —, llegué a la puerta, y en emparejando, cierra uno de los dos que me aguardaban por don Diego, con un garrote, y dame dos palos en las piernas, que me derribó en el suelo; y llega el otro, y dame un chirlo[85] de oreja a oreja, y quítanme la capa y déjanme en el suelo, diciendo: « Así pagan los pícaros embusteros mal nacidos. » Comencé a dar gritos y a pedir confesión; y como no sabía lo que era — aunque sospechaba por las palabras que acaso era huésped de quien me había salido con la traza de la Inquisición, o el carcelero burlado, o mis compañeros huidos;[86] al fin yo esperaba de tantas partes la cuchillada, que no sabía a quién echársela (pero nunca sospeché en don Diego ni en lo que era). Daba voces: « ¡A los capeadores, » y a ellas[87] vino la justicia: levantáronme, y viendo mi cara con una cuchillada de un palmo y sin capa, ni saber lo que era, asiéronme para llevarme a curar. Metiéronme en casa de un barbero, preguntándome donde vivía, y lleváronme allá.

Acostáronme y quedé aquella noche confuso, viendo mi cara partida en dos pedazos,
y tan lisiadas las piernas, de los palos, que no
me podía tener en ellas. Yo quedé herido,
robado, y de manera que ni podía seguir a los
amigos, ni tratar del casamiento, ni estar en la
corte ni ir fuera.

Pablos becomes a beggar and learns many
tricks from his new friends. He grows restless,
however, and heads for Toledo hoping for
a better life. On the way he joins a troupe of
actors and begins to write poetry and plays.
He enjoys temporary prosperity selling poems,
but tires of this occupation and becomes a
galán de monjas. Courting through an iron
grating is hopeless for him, however, and he
moves on after swindling his "lady" out of
fifty *escudos* worth of handwork. He makes
his way to Toledo where he joins the band of
a former schoolmate named Matorral, a hired
murderer. One night after a drunken revel
they attack a squad of police, kill two of them,
and take refuge in a church. There they are
helped by a group of prostitutes, one of whom,
La Grajal, takes a liking to Pablos. Tiring
once again of his situation and hoping for
a change of fortune, Pablos decides to take
La Grajal and travel to the Indies. Here ends
Pablos' tale, and though Quevedo mentioned
a continuation he never wrote it.

Miguel de Cervantes Saavedra, 1547–1616, *Don Quijote*, 1605; 1615 (pp. 187–98)

The book affectionately called the *Quijote*
claims undisputed first place among all literary works produced in Spain. Popular with
Spaniards since it first appeared in the opening years of the seventeenth century, it has
gone through more than five hundred editions
in Spanish and has been translated into more
than a hundred different languages. The first
volume of this work was translated into
English by Thomas Shelton in the year 1612
and was probably known by Shakespeare. His
play, *The History of Cardenio*, was based on
the love tale of Cardenio and Luscinda inserted by Cervantes in Chapter XXIII and continued at intervals through Chapter XXXVI.
Shakespeare's drama, now lost, was played in
London at the Royal Palace in 1613. Since
that time more than two hundred English editions of *Don Quijote* have appeared. Thomas
B. Macaulay, 1800–59, English statesman,
poet, and historian, expressed the view of

many of his countrymen and also of many
persons outside England when he praised the
Quijote as "the best novel in the world beyond
comparison."

The *Quijote*'s influence on the development
of the modern novel is inestimable. Harry
Levin points out that the greatest tribute paid
to Cervantes is the imitation of his book by
other authors. He also observes that this
emulation goes beyond mere conscious literary influence and springs from the fact that
Cervantes was the first to master a genre
which dominates modern literature. Mr. Levin
then adds that "Don Quijote is thus an arch-
type as well as an example, the exemplary
novel of all time." It has spawned a great
number of sequels but more importantly has
been adapted in myriad ways to the purposes
of Western literature. The story of the Manchegan knight is Spain's greatest gift to the
literary world, and there is no better known
literary character than Don Quijote.

Cervantes published his book in Madrid in
1605 under the title *El ingenioso hidalgo don
Quijote de la Mancha* and dedicated it to the
Duque de Béjar. He divided his novel into
four parts: Part I, Chapters I to VIII; Part II,
Chapters IX to XIV; Part III, Chapters XV to
XXVII; Part IV, Chapters XXVIII to LII.
In 1615 he published an undivided sequel, *El
ingenioso caballero don Quijote de la Mancha*,
dedicated to the Conde de Lemos and consisting of seventy-four chapters. Nowadays
the 1605 volume is referred to as Part I, and
the 1615 volume as Part II of the *Quijote*.
Cervantes may have begun writing his novel
as early as 1597 when he was imprisoned in
Sevilla for monetary difficulties with the
government. He had obtained a commission
to collect certain taxes in and around Granada
and had deposited his collections in a banking
house in Sevilla. When the bank failed,
Cervantes was unable to settle his accounts
with the government and was jailed for a few
months. It was here, he said, that the *Quijote*
was engendered. Cervantes had completed his
book by 1604, for the royal permission to
print it was granted in September of that year,
but the printer, Juan de la Cuesta, did not
have the book ready for the public until sometime the following year. Reprints of the first
volume began to appear immediately and
Juan de la Cuesta brought out a second
edition later in 1605. Altogether Part I went
through nine editions during Cervantes' lifetime and Part II went through five editions
inside of two years.

One of the surprising facts about Cervantes' production is that the sweetest expression of his genius was a product of his old age. Part I of the *Quijote* appeared when he was fifty-eight years old and Part II when he was sixty-eight and approaching death. During this decade he also produced the second most significant part of his work, the *Novelas ejemplares*. Here we have a rather unusual circumstance of a man in his declining years writing with youthful suppleness of mind and vigor and creating his nation's supreme literary masterpiece. Samuel Putnam, a successful translator of the *Quijote*, calls this "one of the miracles of literary history." Only with his many years of experience behind him, however, could Cervantes have understood his world and mankind so well and have written with such wisdom on many questions of human existence and the deepest concerns of the human spirit. Without this accumulation of experience of life, the *Quijote* as we know it would not have been possible.

The structure of the *Quijote* is basically simple. The central plot concerns nothing more than the departure of the crazed knight from his home, a series of adventures he haphazardly encounters, and his return. This technique, which Casalduero calls *movimiento circular* or *composición circular*, is repeated three times. Two of the knight's sallies occur in Part I, and at the end of each one he returns home. He makes the first sally by himself, but on the second he takes along his squire, Sancho Panza. The third *salida*, which occupies the entire second volume, is likewise shared by both master and squire. These three excursions take place in the eastern part of Spain as the immortal pair ride across the dusty roads of La Mancha, and into Aragón and Cataluña. The peripatetic or itinerant nature of the novel was inherited from the novel of chivalry and the picaresque novel, which antedated it. Also, though it has a slender central plot, it is characterized by a succession of episodes largely unconnected with one another. They are, however, closely related to the hero and his mission.

Interspersed throughout the novel are the so-called inserted tales, in a sense novelettes in their own right. Typical of these is the pastoral tale of Grisóstomo and Marcela in Chapters XII and XIII of Part I, and the story of *El curioso impertinente*, similar to the *Exemplary Novels*, which occupies Chapters XXXIII, XXXIV, and XXXV of Part I. These tales frequently have nothing to do directly with the main subject of the book, but they contribute to it and are thematically related to it. Although they retard the story of Quijote's adventures, such digressions were quite fashionable in Cervantes' day.

Cervantes states in the prologue that his purpose in writing his book was: "deshacer la autoridad y cabida que en el mundo y en el vulgo tienen los libros de caballerías." In the course of Quijote's adventures, the author talks a great deal about the novels of chivalry, which were assailed by many others besides Cervantes, and ascribes Don Quijote's madness to the reading of them. He constantly parodies such books throughout his novel and at the end again proclaims that his purpose was to destroy them: "pues no ha sido otro mi deseo de poner en aborrecimiento de los hombres las fingidas y disparatadas historias de los libros de caballerías, que por las de mi verdadero don Quijote van ya tropezando, y han de caer del todo, sin duda alguna." Menéndez y Pelayo observes, however, that though Cervantes aims to destroy the chivalric novel, his book is not antithetical to the spirit of chivalry as some writers, including Lord Byron, supposed. On the contrary his book transfigured and exalted chivalry and was not a work of negation but one of affirmation of all that was beautiful, noble, and human in chivalry. Thus, Quijote was the perfect novel of chivalry and consequently the last one. Philosophical disquisitions are fused into the often humorous adventures. Among the themes one finds: 1) What is reality? 2) What is truth? 3) What are good works? 4) How are these three related? Thus, the Yelmo de Mambrino, rather than simply a barber's basin, throughout the work serves as a symbol of the ideal or poetic as opposed to the real or material. In the episode of the galley slaves one is asked to ponder whether man's laws may transcend God's concept of justice and mercy. In most of the other episodes similar questions are posed.

Enough has been written about the *Quijote* to fill a modest library, but the full meaning of the work has never been and never will be captured — it grows and changes as times change and mankind grows. Perhaps Ortega y Gasset was right when he wrote: « ¡Cervantes — un paciente hidalgo que escribió un libro —, se halla sentado en los elíseos prados hace tres siglos, y aguarda, repartiendo en derredor melancólicas miradas, a que le nazca un nieto capaz de entenderle!" Meanwhile we may agree with Jean Cassou, who found that none of his companions ever comforted him with words so full of kindness and humanity as his two life-long friends Don Quijote and Sancho Panza.

CAPÍTULO PRIMERO
QUE TRATA DE LA CONDICIÓN Y EJERCICIO DEL FAMOSO HIDALGO DON QUIJOTE DE LA MANCHA

En un lugar de la Mancha, de cuyo nombre no quiero acordarme, no ha mucho tiempo que vivía un hidalgo de los de lanza en astillero, adarga antigua, rocín flaco y galgo corredor. Una olla de algo más vaca que carnero, salpicón[1] las más noches, duelos y quebrantos[2] los sábados, lentejas los viernes, y algún palomino de añadidura los domingos, consumían las tres partes[3] de su hacienda. El resto della concluían sayo de velarte,[4] calzas de velludo[5] para las fiestas con sus pantuflos de lo mismo, y los días de entre semana se honraba con su vellorí[6] de lo más fino. Tenía en su casa una ama que pasaba de los cuarenta, y una sobrina que no llegaba a los veinte, y un mozo de campo y plaza,[7] que así ensillaba el rocín como tomaba la podadera.[8] Frisaba la edad de nuestro hidalgo con los cincuenta años: era de complexión recia,[9] seco de carnes, enjuto de rostro, gran madrugador y amigo de la caza. Quieren decir que tenía el sobrenombre de Quijado o Quesada (que en esto hay alguna diferencia en los autores que deste caso escriben),[10] aunque por conjeturas verosímiles se deja entender que se llamaba Quijana. Pero esto importa poco a nuestro cuento: basta que en la narración dél no se salga un punto de la verdad.

Es, pues, de saber que este sobredicho hidalgo, los ratos que estaba ocioso (que eran los más del año), se daba a leer libros de caballerías con tanta afición y gusto, que olvidó casi de todo punto el ejercicio de la caza, y aun la administración de su hacienda;

y llegó a tanto su curiosidad y desatino en esto, que vendió muchas hanegas[11] de tierra de sembradura para comprar libros de caballerías en que leer, y así, llevó a su casa todos cuantos pudo haber dellos; y de todos ningunos le parecían tan bien como los que compuso el famoso Feliciano de Silva,[12] porque la claridad de su prosa y aquellas entricadas razones suyas le parecían de perlas, y más cuando llegaba a leer aquellos requiebros[13] y cartas de desafíos, donde en muchas partes hallaba escrito: « La razón de la sinrazón que a mi razón se hace, de tal manera mi razón enflaquece, que con razón me quejo de la vuestra fermosura. » Y también cuando leía: « los altos cielos que de vuestra divinidad divinamente con las estrellas os fortifican, y os hacen merecedora del merecimiento que merece la vuestra grandeza. »

Con estas razones perdía el pobre caballero el juicio, y desvelábase[14] por entenderlas y desentrañarles el sentido, que no se lo sacara ni las entendiera el mismo Aristóteles, si resucitara para sólo ello. No estaba muy bien con las heridas que don Belianís[15] daba y recibía, porque se imaginaba que por grandes maestros que le hubiesen curado,[16] no dejaría de tener el rostro y todo el cuerpo lleno de cicatrices y señales. Pero, con todo, alababa en su autor aquel acabar su libro con la promesa de aquella inacabable aventura, y muchas veces le vino deseo de tomar la pluma y dalle fin al pie de la letra como allí se promete; y sin duda alguna lo hiciera y aun saliera con ello, si otros mayores y continuos pensamientos no se lo estorbaran. Tuvo muchas veces competencia con el cura de su lugar (que era hombre docto, graduado en Sigüenza),[17] sobre cuál había sido mejor caballero, Palmerín de Inglaterra o Amadís de Gaula;[18] mas maese Nicolás, barbero del mismo pueblo, decía que ninguno llegaba al Caballero del Febo, y que si alguno se le podía comparar, era don Galaor, hermano

1 salpicón — finely chopped meat prepared with pepper, oil, onions and vinegar.
2 duelos y quebrantos — eggs and sausage (though there has been much controversy about the meaning of this expression).
3 las tres partes — three-fourths.
4 velarte — broadcloth.
5 calzas de velludo — velvet stockings (covering the calf and the thigh).
6 vellorí — broadcloth inferior to the *velarte;* homespun.
7 mozo de campo y plaza — a boy who worked in the field and went to the market place.
8 podadera — pruning hook.
9 complexión recia — robust build.
10 Cervantes pretended that he found the story of Don

Quijote in Arabic by Cide Hamete Benengeli and had paid someone to translate it for him.
11 hanega (fanega) — 1.59 acres.
12 Feliciano de Silva was a prolific writer of novels of chivalry, among them *Lisuarte de Grecia.*
13 requiebro — love tale.
14 desvelarse — to stay up nights.
15 Don Belianís was the hero of Jerónimo Fernández's *Historia de don Belianís de Grecia.*
16 por . . . curado — no matter how great the masters were who had cured him.
17 The University of Sigüenza was a small school and its graduates were often made fun of.
18 Palmerín and Amadís were famous heroes of novels of chivalry.

de Amadís de Gaula, porque tenía muy acomodada condición para todo; que no era caballero melindroso, ni tan llorón como su hermano, y que en lo de la valentía no le iba en zaga.

En resolución, él se enfrascó[19] tanto en su lectura, que se le pasaban las noches leyendo de claro en claro, y los días de turbio en turbio; y así, del poco dormir y del mucho leer se le secó el celebro de manera, que vino a perder el juicio. Llenósele la fantasía de todo aquello que leía en los libros, así de encantamientos como de pendencias, batallas, desafíos, heridas, requiebros, amores, tormentas y disparates imposibles; y asentósele de tal modo en la imaginación que era verdad toda aquella máquina de aquellas soñadas invenciones que leía, que para él no había otra historia más cierta en el mundo. Decía él, que el Cid Rui Díaz había sido muy buen caballero, pero que no tenía que ver con el Caballero de la Ardiente Espada,[20] que de sólo un revés[21] había partido por medio dos fieros y descomunales gigantes. Mejor estaba con Bernardo del Carpio, porque en Roncesvalles había muerto a Roldán el encantado, valiéndose de la industria de Hércules cuando ahogó a Anteo,[22] el hijo de la Tierra, entre los brazos. Decía mucho bien del gigante Morgante,[23] porque, con ser de aquella generación gigantea, que todos son soberbios y descomedidos, él solo era afable y bien criado. Pero, sobre todos, estaba bien con Reinaldos de Montalbán,[24] y más cuando le veía salir de su castillo, y robar cuantos topaba, y cuando en allende robó aquel ídolo de Mahoma, que era todo de oro, según dice su historia. Diera él, por dar una mano de coces[25] al traidor de Galalón,[26] al ama que tenía, y aun a su sobrina de añadidura.

En efecto, rematado[27] ya su juicio, vino a dar en el más extraño pensamiento que jamás dió loco en el mundo, y fué que le pareció convenible y necesario, así para el aumento de su honra, como para el servicio de su república, hacerse caballero andante,[28] y irse por todo el mundo con sus armas y caballo a buscar las aventuras, y a ejercitarse en todo aquello que él había leído que los caballeros andantes se ejercitaban, deshaciendo todo género de agravio, y poniéndose en ocasiones y peligros, donde acabándoles, cobrase eterno nombre y fama. Imaginábase el pobre ya coronado, por el valor de su brazo, por lo menos del imperio de Trapisonda,[29] y así, con estos tan agradables pensamientos; llevado del extraño gusto que en ellos sentía, se dió priesa a poner en efecto lo que deseaba. Y lo primero que hizo fué limpiar unas armas que habían sido de sus bisabuelos, que, tomadas de orín y llenas de moho, luengos siglos había que estaban puestas y olvidadas en un rincón. Limpiólas y aderezólas lo mejor que pudo; pero vió que tenían una gran falta, y era que no tenían celada de encaje,[30] sino morrión simple;[31] mas a esto suplió su industria, porque de cartones hizo un modo de media celada, que, encajada con el morrión, hacía una apariencia de celada entera. Es verdad que para probar si era fuerte y podía estar al riesgo de una cuchillada, sacó su espada y le dió dos golpes, y con el primero y en un punto deshizo lo que había hecho en una semana; y no dejó de parecerle mal la facilidad con que la había hecho pedazos, y por asegurarse de este peligro, la tornó a hacer de nuevo poniéndole unas barras de hierro por de dentro, de tal manera que él quedó satisfecho de su fortaleza, y sin querer hacer una nueva experiencia della, la diputó y tuvo por celada finísima de encaje.

Fué luego a ver a su rocín, y aunque tenía más cuartos[32] que un real, y más tachas que el caballo de Gonela,[33] que *tantum pellis et*

---

19 enfrascarse — to become deeply involved or entangled.
20 One of the names by which Amadís de Gaula was known.
21 revés — a backhanded blow.
22 Anteo — Antaeus of Greek mythology, the giant son of Earth. All who passed through his domain in Libya were forced to wrestle with him; but each time Antaeus was thrown to Earth, his mother, he was infused with new strength and conquered his adversary. Hercules fought him, held him up in the air, and crushed him in his arms.
23 Morgante was a giant from the Italian poem " Morgante Maggiore," 1481, by Ludovico Pulci. Converted to Christianity by Roland, he travelled everywhere with him and aided him in his struggles, using the clapper of a bell as a weapon.
24 Reinaldos de Montalbán is the Spanish form of the

name of one of the twelve Peers of Charlemagne's court. His popularity rivaled Roland's and his exploits spilled over into Spain and Italy.
25 una mano de coces — a good many kicks.
26 Galalón is Ganelon, traitor of the *Chanson de Roland.*
27 rematado — utterly destroyed.
28 caballero andante — knight errant.
29 Trapisonda was a city on the Black Sea, capital of the empire of the same name which formed a part of the larger Greek empire.
30 celada de encaje — closed helmet.
31 morrión simple — morion, visorless headpiece.
32 A play upon the word *cuarto* which means both *coin* and *defect.*
33 Gonela was a clown attached to the household of the Duke of Ferrara.

ossa fuit,[34] le pareció que ni el Bucéfalo de Alejandro, ni Babieca el del Cid, con él se igualaban. Cuatro días se le pasaron en imaginar qué nombre le pondría, porque (según se decía él a sí mismo) no era razón que caballo de caballero tan famoso, y tan bueno él por sí, estuviese sin nombre conocido; y así, procuraba acomodársele de manera, que declarase quién había sido antes que fuese de caballero andante, y lo que era entonces; pues estaba muy puesto en razón, que mudando su señor estado, mudase él también el nombre, y le cobrase famoso y de estruendo, como convenía a la nueva orden y al nuevo ejercicio que ya profesaba; y así, después de muchos nombres que formó, borró y quitó, añadió, deshizo y tornó a hacer en su memoria e imaginación, al fin le vino a llamar *Rocinante*, nombre, a su parecer, alto, sonoro y significativo de lo que había sido cuando fué rocín, antes de lo que ahora era, que era antes y primero de todos los rocines del mundo.

Puesto nombre, y tan a su gusto, a su caballo, quiso ponérsele a sí mismo; y en este pensamiento duró otros ocho días, y al cabo se vino a llamar don Quijote; de donde, como queda dicho, tomaron ocasión los autores de esta tan verdadera historia, que sin duda se debía llamar Quijada, y no Quesada, como otros quisieron decir. Pero acordándose que el valeroso Amadís no sólo se había contentado con llamarse Amadís a secas, sino que añadió el nombre de su reino y patria por hacerla famosa, y se llamó *Amadís de Gaula*, así quiso, como buen caballero, añadir al suyo el nombre de la suya, y llamarse *Don Quijote de la Mancha*,[35] con que, a su parecer, declaraba muy al vivo su linaje y patria, y la honraba con tomar el sobrenombre della.

Limpias, pues, sus armas, hecho del morrión celada, puesto nombre a su rocín, y confirmándose a sí mismo,[36] se dió a entender que no le faltaba otra cosa sino buscar una dama de quien enamorarse; porque el caballero andante sin amores era árbol sin hojas y sin fruto, y cuerpo sin alma. Decíase él: « Si yo por malos de mis pecados,[37] o por mi buena suerte, me encuentro por ahí con algún gigante, como de ordinario les acontece a los caballeros andantes, y le derribo de un encuentro, o le parto por mitad del cuerpo, o finalmente le venzo y le rindo, ¿no será bien tener a quien enviarle presentado, y que entre y se hinque de rodillas ante mi dulce señora, y diga con voz humilde, y rendido: Yo, señora, soy el gigante Caraculiambro, señor de la ínsula Malindrania, a quien venció en singular batalla el jamás como se debe alabado caballero don Quijote de la Mancha, el cual me mandó que me presentase ante la vuestra merced, para que la vuestra grandeza disponga de mí a su talante? » ¡Oh, cómo se holgó nuestro buen caballero cuando hubo hecho este discurso, y más cuando halló a quien dar nombre de su dama! Y fué, a lo que se cree, que en un lugar cerca del suyo había una moza labradora de muy buen parecer, de quien él un tiempo anduvo enamorado, aunque, según se entiende, ella jamás lo supo ni se dió cata[38] dello. Llamábase Aldonza Lorenzo, y a ésta le pareció ser bien darle título de señora de sus pensamientos; y buscándole nombre que no desdijese[39] mucho del suyo, y que tirase y se encaminase[40] al de princesa y gran señora, vino a llamarla *Dulcinea del Toboso*, porque era natural del Toboso: nombre, a su parecer, músico y peregrino[41] y significativo, como todos los demás que a él y a sus cosas había puesto.

Having made his preparations, Don Quijote undertakes his first sally one morning before daybreak. Dressed in his armor and mounted on Rocinante, he rides all day. At nightfall he arrives at an inn which he takes for a castle. He eats supper, helped by the girls at the inn who seem like princesses to him. One thing, however, distresses him greatly. He cannot, he thinks, legitimately enter into any adventures until he has been made a knight.

CAPÍTULO III
DONDE SE CUENTA LA GRACIOSA MANERA QUE TUVO DON QUIJOTE EN ARMARSE CABALLERO

Y así, fatigado deste pensamiento,[42] abrevió su venteril[43] y limitada cena, la cual acabada,

---

34 tantum pellis et ossa fuit — was all skin and bones (quoted from Plautus).
35 La Mancha was a dry, uninteresting region. To add it to the name of a knight gave a humorous incongruity.
36 confirmándose a sí mismo — having named himself.
37 por malos de mis pecados — in punishment for my sins (often not taken seriously).

38 darse cata de — to be aware of.
39 desdecir — to disagree, differ.
40 que tirase y se encaminase al — that would give the suggestion of that (of princess).
41 peregrino — strange, odd, rare.
42 The thought of not yet having been knighted.
43 venteril — typical of an inn (*venta*).

llamó al ventero, y encerrándose con él en la caballeriza, se hincó de rodillas ante él, diciéndole:

— No me levantaré jamás de donde estoy, valeroso caballero, fasta que la vuestra cortesía me otorgue un don que pedirle quiero, el cual redundará en alabanza vuestra y en pro del género humano.

El ventero, que vió a su huésped a sus pies, y oyó semejantes razones, estaba confuso mirándole, sin saber qué hacerse ni decirle, y porfiaba con[44] él que se levantase; y jamás quiso hasta que le hubo de decir que él le otorgaba el don que le pedía.

— No esperaba yo menos de la gran magnificencia vuestra, señor mío — respondió don Quijote — ; y así, os digo que el don que os he pedido, y de vuestra liberalidad me ha sido otorgado, es que mañana, en aquel día, me habéis de armar caballero;[45] y esta noche, en la capilla deste vuestro castillo, velaré las armas, y mañana, como tengo dicho, se cumplirá lo que tanto deseo, para poder, como se debe, ir por todas las cuatro partes del mundo buscando las aventuras en pro de los menesterosos, como está a cargo de la caballería y de los caballeros andantes, como yo soy, cuyo deseo a semejantes fazañas es inclinado.

El ventero, que, como está dicho, era un poco socarrón, y ya tenía algunos barruntos[46] de la falta de juicio de su huésped, acabó de creerlo cuando acabó de oírle semejantes razones; y por tener que reír[47] aquella noche, determinó de seguirle el humor; y así le dijo que andaba muy acertado en lo que deseaba y pedía, y que tal prosupuesto era propio y natural de los caballeros tan principales como él parecía y como su gallarda presencia mostraba; y que él asimismo, en los años de su mocedad, se había dado a aquel honroso ejercicio, andando por diversas partes del mundo buscando sus aventuras, sin que hubiese dejado los Percheles de Málaga, Islas de Riarán, Compás de Sevilla, Azoguejo de Segovia, la Olivera de Valencia, Rondilla de Granada, playa de Sanlúcar, Potro de Córdoba, y las Ventillas de Toledo,[48] y otras diversas partes, donde había ejercitado la ligereza de sus pies y sutileza de sus manos, haciendo muchos tuertos, recuestando[49] mu-

chas viudas, deshaciendo algunas doncellas y engañando a algunos pupilos,[50] y finalmente dándose a conocer por cuantas audiencias[51] y tribunales hay casi en toda España; y que a lo último se había venido a recoger a aquel su castillo, donde vivía con su hacienda y con las ajenas, recogiendo en él a todos los caballeros andantes de cualquiera calidad y condición que fuesen, sólo por la mucha afición que les tenía, y porque partiesen con él de sus haberes en pago de su buen deseo. Díjole también, que en aquel su castillo no había capilla alguna donde poder velar las armas, porque estaba derribada para hacerla de nuevo; pero que, en caso de necesidad, él sabía que se podían velar dondequiera, y que aquella noche las podría velar en un patio del castillo; que a la mañana, siendo Dios servido, se harían las debidas ceremonias, de manera que él quedase armado caballero, y tan caballero, que no pudiese ser más en el mundo.

Preguntóle si traía dineros; respondió don Quijote que no traía blanca,[52] porque él nunca había leído en las historias de los caballeros andantes que ninguno los hubiese traído. A esto dijo el ventero que se engañaba; que, puesto caso que en las historias no se escribía, por haberles parecido a los autores dellas que no era menester escribir una cosa tan clara y tan necesaria de traerse, como eran dineros y camisas limpias, no por eso se había de creer que no los trujeron; y así, tuviese por cierto y averiguado que todos los caballeros andantes (de que tantos libros están llenos y atestados), llevaban bien herradas las bolsas, por lo que pudiese sucederles; y que asimismo llevaban camisas y una arqueta[53] pequeña llena de ungüentos para curar las heridas que recebían, porque no todas veces en los campos y desiertos, donde se combatían y salían heridos, había quien los curase, si ya no era que tenían algún sabio encantador por amigo, que luego los socorría trayendo por el aire, en alguna nube, alguna doncella o enano, con alguna redoma[54] de agua de tal virtud, que, en gustando alguna gota della, luego al punto quedaban sanos de sus llagas y heridas, como si mal alguno hubiesen tenido; mas que, en tanto que esto no hubiese, tuvieron los pasados caballeros por cosa acertada que sus escu-

---

44 porfiar con — to entreat.
45 armar caballero — to knight, to dub a knight.
46 tener barruntos de — to suspect.
47 por tener que reír — to have something to laugh about.
48 The places named by the inn keeper are all areas where one might find low-life elements, not to be fre-

quented by a knight or gentleman; hence the humor.
49 recuestando — Here: cheating.
50 pupilos — children.
51 audiencias — courts.
52 blanca — farthing.
53 arqueta — little box.
54 redoma — vial.

deros fuesen proveídos de dineros y de otras cosas necesarias, como eran hilas[55] y ungüentos para curarse; y cuando sucedía que los tales caballeros no tenían escuderos (que eran pocas y raras veces), ellos mismos lo llevaban todo en unas alforjas muy sutiles,[56] que casi no se parecían, a las ancas del caballo, como que era otra cosa de más importancia; porque, no siendo por ocasión semejante, esto de llevar alforjas no fué muy admitido entre los caballeros andantes; y por esto le daba por consejo (pues aún se lo podía mandar como a su ahijado, que tan presto lo había de ser), que no caminase de allí adelante sin dineros y sin las prevenciones referidas, y que vería cuán bien se hallaba con ellas cuando menos se pensase.

Prometióle don Quijote de hacer lo que se le aconsejaba con toda puntualidad; y así, se dió luego orden[57] como velase las armas en un corral grande que a un lado de la venta estaba, y recogiéndolas don Quijote todas, las puso sobre una pila[58] que junto a un pozo estaba, y embrazando su adarga, asió de su lanza, y con gentil continente se comenzó a pasear delante de la pila; y cuando comenzó el paseo comenzaba a cerrar la noche.

Contó el ventero a todos cuantos estaban en la venta la locura de su huésped, la vela de las armas y la armazón de caballería que esperaba. Admiráronse de tan extraño género de locura; fuéronselo a mirar desde lejos, y vieron que, con sosegado ademán, unas veces se paseaba, otras arrimado a su lanza ponía los ojos en las armas, sin quitarlos por un buen espacio dellas. Acabó de cerrar la noche, pero con tanta claridad de la luna, que podía competir con el que se la prestaba,[59] de manera que cuanto el novel caballero hacía era bien visto de todos. Antojósele en esto a uno de los arrieros que estaban en la venta ir a dar agua a su recua,[60] y fué menester quitar las armas de don Quijote, que estaban sobre la pila; el cual, viéndole llegar, en voz alta le dijo:

— ¡Oh tú, quienquiera que seas, atrevido caballero, que llegas a tocar las armas del más valeroso andante que jamás se ciñó espada!, mira lo que haces, y no las toques, si no quieres dejar la vida en pago de tu atrevimiento.

No se curó el arriero destas razones (y fuera mejor que se curara, porque fuera curarse en salud), antes trabando de las correas las arrojó gran trecho de sí. Lo cual visto por don Quijote, alzó los ojos al cielo, y puesto el pensamiento (a lo que pareció) en su señora Dulcinea, dijo: « Acorredme, señora mía, en esta primera afrenta que a este vuestro avasallado pecho se le ofrece; no me desfallezca en este primero trance vuestro favor y amparo. »

Y diciendo éstas y otras semejantes razones, soltando la adarga, alzó la lanza a dos manos, y dió con ella tan gran golpe al arriero en la cabeza, que le derribó en el suelo tan maltrecho, que, si segundara con otro,[61] no tuviera necesidad de maestro[62] que le curara. Hecho esto, recogió sus armas, y tornó a pasearse con el mismo reposo que primero. Desde allí a poco, sin saberse lo que había pasado (porque aun estaba aturdido el arriero), llegó otro con la misma intención de dar agua a sus mulos, y llegando a quitar las armas para desembarazar la pila, sin hablar don Quijote palabra, y sin pedir favor a nadie, soltó otra vez la adarga, y alzó otra vez la lanza, y sin hacerla pedazos, hizo más de tres la cabeza del segundo arriero, porque se la abrió por cuatro. Al ruido acudió toda la gente de la venta y entre ellos el ventero. Viendo esto don Quijote, embrazó su adarga, y puesta mano a su espada, dijo:

— ¡Oh, señora de la fermosura, esfuerzo y vigor del debilitado corazón mío!, ahora es tiempo que vuelvas los ojos de tu grandeza a este tu cautivo caballero, que tamaña aventura está atendiendo.

Con esto cobró, a su parecer, tanto ánimo, que si le acometieran todos los arrieros del mundo, no volviera el pie atrás. Los compañeros de los heridos, que tales los vieron, comenzaron desde lejos a llover piedras sobre don Quijote, el cual, lo mejor que podía se reparaba con su adarga, y no se osaba apartar de la pila por no desamparar las armas. El ventero daba voces que le dejasen, porque ya les había dicho como era loco, y que por loco se libraría,[63] aunque los matase a todos. También don Quijote las[64] daba mayores, llamándolos de alevosos y traidores, y que el señor del castillo era un follón[65] y mal nacido caballero, pues de tal manera consentía que

---

55 hilas — lint (for bandages).
56 sutiles — Here: inconspicuous, small. Yet note the double meaning.
57 se dió luego orden — it was then arranged.
58 pila — watering trough (for animals).
59 el que se la prestaba — the one who gave it its light, i.e. God.

60 recua — herd, drove.
61 si segundara con otro — if he followed with another.
62 maestro — doctor, physician, surgeon.
63 se libraría — would go free (if arrested).
64 The antecedent of las is voces.
65 follón — knave.

se tratasen los andantes caballeros, y que si él hubiera recibido la orden de caballería,[66] que él le diera a entender su alevosía; «pero de vosotros, soez y baja canalla, no hago caso alguno; tirad, llegad, venid y ofendedme en cuanto pudiéredes, que vosotros veréis el pago que lleváis de vuestra sandez y demasía. »[67]

Decía esto con tanto brío y denuedo, que infundió un terrible temor en los que le acometían: y así por esto, como por las persuasiones del ventero, le dejaron de tirar, y él dejó retirar a los heridos, y tornó a la vela de sus armas con la misma quietud y sosiego que primero.

No le parecieron bien al ventero las burlas de su huésped, y determinó abreviar y darle la negra[68] orden de caballería luego, antes que otra desgracia sucediese; y así, llegándose a él, se disculpó de la insolencia que aquella gente baja con él había usado, sin que él supiese cosa alguna; pero que bien castigados quedaban de su atrevimiento. Díjole cómo ya le había dicho que en aquel castillo no había capilla, y para lo que restaba de hacer tampoco era necesaria; que todo el toque de quedar armado caballero[69] consistía en la pescozada[70] y en el espaldarazo, según él tenía noticia del ceremonial de la orden, y que aquello en mitad de un campo se podía hacer; y que ya había cumplido con lo que tocaba al velar de las armas, que con solas dos horas de vela se cumplía, cuanto más que él había estado más de cuatro. Todo se lo creyó don Quijote, y dijo que él estaba allí pronto para obedecerle, y que concluyese con la mayor brevedad que pudiese; porque si fuese otra vez acometido, y se viese armado caballero, no pensaba dejar persona viva en el castillo, excepto aquéllas que él le mandase, a quien, por su respeto, dejaría.

Advertido y medroso desto el castellano, trujo luego un libro donde asentaba la paja y cebada[71] que daba a los arrieros, y con un cabo de vela que le traía un muchacho, y con las dos ya dichas doncellas, se vino adonde don Quijote estaba, al cual mandó hincar de rodillas; y leyendo en su manual (como que decía alguna devota oración), en mitad de la leyenda alzó la mano, y dióle

sobre el cuello un buen golpe, y tras él, con su misma espada, un gentil espaldarazo, siempre murmurando entre dientes como que rezaba. Hecho esto, mandó a una de aquellas damas que le ciñese la espada, la cual lo hizo con mucha desenvoltura[72] y discreción, porque no fué menester poca[73] para no reventar de risa a cada punto de las ceremonias; pero las proezas que ya habían visto al novel caballero les tenían la risa a raya.[74] Al ceñirle la espada, dijo la buena señora:

— Dios haga a vuestra merced muy venturoso caballero y le dé ventura en lides.

Don Quijote le preguntó cómo se llamaba, porque él supiese de allí adelante a quién quedaba obligado por la merced recibida, porque pensaba darle alguna parte de la honra que alcanzase por el valor de su brazo. Ella respondió con mucha humildad que se llamaba la Tolosa, y que era hija de un remendón[75] natural de Toledo, que vivía a las tendillas[76] de Sancho Bienaya,[77] y que dondequiera que ella estuviese le serviría y le tendría por señor. Don Quijote le replicó, que por su amor le hiciese merced que de allí adelante se pusiese don, y se llamase doña Tolosa. Ella se lo prometió, y la otra le calzó la espuela, con lo cual le pasó casi el mismo coloquio que con la de la espada. Preguntóle su nombre, y dijo que se llamaba la Molinera, y que era hija de un honrado molinero de Antequera; a la cual también rogó don Quijote que se pusiese don, y se llamase doña Molinera, ofreciéndole nuevos servicios y mercedes.

Hechas, pues, de galope y aprisa las hasta allí nunca vistas ceremonias, no vió la hora[78] don Quijote de verse a caballo y salir buscando las aventuras; y ensillando luego a Rocinante subió en él, y abrazando a su huésped le dijo cosas tan extrañas, agradeciéndole la merced de haberle armado caballero, que no es posible acertar a referirlas. El ventero, por verle ya fuera de la venta, con no menos retóricas, aunque con más breves palabras, respondió a las suyas, y sin pedirle la costa de la posada, le dejó ir a la buen hora.

Don Quijote encounters his first adventure shortly after leaving the inn. He rescues a boy

---

66 According to the rules of knighthood, Quijote could only fight other knights.
67 demasía — insolence.
68 negra — Here: accursed, confounded.
69 todo ... caballero — this whole matter of being knighted.
70 pescozada — blow on the neck.
71 cebada — barley.

72 desenvoltura — ease, grace.
73 *Poca* is an ellipsis for *poca discreción*.
74 les tenía la risa a raya — kept them from laughing.
75 remendón — cobbler.
76 tendilla — stall (of a market place).
77 An old square in Toledo.
78 no ver la hora — to be very eager.

named Andrés who is being beaten by his master, Juan Haldudo, but as soon as the knight rides on the beating is resumed. He then comes across some silk merchants from Murcia, and when they insult Dulcinea he charges them. Unfortunately Rocinante stumbles and falls, and before he can rise Don Quijote is soundly thrashed by a muleteer. He is so bruised and sore that he cannot get to his feet, but he is helped by a neighbor, Pedro Alonso, who happens along. Pedro manages to get the knight astride a mule and leads him back home under cover of darkness, as the first sally comes to an end.

Don Quijote's family and his friends the curate and the barber look after him. To protect him they burn some of the books of his library which, in their opinion, might contribute to a recurrence of his madness. Nevertheless, a couple of weeks later, Don Quijote prepares for a second sally.

Es, pues, el caso, que él estuvo quince días en casa muy sosegado, sin dar muestras de querer segundar sus primeros devaneos, en los cuales días pasó graciosísimos cuentos con sus dos compadres, el cura y el barbero, sobre que él decía que la cosa de que más necesidad tenía el mundo era de caballeros andantes, y de que en él se resucitase la caballería andantesca. El cura algunas veces le contradecía, y otras concedía, porque si no guardaba este artificio, no había poder averiguarse[79] con él.

En este tiempo solicitó don Quijote a un labrador vecino suyo, hombre de bien (si es que este título se puede dar al que es pobre), pero de muy poca sal en la mollera.[80] En resolución, tanto le dijo, tanto le persuadió y prometió, que el pobre villano se determinó de salirse con él y servirle de escudero. Decíale entre otras cosas don Quijote, que se dispusiese a ir con él de buena gana, porque tal vez le podía suceder aventura que ganase, en quítame allá esas pajas,[81] alguna ínsula, y le dejase a él por gobernador della. Con estas promesas y otras tales, Sancho Panza (que así se llamaba el labrador) dejó su mujer y hijos, y asentó por escudero de su vecino.

Dió luego don Quijote orden en buscar dineros; y vendiendo una cosa y empeñando otra, y malbaratándolas todas,[82] allegó una razonable cantidad. Acomódose asimismo de una rodela,[83] que pidió prestada a un su amigo, y pertrechando su rota celada lo mejor que pudo, avisó a su escudero Sancho del día y la hora que pensaba ponerse en camino, para que él se acomodase de lo que viese que más le era menester; sobre todo le encargó que llevase alforjas. Él dijo que sí llevaría, y que asimismo pensaba llevar un asno que tenía, muy bueno, porque él no estaba hecho a andar mucho a pie. En lo del asno reparó un poco don Quijote, imaginando si se le acordaba si algún caballero andante había traído escudero, caballero asnalmente; pero nunca le vino alguno a la memoria; mas con todo esto determinó que le llevase, con presupuesto[84] de acomodarle de más honrada caballería en habiendo ocasión para ello, quitándole el caballo al primer descortés caballero que topase. Proveyóse de camisas y de las demás cosas que él pudo, conforme al consejo que el ventero le había dado; todo lo cual hecho y cumplido, sin despedirse Panza de sus hijos y mujer, ni don Quijote de su ama y sobrina, una noche se salieron del lugar sin que persona los viese; en la cual caminaron tanto, que al amanecer se tuvieron por seguros de que no los hallarían, aunque los buscasen.

Iba Sancho Panza sobre su jumento como un patriarca, con sus alforjas y su bota,[85] y con mucho deseo de verse ya gobernador de la ínsula que su amo le había prometido. Acertó don Quijote a tomar la misma derrota[86] y camino que él había tomado en su primer viaje, que fué por el campo de Montiel, por el cual caminaba con menos pesadumbre que la vez pasada, porque por ser la hora de la mañana y herirles a soslayo los rayos del sol, no les fatigaban. Dijo en esto Sancho Panza a su amo:

— Mire vuestra merced, señor caballero andante, que no se le olvide lo que de la ínsula me tiene prometido; que yo la sabré gobernar por grande que sea.

A lo cual le respondió don Quijote:

— Has de saber, amigo Sancho Panza, que fué costumbre muy usada de los caballeros andantes antiguos hacer gobernadores a sus escuderos de las ínsulas o reinos que ganaban, y yo tengo determinado de que por mí no falte tan agradecida usanza; antes pienso aventa-

---

79 no había poder averiguarse — there was no way to get along with.
80 de muy poca sal en la mollera — with very few wits in his head.
81 en quítame allá esas pajas — in the twinkling of an eye.
82 malbaratándolas todas — getting the worst of the bargain every time.
83 rodela — buckler, shield.
84 presupuesto — intention.
85 bota — flask, wine jug.
86 derrota — route.

jarme en ella; porque ellos algunas veces, y quizá las más, esperaban a que sus escuderos fuesen viejos; y ya después de hartos de servir y de llevar malos días y peores noches, les daban algún título de conde, o por lo mucho,[87] de marqués, de algún valle o provincia de poco más a menos; pero, si tú vives y yo vivo, bien podría ser que antes de seis días ganase yo tal reino, que tuviese otros a él adherentes, que viniesen de molde[88] para coronarte por rey de uno dellos. Y no lo tengas a mucho; que cosas y casos acontecen a los tales caballeros, por modos tan nunca vistos ni pensados, que con facilidad te podría dar aún más de lo que te prometo.

— De esa manera — respondió Sancho Panza —, si yo fuese rey por algún milagro de los que vuestra merced dice, por lo menos Juana Gutiérrez, mi oíslo,[89] vendría a ser reina y mis hijos infantes.

— Pues ¿quién lo duda? — respondió don Quijote.

— Yo lo dudo — replicó Sancho Panza —, porque tengo para mí, que aunque lloviese Dios reinos sobre la tierra, ninguno asentaría bien sobre la cabeza de Mari[90] Gutiérrez. Sepa, señor, que no vale dos maravedís para reina; condesa le caerá mejor, y aún Dios y ayuda.

— Encomiéndalo tú a Dios, Sancho — respondió don Quijote —, que Él le dará lo que más le convenga; pero no apoques tu ánimo tanto, que te vengas a contentar con menos que con ser adelantado.[91]

— No haré, señor mío — respondió Sancho —, y más teniendo tan principal amo en vuestra merced, que me sabrá dar todo aquello que me esté bien y yo pueda llevar.[92]

CAPÍTULO VIII

DEL BUEN SUCESO QUE EL VALEROSO
DON QUIJOTE TUVO EN LA ESPANTABLE Y
JAMÁS IMAGINADA AVENTURA
DE LOS MOLINOS DE VIENTO,
CON OTROS SUCESOS
DIGNOS DE FELICE RECORDACIÓN

En esto descubrieron treinta o cuarenta molinos de viento que hay en aquel campo;

y así como don Quijote los vió, dijo a su escudero:

— La ventura va guiando nuestras cosas mejor de lo que acertáramos a desear; porque ves allí, amigo Sancho Panza, dónde se descubren treinta, o poco más, desaforados[93] gigantes, con quien pienso hacer batalla y quitarles a todos las vidas, con cuyos despojos comenzaremos a enriquecer; que ésta es buena guerra, y es gran servicio de Dios quitar tan mala simiente de sobre la faz de la tierra.

— ¿Qué gigantes? — dijo Sancho Panza.

— Aquéllos que allí ves — respondió su amo — de los brazos largos, que los suelen tener algunos de casi dos leguas.

— Mire vuestra merced — respondió Sancho — que aquéllos que allí se parecen, no son gigantes, sino molinos de viento, y lo que en ellos parecen brazos son las aspas, que, volteadas del viento, hacen andar la piedra del molino.

— Bien parece — respondió don Quijote — que no estás cursado en esto de las aventuras; ellos son gigantes, y si tienes miedo, quítate de ahí y ponte en oración en el espacio que[94] yo voy a entrar con ellos en fiera y desigual batalla.

Y diciendo esto, dió de espuelas a su caballo Rocinante, sin atender a las voces que su escudero Sancho le daba, advirtiéndole que sin duda alguna eran molinos de viento, y no gigantes, aquéllos que iba a acometer. Pero él iba tan puesto en que eran gigantes, que ni oía las voces de su escudero Sancho, ni echaba de ver,[95] aunque estaba ya bien cerca, lo que eran; antes iba diciendo en voces altas:

— Non fuyades,[96] cobardes y viles criaturas; que un solo caballero es el que os acomete.

Levantóse en esto un poco de viento, y las grandes aspas comenzaron a moverse, lo cual visto por don Quijote, dijo:

— Pues aunque mováis más brazos que los del gigante Briareo,[97] me lo habéis de pagar.

Y en diciendo esto, y encomendándose de todo corazón a su señora Dulcinea, pidiéndole que en tal trance le socorriese, bien cubierto de su rodela, con la lanza en el ristre,[98] arremetió a todo el galope de Rocinante, y embistió con el primero[99] molino que estaba delante;

87 por lo mucho — at most.
88 viniesen de molde — would be just right, fitting.
89 mi oíslo — my wife (the one who always says: ¿Oíslo? — Do you hear me?).
90 Sancho's wife has several different names in the course of the book.
91 adelantado — governor of a province.
92 llevar — Here: manage.

93 desaforados — lawless; huge.
94 en el espacio que — while.
95 echar de ver — to notice.
96 non fuyades (no huyáis) — don't flee.
97 Briareus was a Titan who had a hundred arms.
98 con la lanza en el ristre — with his lance in its socket.
99 The apocopation of primero, tercero, and postrero had not become standard usage in Cervantes' time.

y dándole una lanzada en el aspa, la volvió el viento con tanta furia, que hizo la lanza pedazos, llevándose tras sí al caballo y al caballero, que fué rodando muy maltrecho por el campo. Acudió Sancho Panza a socorrerle a todo el correr de su asno, y cuando llegó, halló que no se podía menear; tal fué el golpe que dió con él Rocinante.

— ¡Válgame Dios! — dijo Sancho —: ¿no le dije yo a vuestra merced que mirase bien lo que hacía, que no eran sino molinos de viento, y no lo podía ignorar sino quien llevase otros tales[100] en la cabeza?

— Calla, amigo Sancho — respondió don Quijote —, que las cosas de la guerra, más que otras están sujetas a continua mudanza; cuanto más que yo pienso,[101] y es así verdad, que aquel sabio Frestón,[102] que me robó el aposento y los libros, ha vuelto estos gigantes en molinos por quitarme la gloria de su vencimiento: tal es la enemistad que me tiene; mas al cabo, al cabo han de poder poco sus malas artes contra la bondad de mi espada.

— Dios lo haga como puede — respondió Sancho Panza —; y ayudándole a levantar, tornó a subir sobre Rocinante, que medio despaldado estaba.

Y hablando en la pasada aventura, siguieron el camino del Puerto Lápice, porque allí decía don Quijote que no era posible dejar de hallarse muchas y diversas aventuras, por ser lugar muy pasajero;[103] sino que iba muy pesaroso por haberle faltado la lanza, y diciéndoselo a su escudero, le dijo:

— Yo me acuerdo haber leído que un caballero español, llamado Diego Pérez de Vargas, habiéndosele en una batalla roto la espada, desgajó[104] de una encina un pesado ramo o tronco, y con él hizo tales cosas aquel día, y machacó tantos moros, que le quedó por sobrenombre Machuca,[105] y así él como sus descendientes se llamaron desde aquel día en adelante Vargas y Machuca. Hete dicho esto, porque de la primera encina o roble que se me depare, pienso desgajar otro tronco tal y tan bueno como aquél que me imagino, y pienso hacer con él tales hazañas, que tú te tengas por bien afortunado de haber merecido venir a verlas, y a ser testigo de cosas que apenas podrán ser creídas.

— A la mano de Dios — dijo Sancho —: yo lo creo todo así como vuestra merced lo dice; pero enderécese un poco, que parece que va de medio lado, y debe de ser del molimiento de la caída.

— Así es la verdad — respondió don Quijote —; y si no me quejo del dolor, es porque no es dado a los caballeros andantes quejarse de herida alguna, aunque se les salgan las tripas por ella.

— Si eso es así, no tengo yo que replicar — respondió Sancho —; pero sabe Dios si yo me holgara que vuestra merced se quejara cuando alguna cosa le doliera. De mí sé decir que me he de quejar del más pequeño dolor que tenga, si ya no se entiende[106] también con los escuderos de los caballeros andantes eso del no quejarse.

No se dejó de reír don Quijote de la simplicidad de su escudero; y así, le declaró que podía muy bien quejarse cómo y cuando quisiese, sin gana o con ella, que hasta entonces no había leído cosa en contrario en la orden de caballería. Díjole Sancho que mirase que era hora de comer. Respondióle su amo que por entonces no le hacía menester; que comiese él cuando se le antojase. Con esta licencia se acomodó Sancho lo mejor que pudo sobre su jumento, y sacando de las alforjas lo que en ellas había puesto, iba caminando y comiendo detrás de su amo muy de su espacio,[107] y de cuando en cuando empinaba la bota[108] con tanto gusto, que le pudiera envidiar el más regalado bodegonero[109] de Málaga. Y en tanto que él iba de aquella manera menudeando tragos,[110] no se le acordaba de ninguna promesa que su amo le hubiese hecho, ni tenía por ningún trabajo, sino por mucho descanso, andar buscando las aventuras, por peligrosas que fuesen.

En resolución, aquella noche la pasaron entre unos árboles, y del uno dellos desgajó don Quijote un ramo seco, que casi le podía servir de lanza, y puso en él el hierro que quitó de la que se le había quebrado. Toda aquella noche no durmió don Quijote, pensando en su señora Dulcinea, por acomodarse a lo que había leído en sus libros, cuando los caballeros pasaban sin dormir muchas noches en las florestas y despoblados, entretenidos con las

---

100 otros tales — windmills of the same kind.
101 cuanto más que yo pienso — what is more, I think.
102 Frestón was a magician who was supposed to have written the novel *Don Belianís de Grecia*. Cervantes did not remember that his name was really spelled *Fristón* in the aforementioned book by Jerónimo Fernández.
103 muy pasajero — much traveled.

104 desgajar — to break off, tear off.
105 Machuca — Pounder.
106 entenderse con — to apply to.
107 de su espacio — at his ease.
108 empinar la bota — to lift the wine bag.
109 bodegonero — tavern keeper.
110 menudear tragos — taking one sip after another.

memorias de sus señoras. No la pasó así Sancho Panza; que como tenía el estómago lleno, y no de agua de chicoria, de un sueño se la[111] llevó toda, y no fueran parte[112] para despertarle, si su amo no le llamara, los rayos del sol, que le daban en el rostro, ni el canto de las aves, que muchas y muy regocijadamente, la venida del nuevo día saludaban. Al levantarse, dió un tiento a la bota, y hallóla algo más flaca que la noche antes, y afligiósele el corazón, por parecerle que no llevaban camino de remediar tan presto su falta. No quiso desayunarse don Quijote, porque, como está dicho, dió en sustentarse de sabrosas memorias. Tornaron a su comenzado camino del Puerto Lápice, y a obra de[113] las tres del día le descubrieron.

— Aquí — dijo en viéndole don Quijote — podemos, hermano Sancho Panza, meter las manos hasta los codos en esto que llaman aventuras; mas advierte, que, aunque me veas en los mayores peligros del mundo, no has de poner mano a tu espada para defenderme, si ya no vieres que los que me ofenden es canalla y gente baja; que en tal caso, bien puedes ayudarme; pero, si fueren caballeros, en ninguna manera te es lícito ni concedido por las leyes de caballería que me ayudes, hasta que seas armado caballero.

— Por cierto, señor — respondió Sancho —, que vuestra merced sea muy bien obedecido en esto: y más, que yo de mío me soy[114] pacífico y enemigo de meterme en ruidos ni pendencias; bien es verdad que en lo que tocare a defender mi persona, no tendré mucha cuenta con esas leyes, pues las divinas y humanas permiten que cada uno se defienda de quien quisiere agraviarle.

— No digo yo menos — respondió don Quijote —, pero en esto de ayudarme contra caballeros, has de tener a raya tus naturales ímpetus.

— Digo que así lo haré — respondió Sancho — y que guardaré ese preceto tan bien como el día del domingo.

Estando en estas razones, asomaron por el camino dos frailes de la orden de San Benito, caballeros sobre dos dromedarios; que no eran más pequeñas dos mulas en que venían. Traían sus antojos[115] de camino y sus quitasoles. Detrás dellos venía un coche con cuatro

o cinco de a caballo que le acompañaban, y dos mozos de mulas a pie. Venía en el coche, como después se supo, una señora vizcaína que iba a Sevilla, donde estaba su marido, que pasaba a las Indias con un muy honroso cargo.[116] No venían los frailes con ella, aunque iban el mismo camino; mas apenas los divisó don Quijote, cuando dijo a su escudero:

— O yo me engaño, o ésta ha de ser la más famosa aventura que se haya visto, porque aquellos bultos negros que allí parecen, deben de ser, y son sin duda, algunos encantadores, que llevan hurtada alguna princesa en aquel coche, y es menester deshacer este tuerto a todo mi poderío.

— Peor será esto que los molinos de viento — dijo Sancho —. Mire, señor, que aquéllos son frailes de San Benito, y el coche debe de ser de alguna gente pasajera. Mire que digo que mire bien lo que hace, no sea[117] el diablo que le engañe.

— Ya te he dicho, Sancho — respondió don Quijote —, que sabes poco de achaque[118] de aventuras: lo que yo digo es verdad, y ahora lo verás.

Y diciendo esto, se adelantó, y se puso en la mitad del camino por donde los frailes venían, y en llegando tan cerca que a él le pareció que le podrían oír lo que dijese, en alta voz dijo:

— Gente endiablada y descomunal, dejad luego al punto las altas princesas que en ese coche lleváis forzadas; si no, aparejaos a recibir presta muerte por justo castigo de vuestras malas obras.

Detuvieron los frailes las riendas, y quedaron admirados, así de la figura de don Quijote, como de sus razones, a las cuales respondieron:

— Señor caballero, nosotros no somos endiablados ni descomunales, sino dos religiosos de San Benito, que vamos nuestro camino, y no sabemos si en este coche vienen o no ningunas forzadas princesas.

— Para conmigo no hay palabras blandas, que ya os conozco, fementida canalla — dijo don Quijote —.

Y sin esperar más respuesta, picó a Rocinante, y la lanza baja, arremetió contra el primero fraile con tanta furia y denuedo, que si el fraile no se dejara caer de la mula, él le hiciera venir al suelo mal de su grado,[119] y

111 The antecedent of *la* is *noche*.
112 no fueran parte — would not have been enough.
113 a obra de — at about.
114 yo de mío me soy — I myself am.
115 antojos (anteojos) — masks (worn to protect eyes and face from dust and sun).

116 cargo — Here: appointment.
117 no sea — lest it be.
118 achaque — subject.
119 mal de su grado — against his will.

aun mal ferido, si no cayera muerto. El segundo religioso, que vió del modo que trataban a su compañero, puso piernas al castillo de su buena mula,[120] y comenzó a correr por aquella campaña más ligero que el mesmo viento.

Sancho Panza, que vió en el suelo al fraile, apeándose ligeramente de su asno, arremetió a él, y le comenzó a quitar los hábitos. Llegaron en esto dos mozos de los frailes, y preguntáronle que por qué le desnudaba. Respondióles Sancho que aquello le tocaba a él legítimamente, como despojos de la batalla que su señor don Quijote había ganado. Los mozos, que no sabían de burlas,[121] ni entendían aquello de despojos ni batallas, viendo que ya don Quijote estaba desviado de allí, hablando con las que en el coche venían, arremetieron con Sancho, y dieron con él en el suelo, y sin dejarle pelo en las barbas, le molieron a coces[122] y le dejaron tendido en el suelo sin aliento ni sentido. Y, sin detenerse un punto, tornó a subir el fraile, todo temeroso y acobardado y sin color en el rostro; y cuando se vió a caballo, picó tras su compañero, que un buen espacio de allí le estaba aguardando, y esperando en qué paraba aquel sobresalto; y sin querer aguardar el fin de todo aquel comenzado suceso, siguieron su camino, haciéndose más cruces que si llevaran al diablo a las espaldas.

Don Quijote estaba, como se ha dicho, hablando con la señora del coche, diciéndole:

— La vuestra fermosura, señora mía, puede facer de su persona lo que más le viniere en talante,[123] porque ya la soberbia de vuestros robadores yace por el suelo, derribada por éste mi fuerte brazo. Y porque no penéis por saber el nombre de vuestro libertador, sabed que yo me llamo don Quijote de la Mancha, caballero andante y aventurero, y cautivo de la sin par y hermosa doña Dulcinea del Toboso; y en pago del beneficio que de mí habéis recibido, no quiero otra cosa sino que volváis al Toboso, y que de mi parte os presentéis ante esta señora, y le digáis lo que por vuestra libertad he fecho.

Todo esto, que don Quijote decía, escuchaba un escudero de los que el coche acompañaban, que era vizcaíno; el cual, viendo que no quería dejar pasar el coche adelante, sino que decía que luego había de dar la vuelta al Toboso, se fué para don Quijote, y asiéndole de la lanza le dijo, en mala lengua castellana y peor vizcaína, desta manera:

— Anda, caballero, que mal andes: ¡por el Dios que crióme, que si no dejas coche, así te matas como estás ahí vizcaíno![124]

Entendióle muy bien don Quijote, y con mucho sosiego le respondió:

— Si fueras caballero, como no lo eres, ya yo hubiera castigado tu sandez y atrevimiento, cautiva criatura.

A lo cual replicó el vizcaíno:

— ¿Yo no caballero? Juro a Dios, tan mientes como cristiano. Si lanza arrojas y espada sacas, el agua cuán presto verás que al gato llevas:[125] vizcaíno por tierra, hidalgo por mar, hidalgo por el diablo, y mientes que mira si otra dices cosa.[126]

— Ahora lo veredes, dijo Agrajes[127] — respondió don Quijote.

Y arrojando la lanza en el suelo, sacó su espada, y embrazó su rodela, y arremetió al vizcaíno con determinación de quitarle la vida. El vizcaíno, que así le vió venir, aunque quisiera apearse de la mula (que, por ser de las mulas de alquiler, no había que fiar en ella), no pudo hacer otra cosa sino sacar su espada; pero avínole bien, que se halló junto al coche, de donde pudo tomar una almohada que le sirvió de escudo, y luego se fueron el uno para el otro, como si fueran dos mortales enemigos. La demás gente quisiera ponerlos en paz; mas no pudo, porque decía el vizcaíno en sus mal trabadas razones, que si no le dejaban acabar su batalla, que él mismo había de matar a su ama y a toda la gente que se lo estorbase. La señora del coche, admirada y temerosa de lo que veía, hizo al cochero que se desviase de allí algún poco, y desde lejos se puso a mirar la rigurosa contienda, en el discurso de la cual dió el vizcaíno una gran cuchillada a don Quijote encima de un hombro, por encima de la rodela, que, a dársela sin defensa, le abriera hasta la cintura. Don Quijote, que sintió la pesadumbre de aquel desaforado golpe, dió una gran voz, diciendo:

— ¡Oh señora de mi alma, Dulcinea, flor de la fermosura, socorred a este vuestro caba-

---

120 puso . . . mula — he dug his legs into his mule.
121 no sabían de burlas — did not like jokes.
122 a coces — by dint of kicking.
123 lo que . . . talante — what pleases you most.
124 The mutilated Spanish of the Biscayan was a humorous device in Cervantes' time. Así te matas . . . vizcaíno — I'll kill you as sure as I am a Biscayan.

125 llevar el gato al agua — to get the better of a fight. (The Biscayan gets it backwards.)
126 y mientes. . . cosa (y mira que mientes si dices otra cosa)—and you're lying if you say anything different.
127 Agrajes was a character in *Amadís de Gaula*. The expression used here was said at the beginning of a fight.

llero, que, por satisfacer a la vuestra mucha bondad, en este riguroso trance se halla!

El decir esto, y el apretar la espada, y el cubrirse bien de su rodela, y el arremeter al vizcaíno, todo fué en un tiempo, llevando determinación de aventurarlo todo a la[128] de un solo golpe.

El vizcaíno, que así le vió venir contra él, bien entendió por su denuedo, su coraje, y determinó de hacer lo mismo que don Quijote; y así, le aguardó, bien cubierto de su almohada, sin poder rodear la mula a una ni a otra parte; que ya, de puro cansada y no hecha a semejantes niñerías, no podía dar un paso.

Venía, pues, como se ha dicho, don Quijote contra el cauto[129] vizcaíno, con la espada en alto con determinación de abrirle por medio; y el vizcaíno le aguardaba, asimismo levantada la espada y aforrado con su almohada, y todos los circunstantes estaban temerosos y colgados de lo que había de suceder de aquellos tamaños golpes con que se amenazaban; y la señora del coche y las demás criadas suyas estaban haciendo mil votos y ofrecimientos a todas las imágenes y casas de devoción de España, porque Dios librase a su escudero y a ellas de aquel tan grande peligro en que se hallaban.

Pero está el daño de todo esto, que en este punto y término deja pendiente el autor desta historia esta batalla, disculpándose, que no halló más escrito destas hazañas de don Quijote, de las que deja referidas. Bien es verdad que el segundo autor desta obra no quiso creer que tan curiosa historia estuviese entregada a las leyes del olvido, ni que hubiesen sido tan poco curiosos los ingenios de la Mancha, que no tuviesen en sus archivos o en sus escritorios algunos papeles que deste famoso caballero tratasen; y así, con esta imaginación, no se desesperó de hallar el fin desta apacible historia, el cual, siéndole el cielo favorable, le halló del modo que se contará en la segunda parte.[130]

Cervantes now digresses briefly to relate how he had bought an old book in Arabic from a lad in Toledo. When a translator turned it into Spanish, Cervantes learned that the title was *Historia de Don Quijote de la Mancha, escrita por Cide Hamete Benengeli, historiador árabe*. He bought all the rest of the books

from the boy, had them translated and thus learned the rest of the story of Don Quijote. He then resumes telling of the struggle between Don Quijote and the Biscayan.

Puestas y levantadas en alto las cortadoras espadas de los dos valerosos y enojados combatientes, no parecía sino que estaban amenazando al cielo, a la tierra y al abismo; tal era el denuedo y continente que tenían. Y el primero que fué a descargar el golpe fué el colérico vizcaíno; el cual fué dado con tanta fuerza y tanta furia, que, a no volvérsele la espada en el camino, aquel solo golpe fuera bastante para dar fin a su rigurosa contienda y a todas las aventuras de nuestro caballero; mas la buena suerte, que para mayores cosas le tenía guardado, torció la espada de su contrario, de modo que, aunque le acertó en el hombro izquierdo, no le hizo otro daño que desarmarle todo aquel lado, llevándole, de camino, gran parte de la celada, con la mitad de la oreja; que todo ello con espantosa ruina vino al suelo, dejándole muy maltrecho.

¡Válgame Dios, y quién será aquél que buenamente pueda contar ahora la rabia que entró en el corazón de nuestro manchego,[131] viéndose parar[132] de aquella manera! No se diga más sino que fué de manera, que se alzó de nuevo en los estribos, y, apretando más la espada en las dos manos, con tal furia descargó sobre el vizcaíno, acertándole de lleno sobre la almohada y sobre la cabeza, que, sin ser parte tan buena defensa,[133] como si cayera sobre él una montaña,[134] comenzó a echar sangre por las narices, y por la boca, y por los oídos, y a dar muestras de caer de la mula abajo, de donde cayera, sin duda, si no se abrazara con el cuello; pero, con todo eso, sacó los pies de los estribos, y luego soltó los brazos, y la mula, espantada del terrible golpe, dió a correr por el campo, y, a pocos corcovos, dió con su dueño en tierra.

Estábaselo con mucho sosiego mirando don Quijote, y como lo vió caer, saltó de su caballo y con mucha ligereza se llegó a él, y poniéndole la punta de la espada en los ojos, le dijo que se rindiese; si no, que le cortaría la cabeza. Estaba el vizcaíno tan turbado, que no podía responder palabra; y él lo pasara mal, según estaba ciego don Quijote, si las señoras del

---

128 The *la* here refers to *ventura* implicit in *aventurar*.
129 cauto — cautious, wary.
130 Cervantes divided the one volume of the 1605 edition into four parts but continued numbering the chapters in sequence.
131 manchego — Manchegan, a person from La Mancha.

132 parar — to treat badly.
133 sin . . . defensa — such a good defense being insufficient.
134 como si cayera . . . montaña — as if a mountain had fallen on him.

coche, que hasta entonces con gran desmayo habían mirado la pendencia, no fueran adonde estaba y le pidieran con mucho encarecimiento les hiciese tan gran merced y favor de perdonar la vida a aquel su escudero. A lo cual don Quijote respondió, con mucho entono y gravedad:

— Por cierto, fermosas señoras, yo soy muy contento de hacer lo que me pedís; mas ha de ser con una condición y concierto: y es que este caballero me ha de prometer de ir al lugar del Toboso y presentarse de mi parte ante la sin par doña Dulcinea, para que ella haga dél lo que más fuere de su voluntad.

Las temerosas y desconsoladas señoras, sin entrar en cuenta de lo que don Quijote pedía, y sin preguntar quién Dulcinea fuese, le prometieron que el escudero haría todo aquello que de su parte le fuese mandado.

— Pues en fe de esa palabra, yo no le haré más daño, puesto que me lo tenía bien merecido.

After this encounter, Don Quijote and Sancho spend the night with some goatherds, and as they sit around the fire Don Quijote gives his long soliloquy on what he calls *La Edad de Oro*. A lad arrives with the news that the student Grisóstomo has died of love for the beautiful Marcela, and Cervantes inserts a pastoral tale. Marcela has many suitors but spurns them all. She decides to become a shepherdess and live in the fields and forests, and, hoping to win her, several of her suitors, including Grisóstomo and his friend Ambrosio, do likewise. She will not surrender to love, however, and Grisóstomo dies with the request that he be buried in the field where he had first seen Marcela. Don Quijote and the others join the funeral procession. Marcela appears, speaks to the assembly, vindicates herself, and walks away. Don Quijote vows to protect her.

Returning to the adventures of Don Quijote and Sancho, Cervantes tells how Rocinante in an amorous moment attempts some sport with the mares of some Yanguesans. The mares' owners club Rocinante to the ground and then pummel both Sancho and Don Quijote with long poles. After a long conversation between squire and master, Quijote mounts the mule and, with Rocinante following, Sancho leads the way to an inn where they hope to recuperate from their drubbing.

That night in the inn Don Quijote intercepts a serving wench named Maritornes who has an assignation with a muleteer, imagining in his crazed mind that she is the daughter of the lord of the castle who has fallen in love with him and has come to lie beside him. In the darkness a brawl ensues in which Sancho and Quijote are again thrashed. After the innkeeper has settled the riot, the knight decides to make a magic balm *(el bálsamo de Fierabrás)* to heal his wounds. After concocting it and drinking some of it he vomits and breaks out in a sweat, but feels better later. Sancho in his turn takes it, becomes deathly sick, and fouls his bed so badly that it cannot be used again. The next morning Don Quijote refuses to pay the keeper of the castle (innkeeper) and rides off leaving poor Sancho to be tossed in a blanket by some wool carders from Segovia.

That afternoon Don Quijote spies two herds of sheep which he takes to be armies. Sancho, of course, sees only sheep. Quijote rides into the two herds and begins slaughtering the animals. The shepherds attack him with slings and rocks, break a rib or two, mash two fingers, and knock out two molars. They leave the madman for dead on the ground, but Sancho comes to him and the pair make their way on down the road.

After dark, they see a funeral procession approaching. Don Quijote takes the litter to be the bier of a badly wounded or dead knight, and he must set right whatever wrongs have been done. When those in the procession fail to respond to his challenge, Don Quijote falls upon them, wounding several badly. Finally they persuade him that there are no wrongs to be righted for they are merely moving the bones of a dead man from Baeza to Segovia. Sancho gives his master the name *Caballero de la Triste Figura*. Later that night occurs the adventure of the fulling mills which make a frightful noise neither master nor squire can identify. The next day Sancho enjoys a good laugh at his master's expense when they discover that the great adventure had turned out to be a joke, but his mirth is short-lived because Quijote laces him with his lance as Chapter XX ends.

CAPÍTULO XXI

QUE TRATA DE LA ALTA AVENTURA
Y RICA GANANCIA DEL YELMO DE
MAMBRINO, CON OTRAS COSAS
SUCEDIDAS A NUESTRO INVENCIBLE CABALLERO

En esto comenzó a llover un poco, y quisiera Sancho que se entraran en el molino de los batanes;[135] mas habíales cobrado tal abo-

135 molino de los batanes — fulling mill.

rrecimiento don Quijote por la pasada burla, que en ninguna manera quiso entrar dentro; y así torciendo el camino a la derecha mano, dieron en otro como el que habían llevado el día de antes. De allí a poco descubrió don Quijote un hombre a caballo, que traía en la cabeza una cosa que relumbraba como si fuera de oro, y aun él apenas le hubo visto, cuando se volvió a Sancho y le dijo:

— Paréceme, Sancho, que no hay refrán que no sea verdadero, porque todos son sentencias sacadas de la misma experiencia, madre de las ciencias todas, especialmente aquél que dice: « Donde una puerta se cierra otra se abre. » Dígolo, porque si anoche nos cerró la ventura la puerta de la que buscábamos engañándonos con los batanes, ahora nos abre de par en par otra para otra mejor y más cierta aventura, que si yo no acertare a entrar por ella, mía será la culpa, sin que la pueda dar a la poca noticia[136] de batanes[137] ni a la obscuridad de la noche. Digo esto, porque si no me engaño, hacia nosotros viene uno que trae en su cabeza puesto el yelmo de Mambrino[138] sobre que yo hice el juramento que sabes.

— Mire vuestra merced bien lo que dice, y mejor lo que hace — dijo Sancho —, que no querría que fuesen otros batanes que nos acabasen de batanar y aporrear el sentido.

— ¡Válate el diablo por hombre![139] — replicó don Quijote. ¿Qué va de yelmo a batanes?[140]

— No sé nada — respondió Sancho —; mas a fe que si yo pudiera hablar tanto como solía, que quizá diera tales razones, que vuestra merced viera que se engañaba en lo que dice.

— ¿Cómo me puedo engañar en lo que digo, traidor escrupuloso? — dijo don Quijote —. Dime, ¿no ves aquel caballero que hacia nosotros viene sobre un caballo rucio rodado, que trae puesto en la cabeza un yelmo de oro?

— Lo que veo y columbro — respondió Sancho —, no es sino un hombre sobre un asno, pardo como el mío, que trae sobre la cabeza una cosa que relumbra.

— Pues ése es el yelmo de Mambrino — dijo don Quijote —: apártate a una parte, y déjame con él a solas; verás cuán sin hablar

palabra, por ahorrar del tiempo, concluyo esta aventura, y queda por mío el yelmo que tanto he deseado.

— Yo me tengo en cuidado el apartarme — replicó Sancho —; mas quiera Dios, torno a decir, que orégano sea[141] y no batanes.

— Ya os he dicho, hermano, que no me mentéis, ni por pienso,[142] más eso de los batanes — dijo don Quijote —, que voto . . . y no digo más, que os batanee el alma.[143]

Calló Sancho con temor que su amo no cumpliese el voto que le había echado redondo como una bola.

Es, pues, el caso que el yelmo y el caballo y caballero que don Quijote veía, era esto: que en aquel contorno había dos lugares, el uno tan pequeño que ni tenía botica ni barbero, y el otro que estaba junto a él, sí; y así el barbero del mayor servía al menor, en el cual tuvo necesidad un enfermo de sangrarse, y otro de hacerse la barba, para lo cual venía el barbero y traía una bacía de azófar,[144] y quiso la suerte, que al tiempo que venía comenzó a llover, y porque no se le manchase el sombrero, que debía de ser nuevo, se puso la bacía sobre la cabeza, y como estaba limpia, desde media legua relumbraba. Venía sobre un asno pardo, como Sancho dijo, y ésta fué la ocasión que a don Quijote le pareció caballo rucio rodado, y caballero, y yelmo de oro; que todas las cosas que veía, con mucha facilidad las acomodaba a sus desvariadas caballerías y malandantes pensamientos. Y cuando él vió que el pobre caballero llegaba cerca, sin ponerse con él en razones, a todo correr de Rocinante le enristró con el lanzón bajo, llevando intención de pasarle de parte a parte; mas cuando a él llegaba, sin detener la furia de su carrera, le dijo:

— Defiéndete, cautiva criatura, o entrégame de tu voluntad lo que con tanta razón se me debe.

El barbero, que tan sin pensarlo ni temerlo vió venir aquella fantasma sobre sí, no tuvo otro remedio para poder guardarse del golpe de la lanza, sino fué el dejarse caer del asno abajo; y no hubo tocado al suelo, cuando se levantó más ligero que un gamo[145] y comenzó a correr por aquel llano, que no le alcanzara el

---

136 noticia — Here: knowledge.
137 batán — fulling hammer; hence: batanar — to beat.
138 Mambrino was a legendary Moorish king whose enchanted helmet made its wearer invulnerable. Reinaldos de Montalbán took it from him after killing him in battle.
139 Válate . . . hombre — To the devil with such a fellow (as you).

140 ¿Qué . . . batanes — what is the connection between helmet and fulling hammers.
141 Sancho quotes this out of place from a proverb.
142 no me mentéis, ni por pienso — do not mention to me even in your thoughts.
143 os batanee el alma — I'll thrash your very soul.
144 bacía de azófar — brass basin (washbowl).
145 gamo — buck.

viento. Dejóse la bacía en el suelo, con la cual se contentó don Quijote, y dijo que el pagano había andado discreto, y que había imitado al castor,[146] el cual viéndose acosado de los cazadores, se taraza y corta con los dientes aquello por lo que él por distinto natural sabe que es perseguido.[147] Mandó a Sancho que alzase el yelmo, el cual, tomándole en las manos, dijo:

— Por Dios que la bacía es buena, y que vale un real de a ocho, como un maravedí.[148]

Y dándosela a su amo, se la puso luego en la cabeza, rodeándola a una parte y a otra, buscándole el encaje;[149] y como no se le hallaba, dijo:

— Sin duda que el pagano, a cuya medida se forjó primero esta famosa celada, debía de tener grandísima cabeza, y lo peor dello es que le falta la mitad.

Cuando Sancho oyó llamar a la bacía celada, no pudo tener la risa, mas vínosele a las mientes la cólera de su amo, y calló en la mitad della.

— ¿De qué te ríes, Sancho? — dijo don Quijote.

— Ríome — respondió él —, de considerar la gran cabeza que tenía el pagano, dueño deste almete, que no semeja sino una bacía de barbero pintiparada.[150]

— ¿Sabes qué imagino, Sancho? Que esta famosa pieza deste encantado yelmo, por algún extraño accidente debió de venir a manos de quien no supo conocer ni estimar su valor, y sin saber lo que hacía, viéndola de oro purísimo, debió de fundir la otra mitad para aprovecharse del precio, y de la otra mitad hizo ésta que parece bacía de barbero, como tú dices. Pero sea lo que fuere, que para mí que la conozco no hace al caso[151] su transmutación; que yo la aderezaré en el primer lugar donde haya herrero, y de suerte que no le haga ventaja, ni aun le llegue, la que hizo y forjó el dios de las herrerías para el dios de las batallas; y en este entretanto la traeré como pudiere, que más vale algo que no nada, cuanto más, que bien será bastante para defenderme de alguna pedrada.

— Eso será — dijo Sancho — si no se tira con honda, como se tiraron en la pelea de los dos ejércitos, cuando le santiguaron a vuestra merced las muelas y le rompieron el alcuza donde venía aquel benditísimo brebaje que me hizo vomitar las asaduras.

— No me da mucha pena el haberle perdido, que ya sabes tú, Sancho — dijo don Quijote —, que yo tengo la receta en la memoria.

— También la tengo yo — respondió Sancho —; pero si yo le hiciere ni le probare más en mi vida, aquí sea mi hora. Cuanto más, que no pienso ponerme en ocasión de haberle menester, porque pienso guardarme con todos mis cinco sentidos de ser ferido ni de ferir a nadie. De lo de ser otra vez manteado[152] no digo nada, que semejantes desgracias mal se pueden prevenir, y si vienen, no hay que hacer otra cosa sino encoger los hombros, detener el aliento, cerrar los ojos y dejarse ir por donde la suerte y la manta nos llevare.

— Mal cristiano eres, Sancho — dijo oyendo esto don Quijote —, porque nunca olvidas la injuria que una vez te han hecho; pues sábete que es de pechos nobles y generosos no hacer caso de niñerías. ¿Qué pie sacaste cojo, qué costilla quebrada, qué cabeza rota, para que no se te olvide aquella burla? Que bien apurada la cosa,[153] burla fué y pasatiempo, que a no entenderlo yo así, ya yo hubiera vuelto allá, y hubiera hecho en tu venganza más daño que el que hicieron los griegos por la robada Elena, la cual si fuera en este tiempo, o mi Dulcinea fuera en aquél,[154] pudiera estar segura que no tuviera tanta fama de hermosa como tiene.

Y aquí dió un sospiro, y le puso en las nubes. Y dijo Sancho:

— Pase por burlas, pues la venganza no puede pasar en veras; pero yo sé de qué calidad fueron las veras y las burlas, y sé también que no se me caerán de la memoria, como nunca se quitarán de las espaldas. Pero dejando esto aparte, dígame vuestra merced qué haremos deste caballo rucio rodado que parece asno pardo, que dejó aquí desamparado aquel Martino[155] que vuestra merced derribó; que según él puso los pies en polvorosa[156] y cogió las de Villadiego,[157] no lleva

---

146 castor — beaver.
147 It was believed at one time that certain valuable oils were contained in the beaver's testicles and that the animal would castrate itself to escape death. Distinto equals Instinto.
148 vale . . . maravedí — it is worth a piece of eight if it is worth a maravedí.
149 encaje — visor.
150 pintiparada — exactly like.
151 no hace al caso — does not matter to me.

152 ser manteado — to be tossed in a blanket.
153 bien apurada la cosa — looking at the thing closely.
154 *Aquél* refers to the " time " of Helen of Troy.
155 Sancho means Mambrino.
156 puso . . . polvorosa — he took to his heels. In slang a common adjective was often substituted for a noun.
157 *Las de Villadiego* is a cryptic phrase but probably means *to escape*.

pergenio de volver por él jamás;[158] y ¡para mis barbas si no es bueno el rucio!

— Nunca yo acostumbro — dijo don Quijote — despojar a los que venzo, ni es uso de caballería quitarles los caballos y dejarlos a pie, si ya no fuese que el vencedor hubiese perdido en la pendencia el suyo; que en tal caso, lícito es tomar el del vencido, como ganado en guerra lícita. Así que, Sancho, deja ese caballo o asno, o lo que tú quisieres que sea; que como su dueño nos vea alongados de aquí, volverá por él.

— Dios sabe si quisiera llevarle — replicó Sancho —, o por lo menos trocalle con este mío que no me parece tan bueno. Verdaderamente que son estrechas las leyes de caballería, pues no se extienden a dejar trocar un asno por otro, y querría saber si podría trocar los aparejos siquiera.

— En eso no estoy muy cierto — respondió don Quijote —, y en caso de duda, hasta estar mejor informado, digo que los trueques si es que tienes dellos necesidad extrema.

— Tan extrema es — respondió Sancho —, que si fueran para mi misma persona no los hubiera menester más.

Y luego habilitado con aquella licencia, hizo *mutatio caparum*,[159] y puso su jumento a las mil lindezas, dejándole mejorado en tercio y quinto.[160] Hecho esto, almorzaron de las sobras del real que del acémila despojaron, y bebieron del agua del arroyo de los batanes sin volver la cara a mirallos, tal era el aborrecimiento que les tenían por el miedo en que les habían puesto.

Cortada la cólera y aun la melancolía, subieron a caballo, y sin tomar determinado camino (por ser muy de caballeros andantes el no tomar ninguno cierto) se pusieron a caminar por donde la voluntad de Rocinante quiso, que se llevaba tras sí la de su amo, y aun la del asno, que siempre le seguía por dondequiera que guiaba, en buen amor y compañía. Con todo esto volvieron al camino real, y siguieron por él a la ventura sin otro designio alguno.

Yendo, pues, así caminando, dijo Sancho a su amo:

— Señor, ¿quiere vuestra merced darme licencia que departa un poco con él? Que después que me puso aquel áspero mandamiento

del silencio,[161] se me han podrido más de cuatro cosas en el estómago; y una sola que ahora tengo en el pico de la lengua no querría que se malograse.

— Dila — dijo don Quijote —, y sé breve en tus razonamientos, que ninguno hay gustoso si es largo.

— Digo, pues, señor — respondió Sancho —, que de algunos días a esta parte he considerado cuán poco se gana y granjea de andar buscando estas aventuras que vuestra merced busca por estos desiertos y encrucijadas de caminos donde ya que se venzan y acaben las más peligrosas, no hay quien las vea ni sepa, y así, se han de quedar en perpetuo silencio y en perjuicio de la intención de vuestra merced y de lo que ellas merecen. Y así me parece que sería mejor (salvo el mejor parecer de vuestra merced) que nos fuésemos a servir a algún emperador o a otro príncipe grande que tenga alguna guerra, en cuyo servicio vuestra merced muestre el valor de su persona, sus grandes fuerzas y mayor entendimiento; que visto esto del señor a quien sirviéramos, por fuerza nos ha de remunerar a cada cual según sus méritos, y allí no faltará quien ponga en escrito las hazañas de vuestra merced para perpetua memoria. De las mías no digo nada, pues no han de salir de los límites escuderiles; aunque sé decir, que si se usa en la caballería escribir hazañas de escuderos, que no pienso que se han de quedar las mías entre renglones.

— No dices mal, Sancho — respondió don Quijote —; mas antes que se llegue a ese término, es menester andar por el mundo como en aprobación,[162] buscando las aventuras, para que acabando algunas, se cobre nombre y fama tal, que cuando se fuere a la corte de algún gran monarca, ya sea el caballero conocido por sus obras; y que apenas le hayan visto entrar los muchachos por la puerta de la ciudad, cuando todos le sigan y rodeen dando voces diciendo: « Éste es el caballero del Sol, o de la Serpiente, o de otra insignia alguna debajo de la cual hubiere acabado grandes hazañas. Éste es, dirán, el que venció en singular batalla al gigantazo Brocabruno de la gran fuerza, el que desencantó al gran Mameluco[163] de Persia del largo encantamento en que había estado casi novecientos años. » Así

---

158 no lleva . . . jamás — it doesn't look as if he will ever return for it.
159 mutatio caparum — changing of hoods.
160 dejándole . . . quinto — improving it marvelously. Cervantes uses here a term employed in matters of wills and inheritances.

161 Quijote had imposed silence on Sancho after the episode of the fulling mills.
162 en aprobación — on probation.
163 Mameluco — Mameluke. Cervantes makes a slip here for the Mamelukes were Egyptians.

que, de mano en mano irán pregonando sus hechos; y luego, al alboroto de los muchachos y de la demás gente, se parará a las fenestras[164] de su real palacio el rey de aquel reino, y así como vea al caballero, conociéndole por las armas o por la empresa del escudo, forzosamente ha de decir: « Ea, sus, salgan mis caballeros, cuantos en mi corte están, a recibir a la flor de la caballería que allí viene »; a cuyo mandamiento saldrán todos, y él llegará hasta la mitad de la escalera, y le abrazará estrechísimamente, y le dará paz besándole en el rostro, y luego le llevará por la mano al aposento de la señora reina, adonde el caballero la hallará con la infanta su hija, que ha de ser una de las más fermosas y acabadas doncellas que en gran parte de lo descubierto de la tierra a duras penas se pueda hallar. Sucederá tras esto, luego en continente, que ella ponga los ojos en el caballero, y él en los della, y cada uno parezca al otro cosa más divina que humana, y sin saber cómo ni cómo no, han de quedar presos y enlazados en la intricable red amorosa, y con gran cuita en sus corazones por no saber cómo se han de fablar para descubrir sus ansias y sentimientos. Desde allí le llevarán sin duda a algún cuarto del palacio, ricamente aderezado, donde habiéndole quitado las armas, le traerán un rico mantón de escarlata con que se cubra; y si bien pareció armado, tan bien y mejor ha de parecer en farseto.[165] Venida la noche, cenará con el rey, reina e infanta, donde nunca quitará los ojos della, mirándola a furto de los circunstantes,[166] y ella hará lo mesmo y con la mesma sagacidad, porque, como tengo dicho, es muy discreta doncella. Levantarse han las tablas,[167] y entrará a deshora[168] por la puerta de la sala un feo y pequeño enano, con una fermosa dueña, que entre dos gigantes detrás del enano viene con cierta aventura hecha por un antiquísimo sabio, que el que la acabare, será tenido por el mejor caballero del mundo. Mandará luego el rey que todos los que están presentes la prueben, y ninguno le dará fin y cima, sino el caballero huésped, en mucho pro de su fama, de lo cual quedará contentísima la infanta, y se tendrá por contenta y pagada además por haber puesto y colocado sus pensamientos en tan alta parte. Y lo bueno

es que este rey o príncipe, o lo que es, tiene una muy reñida guerra con otro tan poderoso como él, y el caballero huésped le pide (al cabo de algunos días que ha estado en su corte) licencia para ir a servirle en aquella guerra dicha. Darásela el rey de muy buen talante, y el caballero le besará cortésmente las manos por la merced que le face; y aquella noche se despedirá de su señora la infanta por las rejas de un jardín que cae en el aposento donde ella duerme,[169] por las cuales ya otras muchas veces la había fablado, siendo medianera y sabidora de todo una doncella de quien la infanta mucho se fía. Suspirará él, desmayaráse ella, traerá agua la doncella, acuitaráse mucho porque viene la mañana, y no querría que fuesen descubiertos, por la honra de su señora; finalmente, la infanta volverá en sí, y dará sus blancas manos por la reja al caballero, el cual se las besará mil y mil veces, y se las bañará en lágrimas. Quedará concertado entre los dos del modo que se han de hacer saber sus buenos o malos sucesos, y rogaréle la princesa que se detenga lo menos que pudiere; prometérselo ha él con muchos juramentos; tórnale a besar las manos, y despídese con tanto sentimiento, que estará poco por acabar la vida. Vase desde allí a su aposento, échase sobre su lecho, no puede dormir del dolor de la partida, madruga muy de mañana, vase a despedir del rey y de la reina y de la infanta; dícenle, habiéndose despedido de los dos, que la señora infanta está mal dispuesta, y que no puede recebir visita; piensa el caballero que es de pena de su partida, traspásasele el corazón, y falta poco de no dar indicio manifiesto de su pena. Está la doncella medianera delante, halo de notar todo,[170] váselo a decir a su señora, la cual la recibe con lágrimas, y le dice que una de las mayores penas que tiene, es no saber quién sea su caballero, y si es de linaje de reyes o no; asegúrala la doncella que no puede caber tanta cortesía, gentileza y valentía como la de su caballero sino en sujeto real y grave; consuélase con esto la cuitada, y procura consolarse por no dar mal indicio de sí a sus padres, y a cabo de dos días sale en público. Ya se es ido el caballero; pelea en la guerra, vence al enemigo del rey, gana muchas ciudades, triunfa de muchas

164 fenestras — windows. An archaic term is used by Quijote in imitation of the novels of chivalry.
165 farseto — doublet, quilted jacket.
166 a furto . . . circunstantes — without those present knowing it.
167 Levantarse han las tablas — the tables will be cleared.

168 a deshora — unexpectedly; immediately.
169 un jardín . . . duerme — a garden upon which the room where she sleeps faces.
170 halo de notar todo (ha de notarlo) — will note it all.

batallas, vuelve a la corte, ve a su señora por donde suele, conciértase[171] que la pida a su padre por mujer en pago de sus servicios; no se la quiere dar el rey, porque no sabe quién es; pero con todo esto, o robada, o de otra cualquiera suerte que sea, la infanta viene a ser su esposa, y su padre lo viene a tener a gran ventura, porque se vino a averiguar que el tal caballero es hijo de un valeroso rey de no sé qué reino, porque creo que no debe de estar en el mapa. Muérese el padre, hereda la infanta, queda rey el caballero, en dos palabras. Aquí entra luego el hacer mercedes a su escudero y a todos aquéllos que le ayudaron a subir a tan alto estado: casa a su escudero con una doncella de la infanta, que será sin duda la que fué tercera en sus amores, que es hija de un duque muy principal.

— Eso pido, y barras derechas[172] — dijo Sancho —; a eso me atengo, porque todo, al pie de la letra, ha de suceder por vuestra merced, llamándose « el Caballero de la Triste Figura ».

— No lo dudes, Sancho — replicó don Quijote —, porque del mesmo modo y por los mesmos pasos que esto he contado, suben y han subido los caballeros andantes a ser reyes y emperadores. Sólo falta ahora mirar qué rey de los cristianos o de los paganos tenga guerra, y tenga hija hermosa; pero tiempo habrá para pensar esto, pues como te tengo dicho, primero se ha de cobrar fama por otras partes que[173] se acuda a la corte. También me falta otra cosa, que puesto caso que se halle rey con guerra y con hija hermosa, y que yo haya cobrado fama increíble por todo el universo, no sé yo cómo se podía hallar que yo sea de linaje de reyes, o por lo menos primo segundo de emperador; porque no me querrá el rey dar a su hija por mujer, si no está primero muy enterado en esto, aunque más lo merezcan mis famosos hechos; así que, por esta falta temo perder lo que mi brazo tiene bien merecido. Bien es verdad que yo soy hijodalgo de solar conocido, de posesión y propiedad, y de devengar quinientos sueldos;[174] y podría ser que el sabio que escribiese mi historia, deslindase[175] de tal manera mi parentela y descendencia, que me hallase quinto o sexto nieto de rey. Porque te hago saber,

Sancho, que hay dos maneras de linajes en el mundo: unos que traen y derivan su descendencia de príncipes y monarcas, a quien poco a poco el tiempo ha deshecho, y han acabado en punta, como pirámide puesta al revés; otros tuvieron principio de gente baja y van subiendo de grado en grado hasta llegar a ser grandes señores. De manera que está la diferencia en que unos fueron que ya no son, y otros son que ya no fueron, y podría ser yo déstos, que después de averiguado hubiese sido mi principio grande y famoso, con lo cual se debía de contentar el rey mi suegro que hubiere de ser. Y cuando no, la infanta me ha de querer de manera que a pesar de su padre, aunque claramente sepa que soy hijo de un azacán,[176] me ha de admitir por señor y por esposo; y si no, aquí entra el robarla y llevarla donde más gusto me diere, que el tiempo o la muerte ha de acabar el enojo de sus padres.

— Ahí entra bien también — dijo Sancho — lo que algunos desalmados dicen: « No pidas de grado lo que puedes tomar por fuerza »; aunque mejor cuadra decir: « Más vale salto de mata,[177] que ruego de hombres buenos. » Dígolo porque si el señor rey, suegro de vuestra merced, no se quisiere domeñar[178] a entregarle a mi señora la infanta, no hay sino, como vuestra merced dice, roballa y trasponella; pero está el daño que en tanto que se hagan las paces y se goce pacíficamente del reino, el pobre escudero se podrá estar a diente[179] en esto de las mercedes. Si ya no es que la doncella tercera que ha de ser su mujer, se sale con la infanta y él pasa con ella su mala ventura hasta que el cielo ordene otra cosa; porque bien podrá, creo yo, desde luego dársela su señor por legítima esposa.

— Eso no hay quien lo quite — dijo don Quijote.

— Pues como eso sea — respondió Sancho —, no hay sino encomendarnos a Dios, y dejar correr la suerte por donde mejor lo encaminare.

— Hágalo Dios — respondió don Quijote — como yo deseo, y tú, Sancho, has menester, y ruin sea quien por ruin se tiene.

— Sea por Dios — dijo Sancho —, que yo cristiano viejo soy, y para ser conde esto me basta.

---

171 conciértase — it is agreed.
172 barras derechas — no cheating (a term for the game called *barras*).
173 primero que — before.
174 quinientos sueldos — The amount of fine specified in the *Fuero Juzgo* for an insult against a certain class of nobleman.

175 deslindar — to clear up.
176 azacán — water carrier.
177 salto de mata — escape from slaughter.
178 domeñar — to tame, to subdue.
179 estar a diente — to go without, to be left out.

— Y aun te sobra — dijo don Quijote —; y cuando no lo fueras, no hacía nada al caso, porque siendo yo el rey, bien te puedo dar nobleza sin que la compres ni me sirvas con nada, porque en haciéndote conde, cátate ahí caballero, y digan lo que dijeren, que a buena fe que te han de llamar señoría, mal que les pese.[180]

— Y ¡montas,[181] que no sabría yo autorizar el litado![182] — dijo Sancho.

— Dictado has de decir, que no litado — dijo su amo.

— Sea así — respondió Sancho Panza —: digo que le sabría bien acomodar, porque por vida mía que en un tiempo fuí muñidor de una cofradía,[183] y que me asentaba tan bien la ropa de muñidor, que decían todos que tenía presencia para poder ser prioste[184] de la mesma cofradía. Pues ¿qué será cuando me ponga un ropón ducal a cuestas, o me vista de oro y de perlas a uso de conde extranjero? Para mí tengo que me han de venir a ver de cien leguas.

— Bien parecerás — dijo don Quijote —, pero será menester que te rapes las barbas a menudo, que según las tienes de espesas, aborrascadas y mal puestas,[185] si no te las rapas a navaja cada dos días por lo menos, a tiro de escopeta se echará de ver lo que eres.

— ¿Qué más hay — dijo Sancho — sino tomar un barbero y tenerle asalariado en casa? Y aun si fuere menester, le haré que ande tras mí como caballerizo[186] de grande.

— ¿Pues cómo sabes tú — preguntó don Quijote — que los grandes llevan detrás de sí a sus caballerizos?

— Yo se lo diré — respondió Sancho —. Los años pasados estuve un mes en la corte, y allí vi que paseándose un señor muy pequeño, que decían que era muy grande, un hombre le seguía a caballo a todas las vueltas que daba, que no parecía sino que era su rabo. Pregunté que cómo aquel hombre no se juntaba con el otro, sino que siempre andaba tras dél. Respondiéronme que era su caballerizo, y que era uso de grandes llevar tras sí a los tales. Desde entonces lo sé tan bien, que nunca se me ha olvidado.

— Digo que tienes razón — dijo don Quijote —, y que así puedes tú llevar a tu barbero; que los usos no vinieron todos juntos ni se inventaron a una y puedes ser tú el primero conde que lleve tras sí su barbero, y aun es de más confianza[187] el hacer la barba que ensillar un caballo.

— Quédese eso del barbero a mi cargo — dijo Sancho —, y al de vuestra merced se quede el procurar venir a ser rey y el hacerme conde.

— Así será — respondió don Quijote.

Y alzando los ojos vió lo que se dirá en el siguiente capítulo.

CAPÍTULO XXII

DE LA LIBERTAD QUE DIÓ DON QUIJOTE A MUCHOS DESDICHADOS QUE MAL DE SU GRADO LOS LLEVABAN DONDE NO QUISIERAN IR

Cuenta Cide Hamete Benengeli, autor arábigo y manchego, en esta gravísima, altisonante, mínima, dulce e imaginada historia, que después que entre el famoso don Quijote de la Mancha y Sancho Panza su escudero pasaron aquellas razones que en el fin del capítulo veinte y uno quedan referidas, que don Quijote alzó los ojos, y vió que por el camino que llevaba venían hasta doce hombres a pie, ensartados[188] como cuentas en una gran cadena de hierro por los cuellos, y todos con esposas a las manos. Venían asimismo con ellos dos hombres de a caballo y dos de a pie; los de a caballo con escopetas de rueda,[189] y los de a pie con dardos y espadas, y que así como Sancho Panza los vido, dijo:

— Ésta es cadena de galeotes, gente forzada del rey, que va a las galeras.

— ¿Cómo gente forzada? — preguntó don Quijote —. ¿Es posible que el rey haga fuerza a ninguna gente?

— No digo eso — respondió Sancho —; sino que es gente que por sus delitos va condenada a servir al rey en las galeras, de por fuerza.

— En resolución, — replicó don Quijote —, como quiera que ello sea, esta gente, aunque los llevan, van de por fuerza y no de su voluntad.

— Así es — dijo Sancho.

---

180 mal que les pese — whether they like it or not.
181 *Montas* is the equivalent of the exclamation *vaya* — indeed, certainly, well.
182 Sancho says *litado* instead of *dictado*.
183 muñidor de una cofradía — beadle of a fraternity.
184 prioste — steward.
185 aborrascadas y mal puestas — unkempt and badly combed.
186 caballerizo — equerry; groom.
187 es de más confianza — is more intimate, personal.
188 ensartados — strung together.
189 escopeta de rueda — musket with wheel and flint for firing; wheel-lock musket.

— Pues desa manera — dijo su amo — aquí encaja[190] la ejecución de mi oficio; desfacer fuerzas y socorrer y acudir a los miserables.

— Advierta vuestra merced — dijo Sancho — que la justicia, que es el mesmo rey, no hace fuerza ni agravio a semejante gente, sino que los castiga en pena de sus delitos.

Llegó en esto la cadena de los galeotes, y don Quijote, con muy corteses razones pidió a los que iban en su guarda fuesen servidos de informalle y decille la causa o causas por que llevaban aquella gente de aquella manera.

Una de las guardas de a caballo respondió que eran galeotes, gente de Su Majestad, que iba a galeras, y que no había más que decir, ni él tenía más que saber.

— Con todo eso — replicó don Quijote — querría saber de cada uno dellos en particular la causa de su desgracia.

Añadió a estas otras tales y tan comedidas razones para moverlos a que le dijesen lo que deseaba, que la otra guarda de a caballo le dijo:

— Aunque llevamos aquí el registro y la fe[191] de las sentencias de cada uno destos malaventurados, no es tiempo éste de detenernos a sacarlas ni a leellas: vuestra merced llegue y se lo pregunte a ellos mismos, que ellos le dirán si quisieren, que sí querrán,[192] porque es gente que recibe gusto de hacer y decir bellaquerías.

Con esta licencia, que don Quijote se tomara, aunque no se la dieran, se llegó a la cadena, y al primero le preguntó que por qué pecados iba de tan mala guisa. Él respondió que por enamorado.

— ¿Por eso no más? — replicó don Quijote —. Pues si por enamorados echan a galeras, días ha que pudiera yo estar bogando en ellas.

— No son los amores como los que vuestra merced piensa — dijo el galeote —, que los míos fueron que quise tanto a una canasta de colar[193] atestada de ropa blanca, que la abracé conmigo tan fuertemente, que a no quitármela la justicia por fuerza, aun hasta ahora no la hubiera dejado de mi voluntad. Fué en fragante,[194] no hubo lugar[195] de tormento, concluyóse la causa, acomodáronme las espaldas con ciento,[196] y por añadidura tres precisos[197] de gurapas, y acabóse la obra.

— ¿Qué son gurapas? — preguntó don Quijote.

— Gurapas son galeras — respondió el galeote, el cual era un mozo de hasta edad de veinte y cuatro años, y dijo que era natural de Piedrahita.

Lo mismo preguntó don Quijote al segundo, el cual no respondió palabra, según iba de triste y malencónico; mas respondió por él el primero, y dijo:

— Éste, señor, va por canario: digo por músico y cantor.

— ¿Pues cómo? — repitió don Quijote —. ¿Por músicos y cantores van también a galeras?

— Sí, señor — respondió el galeote —, que no hay peor cosa que cantar en el ansia.

— Antes he yo oído decir — dijo don Quijote —, que quien canta, sus males espanta.

— Acá, es al revés — dijo el galeote —, que quien canta una vez llora toda la vida.

— No lo entiendo — dijo don Quijote.

Mas una de las guardas le dijo:

— Señor caballero, cantar en el ansia se dice entre esta gente *non sancta* confesar en el tormento. A este pecador le dieron tormento, y confesó su delito, que era ser cuatrero, que es ser ladrón de bestias,[198] y por haber confesado le condenaron por seis años a galeras, amén de doscientos azotes que ya lleva en las espaldas; y va siempre pensativo y triste, porque los demás ladrones que allá quedan y aquí van, le maltratan y aniquilan[199] y escarnecen y tienen en poco, porque confesó y no tuvo ánimo de decir nones;[200] porque dicen ellos, que tantas letras tiene un *no* como un *sí*, y que harta ventura tiene un delincuente que está en su lengua su vida o su muerte, y no en la de los testigos y probanzas; y para mí tengo que no van muy fuera de camino.

— Y yo lo entiendo así — respondió don Quijote, el cual pasando al tercero, preguntó lo que a los otros; el cual de presto y con mucho desenfado respondió, y dijo:

— Yo voy por cinco años a las señoras gurapas, por faltarme diez ducados.

— Yo daré veinte de muy buena gana — dijo don Quijote — por libraros desa pesadumbre.

— Eso me parece — respondió el galeote — como quien tiene dineros en mitad del golfo,

---

190 encajar — to fit.
191 fe — Here: certificate.
192 que sí querrán — and they will want to.
193 canasta de colar — washbasket.
194 The prisoner means *en flagrante* — in the act, red-handed.
195 no hubo lugar — there was no reason.

196 *Ciento* is an ellipsis for *cien azotes* — a hundred lashes.
197 *Tres precisos* is an ellipsis for *tres años precisos* — exactly three years.
198 bestias — Here: cattle.
199 aniquilar — Here: ignore, snub.
200 decir nones — to keep saying *no*.

y se está muriendo de hambre, sin tener adonde comprar lo que ha menester. Dígolo, porque si a su tiempo tuviera yo esos veinte ducados que vuestra merced ahora me ofrece, hubiera untado con ellos la péndola del escribano, y avivado el ingenio del procurador, de manera que hoy me viera en mitad de la plaza de Zocodover de Toledo, y no en este camino, atraillado[201] como galgo; pero Dios es grande: paciencia y basta.

Pasó don Quijote al cuarto, que era un hombre de venerable rostro, con una barba blanca que le pasaba del pecho, el cual oyéndose preguntar la causa porque allí venía, comenzó a llorar y no respondió palabra; mas el quinto condenado le sirvió de lengua, y dijo:

— Este hombre honrado va por cuatro años a galeras, habiendo paseado las acostumbradas[202] vestido en pompa y a caballo.

— Eso es — dijo Sancho Panza —, a lo que a mí me parece, haber salido a la vergüenza.[203]

— Así es — replicó el galeote —, y la culpa por que le dieron esta pena, es por haber sido corredor[204] de oreja y aun de todo el cuerpo; en efecto, quiero decir que este caballero va por alcahuete,[205] y por tener así mesmo sus puntas y collar de hechicero.[206]

— A no haberle añadido esas puntas y collar — dijo don Quijote —, por solamente el alcahuete limpio no merecía ir a bogar en las galeras, sino a mandallas y a ser general dellas, porque no es así como quiera el oficio de alcahuete; que es oficio de discretos, y necesarísimo en la república bien ordenada, y que no le debía ejercer sino gente muy bien nacida, y aun había de haber veedor y examinador de los tales, como le hay de los demás oficios, con número deputado y conocido, como corredores de lonja. Y desta manera se excusarían muchos males que se causan por andar este oficio y ejercicio entre gente idiota y de poco entendimiento, como son mujercillas de poco más o menos, pajecillos y truhanes de pocos años y de muy poca experiencia, que a la más necesaria ocasión, y cuando es menester dar una traza que importe, se les hielan las migas entre la boca y la mano, y no saben cuál es su mano derecha. Quisiera pasar adelante, y dar las razones por que convenía hacer elección de los que en la república habían de tener tan

necesario oficio, pero no es el lugar acomodado para ello: algún día lo diré a quien lo pueda proveer y remediar. Sólo digo ahora que la pena que me ha causado ver estas blancas canas y este rostro venerable en tanta fatiga, por alcahuete, me la ha quitado el adjunto de ser hechicero, aunque bien sé que no hay hechizos en el mundo que puedan mover y forzar la voluntad, como algunos simples piensan; que es libre nuestro albedrío, y no hay yerba ni encanto que le fuerce. Lo que suelen hacer algunas mujercillas simples y algunos embusteros bellacos, es algunas mixturas y venenos con que vuelven locos a los hombres, dando a entender que tienen fuerza para hacer querer bien, siendo, como digo, cosa imposible forzar la voluntad.

— Así es — dijo el buen viejo —; y en verdad, señor, que en lo de hechicero que no tuve culpa, en lo de alcahuete no lo pude negar; pero nunca pensé que hacía mal en ello, que toda mi intención era que todo el mundo se holgase, y viviese en paz y quietud, sin pendencias ni penas; pero no me aprovechó nada este buen deseo para dejar de ir adonde no espero volver, según me cargan los años y un mal de orina que llevo, que no me deja reposar un rato.

Y aquí tornó a su llanto como de primero, y túvole Sancho tanta compasión, que sacó un real de a cuatro del seno, y se le dió de limosna.

Pasó adelante don Quijote, y preguntó a otro su delito, el cual respondió con no menos, sino con mucha más gallardía que el pasado:

— Yo voy aquí porque me burlé demasiadamente con dos primas hermanas mías, y con otras dos hermanas que no lo eran mías; finalmente, tanto me burlé con todas, que resultó de la burla crecer la parentela tan intricadamente, que no hay diablo que la declare. Probóseme todo, faltó favor, no tuve dineros, vime a pique de perder los tragaderos,[207] sentenciáronme a galeras por seis años, consentí; castigo es de mi culpa; mozo soy, dure la vida, que con ella todo se alcanza. Si vuestra merced, señor caballero, lleva alguna cosa con que socorrer a estos pobretes, Dios se lo pagará en el cielo, y nosotros tendremos en la tierra cuidado de rogar a Dios en nuestras oraciones por la vida y salud de

---

201 atraillar — to leash.
202 *Las acostumbradas* is an ellipsis for *las acostumbradas calles*. Criminals were often paraded through certain streets as part of their punishment.
203 Sancho means he was exposed to shame through public ridicule.

204 corredor — broker.
205 alcahuete — go-between.
206 hechicero — sorcerer.
207 a pique de perder los tragaderos — on the point of hanging.

vuestra merced, que sea tan larga y tan buena como su buena presencia merece.

Éste iba en hábito de estudiante, y dijo una de las guardas que era muy grande hablador y muy gentil latino.

Tras todos éstos venía un hombre de muy buen parecer, de edad de treinta años, sino que al mirar metía el un ojo en el otro un poco. Venía diferentemente atado que los demás, porque traía una cadena al pie tan grande, que se la liaba por todo el cuerpo, y dos argollas a la garganta, la una en la cadena, y la otra de las que llaman guardaamigo o pie de amigo, de la cual descendían dos hierros que llegaban a la cintura, en los cuales se asían dos esposas, donde llevaba las manos cerradas con un grueso candado, de manera que ni con las manos podía llegar a la boca ni podía bajar la cabeza a llegar a las manos. Preguntó don Quijote que cómo iba aquel hombre con tantas prisiones más que los otros. Respondióle la guarda: porque tenía aquél solo más delitos que todos los otros juntos, y que era tan atrevido y tan grande bellaco, que, aunque le llevaban de aquella manera, no iban seguros dél, sino que temían que se les había de huir.

— ¿Qué delitos puede tener — dijo don Quijote —, si no han merecido más pena que echarle a las galeras?

— Va por diez años — replicó la guarda —, que es como muerte cevil:[208] no se quiera saber más sino que este buen hombre es el famoso Ginés de Pasamonte, que por otro nombre llaman Ginesillo de Parapilla.

— Señor comisario — dijo entonces el galeote —, váyase poco a poco, y no andemos ahora a deslindar nombres y sobrenombres: Ginés me llamo y no Ginesillo, y Pasamonte es mi alcurnia,[209] y no Parapilla como voacé[210] dice, y cada uno se dé una vuelta a la redonda, y no hará poco.[211]

— Hable con menos tono — replicó el comisario —, señor ladrón de más de la marca,[212] si no quiere que le haga callar, mal que le pese.

— Bien parece — respondió el galeote — que va el hombre como Dios es servido; pero algún día sabrá alguno si me llamo Ginesillo de Parapilla o no.

— Pues ¿no te llaman así, embustero? — dijo la guarda.

— Sí llaman — respondió Ginés —; mas yo haré que no me lo llamen, o me las pelaría donde yo digo entre mis dientes. Señor caballero, si tiene algo que darnos, dénoslo ya y vaya con Dios, que ya enfada con tanto querer saber vidas ajenas; y si la mía quiere saber, sepa que yo soy Ginés de Pasamonte, cuya vida está escrita por estos pulgares.[213]

— Dice verdad — dijo el comisario —, que él mesmo ha escrito su historia, que no hay más,[214] y deja empeñado el libro en la cárcel en doscientos reales.

— Y le pienso quitar — dijo Ginés — si quedara[215] en doscientos ducados.

— ¿Tan bueno es? — dijo don Quijote.

— Es tan bueno — respondió Ginés —, que mal año para Lazarillo de Tormes, y para todos cuantos de aquel género se han escrito o escribieren. Lo que le sé decir a voacé es que trata verdades, y que son verdades tan lindas y tan donosas, que no puede haber mentiras que se le igualen.

— ¿Y cómo se intitula el libro? — preguntó don Quijote.

— *La vida de Ginés de Pasamonte* — respondió el mismo.

— ¿Y está acabado? — preguntó don Quijote.

— ¿Cómo puede estar acabado — respondió él —, si aun no está acabada mi vida? Lo que está escrito es desde mi nacimiento hasta el punto que esta última vez me han echado en galeras.

— ¿Luego otra vez habéis estado en ellas? — dijo don Quijote.

— Para servir a Dios y al Rey, otra vez he estado cuatro años, y ya sé a qué sabe[216] el bizcocho y el corbacho[217] — respondió Ginés —, y no me pesa mucho de ir a ellas, porque allí tendré lugar de acabar mi libro, que me quedan muchas cosas que decir, y en las galeras de España hay más sosiego de aquél que sería menester, aunque no es menester mucho más para lo que yo tengo de escribir, porque me lo sé de coro.

— Hábil pareces — dijo don Quijote.

— Y desdichado — respondió Ginés —, porque siempre las desdichas persiguen al buen ingenio.

— Persiguen a los bellacos — dijo el comisario.

---

208 The guard mispronounces *civil.*
209 alcurnia — family name.
210 voacé — you (one of several forms of address).
211 cada ... poco — let every man mind his own affairs and he will have all he can do.
212 señor ... marca — Mr. Big Thief.
213 pulgares — Here: fingers.
214 que no hay más — if you can imagine.
215 si quedara — even if it cost.
216 saber — Here: to taste.
217 corbacho — whip.

— Ya le he dicho, señor comisario — respondió Pasamonte —, que se vaya poco a poco, que aquellos señores no le dieron esa vara para que maltratase a los pobretes que aquí vamos, sino para que nos guiase y llevase adonde Su Majestad manda. Si no, por vida de . . . basta, que podría ser que saliesen algún día en la colada[218] las manchas que se hicieron en la venta, y todo el mundo calle, y viva bien y hable mejor, y caminemos, que ya es mucho regodeo[219] éste.

Alzó la vara en alto el comisario para dar a Pasamonte en respuesta de sus amenazas; mas don Quijote se puso en medio, y le rogó que no le maltratase, pues no era mucho que[220] quien llevaba tan atadas las manos, tuviese algún tanto suelta la lengua; y volviéndose a todos los de la cadena, dijo:

— De todo cuanto me habéis dicho, hermanos carísimos, he sacado en limpio, que aunque os han castigado por vuestras culpas, las penas que vais a padecer no os dan mucho gusto, y que vais a ellas muy de mala gana, y muy contra vuestra voluntad, y que podría ser que el poco ánimo que aquél tuvo en el tormento, la falta de dineros déste, el poco favor del otro, y finalmente el torcido juicio del juez, hubiese sido causa de vuestra perdición, y de no haber salido con la justicia que de vuestra parte teníades. Todo lo cual se me representa a mí ahora en la memoria, de manera que me está diciendo, persuadiendo y aun forzando que muestre con vosotros el efeto para que el cielo me arrojó al mundo, y me hizo profesar en él la orden de caballería que profeso, y el voto que en ella hice de favorecer a los menesterosos y opresos de los mayores.[221] Pero porque sé que una de las partes de la prudencia es, que lo que se puede hacer por bien no se haga por mal, quiero rogar a estos señores guardianes y comisario sean servidos de desataros y dejaros ir en paz, que no faltarán otros que sirvan al rey en mejores ocasiones, porque me parece duro caso hacer esclavos a los que Dios y naturaleza hizo libres. Cuanto más, señores guardas, — añadió don Quijote, — que estos pobres no han cometido nada contra vosotros. Allá[222] se lo haya cada uno con su pecado; Dios hay en el cielo que no se descuida de castigar al malo, ni de premiar al bueno, y no es bien que los hombres honrados sean verdugos de los otros hombres, no yéndoles nada en ello. Pido esto con esta mansedumbre y sosiego, porque tenga, si lo cumplís, algo que agradeceros; y cuando de grado no lo hagáis, esta lanza y esta espada con el valor de mi brazo harán que lo hagáis por fuerza.

— ¡Donosa majadería! — respondió el comisario. — Bueno está el donaire con que ha salido a cabo de rato.[223] ¡Los forzados del rey quiere que le dejemos, como si tuviéramos autoridad para soltarlos, o él la tuviera para mandárnoslo! Váyase vuestra merced, señor, norabuena su camino adelante, y enderécese ese bacín que trae en la cabeza, y no ande buscando tres pies al gato.[224]

— Vos sois el gato, y el rato y el bellaco — respondió don Quijote.

Y diciendo y haciendo, arremetió con él tan presto, que sin que tuviese lugar de ponerse en defensa, dió con él en el suelo mal herido de una lanzada; y avínole bien, que éste era el de la escopeta.

Las demás guardas quedaron atónitas y suspensas del no esperado acontecimiento; pero, volviendo sobre sí, pusieron mano a sus espadas los de a caballo, y los de a pie a sus dardos, y arremetieron a don Quijote, que con mucho sosiego los aguardaba, y sin duda lo pasara mal, si los galeotes, viendo la ocasión que se les ofrecía de alcanzar la libertad, no la procuraran procurando romper la cadena donde venían ensartados. Fué la revuelta de manera que las guardas, ya por acudir a los galeotes que se desataban, ya por acometer a don Quijote, que los acometía, no hicieron cosa que fuese de provecho. Ayudó Sancho, por su parte, a la soltura de Ginés de Pasamonte, que fué el primero que saltó en la campaña libre y desembarazado, y arremetiendo al comisario caído, le quitó la espada y la escopeta, con la cual apuntando al uno y señalando al otro, sin disparalla jamás, no quedó guarda en todo el campo, porque se fueron huyendo, así de la escopeta de Pasamonte, como de las muchas pedradas que los ya sueltos galeotes les tiraban. Entristecióse mucho Sancho deste suceso, porque se le representó que los que iban huyendo habían de dar noticia del caso a la Santa Hermandad,[225] la cual, a campana herida saldría a

---

218 salir en la colada — to come out in the wash.
219 regodeo — merrymaking, foolishness.
220 no era mucho que — it was no wonder that.
221 los mayores — the powerful, those in authority.
222 allá — there, i.e. in heaven.

223 a cabo de rato — at last, in the end.
224 buscar tres pies al gato — to look for trouble.
225 Santa Hermandad — Holy Brotherhood, a police force established in 1476 by Ferdinand and Isabel to enforce the law outside of the cities.

buscar a los delincuentes, y así se lo dijo a su amo, y le rogó que luego de allí se partiesen, y se emboscasen en la sierra que estaba cerca.

— Bien está eso — dijo don Quijote —, pero yo sé lo que ahora conviene que se haga.

Y llamando a todos los galeotes, que andaban alborotados, y habían despojado al comisario hasta dejarle en cueros,[226] se le pusieron todos a la redonda para ver lo que les mandaba, y así les dijo:

— De gente bien nacida es agradecer los beneficios que reciben, y uno de los pecados que más a Dios ofende, es la ingratitud. Dígolo, porque ya habéis visto, señores, con manifiesta experiencia,[227] el que de mí habéis recibido; en pago del cual querría, y es mi voluntad, que cargados desa cadena que quité de vuestros cuellos, luego os pongáis en camino y vais a la ciudad del Toboso, y allí os presentéis ante la señora Dulcinea del Toboso, y le digáis que su caballero, el de la Triste Figura, se le envía a encomendar, y le contéis punto por punto todos los que ha tenido esta famosa aventura, hasta poneros en la deseada libertad; y hecho esto, os podréis ir donde quisiéredes a la buena ventura.

Respondió por todos Ginés de Pasamonte, y dijo:

— Lo que vuestra merced nos manda, señor y libertador nuestro, es imposible de toda imposibilidad cumplirlo, porque no podemos ir juntos por los caminos, sino solos y divididos y cada uno por su parte, procurando meterse en las entrañas de la tierra, por no ser hallado de la Santa Hermandad, que sin duda alguna ha de salir en nuestra busca. Lo que vuestra merced puede hacer, y es justo que haga, es mudar ese servicio y montazgo[228] de la señora Dulcinea del Toboso, en alguna cantidad de avemarías y credos, que nosotros diremos por la intención de vuestra merced, y ésta es cosa que se podrá cumplir de noche y de día, huyendo o reposando, en paz o en guerra; pero pensar que hemos de volver ahora a las ollas de Egipto;[229] digo, a tomar nuestra cadena y a ponernos en camino del Toboso, es pensar que es ahora de noche, que aun no son las diez del día, y es pedir a nosotros eso como pedir peras al olmo.

— Pues voto a tal — dijo don Quijote (ya puesto en cólera) —, don hijo de la puta, don Ginesillo de Paropillo, o como os llaméis, que

habéis de ir vos solo, rabo entre piernas, con toda la cadena a cuestas.

Pasamonte, que no era nada bien sufrido[230] (estando ya enterado que don Quijote no era muy cuerdo, pues tal disparate había cometido, como el de querer darles libertad), viéndose tratar de aquella manera, hizo del ojo a los compañeros, y apartándose aparte, comenzaron a llover tantas piedras sobre don Quijote, que no se daba manos a cubrirse con la rodela, y el pobre Rocinante no hacía más caso de la espuela que si fuera hecho de bronce. Sancho se puso tras su asno, y con él se defendía de la nube y pedrisco que sobre entrambos llovía. No se pudo escudar tan bien don Quijote que no le acertasen no sé cuántos guijarros en el cuerpo, con tanta fuerza, que dieron con él en el suelo; y apenas hubo caído, cuando fué sobre él el estudiante, y le quitó la bacía de la cabeza, y dióle con ella tres o cuatro golpes en las espaldas, y otros tantos en la tierra, con que la hizo casi pedazos, quitáronle una ropilla que traía sobre las armas, y las medias calzas le querían quitar, si las grebas[231] no lo estorbaran. A Sancho le quitaron el gabán, y dejándole en pelota,[232] repartiendo entre sí los demás despojos de la batalla, se fueron cada uno por su parte, con más cuidado de escaparse de la Hermandad que temían, que de cargarse de la cadena e ir a presentarse ante la señora Dulcinea del Toboso.

Solos quedaron jumento y Rocinante, Sancho y don Quijote; el jumento cabizbajo y pensativo, sacudiendo de cuando en cuando las orejas, pensando que aun no había cesado la borrasca de las piedras que le perseguían los oídos; Rocinante, tendido junto a su amo, que también vino al suelo de otra pedrada; Sancho en pelota, y temeroso de la Santa Hermandad; Don Quijote mohinísimo de verse tan mal parado por los mismos a quien tanto bien había hecho.

Sancho and Don Quijote also take refuge in the mountains to escape the Santa Hermandad. There they run into a madman, and Cervantes digresses to tell the love tale of Cardenio and Luscinda, together with that of Fernando and Dorotea. Cardenio, in love with Luscinda and she with him, loses his mind and withdraws to the mountains when his friend Fernando

---

226 en cueros — naked.
227 experiencia — Here: proof, evidence.
228 montazgo — toll.
229 ollas de Egipto — life of captivity. The reference is to the dissatisfaction of the Israelites when Moses

had led them into the desert and they recalled the life in Egypt.
230 sufrido — long suffering, patient.
231 grebas — greaves (armor to protect lower legs).
232 en pelota — naked.

betrays him by insisting on marrying Luscinda against her will. Fernando had formerly seduced and abandoned Dorotea, who dresses as a boy and sets out to find him. They all meet later at an inn. Fernando gives up Luscinda and takes Dorotea; Luscinda and Cardenio are happily reunited. Meanwhile Cervantes has worked the characters of his inserted tale into the central plot by causing Dorotea to play the role of princess Micomicona to help lure Don Quijote back to his home. The inserted tale extends from Chapter XXIII to XXXVI.

Meanwhile, Don Quijote decides to do penance in the Sierra Morena in imitation of Amadís when that knight went to Peña Pobre and took the name Beltenebrós. He sends Sancho off to Dulcinea with a letter designed to move her to pity for the knight who has lost his senses over her. The squire comes to the inn where the brawl with Maritornes had occurred and there meets the curate and the barber out looking for Don Quijote. Cardenio and Dorotea join the company and, posing as Princess Micomicona, she and the others in disguise persuade Quijote to accompany them in order to redress a wrong done her by a giant in her homeland. They return to the inn, where several incidents occur — including the telling of the story known as *El curioso impertinente*. Anselmo, curious about his wife's fidelity, decides to test her, and he persuades his friend Lotario to be the tempter. At first all seems to go well, but eventually Camila and Lotario fall in love and meet secretly. When Anselmo discovers that his wife has been unfaithful, it is too late. He kills himself, Camila enters a convent, and Lotario dies in the wars. Anselmo leaves a note in which he says he is the author of his own dishonor and had asked miracles of his wife without having the right to ask them.

CAPÍTULO XXXV

QUE TRATA DE LA BRAVA Y DESCOMUNAL BATALLA QUE DON QUIJOTE TUVO CON UNOS CUEROS DE VINO TINTO, Y SE DA FIN A LA NOVELA DEL CURIOSO IMPERTINENTE

Poco más quedaba por leer de la novela,[233] cuando del camaranchón donde reposaba don Quijote salió Sancho Panza todo alborotado diciendo a voces:

— Acudid, señores, presto, y socorred a mi señor, que anda envuelto en la más reñida y trabada batalla que mis ojos han visto. ¡Vive Dios que ha dado una cuchillada al gigante enemigo de la señora princesa Micomicona, que le ha tajado la cabeza cercén a cercén, como si fuera un nabo!

— ¿Qué decís, hermano? — dijo el cura dejando de leer lo que de la novela quedaba —. ¿Estáis en vos, Sancho? ¿Cómo diablos puede ser eso que decís, estando el gigante dos mil leguas de aquí?

En esto oyeron un gran ruido en el aposento, y que don Quijote decía a voces:

— ¡Tente, ladrón, malandrín, follón; que aquí te tengo, y no te ha de valer tu cimitarra!

Y parecía que daba grandes cuchilladas por las paredes. Y dijo Sancho:

— No tienen que pararse a escuchar, sino entren a despartir la pelea o a ayudar a mi amo; aunque ya no será menester, porque sin duda alguna el gigante está ya muerto, y dando cuenta a Dios de su pasada y mala vida; que yo vi correr la sangre por el suelo, y la cabeza cortada y caída a un lado, que es tamaña como un gran cuero de vino.

— Que me maten — dijo a esta sazón el ventero — si don Quijote o don diablo no ha dado alguna cuchillada en alguno de los cueros de vino tinto que a su cabecera estaban llenos, y el vino derramado debe de ser lo que le parece sangre a este buen hombre.

Y con esto entró en el aposento y todos tras él, y hallaron a don Quijote en el más extraño traje del mundo. Estaba en camisa, la cual no era tan cumplida que por delante le acabase de cubrir los muslos, y por detrás tenía seis dedos menos; las piernas eran muy largas y flacas, llenas de vello y no nada limpias; tenía en la cabeza un bonetillo colorado, grasiento, que era del ventero; en el brazo izquierdo tenía revuelta la manta de la cama, con quien tenía ojeriza[234] Sancho, y él se sabía bien el por qué; y en la derecha, desenvainada la espada, con la cual daba cuchilladas a todas partes, diciendo palabras como si verdaderamente estuviera peleando con algún gigante. Y es lo bueno,[235] que no tenía los ojos abiertos, porque estaba durmiendo y soñando que estaba en batalla con el gigante; que fué tan intensa la imaginación de la aventura que iba a fenecer, que le

---

233 The novel the curate has been reading is the inserted one of *El curioso impertinente*.

234 ojeriza — grudge, spite. Sancho remembers the tossing he had had before at this inn.
235 Y es lo bueno — And the best part was.

hizo soñar que ya había llegado al reino de
Micomicón, y que ya estaba en la pelea con su
enemigo; y había dado tantas cuchilladas en
los cueros, creyendo que las daba en el
gigante, que todo el aposento estaba lleno de
vino. Lo cual, visto por el ventero, tomó tanto
enojo que arremetió con don Quijote, y a puño
cerrado le comenzó a dar tantos golpes, que si
Cardenio y el cura no se le quitaran, él acabara la guerra del gigante; y con todo aquello
no despertaba el pobre caballero, hasta que el
barbero trujo un gran caldero de agua fría del
pozo, y se le echó por todo el cuerpo de golpe,
con lo cual despertó don Quijote, mas no con
tanto acuerdo que echase de ver de la manera
que estaba. Dorotea, que vió cuán corta y sotil-
mente estaba vestido, no quiso entrar a ver la
batalla de su ayudador y de su contrario.

Andaba Sancho buscando la cabeza del
gigante por todo el suelo, y como no la
hallaba, dijo:

— Ya yo sé que todo lo de esta casa es
encantamento, que la otra vez, en este mesmo
lugar donde ahora me hallo, me dieron
muchos mojicones y porrazos, sin saber quién
me los daba, y nunca pude ver a nadie, y
ahora no parece por aquí esta cabeza que vi
cortar por mis mismos ojos, y la sangre corría
del cuerpo como de una fuente.

— ¿Qué sangre ni qué fuente dices, enemigo
de Dios y de sus santos? — dijo el ventero —.
¿No ves, ladrón, que la sangre y la fuente no es
otra cosa que estos cueros que aquí están
horadados,[236] y el vino tinto que nada en este
aposento, que nadando vea yo el alma en los
infiernos de quien los horadó?

— No sé nada — respondió Sancho —,
sólo sé que vendré a ser tan desdichado, que
por no hallar esta cabeza, se me ha de deshacer mi condado como la sal en el agua.

Y estaba peor Sancho despierto que su amo
durmiendo; tal le tenían las promesas que su
amo le había hecho.

El ventero se desesperaba de ver la flema del
escudero y el maleficio del señor, y juraba que
no había de ser como la vez pasada, que se le
fueron sin pagar, y que ahora no le habían de
valer los previlegios de su caballería para dejar
de pagar lo uno y lo otro, aun hasta lo que
pudiesen costar las botanas[237] que se habían
de echar a los rotos cueros. Tenía el cura de
las manos a don Quijote, el cual creyendo que

ya había acabado la aventura, y que se hallaba
delante de la princesa Micomicona, se hincó
de rodillas delante del cura diciendo:

— Bien puede la vuestra grandeza, alta
y fermosa señora, vivir, de hoy más, segura,
sin que le pueda hacer mal esta mal nacida
criatura; y yo también, de hoy más, soy quito
de la palabra que os dí, pues con la ayuda del
alto Dios, y con el favor de aquélla por quien
yo vivo y respiro, tan bien la he cumplido.

— ¿No lo dije yo? — dijo oyendo esto
Sancho —. Sí, que no estaba yo borracho;
mirad si tiene puesto ya en sal[238] mi amo al
gigante. Ciertos son los toros;[239] mi condado
está de molde.

¿Quién no había de reír con los disparates
de los dos, amo y mozo? Todos reían, sino el
ventero que se daba a Satanás; pero en fin,
tanto hicieron el barbero, Cardenio y el cura,
que con no poco trabajo dieron con don
Quijote en la cama, el cual se quedó dormido
con muestras de grandísimo cansancio. Dejáronle dormir, y saliéronse al portal de la venta
a consolar a Sancho Panza de no haber
hallado la cabeza del gigante; aunque más
tuvieron que hacer en aplacar al ventero, que
estaba desesperado por la repentina muerte de
sus cueros. Y la ventera decía en voz y en
grito:

— En mal punto y en hora menguada entró
en mi casa este caballero andante, que nunca
mis ojos le hubieran visto, que tan caro me
cuesta. La vez pasada se fué con el costo de
una noche de cena, cama, paja y cebada para
él y para su escudero, y un rocín y un jumento,
diciendo que era caballero aventurero, que
mala ventura le dé Dios a él y a cuantos aven-
tureros hay en el mundo, y que por esto no
estaba obligado a pagar nada, que así estaba
escrito en los aranceles[240] de la caballería
andantesca; y ahora, por su respeto, vino
estotro señor y me llevó mi cola,[241] y hámela
vuelto con más de dos cuartillos de daño, toda
pelada, que no puede servir para lo que la
quiere mi marido; y por fin y remate de todo,
romperme mis cueros y derramarme mi vino,
que derramada le vea yo su sangre. Pues no se
piense; que, por los huesos de mi padre y por
el siglo de mi madre, si no me la han de pagar
un cuarto sobre otro,[242] o no me llamaría
yo como me llamo, ni sería yo hija de quien
soy.

236 horadados — drilled (full of holes).
237 botana — plug, patch.
238 tiene puesto ya en sal — has already salted down.
239 ciertos son los toros — it's a sure thing (i.e. there's
no doubt what the bulls will do).

240 arancel — tariff.
241 Before going to get Don Quijote the barber had
disguised himself with a beard made from an ox tail
which the inn keeper used to stick his comb in.
242 un cuarto sobre otro — cent for cent, every penny.

Estas y otras razones tales decía la ventera con grande enojo, y ayudábala su buena criada Maritornes. La hija callaba, y de cuando en cuando se sonreía. El cura lo sosegó todo, prometiendo de satisfacerles su pérdida lo mejor que pudiese, así de los cueros como del vino, y principalmente del menoscabo de la cola, de quien tanta cuenta hacían. Dorotea consoló a Sancho Panza, diciéndole, que cada y cuando que[243] pareciese haber sido verdad que su amo hubiese descabezado al gigante, le prometía, en viéndose pacífica en su reino, de darle el mejor condado que en él hubiese. Consolóse con esto Sancho, y aseguró a la princesa que tuviese por cierto que él había visto la cabeza del gigante, y que por más señas tenía una barba que le llegaba a la cintura, y que si no parecía, era porque todo cuanto en aquella casa pasaba era por vía de encantamiento, como él lo había probado otra vez que había posado en ella. Dorotea dijo que así lo creía, y que no tuviese pena, que todo se haría bien, y sucedería a pedir de boca.[244]

Cardenio and Luscinda are reunited at the inn, and Dorotea finds her lover Fernando. Quijote ascribes Dorotea's change from the Princess Micomicona to an ordinary person to the work of inimical enchanters. That night at the inn a traveler who is an escaped captive of the Moors relates the so-called *Captive's Tale*, extending over Chapters XXXIX to XLI. Ruy Pérez de Viedma tells how he had fought in Flanders and Italy and was finally taken prisoner and shipped to Constantinople. Transferred to Algiers as a galley slave, he attracted the love of a Moorish girl, Zoraida, who had been converted to Christianity by a slave. She helped him escape. After certain difficulties they reached Spain and there Ruy Pérez planned to have Zoraida baptized and then marry her. When the captive reaches this point in the tale his brother arrives at the inn, and there is a happy reunion as the brothers plan to go to Seville for the baptismal and wedding ceremonies. That night after all have gone to bed Don Quijote, keeping watch in the courtyard, is tricked by Maritornes into standing up in Rocinante's saddle and putting his hand through a window, whereupon she ties it to the bolt on a door. Quijote hangs there until he is cut down in the morning.

Other events at the inn include the arrival of the barber, whose basin and mule harness Quijote and Sancho had taken, and a brawl or two involving nearly all the guests at the inn. Officers of the Santa Hermandad attempt to arrest the knight for his part in the escape of the galley prisoners but are dissuaded by the priest who explains Don Quijote's madness. In order to get him back to his village, the curate and the barber hire an oxcart driver and build a cage with wooden bars on the cart. They disguise themselves, take Don Quijote while he is asleep, put him in the cage, and set out. On the way home he becomes involved in several more adventures but finally reaches his village where he is welcomed by his niece and his housekeeper.

Part II opens with Don Quijote and Sancho at home. Against the objection of the curate, the barber, the housekeeper, and the niece, the knight and squire make preparations for the third sally. They confide their plans to a friend, Sansón Carrasco, and set out for the village of Toboso. They make their way into the town at night, but, unable to find Dulcinea, they retire to the country. Don Quijote sends Sancho into town to find and talk with her. Fearing trouble in the town and aware of his master's madness, the squire persuades Don Quijote when he returns that one of three unattractive peasant girls riding down the road is Dulcinea. The knight believes that evil enchanters make it impossible for him to see the beauties of sweet Dulcinea as Sancho describes her.

After an encounter with some strolling players in costume, Quijote meets the *Caballero de los Espejos*, so named because of the many little mirrors which adorn his armor. The strange knight claims to have defeated Don Quijote and to have forced him to admit that Casildea is more beautiful than Dulcinea. Outraged, her champion challenges and defeats the knight and forces him to admit Dulcinea's superiority. The defeated knight is in reality Sansón Carrasco, who is making a vain attempt to defeat Don Quijote and bring him back to his village. When Don Quijote sees Sansón's face he thinks the enchanters have been busy again.

As they wander along, master and squire have many interesting adventures. Although these are too numerous to summarize, let us mention a few: (1) the pleasant companionship of a real gentleman called the *Caballero del Verde Gabán*; (2) the adventure in which

243 cada y cuando — whenever.

244 a pedir de boca — according to desire.

Quijote forces the lionkeeper to open the cage so he can fight the animal. Although the lion lazily turns around and lies down, Quijote now takes his third name: *El Caballero de los Leones*. (3) Here Cervantes inserts another marginal tale, *Las bodas de Camacho*. Basilio, in love with Quiteria, is desolate because she is going to marry the rich Camacho. At the wedding, Basilio pretends to commit suicide and requests as his dying wish that Quiteria marry him before he dies. Camacho agrees, the two are married, and then Basilio reveals his trick. (4) Don Quijote descends into the *Cueva de Montesinos* where he has a dream in which many chivalric figures appear. Sancho and another man pull him out of the cave with a rope tied to his waist, and he tells his dream, which he takes for reality. (5) At an inn Don Quijote has an encounter with Maese Pedro, who turns out to be the galley slave Ginés de Pasamonte set free by him. Maese Pedro presents a puppet show which the knight destroys, taking the play for reality. (6) The adventure of the *Barco encantado* finds Don Quijote and Sancho on the shores of the Ebro where they step into a boat and float downstream. Millers covered with flour prevent the boat from running into the mill wheel, and, as Quijote insults them believing them to be malefactors who have some good person imprisoned in their castle, the boat capsizes.

Chapters XXX to LVII of Part II take place on the estates of a Duke and Duchess. Having read the first part of the *Quijote*, they understand his madness and contrive all sorts of things to have fun with him and amuse themselves. Among these incidents are: (1) the boar hunt where Sancho is frightened up a tree; (2) the prophecy of Merlin who announces that Dulcinea can only be disenchanted if Sancho takes 3,300 lashes on his bare backsides; (3) the countess Trifaldi and her ladies who have all grown beards under the spell of the enchanter Malambruno who will not break the spell until Quijote meets him in single combat; (4) the flight of Sancho and Quijote on the wooden horse, Clavileño.

The Duke and Duchess enjoy their hoaxes so much that they decide to set up an "island" for Sancho to govern. Accordingly, they forewarn all the inhabitants of a village under their protection and send Sancho there as governor. The following excerpt indicates how Sancho fared as governor.

CAPÍTULO XLV
DE CÓMO EL GRAN SANCHO PANZA TOMÓ LA POSESIÓN DE SU ÍNSULA Y DEL MODO QUE COMENZÓ A GOBERNAR

¡Oh, perpetuo descubridor de los antípodas, hacha del mundo, ojo del cielo, meneo dulce de las cantimploras,[245] Timbrio aquí, Febo[246] allí, tirador acá, médico acullá, padre de la poesía, inventor de la música, tú que siempre sales, y aunque lo parece nunca te pones! A ti digo ¡oh sol! con cuya ayuda el hombre engendra al hombre;[247] a ti digo, que me favorezcas y alumbres la escuridad de mi ingenio, para que pueda discurrir por sus puntos en la narración del gobierno del gran Sancho Panza; que sin ti yo me siento tibio, desmazalado[248] y confuso.

Digo, pues, que con todo su acompañamiento llegó Sancho a un lugar de hasta mil vecinos, que era de los mejores que el duque tenía. Diéronle a entender que se llamaba la ínsula *Barataria*, o ya porque el lugar se llamaba *Baratario*, o ya por el *barato* con que se le había dado el gobierno. Al llegar a las puertas de la villa, que era cercada,[249] salió el regimiento del pueblo a recibirle; tocaron las campanas y todos los vecinos dieron muestras de general alegría, y con mucha pompa le llevaron a la iglesia mayor a dar gracias a Dios, y luego, con algunas ridículas ceremonias, le entregaron las llaves del pueblo, y le admitieron por perpetuo gobernador de la ínsula Barataria.

El traje, las barbas, la gordura y pequeñez del nuevo gobernador, tenía admirada a toda la gente que el busilis[250] del cuento no sabía, y aun a todos los que lo sabían, que eran muchos. Finalmente, en sacándole de la iglesia, le llevaron a la silla del juzgado,[251] y le sentaron en ella, y el mayordomo del duque le dijo:

— Es costumbre antigua en esta ínsula, señor gobernador, que el que viene a tomar

---

245 This opening paragraph, apostrophizing the sun, is not to be taken too seriously. *Cantimploras* were long-necked jugs which were plunged into or moved about in tubs containing snow to cool the wine in them. Hence since the sun is hot and creates thirst it becomes the agitator of the jugs.

246 Thymbraeus refers to a city where one of Apollo's temples stood; hence: Apollo.
247 A reference to Aristotle.
248 desmazalado — spiritless, faint-hearted.
249 cercada — with a wall about it.
250 busilis — point. Here: joke.
251 silla del juzgado — judge's chair.

posesión desta famosa ínsula, está obligado a responder a una pregunta que se le hiciere, que sea algo intricada y dificultosa; de cuya respuesta el pueblo toma y toca el pulso del ingenio de su nuevo gobernador, y así, o se alegra o se entristece con su venida.

En tanto que el mayordomo decía esto a Sancho, estaba él mirando unas grandes y muchas letras que en la pared frontera de su silla estaban escritas; y como él no sabía leer, preguntó, qué eran aquellas pinturas que en aquella pared estaban. Fuéle respondido:

— Señor, allí está escrito y notado, el día en que vuestra señoría tomó posesión de esta ínsula, y dice el epitafio: « Hoy día, a tantos de tal mes y de tal año, tomó la posesión desta ínsula, el señor don Sancho Panza, que muchos años la goce. »

— ¿Y a quién llaman don Sancho Panza? — preguntó Sancho.

— A vuestra señoría — respondió el mayordomo —; que en esta ínsula no ha entrado otro Panza, sino el que está sentado en esta silla.

— Pues advertid, hermano — dijo Sancho —, que yo no tengo don, ni en todo mi linaje le ha habido: Sancho Panza me llaman a secas, y Sancho se llamó mi padre, y Sancho mi agüelo, y todos fueron Panzas sin añadiduras de dones ni donas; y yo imagino que en esta ínsula debe haber más dones que piedras; pero basta: Dios me entiende, y podrá ser que si el gobierno me dura cuatro días, yo escardaré[252] estos dones, que por la muchedumbre deben de enfadar como los mosquitos. Pase adelante con su pregunta el señor mayordomo; que yo responderé lo mejor que supiere, ora se entristezca o no se entristezca el pueblo.

A este instante, entraron en el juzgado dos hombres, el uno vestido de labrador y el otro de sastre, porque traía unas tijeras en la mano, y el sastre dijo:

— Señor gobernador, yo y este hombre labrador venimos ante vuesa merced, en razón que este buen hombre llegó a mi tienda ayer, que yo con perdón de los presentes, soy sastre examinado, que Dios sea bendito, y poniéndome un pedazo de paño en las manos, me preguntó: « Señor, ¿habría en este paño harto para hacerme una caperuza? »[253] Yo tanteando el paño, le respondí que sí; él debióse de imaginar, a lo que yo imagino, e imaginé bien, que sin duda yo le quería hurtar alguna

parte del paño, fundándose en su malicia y en la mala opinión de los sastres, y replicóme que mirase si habría para dos: adivinéle el pensamiento, y díjele que sí; y el caballero, en su dañada y primera intención, fué añadiendo caperuzas, y yo añadiendo síes, hasta que llegamos a cinco caperuzas; y ahora en este punto acaba de venir por ellas; yo se las doy, y no me quiere pagar la hechura; antes me pide que le pague o vuelva su paño.

— ¿Es todo esto así, hermano? — preguntó Sancho.

— Sí, señor — respondió el hombre —; pero hágale vuesa merced que muestre las cinco caperuzas que me ha hecho.

— De buena gana — respondió el sastre; y sacando encontinente[254] la mano de debajo del herreruelo,[255] mostró en ella cinco caperuzas puestas en las cinco cabezas de los dedos de la mano, y dijo —: He aquí las cinco caperuzas que este buen hombre me pide, y en Dios y en mi conciencia que no me ha quedado nada del paño, y yo daré la obra a vista de veedores del oficio.

Todos los presentes se rieron de la multitud de las caperuzas y del nuevo pleito. Sancho se puso a considerar un poco, y dijo:

— Paréceme que en este pleito, no ha de haber largas dilaciones, sino juzgar luego a juicio de buen varón; y así, yo doy por sentencia, que el sastre pierda las hechuras, y el labrador el paño, y las caperuzas se lleven a los presos de la cárcel, y no haya más.

Si la sentencia pasada de la bolsa del ganadero movió a admiración a los circunstantes, ésta les provocó a risa; pero, en fin, se hizo lo que mandó el gobernador. Ante el cual, se presentaron dos hombres ancianos; el uno traía una cañaheja[256] por báculo, y el sin báculo dijo:

— Señor, a este buen hombre le presté días ha diez escudos de oro en oro, por hacerle placer y buena obra, con condición que me los volviese cuando se los pidiese; pasáronse muchos días sin pedírselos, por no ponerle en mayor necesidad de volvérmelos, que la que él tenía cuando yo se los presté; pero por parecerme que se descuidaba en la paga, se los he pedido una y muchas veces, y no solamente no me los vuelve, pero me los niega, y dice que nunca tales diez escudos le presté; y que si se los presté, que ya me los ha vuelto. Yo no tengo testigos ni del prestado ni de la vuelta,

252 escardar — to weed out.
253 caperuza — cap, hood.
254 encontinente — at once; thereupon.

255 herreruelo — cloak.
256 cañaheja — reed.

porque no me los ha vuelto; querría que vuesa merced le tomase juramento, y si jurare que me los ha vuelto, yo se los perdono para aquí y para delante de Dios.

— ¿Qué decís vos a esto, buen viejo del báculo? — dijo Sancho.

A lo que dijo el viejo:

— Yo, señor, confieso que me los prestó, y baje vuesa merced esa vara; y pues él lo deja en mi juramento,[257] yo juraré cómo se los he vuelto y pagado real y verdaderamente.

Bajó el gobernador la vara, y en tanto el viejo del báculo dió el báculo al otro viejo, que se le tuviese en tanto que juraba, como si le embarazara mucho; y luego puso la mano en la cruz de la vara, diciendo que era verdad que se le habían prestado aquellos diez escudos que se le pedían; pero que él se los había vuelto de su mano a la suya, y que por no caer en ello[258] se los volvía a pedir por momentos. Viendo lo cual, el gran gobernador preguntó al acreedor qué respondía a lo que decía su contrario, y dijo que sin duda alguna su deudor debía de decir verdad, porque le tenía por hombre de bien y buen cristiano, y que a él se le debía de haber olvidado el cómo y cuándo se los había vuelto, y que desde allí en adelante jamás le pediría nada. Tornó a tomar su báculo el deudor, y bajando la cabeza, se salió del juzgado. Visto lo cual Sancho y que sin más ni más[259] se iba, y viendo también la paciencia del demandante, inclinó la cabeza sobre el pecho, y poniéndose el índice de la mano derecha sobre las cejas y las narices, estuvo como pensativo un pequeño espacio, y luego alzó la cabeza y mandó que le llamasen al viejo del báculo, que ya se había ido. Trujéronsele, y en viéndole Sancho le dijo:

— Dadme, buen hombre, ese báculo, que le he menester.

— De muy buena gana — respondió el viejo —: hele aquí, señor; y púsosele en la mano. Tomóle Sancho, y dándosele al otro viejo, le dijo:

— Andad con Dios, que ya vais pagado.

— ¿Yo, señor? — respondió el viejo —, ¿pues vale esta cañaheja diez escudos de oro?

— Sí — dijo el gobernador —, o si no, soy el mayor porro del mundo. Y ahora se verá si tengo yo caletre[260] para gobernar todo un reino.

Y mandó que allí delante de todos se rom-

piese y abriese la caña. Hízose así, y en el corazón della hallaron diez escudos en oro. Quedaron todos admirados, y tuvieron a su gobernador por un nuevo Salomón. Preguntáronle de dónde había colegido que en aquella cañaheja estaban aquellos diez escudos, y respondió que, de haberle visto dar el viejo que juraba a su contrario aquel báculo en tanto que hacía el juramento, y jurar que se los había dado real y verdaderamente, y que en acabando de jurar le tornó a pedir el báculo, le vino a la imaginación que dentro dél estaba la paga de lo que pedía. De donde se podía colegir que los que gobiernan, aunque sean unos tontos, tal vez los encamina Dios en sus juicios; y más que él había oído contar otro caso como aquél al cura de su lugar, y que él tenía tan gran memoria, que a no olvidársele todo aquello de que quería acordarse, no hubiera tal memoria en toda la ínsula. Finalmente, el un viejo corrido y el otro pagado se fueron, y los presentes quedaron admirados, y el que escribía las palabras, hechos y movimientos de Sancho, no acababa de determinarse si le tendría y pondría por tonto o por discreto.

Luego, acabado este pleito, entró en el juzgado una mujer asida fuertemente de un hombre vestido de ganadero rico, la cual venía dando grandes voces diciendo:

— ¡Justicia, señor gobernador, justicia! Y si no la hallo en la tierra la iré a buscar al cielo. Señor gobernador de mi ánima: este mal hombre me ha cogido en la mitad dese campo, y se ha aprovechado de mi cuerpo como si fuera trapo mal lavado, y ¡desdichada de mí! me ha llevado lo que yo tenía guardado más de veinte y tres años ha, defendiéndolo de moros y cristianos, de naturales y extranjeros; y yo siempre dura como un alcornoque,[261] conservándome entera como la salamanquesa en el fuego, o como la lana entre las zarzas, para que este buen hombre llegase ahora con sus manos limpias a manosearme.

— Aun eso está por averiguar: si tiene limpias o no las manos este galán — dijo Sancho.

Y volviéndose al hombre le dijo que qué decía y respondía a la querella de aquella mujer. El cual, todo turbado, respondió:

— Señores, yo soy un pobre ganadero de ganado de cerda, y esta mañana salía desde el lugar de vender (con perdón sea dicho) cuatro puercos, que me llevaron de alcabalas y socaliñas,[262] poco menos de lo que ellos valían; volvíame a mi aldea, topé en el camino a esta buena dueña, y el diablo que todo lo añasca y todo lo cuece, hizo que yogásemos[263] juntos: paguéle lo suficiente, y ella, mal contenta, asió de mí, y no me ha dejado hasta traerme a este puesto. Dice que la forcé, y miente para el juramento que hago o pienso hacer; y ésta es toda la verdad sin faltar meaja.[264]

Entonces el gobernador le preguntó si traía consigo algún dinero en plata; él dijo que hasta veinte ducados tenía en el seno, en una bolsa de cuero. Mandó que la sacase, y se la entregase así como estaba a la querellante; él lo hizo temblando; tomóla la mujer, y haciendo mil zalemas[265] a todos, y rogando a Dios por la vida y salud del señor gobernador, que así miraba por las huérfanas menesterosas y doncellas, con esto se salió del juzgado llevando la bolsa asida con entrambas manos; aunque primero miró si era de plata la moneda que llevaba dentro. Apenas salió, cuando Sancho dijo al ganadero, que ya se le saltaban las lágrimas, y los ojos y el corazón se iban tras su bolsa:

— Buen hombre, id tras aquella mujer, y quitadle la bolsa aunque no quiera, y volved aquí con ella.

Y no lo dijo a tonto ni a sordo; porque luego partió como un rayo, y fué a lo que se le mandaba. Todos los presentes estaban suspensos esperando el fin de aquel pleito, y de allí a poco volvieron el hombre y la mujer, más asidos y aferrados que la vez primera, ella la saya levantada, y en el regazo puesta la bolsa, y el hombre pugnando por quitársela; mas no era posible según la mujer la defendía, la cual daba voces diciendo:

— ¡Justicia de Dios y del mundo! Mire vuesa merced, señor gobernador, la poca vergüenza y el poco temor deste desalmado, que en mitad de poblado, y en mitad de la calle me ha querido quitar la bolsa que vuesa merced mandó darme.

— ¿Y ha os la quitado? — preguntó el gobernador.

— ¿Cómo quitar? — respondió la mujer —;

antes me dejara yo quitar la vida, que me quiten la bolsa. ¡Bonita es la niña![266] Otros gatos me han de echar a las barbas,[267] que no este desventurado y asqueroso. Tenazas y martillos, mazos y escoplos no serán bastantes a sacármela de las uñas, ni aun garras de leones: antes el ánima de mitad en mitad de las carnes.

— Ella tiene razón — dijo el hombre —, y yo me doy por rendido y sin fuerzas, y confieso que las mías no son bastantes para quitársela, y déjola.

Entonces el gobernador dijo a la mujer:

— Mostrad, honrada y valiente, esa bolsa.

Ella se la dió luego y el gobernador se la volvió al hombre, y dijo a la esforzada y no forzada:

— Hermana mía, si el mismo aliento y valor que habéis mostrado para defender esta bolsa le mostrárades, y aun la mitad menos, para defender vuestro cuerpo, las fuerzas de Hércules no os hicieran fuerza. Andad con Dios y mucho de en hora mala,[268] y no paréis en toda esta ínsula, ni en seis leguas a la redonda, so pena de doscientos azotes. Andad luego, digo, churrillera,[269] desvergonzada y embaidora.

Espantóse la mujer y fué cabizbaja y mal contenta, y el gobernador dijo al hombre:

— Buen hombre, andad con Dios a vuestro lugar con vuestro dinero; y de aquí adelante, si no le queréis perder, procurad que no os venga en voluntad de yogar con nadie.

El hombre le dió las gracias lo peor que supo,[270] y fuése. Y los circunstantes quedaron admirados de nuevo de los juicios y sentencias de su nuevo gobernador.

Todo lo cual notado de su cronista, fué luego escrito al duque, que con gran deseo lo estaba esperando. Y quédese aquí el buen Sancho, que es mucha la priesa que nos da su amo, alborotado con la música de Altisidora.[271]

Sancho continues to govern on the Isle of Barataria while Don Quijote undergoes further experiences in the Duke's palace. Letters are exchanged between Don Quijote and Sancho, between the Duchess and Teresa Panza (Sancho's wife), and between Sancho

---

262 alcabalas y socaliñas — taxes and tricks.
263 yogásemos — we should lie together.
264 sin faltar meaja — without leaving out a single thing (meaja — crumb).
265 zalema — bow.
266 ¡Bonita es la niña! — A fine girl I'd be!
267 Otros gatos . . . barbas — It will take a better man than this.

268 de en hora mala — bad luck to you.
269 churrillera — charlatan.
270 The man was so confused he could not properly thank Sancho, i.e. with the worst possible grace.
271 Altisidora was an adventuresome young lady who lived in the Duke's palace and pretended to be madly in love with Don Quijote. He, however, faithful to Dulcinea, resisted her.

and Teresa. The Duke's villagers make it increasingly difficult for Sancho, and, after a harrowing night when the village is supposedly attacked by enemy forces, Sancho concludes he was not born to be a governor and resigns. He joins Don Quijote at the castle, and they depart. After many more adventures, including an encounter with Roque Guinart, a bandit captain and his men, they make their way to Barcelona where Quijote is challenged by a strange knight called *El Caballero de la Blanca Luna*. Naturally Don Quijote accepts the challenge, for he refuses to admit that any lady is fairer than his Dulcinea. When the fight takes place, Don Quijote is knocked from his horse. Stunned and battered, he prefers death to an admission of Dulcinea's inferiority. The *Caballero de la Blanca Luna*, Sansón Carrasco in disguise, revises the terms of the victory and only insists that Don Quijote return to his village and give up knight errantry for a year. He agrees to this, and the tragic figures of the Manchegan knight and his squire make their way slowly homeward. On the way, Don Quijote persuades Sancho to give himself the lashes necessary to disenchant Dulcinea. Rather than whip himself he whips trees nearby and at the same time howls as though in pain. Don Quijote is satisfied. After several more encounters, they reach their village and the book draws to a close.

CAPÍTULO LXXIV

DE CÓMO DON QUIJOTE CAYÓ MALO, Y
DEL TESTAMENTO QUE HIZO, Y SU MUERTE

Como las cosas humanas no sean eternas, yendo siempre en declinación de sus principios hasta llegar a su último fin, especialmente las vidas de los hombres; y como la de don Quijote no tuviese privilegio del cielo para detener el curso de la suya, llegó su fin y acabamiento cuando él menos lo pensaba; porque, o ya fuese de la melancolía que le causaba el verse vencido, o ya por la disposición del cielo, que así lo ordenaba, se le arraigó una calentura, que le tuvo seis días en la cama, en los cuales fué visitado muchas veces del cura, del bachiller y del barbero, sus amigos, sin quitársele de la cabecera Sancho Panza, su buen escudero. Éstos, creyendo que la pesadumbre de verse vencido y de no ver cumplir

su deseo en la libertad y desencanto de Dulcinea le tenía de aquella suerte, por todas las vías posibles procuraban alegrarle, diciéndole el bachiller que se animase y levantase para comenzar su pastoral ejercicio,[272] para el cual tenía ya compuesta una égloga, que mal año para[273] cuantas Sanazaro había compuesto, y que ya tenía comprados de su propio dinero dos famosos perros para guardar el ganado, el uno llamado Barcino y el otro Butrón, que se los había vendido un ganadero del Quintanar. Pero no por esto dejaba don Quijote sus tristezas.

Llamaron sus amigos al médico, tomóle el pulso, y no le contentó mucho, y dijo que por sí o por no,[274] atendiese a la salud de su alma, porque la del cuerpo corría peligro. Oyólo don Quijote con ánimo sosegado; pero no lo oyeron así su ama, su sobrina y su escudero, los cuales comenzaron a llorar tiernamente, como si ya le tuvieran muerto delante. Fué el parecer del médico que melancolías y desabrimientos[275] le acababan. Rogó don Quijote que le dejasen solo, porque quería dormir un poco. Hiciéronlo así, y durmió de un tirón,[276] como dicen, más de seis horas; tanto que pensaron el ama y la sobrina que se había de quedar en el sueño. Despertó al cabo del tiempo dicho, y dando una gran voz, dijo:

— ¡Bendito sea el poderoso Dios, que tanto bien me ha hecho! En fin, sus misericordias no tienen límite, ni las abrevian ni impiden los pecados de los hombres.

Estuvo atenta la sobrina a las razones del tío, y pareciéronle más concertadas que él solía decirlas, a lo menos en aquella enfermedad, y preguntóle:

— ¿Qué es lo que vuesa merced dice, señor? ¿Tenemos algo de nuevo? ¿Qué misericordias son éstas o qué pecados de los hombres?

— Las misericordias — respondió don Quijote —, sobrina, son las que en este instante ha usado Dios conmigo, a quien, como dije, no las impiden mis pecados. Yo tengo juicio ya libre y claro sin las sombras caliginosas[277] de la ignorancia, que sobre él me pusieron mi amarga y continua leyenda de los detestables libros de las caballerías. Ya conozco sus disparates y sus embelecos, y no me pesa, sino que este desengaño ha llegado tan tarde, que no me deja tiempo para hacer alguna recompensa, leyendo otros que sean luz del alma.

272 Quijote and Sancho had agreed to become shepherds and lead the pastoral life until they could take up knight errantry again.
273 mal año para — will far surpass.

274 dijo . . . por no — in any event, in any case.
275 desabrimientos — despondency, lowness of spirits.
276 de un tirón — all in one stretch.
277 caliginoso — dark, dim.

Yo me siento, sobrina, a punto de muerte; querría hacerla de tal modo que diese a entender que no había sido mi vida tan mala, que dejase renombre de loco; que puesto que lo he sido, no querría confirmar esta verdad en mi muerte. Llámame, amiga, a mis buenos amigos: al cura, al bachiller Sansón Carrasco, y a maese Nicolás el barbero, que quiero confesarme y hacer mi testamento.

Pero de este trabajo se excusó la sobrina con la entrada de los tres. Apenas los vió don Quijote cuando dijo:

— Dadme albricias, buenos señores, de que ya yo no soy don Quijote de la Mancha, sino Alonso Quijano, a quien mis costumbres me dieron renombre de Bueno. Ya soy enemigo de Amadís de Gaula y de toda la infinita caterva de su linaje; ya me son odiosas todas las historias profanas de la andante caballería; ya conozco mi necedad, y el peligro en que me pusieron haberlas leído; ya por misericordia de Dios, escarmentando en cabeza propia, las abomino.

Cuando esto le oyeron decir los tres, creyeron sin duda que alguna nueva locura le había tomado. Y Sansón le dijo:

— ¿Ahora, señor don Quijote, que tenemos nueva que está desencantada la señora Dulcinea, sale vuesa merced con eso; y agora que estamos tan a pique de ser pastores, para pasar cantando la vida como unos príncipes, quiere vuesa merced hacerse ermitaño? Calle por su vida, vuelva en sí, y déjese de cuentos.

— Los de hasta aquí — replicó don Quijote —, que han sido verdaderos en mi daño, los ha de volver mi muerte con ayuda del cielo en mi provecho. Yo, señores, siento que me voy muriendo a toda priesa: déjense burlas aparte, y tráiganme un confesor que me confiese, y un escribano que haga mi testamento; que en tales trances como éste no se ha de burlar el hombre con el alma; y así suplico que en tanto que el señor cura me confiesa, vayan por el escribano.

Miráronse unos a otros, admirados de las razones de don Quijote, y aunque en duda, le quisieron creer; y una de las señales por donde conjeturaron se moría fué el haber vuelto con tanta facilidad de loco a cuerdo; porque a las ya dichas razones añadió otras muchas tan bien dichas, tan cristianas y con tanto concierto, que del todo les vino a quitar la duda, y a hacer creer que estaba cuerdo.

Hizo salir la gente el cura, y quedóse sólo con él y confesóle. El bachiller fué por el escribano, y de allí a poco volvió con él y con Sancho Panza; el cual Sancho (que ya sabía por nuevas del bachiller en qué estado estaba su señor), hallando a la ama y a la sobrina llorosas, comenzó a hacer pucheros y a derramar lágrimas.

Acabóse la confesión, y salió el cura diciendo:

— Verdaderamente se muere y verdaderamente está cuerdo Alonso Quijano el Bueno; bien podemos entrar para que haga su testamento.

Estas nuevas dieron un terrible empujón a los ojos preñados de ama, sobrina y de Sancho Panza, su buen escudero, de tal manera que los hizo reventar las lágrimas de los ojos, y mil profundos suspiros del pecho; porque verdaderamente, como alguna vez se ha dicho, en tanto que don Quijote fué Alonso Quijano el Bueno a secas, y en tanto que fué don Quijote de la Mancha, fué siempre de apacible condición y de agradable trato, y por esto no sólo era bien querido de los de su casa, sino de todos cuantos le conocían. Entró el escribano con los demás, y después de haber hecho la cabeza del testamento, y ordenado su alma don Quijote, con todas aquellas circunstancias[278] cristianas que se requieren, llegando a las mandas,[279] dijo:

— Item, es mi voluntad que de ciertos dineros que Sancho Panza, a quien en mi locura hice mi escudero, tiene, que porque ha habido entre él y mí ciertas cuentas, y dares y tomares, quiero que no se le haga cargo dellos, ni se le pida cuenta alguna, sino que si sobrare alguno después de haberse pagado de lo que le debo, el restante sea suyo, que será bien poco, y buen provecho le haga; y si como estando yo loco fuí parte[280] para darle el gobierno de la ínsula, pudiera agora, estando cuerdo, darle el de un reino, se le diera, porque la sencillez de su condición y fidelidad de su trato lo merece —.

Y volviéndose a Sancho, le dijo —: Perdóname, amigo, de la ocasión que te he dado de parecer loco como yo, haciéndote caer en el error en que yo he caído de que hubo y hay caballeros andantes en el mundo.

— ¡Ay! — respondió Sancho llorando —: no se muera vuesa merced, señor mío, sino tome mi consejo y viva muchos años; porque la mayor locura que puede hacer un hombre en esta vida es dejarse morir sin más ni más,[281]

278 circunstancias — Here: formalities.
279 mandas — bequests.

280 fuí parte — I was responsible.
281 sin más ni más — without putting up a struggle.

sin que nadie le mate, ni otras manos le acaben que las de la melancolía. Mire, no sea perezoso, sino levántese desa cama, y vámonos al campo vestidos de pastores, como tenemos concertado; quizá tras de alguna mata hallaremos a la señora doña Dulcinea desencantada, que no haya más que ver. Si es que se muere de pesar de verse vencido, écheme a mí la culpa, diciendo que por haber yo cinchado mal a Rocinante le derribaron; cuanto más que vuesa merced habrá visto en sus libros de caballerías ser cosa ordinaria derribarse unos caballeros a otros, y el que es vencido hoy, ser vencedor mañana.

— Así es — dijo Sansón —, y el buen Sancho Panza está muy en la verdad destos casos.

— Señores — dijo don Quijote —, vámonos poco a poco, pues ya en los nidos de antaño no hay pájaros hogaño. Yo fuí loco, y ya soy cuerdo; fuí don Quijote de la Mancha, y soy ahora, como he dicho, Alonso Quijano el Bueno. Pueda con vuesas mercedes mi arrepentimiento y mi verdad volverme a la estimación que de mí se tenía, y prosiga adelante el señor escribano.

— Item, mando toda mi hacienda, a puerta cerrada, a Antonia Quijana, mi sobrina, que está presente, habiendo sacado primero de lo más bien parado[282] della lo que fuere menester para cumplir las mandas que dejo hechas; y la primera satisfacción que se haga quiero que sea pagar el salario que debo del tiempo que mi ama me ha servido, y más veinte ducados para un vestido. Dejo por mis albaceas[283] al señor cura y al señor bachiller Sansón Carrasco, que están presentes.

— Item, es mi voluntad que si Antonia Quijana, mi sobrina, quisiere casarse, se case con hombre de quien primero se haya hecho información que no sabe qué cosas sean libros de caballerías; y en caso que se averiguare que lo sabe, y con todo eso mi sobrina quisiere casarse con él y se casare, pierda todo lo que le he mandado, lo cual puedan mis albaceas distribuir en obras pías a su voluntad. Item, suplico a los dichos señores mis albaceas, que si la buena suerte les trajere a conocer al autor que dicen que compuso una historia que anda por ahí con el título de *Segunda parte de las hazañas de don Quijote de la Mancha*, de mi parte le pidan, cuan encarecidamente ser pueda, perdone la ocasión que sin yo pensarlo le dí de haber escrito tantos y tan grandes dis-

parates como en ella escribe; porque parto desta vida con escrúpulo[284] de haberle dado motivo para escribirlos. »

Cerró con esto el testamento, y tomándole un desmayo, se tendió de largo a largo en la cama. Alborotáronse todos, y acudieron a su remedio, y en tres días, que vivió después déste donde hizo el testamento, se desmayaba muy a menudo. Andaba la casa alborotada; pero con todo comía la sobrina, brindaba el ama, y se regocijaba Sancho Panza; que esto del heredar algo borra o templa en el heredero la memoria de la pena que es razón que deje el muerto. En fin, llegó el último de don Quijote, después de recibidos todos los sacramentos, y después de haber abominado con muchas y eficaces razones de los libros de caballerías. Hallóse el escribano presente, y dijo que nunca había leído en ningún libro de caballerías que algún caballero andante hubiese muerto en su lecho tan sosegadamente y tan cristiano como don Quijote, el cual, entre compasiones y lágrimas de los que allí se hallaron, dió su espíritu: quiero decir que se murió.

Viendo lo cual el cura, pidió al escribano le diese por testimonio cómo Alonso Quijano el Bueno, llamado comúnmente don Quijote de la Mancha, había pasado desta presente vida, y muerto naturalmente; y que el tal testimonio pedía para quitar la ocasión de que algún otro autor que Cide Hamete Benengeli le resucitase falsamente, e hiciese inacabables historias de sus hazañas. Este fin tuvo el Ingenioso Hidalgo de la Mancha, cuyo lugar[285] no quiso poner Cide Hamete puntualmente, por dejar que todas las villas y lugares de la Mancha contendiesen entre sí por ahijársele y tenérsele por suyo, como contendieron las siete ciudades de Grecia por Homero.

Déjanse de poner aquí los llantos de Sancho, sobrina y ama de don Quijote, los nuevos epitafios de su sepultura, aunque Sansón Carrasco le puso éste:

> Yace aquí el hidalgo fuerte,
> que a tanto extremo llegó
> de valiente, que se advierte
> que la muerte no triunfó
> de su vida con su muerte.
> Tuvo a todo el mundo en poco;
> fué el espantajo y el coco
> del mundo en tal coyuntura,
> que acreditó su ventura,
> morir cuerdo y vivir loco.

---

282 lo más bien parado — the most readily available.
283 albacea — executor.

284 escrúpulo — Here: feeling of guilt.
285 lugar — birthplace.

Y el prudentísimo Cide Hamete, dijo a su pluma:

« Aquí quedarás colgada desta espetera y deste hilo de alambre, ni sé si bien cortada o mal tajada, péñola mía, adonde vivirás luengos siglos, si presuntuosos y malandrines historiadores no te descuelgan para profanarte. Pero antes que a ti lleguen les puedes advertir, y decirles en el mejor modo que pudieres:

Tate,[286] tate, folloncicos,
de ninguno sea tocada,
porque esta empresa, buen rey,
para mí estaba guardada.

Para mí sola[287] nació don Quijote, y yo para él; él supo obrar, y yo escribir; solos los dos somos para en uno,[288] a despecho y pesar del escritor fingido y tordesillesco,[289] que se atrevió, o se ha de atrever a escribir con pluma de avestruz grosera y mal deliñada las hazañas de mi valeroso caballero, porque no es carga de sus hombros, ni asunto de su resfriado ingenio; a quien advertirás, si acaso llegas a conocerle, que deje reposar en la sepultura los cansados y ya podridos huesos de don Quijote, y no le quiera llevar, contra todos los fueros de la muerte, a Castilla la Vieja, haciéndole salir de la fuesa,[290] donde real y verdaderamente yace, tendido de largo a largo, imposibilitado de hacer tercera jornada y salida nueva; que para hacer burla de tantas como hicieron tantos andantes caballeros, bastan las dos que él hizo tan a gusto y beneplácito de las gentes a cuya noticia llegaron, así en éstos como en los extraños reinos. Y con esto cumplirás con tu cristiana profesión, aconsejando bien a quien mal te quiere. » Y yo quedaré satisfecho y ufano de haber sido el primero que gozó el fruto de sus escritos enteramente, como deseaba; pues no ha sido otro mi deseo que poner en aborrecimiento de los hombres las fingidas y disparatadas historias de los libros de caballerías, que por las de mi verdadero don Quijote van ya tropezando, y han de caer del todo sin duda alguna. — Vale.

FIN

---

286 tate — beware.
287 The pen (péñola) is talking, hence the feminine agreement.
288 solos . . . uno — we two are one together.
289 tordesillesco — from Tordesillas. This is an obvious reference to the author known as Alonso Fer-

nández de Avellaneda from Tordesillas whose continuation of Quijote's adventures appeared in Tarragona in 1614. It was this sequel which spurred Cervantes on to complete the genuine second part.
290 fuesa (huesa) — grave.

Part IV LYRIC POETRY

LYRIC POETRY OF THE MIDDLE AGES

Jarchas (pp. 270–73)

Until recently literary historians began the study of Spanish lyric poetry with works of the poet Gonzalo de Berceo, who flourished in the first half of the thirteenth century. As early as 1920 Menéndez Pidal had postulated the existence of a primitive, traditional lyric in romance dialect from which the *estribillos* and *letrillas* of later centuries descended, but he could find no examples of it. Then in 1948, S. M. Stern published in *Al-Andalus* twenty little poems (most by known authors) which he had culled from ancient oriental manuscripts. These songs, called *jarchas* (also written *jarchyas* and *jaryas*), are the tangible evidence which proves that a form of Spanish lyric poetry existed nearly two centuries before Berceo wrote. Stern believes that the earliest of the *jarchas* (written *kharjas* in English) discovered by him dates from approximately the middle of the eleventh century, about one century before the composition of the *Poema del Cid*. The poets who adapted the *jarchas* flourished in the last quarter of the eleventh century and the first half of the twelfth. They were active mostly in the cities of Córdoba, Sevilla, and Granada. These "cancioncillas 'de amigo' mozárabes," as Dámaso Alonso calls them, are the earliest specimens of Spanish used as a literary tongue and the earliest examples of lyric poetry discovered up to the present time in Europe. In the light of their recovery, it has been necessary to revise the theories of the origins of lyric poetry. Many medievalists now believe that these songs, written in the Mozarabic dialect used in Moorish Spain, spread over the rest of the peninsula affecting the origin of the Galician-Portuguese *cantigas de amigo* and the lyric poetry of Castile. Speaking of the *jarchas*, Dámaso Alonso says: "Venerable tesoro, que debe de ser . . . la base de toda la poesía tradicional de Portugal y España." He also suggests for many reasons that the love lyric of the Provençal troubadours may very well have been influenced by this poetry from southern Spain. Guillaume IX of Aquitaine (1071–1137), whose verses were formerly thought to be the oldest lyric poetry in a modern tongue, was one of the first to adopt the metric form used by the Arabic poets of Musulman Spain.

The *jarchas*, of which more than forty have now been recovered, are short bits of poetry found by Stern appended to Hebrew poems called *muwassahas* (also spelled *muwaschaha* and *mohacha*) written by Jewish poets living in Moorish Spain. Stern and García Gómez later found *jarchas* appended to Arabic poems. Manuscripts preserving them are mostly from a synagogue in Cairo, Egypt. The *jarchas* usually consist of from two to four lines of verse in the Mozarabic dialect with a sprinkling of Arabic words. Sometimes they contain a quintessenced expression of the theme upon which the *muwassaha* was written, but this is not always the case. The *muwassaha* may be a panegyric, a poem of condolence, or one of friendship or love; but the *jarchas* are always amatory stanzas, usually spoken by a girl suffering from loneliness caused by the absence of her lover. The frequent occurrence of the Arabic word *habib*, "lover" or "sweetheart," in these little songs leads Menéndez Pidal to suggest they be called *canciones de habibi* as the Galician-Portuguese songs of the same type are called *cantigas de amigo*. Though the *jarcha* may not have any direct relationship with the main theme of the *muwassaha*, it is preceded by a transition strophe in Arabic or Hebrew which introduces it. Present evidence indicates that the Jewish and Arabic poets took the *jarchas* as the starting point of the *muwassahas* and built their longer poems around this nucleus.

Unfortunately the reading of the *jarchas* is difficult, and not all the problems of those recovered up to the present time have been solved. Semitic languages are not suited for transcribing Indo-European tongues since often only consonantal sounds are recorded and indications of vowel sounds are vague and inaccurate. Copyists who did not know the Mozarabic dialect sometimes garbled it, omitted the *jarcha* altogether, or translated it into Hebrew or Arabic. Many of these difficulties have been overcome, however, and we now have a number of *jarchas* in definitive form. Those given here will be printed in the

Mozarabic dialect as transcribed and corrected by Stern, Alonso, Menéndez Pidal, and others.

In the adjacent column will appear a modern Spanish rendition.

Des cuand mio Cidiello[1] viénid
¡tan buona albischyara!
como rayo de sol éxid
en Wadalachyara.

Cuando mio Cidiello viene
¡qué buenas albricias!
como rayo de sol sale
en Guadalajara.

* * * * * * * *

Viénid la Pasca ¡ed yo (?) sin ellu!
¡cóm' cáned (?) mio coraýón por ellu!

Viene la Pascua, ¡y yo sin él!
¡Cómo arde mi corazón por él!

* * * * * * * *

Gar, ¿qué farayu,
cómo vivarayu?
Est al-habib espero,
por él murrayu.

Dime, ¿qué haré,
cómo viviré?
A este amigo espero,
por él moriré.

* * * * * * * *

Garid vos, ay yermaniellas,[2]
¡cóm' contener a mieu mali!
sin el habib non vivréyu,
advolarei demandari.
¿Qué faré, mama?
Meu-l-habib est' ad yana.[3]

Decid vosotras, hermanillas
¡cómo resistir a mi pena!
sin el amigo no viviré,
volaré buscarle.
¿Qué haré, mamá?
Mi amigo está a la puerta.

* * * * * * * *

Ve, ve, raq', ve tu vía,
que non me tienes al-niyya.

Ve, ve, oh impertinente, ve tu vía,
que no me tienes buena fe.

* * * * * * * *

¡Tant' amari, tant' amari, habib, tant amari![4]
enfermaron uelyos gayos, ya duelen tan mali.

¡Tanto amar, tanto amar, amigo, tanto amar!
enfermaron ojos alegres, oh duelen tanto.

* * * * * * * *

Vaise mio coraýón de mib;
ya Rab, ¿si se me tornarad?
¡tan mal mio dolel li-l-habib!
Enfermo yed, ¿cuándo sanarad?

Vase mi corazón de mí;
Oh, Señor, ¿si se me tornará?
¡Cuán extremo es mi dolor por el amigo!
Enfermo está, ¿cuándo sanará?

* * * * * * * *

¿Qué fareyo o qué serad de mibi?
¡Habibi!
¡Non te tuelgas de mibi!

¿Qué haré o qué será de mí?
¡Amado!
¡No te apartes de mí!

* * * * * * * *

Mio sidi Ibrahim,
ya nuemne dolya,
vente mib
de nojte.
In non, sin non queris,
iréme tib.
Garme a ob
legarte.

Señor mío, Ibrahim,
oh nombre dulce,
vente a mí
de noche.
Si no, si no quieres,
iré a ti.
Dime en donde
puedo hallarte.

---

1 The Cidiello of this jarcha was the Jew Yosef ben Ferrusiel, physician and minister of Alfonso VI, who visited Guadalajara between the years 1091 and 1095. Judá Ha-Levi, of whom more *jarchas* have been recovered than any other poet, celebrated the important man's visit with a *muwassaha*.

2 The girl of the jarchas often spoke to her mother and sisters about her loneliness.
3 Francisco Cantera suggested the translation of *yana* from *janua*.
4 This is the oldest of the *jarchas* discovered by Stern.

Razón de amor,
thirteenth century, anonymous (pp. 56, 274)

The *Razón de amor* (sometimes given the titles *Razón feita de amor* and *Aventura amorosa*), an anonymous piece of the first years of the thirteenth century, is the first lyric poem entirely in Spanish that has come down to us. The *jarchas* were earlier but, as already noted, were refrains in Spanish appended to Hebrew and Arabic poems. The *Razón de amor* was first printed in 1887 by M. A. Morel-Fatio from a manuscript preserved in the Bibliothèque Nationale in Paris and later by several other editors — including Menéndez Pidal, whose edition appeared in the *Revue Hispanique*, XIII, 1905. After the conclusion of the lyrical love theme in the first part of the poem, the poet continues with a burlesque medieval debate between water and wine. This second portion of the poem, referred to as the *Denuestos del agua y el vino*, follows the first part without a break. The two portions, which may have been composed separately, are not too skillfully joined but are not entirely unconnected to each other. The poet mentions a glass of wine and one of water in the opening lines of the poem and then digresses to tell his tale of love. He returns to the water and wine theme at the conclusion of his amorous adventure when a dove, causing water to spill over into the wine, sets off the debate.

The manuscript ends with the following sentence: *Lupus me fecit de Moros (Me hizo Lope de Moros)*. Moros is a small town in the province of Zaragoza, ancient capital of Aragón. Lope de Moros, however, was probably the copyist and not the original author. Of the latter we know nothing except what he tells us in his poem, and even this may be a pose and not truly autobiographical. Whoever he may have been, he followed Provençal tradition in writing his lyric and seems also to have been acquainted with the poetry of northern France and with Galician-Portuguese poetry of the peninsula. He may have been from Aragón — he used a number of words from the Aragonese dialect, and it has

been suggested that he merely translated his poem, perhaps from a French or Galician original. Although it has overtones of cultured medieval poetry, the poem is basically popular and juglaresque, and the copyist, noting this, demands the *juglar's* customary reward of wine: "Mi razón aquí la fino / e mandad nos dar vino." Especially noteworthy in this ancestral poem is the dialogue between sweethearts, reminiscent of the Galician *cantigas de amigo*, the generous use of color, the appeal to the senses of smell, touch, and sight, and the love of nature. The meter of the poem is irregular, but lines of eight and nine syllables predominate.

Razón de amor

Qui[1] triste tiene su coraçón
benga oír esta razón.[2]
Odrá[3] razón acabada,
feita[4] d'amor e bien rimada.
Un escolar[5] la rimó
que siempre dueñas amó;
mas siempre ovo criança[6]
en Alemania y en Francia;
moró mucho en Lombardía
pora aprender cortesía.[7]
En el mes d'abril, depués yantar,
estava so[8] un olivar.
Entre çimas[9] d'un mançanar
un vaso de plata vi estar.
Pleno[10] era d'un claro vino
que era vermejo e fino;
cubierto era de tal mesura[11]
no lo tocás'[12] la calentura.
Una dueña lo í[13] eva[14] puesto,
que era señora del uerto,
que, cuan'[15] su amigo viniese,
d'aquel vino a bever le diesse.
Qui* de tal vino oviesse
en la mañana cuan' comiesse,
e dello oviesse cada día
nunca más enfermaría.
Arriba del mançanar
otro vaso vi estar;
pleno* era d'un agua frida[16]
que en el mançanar se nacía.
Beviera d'ela de grado,

1 Qui (Quien) — He who, the one who.
2 razón — Here: poem.
2 odrá (oirá) — He will hear.
4 feita (hecha) — made.
5 escolar — scholar, man of letters.
6 criança — education, training.
7 cortesía — gentlemanly manners.
8 so — under, beneath.
9 çimas — Here: branches.

10 pleno (lleno) — full.
11 de tal mesura — in such a way, so that.
12 tocás' (tocase) — might not touch (imp. subj. of *tocar*). See below also: fiziés' (hiciese); vies' (viese).
13 í (allí) — there (occurs several times below).
14 *Eva* is an Aragonese word equivalent to Spanish *había* — had.
15 cuan' (cuando) — when.
16 frida (fría) — cold.

mas ovi miedo que era encantado.
Sobre un prado pus' mi tiesta[17]
que nom'[18] fiziese mal la siesta;
parti de mí las vistiduras
que nom' fiziés'* mal la calentura.
Pleguém' a una fuente perenal.[19]
nunca fué omne que vies'* tal;
tan grant virtud en sí avia,
que, de la fridor que d'í* ixía,[20]
cient passadas[21] a derredor
non sintríades[22] la calor
Todas yerbas que bien olien
la fuent cerca sí las tenie:
í* es la salvia, í son las rosas,
í* el lirio e las violas;
otras tantas yervas í avía,
que sol' nombrar no las sabría.
Mas ell olor que d'i ixía*
a omne muerto ressucitaría.
Pris'[23] del agua un bocado
e fuí todo esfriado.
En mi mano pris' una flor,
sabet non toda la peyor,[24]
e quis' cantar de fin[25] amor.
Mas vi venir una doncela,
pues nací non vi tan bella:
blanca era e bermeja,
cabelos cortos sobr'ell oreja,
fruente blanca e loçana,
cara fresca como maçana;[26]
nariz egual e dreita,[27]
nunca viestes tan bien feita,*
ojos negros e ridientes,[28]
boca a razón[29] e blancos dientes,
labros vermejos non muy delgados,
por verdat bien mesurados;[30]
por la centura delgada,
bien estant e mesurada;
el manto e su brial
de xamet[31] era que non d'al;

un sombrero tien' en la tiesta*
que nol' fiziese mal la siesta;[32]
unas luvas[33] tien' en la mano,
sabet non jelas[34] dió vilano.
De las flores viene tomando,
en alta voz d'amor cantando,
e decía: « ¡Ay, meu amigo,
» si me veré[35] ya más contigo!
» Amet'[36] siempre e amaré
» cuanto que biva seré.
» Porque eres escolar
» quisquiere[37] te devría más amar.
» Nunqua odí de homne decir
» que tanta bona manera ovo en sí.
» Más amaría contigo estar
» que toda España mandar;
» mas d'una cosa so cuitada:[38]
» he miedo de seder[39] engañada,
» que dizen que otra dona,
» cortesa e bela e bona,
» te quiere tan grant ben,[40]
» por ti pierde su sen,[41]
» e por eso he pavor
» que a ésa quieras mejor.
» ¡Mas si io te vies'* una vegada,
» a plan[42] me queriés[43] por amada! »

Cuant' la mía señor[44] esto dizía,
sabet a mí non vidía;
pero sé que no me conocía,
que de mí non foiría.
Yo non fiz aquí como vilano,[45]
levém' e pris'la por la mano.
Juñiemos amos[46] en par
e posamos so* ell olivar.
Dix[47] le yo: — « Dezit, la mía señor,
» si supieses nunca d'amor? »
Diz ella: — A plan* con grant amor ando,
» mas non conozco mi amado;
» pero dizem' un su mesajero,

17 tiesta — head.
18 Read: no me.
19 perenal (perenne) — Here: endlessly flowing.
20 ixía — came (out). This is the imperfect indicative of *exir*, a medieval equivalent of modern *salir*.
21 passadas — steps, paces.
22 sintríades (sentiríais) — you would feel.
23 pris' (prise) — I took (preterit, 1st sing. of *prender*).
24 non toda la peyor — not the worst of all.
25 fin (fino) — fine.
26 maçana (manzana) — apple.
27 dreita (derecha) — Here: straight.
28 ridientes (rientes) — laughing, smiling.
29 a razón — well proportioned, just right.
30 bien mesurados — well shaped.
31 xamet — silk cloth.
32 siesta — heat of the sun.
33 luvas — gloves.

34 Read: se las.
35 si me veré — I wonder if I will ever be.
36 amet' (améte) — I loved you. Here: I have loved you.
37 *Quisquiere* is the equivalent of *cualquiera* — anyone, any girl.
38 cuitada — worried, troubled.
39 seder (ser) — to be. He miedo de seder — I am afraid of being.
40 te . . . bien — loves you so very much.
41 sen (sentido) — Here: mind.
42 a plan (a llano) — clearly, certainly.
43 queriés (querrías) — you would want.
44 *Señor* was both feminine and masculine. Here it means *lady*.
45 Yo . . . vilano — I did not act like a bumpkin.
46 Juñiemos amos (ambos nos juntamos) — We joined each other.
47 Dix' (Dije) — I said.

» qu'es clérigo e non cavalero,
» sabe muito de trobar,
» de leyer e de cantar;
» dizem' que es de buenas yentes,
» mancebo barvapuñientes. »[48]
— « Por Dios, que digades, la mía señor,
» ¿qué donas[49] tenedes por la su amor? »
— « Estas luvas* y es[50] capiello,[51]
» est' oral[52] y est' aniello
» embió a mí es* meu amigo,
» que por la su amor trayo conmigo. »
Yo conoci luego las alfayas[53]
que yo jelas* avía embiadas.
Ela conoció una mi cinta man a mano,[54]
qu'ela la fiziera con la su mano.
Toliós'[55] el manto de los hombros,
besóme la boca e por los ojos;
tan gran sabor de mi avía,
sól* fablar non me podía.
— « ¡Dios señor, a ti loado
» cuant conozco meu amado!
» ¡Agora he tod' bien comigo
» cuant conozco meu amigo! »
Una gran pieça[56] alí estando,
de nuestro amor ementando,[57]

ela dixo: — « El mío señor,
» oram' sería[58] de tornar
» si a vos non fuese en pesar. »
Yol' dix', — « It[59] la mía señor,
» pues que ir queredes,
» mas de mi amor pensat, fe que devedes. »[60]
Ela dixo: — « Bien seguro seit'[61] de mi amor,
» no vos camiaré[62] por un emperador. »
La mía señor se va privado,[63]
dexa a mi desconortado.[64]
Desque la vi fuera del uerto,
por poco non fuí muerto.[65]
Por verdat quisieram' adormir,
mas una palomela vi,
tan blanca era como la nieve del puerto,[66]
volando viene por medio del uerto.
Un cascavielo[67] dorado
tray[68] al pie atado.
En la fuent quiso entrar;
cuando a mí vido estar
entrós' en el vaso del malgranar.[69]
Cuando en el vaso fué entrada,
e fué toda bien esfriada,
ela que quiso exir* festino,
vertiós' el agua sobr'el vino.[70]

48 mancebo barvapuñientes — young man whose beard is just beginning to grow.
49 donas — gifts.
50 es (ese) — that.
51 capiello — hood.
52 oral — veil.
53 alfayas (alhajas) — jewels, gems.
54 man a mano — immediately.
55 toliós' — she took off.
56 una gran pieça — for a long time.
57 ementando — Here: talking.
58 oram' sería (hora me sería) — it is time for me.
59 It (Id) — go.
60 fe que devedes — by the faith that you owe me.
61 seit' (sed) — be.

62 no vos camiaré (no es cambiaré) — I will not exchange you.
63 privado — quickly, soon.
64 desconortado — disconsolate.
65 por . . . muerto — I almost died.
66 puerto — Here: mountain pass.
67 cascavielo (cascabel) — bell.
68 tray (trae) — Here: wears, is wearing.
69 malgranar — pomegranate grove (an oversight on the part of the author who had previously said the glasses were in an apple orchard).
70 The *Razón de amor* ends here and the *Denuestos del agua y el vino* begins as wine and water argue with each other about their respective merits and the importance of the roles they play in the lives of men and the Church.

GALICIAN-PORTUGUESE LYRIC POETRY

Castilian lyric poetry prior to the *Razón de amor* and Alfonso *el Sabio* was largely unrecorded and is known to us only through the *jarchas* and traces of it found in later writings such as those of Berceo and Juan Ruis. The peninsula was dominated, so far as lyric poetry was concerned, by the Galician-Portuguese school (pp. 268–70), which had been strongly influenced by the courtly love poetry of the Provençal poets of southern France. More important than the somewhat monotonous imitations of the Provençal style were the native products in the Galician tongue, the *cossantes* which were refined and developed with the techniques learned from French troubadours. The *cossante* is typically a parallelistic poem composed of couplets, each of which is followed by a refrain. The first two couplets repeat the same thought with a slight change in wording and often a change in rhyme. The third couplet takes as its first line the second line of the first couplet and the parallelistic or *leixa-pren* pattern repeats. This indigenous poetry flourished under the impetus of the Provençal import for over a century and a half, from approximately 1200 to 1350. It differed from the Provençal product, however, in vernacular, fresh savor, rhythm, and sentiment of the people. The *cossantes* have been preserved in *cancioneiros* and are by known but sometimes obscure poets. Their origin, however, dates far back into history and they may have descended from May songs and pagan rituals, from Arabic poetry, or from the Church. Famous men wrote them, among them three Portuguese kings, Sancho I, Alfonso III, and Dom Dinis, whose court was the last stronghold of this type of poetry. Dinis, who wanted to do for Portugal what Alfonso X, *el Sabio*, had done for Spain, was very prolific. More of his poems have been preserved in the *cancioneiros* than any other poet's.

The *cossante* may be subdivided into several different forms — *cantigas de amigo*, a girl's lament so named for the repetitive use of the word *amigo* (lover); *cantigas de amor*, love complaints of a man; *barcarolas*, dealing with the sea and ships; *alvoradas*, early morning songs; *romarias*, sung on pilgrimages; *serra-*nilhas, about mountain maids; *pastorelas*, about shepherdesses; and *cantigas de escarnio* and *de maldizer*, which are coarse, satirical poems ridiculing everything. The most typical and best loved of these types is the *cantiga de amigo*, the melancholy song of a girl whose lover is far away, frequently "in casa del rei." It often portrays a girl going about her household tasks, sitting at her window spinning, or musing outside at a fountain. Sometimes she goes to wash her hair in a stream or talks to her mother and friends about her sweetheart. In wistfully sad tones characteristic of the Galician *soidade*, she describes her pain and longs for the early return of her lover. In her heartfelt outpourings one can discern an elementary feminine psychology as well as a concept of love, ethics, and morality. The best of the poems are marked by simplicity and directness of expression, rustic folk charm, dignity and restraint, and a pantheistic concept of nature. They mirror the soul states of the *moças* whose sadness is contrasted to the joys and beauties of nature.

Castilian poets who desired to write serious poetry during the vogue of the Galician Portuguese school forsook their own native language, which they considered inferior, to write in Galician. The superior prestige of the Galician poetry, cultivated by kings, caused Spaniards to neglect their own primitive folk lyric, and it was not until the end of the fourteenth century that they began to adapt the Spanish language to lyric expression of the Galician type. Most important among the early Spanish poets using Galician was Alfonso X, *el Sabio*, who produced the best Marian poetry of his age in his *Cantigas de Santa María*. Although the poems which follow do not rightly belong to Spanish literature as such, they are quoted here to show what lyric poets were doing at this time.

JOÃO ZORRO flourished in the thirteenth century and wrote of the sea.

Barcarola

Per ribeira do[1] rio
vi remar o navio,
e sabor ei[2] da ribeira!

---

1 Per ribeira do (Por la ribera del) — Along the shore of the.

2 *Ei* is the equivalent of Spanish *he*.

Per ribeira do alto
vi remar o barco,
e sabor ei da ribeira!

Vi remar o navio
u[3] vai meu amigo,
e sabor ei da ribeira!

Vi remar o barco
u vai o meu amado,
e sabor ei da ribeira!

U vai o meu amigo,
quer-me levar consigo,
e sabor ei da riberia!

U vai meu amado,
quer-me levar de grado,
e sabor ei da ribeira!

Bailada

Bailemos agora, por Deus, ai velidas,[4]
so[5] aquestas avelaneiras[6] frolidas,[7]
e quem for[8] velida como nós, velidas,
se amigo amar,
so aquestas avelaneiras frolidas
verrá[9] bailar.

Bailemos agora, por Deus, ai loadas,
so aquestas avelaneiras granadas,[10]
e quem for loada como nós, loadas,
se amigo amar,
so aquestas avelaneiras granadas
verrá bailar.

NUNO FERNANDES, called *Torneol*, also wrote in the thirteenth century and has some twenty poems preserved.

Alvorada

Levade, amigo, que dormides as manhanas
[frias,
toda-las aves do* mundo d'amor dizian.
Leda[11] m'ando eu.[12]

Levade, amigo, que dormides as frias
[manhanas,
toda-las aves do mundo d'amor cantavan.
Leda m'ando eu.

Toda-las aves do mundo d'amor dizian,
do meu amor e do vosso en mente avian.
Leda m'ando eu.

Toda-las aves d'amor cantavan,
do meu amor e do vosso i enmentavan.[13]
Leda m'ando eu.

Do meu amor e do vosso en mente avian.
Vós lhi[14] tolhestes[15] os ramos en que siian.[16]
Leda m'ando eu.

Do meu amor e do vosso i enmentavan.
Vós lhi tolhestes os ramos en que posavan.
Leda m'ando eu.

Vós lhi tolhestes os ramos en que siian,
e lhi secastes as fontes en que bevian.
Leda m'ando eu.

Vós lhi tolhestes os ramos en que posavan,
e lhi secastes as fontes u se banhavan.
Leda m'ando eu.

MEENDINHO is an obscure poet whose real name is not known. His pilgrimage song is one of the best known of these poems, and is rated by Menéndez Pidal as "la obra maestra del género."

Cantiga de romaria

Sedia-me[17] eu na ermida[18] de San Simon
e cercaron-me as ondas que grandes son,
eu atendendo o meu amigo!

Estava na ermida ante o altar,
e cercaron-me as ondas grandes do mar,
eu atendendo o meu amigo!

E cercaron-me as ondas que grandes son;
non ei* barquerio nen remador,
eu atendendo o meu amigo!

E cercaron-me as ondas grandes do mar;
non ei* barqueiro nen sei remar,
eu atendendo o meu amigo!

Non ei barqueiro nen remador,
e morrerei, fremosa,[19] no mar maior,
eu atendendo o meu amigo!

3 u — where.
4 velidas — beautiful girls.
5 so — under.
6 avelaneiras — hazel nut trees.
7 frolidas (floridas) — in bloom.
8 for (fuere) — Here: is.
9 verrá (vendrá) — will come.
10 granadas — large.
11 leda — happy.
12 eu — I.

13 enmentar — to think about, have on one's mind (a verb based on *en mente*).
14 lhi — from them (dative of separation).
15 tolher — to take away, remove.
16 *Siian* is the old imperfect of modern *ser*. Translate: they were sitting.
17 *Sedia* is another spelling of the old imperfect of *ser*. Translate: I was.
18 ermida — small church, chapel (in an isolated place).
19 fremosa (hermosa) — beautiful.

Non ei barqueiro nen sei remar,
e morrerei, fremosa, no alto mar,
eu atendendo o meu amigo!

PEDRO MEOGO (MOOGO?), possibly a monk,
was a *jogral*[20] whose *cossantes* always mention
the deer of the mountains.

Cantiga de amigo

Digades, filha,[21] mia filha velida,*
porque tardastes na fontana fria?
Os amores ei.*

Digades, filha, mia filha louçana,[22]
porque tardastes na fria fontana?
Os amores ei.

Tardei, mia madre, na fontana fria,
cervos do monte a augua volvian.[23]
Os amores ei.

Tardei, mia madre na fria fontana,
cervos do monte volvian a augua.
Os amores ei.

Mentir, mia filha, mentir por amigo!
Nunca vi cervo que volvesse o rio.
Os amores ei.

Mentir, mia filha, mentir por amado!
Nunca vi cervo que volvesse o alto.[24]
Os amores ei.

KING DINIS, grandson of Alfonso *el Sabio*, was
the most important of the early Portuguese
kings and reigned from 1279 to 1325. He initiated many beneficial reforms and laid the
foundations for Portugal's greatness. Of his
poems, 136 have been preserved.

Cossante

Ai flores, ai flores do verde pino,
se sabedes novas do meu amigo!
Ai Deus, e u é?[25]

Ai flores, ai flores do verde ramo,
se sabedes novas do meu amado!
Ai Deus, e u é?

Se sabedes novas do meu amigo,
aquel que mentiu do que pos comigo?[26]
Ai Deus, e u é?

Se sabedes novas do meu amado,
aquel que mentiu do que m'a jurado?
Ai Deus, e u é?

Vos preguntades polo[27] vosso amigo,
e eu ben vos digo que é sano e vivo.
Ai Deus, e u é?

E eu ben vos digo que é sano e vivo
e seerá vosco[28] ante o prazo[29] saido.
Ai Deus, e u é?

E eu ben vos digo que é vivo e sano
e seerá vosco ante o prazo passado.
Ai Deus, e u é?

Gonzalo de Berceo, 1195?–1265? (pp. 275–76 and 56–57)

In the closing years of the twelfth century,
a cleric named Gonzalo was born in Berceo,
a small town in the district of La Rioja. He
named himself several times in his poetry and
was pleased that his birthplace was the same as
that of one of his favorite saints, San Millán
de la Cogolla.[1] He was educated by the monks
at the Benedictine monastery of San Millán,
the intellectual center of the region. Later,
attached to the monastery as a secular priest,
he read diligently in the library and eventually
began to compose poetry in imitation of the
clerics. We know very little else concerning
his life. His name appears several times on
documents preserved in his monastery — the
first time in 1220 when he is identified as
don Gonzalvo, diaconus de Berceo; and the last

20 There were three classes of minstrels among the
Galicians: (1) the *trovadores*, usually princes and nobles writing for their own pastime; (2) the *segréis* (sing.
segrel), usually knights who went from court to court
to sing and recite for pay; (3) *jograes* (sing. *jogral*),men
of lower station who collected poems from the people
and recited those of the *trovadores*.
21 filha (hija) — daughter, child.
22 louçana — young and beautiful.
23 volvian — (they) stirred up.
24 alto — Here: river, stream.
25 e u é? (¿y dónde está?) — where is he?
26 pos comigo (puso conmigo) — Here: promised
me.
27 polo — Here: about. *Polo* is a contraction of *por o*

where *o* is the definite article (used in Galician with the
possessive adjective).
28 vosco — with you.
29 prazo (plazo) — time limit.

1 In *Vida de San Millán*, Copla 489, he writes:
  Gonzalvo fue so nomne, que fizo est tractado
  en Sant Millán de suso fue su ninnez criado,
  natural de Berçeo, ond Sant Millán fue nado:
  Dios guarde la su alma del poder del peccado.
 In *Milagros de nuestra Señora* he says:
  Yo maestro Gonzalvo de Berceo nomnado, . . .
 In *Vida de Santo Domingo*, Copla 757:
  Yo Gonzalvo por nombre, clamado de Berceo,
  en Sant Millán criado, en la su merçed seo.

time in 1264 in connection with the will of a certain Garci Gil who identifies Gonzalo as his confessor and executor.

Berceo, the earliest Spanish poet whose name has been recorded, is not one of his nation's great poets, but he is very readable. His poetry is full of candor, simple piety and religious faith, naturalness, sane humor, and occasional genuinely lyrical moments. His themes are all religious and include lives of saints, praises and miracles of the Virgin, hymns, and doctrinal and theological treatises. Despite his erudition, he remained loyal to the common folk from whom he sprang and directed his poetry to them in a desire to popularize religious matters. He chose to write in *román paladino*[2] in which, he says, neighbors speak to one another, for he confesses he was not sufficiently learned to write in Latin. Nevertheless, his sources were mostly Latin, and he made no claim to originality. He repeatedly stated that he only wrote what he had read. Although he used the *cuaderna vía* almost exclusively, he still thought of himself as a *juglar* and asked for his *vaso de bon vino* as the popular minstrels did upon reaching a stopping place. He was saturated with epic poetry and employed the same stereotyped expressions to characterize San Millán and Santo Domingo that one finds in the *Poema del Cid*. His language is simple and often picturesque as he draws upon the wisdom and sayings of peasant folk in comparisons and figures of speech. Popular sympathies are also apparent in his quiet humor. He was practically unknown to Spanish writers before the nineteenth century and unappreciated to any extent until the twentieth, when poets like Rubén Darío, Pérez de Ayala, and the Machado brothers discovered his many attractive qualities.

Solalinde states that Berceo definitely introduced the new poetic mode known as the *mester de clerecía*, though possibly poems had been written in this measure before him. This meter, known also as *cuaderna vía* (fourfold way) is described in the second quatrain of the *Libro de Alexandre*, formerly but no longer ascribed to Berceo.

Mester trago fermoso, non es de ioglaría,
Mester es sen peccado, ca es de clerecía,
Fablar curso rimado per la quaderna vía,
A sillauas cuntadas, ca es grant maestría.

Erudite poets prided themselves on their "counted syllables" and felt that this set them apart from and above the popular poets. They were, consequently, careful about their lines of verse, and Berceo was rigorous in this regard. The *cuaderna vía* as it came to be standardized consists of quatrains of monorhymed lines of verse, each fourteen syllables in length (Alexandrines) and divided in half by a caesura. After Berceo this meter was used by two other notable poets of the Middle Ages: Juan Ruiz and Pero López de Ayala, who was the last to use it.

Berceo produced a total of nine works, all devoted to his religion. For his devotion to his faith Rufino Lanchetas calls him the "cantor entusiasta de la España cristiana."[3] The introduction to the *Milagros de Nuestra Señora* exemplifies his lyricism. This favorite passage, which Menéndez y Pelayo called "lozanísima introducción" and "verdadera pastoral religiosa," reveals Berceo's deep feeling for Nature as he compares the Virgin to a green, uncut meadow covered with flowers — a place of delight in which to find rest.

Milagros de Nuestra Señora

Introducción

Amigos e vasallos de Dios omnipotent,
Si vos me escuchásedes por vuestro consiment,[4]
Querríavos contar un buen aveniment:[5]
Terrédeslo[6] en cabo[7] por bueno verament.[8]
　Yo maestro Gonzalvo de Berceo nomnado
Iendo en romería caeçí[9] en un prado
Verde e bien sençido,[10] de flores poblado,
Logar cobdiçiaduero[11] pora omne cansado.
　Daban olor sobeio[12] las flores bien olientes,
Refrescaban en omne las caras e las mientes,
Manaban cada canto[13] fuentes claras
　　　　　　　　　　　　　　　[corrientes,
En verano bien frías, en yvierno calientes.
　Avíe hy[14] grant abondo[15] de buenas
　　　　　　　　　　　　　　　[arboledas,

---

2 román paladino — clear (intelligible) Spanish.
3 For a sample of Berceo's narrative poetry see pp. 14–15 of this volume.
4 consiment — favor, grace, mercy.
5 aveniment — event.
6 terrédeslo (lo tendréis) — Here: you will consider it (good).
7 en cabo — in the end.

8 verament (verdaderamente) — truly, in truth.
9 caeçí — I found myself.
10 sençido — uncut.
11 cobdiçiaduero (codiciable) — covetable, desirable.
12 sobeio — abundant, excellent.
13 Manaban cada canto — From every rock flowed.
14 Avíe hy (Había allí) — There was there.
15 abondo (abundancia) — abundance.

Milgranos e figueras, peros e manzanedas,[16]
E muchas otras fructas de diversas monedas;[17]
Mas non avié ningunas podridas nin açedas.[18]

    La verdura del prado, la olor de las flores,
Las sombras de los árboles de temprados
                    [sabores
Refrescáronme todo, e perdí los sudores:
Podrié vevir el omne con aquellos olores.

    Nunqua trobé[19] en sieglo[20] logar tan
                    [deleitoso,
Nin sombra tan temprada,[21] nin olor tan
                    [sabroso.
Descargué mi ropiella por iaçer más viçioso,
Posé a la sombra de un árbor fermoso.

    Yaciendo a la sombra perdí todos cuidados,
Odí[22] sonos de aves dulçes e modulados.
Nunqua udieron omnes órganos más
                    [temprados.
Nin que formar pudiesen sones más acordados.

    Unas tenién la quinta,[23] e las otras doblaban,
Otras tenién el punto,[24] errar non las dexaban.
Al posar, al mover todas se esperaban,
Aves torpes nin roncas hi non se acostaban.

    Non serié organista nin serié violero,
Nin giga nin salterio, nin manoderotero,[25]
Nin instrument nin lengua, nin tan claro
                    [voçero,[26]
Cuyo canto valiesse con esto un dinero.

    Peroque[27] vos dissiemos todas estas bon-
                    [dades,
Non contamos las diezmas,[28] esto bien lo
                    [creades:
Que avié de noblezas tantas diversidades,
Que non las contaríen priores nin abbades.

    El prado que vos digo avié otra bondat:
Por calor nin por frío non perdía su beldat.
Siempre estaba verde en su entegredat,
Non perdié la verdura por nulla tempestat.

Manamano que[29] fuy en tierra acostado,
De todo el laçerio[30] fui luego folgado:[31]
Oblidé[32] toda cuita, el laçerio passado:
Qui allí se morasse serié bien venturado.

    Los omnes e las aves quantas acaeçien,[33]
Levaban de las flores quantas levar queríen;
Mas mengua en el prado ninguna[34] non façíen:
Por una que levaban, tres e quatro naçíen.

    Semeia esti prado egual de paraíso,
En qui Dios tan grant graçia, tan grant
                    [bendiçión miso.[35]
El que crió tal cosa, maestro fue anviso:[36]
Omne que hi morasse, nunqua perdríe el viso.[37]

    El fructo de los árboles era dulz e sabrido,[38]
Si don Adám oviesse de tal fructo comido,
De tan mala manera non seríe deçibido,[39]
Nin tomaríen tal danno Eva nin so marido.[40]

      . . . .

    After this introduction, Berceo versifies
25 miracles ascribed to the Virgin. Number XX,
though not very lyrical, exhibits Berceo's faith
and his humor.

El clérigo embriagado

    De un otro miraclo vos querría contar
Que cuntió en[41] un monge de ábito reglar:[42]
Quísolo el diablo dura-mente espantar,
Mas la Madre gloriosa sópogelo vedar.[43]

    De que fo enna[44] orden, bien de que fo
                    [noviçio,
Amó a la Gloriosa siempre façer serviçio:
Quitándose de follía[45] de fablar en forniçio:
Pero ovo en cabo de caer en un viçio.

    Entró enna bodega un día por ventura,
Bebió mucho del vino, esto fo sin mesura,
Embebdóse[46] el locco, issió de su cordura,[47]
Iogó[48] hasta las viésperas sobre la tierra dura.

    Bien a ora de vísperas el sol bien enflaquido,[49]

---

16 milgranos ... manzanedas — pomegranate, fig,
pear and apple trees.
17 monedas — Here: kinds.
18 açedas — sour, acid.
19 trobé — I found (from *trobar* — to find).
20 sieglo (siglo) — Here: world.
21 temprada (templada) — Here: cool.
22 Odí (Oí) — I heard.
23 la quinta — the fifth (musical note in the scale).
24 punto — basic tune.
25 manoderotero (mano de rotero) — violin (three
stringed rebec), psalter.
26 voçero — singer.
27 peroque (aunque) — although, even though.
28 diezmas — one tenth.
29 manamano que — as soon as.
30 laçerio — suffering.
31 folgado — Here: freed.
32 oblidé (olvidé) — I forgot.
33 acaeçíen — appeared.
34 *Ninguna* modifies *mengua;* facer mengua — to be
lacking. (Cf. hacer falta).
35 miso (metió) — placed, put, bestowed.
36 anviso — wise.
37 viso — sight.
38 sabrido (sabroso) — delicious.
39 deçibido — deceived.
40 Berceo continues by explaining his allegory. The
meadow is the Virgin, the springs are the four Gospels,
the shade is the prayer of the Virgin, etc.
41 cuntió en (aconteció a) — happened to.
42 ábito reglar — regular habit (said of monks of a
monastic order rather than of the secular clergy).
43 sópogelo vedar (súposelo vedar) — Here: was able
to prevent it.
44 De que fo enna (Después que fué en la) — After he
entered it.
45 follía — madness, sin.
46 Embebdóse — he became drunk.
47 issió ... cordura — lost his senses, passed out.
Issió is the old preterit of *exir* — to go out, leave,
depart.
48 Iogó (yació) — He lay.
49 enflaquido — weakened, weak.

Recordó[50] mala-mientre, andaba estordido:[51]
Issió contra la claustra hascas[52] sin nul
[sentido:
Entendíengelo todos que bien avie bebido.

Peroque* en sus piedes non se podie tener,
Iba a la eglesia commo solía façer,
Quísolo el diablo zancajada[53] poner,
Ca bien se lo cuidaba rehezmientre[54] vençer.

En figura de toro que es escalentado,[55]
Cavando con los piedes, el çeio demudado,[56]
Con fiera cornadura sannoso e yrado
Paróseli delante el traydor probado.

Façieli gestos malos la cosa diablada,
Que li metrie los cuernos por media la corada,[57]
Priso el omne bueno muy mala espantada,
Mas valiol la Gloriosa reyna coronada.

Vino Sancta María con ábito onrrado,
Tal que de omne vivo non serie apreçiado,
Methieselis[58] in medio a él e al peccado,[59]
El toro tan superbio fue luego amansado.

Menazóli la duenna con la falda del manto,
Esto fo por elli[60] un muy mal quebranto,
Fusso[61] e desterrósse façiendo muy grant
[planto,
Fincó en paz el monge, gracias al Padre sancto.

Luego a poco rato, a pocas depassadas[62]
Ante que empezasse a sobir ennas gradas,
Cometiólo de cabo con figuras pesadas,
En manera de can firiendo colmelladas.[63]

Venie de mala guisa, los dientes regannados,
En çeio muy turbio, los oios remellados[64]
Por ferlo todo piezas, espaldas e costados:
Mesiello,[65] diçie elli, graves son mis pecados.

Vien se cuidó el monge seer despedazado,
Sedie[66] en fiera cueta, era mal dessarrado,[67]
Mas valiol la Gloriosa, es[68] cuerpo adonado,
Commo fizo el toro, fo el can segudado.[69]

Entrante de la eglesia enna somera[70] grada,
Cometiólo de cabo la terçera vegada,[71]

En forma de león, una bestia dubdada,[72]
Que traie tal fereza que non serie asmada.[73]

Allí cuidó el monge que era devorado,
Ca vidie por verdat un fiero encontrado:[74]
Peor li era esto que todo lo passado,
Entre su voluntat maldiçie al peccado.

Diçie: valme Gloriosa madre Sancta María,
Válame la tu graçia oi[75] en esti día,
Ca só en grant afruento,[76] en maior non podría:
¡Madre non pares mientes[77] a la mi grant follía!

Abés[78] podió el monge la palabra complir,
Veno Sancta María commo solie venir,
Con un palo en mano pora león ferir:
Methióselis* delante, empezó a deçir:

Don falso alevoso, non vos escarmentades
mas io vos daré oi* lo que vos demandades:
Ante lo compráredes[79] que daquend[80] vos
[vayades,
Con quien volvistes guerra quiero que lo
[sepades

Empezóli a dar de grandes palancadas,[81]
Non podien las menudas escuchar las
grannadas,[82]
Lazraba el león a buenas dinaradas,[83]
Non ovo en sus días las cuestas[84] tan sovadas.[85]

Diçiel la buena duenna: don falso traydor
Que siempre en mal andas, eres de mal sennor:
Si más aquí te prendo en esti derredor,
De lo que oi* prendes aun prendrás peor.

Desfizo la figura, empezó a foir,
Nunqua más fo osado al monge escarnir,[86]
Ante passó grant tiempo que podiesse guarir,[87]
Plogóli al diablo quando lo mandó ir.

El monge que por todo esto avía passado,
De la carga del vino non era bien folgado,*
Que vino e que miedo avienlo tan sovado,*
Que tornar non podió a su lecho usado.[88]

La Reyna preçiosa e de preçioso fecho
Prísolo por la mano, levólo por al[89] lecho,

50 Recordó — He awakened.
51 estordido — dazed.
52 hascas — almost.
53 zancajada — trick, trap, deceit.
54 rehezmientre — easily.
55 escalentado — furious, inflamed.
56 çeio — look (expression); demudado — changed.
57 corada — Here: belly.
58 Methieselis (metióseles) — She placed herself.
59 peccado — Here: devil (symbolic of sin).
60 elli (él) — him.
61 Fusso (Fuése) — He left, departed.
62 depassadas — steps.
63 firiendo colmelladas — grinding his fangs together.
64 remellados — wide open (as in anger).
65 Mesiello — Wretch (that I am).
66 Sedie — He was (old imperfect of *sedere* — to be).
67 desarrado — confused.
68 es (ese) — that.
69 fo el can segudado (seguido) — the dog followed
suit, the dog did too.

70 somera — last, top.
71 vegada — time, occasion.
72 dubdada — feared.
73 asmada — imagined.
74 encontrado (encuentro) — encounter.
75 oi (hoy) — today.
76 afruento — trouble, strait, difficulty.
77 non pares mientes — pay no attention.
78 abés — scarcely, hardly.
79 compráredes — Here: you will pay for.
80 daquend (de aquí) — from here.
81 palancadas — blows (with a pole).
82 grannadas (grandes) — large.
83 Lazraba . . . dinaradas — The lion was suffering
greatly (paying a good price).
84 cuestas — ribs (cf. costillas).
85 sovadas — abused, maltreated.
86 escarnir — to mock, make fun of.
87 guarir — to cure.
88 usado — usual.
89 por al (para él) — Here: to the.

Cubriólo con la manta e con el sobrelecho,[90]
Pusol so la cabeza el cabezal[91] derecho.

Demás quando lo ovo en su lecho echado,
Sanctiguól con su diestra e fo bien sanctiguado:
Amigo, dissol, fuelga,[92] ca eres muy lazrado,
Con un poco que duermas luego serás folgado.

Pero esto te mando, afirmes[93] te lo digo,
Cras mannana[94] demanda a fulán mi amigo,
Conffiéssate con elli e serás bien comigo,
Ca es muy buen omne, e dartá[95] buen castigo.

. . . .

Sennores e amigos, muévanos esta cosa,
Amemos e laudemos todos a la Gloriosa,
Non echaremos mano en cosa tan preçiosa
Que también nos acorra en ora periglosa.

. . . .

Ella nos dé su graçia e su bendiçión,
Guárdenos de peccado e de tribulación,
De nuestras liviandades ganemos remissión,
Que no vaian las almas nuestras en perdiçión.

*Aquí escomienza el duelo que fizo la virgen
María el día de la pasión de su fijo Jesú Christo*

In this poem, in which he is more lyrical
than usual, Berceo recounts in "clerkly
measure" the events of the day Christ died.
Near the end, at the point where Pilate places
guards at Jesus' tomb, Berceo inserts a *canción
de vela*. This watchman's song, in which
Berceo attempts a new meter, is probably
a survival of early, unrecorded Castilian lyric
poetry which the poet adapted for his own
use. Carolina Michaëlis Vasconcellos has suggested, however, that Berceo may have
imitated here the songs of Portuguese pilgrims
on their way to Santiago de Compostela.

The soldiers placed at the tomb sing a song
to keep themselves awake during the night.

Cántica

        Eya[96] velar, eya velar, eya velar
    Velat[97] aliama[98] de los iudíos,
            eya velar.
    Que non vos furten[99] el Fijo de Dios,
            eya velar.
    Ca furtárvoslo querrán,
            eya velar:

        Andrés e Peidro et Johan,
            eya velar.
    Non sabedes tanto descanto,[100]
            eya velar:
    Que salgades de so el canto,[101]
            eya velar.
    Todos son ladronçiellos,
            eya velar:
    Que assechan por los pestiellos,[102]
            eya velar.
    Vuestra lengua tan palabrera,
            eya velar:
    Ha vos dado mala carrera,
            eya velar.
    Todos son omnes plegadizos,[103]
            eya velar:
    Rioaduchos mescladizos,[104]
            eya velar.
    Vuestra lengua sin recabdo,[105]
            eya velar:
    Por mal cabo vos ha echado,
            eya velar.
    Non sabedes tanto de enganno,
            eya velar:
    Que salgades ende[106] este anno,
            eya velar.
    Non sabedes tanta razón,
            eya velar:
    Que salgades de la prisión,
            eya velar.
    Tomaseio e Matheo,
            eya velar:
    De furtarlo han grant deseo,
            eya velar.
    El disçipulo lo vendió,
            eya velar:
    El Maestro non lo entendió,
            eya velar.
    Don Fhilipo, Simón e Iudas,
            eya velar:
    Por furtar buscan ayudas,
            eya velar.
    Si lo quieren acometer,
            eya velar:
    Oy es día de paresçer,
            eya velar.
        Eya velar, eya velar, eya velar.

90 sobrelecho — blanket, quilt.
91 cabezal — pillow.
92 fuelga — rest.
93 afirmes — firmly.
94 cras mannana — tomorrow morning (early).
95 dartá (dartehá) — will give you.
96 eya (ea) — a cry of encouragement.
97 velat (velad) — watch (imperative of *velar*).
98 aliama (aljama) — gathering of Jews, a gang.
99 Que non vos furten (hurten) — lest they steal from
you.

100 descanto — enchantment. This line means: You
are not so clever (magical).
101 Que . . . canto — That you will come out from
behind the stone.
102 pestiellos — doors.
103 plegadizos (allegadizos) — mercenaries, conscripts.
104 rioaduchos mescladizos — corrupt upstarts.
105 recabdo — Here: wisdom.
106 ende — from it.

Juan Ruiz, first half of the fourteenth century (pp. 276–79)

The outstanding literary figure of the Middle Ages in Spain was the Archpriest of Hita, Juan Ruiz, a many-sided genius who figures as one of the truly great names in Spanish literature. We have no details concerning his life aside from those found in his single preserved work, *El libro de buen amor*, various portions of which were composed probably between the years 1330 and 1347. On the basis of internal evidence students of his poetry judge him to have been a highly capable ecclesiastic with an immense love of and indulgent attitude toward life, coupled with a warm, human understanding. He mentioned himself twice by name in his poetry, once in strophe 19 (as numbered in Cejador's edition) and again in strophe 575.[1] He hints that he was born in Alcalá de Henares when his go-between, Trotaconventos, says to a Moorish girl: "Fija, mucho vos saluda uno que es de Alcalá." Juan Ruiz was imprisoned for thirteen years by his superior, the Archbishop of Toledo, Gil Albornoz. The reasons for his incarceration are unknown, but one has conjectured it was either for his wayward behavior and failure to comply with orders or for reasons of ecclesiastical politics. A copyist of the book added the following note at the conclusion of the *Cántica de los clérigos de Talavera* (strophes 1690–1709): "Éste es el libro del Arçipreste de Hita, el qual conpuso seyendo preso por mandado del cardenal Don Gil, Arçobispo de Toledo." Whether he composed the entire book while in prison is another of the many moot questions concerning this author and his work. The probability is that he composed some of it there but included in the final form poems he had written in other periods of his life. He had probably died or had been removed from office by 1351, for in that year a certain Pedro Fernández was the Archpriest of Hita.

Juan Ruiz failed to name his book himself, and after several infelicitous attempts to do so (Janer called it *Libro de los cantares* and the Marqués de Santillana referred to it as the *Libro del Arçipreste de Hita*), the German scholar Wolf gave it the title *El libro de buen amor*, a name suggested at various places in the book itself. The *amor* of the title, according to Menéndez y Pelayo, should be understood not only in its literal sense but also in the very vague one which the Provençal poets gave it, making it synonymous with courtesy, genteel knowledge, and even poetry. Juan Ruiz himself states that his purpose in writing his book was to lead men from the "loco amor" of the world to the "buen amor, que es el de Dios." Such statements by the Archpriest about his intentions are taken seriously by some but rejected by those who find his primary interest to be an account of his amorous adventures. This autobiography, which Menéndez y Pelayo calls "novela picaresca" and the crowning glory of Ruiz's achievement, appears and disappears throughout the work and has earned for its author such epithets as "incorrigibly criminous clerk" (Fitzmaurice-Kelley), "clerigo bazuqueado por las pasiones" (Sainz de Robles), and "clérigo libertino y tabernario" (Menéndez y Pelayo). Julio Puyol y Alonso, however, rejects the possibility that the amorous adventures are Ruiz's own and insists that they are imaginary. In spite of the joy of life rising from Ruiz's pages Puyol finds a pessimistic note in the poet's frequent mention of unfaithful wives, false friends, and a world full of avarice and deceit. Genito y Durán defends Ruiz's lofty intentions and says that "la ley más profunda de su musa es doctrinal de la más alta doctrina a pesar de todos los regodeos que pueden verse en su mitólogico arcipreste." Menéndez y Pelayo insists that Ruiz must be understood as the natural product of the fourteenth century, an age of great moral relaxation and depravity. Juan Ruiz, who lived during the schism of Avignon and before the reforms of the Council of Trent, was not an exceptional figure for the age in which he lived. He represented his time faithfully, observed it with great penetration, and then recorded it for posterity with matchless skill and good humor. He satirized his fellowmen but sympathized with their weaknesses, many of which he shared. He was not a moralist or a reformer; he lacked indignation and bitterness. His humanity together with his fascinating portrait of the common folk of his age keep his book alive today. As Pedro Salinas points out, the epics glorified the

---

1 (strophe 19)
Porque de todo bien es comienço e rayz
La Virgen Santa María, por ende yo, Juan Rruys,
Arçipreste de Fita, della primero fiz'
Cantar de los sus gozos siete que así diz'.

(strophe 575)
Yo Johán Ruyz, el sobredicho arçipreste de Hita,
Peroque mi coraçón de trobar non se quita,
Nunca fallé tal dueña, como a vos Amor pynta,
Nin creo que la falle en toda esta cohyta.

heroic life, Berceo glorified the saints, but Juan Ruiz portrayed the "mediocre individual with the usual quantity of virtues and vices" and unites us with a vast community of fellow human beings through his own person.

The content of the *Libro de buen amor* is varied. In addition to the Archpriest's own love adventures, the most important of which concerns Doña Endrina and occupies over a fifth of the book, the following represent some of its major contents: (1) animal fables, of which there are twenty-five; (2) sacred poems, such as the opening prayers and those dealing with the Joys of the Virgin; (3) religious and moral dissertations, such as those dealing with the seven capital sins, together with an account of the "arms" the Christian has for combatting them; (4) exemplary, humorous, and erudite tales, such as the stories of the lazy men who wanted to marry, of don Pitas Payas, and of the dispute between the Greeks and the Romans; (5) an adaptation of Ovid's art of loving; (6) an adaptation of *Pamphilus de amore* (also known as *Comoedia de Vetula* and *Liber de amore inter Pamphilum et Galateam*); (7) an allegorical, burlesque account of the battle between Lady Lent and Sir Carnal (Flesh) followed by a similar account of the triumph of Love; (8) satirical and jocular verse, such as the poems on money and little women; (9) lyric poems, such as the *serranillas*, the *loores* of the Virgin, and the blind men's songs. Even this array of themes is incomplete but may give some notion of this multi-colored, diversified book. Despite its complexity and variety, the work is unified through the person of the poet himself, for everything he records in this kaleidoscopic vision of fourteenth century life is first tempered by his own genius and personality.

Mention must be made of Ruiz's verse forms and the characters he engendered. For the most part he used the *cuaderna vía* but allowed himself considerable liberty in syllable count and used hemistichs of eight and seven syllables in all possible combinations. Inter-spersed among the poems in *cuaderna vía* are twenty lyric pieces in a variety of meters (according to Lecoy's count), mostly in octo-syllabic lines. These include the following: four *serranillas*, two students' songs, two blind men's songs, one *troba cazurra*,[2] four Joys of the Virgin, four Praises of the Virgin, one prayer to Our Lady of the Vado, one Ave María, and two Passions of Christ. Of Ruiz's characters, the most important is Trotaconventos, his go-between and the ancestress of all of her kind in Spain. Other favorites are Fernand García, Don Pitas Payas, Doña Endrina, Don Furón, and the allegorical figures, Doña Cuaresma, Don Carnal, and Don Amor.

*Aqui dize de cómo el arçipreste
rogó a Dios que le diese
graçia que podiese facer este libro*[3]

Dios Padre, Dios Fijo, Dios Spíritu Santo:
El que nasçió de Virgen esfuerzo nos de tanto,[4]
Que sienpre lo loemos en prosa é[5] en canto,
Sea de nuestras almas cobertura é manto.

El que fizo el çielo, la tierra é la mar,
El me dé la su graçia é me quiera alunbrar,
Que pueda de cantares un librete rimar,
Que los que lo oyeren, puedan solaz[6] tomar.

Tú, Señor é Dios mío, que al ome[7] formeste,
Enforma é ayuda a mí, tu arçipreste,
Que pueda facer Libro de Buen Amor aqueste,
Que los cuerpos alegre é a las almas preste.[8]

Sy queredes, señores, oyr un buen solaz,
Ascuchad el rromanze,[9] sosegadvos en paz:
Non vos diré mintira en quanto en él iaz;[10]
Ca por todo el mundo se usa é se faz'.

E porque mijor sea de todos escuchado,
Fablarvos he por trobas[11] é cuento rimado.
Es un decir fermoso é saber sin pecado,
Rrazón[12] más plazentera, ffablar más
　　　　　　　　　　　　　　　　[apostado.[13]

Non cuydés que es libro de neçio devaneo
Nin tengades por chufa[14] algo que en él leo:
Ca segund buen dinero yaze en vil correo,[15]
Asy en feo libro yaze saber non feo.

El axenuz[16] de fuera más negro es que
　　　　　　　　　　　　　　　　　[caldera,

---

2 troba cazurra — ribald poem.
3 In this poem the Archpriest asks God's help in writing his book and states what its readers may expect to find in it. From here Janer took his name of *Libro de los cantares* (2nd strophe) and Wolf his title of *Libro de buen amor*.
4 *Tanto* modifies *esfuerzo*.
5 Many versions of medieval poems show the conjunction *e* with an accent mark.
6 solaz — enjoyment, entertainment.
7 ome (hombre) — man.

8 prestar — to aid, avail, be useful.
9 rromanze — poem, tale, story; vulgar tongue (Spanish).
10 iaz (yace) — lies; Here: is contained.
11 troba — poem, verse.
12 Rrazón — talk.
13 apostado (apuesto) — elegant, genteel.
14 chufa — jest, joke.
15 correo — broker.
16 axenuz — caraway (it has a black seed).

Es de dentro muy blanco, más que la
                                    [peñavera;[17]
Blanca farina yaze so negra cobertera,
Azúcar dulce e blanco yaze en vil cañavera.[18]

So[19] la espina yaze la rrosa, noble flor;
So fea letra yaze saber de grand dotor;
Como so mala capa yaze buen bevedor,
Asy so mal tabardo[20] yaze el buen amor.

Porque de todo bien es comienço é rayz
La Virgen Santa María, por ende yo,
                                    [Juan Rruys,
Arçipreste de Fita, della primero fiz'
Cantar de los sus gozos siete que asy diz'.

Gozos de Santa María

        ¡O María!
        Luz del día,
        Tú me guía
        Todavía.[21]

        Dame graçia é bendiçión
        E de Jhesú consolaçión,
        Que pueda con devoçión
        Cantar de tu alegría.

        El primero gozo que s' lea:
        En çibdad de Galilea,
        Nazaret creo que sea,
        Oviste[22] mensajería

        Del ángel, que a ti vino,
        Gabriel santo é dino:[23]
        Tróxote[24] mensaj' divino.
        Díxote: Ave María.

        Desque[25] el mandado oíste
        Omilmente[26] rresçebiste,
        Luego, Virgen, conçebiste
        Al fijo que Dios enbía.

        En Belén acaesçió
        El segundo, quando nasçió
        Syn dolor aparesçió
        De ti, Virgen, el Mixía.[27]

        El terçero cuentan las leyes,[28]
        Quando venieron los reyes
        E adoraron al que veyes,
        En tu braço do yazía.

        Ofreçiól' mirra Gaspar,
        Melchior fue ençienso dar.
        Oro ofreçió Baltasar
        Al que Dios é ome seya.[29]

        Alegría quarta é buena
        Fue quando la Madalena
        Te dixo goço syn pena:
        Qu'el tu fijo vevía.

        El quinto plazer oviste
        Quando al tu fijo viste
        Sobir al çielo e diste
        Graçias a Dios o[30] sobía.

        Madre, el tu gozo sesto
        Quando en los discípulos presto
        Fue Spíritu Santo puesto
        En tu compañía.

        Del seteno, Madre Santa,
        La iglesia toda canta:
        Suviste con gloria tanta
        Al çielo é quanto y avía.[31]

        Reynas con tu fijo quisto,[32]
        Nuestro Señor Jhesuxristo:
        Por ti sea de nos visto
        En la gloria sin fallía.[33]
        . . . .

*Aqui fabla de como todo ome entre los cuydados
se deve alegrar e de la disputación que los
Griegos e los Romanos en uno ovieron*

Palabras son del sabio é díselo Catón:[34]
Que ome a sus cuydados, que tiene en coraçón,
Entreponga plazeres é alegre la rrazón,
Ca la mucha tristeza mucho pecado pon'.

E porque de buen seso[35] non puede ome reyr,
Abré algunas burlas aquí a enxerir:[36]
Cadaque[37] las oyeres non quieras comedir,[38]
Salvo en la manera del trobar é dezir.

Entiende bien mis dichos é piensa la
                                    [sentençia,
Non contesca[39] contigo como al dotor de
                                    [Greçia
Con el rribal[40] de Rroma é su poca sabençia,[41]
Quando demandó Roma a Greçia la çiencia.

Asy fue, que rromanos las leyes non avíen,

17 peñavera — ermine.
18 cañavera — sugar cane.
19 so — under.
20 tabardo — cloak, blouse.
21 todavía — all the way.
22 oviste (hubiste) — you had, received.
23 dino (digno) — worthy.
24 tróxote (trájote) — brought to you.
25 desque (después de que) — after.
26 omilmente — humbly.
27 Mixía (Mesías) — Messiah.
28 leyes — Here: gospels.
29 seya — was (imperfect of *ser*).
30 o — where.
31 y avía (allí había) — there was there.

32 quisto — beloved.
33 sin fallía — without fail.
34 Catón — Marcus Porcius Cato (234 — 149 B. C.),
Roman statesman and orator, at one time consul of
Spain.
35 buen seso — wisdom.
36 enxerir — to insert.
37 cadaque (cada vez que) — every time that.
38 comedir — to consider.
39 Non contesca (acontezca) . . . Greçia — Do not let
happen to you what happened to the doctor from
Greece.
40 rribal (ribaldo) — ruffian.
41 sabençia — knowledge.

Fueron las demandar a griegos, que las teníen;
Rrespondieron los griegos que non las
[meresçíen,
Nin las podrían entender, pues que tan poco
[sabíen.
    Pero, si las queríen para por ellas usar,[42]
Que ante les convenie con sus sabios desputar,
Por ver si las entendrían é meresçían levar:
Esta rrespuesta fermosa davan por se escusar.
    Rrespondieron rromanos que les plazía de
[grado;[43]
Para la desputación pusieron pleito firmado;[44]
Mas porque non entendrían el lenguaje non
[usado,
Que desputasen por señas, por señas de
[letrado.[45]
    Pusieron día sabido todos por contender,
Ffueron rromanos en cuyta, non sabiendo que
[fazer,
Porque non eran letrados ni podrían entender
A los griegos dotores ni a su mucho saber.
    Estando en su cuyta dixo un çibdadano
Que tomasen un rribal, un vellaco[46] romano:
Quales Dios le mostrase fer señas con la
[mano,[47]
Que tales las feziese: fuéles consejo sano.
    Ffueron a un vellaco muy grand é muy
[ardid;[48]
Dixieron: « Nos avemos con los griegos conbid'
Por desputar por señas: lo que tú quisieres pid'
E nos dártelo hemos; escúsanos desta lid. »
    Vestiéronle muy rricos paños de grand
[valía,[49]
Como si fuese dotor en philosofía;
Subió en alta cátedra,[50] dixo con bavoquía:[51]
« D'oy más vengan los griegos con toda su
[porfía. »
    Vino ay[52] un griego, dotor muy esmerado,
Escogido de griegos, entre todos loado;
Subió en otra cátedra, todo el pueblo juntado.
Començaron sus señas, como era tratado.
    Levantóse el griego, sosegado, de vagar,[53]
E mostró sólo un dedo, qu' está çerca el pulgar;

Luego se assentó en ese mismo lugar;
Levantóse el rribaldo, bravo, de malpagar.[54]
    Mostró luego tres dedos fasia[55] el griego
[tendidos,
El pulgar é otros dos, que con él son contenidos
En manera de arpón,[56] los otros dos encogidos.
Assentóse el neçio, catando sus vestidos.
    Levantóse el griego, tendió la palma llana,
E assentóse luego con su memoria sana:
Levantóse el vellaco con fantasía vana,
Mostró puño cerrado: de porfía a gana.[57]
    A todos los de Greçia dixo el sabio griego:
« Meresçen los rromanos las leys, non gelas
[niego. »
Levantáronse todos en paz é en sosiego:
Grand onrra ovo Rroma por un vil andariego.[58]
    Preguntaron al griego qué fué lo que dixiera[59]
Por señas al rromano é qué le rrespondiera.
Diz': « Yo dixe qu' es un Dios; el rromano
[dixo qu' era
Uno en tres personas, é tal señal feziera.
    Yo dixe que era todo a la su voluntad;
Rrespondió qu' en su poder lo tení' e diz'
[verdad.
Desque vi que entendíen é creyen[60] la Trinidad,
Entendí que meresçíen de leyes çertenidad. »[61]
    Preguntaron al vellaco quál fuera su antojo.[62]
« Díxom' que con su dedo me quebraría el ojo:
Desto ove grand pesar é tomé gran enojo.
Rrespondíle con saña, con yra é con cordojo[63]
    Que yo le quebraría, ante todas las gentes,
Con dos dedos los ojos, con el pulgar los
[dientes.
Díxome enpós[64] esto que le parase mientes,
Que me daría grand palmada en los oydos
[rretenientes.[65]
    Yo le respondí que l' daría tal puñada,[66]
Que en tienpo de su vida nunca le viés' vengada.
Desque vió la pelea tan mal aparejada,
Dexó de amenazar do non le preçían[67] nada. »
    Por esto diz' la pastraña[68] de la vieja
[fardida:[69]
« Non há mala palabra, si non es a mal tenida; »

42 para por ellas usar — to use them.
43 les plazía de grado — it pleased them very much.
44 pusieron pleito firmado — they gave a signed agreement.
45 letrado — learned man.
46 vellaco — knave, rogue.
47 Read: Quales señas Dios le mostrase fer con la mano. fer — hacer.
48 ardid — shrewd, bold.
49 valía (valor) — worth.
50 cátedra — chair (of state).
51 bavoquía — foolish temerity.
52 ay (allí) — there.
53 de vagar — slowly.
54 de malpagar — belligerent, discontented.
55 fasia (hacia) — toward, in the direction of.

56 arpón — hook, claw.
57 de porfía a gana (tiene ganas de porfiar) — he wants to fight.
58 andariego — vagabond.
59 dixiera — had said (cf. rrespondiera).
60 creyen (creían) — believed.
61 çertenidad — assurance, surety.
62 antojo — notion. Here: version.
63 cordojo — wrath.
64 enpós — after.
65 rretenientes — wringing, resounding (i.e. his ears would ring from the slap).
66 puñada (puñetazo) — blow with the fist.
67 preciar — Here: to avail.
68 pastraña (patraña) — proverb.
69 fardida — wise (in the ways of life).

Verás que bien es dicha, si bien fues' entendida:
Entiende bien mi libro: avrás dueña garrida.[70]

La bulrra[71] que oyeres, non la tengas por vil;
La manera del libro entiéndela sotil:
Saber el mal, desir bien, encobierto, doñeguil,[72]
Tú non fallarás uno de trobadores mill.[73]

Ffalarás[74] muchas garças, non fallarás un
[huevo;[75]
Rremendar bien non sabe todo alfayate[76]
[nuevo:
A trobar con locura non creas que me muevo;
Lo que Buen Amor dize con rrazón te lo pruevo.

En general a todos ffabla la escriptura:
Los cuerdos con buen sesso entendrán la
[cordura,
Los mançebos livianos guárdense de locura,[77]
Escoja lo mijor el de buena ventura.

Las del Buen Amor sson razones
[encubiertas;
Trabaja do fallares las sus señales çiertas;
Ssi la rrazón entiendes o en el sesso açiertas,
Non dirás mal del libro, que agora rrehiertas.[78]

Do coydares que miente, dize mayor verdat;
En las coplas puntadas[79] yaze la falsedat,
Dicha buena o mala por puntos[80] la juzgat,
Las coplas con los puntos load o denostat.

De todos estrumentos yo, libro, só
[pariente:[81]
Bien o mal, qual puntares,[82] tal dirá
[çiertamente;
Qual tu dezir quesieres, y faz punto é tente:[83]
Ssy puntarme[84] sopieres, sienpre me avrás en
[miente.[85]

De como el arçipreste ffué enamorado

Assy fué que un tienpo una dueña me
[priso,[86]
Del su amor non fuy ese tienpo rrepiso:[87]
Ssienpre avía della buena fabla é buen rriso,[88]
Nunca al[89] por mí fizo nin creo que fer[90]
[quiso.

Era dueña en todo é de dueñas señora,
Non podía ser solo con ella una ora:
Mucho de ome* se guardan ally do ella mora,
Más mucho[91] que non guardan los judíos la
[Tora.[92]

Ssabe toda nobleza[93] de oro é de seda,
Muy conplida de byenes[94] anda manssa é
[leda.[95]
Es de buenas costunbres, sossegada é queda:
Non se podrá vençer por pintada moneda.[96]

Enbiél' esta cántiga que es deyuso[97] puesta,
Con la mi mensajera, que yo tenía enpuesta;[98]
Dize verdat la fabla: que la dueña conpuesta,[99]
Si non quiere el mandado,[100] non da buena
[rrespuesta.

Dixo la dueña cuerda a la mi mensajera:
« Yo veyo muchas otras creer a ti, parlera,
E fállanse mal ende:[101] castigo en su manera,[102]
Bien como la rraposa en agena mollera.[103]

De lo que acontesçió al Arçipreste con Fernand García su Mensajero

Mys ojos no verán luz
Pues perdido he a Cruz.[104]

Cruz cruzada,[105] panadera,

70 garrida — beautiful. Cejador interprets this reference to a beautiful lady as an enticement to lure the reader on.
71 bulrra (burla) — joke, jesting.
72 doñeguil — feminine, elegant, gracious.
73 Tú non ... mill — You will not find a book like mine in a thousand troubadors.
74 Ffalarás (hallarás) — you will find.
75 Ruiz means that one can easily see the obvious but not the hidden meaning of his book.
76 alfayate — tailor.
77 The wise will understand its wisdom, and frivolous young people should guard themselves against madness.
78 rrehertar — to blame, reproach, criticize.
79 puntadas — Here: musical, lyric.
80 puntos — Here: purposes, ends (i.e. Ruiz says good or evil sayings should be judged by the intention with which they were written and the purpose they serve. In the next line he asks that the lyrics and his purposes be praised or reviled).
81 I am the father of all the instruments in this book. Play these instruments well or badly, and you will surely get good or bad music.
82 puntar — Here: to pluck (a stringed instrument). Cf. puntear.
83 In this line Ruiz asks the reader to stop and consider whatever saying he may like. y — allí.
84 puntarme (apuntarme) — Here: grasp my meaning

(i.e. If you can comprehend my purpose; if you can hit the target).
85 me avrás en miente — you will understand me.
86 priso (pret. of prender) — captivated.
87 rrepiso — repentant.
88 rriso (risa) — laughter.
89 al — anything else, something else.
90 fer (hacer) — to do, make.
91 Más mucho is the equivalent of más.
92 Tora — Torah (the law of Moses). Ruiz means that his lady was more closely guarded than the Torah is obeyed by the Jews.
93 nobleza — fine thing (i.e. the lady knows how to embroider with gold and silk).
94 Muy conplida de byenes — greatly endowed with fine qualities.
95 leda — happy, gay.
96 pintada moneda — the finest money.
97 deyuso — below.
98 enpuesta — informed, instructed.
99 conpuesta — elegant, discreet.
100 mandado — message.
101 ende — because of it.
102 castigo en su manera — I took a lesson from what happened to them.
103 mollera — head.
104 Cruz was one of the author's loves.
105 cruzada — crusade (Here: the affair with Cruz).

Tomé por entendedera:[106]
Tomé senda por carrera
Como un andaluz.[107]

   Coydando que la avría,
Díxiel' a Ferrand Garçía
Que troxiés' la pletesía[108]
E fuese pleytés é duz.[109]

   Diz' que l' plazía de grado:
Fizos' de la Cruz privado.[110]
A mí dió rrumiar salvado;[111]
El comió el pan más duz'.[112]

   Prometiól' por mi conssejo
Trigo que tení' añejo;
E presentól' un conejo
El traydor falso marfuz.[113]

¡Dios confonda menssajero
Tan presto é tan ligero!
¡Non medre Dios conejero,[114]
Que la caç' ansy aduz'![115]

   Quando la Cruz veya, yo sienpre me
                         [omillava,
Santiguávame a ella doquier que la fallava;[116]
En conpaño[117] de çerca en la cruz adorava:
Del mal de la cruzada yo non me
                         [rreguardava.[118]

   Del escolar goloso conpaño de cucaña[119]
Ffize esta otra troba, non vos sea extraña:
Ca ante nin después non fallé en España
Quien ansy me feziese de escarnio
                        [magadaña.[120]

Enxiemplo de las ranas, e cómo demandavan rey a don Júpiter

     Las rranas en un lago cantavan é jugavan
Cosa non las nuzía,[121] bien solteras[122] andavan;
Creyeron al diablo, que del mal se pagavan,[123]
Pidyeron rey a Júpiter, mucho gelo* rogavan.

     Enbióles don Júpiter una viga de lagar,[124]
La mayor qu'él pudo; cayó en ese lugar;
El grand golpe del fuste[125] fiz' las rranas callar;
Mas vieron que non era rey para las castigar.[126]

     Suben ssobre la viga quantas podían sobyr:
Dixieron: « Non es est rrey para nos lo servir. »
Pidieron rey a Júpiter, como lo solyan pedir:
Don Júpiter, con saña, óvolas de oyr.[127]

     Enbióles por rey cigüeña mansillera:[128]
Çercava[129] todo el lago, ansy faz' la rribera,
Andando pico abierta,[130] como era venternera,[131]
De dos en dos las ranas comía bien lygera.

     Querellando a don Júpiter, dieron boçes las rranas:
« Señor, señor, acórrenos, tú que matas é sanas;
El rey, que tú nos diste por nuestras bozes vanas,
Danos muy malas tardes é peores mañanas:

     Su vientre nos ssotierra, su pico nos estraga,
De dos en dos nos come, nos abarca e nos traga;

---

106 entendedera — lady-love.
107 The poet had mistaken a narrow path for a broad road, for he thought his conquest of Cruz would be easy. The Andalusian has a lively imagination which often misrepresents reality.
108 pletesía — suit.
109 pleytés — one who carries out the suit; duz — guide.
110 privado — favorite, intimate.
111 rrumiar salvado — to chew bran (i.e. Ferrand García left Ruiz chewing his cud while he ate Cruz's sweet bread).
112 duz' (dulce) — sweet.
113 marfuz — deceiver.
114 conejero — rabbit dog (Ruiz curses him because like a badly trained hunting dog he failed to bring the game to his master).
115 caç' ansy aduz' (caza así aduce) — brings (back) the game thus.
116 Ruiz plays and puns here with the name of his lady.

117 conpaño (compañero) — companion, friend (i.e. his messenger Ferrand García).
118 rreguardarse — to notice, pay attention to.
119 conpaño de cucaña — slippery friend (*cucaña* is a greased pole with a prize at the top after which contestants climb. Cejador also suggests a connection with the cuckoo bird, which lays its eggs in another bird's nest).
120 escarnio magadaña — deceitful mockery.
121 nuzir (nozir) — to harm.
122 solteras (sueltas) — free.
123 se pagavan — they liked, they were content with.
124 viga de lagar — beam of a winepress.
125 fuste — stick of wood.
126 castigar — to teach, instruct, advise.
127 óvolas de oyr — heard them.
128 mansillera — one who bites.
129 cercar — Here: walk around.
130 pico abierta (abierta de pico) — with its beak open.
131 venternera — gluttonous (cf. vientre).

Sseñor, tú nos deffiende; señor, tú ya nos paga;[132]
Danos la tu ayuda, tira de nos tu plaga.
    Respondióles don Júpiter: « Tened lo que pidistes.
El rrey tan demandado, por quantas bozes distes,
Vengue vuestra locura, ca en poco tovistes
Ser libres é syn premia:[133] rreñid, pues lo quesistes. »
    Quien tiene lo que l' cunple, con ello sea pagado,[134]
Quien puede ser suyo, non sea enajenado;[135]
El que no toviere premia, non quiera ser apremiado:
Lybertat é ssoltura[136] non es por oro conplado.[137]

Enxiemplo de la propiedat que'l dinero ha

    Mucho faz' el dinero, mucho es de amar:
Al torpe faze bueno é ome de prestar,[138]
Ffaze correr al coxo é al mudo fablar,
El que non tiene manos, dyneros quier' tomar.
    Sea un ome nesçio é rudo labrador,
Los dineros le fazen fidalgo é sabydor,
Quanto más algo tiene,[139] tanto es de más valor;
El que non ha dineros, non es de sy señor.
    Si tovieres dineros, avrás consolaçión,
Plazer é alegría é del papa raçión,[140]
Conprarás parayso, ganarás salvaçión:
Do son muchos dineros, es[141] mucha bendiçión.
    Yo vy allá en Roma, do es la santidat,
Que todos al dinero fazíanl' omildat,[142]
Grand onrra le fazían con grand solenidat:
Todos a él se omillan como a la magestat.
    Ffazíe muchos priores, obispos, e abbades,
Arçobispos, dotores, patriarcas, potestades,
A muchos clérigos nesçios dávales denidades.[143]
Fazíe verdat mentiras é mentiras verdades.
    Ffazíe muchos clérigos é muchos ordenados,[144]
Muchos monges é mongas,[145] rreligiosos sagrados:
El dinero les dava por byen esaminados;[146]
A los pobres dezían que non eran letrados. *
    Dava muchos juizios, mucha mala sentençia:
Con malos abogados era su mantenençia,[147]
En tener malos pleitos é fer mal' abenençia;[148]
En cabo[149] por dineros avya[150] penitençia.
    El dinero quebranta las cadenas dañosas,
Tyra çepos é grillos,[151] presiones peligrosas;
Al que non da dineros, échanle las esposas:[152]
Por todo el mundo faze cosas maravillosas.
    Vy fazer maravillas a do él mucho usava:
Muchos meresçían muerte, que la vida les dava;

132 tú ya nos paga — satisfy our demands now.
133 premia — oppression, tyranny.
134 pagado — satisfied.
135 enajenado — in another's power, under another's control.
136 ssoltura — freedom.
137 conplado (comprado) — bought.
138 ome de prestar — excellent man, man of worth.
139 Quanto más algo tiene — The more wealth he has.
140 raçión — prebend, stipend.
141 es — Here: there is.
142 omildat (humildad) — humility, humbleness.

143 denidades (dignidades) — dignity, high rank, high office or position.
144 ordenados — ordained, having taken orders.
145 mongas (monjas) — nuns.
146 esaminados (examinados) — Here: qualified.
147 mantenençia — sustenance.
148 abenençia — concord, agreement.
149 en cabo (al cabo) — in the end.
150 avya (había) — there was.
151 Tyra çepos é grillos — It removes stocks (for punishment) and fetters.
152 esposas — handcuffs.

Otros eran syn culpa, que luego los matava:
Muchas almas perdía, muchas almas salvava.

Faze perder al pobre su casa é su vyña;
Sus muebles é rayzes[153] todo lo desalyña,[154]
Por todo el mundo cunde su sarna é su tyña,[155]
Do el dinero juzga, ally el ojo guiña.

El faze cavalleros de neçios aldeanos,
Condes é ricos omes de algunos villanos;
Con el dinero andan todos omes loçanos,[156]
Quantos son en el mundo, le besan oy las manos.

Vy tener al dinero las mayores moradas,
Altas é muy costosas, fermosas é pyntadas,
Castillos, heredades, villas entorreadas:[157]
Al dinero servían é suyas eran conpradas.

Comía muchos manjares de diversas naturas,[158]
Vistía nobles paños, doradas vestiduras,
Traya joyas preçiosas en vyçios é folguras,[159]
Guarnimientos[160] estraños, nobles cavalgaduras.

Yo vy a muchos monges en sus predicaçiones
Denostar[161] al dinero é a sus tenptaçiones;
En cabo, por dyneros otorgan los perdones,
Asuelven[162] los ayunos é fazen oraçiones.

Peroque[163] lo denuestan los monges por las placas,
Guárdanlo en convento en vasos é en taças:
Con el dinero cunplen sus menguas é sus raças:[164]
Más condedijos[165] tienen que tordos nin picaças.

Monges, clérigos é frayres, que aman a Dios servir,
Sy varruntan[166] que el rrico está para morir,
Quando oyen sus dineros, que comiençan rreteñir,[167]
Quál dellos lo levará, comiençan a reñir.

Como quier que los frayres non toman los dineros,
Bien les dan de la çeja[168] do son sus parçioneros;[169]
Luego los toman prestos sus omes despenseros:[170]
Pues que se dizen pobres, ¿qué quieren thessoreros?

Ally están esperando quál avrá el rrico tuero:[171]
Non es muerto é ya dizen pater noster ¡mal agüero!
Como los cuervos al asno, quando le tiran el cuero:
« Cras[172] nos lo levaremos, ca nuestro es por fuero.[173] »

Toda muger del mundo é dueña de alteza
Págase del dinero é de mucha riqueza:
Yo nunca vy fermosa que quisyese pobreza:
Do son muchos dineros, y[174] es mucha nobleza.

El dinero es alcalle[175] é juez mucho loado,
Éste es consejero e sotil abogado,
Alguaçil é meryno,[176] bien ardit,* esforçado:[177]

153 rayzes (raíces) — lands, real estate.
154 desalyña — ruin, thrown into disorder.
155 cunde . . . tyña — spreads its itch and ring worm.
156 loçanos — sprightly, vigorous.
157 entorreadas — with towers.
158 de diversas naturas — of different kinds.
159 vyçios é folguras — pleasure and luxury.
160 guarnimientos — adornments.
161 denostar — revile.
162 asuelven (absuelven) — they absolve.
163 peroque — although.
164 cunplen . . . raças — they make up for their short-comings and faults.

165 condedijos — hiding places.
166 varruntan (barruntan) — they conjecture.
167 rreteñir — jingle.
168 les dan de la çeja — they wink at them.
169 parçioneros — partners, sharers.
170 despenseros — treasurers.
171 tuero — Here: share.
172 cras — tomorrow.
173 por fuero — by law.
174 y (allí) — there.
175 alcalle (alcalde) — mayor.
176 meryno — royal judge.
177 esforçado — energetic.

De todos los ofiçios es muy apoderado.[178]
En suma te lo digo, tómalo tú mejor:
El dinero, del mundo es grand rrebolvedor,[179]
Señor faze del siervo é del siervo señor,
Toda cosa del siglo[180] se faze por su amor.

Por dineros se muda el mundo é su manera,
Toda muger, codiçiosa del algo, es falaguera.[181]
Por joyas é dineros salirá de carrera:
El dinero quiebra peñas, fyende[182] dura madera.

Derrueca fuerte muro é derriba grant torre,
A coyta é a grand priessa[183] el dinero acorre,
Non ha syervo cativo, que'l dinero non l' aforre:[184]
El que non tyene que dar, su cavallo non corre.

Las cosas que son graves fázelas de lygero:
Por ende a tu vieja[185] sé franco é llenero,[186]
Que poco o que mucho, non vaya syn logrero:[187]
Non me pago de juguetes, do non anda dinero.

Aquí dize de cómo fué fablar con doña Endrina el Arçipreste[188]

¡Ay! ¡quán fermosa viene doñ' Endrina por la plaça!
¡Qué talle, qué donaire, qué alto cuello de garça!
¡Qué cabellos, qué boquilla, qué color, qué buenandança![189]
Con saetas d' amor fiere, quando los sus ojos alça.

Pero tal lugar non era para fablar en amores:
A mí luego me vinieron muchos miedos é tenblores,
Los mis pies é las mis manos non eran de sí señores:
Perdí seso, perdí fuerça, mudáronse mis colores.

Unas palabras tenía pensadas por le dezir;
El miedo de las conpañas[190] me façen al departir.[191]
Apenas me conosçía nin sabía por do ir,
Con mi voluntat mis dichos non se podían seguir.

Ffablar con muger en plaça es cosa muy descobierta:
A bezes[192] mal atado el perro tras la puerta.
Bueno es jugar fermoso, echar alguna cobierta:[193]
Ado[194] es lugar seguro, es bien fablar, cosa çierta.

« Señora, la mi sobrina, que en Toledo seya,[195]
Se vos encomienda mucho, mill saludes vos enbía,
Si ovies' lugar é tienpo, por quanto de vos oía,
Deseavos mucho ver é conosçervos querría.

Querían mis parientes cassarme esta saçón
Con una donçella rrica, fija de don Pepión[196]
A todos di por rrespuesta que la non quería, non;
¡D'aquélla será mi cuerpo, que tiene mi coraçón! »

178 apoderado — powerful, with jurisdiction over.
179 rrebolvedor — one who upsets, one who overturns.
180 siglo — world.
181 falaguera — flattering, coaxing.
182 fyende (hiende) — splits.
183 a coyta é a grand priessa — anguish and the press of difficulties.
184 aforre (ahorre) — save, set free.
185 This satire has been spoken to the Archpriest by Don Amor. He now changes subject and continues giving advice on the art of making love. *Vieja* refers here to the go-between he recommended earlier that Ruiz procure for himself.
186 llenero — generous.
187 logrero — usurer.
188 This is one of the scenes paraphrased by Ruiz from the *Pamphilus de amore*.
189 buenandança — gait, way of walking.
190 conpañas (compañeras) — companions (Ruiz refers to the people standing around in the market place where the scene occurs).
191 me ... departir — make me say something else.
192 bezes (veces) — times.
193 This line means that it is a good idea to put on an act and cover up one's real intention.
194 Ado (donde) — where.
195 seya (imperfect of *ser*) — was.
196 fija de don Pepión — rich man's daughter (pepión — old Spanish coin).

Abaxé más la palabra, díxel' qu' en juego fablava.[197]
Porque tod' aquella gente de la plaça nos mirava;
Desde vi que eran idos, que ome y non fincava,
Comencél' dezir mi quexa del amor, que m' afincava . . .[198]

« En el mundo non es cosa, que yo am' a par de vos;
Tienpo es ya pasado de los años más de dos,
Que por vuestr' amor me pena: ámovos más que a Dios.
Non oso poner presona,[199] que lo fable entre nos.

Con la grant pena que paso, vengo vos desir mi quexa:
Vuestro amor é deseo, que m' afinca é m' aquexa,
Non me tira, non me parte, non me suelta, non me dexa:
Tanto me da la muerte, quanto más se me alexa.

Reçelo que non oídes esto que vos he fablado:
Fablar muncho con el sordo es mal seso, mal recabdo;[200]
Creet que vos amo tanto, que non ey[201] mayor cuidado:
Esto sobre todas cosas me traye más afincado.

Señora, yo non me trevo a desirvos más rrasones,
Fasta que me rrespondades a estos pocos sermones;
Desitme vuestro talante,[202] veremos los coraçones. »
Ella dixo: « Vuestros dichos non los preçio dos piñones.[203]

Bien así engañan munchos a otras munchas Endrinas:
El ome es engañoso é engaña sus vesinas;
Non cuydedes que só loca por oír vuestras parlinas;[204]
Buscat a quien engañedes con vuestras falsas espinas. »[205]

Yo le dixe: « ¡Ya,[206] sañuda, anden fermosos trebejos![207]
Son los dedos en las manos, pero non todos parejos;[208]
Todos los omes non somos d' unos fechos nin consejos:
La peña[209] tien' blancos, prietos; pero todos son conejos.

A las vegadas[210] lastan justos por pecadores,
A munchos enpeesçen[211] los ajenos errores,
Fas' mal culpa de malo a buenos é a mejores,[212]
Deven tener la pena a los sus fasedores.[213]

El yerro, que otro fiso, a mí non faga mal;
Avet por bien que vos fable[214] allí so aquel portal:
Non vos vean aquí todos los que andan por la cal,[215]
Aquí vos fablé uno,[216] allí vos fablaré al. »

Pas a paso don Endrina so el portal es entrada,
Bien loçan'[217] é orgullosa, bien mansa é sosegada,
Los ojos baxó por tierra en el poyo asentada;
Yo torné en la mi fabla que tenía començada:

« Escúcheme, señora, la vuestra cortesía
Un poquillo que vos diga del amor é muerte mía:
Cuydades que vos fablo en engaño é folía,[218]
E non sé qué me faga contra vuestra porfía.

A Dios juro, señora, é por aquesta tierra,
Que quanto vos he dicho, de la verdat non yerra;

197 en juego fablava — I was jesting. (This is the dis-
simulation Ruiz spoke of above.)
198 afincar — to torment.
199 presona (persona) — person. (Ruiz does not want
to use a go-between if he can win his suit by himself.)
200 mal recabdo — indiscretion.
201 ey (he) — I have.
202 talante — will, desire.
203 piñones — pine kernels (i.e. worthless).
204 parlinas — speeches.
205 falsas espinas — deceitful thorns.
206 ¡Ya! — Oh!

207 trebejo — play, sport, game.
208 parejos — alike, equal.
209 peña — fur; coat lined with fur.
210 vegadas — times.
211 enpeesçer — to hinder, harm, damage.
212 Read: Culpa de malo fas' mal a buenos é a mejores.
213 fasedores (hacedores) — doers, those who do.
214 Avet . . . fable — Please let me talk to you.
215 cal (calle) — street.
216 uno — one thing.
217 loçan' (lozana) — sprightly.
218 folía — jest, joke.

Estades enfriada más que la nief[219] de la sierra,
E sodes atán moça, que esto me atierra.

Fablo en aventura con la vuestra moçedat:
Cuydades que vos fablo lisonga é vanidat
Non me puedo entender en vuestra chica edat;
Querríades jugar pella, más qu' estar en poridat.[220]

Peroque* sea más noble para plasentería
E para estos juegos edat de mancebía;[221]
la vegedat[222] en seso lieva la mejoría;
A entender las cosas el grant tienpo la[223] guía.

Todas las cosas fase el grant uso entender,
El arte é el uso muestra todo saber;
Sin el uso é arte, ya se va pereçer:
Do se usan los omes puédense conoçer.

Id é venit a la fabla otro día ¡por mesura![224]
Pues que hoy non me creedes o non es mi ventura;
It é venid a la fabla: esa creençia tan dura,
Usando oír mi pena, entendredes mi quexura.[225]

Otorgatme ya, señora, aquesto de buenamiente,[226]
Que vengades otro día a la fabla solamiente:
Yo pensaré en la fabla é sabré vuestro talante;
Al* non oso demandar, vos venir seguramiente.

Por la fabla se conosçen los más de los coraçones:
Entenderé de vos algo, oiredes mis rrasones;
It é venit a la fabla, que mugeres é varones
Por palabras se conosçen, son amigos, conpañones.

Peroque ome non come nin comiença la mançana,
Es la color é la vista alegría palançiana:[227]
Es la fabla é la vista de la dueña tan loçana
Al ome conorte[228] grande, plasentería bien sana. »

Esto dixo doñ' Endrina, esta dueña de prestar:*
« Onrra é non desonrra es cuerdamiente fablar;
Las dueñas é mugeres deven respuesta dar
A qualquier que las fablare o con ellas rrasonar.

Quant' esto a vos otorgo o a otro cualquiere:
Fablat vos, salva mi onrra,[229] quanto fablar quigéredes,[230]
De palabras en juego dirélas si* las oyere;
Non vos consintré engaño, cadaque lo entendiere.

Estar sola con vos sólo, esto yo non lo faría:
Non deve muger estar sola en tal conpañía:
Naçe dende[231] mala fama é mi desonrra sería;
Ante testigos, que veyan,[232] fablarvos he algund día. »

« Señora, por la mesura,* que agora prometedes,
Non sé graçias, que lo valan,[233] quantas vos mereçedes:
A la merced, que agora de palabras fasedes,[234]
Egualar non se podrían ningunas otras merçedes.

219 nief (nieve) — snow.
220 You would rather play ball than talk in secret with a man.
221 mancebía — youth.
222 vegedat (vejez) — old age. (Ruiz means that old age has the advantage over youth in wisdom.)
223 The antecedent of *la* is *vegedat*.
224 por mesura — out of kindness.
225 quexura — complaint.
226 de buenamiente — willingly.
227 palançiana — pleasing. (Even though a man does not eat the apple, the sight of it and its color gives him pleasure.)
228 conorte — comfort, solace.
229 salva mi onrra — protecting my honor; so long as you protect my honor.
230 quigéredes — you wish (an unusual form of the future subjunctive).
231 dende — from it, from that.
232 veyan (vean) — so that they may see.
233 valan (valgan) — are worth.
234 A la merced . . . fasedes — The favor which you have just expressed.

247

Pero yo fío de Dios que aún tienpo verná,[235]
Que, qual es el buen amigo, por obras paresçerá;
Querría fablar; non oso: tengo que[236] vos pesará. »
Ello dixo: « Pues desildo,[237] é veré qué tal será. »
    « Señora, que m' prometades,[238] de lo que d' amor queremos,
Si ovier' lugar é tienpo, quando en uno estemos,[239]
Segund que yo deseo, vos é yo nos abraçemos:
Para vos non pido muncho, ca con esto pasaremos. »
    Esto dixo doñ' Endrina: « Es cosa muy provada
Que por sus besos la dueña finca muy engañada:
Ençendemiento grande pon' abraçar al amada,
Toda muger es vençida, desqu' esta joya es dada.
    Esto yo non vos otorgo, salvo la fabla de mano;[240]
Mi madre verná de misa, quiérom' ir d' aquí tenprano,
Non sospeche contra mí que ando con seso vano;[241]
Tienpo verná que podremos fablarnos este verano. »
    Fuese la mi señora de la fabla, su vía.
Desque yo fuí naçido, nunca vi mejor día,
Solás* tan plasentero é tan grand alegría:
Quísome Dios bien guiar é la ventura mía.

[Unsuccessful in his first attempt to win Doña Endrina, Ruiz now decides to take Don Amor's advice (given him earlier) and seek the aid of his go-between.]

    Busqué Trotaconventos, qual me manda el Amor;
De todas las maestras escogí la mejor;
¡Dios é la mi ventura, que me fué guiador!
Açerté en la tienda del sabio corredor.[242]
    Fallé una tal vieja, qual avía mester,[243]
Artera é maestra é de mucho saber:
Doña Venus por Pánfilo[244] non pudo más facer
De quanto fizo ésta por me facer plazer.
    Era vieja buhona,[245] de las que venden joyas:
Éstas echan el laço,[246] éstas cavan las foyas.[247]
Non ay tales maestras, como éstas viejas Troyas:[248]
Estas dan la maçada:[249] si as orejas, oyas.
    Como lo an de uso estas tales buhonas,
Andan de casa en casa vendiendo muchas donas:[250]
Non se rreguardan[251] dellas; están con las personas,
Ffazen con mucho viento andar las atahonas.[252]
    Desque fué en mi casa esta vieja sabida,
Díxele: « Madre señora, tan bien seades venida:
En vuestras manos pongo mi salud é mi vida;
Si vos non me acorredes, mi vida es perdida.
    Oí dezir de vos mucho bien é aguisado.[253]
De quantos bienes fazedes al que vos viene coytado,
Cómo ha bien é ayuda quien de vos es ayudado:
Por vuestra buena fama he por vos enviado. »

235 verná (vendrá) — will come.
236 tengo que — I think that.
237 desildo (decidlo) — tell it.
238 A lead verb, such as *quiero*, has been suppressed. Translate: I want you to promise me.
239 quando . . . estemos — when we are alone together.
240 la fabla de mano — handshaking.
241 ando . . . vano — I am frivolous.
242 corredor — go-between.
243 aver (haber) mester (menester) — to need.

244 Reference to the goddess of love, Venus, and the protagonist of *Pamphilus de amore*.
245 buhona — woman peddler.
246 laço — snare (for girls).
247 foyas — pits (where the traps are laid).
248 Troyas — procuresses.
249 maçada — blow with a hammer; dan la maçada — do the harm.
250 donas — gifts.
251 rreguardarse — pay attention to.
252 atahonas — mills.
253 aguisado — appropriate, suitable.

(Trotaconventos agrees to help him and goes to Doña Endrina's house.)

Entró la vieja en casa, díxole: Señora fija,
En esa mano bendicha tomat esta sortija;[254]
Si vos non me descobrides, dirévos una pastrija,[255]
Que penssé esta noche. » Poco a poco l' aguija.[256]

Ffija, sienpre vos estades en casa tan ençerrada:
Sola envejeçedes; quered alguna vegada*
Salir é andar en plaça: la vuestra beldat loada
Entre aquestas paredes non vos prestará nada.

En aquesta villa mora muy fermosa mançebía,*
Mançebillos apostados é de mucha loçanía,*
En todas buenas costunbres creçen de cada día,
Nunca ver pudo ome atán buena conpañía.

Muy bien me rresçiben todos en esta mi probedat;[257]
El mejor é el más noble de linaj, é de beldat
Es don Melón de la Huerta,[258] mançebillo de verdat:
A todos los otros sobra en fermosur' é bondat.

Todos quantos en su tienpo en esta tierra nasçieron
En costunbres, en rriquesa tanto com' él non creçieron,
Con los locos fázes'[259] loco, los cuerdos dél bien dixieron,
Manso más que un cordero, pelear nunca lo vieron.

El sabio vençer con seso al loco, non es tan poco:
Con los cuerdos estar cuerdo, con los locos estar loco
El cuerdo non enloqueçe por fablar al roçapoco:[260]
Yo lo piensso 'n mi pandero muchas veçes que lo toco.

Mançebillo en la villa atal non se fallará:
Non astraga[261] lo que gana; mas ante lo guardará.
Creo bien que tal fijo al padre semejará.
En el beserrillo vey ome el buey qué fará . . .[262]

Ome be buena vida é es bien acostunbrado;
Creo que casaría él convusco de grado;
Si vos bien lo sopiésedes, quál es é quán preçiado,
Vos querríades a éste que yo vos he fablado.

(With this and more persuasive talk Trotaconventos persuades Doña Endrina to meet Don Melón.)

De cómo doña Endrina fué a casa de la vieja e el arçipreste acabó lo que quiso

Después fué de Santiago, otro día seguiente,
A ora de medio día, quando yantava[263] la gente,
Vínose doña Endrina con la mi vieja sabiente.
Entró con ella 'n su casa bien asosegadamente.

Como la mi vigisuela[264] m' avía aperçebido,
Non me detove mucho: para allá fui ido.
Fallé la puerta çerrada; mas la vieja bien me vido:
« ¡Yuy!, » diz', « ¿qué es aquello, que faz' aquel rroido?[265]

¿Es ome o es viento?   ¡Creo qu' es ome!   ¡Non miento!
¿Vedes, vedes?   ¡Cóm' otea[266] el pecado carboniento!

254 The ring was probably supposed to have some magic power to aid Trotaconventos in influencing Endrina.
255 pastrija — tale, saying.
256 Poco a poco l' aguija — She leads her on little by little.
257 probedat (pobredad) — poverty.
258 Don Melón de la Huerta is the Archpriest himself.
259 fázes' (hácese) — makes himself (i.e. he adapts himself to all situations).
260 roçapoco — obscure person.
261 astragar — to destroy.
262 beserrillo (becerrillo) — little calf. (One can see in the calf what the ox will do.)
263 yantar — to lunch.
264 vigisuela (vejezuela) — old woman (i.e. Trotaconventos).
265 Trotaconventos pretends to know nothing of Don Melón's arrival.
266 otear — to look at.

¿Es aquél?　　Non es aquél.　　¡Él semeja, yo lo siento!
¡A la fe!　　¡Es don Melón!　　¡Yo lo conosco!　　¡Lo viento![267]
　　Aquella es la su cara é su ojo de beserro:[268]
¡Catat,[269] catat; com' assecha!　　¡Barrúntanos* como perro!
¡Allí rraviará agora!　　¡Non puede tirar el fierro![270]
Mas ¡quebrará las puertas!　　¡Menéalas como çencerro!
　　¡Cierto!　　¡Aquí quier' entrar!　　Mas ¿por qué yo non le fablo?
¡Don Melón!　　¡Tiradvos dende!*　　¿Tróxovos y el diablo?
¡Non quebrantedes mis puertas!, que del abbad de Sant Pablo
Las ove ganado.　　¿Non posistes ay* un clavo?
　　Yo vos abriré la puerta.　　¡Esperat!　　¡Non la quebredes!
E con bien é con sosiego desid si algo queredes;
Luego vos id de mi puerta.　　¡Non vos alhaonedes![271]
¡Entrad mucho en buen' ora!　　Yo veré lo que faredes. »
　　« ¡Señora doña Endrina!　　¡Vos, la mi enamorada![272]
¡Vieja! ¿Por esto teníades a mí la puerta çerrada?
¡Tan buen día es oy éste, que fallé atal çelada![273]
¡Dios é mi buena ventura me la tovieron guardada!

(Trotaconventos invents a pretext to leave the two lovers alone and the Archpriest achieves his purpose although the 32 strophes containing this part of the story are missing from all three of the remaining manuscripts. The episode ends with the following quatrain.)

　　Doñ' Endrina é don Melón en uno casados son:
　　Alégranse las conpañas en las bodas con rrazón.
　　Si villanía he fecho, aya de vos perdón:
　　En lo feo del estoria diz' Pánfilo é Nasón.[274]

Cántica de serrana

　　Cerca la Tablada
La sierra passada,
Falléme con Alda
A la madrugada.
　　Ençima del puerto
Cuidéme ser muerto
De nieve é de frío
E dese ruçío[275]
E de grand' elada[276]
　　A la decida[277]
Di una corrida
fallé una serrana
fermosa, loçana
e bien colorada.
　　Dixe yo a ella
« Omíllome[278] bella. »
Diz': « Tú que bien corres,
aquí non te engorres,[279]
¡anda tu jornada![280]

Yol' dixe: « Frío tengo,
e por eso vengo
a vos, fermosura;
quered por mesura*
oy darme posada. »
　　Díxome la moça:
« Pariente, mi choça
el que en ella posa,
conmigo desposa[281]
o dame soldada. »
　　Yol' dixe: « De grado,
mas soy cassado
aquí en Ferreros;
mas de mis dineros
darvos he, amada. »
　　Diz: Trota conmigo. »
Levóm' consigo
e dióme buena lunbre
como es de costunbre
de sierra nevada.

---

267 ventar — to scent, smell.
268 ojo de beserro — calf's eye (i.e. big and beautiful).
269 catar — to look.
270 Non . . . fierro — He cannot pull the latch.
271 alhaonar (alfaonar) — to sell, betray.
272 This is Don Melón speaking.
273 çelada — thing hidden (in this case, Endrina).
274 Ruiz insists that the ugly part of his story comes from *Pamphilus de amore*. Nasón refers to Publius Ovidius Naso (43 B.C. – 17 A.D.), Latin poet, author of

Ars Amatoria. Pánfilo refers to the protagonist of *Pamphilus de amore*, a work written probably by a twelfth century monk in imitation of Ovid.
275 ruçio (rocío) — dew.
276 elada — chill, frost, ice.
277 decida — descent.
278 Omíllome (me humillo) — I humble myself.
279 engorrarse — to hold back, delay.
280 anda tu jornada — be on your way.
281 desposar — to marry.

Dióm' pan de centeno,
tiznado, moreno;
e dióm' vino malo,
ágrillo[282] e ralo,
e carne salada.

Dióm' queso de cabras.
« Fidalgo, » diz', « abras
ese blaço,[283] e toma
un canto de soma[284]
que tengo guardada. »

Diz': « Huésped, almuerça,
e bebe e esfuerza,
caliéntate e paga;
de mal nos'[285] te faga
fasta la tornada.

Quien dones me diere,
cuales yo pediere,
avrá bien de cena
e lechiga[286] buena,
que nol' coste nada. »

« Vos, que eso dezides,
¿por qué non pedides
la cosa certera? »
Ella diz': « Maguera,[287]
¿e sim' será dada?

Pues dam' una cinta
bermeja, bien tinta,
e buena camisa,
fecha a mi guisa
con su collarada.[288]

Et dam' buenas sartas
de estaño e fartas,[289]
et dame halía[290]
be buena valía,
pelleja delgada.

Et dam' buena toca
listada de cota[291]
et dame çapatas
de cuello bien altas
de pieça labrada.[292]

Con aquestas joyas,
quiero que lo oyas,
serás bien venido,
serás mi marido
e yo tu velada. »[293]

« Serrana señora,
tanto algo agora

non trax'[294] por ventura,
mas faré fiadura[295]
para la tornada. »[296]

Díxome la heda:[297]
« Do non hay moneda
non hay merchandía,
nin hay tan buen día,
nin cara pagada.*

Non hay mercadero
bueno sin dinero
e yo non me pago
del que non da algo
nin le dó posada.

Nunca de omenage.
pagan ostalaje.[298]
Por dineros faze
ome cuanto plaze:
cosa es probada. »

Cantar de çiegos

Xristianos de Dios amigos,
A estos çiegos mendigos
Con meajas e bodigos[299]
Queretnos acorrer
E queret por Dios faser.

Si de vos non lo avemos,
Otro algo non tenemos,
Con que nos desayunar:
Non lo podemos ganar
Con estos cuerpos lasrados,
Çiegos, pobres e cuytados.

Datnos vuestra caridat,
Guárdevos la claridat
De los vuestros ojos Dios,
Por quien lo fasedes vos;
Goso e plaser veades
De fijos que mucho amades.

Nunca veades pesar,
Déxevos Dios los criar
O ser arçidianos;
Sean rricos, sean sanos,
Non les dé Dios çeguedat,
Guárdelos de pobredat.

Déles mucho pan e vino,
Que dé al pobre mesquino,
Déles algos e dineros,
Que dé a pobres rromeros,

282 ágrillo (agrio) — sour.
283 blaço (brazo) — arm.
284 canto de soma — crust of black bread.
285 Read: no se. Several instances of this apocopation (*nos'*) occur below.
286 lechiga — couch.
287 maguera — really? (an interjection indicating doubt).
288 collarada — yoke.
289 sartas . . . fartas — a string full of tin beads.
290 halía — jewel.
291 listada de cota — with a border like a bodice.
292 pieça labrada — tooled leather.
293 velada — bride.
294 non trax' (traje) — I did not bring.
295 fiadura — promise.
296 tornada — return.
297 heda — ugly one.
298 ostalaje — lodging.
299 meajas — small coins, mites; bodigos — bits of bread, crumbs.

Déles paños e vestidos,
Que dé a çiegos tollidos.[300]
　Las vuestras fijas amadas
Veádeslas bien casadas
Con maridos cavalleros
E con onrrados pecheros,[301]
Con mercadores corteses
E con rricos burgeses.[302]
　Los vuestros suegros e suegras,
Los vuestros yernos e nueras,
Los vivos e los finados
De Dios sean perdonados.
　A vos dé buen galardón,
De los pecados perdón.
El Ángel esta ofrenda
En las sus manos la prenda.
Señor, oy'[303] a pecadores,
Por los nuestros bienfechores.
　Tú rresçibe esta canción
E oye nuestra oración,
Que nos, pobres, te rrogamos
Por quien nos dió que comamos,
E por el que dar lo quiso,
Dios, que por nos muerte priso,
Vos dé santo Parayso.
Amén

Pero López de Ayala, 1332–1407 (pp. 279–
81)

Pero López de Ayala, a native of Álava,
dominated Spanish poetry in the second half
of the fourteenth century. He was a man of the
Middle Ages, but he foreshadowed the Renaissance and has been called Spain's first
humanist. He was the first Basque writer of
importance, was related to kings,[1] and lived
through the reigns of five different monarchs.
He held many important posts in the government both at home and abroad, fought in
wars, was twice taken prisoner, and culminated his career by being named *Canciller
Mayor* of Castile by Enrique III in 1398.
Despite his involvement in politics and war,
López de Ayala found time to write the best
history of his day and to compose the *Rimado
de palacio*, a long satirico-didactic poem upon
which his reputation as a poet rests. Taken
prisoner by the Portuguese after the battle of
Aljubarrota, he was kept in an iron cage for
fifteen months before being ransomed by his
wife and the kings of Spain and France for the
sum of thirty thousand *doblas de oro*. During
this enforced leisure, the poet wrote a large
part of his poetry.

López de Ayala knew the dissolute age in
which he lived as well as any man and was
distressed by its deception, venality, greed,
dishonesty, irresponsibility, injustice, vice,
and crime. Indignant at the sins and weaknesses which corrupted society, he attacked
them, insisting upon moral and ethical values
in human relationships and rejecting conduct
which abandoned the common virtues of justice, mercy, fair play, honesty, and temperance.
The *Rimado del palacio*, in effect a long
sermon, is his denunciation of society's failures and his correctives based on the Christian religion. The poem is a heterogeneous
mixture of assorted topics mostly written in
cuaderna vía though the poet uses various
other meters, particularly in his more lyrical
moments. Compared to the *Libro de buen
amor* with its indulgent attitude toward human
foibles, the *Rimado* has not been popular
reading, and Menéndez y Pelayo calls it
áspera y difícil. Nevertheless it reflects the age
which gave it birth and its dullness is relieved
by quite interesting satirical and lyrical highlights.

The first 190 stanzas are López de Ayala's
personal confession of his own sins and short-
comings. He opens with a prayer for guidance
and help in composing his book and then
presents disquisitions on the ten commandments, the seven mortal sins, the seven works
of mercy, the five senses, and the seven spiritual works. With stanza 191 he gets to his
main purpose and begins his attack on the
Popes, the schism of the Church (which greatly
concerned him), and the high and low clergy.
He fearlessly indicts them all. He then takes
up the behavior and the duties of kings,
privados, *validos*, and all those responsible for
the governing of the realm. Next to come
under his scrutiny are the merchants and the
lawyers, and the poems dedicated to them are
two of the best of the entire work.

In addition to the poetry of the *Rimado*,
López de Ayala composed some verses in *arte
mayor* meter which appeared in the *Cancionero
de Baena*.

---

300 tollidos — poor (from whom everything has been
taken).
301 pechero — taxpayer.
302 burgeses (burgueses) — citizens.

303 oy' (oye) — hear, listen to.

1 Fernando *el Católico* descended from a sister of
López de Ayala.

Aquí comiença de los mercadores

Pues, ¿qué de los mercadores aquí podrán desir?
Si tienen tal ofiçio para poder fallir,[2]
Jurar e perjurar, en todo siempre mentir,
Olvidan Dios e alma, nunca cuidan morir.

En sus mercadurías han mucha confusión,
A mentira e a engaño e a mala confesión,
Dios les quiera valer o ayan su perdón,
Que quanto ellos non dexan dar quinta por bordón.[3]

Una ves pidrán[4] çinqüenta doblas por un paño.
Si vieren que estades duro o entendedes vuestro daño,
Dis:[5] « Por treinta vos lo do, » mas nunca él cumpla el año,
Si non le costó quarenta ayer de un ome estraño.

Dis: « Yo tengo escarlatas[6] de Brujas e de Mellinas,[7]
Veinte años ha que nunca fueron en esta tierra tan finas: »
Dis: « Tomadlas vos, señor, antes que unas mis sobrinas
Las lieven de mi casa, que son por ellas caninas. »[8]

« Si vos tenedes dineros, sinon tomar he plata,
Ca en mi tienda fallaredes toda buena barata. »
El cuytado que lo cree e una vez con él se ata,
A través yase caído si delante non se cata.

Non se tienen por contentos por una vez se doblar
Su dinero, mas tres tanto lo quieren amuchiguar:[9]
Dis: « Somos en perigos por la tierra o por mar,
Ca nos fase agora el rey otros diesmos[10] pagar. »

Las varas e las medidas, Dios sabe quales serán,
Una mostrarán luenga[11] e con otra medirán;
Todo es mercaduría, non entienden que en esto han
Ellos pecado ninguno, pues que siempre así lo dan.

Si son cosas que a peso ellos ayan de vender,
Que pesen más sus cosas sus artes van faser.[12]
En otros pesos, sus almas lo avrán de padesçer,
Si Dios por la su graçia non los quiere defender.

En la vieja ley[13] defiende esto nuestro Señor,
Nunca ternás[14] dos pesos, uno pequeño otro mayor:
Si de otra guisa[15] lo fases yo seré corregidor,
E con saña muy grande tornaré por tal error.

Si quisieres aver plazo el presçio les doblarás:
Lo que davan por cinqüenta, çiento les pagarás:
Desto luego buen recabdo[16] con ellos obligarás,
E si el día pasare intereses les otorgarás.

Aun fasen otro engaño al cuitado comprador,
Muéstranle de una cosa e danle de otra peor,
E disen en la primera, « Desto vos mostré, señor, »
Si non, él nunca vaya velar a Rocamador.[17]

---

2 fallir — to deceive.
3 dar quinta por bordón — to pass a thing off as something else. *Quinta* and *bordón* are musical terms which mean *fifth* (note in the scale) and *bass* respectively.
4 pidrán (pedirán) — they will ask.
5 Dis (dice) — he says.
6 escarlatas — fine red colored cloth.
7 Brujas and Mellinas were cities famous for fine cloth.
8 caninas — hungry, eager.
9 amuchiguar — to increase, multiply.
10 diesmos (diezmos) — Here: taxes.
11 luenga — long.

12 Read: Sus artes van a hacer que pesen más sus cosas.
13 vieja ley — Old Testament.
14 ternás (tendrás) — you will have.
15 guisa — way, manner.
16 recabdo — Here: account.
17 Rocamadour was a Languedocian sanctuary, a very popular pilgrimage point in the Middle Ages. One of its shrines contains the famous Black Virgin supposedly carved by Zaccheus, the Publican converted by Jesus. Zaccheus was said to have come to this part of France as a missionary and was later known as Saint Amadour. The town is named after him.

Fasen escuras sus tiendas e poca lumbre les dan,
Por Brujas muestran Ypré e por Mellinas Roán,[18]
Los paños violetes bermejos parescerán,
Al contar de los dineros las finiestras abrirán.

Segunt que en el Evangelio de nuestro Señor paresçe,
El que quiere fazer mal siempre la luz aborresçe;
e pues quien tinieblas ama verlas siempre meresçe,
e con el cabdillo de ellas[19] el tal pecador peresçe.

Por males de nuestros pecados la cobdiçia es ya tanta,
Que de faser tales obras ninguno non se espanta,
Nin saben do mora Dios, nin aun santo nin santa,
Mas bien paga el escote[20] quien en tales bodas canta.

Asaz veo de perigos en todos nuestros estados,
De qualquier guisa que sean aun son ocasionados,[21]
Prestos de mal faser o del bien muy arredrados,[22]
En que pecan los muy simples e peresçen los letrados.[23]

Aquí comiença de los letrados

Si quisieres parar mientes como pasan los dotores,[24]
Maguer[25] han mucha sçiencia, mucho caen en errores,
Ca en el dinero tienen todos sus finos amores,
El alma han olvidado, della han pocos dolores.

Si quisieres sobre un pleito con ellos aver consejo,
pónense solepnemente e luego abaxan el cejo;
dizen: « Grant cuistión es ésta e grant trajabo sobejo:[26]
el pleito será luengo, ca atañe[27] a todo el concejo.

Yo pienso que podría aquí algo ayudar,
tomando grant trabajo en mis libros estudiar,
mas todos mis negocios me conviene dexar
e solamente en aqueste vuestro pleito estudiar. »

E delante el cuitado sus libros manda traer,
veredes Decretales, Clementinas[28] robolver,
e dize: « ¡Veinte capítulos fallo para vos empecer,[29]
e non fallo más de uno con que vos pueda acorrer! »

« Creed, » dize, « amigo, que vuestro pleito es muy escuro,
ca es punto de derecho, si lo ha en el mundo, duro;
mas si tomo vuestra carga e yo vos aseguro,
fazed cuenta que tenedes las espaldas en buen muro.

Pero non vos enojedes si el pleito se alongare,
Ca non podrían los términos menos se abreviare,
Veremos qué vos piden o qué quieren demandare,
Ca como ellos tromparen[30] así convien dançare.

Yo so un bachiller en leyes e decretales,
Pocos ha en este regno tan buenos nin atales,
Esto aprendí pasando yo muchos males,
E gastando en las escuelas muchas doblas e reales.

Heredat de mi padre toda la fiz vender,
Por continuar el estudio e algunt bien aprender;

18 Brujas, Ypré, Mellinas, and Roán were all cities but here indicate kinds of cloth.
19 cabdillo de ellas — the devil (i.e. chief of darkness).
20 escote — share.
21 ocasionados — perilous.
22 arredrados — terrified.
23 letrados — lawyers.
24 dotores — educated men.

25 maguer — although.
26 grant . . . sobejo — a great deal of work, excessive work.
27 atañe a — it pertains to.
28 Decretales — Pontifical Decisions; Clementinas — Texts of canon law.
29 empecer — to harm.
30 tromparen — they play (music).

Finqué ende[31] muy pobre del mueble e del aver,[32]
E con esta sçiençia me convien de mantener.

Yo non quiero conbusco algunt presçio tajado,[33]
como yo razonare, así me faredes pagado;
mas tengo un buen libro en la villa empeñado,
vos traedme veinte doblas o por ellas buen recabdo. »

« Señor, » dize el cuitado, « cométenme pleitesía[34]
que me dexe deste pleito e darme han una cuantía[35]
e cuanto[36] mi muger en este consejo sería,
e a mí en confesión así mandan cada día. »

« Sería grant vergüença, » le dize el bachiller,
« que podiendo vos algún tiempo lo vuestro defender,
sin provar vuestros derechos o lo que puede ser,
así baldíamente[37] vos ayades a vencer. »[38]

Los pleitos en sus comienços todos atales son:
quien lo cuida tener malo después falla opinión
de algunt dotor famado que sosterná su razón,
e passando así el tiempo nasce otra conclusión . . .

Con estas tales razones el pleito se comiença,
e pone en su abogado su fe e su creençia,
nin quiere pleitesía nin ninguna avenençia,
e comiença el bachiller a mostrar la su sçiençia . . .

Dura el pleito un año, más non pudo durar:
el cabdal[39] del cuitado ya se va rematar;
cada mes algo le pide, e a él conviene dar,
véndese de su casa los paños e el axuar.[40]

Pasado es ya el tiempo e el pleito segudido,[41]
e el cuitado finca dende condenado e vencido.
Dize el abogado: « Por cierto yo fuí fallido,[42]
que en los primeros días non lo ove concluido.

Mas tomadvos buen esfuerço e non dedes por esto nada,
que aun vos finca ante el rey de tomar la vuestra alçada,[43]
e dadme vuestra mula que aquí tenedes folgada,[44]
¡ante de veinte días la sentencia es revocada!

Pues lo al[45] aventurastes, non vos deve de doler
lo que aquí despendierdes de todo vuestro aver;
e veremos los letrados, cómo fueron entender
las leyes, que este pleito así lo ovieron a vencer. »

No ha qué diga el cuitado, ca non tiene coraçón,
prometióle de dar la mula por seguir la apelación;
después dize el bachiller: « Prestadme vuestro mantón,
ca el tiempo es muy frío, non muera por ocasión.[46]

De buscarme mill reales vos devedes acuciar,[47]
ca en esto vos va agora el caer o el levantar;
si Dios e los sus santos nos quieren ayudar,
non ha leyes que vos puedan nin sus glosas dañar. »

---

31 Finqué ende — From this I remained.
32 pobre . . . aver — poor in both goods and money.
33 presçio tajado — fixed fee.
34 cométenme pleitesía — they are offering me a set-
tlement.
35 cuantía — quantity (of money).
36 cuanto (en cuanto a) — Here: since, inasmuch as.
37 baldíamente — Here: without a struggle.
38 vos ayades a vencer — you should be beat (in the
suit).

39 cabdal (caudal) — wealth, resources, money.
40 axuar (ajuar) — furniture.
41 segudido (seguido) — Here: goes on, continues.
42 fallido — wrong, in error.
43 alçada — appeal.
44 folgada — idle.
45 lo al — the rest (of his money).
46 por ocasión — by accident.
47 acuciar — seek diligently, try hard.

El cuitado finca pobre, mas el bachiller se va,
si non es nesçio o pataco,[48] nunca más le perderá.
Así pasa, mal pecado, e pasó e pasará:
quien me creer quisiere de tal se guardará.

López de Ayala continues his probing of society's ills as he attacks war, the lax administration of justice, landlords, marriages, city officials *(regidores)*, scribes, and all public officials who want to get rich in a day. In stanza 422 he speaks of the affairs of the palace *(fechos del palaçio)*, the section from which the poem takes its name. Here he tells the story of a vassal of the king who, absent for a time from the court, returns to learn that his faction has fallen from favor. The king turns his back on him, refusing to recognize him. To collect his salary which is three months in arrears, the vassal is sent from pillar to post and is finally advised to sell his interest in order to get a little something. The portrait of corruption, irresponsibility, and incompetence goes on as Ayala traces life at court. He shows the self-interest of the courtiers, the desire for gain, and the suffering of the people. He then sets forth the requisites for good government as he seems to end his poem, but in reality it is less than half finished. Amador de los Ríos believes that this part of the poem (up to stanza 706) was written before the imprisonment in Portugal, and that the rest of the poem, containing several fine lyric pieces and a long portion based on the life of Job and the writings of Saint Gregory, is not closely related to it. This second part has, in fact, been designated as a separate work.

Beginning with stanza 707 is one of Ayala's most quoted lyrics.

Cantar

Señor, si tú has dada[49]
tu sentencia contra mí,
por merced te pido aquí
que me sea revocada.

Tú, Señor, tienes judgado[50] por tu alta
[providencia,

que, emendando el pecado, se mude la tu
[sentencia:
por ende con penitencia e voluntad
[quebrantada,
he mi vida ordenada, por cumplir lo que fallí.
Señor, si tú has dada
tu sentencia contra mí,
por merced te pido aquí
que me sea revocada.
Con tu ayuda, Señor, e de la Señora mía,
podré yo muy pecador emendarme todavía;
e tu servicio sería en cobrar esta vegada,
una oveja muy errada, que en el yermo me
[perdí:
Señor, si tú has dada
tu sentencia contra mí,
por merced te pido aquí
que me sea revocada.
Non sea yo desechado de la tu merced muy
[grande,
e a siervo tan errado con saña non le demande,
e con cruesa[51] non ande por juizio la tu spada,[52]
e séame otorgada piedat si fallescí:[53]
Señor, si tú has dada
tu sentencia contra mí,
por merced te pido aquí
que me sea revocada.

Cantar[54]

Tristura e grant cuidado
son conmigo todavía,
pues plaser e alegría
así man desanparado.[55]
Así man desanparado
sin los nunca mereçer,
ca siempre amé plaser,
de alegría fui pagado.[56]
E agora por mi pecado
contra mí tomaron saña,
en esta tierra estraña
me dejaron olvidado.
La tristura e grant cuidado
son conmigo todavía,

---

48 pataco — bumpkin.
49 Ayala uses *dada* here to rhyme with *revocada*. Modern Spanish would use *dado*.
50 judgado (juzgado) — judged.
51 cruesa (cruedad) — cruelty.
52 spada (espada) — sword.
53 fallesçí — I erred.
54 This *Cantar* also occurs as the imprisoned poet turns aside from satire and in lyrical verses seeks solace and

help through religion. These short songs stand between the two main divisions of the poem.
55 man desanparado (me han desamparado) — have abandoned me.
56 pagado — content, satisfied. The verse from here is *cantiga de maestría*, used by both Juan Ruiz and López de Ayala in a number of different combinations. Here: *abba:acca:adda.* Each stanza begins with the last line of a preceding stanza.

pues plaser e alegría
así man desanparado.

Dexáronme olvidado
en una prisión escura,
de cuidado e tristura
me fallaron muy penado,
pues me vieron apartado,
nunca se parten de mí,
desde entonçe fasta aquí
dellos ando acompañado.
La tristura e grant cuidado
son comigo todavía,
pues plaser e alegría
así man desanparado.

Dellos ando aconpañado
en mi triste coraçón,
sienpre e en toda sasón
lo tienen muy bien guardado;
e veo que a su grado
de mí non se partirán,
e conmigo morarán
en cuanto fuere cuitado.
La tristura e grant cuidado
son comigo todavía,
pues plaser e alegría
así man desanparado.

Marqués de Santillana, 1398–1458 (pp. 283–84)

Don Iñigo López de Mendoza, Marqués de Santillana, was a medieval baron who maintained both a private army and a private library. These two possessions say much about the kind of life he lived, for not only was he involved in the great political struggles of his day which culminated in the execution of his enemy, Don Álvaro de Luna, but he was also a leading literary and cultural figure who helped, as a pre-Humanist, to sow the seeds of the Renaissance in Spain. Although he had a rather broad acquaintance with the writers of Classical Antiquity, his knowledge was not firsthand, for he was weak in the reading of Latin and Greek. Consequently, he encouraged the translating of such writers into Spanish and made important works available in the language of the people. He admired the French poets, absorbed many elements of the Provençal school of courtly poetry, but frankly stated that he preferred the Italians. He especially liked Dante's use of visions and allegory and Petrarch's love sonnets. Inheriting from his own national past the strong didactic and doctrinal strain descended from the days of Alfonso X, *el Sabio*, he also knew the popular

folk poetry of his nation and employed elements of it in his poetry. He read Galician-Portuguese in his early youth and recalls that when he was a "pequeño moço" he handled a songbook in the possession of his grandmother, Doña Mencia de Cisneros. He knew something of the Catalan poets and took pleasure in quoting them. As might be expected, his own literary output, which was quite extensive, was affected by all these influences.

Don Iñigo's most important prose piece was a letter written to Dom Pedro, *condestable de Portugal*, as an introduction to a collection of the Marqués' *dezires e canciones*. The *Prohemio e carta*, as the preface was called, contains the Marqués' defense and evaluation of poetry as well as an appraisal of many poets. Here he says that poetry is "un zelo celeste, una afección divina, un insaciable cibo del ánimo: el qual, así commo la materia busca la forma e lo inperfecto la perfección, nunca esta sciencia de poesía e gaya sciencia buscaron nin se fallaron sinon en los ánimos gentiles, claros ingenios e elevados espíritus. ¿E qué cosa es la poesía, que en nuestro vulgar gaya sciencia llamamos, sino un fingimiento de cosas útiles, cubiertas o veladas con muy fermosa cobertura, conpuestas, distinguidas y scandidas por cierto cuento, peso e medida?" Also in the *Prohemio* the Marqués mentions many native and foreign poets who had preceded him or were his contemporaries and in many cases gives a brief critical evaluation. Curiously he does not mention Spanish epic poetry, but names poets of the Bible, of Greece, Italy, France, Galicia, Spain, and Catalonia. His ideas concerning the purpose and the composition of poetry are still much quoted today.

Although his poetic works have been classified in several different ways, for our purposes we shall divide them into three categories: (1) allegorical-erudite; (2) doctrinal-didactic-political; and (3) lyric. The allegorical-erudite poems are the longest compositions and are strongly influenced by the Italian style. Here Santillana employs all his classical learning and uses a technique and language similar to that of Juan de Mena. Among the important poems in this category is the *Comedieta de Ponza*, written after the naval battle off the Mediterranean island of Ponza in which Alfonso V of Aragón and his two brothers, Juan, King of Navarre, and Enrique, Maestre de Santiago, were taken prisoner by the Genoese. In this poem the author has a vision in which the mother and wives of the captives plead with Boccaccio to write of their sorrow. Though the mother dies after a recital of her troubles, Fortune predicts the release and future glory of the three brothers. Santillana claimed that there were only three different types of writing: tragedy, satire, and comedy. Though his poem deals with serious matters he called it *comedieta* because it ended happily.

The *Infierno de los enamorados*, based on the *Divina Commedia*, takes the poet on a magical trip to the abode of lovers where he sees their suffering as celebrated pairs pass before him. The *Defunción de don Enrique de Villena* was inspired by the death of his good friend and is an allegorical complaint against Fortune. Many other titles belong to this group of allegorical and narrative *dezires*, among them *Querella de amor*, *La Coronación de Mosén Jordi*, and *Triunphete de amor*.

The doctrinal-didactic-political group includes three important titles. The famous *Proverbios* or *Centiloquio*, one hundred rhymed proverbs, were written at the request of Juan II for the education of his twelve-year-old son, Enrique. *Bías contra Fortuna* was written to console his cousin, the Conde de Alba, who had been imprisoned by Álvaro de Luna. Bías, one of the seven wise philosophers of Greece, represents in the poem stoic imperturbability in the face of adversity as Santillana presents the fifteenth century's best exposition of stoicism. *Doctrinal de privados* is a denunciation of the favorite, Álvaro de Luna, written shortly after the latter's death to point out the dangers in favoritism for the king and the realm.

Santillana's lyric production, which includes *canciones*, *dezires*, *villancicos sonetos*, and *serranillas*, appeals to the modern reader and represents Santillana's most inspired creation. He was, of course, not always inspired and some of his lighter pieces, particularly those on the love theme, are ordinary and undistinguished. He was the first to write sonnets in Spanish (though this claim has been disputed). Although he may not have been a perfect craftsman of this difficult form, of the forty-two he wrote, some have depth of feeling and thought worthy of the best sonneteers. His

serranillas are the best of their kind and reveal an extraordinary delicacy and charm as Santillana combines elements of Galician-Portuguese, Provençal, and native folk poetry with a mild strain of malice. These lyrics are his best loved poems and those in which his true poetic genius is most clearly evident. Because of its freshness and simplicity, its grace and lightness of touch, its true poetic feeling and universal appeal, the lyric poetry of the Marqués has kept his reputation alive through the centuries.

Bías contra Fortuna[1]

BÍAS

> ¿Qué es lo que piensas, Fortuna?
> ¿Tú me piensas molestar,
> o me piensas espantar,
> bien como a niño de cuna?

FORTUNA

> ¡Cómo! ¿E piensas tú que non?
> Verlo has.

BÍAS

> Faz lo que fazer podrás,
> ca yo vivo por razón.

FORTUNA

> ¿Cómo entiendes en defensa?
> ¿O puédeslo presumir,
> o me cuidas resistir?

BÍAS

> Sí: ca non te fago ofensa.

FORTUNA

> Sojudgados sois a mí
> los humanos.

BÍAS

> Non son los varones magnos,
> nin curan punto de ti.

FORTUNA

> ¿Puedes tú ser exemido
> de la mi juredicçión?

BÍAS

> Sí: que non he devoción
> a ningund bien enfingido.
> Gloria o triunpho mundano
> non lo atiendo:
> en sola virtud entiendo,
> la qual es bien soberano.

· · · · · · · ·

1 This moralistic poem of 180 stanzas is a dialogue between Bías and Fortune. It is preceded by a prose " Prohemio del Marqués al Conde de Alva " in which the author stresses his faith in the life of virtue and introduces Bías as a model to follow. He summarizes his theme with a Latin quote: *Omnia mea bona mecum porto* (All that I have that is good I carry with me), supposedly spoken by Bías as he escaped his burning house. Santillana then gives a list of maxims for the virtuous life and for withstanding with patience the troubles and suffering of the world.

FORTUNA

> Tu casa será tomada,
> non dubdes, de llano en llano,
> e metida a sacamano.²

BÍAS

> Tomen: que non me da nada.
> Mas será de cobdiçioso
> quien tomare
> ropa, do non la fallare:
> pobredad es grand reposo.

. . . .

FORTUNA

> Huéspeda muy enojosa
> es la continua pobreza.

BÍAS

> Si yo non busco riqueza,
> non me será trabajosa.

FORTUNA

> Fácil es de lo dezir.

BÍAS

> E de fazer
> a quien se quiere abstener,
> e le plaze bien vivir.

FORTUNA

> Los ricos mucho bien fazen,
> e aquéllos que mucho tienen
> a muchos pobres sostienen,
> dan e prestan e complazen.
> Ca si juntas son riqueza
> e caridad,
> dan perfeçión e bondad
> e resplandor e franqueza.³

. . . .

> Las riquezas son de amar;
> ca sin ellas grandes cosas
> maníficas nin famosas
> non se pueden acabar.
> Por ellas son ensalçados
> los señores,
> príncipes e emperadores,
> e sus fechos memorados.
> E por ellas fabricados
> son los templos venerables
> e las moradas notables,
> e los pueblos son murados.
> Los solemnes sacrifiçios
> çessarían;

> nin sin ellas se farían
> larguezas nin benefiçios.

BÍAS

> Essas edeficaçiones,
> ricos templos, torres, muros,
> ¿serán o fueron seguros
> de las tus persecuçiones?

FORTUNA

> Sí, serán, ¿e quién lo dubda?

BÍAS

> Yo que veo
> el contrario, e non lo creo,
> nin es sabio quien lo cuda.⁴
>> ¿Qué es de Nínive,⁵ Fortuna?
> ¿Qué es de Thebas? ¿Qué es de Athenas?
> De sus murallas e almenas,
> que non paresçe ninguna.
> ¿Qué es de Tyro e de Sidón
> e Babilonia?
> ¿Qué fué de Laçedemonia?
> Ca si fueron, ya non son.

. . . .

FORTUNA

> Dexa ya los generales
> antiguos, e agenos daños,
> que passaron ha mill años;
> e llora tus propios males.

BÍAS

> Lloren los que procuraron
> los honores,
> e sientan los sus dolores;
> pues tienen lo que buscaron.

. . . .

> Yo soy fecho bien andante,
> ca de poco soy contento,
> el qual he por fundamento,
> çimiento firme, constante.
> E pues sé que lo que basta
> es assaz,⁶
> yo quiero conmigo paz,
> pues quien más tiene, más gasta.

(Fortune tells Bías that his city will be captured by a tyrant and his house will be burned. He will live in poverty and his wife and children will suffer. She threatens him with exile, imprisonment, and blindness. Bías is confident, however, that Fortune can be conquered by the person who adjusts his life

---

2 metida a sacamano — robbed.
3 franqueza — generosity.
4 cuda (cuida) — thinks (poetic license for the rhyme with *dubda*).
5 Santillana employs here the popular medieval *ubi sunt* motif as Bías inquires about great cities of the past which have either disappeared or lost their importance. Nínive — Ninevah; one of the ancient capitals of the Assyrian Empire. Thebas — Thebes, the Greek name

of the ancient capital of Upper Egypt. Athenas — Athens, capital of Greece. Tyro — Tyre; Sidón — Sidon, both important cities in ancient Phoenicia. Babilonia — Babylonia, an ancient empire of the Middle East. Laçedemonia — Lacedaemon, in historical times an alternative name of Laconia, the southeastern district of the Peloponnese of which Sparta was the capital.
6 assaz — sufficient, enough.

to reason and he is unshaken and undaunted. He recites the short-lived blessings she has bestowed on figures of the past as he continues to defy her. She threatens him with death.)

FORTUNA

E por todos los dolores,
dolençias e enfermedades
e de quantas calidades
descrivieron los actores
en toda la mediçina,
pasarás.

BÍAS

¿Moriré?

FORTUNA

Sí, morirás.

BÍAS

Fazlo ya.

FORTUNA

No tan aína[7] . . .

BÍAS

Nin pienses tan mal armado
tú me falles de paçiençia
a toda grave dolençia,
que venga en qualquier estado;
si non me fallaría dino
de mi nombre,
si non me fallasses honbre,
e batallador contino . . .[8]

¡O Fortuna! ¿Tú me quieres
con muerte fazer temor,
que es tan leve dolor
que ya vimos que mugeres,
fartas de ti, la quisieron
por partido?
Mira lo que fizo Dido,[9]
e otras que la siguieron . . .

Pues si la tal eligieron
por mejor los feminiles
ánimos, di, los viriles
¿qué farán? Lo que fizieron
muchos otros: resçebirla
con paçiençia
sin punto de resistençia,
e oso dezir, pedirla . . .

Ca si mal partido fuera
yo non te lo demandara,
nin creas vuelva la cara
porque digas: ¡Muera, muera!

Mas sea muy bien venida
tal señora;
ca quien su venida llora,
poco sabe desta vida.

(Bías gives an account of his life. He studied the liberal arts, natural philosophy, and ethics. He fought for his fatherland, but only to gain peace. He accepted the governorship of his land gladly so he might rule by reason. He was just to all, honored the « antiguas madres, » protected widows and orphans, took no bribes, paid no attention to powerful men, and then finally gave up worldly glories and pomp.)

FORTUNA

Di, ¿non temes las escuras
grutas o bocas de Averno?[10]
¿Non terresçes[11] el infierno
e sus lóbregas fonduras?
¿Non terresçes los terrores
terresçientes?[12]
¿Non terresçes los temientes
e temorosos temores?
Di, ¿non temes los bramidos
de la entrada tenebrosa,
nin de la selva espantosa
los sus canes e ladridos?

BÍAS

Temer se deven las cosas
que han poder
de nuçir[13] e mal fazer:
otras non son pavorosas.

(Bías tells Fortune that he will take the path that will lead him to the "verdes e fértiles prados, do son los campos rosados eliseos, do todos buenos deseos dizen que son acabados." After describing this pagan paradise where there is no disease, all is beauty and life is pleasant with flowering fields, hunting, and the pursuit of noble arts, Santillana mentions another abode, which as a Christian he could not omit.)

BÍAS

Mas a la nuestra morada,
do las ánimas benditas
tienen sus sillas conscritas,
más de lueñe[14] es la jornada:[15]
que son los çelestes senos

---

7 aína — quickly, soon.
8 contino (continuo) — continuous, steady.
9 Dido, princess of Tyre, stabbed herself to avoid an unwanted marriage with Iarbas, King of the Libyans. In Virgil's *Aeneid*, Aeneas visits Carthage and falls in love with Dido. When he leaves in obedience to orders of the gods, Dido kills herself.

10 Averno — Avernus, a lake supposedly at the entrance to Hades; hence, the infernal regions.
11 terresçer — to be afraid of, to fear.
12 ¿Non terresçes los terrores terresçientes? — Are you not afraid of the horrifying terrors?
13 nuçir — to harm.
14 de lueñe (de lejos) — Here: distant.
15 jornada — Here: journey.

gloriosos,
do triunphan los virtuosos
e buenos en todos genos.[16]
   Este camino será
aquél que faré yo, Bías,
en mis postrimeros días,
si te plaze o pesará,
a las bienaventuranças;
do cantando
viviré, siempre goçando,
do çessan todas mudanças.

Fin e conclusión

   Yo me cuido con razón,
mera justiçia e derecho,
averte por satisfecho:
a así fago conclusión,
e sin vergüença ninguna
tornaré
al nuestro tema, e diré:
¿Qué es lo que piensas, Fortuna?

Comedieta de Ponza[17]

   ¡Benditos aquéllos que con el açada
sustentan su vida e viven contentos,
e de quando en quando conosçen morada
e sufren paçientes las lluvias e vientos!
Ca éstos no temen los sus movimientos,
nin saben las cosas del tiempo passado,
nin de las presentes se fazen cuidado,
nin las venideras dó han nasçimientos.
   ¡Benditos aquéllos que siguen las fieras
con las gruesas redes e canes ardidos,[18]
e saben las trochas[19] e las delanteras
e fieren del arco en tiempos devidos!
Ca éstos por saña non son conmovidos
nin vana cobdiçia los tiene subjetos;
nin quieren tesoros, nin sienten defetos,[20]
nin turban temores sus libres sentidos.
   ¡Benditos aquéllos que quando las flores
se muestran al mundo resçiben[21] las aves,
e fuyen las pompas e vanos honores,
e ledos escuchan sus cantos suaves!
¡Benditos aquéllos que en pequeñas naves
siguen los pescados con pobres traínas!
Ca éstos non temen las lides marinas,
nin çierra sobre ellos Fortuna sus llaves.

Proverbios

I

Fijo mío, mucho amado,
  para mientes,
e non contrastes las gentes
  mal su grado:[22]
ama e serás amado,
  e podrás
fazer lo que non farás
  desamado.

V

O fijo, sey amoroso,
  e non esquivo;[23]
ca Dios desama al altivo
  desdeñoso.
Del iniquo e maliçioso
  non aprehendas;[24]
ca sus obras son contiendas
  sin reposo.

VI

E sea la tu respuesta
  muy graçiosa:
non terca nin soberbiosa,[25]
  mas honesta.
¡O fijo! ¡Quán poco cuesta
  bien hablar!
E sobrado amenaçar
  poco presta.

XVI

El comienço de salud
  es el saber
distinguir e conosçer
  quál es virtud.
Quien comiença en juventud
  a bien obrar,
señal es de non errar
  en senetud.

LXXIV

Las riquezas temporales
  presto fuyen,
e cresçen e disminuyen
  los caudales.

---

16 genos (géneros) — kinds (from Latin *genus*.)
17 This is the most extensive and most successful of Santillana's allegorical narratives. It consists of 120 stanzas of *arte mayor*. The poem opens with a warning of the fickleness of Fortune and how even royalty is not exempt from her rule: " Mirad los imperios e casas reales e cómo Fortuna es superiora. " The mother and wives of the captive kings protest against Fortune and then Doña Caterina, wife of Enrique de Aragón, speaks of the tranquility of the rustic life, the excerpt given here. It is the best known portion of the poem and according to Menéndez y Pelayo is based on Horace's *Beatus ille*.
18 canes ardidos — smart dogs.
19 trochas — trails.
20 defetos (defectos) — defects (i.e. they do not feel the effects of poverty).
21 resçiben — receive.
22 mal su grado — against their will.
23 esquivo — elusive, cold.
24 aprehendas (aprendas) — learn.
25 soberbiosa (soberbia) — arrogant, haughty.

261

Busca los bienes morales,
    ca son muros
firmes, fuertes e seguros
    inmortales.

C

Pues di: ¿por qué temeremos
    esta muerte,
como sea buena suerte,
    si creemos
que, passándola, seremos
    en reposo
en el templo glorioso,
    que atendemos?

Soneto III

Oy, ¿qué diré de ti, triste hemisferio,
o patria mía, que veo del todo
ir todas cosas ultra[26] el recto modo,
donde[27] se espera inmenso laçerio?
¡Tu gloria e laude tornó vituperio
e la tu clara fama en escureça!
Por çierto, España, muerta es tu nobleça,
e tus loores tornados hazerio.[28]
    ¿Dó es la fe?   ¿Dó es la caridad?
¿Dó la esperança? ca por çierto ausentes
son de las tus regiones e partidas.
    ¿Dó es justiçia, templança, egualdad,
prudençia e fortaleça?   ¿Son presentes?
Por cierto non: que lejos son fuídas.

Soneto IX[29]

Non es el rayo de Febo[30] luciente,
nin los filos de Arabia[31] más fermosos
que los vuestros cabellos luminosos,
nin gema de estupaça[32] tan fulgente.
    Eran ligados de un verdor placiente
e flores de jazmín, que los ornaba;
e su perfecta belleza mostraba
cual viva flama[33] o estrella de Oriente.

Loó mi lengua, maguer[34] sea indina,[35]
aquel buen punto que primero ví
la vuestra imagen e forma divina,
tal como perla e claro rubí,
e vuestra vista társica[36] e benina,
a cuyo esguarde[37] e merçed me di.

Soneto XVIII

Lexos de vos e çerca de cuidado,
pobre de goço e rico de tristeça,[38]
fallido de reposo e abastado
de mortal pena, congoxa e braveça;
    desnudo de esperança e abrigado
de inmensa cuita e visto de aspereça,
la mi vida me fuye, mal mi grado,
la muerte me persigue sin pereça.
    Nin son bastantes a satisfazer
la sed ardiente de mi grand deseo
Tajo[39] al presente, nin me socorrer
    la enferma Guadiana, nin lo creo:
solo Guadalquevir tiene poder
de me guarir e sólo aquél deseo.

Villancico[40]

Por una gentil floresta
de lindas flores e rosas,
vide tres damas fermosas
que de amores han reqüesta.[41]
    Yo, con voluntad muy presta,
me llegué a conosçellas;
començó la una de ellas
esta canción tan honesta:
    « Aguardan a mí:
    nunca tales guardas vi. »

Por mirar su fermosura
destas tres gentiles damas,
yo cobríme con las ramas,
metíme so la verdura.
La otra con grand tristura

---

26 ultra — against, counter to.
27 donde — Here: from which.
28 hazerio — misfortune.
29 This sonnet is preceded by the following explanation: " En este nono soneto el actor [author] muestra cómo un día de una grand fiesta vió a la señora suya en cabello [hatless], e diçe ser los cabellos suyos muy rubios e de la color de la estupaça, que es una piedra que ha la color como de oro. Diçe así mesmo que los premía [holds it in place] una verdor plaçiente e flores de jaçmines: quiso deçir que la crespina [hairnet] suya era de seda verde e de perlas. "
30 Febo — Phoebus, one of the names of Apollo, the sun god.
31 filos de Arabia — the golden threads of Arabia; a very popular figure of speech in the sixteenth century, used here in imitation of Petrarch.
32 See footnote 29.
33 flama (llama) — flame.
34 maguer — although, even though.
35 indina (indigna) — unworthy (cf. benina in line 13).
36 társica — from Tarsus. (The implication is that women of Tarsus had beautiful eyes.)
37 esguarde — expression (of the eyes), look. (The word involves the expression of an emotion with the eyes.)
38 The antitheses which begin this easily memorized sonnet have made it a favorite. They are representative of Santillana's poetic knack.
39 The Tajo, Guadiana, and Guadalquivir are rivers of Spain.
40 The full title is: " Villancico fecho por el Marqués de Santillana a unas tres fijas suyas. " At the end of each strophe the poet cleverly works in an old estribillo from popular poetry which sums up the state of mind of each girl and, in the end, the melancholy fate of the poet-father.
41 reqüesta (recuesta) — search.

començó de sospirar
e dezir este cantar
con muy honesta mesura:
   « La niña que amores ha,
   sola ¿cómo dormirá?

   Por non les fazer turbança[42]
non quise ir más adelante.
A las que con ordenança
cantavan tan consonante,
la otra con buen semblante
dixo: « Señoras de estado,
pues las dos avéis cantado,
a mí conviene que cante:
   « Dejadlo al villano pene;
   véngueme Dios delle. »

Desque ya ovieron cantado
estas señoras que digo,
yo salí desconsolado,
como ome sin abrigo.
Ellas dixeron: « Amigo,
non sois vos el que buscamos
mas cantad, pues que cantamos: »
   « Sospirando iva la niña
   e non por mí,
   que yo bien se lo entendí. »

Serranilla

   Después que nací
   non vi tal serrana
   como esta mañana.
      Allá en la vegüela[43]
   a Mata el Espino,[44]
   en esse camino
   que va a Loçoyuela,
   de guisa la vi
   que me fizo gana
   la fructa temprana.
      Garnacha[45] traía
   de oro, presada[46]
   con broncha[47] dorada,
   que bien reluzía.
   A ella volví
   diziendo: « Loçana,
   ¿e sois vos villana? »
      « Sí, soy, cavallero;
   si por mí lo avedes,
   dezid, qué queredes?
   Fablad verdadero. »

Yo le dixe así:
« Juro por Santana
que non sois villana. »

Serranilla

   Moça tan fermosa
   non vi en la frontera
   como una vaquera
   de la Finojosa.
      Faziendo la vía[48]
   del Calatraveño
   a Sancta María,
   vençido del sueño
   por tierra fragosa
   perdí la carrera,
   do vi la vaquera
   de la Finojosa.
      En un verde prado
   de rosas e flores,
   guardando ganado
   con otros pastores,
   la vi tan graçiosa
   que apenas creyera
   que fuesse vaquera
   de la Finojosa.
      Non creo las rosas
   de la primavera
   sean tan fermosas
   nin de tal manera,
   fablando sin glosa,
   si antes supiera
   de aquella vaquera
   de la Finojosa.
      Non tanto mirara
   su mucha beldad,
   porque me dejara
   en mi libertad.
   Mas dixe: « Donosa
   (por saber quién era),
   ¿dónde es la vaquera
   de la Finojosa?
      Bien como riendo
   dixo: « Bien vengades;
   que ya bien entiendo
   lo que demandades:
   non es deseosa
   de amar, nin lo espera
   aquessa vaquera
   de la Finojosa. »

---

42 Por . . . turbança — In order not to disturb them.
43 vegüela — small plain.
44 Santillana uses many authentic place names in his serranillas which impart to them an air of reality. Those appearing here are Mata el Espino, Loçoyuela, Finojosa, Calatraveño, Sancta María, Bores, Lama, Frama, and Espinama.
45 garnacha — long robe-like garment reaching to the feet.
46 presada — fastened.
47 broncha (broche) — clasp, brooch.
48 Faziendo la vía — Traveling the road.

LYRIC
POETRY

Serranilla

> Moçuela de Bores,
> allá do la Lama,
> púsome en amores.
>
> Cuidé que olvidado
> amor me tenía,
> como quien se avía
> grand tiempo dexado
> de tales dolores,
> que más que la llama
> queman amadores.
>
> Mas vi la fermosa
> de buen continente,
> la cara plaziente,
> fresca como rosa,
> de tales colores
> qual nunca vi dama
> nin otra, señores.
>
> Por lo qual: « Señora
> (le dixe), en verdad
> la vuestra beldad
> saldrá desde agora
> dentre[49] estos alcores,
> pues meresce fama
> de grandes loores. »
>
> Dixo: « Cavallero,
> tiradvos afuera:
> dexad la vaquera
> passar al otero;
> ca dos labradores
> me piden de Frama,
> entrambos pastores. »
> « Señora, pastor
> seré si queredes:
> mandarme podedes,
> como a servidor:
> mayores dulçores
> será a mí la brama[50]
> que oír ruiseñores. »
> Así concluimos
> el nuestro processo
> sin fazer excesso,
> e nos avenimos.
> E fueron las flores
> de cabe[51] Espinama
> los encubridores.

Juan de Mena, 1411–56 (pp. 284–86)

Juan de Mena was one of Spain's foremost poets, and his best work is the long poem, *El laberinto de Fortuna*. Written in 1444 but not printed until 1496, this poem is widely regard-

49 dentre (de entre) — from among.
50 brama (bramido) — cry (of animals).

ed as the best long poetic production of the fifteenth century. It is also known as *Las trescientas* since that is the number of stanzas the poem consisted of when Mena finished it (though his original version contained but 297). The story is told, however, that King Juan II, to whom Mena was extraordinarily devoted and loyal and whom he served as Latin secretary and historian, ordered the poet to continue writing until his work should have 365 stanzas. Fitzmaurice-Kelly, in accord with an attitude toward Mena which prevailed some seventy years ago, surmised that the king used the poem as a soporific and wanted a stanza for each night of the year, but it is doubtful that Mena ever complied with that request. The early editions of the poem (Sevilla, 1496, 1499; Granada, 1505) show three more stanzas added to bring the total up to three hundred, and these may have been composed by Mena. The Zaragoza edition of 1509 includes twenty-four more stanzas, but these were probably not written by Mena since they speak badly of Juan II, a thing Mena would never have done, and contain certain uncharacteristic usages. Modern scholarship accepts the 297 stanzas as printed by Foulché-Delbosc as the authentic form.

Menéndez y Pelayo took a dim view of Mena's *culto* prose style and judged him very severely. As a prosist, he said, Mena was "de lo peor de su tiempo," and elsewhere he exclaimed, "¡Y a tal hombre ha podido suponérsele autor de la prosa del primer acto de la Celestina!" Hurtado and Palencia stated bluntly: "Es mal prosista." Fitzmaurice-Kelly called him "the worst prose-writer in all Castilian literature." These harsh judgements, repeated for many years, have recently been revised and tempered by a new appreciation of Mena's prose style. Rosa Lida de Malkiel has suggested that the picturesque exoticism of the prologue to Mena's *Homero romançado*, a brief prose rendering of the *Iliad* which impressed his detractors so unfavorably, is more palatable to the taste of our day than to that of a critic anterior to Modernism, as was Menéndez y Pelayo. Valbuena also agrees that such evaluations of Mena as a prosist must be rectified, and he finds that Mena is to be praised for having attempted to create an elevated prose style and for having actually produced a poetic prose within the limitations of the language of his time. Mena's total out-

51 cabe — near.

put is small, considering that he devoted his life to letters, and his prose works of importance number only two: *Homero romançado* and the *Comentario* to his *Coronación*, a long poem in which he eulogizes his friend, the Marqués de Santillana, whom he sees (in a vision) crowned on Mount Parnassus among the greatest of bards.

Several of Mena's short lyrics appear in Baena's collection. The themes are mostly life and death caused by love and lingering thoughts of the beloved in the poet's mind. These lighter pieces show Mena to be very much in tune with his times, though they surpass most other *cancionero* poetry in their musicality and perfection of form.

As an artisan, Mena is best known for his efforts to create a poetic language apart from that used for ordinary matters. In this he continued the tradition of his fellow-Cordoban, the Latin poet Lucano (39–65), whom he greatly admired. Employing most of the techniques of the *cultistas*, Mena was the first Spanish poet to strive conscientiously for such effects in poetry and helped prepare for the culminating work of a third Cordoban, Luis de Góngora. Blecua says: "Son estos dos cordobeses los únicos que han puesto su afán en la creación de un lenguaje poético, cuyos resultados son prematuros en Mena, pero definitivos en don Luis." Because of the mythological allusions and certain obscurities of style, the modern reader may find the *Laberinto* a bit tedious, but there are inspired moments when the poetry rushes along with epic grandeur and technical brillance. The three best episodes concern the death of the Conde de Niebla, the lament of Lorenzo Dávalos' mother, and the prediction of Álvaro de Luna's death by a witch from Valladolid.

Juan de Mena, admired by King Juan II and Prince Dom Pedro of Portugal, counted among his friends the Marqués de Santillana, Gómez Manrique, Guillén de Segovia, Enrique de Villena, and other writers. Juan de Lucena called him "príncipe de la poesía" and Cervantes referred to him in the *Quijote* as "aquel gran poeta cordobés." There are two versions of his death in Torrelaguna. One states that he died of a "rabioso dolor de costado" (appendicitis?), and the other that he fell from a mule and was dragged.

In the *Laberinto* Mena employed *arte mayor*, a meter which consists generally of twelve-syllable lines divided into two six-syllable hemistichs with a stress on the second and fifth syllable of each hemistich. There are, however, many variations in the syllable count and stress. The most popular stanza is an octave composed of two interlocking *cuartetos*: ABBA:ACCA, though here, too, there is some variety. Some idea of Mena's versatility with this meter may be given by Foulché-Delbosc's count of forty different kinds of lines. By far the commonest line, however, is one accented as follows: "suplico me digas de donde veniste."

Mena was one of the best-read men of his day and his erudition is evident in the *Laberinto*. His principal sources were Ovid, Vergil, Lucano, San Anselmo, Vicente de Beauvais, and Dante; but he was familiar with many others, including Seneca, Sallust, Pliny, Lucas de Tuy, Thomas Aquinas, Justinian, and Aristotle.

El laberinto de Fortuna

In the opening stanzas of the *Laberinto*, Mena complains of Fortune's fickleness and asks to see the palace where her wheel is. He is miraculously transported (in a vision, of course) to Fortune's abode. There Providence, in the form of a beautiful girl, appears to escort him.

In the palace he sees three wheels, two stationary ones representing the past and the future and one in motion representing the present, for Fortune's control is felt only in the present. Each wheel is divided into seven circles or enclosures named after the seven planets. The poem from this point follows these seven divisions and as the poet passes from one to another he see figures of famous (or notorious) persons of the past. Often at the end of a section Mena exhorts Juan II to correct any human misdemeanors he has seen. The first circle is that of the Moon, abode of the chaste and just. Second is Mercury, home of the wicked, traitors and the like. Third is Venus where sensual sin, illicit love, and unnatural acts are punished. Fourth is Phoebus, dwelling place of philosophers, historians, orators, and poets. The fifth is Mars, home of heroes who died for the fatherland. Here occur the three outstanding episodes of the poem, the first of which concerns the Conde de Niebla, Don Enrique de Guzmán, who died trying to take Gibraltar.

Guzmán planned to approach the enemy from the sea while his son approached by land. Providence explains to the poet what he sees.

« Aquél que en la barca pareçe assentado,
vestido de engaño[1] de las bravas ondas,
en aguas crueles ya más que non fondas
con una grand gente en la mar anegado,
es el valiente, non bien fortunado,
muy virtuoso, perínclito conde
de Niebla, que todos sabéis bien adonde
dió fin, al día del curso fadado[2] . . . »

As the ships prepare to leave, the Captain of
the fleet warns the Count that the signs are
against them and tells him of the bad omens
he has observed.

« Ca he visto, dize, señor, nuevos yerros
la noche passada fazer las planetas,
con crines tendidas arder las cometas,
dar nueva lunbre las armas e fierros,
cridar[3] sin feridas los canes e perros,
triste presagio fazer de peleas
las aves noturnas e las funereas[4]
por los collados, alturas, e çerros.

Vi que las gúminas[5] gruessas quebravan
quando las áncoras quis levantar;
e vi las entenas[6] por medio quebrar,
aunque los cárbasos[7] non desplegavan;
los másteles fuertes en calma temblavan;
los flacos triquetes[8] con la su mezana[9]
vi levantarse de non buena gana
quando los vientos se nos convidavan . . . »

El conde, que nunca de las abusiones[10]
creyera, nin menos de tales señales,
dixo: « Non pruevo por muy naturales,
maestro,[11] ninguna de aquestas razones:
las que me dizes nin bien perfeçiones
nin veras prenósticas son de verdad,
non los indiçios de la tenpestad
non vemos fuera de sus opiniones . . .

Desplega las velas, pues ¿ya qué tardamos?
e los de los bancos levanten los remos,
a vueltas del viento mejor que perdemos,
non los agüeros, los fechos sigamos;
pues una enpresa tan santa levamos,
que más non podría ser otra ninguna,

presuma de vos e de mí la Fortuna,
non que nos fuerça, mas que la forçamos. »

Tales palabras el conde dezía,
que obedeçieron el su mandamiento,
e dieron las velas infladas al viento
non padeçiendo tardança la vía;
segund la Fortuna lo ya disponía,
llegaron açerca de la fuerte villa[12]
el conde con toda la rica quadrilla
que por el agua su flota seguía. . . .

El conde e los suyos tomaron la tierra
que era entre el agua y el borde del muro,
lugar con menguante[13] seco e seguro,
mas la creciente[14] del todo lo çierra;
quien llega más tarde presume que yerra,
la pavesada[15] ya junta sus alas,
levantan los troços,[16] creçen las escalas,
creçen las artes mañosas de guerra.

Los moros sintiendo creçer los engaños,
veyéndose todos çercados por artes
e conbatidos por tantas de partes,
allí socorrieron do ivan más daños:
e con necessarios dolores estraños,
resiste su saña las fuerças agenas,
botan los cantos desde las almenas,
e lançan los otros que non son tamaños . . .

Allí desparavan lonbardas e truenos,[17]
e los trabucos[18] tiravan ya luego
piedras e dardos e fachas de fuego
con que fazían los nuestros ser menos;
algunos de moros tenidos por buenos
lançan temblando las sus azagayas,[19]
passan las lindes, palenques, e rayas,[20]
doblando sus fuerças con miedos agenos.

. . . .

Fizieron las vozes al conde a desora
volver la su barca contra las saetas
e contra las armas de los macometas,[21]
ca fué de temor piedad vençedora;[22]
avía Fortuna dispuesto la ora,
e como los suyos comiençan a entrar,
la barca con todos se ovo anegar,
de peso tamaño non sostenedora.

Los míseros cuerpos ya non respiravan,
mas so las aguas andavan ocultos,

1 vestido de engaño (embestido con engaño) — treach-
erously attacked.
2 fadado (hadado) — fateful.
3 cridar — to howl (from Latin *quiritare*).
4 funereas (fúnebres) — sinister.
5 gúminas (gúmenas) — big ropes.
6 entenas (antenas) — yard arms.
7 cárbasos — sails (of a linen cloth called *cárbaso*).
8 triquetes (trinquetes) — small sails, foresails.
9 mezana — medium size sail, mizzen.
10 abusiones — superstitions, omens.
11 maestro — Here: captain.
12 fuerte villa — stronghold (Here: Gibraltar).

13 menguante — low tide.
14 creciente — full tide, rising tide.
15 pavesada (empavesada) — armor made of thick
nets and cloth for defense.
16 troços (tróceos) — parrels (devices used to secure
the boom of the mizzen sail to its mast).
17 lonbardas e truenos — lombards and cannons.
18 trabucos — catapults.
19 azagayas — spears.
20 lindes e rayas — limits; palenque — battlefield.
21 macometas (mahometanos) — Mohammedans (i.e.
the Moors).
22 Read: ca piedad fué vençedora de temor.

dando e trayendo mortales singultos[23]
de agua, la ora que más anelavan;[24]
las vidas de todos assí litigavan,[25]
que aguas entravan do almas salían:
la pérfida entrada las aguas querían,
la dura salida las almas negavan.

O piedad fuera de medida,
o ínclito conde, quisiste tan fuerte
tomar con los tuyos enantes[26] la muerte
que non con tu fijo gozar de la vida;
si fe a mis versos es atribuída,
jamás[27] la tu fama, jamás la tu gloria
darán a los siglos eterna memoria;
será muchas vezes tu muerte plañida.[28]

Providence points out to the poet a few
other heroes, such as Juan de Mayorga, Diego
de Ribera, Rodrigo de Perea, Pedro de Nar-
váez, and Juan de Merlo. Each worthy is
compared to some hero of antiquity. Then in
seven stanzas Mena brilliantly portrays the
grief of the mother of Lorenzo Dávalos (sometimes written de Àvalos), grandson of Ruy
López Dávalos, condestable of Castilla.
Lorenzo was wounded in the head during a
battle, taken prisoner, and died shortly thereafter in Escalona.

Aquél que allí vees al çerco travado,[29]
que quiere subir e se falla en el aire,
mostrando su rostro robado donaire
por dos desonestas feridas[30] llagado,
aquél es el Dávalos mal fortunado,
aquél es el linpio mançebo Lorenço,
que fizo en un día su fin, e comienço,
aquél es el que era de todos amado;
el mucho querido del señor infante,
que sienpre le fuera señor como padre;
el mucho llorado de la triste madre,
que muerto ver pudo tal fijo delante.
O dura Fortuna, cruel tribulante,[31]
por ti se le pierden al mundo dos cosas:
la vida, e las lágrimas tan piadosas
que ponen dolores de espada tajante.
Bien se mostrava ser madre en el duelo
que fizo la triste, despúes ya que vido
el cuerpo en las andas sangriento tendido
de aquél que criara con tanto reçelo:
ofende con dichos crueles el çielo

con nuevos dolores su flaca salud,
e tantas angustias roban su virtud,
que cae por fuerça la triste en el suelo.

E rasga con uñas crueles su cara,
fiere sus pechos con mesura poca,
besando a su fijo la su fría boca,
maldize las manos de quien lo matara,
madize la guerra do se començara,
busca con ira crueles querellas,
niega a sí mesma reparo de aquéllas,
e tal como muerta biviendo se para.

Dezía, llorando con lengua raviosa:
« O matador de mi fijo cruel,
mataras a mí, dexaras a él,
que fuera enemiga non tan porfiosa;
fuera la madre muy más dina cosa
para quien mata levar menor cargo,
e non te mostraras e él tan amargo,
nin triste dexaras a mí querellosa.

Si antes la muerte me fuera ya dada,
çerrara mis ojos con estas sus manos
mi fijo, delante de los sus ermanos,
e yo non muriera más de una vegada:[32]
assí morré[33] muchas, desaventurada,
que sola padesco lavar sus feridas
con lágrimas tristes e non gradeçidas,
maguer que[34] lloradas por madre cuitada. »
Assí lamentava la pía matrona
al fijo querido que muerto tú viste,
faziéndole ençima senblante de triste,
segund al que pare faze la leona;
¿pues dónde podría pensar la persona
los daños que causa la triste demanda
de la discordia del reino que anda,
donde non gana ninguno corona?

The sixth circle is that of Jupiter, seat of
kings and princes. After naming a few kings of
antiquity Mena urges Juan II to rule with
justice. The seventh order is that of Saturn,
abode of those who govern the land, such as
Álvaro de Luna. The episode with the witch
(maga) of Valladolid occurs here, stanzas
241–67.
In the last few strophes, Providence predicts a brilliant future for Juan II: « Será rey
de reyes, señor de señores." After this pro-
phesy, Providence disappears and when the
poet tries to embrace her he hugs his own

---

23 singultos — blows, stertors.
24 anelavan (anhelaban) — they longed for.
25 litigavan — contended, struggled.
26 enantes ... que — rather than.
27 In Mena's poetry jamás means always.
28 plañida — lamented, bewailed.
29 al çerco travado — clinging to the wheel (implying
that he was striving for recognition and fame but failed).
30 The wounds are called deshonestas because, accord-

ing to an explanation by el Brocense, who was an early
commentator on Mena, they were not gained in war
against the Moors but in civil war. The same commentator also suggests that they deformed his handsome
face.
31 tribulante — one who afflicts or gives tribulation.
32 vegada — time.
33 morré (moriré) — I shall die.
34 maguer que — although.

shoulders. The wheels and all other parts of the vision disappear. Mena ends the *Laberinto* then with the hope that Juan II may achieve a resounding victory over the Moors and be revered by all his people.

Two of Mena's short poems follow to give some idea of his style and content in this type of lyric.

Xoler[35]

¿Qué es el cuerpo sin sentido
que concierta nuestras vidas
sin vivir?
Muévese sin ser movido,
hace cosas muy sentidas
sin sentir.
Éste nunca está dormido,
mas siempre mide medidas
sin medir;
tiene el seso tan perdido
que él mismo se da heridas
sin herir.

Vuestros ojos

Vuestros ojos que miraron
con tan discreto mirar,
firieron e no dexaron
en mí nada por matar.
Y aun ellos no contentos
de mi persona vencida,
dan a mí tales tormentos
que me tormenta la vida;
después que me sojuzgaron
e no con poco pensar,
firieron e no dexaron
en mí nada por matar.

Jorge Manrique, 1440 ?–79 (pp. 286–87)

Jorge Manrique's reputation as a leading Spanish poet rests upon one poem, *Las coplas por la muerte de su padre*, forty stanzas of *coplas de pie quebrado*, written probably about a year before the author's death. This meter, which Manrique used in other compositions, consists of stanzas of eight- and four-syllable lines rhymed as follows: ABcABcDEfDEf. Every third line is of four syllables and is called the *pie quebrado* (*pie* — verse). Manrique's poem achieved popularity immediately and has maintained it for nearly five centuries. The first edition, which contained forty-two

stanzas, was printed along with other poems in Zaragoza in 1492 in a volume entitled *Vita Christi*. It was reissued again in 1495 and went through at least eight editions in the sixteenth century. No general anthology of Spanish poetry is printed without it. It has been glossed, imitated, and commented on many times by writers of succeeding generations, among them Lope de Vega (who said it deserved to be written in letters of gold), Juan de Mariana, Quintana, Martínez de la Rosa, Espronceda, Rubén Darío, Azorín, Antonio Machado, and Pedro Salinas. Longfellow, who rendered it into English, felt the poem was "the most beautiful moral poem in the Spanish language," a "model of its kind," and praised it as solemn, dignified, beautiful, and majestic. The *Coplas* were set to music by Luis Venegas de Henestrosa in 1577 in his *Libro de cifra nueva para tecla, harpa y vihuela*. Menéndez y Pelayo understood the poem's charm and said: "si hay en la literatura del siglo XV un nombre y una composición que hayan resistido a todo cambio de gusto y vivan en la memoria de doctos e indoctos, son sin duda el nombre de Jorge Manrique y las *Coplas* que compuso a la muerte de su padre." Augusto Cortina, who collected all of Manrique's poetry for the first time in his *Jorge Manrique, Cancionero*, insists that the poet suddenly rose above the mediocre verses he had previously written and composed "la poesía más célebre de la lengua castellana." Such eulogies could be multiplied many times, but let these suffice to indicate the lasting beauties of the poem.

Jorge Manrique was the fourth son of a grandee of Spain, Don Rodrigo Manrique, Count of Paredes, Lord of Belmontejo, and Maestre de Santiago. After a splendid career in politics and twenty-four military victories, the septuagenarian Don Rodrigo died in Ocaña of what Cortina calls "una úlcera cancerosa que le consumió el rostro en pocos días." For his victories he was called *Vigilantísimo* and *Segundo Cid*. The death of this famous man prompted Jorge to write in his immortal poem simple but expressive universal truths in a highly impressive manner. The poet identifies his own grief with man's suffering in general and philosophizes on basic questions of human existence and the life hereafter. Manrique, a Christian, expressed his belief in the immortality of the soul and

---

35 The title of this poem is RELOX, spelled backwards. This type of rhymed riddle is typical of the

Cancionero de Baena, in which some of Mena's poems appeared.

the rewards in Heaven for a good life on earth. His poem is both quiet and triumphant, affirmative and meditative. He reveals something of the didacticism of the Middle Ages in his comments on the vanities of life, but also something of the Renaissance in his respect for life on earth, human greatness, and in his admiration of worldly fame. His poem falls into three divisions, in the first of which he presents a number of philosophical questions and urges his fellowmen to consider the transitory nature of worldly things. Secondly he develops the popular medieval *ubi sunt* motif. The third part concerns his father's life and death and ends in an interesting dialogue between Don Rodrigo and Death.[1] Manrique's principal sources for the *Coplas* are: (1) the Bible; (2) Gómez Manrique, his uncle; (3) Alfonso *el Sabio*; (4) the *Danza de la Muerte*; (5) the Marqués de Santillana; and (6) Juan de Mena.

Jorge's name first appears in the chronicles in 1471 when he was appointed to membership in the Order of Santiago by Prince Alfonso. In 1474, on the occasion of his father's election to Maestre de Santiago, Jorge was elected Trece.[2] Like the rest of his family, Jorge was a strong partisan of Isabel *la Católica* and aided her in protecting her throne against the supporters of la Beltraneja. In 1475 he fought against her enemy, the Marqués de Villena, and took part the following year in the siege of the stronghold of Uclés. In an attack on Baeza in 1477 he was taken prisoner. In 1479 he died a soldier's death, described by Hernando del Pulgar: "Se metió con tanta osadía entre los enemigos que por no ser visto de los suyos para que fuera socorrido, le firieron de muchos golpes y murió peleando cerca de las puertas del castillo donde acaeció aquella pelea." A sixteenth century ballad by Alonso de Fuentes relates that the dead hero "fué llorado por todos" and that in reprisal six prisoners were hanged. Rades de Andrade recounts that two *coplas de pie quebrado* which lament the miseries of life were found on Manrique's body after his death. Their authenticity, however, is doubtful.

Manrique wrote forty-nine short poems, typical of the *cancionero* poetry, which would not distinguish him from other average poets of his day. These pieces conform to the principal poetic interests of the age — namely love with influences from the Galician-Portuguese school; allegory, influenced by Dante and the Italians; and the jocular or burlesque. He had a fondness for acrostics and wrote two in which he expressed his love for Doña Guiomar, his sweetheart and later his wife.

Coplas de don Jorge Manrique por la muerte de su padre

Recuerde el alma dormida
avive el seso e despierte
contemplando
cómo se pasa la vida
cómo se viene la muerte
tan callando,
quán presto se va el plazer,
cómo, después de acordado,
da dolor;
cómo, a nuestro parescer,
qualquiera tiempo passado
fué mejor.

Pues si vemos lo presente
cómo en un punto se es ido
e acabado,
si juzgamos sabiamente,
daremos lo non venido
por passado.
Non se engañe nadie, no
pensando que a de durar[3]
lo que espera
más que duró lo que vió,
pues que todo a de passar
por tal manera.

Nuestras vidas son los ríos
que van a dar en la mar,
que es el morir;
allí van los señoríos
derechos a se acabar
e consumir;
allí los ríos caudales,
allí los otros medianos
e más chicos,
allegados[4] son iguales
los que viven por sus manos
e los ricos.

1 An alternative division would be: (1) philosophic introduction on the transitory nature of things, (2) *ubi sunt* theme, (3) figures of famous men, (4) Rodrigo Manrique.
2 A *Trece* in the Order of Santiago was one of thirteen top officers who were empowered to elect, depose, and advise the *Maestre*.
3 a de durar (ha de durar) — will last, is to last.
4 allegados — having arrived.

Dexo las invocaciones
de los famosos poetas
y oradores;[5]
non curo de sus ficciones,
que trahen yervas secretas[6]
sus sabores;
　　Aquél[7] sólo me encomiendo,
Aquél sólo invoco yo
de verdad,
que en este mundo viviendo,
el mundo non conoció[8]
su deidad.

　　Este mundo es el camino
para el otro, que es morada
sin pesar;
mas cumple tener buen tino
para andar esta jornada
sin errar;
　　partimos quando nascemos,
andamos mientras vivimos,
y llegamos
al tiempo que feneçemos;
assí que quando morimos
descansamos.

　　Este mundo bueno fué
si bien usásemos dél
como debemos,
porque, según nuestra fe,
es para ganar aquél
que atendemos.
　　Aun aquel fijo de Dios
para subirnos al cielo
descendió
a nascer acá entre nos,
y a vivir en este suelo
do murió.

　　Ved de quán poco valor
son las cosas tras que andamos
y corremos,
que, en este mundo traydor,
aun primero que muramos
las perdemos.
　　Dellas[9] deshace la edad,
dellas casos desastrados
que acaecen,

dellas, por su calidad,
en los más altos estados
desfallecen.

　　Dezidme: La hermosura,
la gentil frescura y tez
de la cara,
la color e la blancura,
quando viene la vejez,
¿cuál se para?[10]
　　Las mañas e ligereza
e la fuerça corporal
de juventud,
todo se torna graveza
cuando llega el arraval[11]
de senectud.

　　Pues la sangre de los godos[12]
y el linaje e la nobleza
tan crescida,
¡por quántas vías e modos
se pierde su grand alteza
en esta vida!
　　Unos, por poco valer
¡por quán baxos e abatidos
que los tienen!
otros que, por non tener,[13]
con oficios non debidos
se mantienen.

　　Los estados e riqueza,
que nos dexen a deshora[14]
¿quién lo duda?
non les pidamos firmeza
pues que son de una señora
que se muda:
　　que bienes son de Fortuna
que revuelven con su rueda
presurosa,
la qual non puede ser una[15]
ni estar estable ni queda[16]
en una cosa.

　　Pero digo que acompañen
e lleguen fasta la fuessa[17]
con su dueño:
por esso non nos engañen,
pues se va la vida apriessa
como sueño;

5　It was customary to preface a longer poem with references to Classical poets and orators. Manrique decides
to renounce this for he fears their words may contain
some hidden poison, a typical medieval attitude. He
knew them well, however, as shown later in the poem.
6　trahen yervas secretas (traen hierbas secretas) — they
bear secret poisons.
7　Read: A aquél.
8　conoció (reconoció) — recognized.
9　Dellas — Some of them.

10　¿cuál se para? — which one remains?
11　arraval (arrabal) — Here: time, age.
12　godos — Goths, the aristocrats and nobles of Spain
before the arrival of the Moors.
13　por non tener — because they have no wealth.
14　a deshora — unexpectedly, at any time.
15　una — Here: still, quiet.
16　queda — quiet.
17　fuessa (huesa) — grave.

e los deleytes de acá
son, en que nos deleytamos,
temporales,
e los tormentos de allá,
que por ellos esperamos,
eternales.

Los plazeres e dulçores
desta vida trabajada
que tenemos,
non son sino corredores,[18]
e la muerte, la çelada[19]
en que caemos.
Non mirando a nuestro daño,
corremos a rienda suelta
sin parar;
desque[20] vemos el engaño
e queremos dar la vuelat
non ay lugar.

Si fuesse en nuestro poder
hazer la cara hermosa
corporal,
como podemos hazer
el alma tan gloriosa,
angelical,
¡qué diligencia tan viva
tuviéramos toda hora,
e tan presta,
en componer la cativa,[21]
dexándonos la señora[22]
descompuesta!

Esos reyes poderosos
que vemos por escripturas
ya pasadas,
con casos tristes, llorosos,
fueron sus buenas venturas
trastornadas;
assí que non ay cosa fuerte,
que a papas y emperadores
e perlados,[23]
assí los trata la Muerte
como a los pobres pastores
de ganados.

Dexemos a los troyanos,
que sus males non los vimos,
ni sus glorias;

dexemos a los romanos,
aunque oímos e leímos
sus estorias,
non curemos de saber
lo de aquel siglo passado
qué fué de ello;
vengamos a lo de ayer,
que tan bien[24] es olvidado
como aquello.

¿Qué se hizo[25] el rey don Juan?[26]
Los Infantes de Aragón[27]
¿qué se hizieron?
¿Qué fué de tanto galán
qué fué de tanta invención[28]
que truxeron?
Las justas e los torneos,
paramentos,[29] bordaduras
e çimeras[30]
¿fueron sino devaneos?
¿Qué fueron sino verduras
de las eras?

¿Qué se hizieron las damas
sus tocados e vestidos,
sus olores?[31]
¿Qué se hizieron las llamas
de los fuegos encendidos
de amadores?
¿Que se hizo aquel trobar,[32]
las músicas acordadas
que tañían?
¿Qué se hizo aquel dançar,
aquellas ropas chapadas[33]
que traían?

Pues el otro, su heredero,
don Enrique,[34] ¡qué poderes
alcançava!
¡Quán blando, quán alagüero,
el mundo con sus plazeres
se le dava!
Mas verás quánd enemigo,[35]
quánd contrario, quánd cruel
se le mostró;
aviéndole seído amigo,
¡quánd poco duró con él
lo que le dió!

18 corredores — scouts. (Manrique sometimes used military terms in his poetry.)
19 çelada — ambush.
20 desque (después que) — after.
21 cativa — captive, prisoner; a wretched or unfortunate one. Manrique refers here to the body.
22 señora — Here: the soul.
23 perlados (prelados) — prelates.
24 tan bien (también) — also, likewise.
25 ¿Qué se hizo? — What became of, what happened to?
26 Juan II of Castilla.
27 Juan II's cousins and enemies.
28 invención — inventiveness, cleverness.
29 paramentos — adornments.
30 çimeras — plumes.
31 olores — perfumes.
32 trobar — to compose poetry.
33 chapadas — beautiful, elegant.
34 Enrique IV.
35 enemigo — Here: inimical.

Las dádivas desmedidas,
los edificios reales
llenos d'oro,
las baxillas tan febridas,[36]
los enriques[37] e reales
del thesoro,
  los jaezes, los cavallos
de sus gentes e atavíos
tan sobrados,
¿dónde iremos a buscallos?[38]
¿qué fueron sino rocíos
de los prados?

  Pues su hermano el innocente,[39]
que en su vida sucessor
se llamó,
¡qué corte tan excelente
tuvo e quánto grand señor
le siguió!
  Mas, como fuesse mortal,
metióle la Muerte luego
en su fragua.
¡O, juizio divinal,
quando más ardía el fuego,
echaste agua!

  Pues aquel grand Condestable,[40]
maestre que conoscimos
tan privado,[41]
non cumple que dél se hable,
mas sólo cómo lo vimos
degollado.
  Sus infinitos thesoros,
sus villas e sus lugares,
su mandar,
¿qué le fueron sino lloros?
¿qué fueron sino pesares
al dexar?

  E los otros dos hermanos,[42]
maestres tan prosperados
como reyes
que a los grandes e medianos
truxieron tan sojuzgados
a sus leyes;
  aquella prosperidad
que en tan alto fué subida
i ensalzada,

¿qué fué sino claridad
que quando más encendida
fué amatada?

  Tantos duques excelentes,
tantos marqueses e condes
e varones
como vimos tan potentes,
di, Muerte, ¿dó los escondes
e traspones?[43]
  E las claras hazañas
que hizieron en las guerras
i en las pazes,
quando tú, cruda, te ensañas,
con tu fuerça las atierras
e desfazes.

  Las huestes inumerables
los pendones, estandartes
e banderas,
los castillos impugnables,
los muros e baluartes
e barreras,
  la cava honda, chapada,
o qualquier otro reparo,
¿qué aprovecha?
Quando tú vienes airada,
todo lo passas de claro[44]
con tu flecha.

  Aquél de buenos abrigo,
amado por virtuoso
de la gente,
el maestre don Rodrigo
Manrique, tanto famoso
e tan valiente;
  sus hechos grandes e claros
non cumple que los alabe,
pues los vieron,
ni los quiero hazer caros,
pues qu'el mundo todo sabe
quáles fueron.

  Amigo de sus amigos,
¡qué señor para criados
e parientes!
¡Qué enemigo de enemigos!
¡Qué maestro de esforçados
e valientes!

---

36 baxillas tan febridas (vajillas tan adornadas) —
such decorative dinnerware.
37 enrique — a coin.
38 buscallos (buscarlos) — to look for them.
39 Don Alfonso, who was put on the throne at the age
of eleven, was supported by the Manriques. He died
three years later and his sister, Isabel *la Católica*, was
proclaimed heir.
40 Álvaro de Luna, favorite of Juan II, was beheaded.
The Manriques opposed him and Don Rodrigo fought

against him in the battle of Olmedo, 1445. Enrique de
Aragón was killed, Rodrigo lost his standard, and
many nobles were captured. The satirical *Coplas de
¡Ay! panadera* criticize them for their conduct.
41 privado — king's favorite.
42 The Pacheco brothers who opposed Juan II.
43 traspones (transpones) — you transport, you transfer.
44 pasar de claro — to pass through, run through.

¡Qué seso para discretos!
¡Qué graçia para donosos!
¡Qué razón!
¡Qué benino a los sugetos!
¡A los bravos e dañosos
qué león!

En ventura Octaviano;[45]
Julio César en vencer
e batallar;
en la virtud, Affricano;
Haníbal en el saber
e trabajar;
en la bondad un Trajano;
Tito en liberalidad
con alegría;
en su braço, Aureliano;
Marco Atilio en la verdad
que prometía.

Antoño Pío en clemencia;
Marco Aurelio en igualdad
del semblante;
Adriano en la eloqüencia;
Teodosio en humanidad
e buen talante.
Aurelio Alexandre fué
en deciplina e rigor
de la guerra;
un Constantino en la fe,
Camilo en el grand amor
de su tierra.

Non dexó grandes thesoros,
ni alcançó muchas riquezas
ni baxillas;
mas fizo guerra a los moros,
ganando sus fortalezas
en sus villas;
i en las lides que venció,
quántos moros e cavallos
se perdieron;
i en este officio ganó
las rentas e los vasallos
que le dieron.

Pues por su honra i estado,
en otros tienpos pasados
¿cómo se uvo?[46]
Quedando desmanparado,[47]
con hermanos e criados
se sostuvo.

Después que fechos famosos
fizo en esta misma guerra
que hazía,
fizo tratos tan honrosos
que le dieron aun más tierra
que tenía.

Éstas sus viejas estorias
que con su braço pintó
en juventud,
con otras nuevas victorias
agora las renovó
en senectud.

Por su grand abilidad,
por méritos e ancianía
bien gastada,
alcançó la dignidad
de la grand Cavallería
del Espada.[48]

E sus villas e sus tierras
ocupados de tiranos
las halló;[49]
mas por çercos e por guerras
e por fuerça de sus manos
las cobró.
Pues nuestro Rey natural,
si de las obras que obró
fué servido,
dígalo el de Portugal
i en Castilla quien siguió
su partido.

Después de puesta la vida
tantas vezes por su ley[50]
al tablero;[51]
después de tan bien servida
la corona de su rey
verdadero;
después de tanta hazaña
a que non puede bastar
cuenta cierta,
en la su villa de Ocaña
vino la Muerte a llamar
a su puerta.

diziendo: « Buen cavallero,
dexad el mundo engañoso
y su halago;
vuestro corazón de azero
muestre su esfuerço famoso
en este trago;[52]

---

45 To illustrate his father's good qualities, Jorge compares him to some great men of the past.
46 ¿cómo se uvo? (¿cómo se hubo?) — how did he comport himself?
47 desmanparado (desamparado) — forsaken, abandoned.
48 He was elected to the Order of Santiago.
49 Rodrigo's lands had been taken by Juan II and later by Alfonso V of Portugal. In each case he won them back again. In helping drive out the Portuguese he assisted in securing the throne for Isabel.
50 ley — faith, religion.
51 tablero — chess board (i.e. Don Rodrigo had gambled or risked his life many times for his religion).
52 trago — peril, danger.

e pues de vida e salud
fezistes tan poca cuenta
por la fama,
esfuérçese la virtud[53]
para sufrir esta afrenta
que vos llama.

Non se vos haga tan amarga
la batalla temerosa
que esperáis,
pues otra vida más larga
de la fama gloriosa
acá dexáis,
aunque esta vida de honor
tampoco non es eternal
ni verdadera;
mas, con todo, es muy mejor
que la otra temporal,
peresçedera.[54]

El vivir que es perdurable[55]
non se gana con estados
mundanales,
ni con vida delectable
donde moran los pecados
infernales;
mas los buenos religiosos
gánanlo con oraciones
e con lloros;
los cavalleros famosos,
con trabajos e aflicciones
contra moros.

E pues vos, claro varón,
tanta sangre derramastes
de paganos,
esperad el galardón
que en este mundo ganastes
por las manos;
e con esta confiança
e con la fe tan entera
que tenéis,
partid con buena esperança
que estotra vida tercera
ganaréis. »

(Responde el Maestre)

« Non gastemos tiempo ya
en esta vida mesquina
por tal modo,

que mi voluntad está
conforme con la divina
para todo;
e consiento en mi morir
con voluntad plazentera,
clara e pura,
que querer hombre vivir
quando Dios quiere que muera,
es locura. »

(Del Maestre a Jesús)

« Tú que, por nuestra maldad,
tomaste forma servil
e baxo nombre;
Tú, que a tu divinidad
juntaste cosa tan vil
como es el hombre;
Tú, que tan grandes tormentos
sufriste sin resistencia
en tu persona,
non por mis merescimientos,
mas por tu sola clemencia
me perdona. »

(Fin)

Assí, con tal entender,
todos sentidos humanos
conservados,
cercado de su mujer
i de sus hijos e hermanos
e criados,
dió el alma a quien se la dió
el qual la ponga en el cielo
en su gloria,
que aunque la vida perdió,
dexónos harto consuelo
su memoria.

*Otra obra suya en que puso el nombre de su
esposa y assimismo nombrados los linajes de
los quatro costados della, que son: Castañeda,
Ayala, Silva, Meneses*[56]

Según el mal que me s*iguió*,
*mar*avíllome de mí
cómo assí me despedí
que jamás no me mudó.
Cáusame aquesta firmeza
que, siendo de vos ausente,
ante mí estava presente
contino[57] vuestra belleza.

---

53 virtud — Here: strength, will power.
54 Jorge felt that man could have three lives, the temporal and perishable one, the one of fame and glory, which is better, and the eternal, heavenly one.
55 El vivir que es perdurable — The immortal life.
56 This is an acrostic in which Manrique concealed the name of his wife, Guiomar, and her four family names, Castañeda, Ayala, Silva, and Meneses. One name appears in each of the first five stanzas. The sixth contains the key. The names are italicized to aid the reader to find them. The verse form here is called *Copla castellana* and consists of eight octosyllabic lines in two groups of four with four rhymes: *abba:cddc*. Other rhyme patterns may be used: *abab:cdcd* or *abba:cdcd*.
57 contino (continuo) — continuously.

Por cierto no fueron locas
mis temas y mis porfías,
pues que las congoxas mías
de muchas tornaste po*cas*;
   *tañed a*gora, pues, vos,
en cuerdas de galardón:[58]
como cante a vuestro son,
muy contento soy, par Dios.

   V*aya la* vida passada
que por amores sufrí,
pues me pagastes con sí,
señora, bien empleada;
   y tened por verdadera
esta razón que diré:
que siempre ya cantaré
pues que fustes[59] la primera.

   Si'l[60] *va*ler vuestro querrá,
pues que me quiso valer,
amarme mucho y querer,
sé que buen logro dará.
   Si vos assí lo hazéis,
doblada será mi fe,
y aunque yo nunca diré,
señora, no me culpéis.

   Lo que causa que más a*men*
*es es*perança de ver
buen galardón de querer;
y el contrario, que desamen.
   Yo lo avré por muy estraño
si, en pago de mi servir,
queréis cantar y dezir:
a mí venga muy gran daño.

   Tomando d'aquí el nombre
qu'está en la copla primera,
y d'estotra postrimera
juntando su sobrenombre,
   claro verán quien me tiene
contento por su cativo,
y me plaze porque bivo
sólo porqu'ella me pene.

Porque estando él durmiendo le besó su amiga

   Vos cometistes trayción,
pues me heristes, durmiendo,
d'una herida qu'entiendo
que será mayor passión
   el desseo d'otra tal
herida como me distes,
que no la llaga ni mal
ni daño que me hezistes.

   Perdono la muerte mía;
mas con tales condiciones,
que de tales trayciones
cometáis mil cada día;
   pero todas contra mí,
porque, d'aquesta manera,
no me plaze que otro muera
pues que yo lo merescí.

   Más placer es que pesar
herida qu'otro mal sana:
quien durmiendo tanto gana,
nunca deve despertar.

---

58 Manrique often speaks of *galardones* in his amorous verse.
59 fustes (fuisteis) — you were.
60 si'l (si el) — if the.

LYRIC POETRY OF THE RENAISSANCE

Garcilaso de la Vega, 1501 ?–36 (pp. 294–96)

Garcilaso's life was filled with soldiering and attending court. Entering the service of Emperor Carlos V while still in his teens, he served him and the Viceroy of Naples until his death in southern France at the age of thirty-five. His poetry reflects these pursuits only dimly, for though he occasionally speaks of war in his verses he regards it as a hindrance to the peaceful and comfortable life at home he longed for. Altolaguirre, however, finds an intimate relationship between his life and his work, since, as he says, "a través de la más tierna de sus composiciones se transparenta la fortaleza guerrera de su vida. El amor y la muerte eran sus fines, y en estos dos reposos cifraba sus ansias." Still, forced by his military duties to live in Italy the last years of his life, Garcilaso recalled with nostalgia his native Toledo and the Tajo River and was saddened by his absence from his fatherland.

Garcilaso was a man of many accomplishments. Handsome, intelligent, pleasant, talented, perfect symbol of the age, he was the prototype of the model courtier as outlined by Castiglione. One would have predicted personal happiness for him. Yet his marriage in 1525 to Elena de Zúñiga, probably arranged by the Empress to whom she was a lady-in-waiting, was unsatisfactory for the poet. The great love in his life was Isabel Freyre (also written Freire), a noble Portuguese lady whom he met in 1526 when she arrived in Castile in the company of Doña Isabel of Portugal who was to wed the Emperor. Isabel did not return Garcilaso's love, however, and married another. This marriage and her premature death a few years later are the two events about which the most important portions of Garcilaso's poetry are built.[1] Two of his eclogues and several of his sonnets were inspired by these saddening experiences, and the love for Isabel haunts his poetry from beginning to end and imparts to it a characteristic air of melancholy and pessimism. Secondary themes in his poetry are: (1) friendship for Boscán and Don Pedro de Toledo, Viceroy of Naples; (2) praise of the house of the Duke of Alba, who was his protector on several occasions; (3) discouragement in the face of personal reverses, particularly his exile to an island in the Danube by Carlos V; (4) a second though less sincere amorous episode in Naples; (5) vanities and ambitions of the court; (6) elegies to the death of friends; (7) a Horatian longing for peace and tranquility; (8) expressions of stoicism. The religious theme is almost entirely lacking.

Garcilaso represents the triumph of the Italiante school of poetry in Spain. Cossío says: "Su actitud poética era más bien la de un italiano con savia española (si cabe expresarse así) que la de un castellano que . . . sufriera el influjo superficial y externo de un arte extraño." Garcilaso's residence in Italy for a number of years and his knowledge of Italian permitted him to absorb the Italian spirit deeply. It was through the reading of his poetry, which became popular immediately, rather than through any direct contact with Italian poets, that the Italian manner came to dominate in Spain. Garcilaso acclimatized and perfected the metric innovations introduced by Boscán, and introduced the very popular *lira* in his best *Canción*, entitled *A la flor de Gnido*. He perfected the sonnet, introduced earlier by his ancestor, the Marqués de Santillana, and he and Boscán used the "endecasílabo suelto" for the first time. From Vergil and Sannazaro he inherited the pastoral tradition. His shepherds are the conventional figures of all bucolic poetry and his landscapes are stylized with the ugly and wild removed; but he filled his eclogues with color, a sweet melancholy, musicality, rythmic power, and deep emotion. His love poems have no passionate outbursts but soft, melancholy complaints expressed with a superior poetic sensibility. Peers says he was "perhaps the first Spanish poet to sing worthily of love." His language is neither affected nor rhetorical and he maintains a sensible balance between the natural, popular speech and the "culto" language of erudite poetry.

---

1 Altolaguirre maintains that Garcilaso's poetic sentiments were neither natural or capable of fulfillment, and had he married Isabel he would have dedicated his poems to Elena. He thinks that the poet later realized his love for Isabel (who died giving birth to his child) and for that reason recognized his son.

Garcilaso's poetry was not published until 1543, seven years after his death. In that year Doña Ana Girón de Rebolledo, Boscán's widow, published it with her husband's poetry. El Brocense edited Garcilaso's verses with a commentary in 1574, and Herrera did the same in 1580. Since that time there have been many reprintings of his work and many great Spanish writers have expressed their admiration for him, a feeling shared by moderns. Blecua says that Garcilaso's poetry "ha sido la poesía que más influencia ha ejercido en la lírica castellana," and Sainz de Robles comments that "en la poesía actual española, Garcilaso ejerce una influencia tan grande o mayor que la de Góngora." Indeed, Garcilaso's natural yet elegant language, his technical skill in selecting the right word and putting it in the right place, his aristocratic yet simple sentiment, his deep personal participation, his refined and tender melancholy, and his human qualities have endeared him to readers of many generations.

Égloga primera[2]

El dulce lamentar de dos pastores,
Salicio juntamente y Nemoroso,
he de contar, sus quejas imitando;
cuyas ovejas al cantar sabroso
estaban muy atentas, los amores,
de pacer olvidadas, escuchando.[3]
Tú,[4] que ganaste obrando
un nombre en todo el mundo,
y un grado sin segundo,
agora estés atento, solo y dado
al ínclito gobierno del Estado
Albano,[5] agora vuelto a la otra parte,
resplandeciente, armado,
representando en tierra al fiero Marte;
agora de cuidados enojosos
y de negocios libre, por ventura
andes a caza el monte fatigando
en ardiente jinete,[6] que apresura
el curso tras los ciervos temerosos,
que en vano su morir van dilatando,[7]
espera que en tornando
a ser restituído
al ocio ya perdido,

luego verás ejercitar mi pluma
por la infinita innumerable suma
de tus virtudes y famosas obras,
antes que me consuma,
faltando a ti, que a todo el mundo sobras.[8]
En tanto que este tiempo que adivino
viene a sacarme de la deuda un día,
que se debe a tu fama y a tu gloria;
que es deuda general, no sólo mía,
mas de cualquier ingenio peregrino
que celebra lo dino[9] de memoria,
el árbol de vitoria[10]
que ciñe estrechamente
tu gloriosa frente
dé lugar a la yedra que se planta
debajo de tu sombra, y se levanta
poco a poco arrimada a tus loores;
y en cuanto esto se canta,
escucha tú el cantar de mis pastores.
Saliendo de las ondas encendido
rayaba de los montes el altura
el sol, cuando Salicio, recostado
al pie de un alta haya, en la verdura,
por donde un agua clara con sonido
atravesaba el fresco y verde prado,
él, con canto acordado
al rumor que sonaba
del agua que pasaba,
se quejaba tan dulce y blandamente
como si no estuviera de allí ausente
la que de su dolor culpa tenía;
y así como presente,[11]
razonando con ella, le decía:

SALICIO[12]

¡Oh más dura que mármol a mis quejas,
y al encendido fuego en que me quemo
más helada que nieve, Galatea!
Estoy muriendo, y aún la vida temo;
témola con razón, pues tú me dejas;
que no hay, sin ti, el vivir para qué sea.
Vergüenza he que me vea
ninguno en tal estado,
de ti desamparado,
y de mí mismo yo me corro[13] agora.
¿De un alma te desdeñas ser señora
donde siempre moraste, no pudiendo
della salir un hora?
Salid sin duelo, lágrimas, corriendo.

2 The *Égloga primera* was dedicated to Don Pedro de Toledo, Viceroy of Naples.
3 Read: escuchando los amores, de pacer olvidadas.
4 *Tú* refers to Don Pedro de Toledo.
5 Estado Albano was the Kingdom of Naples.
6 jinete — Here: horse.
7 dilatando — delaying.
8 sobras — you exceed, surpass.
9 dino (digno) — worthy.

10 árbol de la vitoria — the laurel.
11 así como presente (así como si estuviera presente) — thus as if she were present.
12 Both Salicio and Nemoroso represent Garcilaso himself. Galatea, who spurns her lover, and Elisa, who has died, represent Isabel Freyre. Garcilaso here reacts to his lack of success with Isabel and to her death.
13 me corro — I am ashamed.

El sol tiende los rayos de su lumbre
por montes y por valles, despertando
las aves y animales y la gente:
cuál[14] por el aire claro va volando,
cuál por el verde valle o alta cumbre
paciendo va segura y libremente:
cuál con el sol presente,
va de nuevo al oficio,
y al usado ejercicio
do su natura o menester le inclina:
siempre está en llanto esta ánima mezquina,
cuando la sombra el mundo va cubriendo,
o la luz se avecina.
Salid sin duelo, lágrimas, corriendo.

Y tú, desta mi vida ya olvidada,
sin mostrar un pequeño sentimiento
de que por ti Salicio triste muera,
¿dejas llevar, desconocida, al viento
el amor y la fe, que ser guardada
eternamente sólo a mí debiera?
¡Oh Dios!, ¿por qué siquiera
(pues ves desde tu altura
esta falsa perjura
causar la muerte de un estrecho amigo)
no recibe del cielo algún castigo?
Si en pago del amor yo estoy muriendo,
¿qué hará el enemigo?
Salid sin duelo, lágrimas, corriendo.

Por ti el silencio de la selva umbrosa,
por ti la esquividad y apartamiento
del solitario monte me agradaba;
por ti la verde hierba, el fresco viento,
el blanco lirio y colorada rosa
y dulce primavera deseaba.
¡Ay, cuán diferente era
y cuán de otra manera
lo que en tu falso pecho se escondía!
Bien claro con su voz me lo decía
la siniestra corneja repitiendo
la desventura mía.
Salid sin duelo, lágrimas, corriendo.

¡Cuántas veces, durmiendo en la floresta,
reputándolo yo por desvarío,
vi mi mal entre sueños, desdichado!
Soñaba que en el tiempo del estío
llevaba por pasar allí la siesta,[15]
a beber en el Tajo mi ganado;
y después de llegado
sin saber de cual arte,
por desusada parte
y por nuevo camino el agua se iba;

ardiendo yo con la calor estiva,[16]
el curso enajenado iba siguiendo
del agua fugitiva.
Salid sin duelo, lágrimas, corriendo.

Tu dulce habla, ¿en cúya oreja suena?[17]
Tus claros ojos, ¿a quién los volviste?
¿Por quién tan sin respeto me trocaste?
Tu quebrantada fe ¿dó la pusiste?
¿Cuál es el cuello que, como en cadena,
de tus hermosos brazos anudaste?
No hay corazón que baste,
aunque fuese de piedra,
viendo mi amada yedra,
de mí arrancada, en otro muro asida,
y mi parra en otro olmo entretejida,
que no se esté con llanto deshaciendo
hasta acabar la vida.
Salid sin duelo, lágrimas, corriendo.

¿Qué no se esperará de aquí adelante,
por difícil que sea y por incierto?
O ¿qué discordia no será juntada?
y juntamente, ¿qué tendrá por cierto,
o qué de hoy más no temerá el amante,
siendo a todo materia por ti dada?
Cuando tú enajenada[18]
de mí, cuitado, fuiste,
notable causa diste
y ejemplo a todos cuantos cubre el cielo,
que el más seguro tema con recelo
perder lo que estuviere poseyendo;
salid fuera sin duelo,
salid sin duelo, lágrimas, corriendo.

Materia diste al mundo de esperanza
de alcanzar lo imposible y no pensado,
y de hacer juntar lo diferente,
dando a quien diste el corazón malvado,
quitándolo de mí con tal mudanza,
que siempre sonará de gente en gente.
La cordera paciente
con el lobo hambriento
hará su ayuntamiento,
y con las simples aves sin ruido
harán las bravas sierpes ya su nido;
que mayor diferencia comprehendo
de ti al que has escogido.[19]
Salid sin duelo, lágrimas, corriendo.

Siempre de nueva leche en el verano
y en el invierno abundo; en mi majada
la manteca y el queso está sobrado;
de mi cantar, pues, yo te vi agradada,
tanto, que no pudiera el mantuano

---

14 The word *cuál* in the next few lines refers to the words *aves*, *animales*, and *gente* in the preceding line. Translate: *the first, the second*, and *the third*.
15 siesta — heat of the afternoon.
16 estiva (estival) — of summer.

17 The poet alludes here to Isabel's failure to return his love and her marriage to another.
18 Read: cuando tú fuiste enajenada de mí, cuitado.
19 An allusion to Don Antonio de Fonseca, the man Isabel married. Garcilaso felt he was unworthy of her and that she married beneath her station.

Títiro[20] ser de ti más alabado.
No soy, pues, bien mirado,
tan disforme ni feo;
que aun agora me veo
en esta agua que corre clara y pura;
y cierto no trocara mi figura
con ése que de mí se está riendo;
trocara mi ventura.
Salid sin duelo, lágrimas, corriendo.
   ¿Cómo te vine en tanto menosprecio?
¿Cómo te fuí tan presto aborrecible?
¿Cómo te faltó en mí el conocimiento?
Si no tuvieras condición terrible,
siempre fuera tenido de ti en precio,
y no viera de ti este apartamiento.
¿No sabes que sin cuento
buscan en el estío
mis ovejas el frío
de la sierra de Cuenca, y el gobierno[21]
del abrigado Extremo en el invierno?
Mas ¿qué vale el tener, si derritiendo
me estoy en llanto eterno?
Salid sin duelo, lágrimas, corriendo.
   Con mi llorar las piedras enternecen
su natural dureza y la quebrantan,
los árboles parece que se inclinan;
las aves que me escuchan, cuando cantan,
con diferente voz se condolecen,
y mi morir cantando me adivinan.
Las fieras que reclinan
su cuerpo fatigado,
dejan el sosegado
sueño por escuchar mi llanto triste.
Tú sola contra mí te endureciste,
los ojos aun siquiera no volviendo
a lo que tú hiciste.
Salid sin duelo, lágrimas, corriendo.
   Mas ya que a socorrer aquí no vienes,
no dejes el lugar que tanto amaste,
que bien podrás venir de mí segura.
Yo dejaré el lugar do me dejaste;
ven, si por sólo esto te detienes.
Ves aquí un prado lleno de verdura,
ves aquí una espesura,
ves aquí una agua clara,
en otro tiempo cara,
a quien de ti con lágrimas me quejo.
Quizá aquí hallarás, pues yo me alejo,
al que todo mi bien quitarme puede;
que pues el bien le dejo,
no es mucho que el lugar también le quede.

Aquí dió fin a su cantar Salicio,
y suspirando en el postrero acento,
soltó de llanto una profunda vena.
Queriendo el monte al grave sentimiento
de aquel dolor en algo ser propicio,
con la pesada voz retumba y suena.
La blanca Filomena,[22]
casi como dolida
y a compasión movida,
dulcemente responde al son lloroso.
Lo que cantó tras esto Nemoroso
decidlo vos, Piérides;[23] que tanto
no puedo yo ni oso,
que siento enflaquecer mi débil canto.

NEMOROSO

   Corrientes aguas, puras, cristalinas;
árboles que os estáis mirando en ellas,
verde prado de fresca sombra lleno,
aves que aquí sembráis vuestras querellas,
yedra que por los árboles caminas,
torciendo el paso por su verde seno;
yo me vi tan ajeno
del grave mal que siento,
que de puro contento
con vuestra soledad me recreaba,
donde con dulce sueño reposaba,
o con el pensamiento discurría
por donde no hallaba
sino memorias llenas de alegría.
   Y en este mismo valle, donde agora
me entristezco y me canso, en el reposo
estuve ya contento y descansado.
¡Oh bien caduco, vano y presuroso![24]
Acuérdome durmiendo aquí algún hora,
que despertando, a Elisa[25] vi a mi lado.
¡Oh miserable hado!
¡Oh tela[26] delicada,
antes de tiempo dada
a los agudos filos de la muerte!
Más convenible suerte
a los cansados años de mi vida,
que es más que el hierro fuerte,
pues no la ha quebrantado tu partida.
   ¿Dó están agora aquellos claros ojos
que llevaban tras sí como colgada
mi alma doquier que ellos se volvían?
¿Dó está la blanca mano delicada,
llena de vencimientos y despojos
que de mí mis sentidos le ofrecían?
Los cabellos que vían[27]

20 el mantuano Títiro — Vergil (the shepherd from
Mantua).
21 gobierno — Here: sustenance.
22 Filomena — nightingale.
23 The Piérides were the nine Muses.

24 presuroso — fleeting.
25 Elisa is Isabel de Freyre.
26 tela — fabric (of life).
27 vían (veían) — saw, looked upon, regarded.

con gran desprecio el oro,
como a menor tesoro,
¿adónde están?   ¿Adónde el blando[28]
[pecho?
¿Dó la coluna[29] que el dorado techo[30]
con presunción graciosa sostenía?
Aquesto todo agora ya se encierra,
por desventura mía,
en la fría, desierta y dura tierra.

    ¿Quién me dijera, Elisa, vida mía,
cuando en aqueste valle al fresco viento
andábamos cogiendo tiernas flores,
que había de ver con largo apartamiento
venir el triste y solitario día
que diese amargo fin a mis amores?
El cielo en mis dolores
cargó la mano tanto,
que a sempiterno llanto
y a triste soledad me ha condenado;
y a lo que siento más es verme atado
a la pesada vida y enojosa,
solo, desamparado,
ciego sin lumbre en cárcel tenebrosa.

    Después que nos dejaste, nunca pace
en hartura el ganado ya, ni acude
el campo al labrador con mano llena.[31]
No hay bien que en mal no se convierta y
[mude:
la mala hierba al trigo ahoga, y nace
en lugar suyo la infelice avena.
La tierra, que de buena
gana nos producía
flores con que solía
quitar en sólo vellas[32] mil enojos,
produce agora en cambio estos abrojos,
ya de rigor de espinas intratable;
yo hago con mis ojos
crecer, llorando, el fruto miserable.

    Como al partir del sol la sombra crece,
y en cayendo su rayo se levanta
la negra oscuridad que el mundo cubre,
de do viene el temor que nos espanta,
y la medrosa forma en que se ofrece
aquélla que la noche nos encubre,
hasta que el sol descubre
su luz pura y hermosa;
tal es la tenebrosa
noche de tu partir, en que he quedado
de sombra y de temor atormentado,
hasta que muerte el tiempo determine

que a ver el deseado
sol de tu clara vista me encamine.

    Cual suele el ruiseñor con triste canto
quejarse, entre las hojas escondido,
del duro labrador, que cautamente
le despojó su caro y dulce nido
de los tiernos hijuelos, entre tanto
que del amado ramo estaba ausente,
y aquel dolor que siente
con diferencia tanta
por la dulce garganta
despide, y a su canto el aire suena,
y la callada noche no refrena
su lamentable oficio y sus querellas,
trayendo de su pena
al cielo por testigo y las estrellas,

    desta manera suelto ya la rienda
a mi dolor, y así me quejo en vano
de la dureza de la muerte airada.
Ella[33] en mi corazón metió la mano,
y de allí me llevó mi dulce prenda;
que aquél era su nido y su morada.
¡Ay muerte arrebatada!
Por ti me estoy quejando
al cielo y enojando
con importuno llanto al mundo todo.
Tan desigual dolor no sufre modo.[34]
No me podrán quitar el dolorido
sentir, si ya del todo
primero no me quitan el sentido.

    Tengo una parte aquí de tus cabellos,
Elisa, envueltos en un blanco paño,
que nunca de mi seno se me apartan;
descójolos,[35] y de un dolor tamaño
enternecerme siento, que sobre ellos
nunca mis ojos de llorar se hartan.
Sin que de allí se partan,
con suspiros calientes,
más que la llama ardientes,
los enjugo del llanto, y de consuno[36]
casi los paso y cuento uno a uno;
juntándolos, con un cordón los ato:
tras esto el importuno
dolor me deja descansar un rato.

    Mas luego a la memoria se me ofrece
aquella noche tenebrosa, oscura,
que tanto aflige esta ánima mezquina
con la memoria de mi desventura.
Verte presente agora me parece
en aquel duro trance de Lucina,[37]

---

28 blando — Here: sweet.
29 coluna (columna) — Here: neck.
30 techo — Here: head.
31 The thought is that the earth does not yield its best
for the farmer.
32 vellas (verlas) — seeing them.
33 Ella — Death.

34 no sufre modo — cannot be borne.
35 descójolos — I unwrap them.
36 de consuno — at the same time.
37 trance de Lucina — childbirth. Lucina was Diana,
goddess of the hunt and also of birth. Nemoroso complains that Diana (Lucina) let Elisa die.

y aquella voz divina,
con cuyo son y acentos
a los airados vientos
pudieras amansar, que agora es muda;
me parece que oigo que a la cruda,
inexorable diosa demandabas
en aquel paso ayuda;
y tú, rústica diosa, ¿dónde estabas?
    Íbate tanto en perseguir las fieras?
¿Íbate tanto en un pastor dormido?[38]
¿Cosa pudo bastar a tal crueza,[39]
que, conmovida a compasión, oído
a los votos y lágrimas no dieras
por no ver hecha tierra tal belleza,
o no ver la tristeza
en que tu Nemoroso
queda, que su reposo
era seguir tu oficio, persiguiendo
las fieras por los montes, y ofreciendo
a tus sagradas aras los despojos?
¿Y tú, ingrata, riendo
dejas morir mi bien ante los ojos?
    Divina Elisa, pues agora el cielo
con inmortales pies pisas y mides,
y su mudanza ves, estando queda,
¿por qué de mí te olvidas, y no pides
que se apresure el tiempo en que este velo
rompa del cuerpo, y verme libre pueda,
y en la tercera rueda[40]
contigo mano a mano
busquemos otro llano,
busquemos otros montes y otros ríos,
otros valles floridos y sombríos,
donde descanse, y siempre pueda verte
ante los ojos míos,
sin miedo y sobresalto de perderte?
    Nunca pusieran fin al triste lloro
los pastores, ni fueran acabadas
las canciones que sólo el monte oía,
si mirando las nubes coloradas,
al tramontar del sol bordadas de oro,
no vieran que era ya pasado el día.
La sombra se veía
venir corriendo apriesa
ya por la falda espesa
del altísimo monte, y recordando[41]
ambos como de sueño, y acabando
el fugitivo sol, de luz escaso,

su ganado llevando,
se fueron recogiendo paso a paso.

Soneto

    ¡Oh dulces prendas[42] por mi mal halladas,
dulces y alegres cuando Dios quería!
Juntas estáis en la memoria mía,
y con ella en mi muerte conjuradas.
    ¿Quién me dijera, cuando en las pasadas
horas en tanto bien por vos me vía,
que me habíades de ser en algún día
con tan grave dolor representadas?
    Pues en un hora junto me llevastes
todo el bien que por términos me distes,
llevadme junto el mal que me dejastes.
    Si no, sospecharé que me pusistes
en tantos bienes, porque deseastes
verme morir entre memorias tristes.

Soneto

    Hermosas ninfas, que en el río metidas,
contentas habitáis en las moradas,
de relucientes piedras fabricadas,
y en colunas de vidrio sostenidas;
    agora estéis labrando embebecidas,
o tejiendo las telas delicadas;
agora unas con otras apartadas
contándoos los amores y las vidas;
    dejad un rato la labor, alzando
vuestras rubias cabezas a mirarme,
y no os detendréis mucho según ando;[43]
    que o no podréis de lástima escucharme,
o convertido en agua aquí llorando,[44]
podréis allá de espacio consolarme.[45]

Soneto[46]

    Estoy contino[47] en lágrimas bañado,
rompiendo el aire siempre con suspiros;
y más me duele nunca osar deciros
que he llegado por vos a tal estado,
    que viéndome do estoy y lo que he andado
por el camino estrecho de seguiros,
si me quiero tornar para huiros,
desmayo viendo atrás lo que he dejado;
    si a subir pruebo, en la difícil cumbre,
a cada paso espántanme en la vía
ejemplos tristes de los que han caído.

38 pastor dormido — Endimion, with whom Diana fell in love.
39 crueza (crudeza) — cruelty.
40 la tercera rueda — the heaven of Venus.
41 recordando — waking up, awakening.
42 prendas — tokens (of love). This sonnet was written after Isabel Freyre's death. The poet finds a souvenir of her (probably a lock of her hair) and is prompted to write this poem.
43 ando — I am (i.e. the condition I am in).
44 convertido ... llorando — after I have been changed to water from so much weeping.
45 podréis ... consolarme — you will have ample time to console me (once I am changed to water).
46 This poem, too, is probably the result of Garcilaso's desolation after Isabel's marriage to Fonseca.
47 contino — continuously.

Y sobre todo, fáltame la lumbre
de la esperanza, con que andar solía
por la oscura región de vuestro olvido.

Soneto

En tanto que de rosa y azucena
se muestra la color en vuestro gesto,
y que vuestro mirar ardiente, honesto,
enciende al corazón y lo refrena;
y en tanto que el cabello, que en la vena
del oro se escogió, con vuelo presto,
por el hermoso cuello blanco, enhiesto,
el viento mueve, esparce y desordena;
coged de vuestra alegre primavera
el dulce fruto, antes que el tiempo airado
cubra de nieve la hermosa cumbre.
Marchitará la rosa el viento helado,
todo lo mudará la edad ligera,
por no hacer mudanza en su costumbre.

Soneto

¡Oh hado esecutivo[48] en mis dolores,
cómo sentí tus leyes rigurosas!
Cortaste el árbol con manos dañosas,
y esparciste por tierra fruta y flores.
En poco espacio yacen mis amores
y toda la esperanza de mis cosas,
tornadas en cenizas desdeñosas,
y sordas a mis quejas y clamores.
Las lágrimas que en esta sepultura[49]
se vierten hoy en día y se virtieron
recibe, aunque sin fruto allá te sean,
hasta que aquella eterna noche oscura
me cierre aquestos ojos que te vieron,
dejándome con otros que te vean.

Canción quinta[50]

Si de mi baja lira[51]
tanto pudiese el son, que un momento
aplacase la ira
del animoso viento,
y la furia del mar y el movimiento;
y en ásperas montañas
con el süave canto enterneciese
las fieras alimañas,

los árboles moviese,
y al son confusamente los trajese;[52]
no pienses que cantado
sería de mí, hermosa flor de Gnido,
el fiero Marte airado
a muerte convertido,
de polvo y sangre y de sudor teñido;
ni aquellos capitanes[53]
en las sublimes ruedas colocados,
por quien los alemanes
el fiero cuello atados,
y los franceses van domesticados.
Mas solamente aquella
fuerza de tu beldad sería cantada,
y alguna vez con ella
también sería notada
el aspereza de que estás armada;
y cómo por ti sola,
y por tu gran valor y hermosura,
convertida en viola,[54]
llora su desventura
el miserable amante en su figura.
Hablo de aquel cautivo,
de quien tener se debe más cuidado,
que está muriendo vivo,
al remo condenado,[55]
en la concha de Venus amarrado.[56]
Por ti, como solía,
del áspero caballo no corrige
la furia y gallardía,
ni con freno le rige,
ni con vivas espuelas ya le aflige.
Por ti, con diestra mano
no revuelve la espada presurosa,
y en el dudoso llano
huya la polvorosa
palestra, como sierpe ponzoñosa.
Por ti, su blanda musa,[57]
en lugar de la cítara sonante,
tristes querellas usa,
que con llanto abundante
hacen bañar el rostro del amante.
Por ti, el mayor amigo
le es importuno, grave y enojoso;
yo puedo ser testigo,

---

48 esecutivo (ejecutivo) — executory.
49 The poet is visiting the grave of his beloved. Navarro Tomás suggests that he is standing before the grave of Isabel Freyre on a visit to Spain from Italy in 1534.
50 This is judged to be Garcilaso's best *Canción* and is sometimes given the title *A la flor de Gnido*. It is dedicated to Violante Sanseverino, a lady of the Gnido section of Naples, who was being courted by Garcilaso's friend, Mario Galeota.
51 With this poem Garcilaso introduced to Spain the meter used here. It came to be called the *lira* since this word appears in the first line of the poem.

52 This recalls Orpheus who had the power to charm all Nature with his music.
53 Captains of Rome who rode home from victory in chariots.
54 Garcilaso alludes here to the name Violante, and plays upon the word *violeta*.
55 This was intended to suggest the name of the suitor, Galeota. The Spanish word for galley slave is *galeote*.
56 Another allusion to the *galeote-Galeota* sequence. Venus, born of the foam of the sea, appeared floating in a shell. The thought here seems to be that the suitor, Galeota, is a slave of love.
57 Mario Galeota was also a poet.

que ya del peligroso
naufragio fuí su puerto y su reposo.
    Y agora en tal manera
vence el dolor a la razón perdida,
que ponzoñosa fiera
nunca fué aborrecida
tanto como yo dél, ni tan temida.
    No fuiste tú engendrada
ni producida de la dura tierra;
no debe ser notada
que ingratamente yerra
quien todo el otro error de sí destierra.[58]
    Hágate temerosa
el caso de Anajérete,[59] y cobarde,
que de ser desdeñosa
se arrepintió muy tarde;
y así, su alma con su mármol arde.
    Estábase alegrando
del mal ageno el pecho empedernido,
cuando abajo mirando,
el cuerpo muerto vido
del miserable amante, allí tendido.
    Y al cuello el lazo atado,
con que desenlazó de la cadena
el corazón cuitado,
que con su breve pena
compró la eterna punición ajena,
    sintió allí convertirse
en piedad amorosa el aspereza.
¡Oh tarde arrepentirse!
¡Oh última terneza!
¿Cómo te sucedió mayor dureza?
    Los ojos se enclavaron
en el tendido cuerpo que allí vieron,
los huesos se tornaron
más duros e crecieron,
y en sí toda la carne convirtieron;
    las entrañas heladas
tornaron poco a poco en piedra dura;
por las venas cuitadas
la sangre su figura
iba desconociendo y su natura;
    hasta que, finalmente,
en duro mármol vuelta y transformada,
hizo de sí la gente
no tan maravillada
cuanto de aquella ingratitud vengada.
    No quieras tú, señora,
de Némesis[60] airada las saetas
probar, por Dios, agora;
baste que tus perfetas
obras y hermosura a los poetas

den inmortal materia,
sin que también en verso lamentable
celebren la miseria
de algún caso notable
que por ti pase triste y miserable.

Fray Luis de León, 1527–91 (pp. 299–301;
476–80)

Since his poetry first became known, Fray
Luis has been recognized universally as one of
the great poets of Spain. He enjoys the unique
distinction of having been the central figure of
two poetic schools, one which formed around
him during his lifetime and the other which
revived his style of poetry in the eighteenth
century. These movements are known as the
First and Second Salamancan Schools of
poetry and stress plain, unadorned, sober
poetry more concerned with matter and substance than form. Fray Luis, no frivolous
poet, did not fritter away his time and energy
on petty themes or technical perfection. He
did not take his poetry too seriously and
thought he would be remembered, if at all,
because of his prose works, such as *Los
nombres de Cristo* and *La perfecta casada*. He
was, however, not altogether scornful of his
poetic efforts, particularly his translations
from other poets, and collected them for a
friend, Don Pedro Portocarrero, Bishop of
Cuenca and twice Rector of the University of
Salamanca. In a letter accompanying the
poetry, Fray Luis stated: "Entre las ocupa-
ciones de mis estudios en mi mocedad, e casi
en mi niñez, se me cayeron de entre las manos
estas obrecillas, a las cuales me apliqué más
por inclinación de mi estrella que por juicio
o voluntad." Fitzmaurice-Kelly and others
have pointed out, however, that many of Fray
Luis' poems are the products of his mature
years and that the *obrecillas* produced in his
youth were very likely his translations. Few if
any of his original poems and none of his
better known ones were written before he was
thirty years of age.
    Fray Luis arranged his poetry into three
parts. The first part contains his original compositions, the second his translations of
secular writers and the third his translations of
sacred authors. He does not have much to say

58 Both el Brocense and Herrera explained this passage. El Brocense noted: " No debe ser notada una
dama de ingrata, pues no tiene otra falta; " and
Herrera wrote: " No debe merecer nombre de ingrata
quien carece de todos los demás vicios. "

59 Anajérete was turned into marble because she was
unmoved by the death of her suitor, Ifis, who hanged
himself at her door.
60 Nemesis was the goddess of chastisement and vengeance; hence retributive justice or retribution.

about his personal poetry: "De lo que com-
puse, juzgará cada uno a su voluntad." The
translations are another matter, and Fray Luis
insists that the person who wants to judge
them must first try translating elegant poetry
from one language to another "sin añadir ni
quitar sentencia." He does not claim success
for his translations, but admits he tried for it.
That he succeeded as a translator is, of course,
of less importance to us today than his success
as a poet in his own right, for though his total
output in original poetry amounts to relatively
little, several of his poems rank among the
best ever produced in Spain.

Among the qualities which distinguish Fray
Luis' poetry are simplicity and elegance combined with sincerity, lofty thoughts, and intel-
lectualism. Beauty of form was not enough to
satisfy him, and his mind reached out to probe
deep questions of life and concerns of the
spirit. The image of Fray Luis' life as a serene,
calm, contemplative one withdrawn from the
world is erroneous even though such an image
arises from his best known poetry. He was not
withdrawn but stood very much in the middle
of turmoil and trouble and was respected and
feared for his reputation as a fighter. He spent
most of his life at the University of Salamanca
where his stormy career as a professor was
interrupted by five years imprisonment in the
Inquisition's prison at Valladolid. Although
exonerated, he did not find peace upon returning to the university and his life continued to
be as Onís says "una constante y dolorosa
lucha." Scholastic squabbles, competitions for
professorial chairs and between religious
orders, doctrinal differences, and personal
enemities and jealousies made his daily life in
the world difficult. How then can one reconcile his poetic serenity with his external life?
After the day's struggles were over, Fray Luis
could withdraw to himself, escape from the
distractions of his university life and find in
solitude and meditation that repose and
serenity expressed in his poetry. He must have
composed his poetry during these hours of
quiet when he could shut his eyes and see a
different world.[1]

Fray Luis sought rest in Nature and his
mind reached out to the stars. He spoke of
birds, the rivers, mountains, trees and many

times the sea. He does not describe in minute
detail nor in bright colors but captures the
beauty and essence of a thing just as surely as
if he had. He saw in Nature evidence of God's
handiwork but knew that the beauty of
earthly things is but a pale reflection of ideal
beauty. Awed by what his eyes saw and what
his mind imagined, he longed to soar with pen
in hand to heights where he might see the
great secrets of creation. Love as a theme is
entirely lacking in his poetry. Bell notes that
"Luis de León substituted for the ideal love
platonically sung by Petrarchan imitators the
equally unattainable but more fruitful idea of
the beauty and mystery of the Universe,
which, indeed, became in his hands something
more personal than the Nise and Chloe of
contemporary poets." He was preoccupied
with the mysteries and beauty of the universe
and had a Faust-like restlessness to see and
know more than mortal tongue could tell. Yet
he reacted to the reality of his world and spoke
in his poetry of such things as the battles of
Pavía and Lepanto, the death of Don Juan de
Austria, the inventions of artillery, and the ill-
fated Portuguese expedition to Africa. He was
perhaps the most representative Renaissance
man of Spain in his fusion of poet, teacher,
prosist, and sage.

Fray Luis' poetry was not published until
1631, forty years after his death, when Quevedo printed it in an effort to check the rising
tide of Gongorism. But it circulated widely in
manuscript all over Spain. Cervantes spoke of
León already in 1583 in *La Galatea* as "un
ingenio que al mundo pone espanto / y que
pudiera en éxtasis robaros /... Fray Luis de
León es el que digo, / a quien yo reverencio,
adoro y sigo." Moderns still share this enthu-
siasm for Luis de León and still read his poetry
with pleasure.

La vida del campo[2]

　　¡Qué descansada vida
la del que huye el mundanal ruido,
y sigue la escondida
senda por donde han ido
los pocos sabios que en el mundo han sido!
　　Que no le enturbia el pecho
de los soberbios grandes el estado,
ni del dorado techo

---

1 Onís says: " La armonía y la unidad en el espíritu de
Fray Luis se lograban sólo mediante un esfuerzo
supremo, que no podía ser muy duradero. " He also
describes León as " hombre delicado y enfermizo. "
2 This poem is also listed with these titles: *Vida retirada* and *Vida solitaria*. It was composed probably in

1557 when Carlos V retired to Yuste after having
abdicated to his son Felipe II. The verse form used
here is the *lira* which Fray Luis borrowed from Garcilaso. From him he borrowed also the theme of the
poem, and both poets are indebted to Horace's *Beatus
ille*.

se admira, fabricado
del sabio moro, en jaspes sustentado.

    No cura[3] si la fama
canta con voz su nombre pregonera,
ni cura si encarama[4]
la lengua lisonjera
lo que condena la verdad sincera.

    ¿Qué presta a mi contento,
si soy del vano dedo señalado,
si en busca de este viento[5]
ando desalentado
con ansias vivas, con mortal cuidado?

    ¡Oh monte, oh fuente, oh río,
oh secreto seguro,[6] deleitoso!
Roto casi el navío,
a vuestro almo reposo
huyo de aqueste mar tempestuoso.

    Un no rompido sueño,
un día puro, alegre, libre quiero;
no quiero ver el ceño
vanamente severo
de a quien la sangre ensalza o el dinero.

    Despiértenme las aves
con su cantar sabroso no aprendido,
no los cuidados graves
de que es siempre seguido
el que al ajeno arbitrio está atenido.

    Vivir quiero conmigo,
gozar quiero del bien que debo al cielo,
a solas, sin testigo,
libre de amor, de celo,
de odio, de esperanzas, de recelo.

    Del monte en la ladera
por mi mano plantado tengo un huerto,
que con la primavera,
de bella flor cubierto,
ya muestra en esperanza el fruto cierto.

    Y como codiciosa,
por ver y acrecentar su hermosura,
desde la cumbre airosa
una fontana pura
hasta llegar corriendo se apresura.

    Y luego, sosegada,

el paso entre los árboles torciendo,
el suelo de pasada
de verdura vistiendo,
y con diversas flores va esparciendo.

    El aire el huerto orea,
y ofrece mil olores al sentido,
los árboles menea
con un manso ruido,
que del oro y del cetro pone olvido.

    Ténganse su tesoro
los que de un falso leño[7] se confían;
no es mío ver el lloro
de los que desconfían
cuando el cierzo y el ábrego porfían.[8]

    La combatida antena
cruje, y en ciega noche el claro día
se torna, al cielo suena
confusa vocería,
y la mar enriquecen a porfía.[9]

    A mí una pobrecilla
mesa, de amable paz bien abastada
me basta; y la vajilla
de fino oro labrada
sea de quien la mar no teme airada.

    Y mientras miserable-[10]
mente se están los otros abrasando
con sed insacïable
del peligroso mando,
tendido yo a la sombra esté cantando;

    a la sombra tendido
de hiedra y lauro eterno coronado,
puesto el atento oído
al son dulce, acordado,
del plectro[11] sabiamente meneado.

Noche serena[12]

    Cuando contemplo el cielo
de innumerables luces adornado,
y miro hacia el suelo
de noche rodeado,
en sueño y en olvido sepultado:

    el amor y la pena
despiertan en mi pecho un ansia ardiente,[13]

---

3 curar — to worry, care.
4 encaramar — to exalt.
5 viento — Here: trifle, vanity.
6 seguro — haven, hiding place.
7 leño — log; figuratively: ship.
8 el cierzo . . . porfían — cold north wind and south-west wind contend. Fray Luis used contrasts strikingly. Here he turns from a peaceful scene to one of a storm at sea. A stanza later he returns again to calm and peace.
9 Y la mar . . . porfía — They vie with each other to enrich the sea (i.e. they contend with one another to see who can throw overboard the most cargo to lighten the ship so it can survive the storm).
10 Such *enjambements* as shown here have brought

Fray Luis criticism, for they were not expected of a sixteenth century poet. These and other inversions, however, were practised by Darío and the Modernists.
11 plectro — pick (of a guitar); metaphorically the instrument itself.
12 This highly spiritual poem reflecting the poet's maturity was written between 1576 and 1580, according to Bell's estimate. The poem was dedicated to Fray Luis' friend Diego Olarte. The verse form is again the *lira*.
13 The *ansia ardiente* and Fray Luis' contempt for worldly things, expressed in the following stanzas, suggest the mystic. This is not the rapturous flight of a San Juan, however, and Fray Luis' Heaven remains distant.

285

despiden larga vena[14]
los ojos hechos fuente,
la lengua dice al fin con voz doliente:
    Morada de grandeza,[15]
templo de claridad y hermosura,
el alma que a tu alteza
nació, ¿qué desventura
la tiene en esta cárcel baja, oscura?
    ¿Qué mortal desatino
de la verdad aleja así el sentido,
que de tu bien divino
olvidado, perdido
sigue la vana sombra, el bien fingido?
    El hombre está entregado
al sueño, de su suerte no cuidando,
y con paso callado
el cielo vueltas dando,
las horas del vivir le va hurtando.
    ¡Oh! ¡despertad mortales!
Mirad con atención en vuestro daño.
Las almas inmortales,
hechas a bien tamaño,
¿podrán vivir de sombras y de engaño?
    ¡Ay! ¡levantad los ojos
a aquesta celestial eterna esfera!
burlaréis los antojos
de aquesa lisonjera
vida, con cuanto teme y cuanto espera.
    ¿Es más que un breve punto
el bajo y torpe suelo comparado
con ese gran trasunto,[16]
do vive mejorado
lo que es, lo que será, lo que ha pasado?
    ¿Quién mira el gran concierto
de aquestos resplandores eternales,
su movimiento cierto,
sus pasos desiguales,
y en proporción concorde tan iguales,
    la luna cómo mueve
la plateada rueda, y va en pos della
la luz do el saber llueve,[17]
y la graciosa estrella
de amor[18] la sigue reluciente y bella;
    y cómo otro camino
prosigue el sanguinoso Marte airado,
y el Júpiter benigno
de bienes mil cercado
serena el cielo con su rayo amado;

rodéase en la cumbre[19]
Saturno padre de los siglos de oro,
tras él la muchedumbre
del reluciente coro[20]
su luz va repartiendo y su tesoro;
    ¿quién es el que esto mira,
y precia la bajeza de la tierra,
y no gime y suspira,
por romper lo que encierra
el alma, y destos bienes la destierra?
    Aquí vive el contento
aquí reina la paz, aquí asentado
en rico y alto asiento
está el amor sagrado,
de glorias y deleites rodeado.
    Inmensa hermosura
aquí se muestra toda, y resplandece
clarísima luz pura,
que jamás anochece,
eterna primavera aquí florece.
    ¡Oh campos verdaderos!
¡Oh prados con verdad frescos y amenos!
¡Riquísimos mineros!
¡Oh deleitosos senos!
¡Repuestos[21] valles de mil bienes llenos!

La Ascensión del Señor

    ¿Y dejas,[22] Pastor Santo,
tu grey en este valle hondo, oscuro,
con soledad y llanto,
y tú, rompiendo el puro
aire, te vas al inmortal seguro?
    Los antes bienhadados,
y los agora tristes y afligidos,
a tus pechos criados,
de ti desposeídos,
¿a dó convertirán ya sus sentidos?
    ¿Qué mirarán los ojos
que vieron de tu rostro la hermosura,
que no les sea enojos?
Quien oyó tu dulzura,
¿qué no tendrá por sordo y desventura?
    A aqueste mar turbado,
¿quién le pondrá ya freno?, ¿quién
al viento fiero, airado?   [concierto
Estando tú cubierto,
¿qué norte[23] guiará la nave al puerto?

---

14 despiden larga vena — weep copiously.
15 Morada de grandeza — Magnificent abode (i.e. Heaven. Fray Luis calls to the starry heavens).
16 trasunto — Here: expanse.
17 La luz . . . llueve — The heavenly light from which wisdom rains. (Mercury, the planet, and Mercury, the god of wisdom, are here thought of as one.)
18 estrella de amor — star of love. (Again the identification of the goddess with the planet, in this case Venus.)

19 Rodéase en la cumbre — At the top revolves. (According to Fray Luis' astronomy, Saturn was the outermost planet.)
20 la muchedumbre . . . coro — the stars.
21 Repuestos — hidden, concealed.
22 The striking use of y to begin the poem gives the effect of continuity as though the poet had been looking at a picture and had turned aside or had been thinking to himself and then began to speak.
23 norte — compass.

¡Ay! nube envidïosa
aun deste breve gozo, ¿qué te quejas?
¿Dó vuelas presurosa?
¡Cuán rica tú te alejas!
¡Cuán pobres y cuán ciegos ¡ay! nos dejas!

A Francisco Salinas[24]

El aire se serena
y viste de hermosura y luz no usada,
Salinas, cuando suena
la música extremada
por vuestra sabia mano gobernada,
   a cuyo son divino
el alma que en olvido está sumida[25]
torna a cobrar el tino
y memoria perdida
de su origen primera esclarecida.

Y como se conoce,
en suerte y pensamientos se mejora:
el oro desconoce[26]
que el vulgo vil adora,
la belleza caduca engañadora.

Traspasa el aire todo
hasta llegar a la más alta esfera,
y oye allí otro modo
de no perecedera
música, que es la fuente y la primera.[27]

Ve cómo el gran Maestro
a aquesta inmensa cítara aplicado,
con movimiento diestro
produce el son sagrado,
con que este eterno templo es sustentado.[28]

Y como está compuesta
de números concordes, luego envía
consonante respuesta,
y entre ambas[29] a porfía
se mezcla una dulcísima harmonía.

Aquí la alma navega
por un mar de dulzura, y finalmente
en él así se anega,
que ningún accidente
extraño o peregrino oye o siente.

¡Oh desmayo dichoso!
¡Oh muerte que das vida! ¡Oh dulce
¡Durase en tu reposo   [olvido!
sin ser restituído
jamás aqueste bajo y vil sentido!

A este bien os llamo
gloria del Apolíneo sacro coro,[30]
amigos a quien amo
sobre todo tesoro,
que todo lo visible es triste lloro.

¡Oh!   Suene de contino,
Salinas, vuestro son en mis oídos,
por quien[31] al bien divino
despiertan los sentidos,
quedando a lo demás adormecidos.

A Felipe Ruiz[32]

¿Cuándo será que pueda,
libre de esta prisión, volar al cielo,
Felipe, y en la rueda[33]
que huye más del suelo
contemplar la verdad pura, sin duelo?

Allí, a mi vida junto,[34]
en luz resplandeciente convertido,
veré distinto y junto
lo que es y lo que ha sido,
y su principio propio y escondido.

Entonces veré cómo
la soberana mano echó el cimiento
tan a nivel y a plomo[35]
do estable y firme asiento
posee el pesadísimo elemento.[36]

Veré las inmortales
colunas do la tierra está fundada,
las lindes y señales[37]
con que a la mar hinchada
la Providencia tiene aprisionada;
   por qué tiembla la tierra,
por qué las hondas mares se embravecen;
dó[38] sale a mover guerra
el cierzo, y por qué crecen
las aguas del Océano y descrecen;

24 Francisco Salinas was one of Fray Luis' closest friends. He was a blind professor of music at the University of Salamanca. Peers calls this " the greatest poem ever written in Spanish on music. "
25 The soul, distracted by the world, has forgotten its divine origin.
26 desconoce — Here: scorns.
27 An expression of Fray Luis' Platonism which saw in worldly objects but a reflection of the perfect models from which they originate. He fuses this with Christian theology.
28 Peers sees this stanza as a probable interpolation and responsible in part for the mystical interpretation which some have given the poem. This strophe is not included in all manuscripts of the poem.
29 Fray Luis imagines a harmonious concert between Salinas' music and the heavenly music.

30 gloria . . . coro — glory of Apollo's sacred chorus (i.e. poets. Apollo was the god of poetry and music. Fray Luis urges his fellow poets to seek the same experience he has had).
31 por quien — through which, by which.
32 Felipe Ruiz de la Torre y Mota was a close friend of Fray Luis.
33 la rueda — sphere (Fray Luis refers here to the outermost sphere in the Ptolomaic system which was supposed to be the abode of the just).
34 Read: junto a mi vida (i.e. standing beside God).
35 a plomo — in plumb.
36 el pesadísimo elemento — the earth.
37 señales — markers.
38 dó — From where, whence.

de dó manan las fuentes,
quién ceba y quién bastece de los ríos
las perpetuas corrientes;[39]
de los helados fríos
veré las causas y de los estíos;
    Las soberanas aguas
del aire en la región quién las sostiene;
de los rayos las fraguas;
dó los tesoros tiene
de nieve Dios, y el trueno dónde viene.
    ¿No ves cuando acontece
turbarse el aire todo en el verano?
El día se ennegrece,
sopla el gallego[40] insano,
y sube hasta el cielo el polvo vano.
    Y entre las nubes mueve
su carro Dios, ligero y reluciente;
horrible son conmueve,
relumbra fuego ardiente,
treme[41] la tierra, humíllase la gente.
    La lluvia baña el techo,
envían largos ríos los collados;
su trabajo deshecho,
los campos anegados
miran los labradores espantados.
    Y de allí levantado,
veré los movimientos celestiales,
ansí el arrebatado,[42]
como los naturales,[43]
las causas de los hados, las señales.
    Quién rige las estrellas
veré, y quién las enciende con hermosas
y eficaces centellas;
por qué están las dos Osas[44]
de bañarse en el mar siempre medrosas.
    Veré este fuego eterno,[45]
fuente de vida y luz, dó se mantiene,
y por qué en el invierno
tan presuroso viene;
quién en las noches largas le detiene.
    Veré sin movimiento
en la más alta esfera las moradas
del gozo y del contento,

de oro y de luz labradas,
de espíritus dichosos habitadas.

Profecía del Tajo

    Folgaba el rey Rodrigo[46]
con la hermosa Cava[47] en la ribera
del Tajo, sin testigo;
el río sacó fuera
el pecho, y le habló desta manera:
    « En mal punto te goces,
injusto forzador; que ya el sonido
oyo[48] ya, y las voces,
las armas y el bramido
de Marte, y de furor y ardor ceñido.
    « ¡Ay!   Esa tu alegría
¡qué llantos acarrea! y esa hermosa
(que vió el sol en mal día),
a España ¡ay, cuán llorosa!
¡Y al cetro de los godos cuán costosa!
    « Llamas, dolores, guerras,
muertes, asolamiento, fieros males
entre tus brazos cierras,
trabajos inmortales,
a ti y a tus vasallos naturales,
    « A los que en Constantina[49]
rompen el fértil suelo, a los que baña
el Ebro, a la vecina
Sansueña,[50] a Lusitaña,[51]
a toda la espaciosa y triste España.
    « Ya dende[52] Cádiz llama
el injuriado Conde,[53] a la venganza
atento y no a la fama,
la bárbara pujanza,[54]
en quien para tu daño no hay tardanza.
    « Oye que al cielo toca
con temeroso son la trompa fiera;
que en África convoca
el Moro a la bandera,
que al aire desplegada va ligera.
    « La lanza ya blandea
el Árabe cruel, y hiere el viento
llamando a la pelea;
innumerable cuento[55]

---

39 Quién ceba . . . corrientes — The one who nourishes and supplies the perpetual currents of the rivers.
40 gallego — northeast wind (since it comes from Galicia).
41 treme — trembles.
42 el arrebatado — the moving one; the one carried off, snatched away. (Fray Luis refers to non-fixed stars, comets, etc.)
43 los naturales — the natural ones (i.e. the fixed, orbital stars).
44 las dos Osas — the two bears (constellations).
45 fuego eterno — eternal fire (the sun).
46 King Rodrigo, last of the Goths, ruler of Spain when the Moors invaded.
47 La Cava, daughter of Conde Julián. Seduced by Rodrigo, she called upon her father for revenge and

he, according to legend, conspired with the Moors to ruin Rodrigo and capture Spain.
48 oyo (oigo) — I hear.
49 Constantina is a very old city near Sevilla.
50 Sansueña is Zaragoza. The city of Sansueña is mentioned in Don Quijote, Part II, Ch. XXVI: " Trata de la libertad que dió el señor Gaiferos a su esposa Melisendra, que estaba cautiva en España, en poder de moros, en la ciudad de Sansueña, que así se llamaba entonces la que hoy se llama Zaragoza. "
51 Lusitaña is Portugal.
52 dende (desde) — from.
53 Conde Julián, see note 47.
54 la bárbara pujanza — the barbaric power (the infidel Moors).
55 cuento — number.

de escuadras juntas veo en un momento.
    « Cubre la gente el suelo,
debajo de las velas desparece
la mar, la voz al cielo
confusa y varia crece,
el polvo roba el día y le escurece.
    « ¡Ay, que ya presurosos
suben las largas naves! ¡Ay, que tienden
los brazos vigorosos
a los remos, y encienden
las mares espumosas por do hienden!
    « El Eolo[56] derecho
hinche la vela en popa, y larga entrada
por el hercúleo estrecho[57]
con la punta acerada[58]
el gran padre Neptuno da a la armada.
    « ¡Ay triste!   ¿Y aún te tiene
el mal dulce regazo,[59] ni llamado
al mal que sobreviene
no acorres?   ¿Ocupado
no ves ya el puerto a Hércules sagrado?[60]
    « Acude, corre, vuela,
traspasa el alta sierra, ocupa el llano,
no perdones la espuela,
no des paz a la mano,
menea fulminando el hierro insano.
    « ¡Ay, cuánto te fatiga!
¡Ay, cuánto de sudor está presente
al que viste loriga,
al infante valiente,
a hombres y a caballos juntamente.
    « Y tú, Betis[61] divino,
de sangre ajena y tuya amancillado,
¡darás al mar vecino
cuánto yelmo quebrado,
cuánto cuerpo de nobles destrozado!
    « El furibundo Marte
cinco luces las haces desordena,
igual a cada parte;
la sexta ¡ay! te condena,[62]
oh cara patria, a bárbara cadena. »[63]

Décima[64]

        Aquí la envidia y mentira
    me tuvieron encerrado.
    Dichoso el humilde estado
    del sabio que se retira
    de aqueste mundo malvado,

y con pobre mesa y casa
en el campo deleitoso,
con sólo Dios se compasa,
y a solas su vida pasa,
ni envidiado ni envidioso.

Fernando de Herrera, 1534–97 (pp. 304–05)

    Fernando de Herrera was the acknowledged leader of the Sevillian school of poetry in the second half of the sixteenth century. As opposed to the Salamancans, the Andalusians were exuberant, rhetorical, colorful, sensual, passionate, and ornate; they gave much more attention to form and less to matter than their northern kin. It is surprising that so little is known of the life of a man of Herrera's stature. Born in Sevilla the son of an obscure wax chandler, he took minor religious orders and received a benefice from the Parish of San Andrés. This provided him with a modest income and allowed him to devote his entire life to study and the writing of poetry. He was a serious, quiet, reserved person and at times unsociable and unpleasant. One of his biographers, the painter Pacheco, who knew him well and admired his talent, said he was "áspero y mal acondicionado." Other contemporaries considered him arrogant and rude, and the story is told that his followers were once asked why they called him "Divine" if he was not even human. Despite this side of his nature, which may have had something to do with his ill-fated love affair, Herrera was and still is widely admired for his poetic gifts and the important role he played in the evolution of Spanish poetry. He further nationalized and acclimatized the Italian style of poetry initiated by Boscán and Garcilaso, and he carried on Juan de Mena's experiments with the language, accomplishing much for Spanish poetic diction. Viewed in this perspective, Herrera links the poetry of the fifteenth and sixteenth centuries to that of Góngora and the Baroque artists of the seventeenth.
    Herrera's two principal motifs are love and patriotism. For readers who prefer rhetoric

56 Eolo, god of winds.
57 el hercúleo estrecho — Straits of Gibraltar.
58 Neptune carried a trident.
59 ¿Y aún . . . regazo? — And is evil still lulling you to sleep?
60 el puerto a Hércules sagrado — Cádiz.
61 Betis — the Guadalquivir river.
62 The battle of the Guadelete spoken of here lasted for six days. Thus Mars shone six times all together,

bringing disorder into the ranks *(haces)* of the opposing armies. (cf. Engl. six moons) According to folk legend the battle lasted eight days.
63 bárbara cadena — barbarian chain (i.e. the Christians became captives of the barbarians).
64 This poem is also found with the title *Al salir de la cárcel*. It is supposed that Fray Luis wrote it shortly after his release from prison. He treats here again the theme of the " vida retirada. "

and sonority, his best manner is shown in the patriotic and heroic odes. Those who prefer subtler lyrical moments think of him as the poet of love sonnets, which show Petrarchan influence, and elegies. The lady to whom his erotic verse was directed was Doña Leonor de Milán, Condesa de Gelves, wife of Don Álvaro Colón y Portugal. Although she may have corresponded modestly to his ardor for a fleeting moment, Herrera's love, like Garcilaso's, was an impossible one and in the end probably remained unrequited. Nevertheless, his love poetry reflects several different moods, such as exaltation of first love, hope of fulfilment, and the worship of the beloved's memory after her death which became almost a religious cult for the poet.

In the patriotic odes, Herrera best represents the style of the Andalusian school. Here he is grandiloquent, majestic, and emphatic. His verses roll like thunder and resound with the sonorous grandeur of the prophets he imitated: Isaiah and Jeremiah. The tone is declamatory and oratorical, the images forceful and violent as they accumulate one on top of the other. He uses long lines of verse and long strophe patterns, achieving broad, sweeping effects full of vigor and energy. His best poem in this style and the one often acclaimed as his masterpiece is *Canción por la victoria de Lepanto*, a forceful hymn in which he celebrates the victory of the Christian fleet over the Turks in the decisive battle.

Technically, Herrera surpassed his predecessors. Poetry absorbed his life and, though he felt form was sufficient end in itself, he did not make it so. He polished Garcilaso's language and introduced neologisms and Latinisms. His *Anotaciones a las obras de Garcilaso*, 1580, contain many of his thoughts on poetry and show that he was concerned with every phase of the poet's art, including such details as spelling and the production of sound: "la suavidad de la oración es donde no hay muchas consonantes . . . El verso que tiene muchas consonantes es grave, tardo y lleno."
After noting that Garcilaso had introduced many new words, Latinisms and Italianisms with success, he adds' "¿y temeremos nosotros traer al uso y ministerio della [i.e. de la lengua] otras voces extrañas y nuevas, siendo limpias, propias, significantes, convenientes, magníficas, numerosas y de buen sentido, y que sin ellos no se declara el pensamiento con una sola palabra?" He avoided the vulgar expression and was more daring with his metaphors than Garcilaso had been. Not afraid of obscurity, he employed hyperbole and an abundance of epithets, images, color, and musicality.

By some standards, Herrera's total output is small: six *canciones*, seven elegies, and seventy-two sonnets. He worked hard at his poetry and polished what he wrote. The final product earned him the reputation of "Divine," a judgment of his ability with which Cervantes agreed in his *Viaje del Parnaso* where he called him *divino Herrera*.

Canción por la victoria de Lepanto[1]

Cantemos al Señor, que en la llanura
venció del mar al enemigo fiero.[2]
Tú, Dios de las batallas, tú eres diestra,
salud, y gloria nuestra.
Tú rompiste las fuerças y la dura
frente de Faraón,[3] feroz guerrero.
Sus escogidos príncipes cubrieron
los abissos[4] del mar, y decendieron
qual piedra en el profundo; y tu ira luego
los tragó, como arista seca el fuego.

El sobervio tirano, confiado
en el grande aparato de sus naves,
que de los nuestros la cerviz cativa,
y las manos aviva
al ministerio de su duro estado,
derribó con los braços suyos graves
los cedros más excelsos de la cima
y el árbol que más yerto se sublima,
bebiendo agenas aguas,[5] y pisando
el más cerrado y apartado vando.

---

1 This is Herrera's most famous poem. It was written just after the great naval battle of Lepanto and published in the following year, 1572. This battle, in which Cervantes was wounded (hence his epithet *el manco de Lepanto*), took place on October 7, 1571, between the combined Christian fleets of Spain, Venice and Pope Pius V on one side and the Turks on the other. The battle was fought near Navpaktos (Lepanto) at the entrance to the Bay of Corinth. It is famed for being the last great naval battle fought with galleys. About 15,000 Christian galley slaves were freed after the battle was won from the Turks. The allied fleets were under the command of Don Juan de Austria, half-brother of
Felipe II. They turned back the Turks and the latter were never again a threat to European civilization. Herrera adapts Biblical style to his poem and borrows from the books of Exodus (15:1–19) and Psalms (83: 3–8 and 14–17).
2 Read: que en la llanura del mar venció al enemigo fiero.
3 Faraón — Pharaoh (i.e. the Turkish Sultan who also governed Egypt at this time).
4 abissos (abismos) — abysses.
5 beber ajenas aguas — to drink somebody else's water (i.e. to occupy another's land).

Temblaron los pequeños confundidos
del impío furor suyo; alçó la frente
contra ti, Señor Dios, y enfurecido
ya contra ti se vido
con los armados brazos estendidos
el arrogante cuello del potente.
Cercó su coraçón de ardiente saña
contra las dos Esperias,[6] que el mar baña,
porque en ti confiadas le resisten,
y de armas de tu fe y amor se visten.
    Dixo aquél, insolente y desdeñoso:
« ¿No conocen mis iras estas tierras,
y de mis padres los ilustres hechos?
¿o valieron sus pechos
contra ellos, con el úngaro dudoso,[7]
y de Dalmacia y Rodas en las guerras?
¿pudo su Dios liballos de sus manos?
¡Que Dios salvó[8] a los de Austria y los
                [germanos!
¿por ventura podrá su Dios aora
guardallos de mi diestra vencedora?
    Su Roma, temerosa y umillada,
sus canciones en lágrimas convierte;
ella y sus hijos mi furor esperan
quando vencidos mueran.
Francia está con discordia quebrantada,[9]
y en España amenaza orrible muerte[10]
quien onra de la luna las banderas;
y aquellas gentes en la guerra fieras
ocupadas están en su defensa:
y aunque no, ¿quién podrá hazerme ofensa?
    Los poderosos pueblos me obedecen,
y con su daño el yugo an consentido,
y me dan por salvarse ya la mano;
y su valor es vano,
que sus luzes muriendo se escurecen.
Sus fuertes en batalla an perecido,
sus vírgenes están en cativerio,
su gloria a buelto al cetro de mi imperio,
Del Nilo a Eufrates y al Danubio frío,
quanto el sol alto mira, todo es mío. »
    Tú, Señor, que no sufres que tu gloria
usurpe, quien confía en su grandeza,
prevaleciendo en vanidad y en ira,
a este soberbio mira,

que tus templos afea en su vitoria[11]
y en sus cuerpos las fieras bravas ceva,[12]
y en su esparcida sangre el odio prueva;
y hecho ya su oprobio, dize: « ¿Dónde
el Dios déstos está? ¿de quién se esconde?
    ¡Por la gloria devida de tu nombre,
por la vengança de tu muerte gente,
y de los presos por aquel gemido,[13]
buelve el braço tendido
contra aquél, que aborrece ya ser ombre,
y las onras que a ti se dan consiente,
y tres y quatro vezes su castigo
dobla con fortaleza al enemigo;
y la injuria a tu nombre cometida
sea el duro cuchillo de su vida!
    Levantó la cabeça el poderoso
que tanto odio te tiene, en nuestro estrago
juntó el consilio,[14] y contra nos pensaron
los que en él se hallaron.
« ¡Venid! dixeron: y en el mar undoso
hagamos de su sangre un grande lago;
deshagamos a éstos de la gente,
y el nombre de su Cristo juntamente,
y, dividiendo dellos los despojos,
hártense en muerte suya nuestros ojos. »
    Vinieron de Asia y de la antigua Egito,
los árabes y fieros Africanos,
y los que Grecia junta mal con ellos,
con levantados cuellos,
con gran potencia y número infinito.
Y prometieron con sus duras manos
encender nuestros fines, y dar muerte
con hierro a nuestra juventud más fuerte,
nuestros niños prender y las donzellas,
y la gloria ofender y la luz dellas.
    Ocuparon del mar los largos senos,
en silencio y temor puesta la tierra,
y nuestros fuertes súbito cessaron,
y medrosos callaron;
hasta que a los feroces Agarenos,[15]
el Señor eligiendo nueva guerra,
se opuso el joven de Austria valeroso[16]
con el claro español y belicoso;
que Dios no sufre en Babilonia viva
su querida Sión siempre cativa.

---

6 las dos Esperias — Spain and Italy.
7 úngaro (húngaro) dudoso — fearful Hungarian.
Herrera refers here and in the next line to the Turkish
campaigns against Hungary and Dalmatia and their
capture of Rhodes in 1522.
8 ¡Que Dios salvó — One claims that God saved; They
say that God saved.
9 This refers to the discord in France after the Schism
of Avignon.
10 Herrera may be referring here to the unrest among
the *moriscos* of the Alpujarra. The crescent moon was
the symbol of Mohammedanism and appeared on
battle flags.

11 The line following this one is missing. García de
Diego supplies this one: " i tus hijos oprime con
dureza. "
12 y en sus . . . ceva — and fattens wild beasts on their
bodies.
13 Read: y por aquel gemido de los presos.
14 consilio (consejo) — council (of war).
15 Agarenos — Hagar, the Egyptian slave of Abraham
and mother of Ismaël. According to the Bible the Arabs
descended from her.
16 el joven de Austria valeroso — Don Juan de Austria,
only twenty-four years old at this time.

Qual león a la presa apercibido,
esperavan los impíos confiados
a los que tú, Señor, eras escudo;
que el coraçón desnudo
de temor, y de fe todo vestido,
de tu espíritu estavan confortados.
Sus manos a la guerra compusiste,
y a sus braços fortíssimos pusiste
como el arco azerado, y con la espada
mostraste en su favor la diestra armada.

Turbáronse los grandes, los robustos[17]
rindieronse temblando, y desmayaron,
y tú pusiste, Dios, como la rueda,
como la arista queda
al ímpetu del viento, a estos injustos,[18]
que mil huyendo de uno se pasmaron.
Qual fuego abrasa selvas, y qual llama,
que en las espesas cumbres se derrama,
tal en tu ira y tempestad seguiste
y su faz de inominia[19] confundiste.

Quebrantaste al dragón[20] fiero, cortando
las alas de su cuerpo temerosas,
y sus braços terribles no vencidos,
que con hondos gemidos
se retira a su cueva silvos dando,
y tiembla con sus sierpes venenosas,
lleno de miedo torpe sus entrañas,
de tu león[21] temiendo las hazañas;
que, saliendo de España, dió un rugido,
que con espanto lo dexó atordido.
Oy los ojos se vieron umillados
del sublime varón y su grandeza,
y tú sólo, Señor, fuiste exaltado;
que tu día es llegado,
Señor, de los ejércitos armados,
sobre la alta cerviz y su dureza,
sobre derechos cedros y estendidos,
sobre empinados montes y crecidos,
sobre torres, y muros, y las naves
de Tiro,[22] que a los tuyos fueron graves.
Babilonia y Egito amedrentada[23]
del fuego y asta temblará sangrienta,
y el humo subirá a la luz del cielo,

y, faltos de consuelo,
con rostro oscuro y soledad turbada
tus enemigos llorarán su afrenta.
Y tú, Grecia, concorde a la esperança
de Egito, y gloria de su confiança
triste que a ella pareces, no temiendo
a Dios, y en tu remedio no atendiendo,[24]
porque ingrata tus hijas adornaste
en adulterio con tan impía gente,
que desseava profanar tus frutos,
y con ojos enxutos
sus odïosos passos imitaste,
su aborrecible vida y mal presente,
por esso Dios se vengará en tu muerte;
que llega a tu cerviz su diestra fuerte
la aguda espada. ¿Quién será que pueda
tener su mano poderosa queda?

Mas tú, fuerça del mar, tú, ecelsa Tiro,[25]
que en tus naves estavas glorïosa,
y el término espantavas de la tierra,
y si hazías guerra,
de temor la cubrías con suspiro,
¿cómo acabaste fiera y orgullosa?
¿quién pensó a tu cabeça daño tanto?
Dios, para convertir tu gloria en llanto,
y derribar tus ínclitos y fuertes,
te hizo perecer con tantas muertes.

Llorad, naves del mar, que es destruida
toda vuestra sobervia y fortaleza:
¿quién ya tendrá de ti lástima alguna,
tú, que sigues la luna,
Asia adúltera, en vicios sumergida?
¿quién mostrará por ti alguna tristeza?
¿quién rogará por ti? Que Dios entiende
tu ira, y la sobervia que te ofende;
y tus antiguas culpas y mudança
an buelto contra ti a pedir vengança.

Los que vieren tus braços quebrantados
y de tus pinos[26] ir el mar desnudo,
que sus ondas turbaron y llanura,
viendo tu muerte oscura,
dirán de tus estragos espantados:
« ¿Quién contra la espantosa tanto pudo? »

---

17 los grandes . . . robustos — the Turks.
18 This part of the poem is patterned after Pslams 83:
13–15. " O my God, make them like a wheel; as the
stubble before the wind. As the fire burneth a wood,
and as the flame setteth the mountains on fire: So per-
secute them with thy tempest, and make them afraid
with thy storm. "
19 inominia (ignominia) — ignominy, infamy, dis-
grace.
20 The *dragón* refers to the coat of arms of the Turks.
21 The *león* alludes to the coat of arms of Castile and
León.
22 Tiro — Tyre, at this time in Turkish hands; metaphorically *de Tiro* means *of the Turks*. This passage is
inspired in Isaiah 2:11–16. " The lofty looks of man
shall be humbled and the haughtiness of men shall be

bowed down, and the Lord alone shall be exalted in
that day. For the day of the Lord of hosts shall be upon
every one that is proud and lofty, and upon every one
that is lifted up; and he shall be brought low; And upon
all the cedars of Lebanon that are high and lifted up,
and upon all the oaks of Bashan, And upon all the high
mountains and upon all the hills that are lifted up, And
upon every high tower, and upon every fenced wall,
And upon all the ships of Tarshish and upon all pleasant pictures. "
23 *Amedrentada* also modifies Egypt, here considered
a feminine noun.
24 An allusion perhaps to Greece's role in war as part
of the Turkish Empire.
25 Tiro used again metaphorically for Turks.
26 pinos — ships.

El Señor, que mostró su fuerte mano,
por la fe de su príncipe cristiano[27]
y por el nombre santo de su gloria,
a España le concede esta vitoria.

Bendita, Señor, sea tu grandeza,
que después de los daños padecidos,
después de nuestras culpas y castigo,
rompiste al enemigo
de la antigua sobervia la dureza.
Adórante, Señor, tus escogidos;
confiesse quanto cerca el ancho cielo
tu nombre, o nuestro Dios, nuestro consuelo,
y la cerviz rebelde, condenada,
padesca en bravas llamas abrasada.

A ti solo la gloria
por siglos de los siglos, a ti damos
la onra, y umillados te adoramos.

Elegía III[28]

No bañes en el mar sagrado i cano,
callada Noche, tu corona oscura,
antes de oír este amador ufano.

Y tú alça de la úmida hondura
las verdes hebras[29] de la bella frente,
de Náyades[30] loçana hermosura.[31]

Aquí, do el grande Betis[32] ve presente
la armada vencedora,[33] que el Egeo[34]
manchó con sangre de la turca gente,

quiero dezir la gloria en que me veo;
pero no cause invidia este bien mío
a quien aun no merece mi desseo.

Sossiega el curso, tú, profundo río,
oye mi gloria, pues también oíste
mis quexas en tu puro assiento frío.

Tú amaste, i como yo también supiste
del mal dolerte, i celebrar la gloria
de los pequeños bienes que tuviste.

Breve será la venturosa istoria
de mi favor; que breve es la alegría
que tiene algún lugar en mi memoria.

Cuando del claro cielo se desvía
del Sol ardiente el alto carro a pena,[35]
i casi igual espacio muestra el día,[36]

con blanda voz, qu'entre las perlas suena,
teñido el rostro de color de rosa,
d' onesto miedo, i d' amor tierno llena,

me dixo assí la bella desdeñosa
qu' un tiempo me negara la esperança,
sorda a mi llanto i ansia congoxosa:

« Si por firmeza i dulce amar s' alcança
premio d' amor, yo ya tener bien devo,
de los males que sufro más holgança.

Mil vezes, por no ser ingrata, pruevo
vencer tu amor, pero al fin no puedo;
qu' es mi pecho a sentillo rudo i nuevo.

Si en sufrir más me vences, yo t' ecedo
en pura fe i afetos de terneza:
vive d' oi más ya confiado i ledo. »[37]

No sé si oí, si fui de su belleza
arrebatado, si perdí el sentido;
sé qu' allí se perdió mi fortaleza.

Turbado dixe al fin: « Por no aver sido
este tan grande bien de mí esperado,
pienso que deve ser (si es bien) fingido.

Señora, bien sabéis que mi cuidado
todo s' ocupa en vos; que yo no siento,
ni pienso, sino en verme más penado.

Mayor es qu' el umano mi tormento,
i al mayor mal igual esfuerço tengo,
igual con el trabajo el sentimiento.

Las penas que por sola vos sostengo
me dan valor, i mi firmeza crece
cuanto más en mis males m' entretengo.

No quiero concederos que merece
mi afán tal bien, que vos sintáis el daño;
más ama quien más sufre i más padece.

No es mi pecho tan rudo, o tan estraño,
que no conosca en el dolor primero
si en esto que dixistes cabe engaño.

Un coraçón d'impenetrable azero
tengo para sufrir, i está más fuerte,
cuanto más el assalto es bravo i fiero.

Diom' el cielo en destino aquesta suerte,
i yo la procuré, i hallé el camino
para poder onrarme con mi muerte. »

Lo demás qu' entre nos passé no es dino,
Noche, d' oír el Austro[38] pressuroso,
ni el viento de tus lechos más vezino.

Mete en el ancho piélago espumoso
tus negras trenças i úmido semblante;
qu' en tanto que tú yazes en reposo
podrá Amor darme gloria semejante.

---

27 príncipe cristiano—Christian prince (i.e. Felipe II);
eight lines below, tus escogidos — your chosen ones
(i.e. the Christians).
28 This poem, like the *Égloga primera* of Garcilaso, is
intimately related to the life of the poet. Whereas the
love poems of Herrera are often melancholy, this one
marks a moment of exultation and happiness. The poet
is a proud lover because he feels his lady has responded
to his love.
29 hebras — Literally: threads, filaments; Metaphorically: hair.
30 Náyades — water nymphs.
31 Read: loçana hermosura de Náyades.
32 Betis — Guadalquivir.
33 *La armada vencedora* refers to the Spanish fleet
which had just returned from the battle of Lepanto
and was moored in the river. The date of this poem is
probably late in 1571.
34 Egeo — Aegean Sea (between Greece and Asia
Minor).
35 a pena (apenas) — hardly, scarcely.
36 Cuando . . . día — This is Herrera's poetic way of
saying it was shortly after noon.
37 ledo — happy, content.
38 Austro — the south wind.

Soneto X[39]

Roxo sol, que con hacha luminosa
cobras el purpureo[40] i alto cielo,
¿hallaste tal belleza en todo el suelo
qu' iguale a mi serena Luz[41] dichosa?

Aura süave, blanda i amorosa
que nos halagas con tu fresco buelo;
cuando se cubre del dorado velo
mi Luz, ¿tocaste trença más hermosa?

Luna, onor de la noche, ilustre coro
de las errantes lumbres i fixadas[42]
¿consideraste tales dos estrellas?

Sol puro, Aura, Luna, llamas d' oro,
¿oístes vos mis penas nunca usadas?
¿vistes Luz más ingrata a mis querellas?

Soneto XXIV

Oye tú solo, eterno i sacro río,[43]
el grave i mustio son de mi lamento;
i mesclado en tu grande crecimiento
lleva al padre Nereo[44] el llanto mío.

Los suspiros ardientes que a ti envío,
antes que los derrame leve viento,
acoge en tu sonante movimiento,
porque s'asconda[45] en ti mi desvarío.

No sean más testigos de mi pena
los árboles, las peñas, que solían
responder, i quexarse a mi gemido.

I en estas ondas, i corriente llena,
a quien vencer mis lágrimas porfían,
viva siempre mi mal i amor crecido.

Soneto LXI[46]

Cual d' oro era el cabello ensortijado,
i en mil varias lazadas[47] dividido;
i cuanto en más figuras esparcido,
tanto de más centellas ilustrado;

tal, de luzientes hebras coronado,
Febo[48] aparece en llamas encendido;
tal discurre en el cielo esclarecido
un ardiente cometa arrebatado.

Debaxo el puro, proprio i sutil velo
Amor, gracia, i valor, i la belleza
templada en nieve i púrpura se vía.

Pensara[49] que s' abrió esta vez el cielo,
i mostró su poder i su riqueza,
si no fuera la luz de l' alma mía.

Soneto LXII

Hazer no puede ausencia que presente
no os vea yo, mi Estrella,[50] en cualquier' ora;
que cuando sale la purpúrea Aurora,
en su rosada falda estáis luziente.

I cuando el Sol alumbra el Orïente,
en su dorada imagen os colora;
i en sus rayos parecen a desora
rutilar[51] los cabellos i la frente.

Cuando ilustra[52] el bellísimo Lucero[53]
el orbe,[54] entre los braços puros veo
de Venus encenderse essa belleza.

Allí os hablo, allí suspiro i muero;
mas vos, siempre enemiga a mi desseo,
os mostráis sin dolor a mi tristeza.

---

39 José Manuel Blecua, who in 1948 published a collection of *poesías inéditas* of Herrera, found a 1578 manuscript showing a great number of variations: *llama gloriosa* instead of *hacha luminosa*, etc. Herrera made changes to produce the version given here.
40 Herrera sometimes used this word without the accent mark on the *u*.
41 Luz was one of the names Herrera used to designate Doña Leonor de Milán. The poet was very fond of figures of speech and words that dealt with light and shadow and colors. The names he applied to his lady illustrate this.
42 las errantes lumbres i fixadas — the moving and fixed stars.
43 The eternal and sacred river is the Guadalquivir.
44 el padre Nereo — Nereus, god of the sea, father of the Nereids.

45 porque s'asconda (se esconda) — so that (my madness) may be hidden (in you).
46 This sonnet devoted to Herrera's hyperbolical description of his lady's hair shows the poet's rich imagery and his use of light and color. The gold, flaming sun, and the burning comet combine to make a striking descriptive passage.
47 lazada — bow.
48 Febo — Apollo (the sun).
49 Pensara — I would think.
50 Estrella, another name by which Herrera designated Doña Leonor.
51 rutilar — to twinkle, scintillate.
52 ilustra — Here: illuminates.
53 Lucero — morning star (any bright star).
54 el orbe — the earth.

LYRIC POETRY OF MYSTICISM

San Juan de la Cruz, 1542–91 (pp. 308–09; 475–76)

Extravagant praise is accorded San Juan de la Cruz, whose worldly name was Juan de Yepes. Menéndez y Pelayo referred to his poetry as "angelical, celestial y divina, que ya no parece de este mundo, ni es posible medirla con criterios literarios . . . Confieso que me infunden religioso terror al tocarlas. Por allí ha pasado el espíritu de Dios, hermoseándolo y santificándolo todo." Dámaso Alonso, who feels the same awe, says of San Juan that "el consenso unánime de los españoles que tienen conocimiento de cosas de belleza, hace ya tiempo que ha fallado que él es el más grande poeta de España, y si surge una duda, es sólo la de si fray Luis de León habrá de colocarse como su parigual o siguiéndole de cerca." San Juan represents the culmination of the great flourishing of mystic literature in the second half of the sixteenth century and is the most intense and the purest of the mystic poets. The age which saw the rise of such religious writers as Fray Luis de León, Fray Luis de Granada, Juan de Ávila, and Santa Teresa de Jesús, was crowned by the poetical raptures of San Juan, the last of the great Spanish mystics. Although mysticism continued into the seventeenth century, it declined steadily after the death of San Juan de la Cruz.

The poetic production of San Juan is very scant. His three major poems, all short, are: (1) *Cántico espiritual* (also referred to as *Canciones entre el alma y el esposo*); (2) *Noche oscura del alma*; and (3) *Llama de amor viva*. He wrote five lesser poems, the best of which are *El pastorcico* and *Aunque es de noche*, ten *romances* and two *Glosas a lo divino*. In an attempt to explain his three most important poems, San Juan composed very detailed and lengthy prose commentaries intended to help the reader unravel some of the mysteries of the poetry. Two of these prose works, *Cántico espiritual* and *Llama de amor viva*, have the same titles as the poems which they interpret. For *Noche oscura* he wrote two treatises, one with the same title and another called *Subida del monte Carmelo*. Despite this effort to explain the metaphysics upon which mysticism

is based, San Juan recognized the impossibility of expressing with words either in verse or prose the culmination of the mystic experience, the union of the soul with God. Nevertheless, he came close to expressing the ineffable because he possessed the very rare combination of a highly sensitive, religious spirit and keen artistic perception and intuition. When asked once how one achieves the peak of mystic rapture, San Juan answered: "negando su voluntad y haciendo la de Dios, porque éxtasis no es otra cosa que un salir el alma de sí y arrebatarse en Dios, y esto hace el que obedece (que es salir de sí y de su propio querer) y aligerado se anega en Dios." Although there may be few who can follow the poet and understand him perfectly, his poetry can give everyone a glimpse, dim though it be, of the mystic process.

All of San Juan's writings are religious and deal with the human soul's relationship with God. He did not write for those who had never had any kind of religious or mystic experience but for those who had already begun the ascent of Mount Carmel. He generally begins with the second stage of the ascent, the *via iluminitiva*, dispensing with the first stage, the *via purgativa*, assuming that his readers will already have completed the preliminary steps. To express his inner religious experiences, for which he says "ni basta ciencia humana para saberlo entender, ni experiencia para saberlo decir; porque sólo el que por ello pasa lo sabrá sentir, mas no decir," San Juan chose love, the noblest of purely human experiences, and through amorous allegory tried to give some insight into how it unites the soul with God. Since to the poet human love seemed most closely to resemble the relationship between the soul and God, he chose it for the symbolical representation of divine love. This, of course, was not original with San Juan, for mystic poets had always resorted to this concept. Nowhere is this more evident than in Solomon's *Song of Songs*, which San Juan knew so well and imitated in his own poetry, particularly in the *Cántico espiritual*.

San Juan is widely recognized as a highly lyric poet, "el poeta de más hondo lirismo de toda nuestra literatura," as Blecua says. He achieves his lyricism through simple means. He uses a limited and simple vocabulary with an abundance of popular words and terms associated with the rustic and pastoral life. His poetry has a freshness, originality, and intenseness unlike that of the other poets of his time, and it has remained unsurpassed since. Dámaso Alonso finds this freshness and originality due to simple stylistic devices such as (1) the use of dense clusters of unmodified nouns, (2) the placing of adjectives after nouns to stress the extrinsic quality of the combination and to avoid the tedium of stereotyped epithets, (3) the frequent use of diminutives, especially those ending in *-ico*, and (4) the limited use of verbs, particularly in the exclamatory stanzas. San Juan also used many symbols, which he later explained in the prose commentaries, and sometimes intensified emotion by means of exclamations or a series of unrelated comparisons. He heightened suggestiveness by the use of onomatopoeia, and he preferred uncomplicated verse forms such as the *lira*, inherited from Garcilaso and Fray Luis de León. In addition to Biblical influences, which were marked in him, one finds traces of Garcilaso and Boscán, of the troubadouresque poetry in a lexical item here and there, and certain cultisms which were popular in his day.

Noche oscura del alma[1]

En una noche oscura,
con ansias en amores inflamada,
¡Oh dichosa ventura!,
salí sin ser notada,
estando ya mi casa sosegada.

A escuras y segura,
por la secreta escala disfrazada,[2]
¡oh dichosa ventura!,
a escuras y en celada,[3]
estando ya mi casa sosegada.

En la noche dichosa,
en secreto, que nadie me veía,
ni yo miraba cosa,
sin otra luz y guía,
sino la que en el corazón ardía.[4]

Aquésta me guiaba
más cierto que la luz del mediodía,
a donde me esperaba
quien yo bien me sabía,[5]
en parte donde nadie parecía.

¡Oh noche que guiaste!
¡oh noche amable más que el alborada!
¡oh noche que juntaste
Amado con amada,[6]
amada en el Amado transformada![7]

En mi pecho florido,
que entero para él solo se guardaba,
allí quedó dormido,
y yo le regalaba,
y el ventalle de cedros aire daba.

El aire de la almena,
cuando yo sus cabellos esparcía,
con su mano serena
en mi cuello hería,
y todos mis sentidos suspendía.

Quedéme y olvidéme,
el rostro recliné sobre el amado,
cesó todo, y déjeme,
dejando mi cuidado
entre las azucenas olvidado.

Cántico espiritual[8]

¿Adónde te escondiste,
Amado, y me dejaste con gemido?
Como el ciervo[9] huiste,
habiéndome herido;
salí tras ti, clamando, y eras ido.

Pastores, los que fuerdes[10]
allá, por las majadas, al otero,
si por ventura vierdes[11]
aquél que yo más quiero,
decidle que adolezco, peno y muero.

1 The subtitle of this poem is " Canciones del alma que se goza de haber llegado al alto estado de la perfección, que es la unión con Dios, por el camino de la negación espiritual. " The poem concerns the last two stages of the mystic experience, the " via iluminitiva " and the " via unitiva. " San Juan omits the first stage involving asceticism and begins after his soul has already been purified of wordly preoccupations. The first five stanzas are devoted to the illumination. The last three describe the union of the soul with God.
2 The *escala disfrazada* is the stairway, hidden from some, which the soul ascends.
3 en celada — Here: hidden, concealed.
4 The light burning in his heart and his only guide is his faith.
5 The soul knew God was waiting.
6 Amado — God; amada — soul.

7 The union begins with this line. Note from here on how the love theme enters and how the soul loses itself entirely.
8 This poem is San Juan's longest, consisting of 39 stanzas (the Sanlúcar version). It is strongly influenced by Solomon's *Song of Songs;* even the title *Cántico* is obviously related to *Canticum cantorum* as Solomon's song is called in the Vulgate version. San Juan's poem represents the search of the bride (symbol of the soul) for her husband (symbol of God). For a full understanding of the allegory, one should read the prose commentary.
9 The stag represents the lover; cf. Song of Solomon 2:9; " My beloved is like a roe or a young hart. "
10 fuerdes (fuereis) — go.
11 vierdes (viereis) — you see.

Buscando mis amores,[12]
iré por esos montes y riberas;
ni cogeré las flores,
ni temeré las fieras,
y pasaré los fuertes y fronteras.[13]

Pregunta a las criaturas

¡Oh bosques y espesuras,
plantadas por la mano del Amado!
¡Oh prado de verduras,
de flores esmaltado,
decid si por vosotros ha pasado!

Respuesta de las criaturas

Mil gracias derramando,
pasó por estos sotos con presura,
y yéndolos mirando,
con sola su figura
vestidos los dejó de hermosura.

Esposa

¡Ay, quién podrá sanarme!
Acaba de entregarte ya de vero;[14]
no quieras enviarme
de hoy más ya mensajero,
que no saben decirme lo que quiero.

Y todos cuantos vagan,
de ti me van mil gracias refiriendo,
y todos más me llagan,
y déjame muriendo
un no sé qué que quedan balbuciendo.[15]

Mas, ¿cómo perseveras,
oh vida, no viviendo donde vives,[16]
y haciendo porque mueras,
las flechas que recibes,
de lo que del Amado en ti concibes?

¿Por qué, pues has llagado
aqueste corazón, no le sanaste?
Y pues me le has robado,
¿por qué así le dejaste,
y no tomas el robo que robaste?

Apaga mis enojos,
pues que ninguno basta a deshacellos,
y véante mis ojos,
pues eres lumbre dellos,
y sólo para ti quiero tenellos.

Descubre tu presencia,
y máteme tu vista y hermosura;
mira que la dolencia
de amor, que no se cura
sino con la presencia y la figura.[17]

¡Oh cristalina fuente,[18]
si en esos tus semblantes plateados,
formases de repente
los ojos deseados,
que tengo en mis entrañas dibujados!
Apártalos, Amado,
que voy de vuelo.

Esposo

Vuélvete, paloma,
que el ciervo vulnerado,[19]
por el otero asoma,
al aire de tu vuelo, y fresco toma.

Esposa

Mi Amado, las montañas,[20]
los valles solitarios nemorosos,[21]
las ínsulas extrañas,
los ríos sonorosos,
el silbo de los aires amorosos,
la noche sosegada,
en par de[22] los levantes[23] de la aurora,
la música callada,
la soledad sonora,
la cena que recrea y enamora.

Nuestro lecho florido,
de cuevas de leones enlazado,[24]
en púrpura tendido,
de paz edificado,
de mil escudos de oro coronado.

A zaga de tu huella,
las jóvenes discurren al camino,
al toque de centella,
al adobado vino,
emisiones de bálsamo divino.[25]

En la interior bodega
de mi Amado bebí, y cuando salía,
por toda aquesta vega,
ya cosa no sabía
y el ganado perdí que antes seguía.

---

12 amores — lover.
13 San Juan explains that the "fuertes y fronteras" represent the "world, the devil, and the flesh."
14 de vero (de veras) — truly, really.
15 An ingenious line which contains the stutter of which it speaks.
16 The bride is alive only when with the groom and is now not with him.
17 There are three versions of the *Cántico*, two of which include this stanza.
18 A reminiscence of Garcilaso's "Corrientes agua puras, cristalinas" from *Égloga primera*.
19 vulnerado — wounded.

20 *Las montañas* and the following expressions are in apposition with *Mi Amado*. Translate: My Beloved is like the mountains, etc.
21 nemorosos — wooded (derived from Garcilaso).
22 en par de — the same as, equal to.
23 levantes — breaking.
24 This line is derived from the Song of Solomon 4:8: "Come with me . . . my spouse . . . look with me from the top of Amana . . . from the lion's den . . ."
25 Another borrowing from the Song of Solomon 1: 3-4. The whole stanza means that the young girls will chase after him, attracted by the spark of love and the spiced wine, both emanating from the divine balsam.

Allí me dió su pecho,
allí me enseñó ciencia muy sabrosa,[26]
y yo le di de hecho[27]
a mí, sin dejar cosa,
allí le prometí de ser su esposa.

Mi alma se ha empleado,
y todo mi caudal, en su servicio;
ya no guardo ganado,
ni ya tengo otro oficio,
que ya sólo en amar es mi ejercicio.

Pues ya si en el ejido[28]
de hoy más no fuere[29] vista ni hallada,
diréis que me he perdido;
que andando enamorada,
me hice perdidiza,[30] y fuí ganada.

De flores y esmeraldas,
en las frescas mañanas escogidas,
haremos las guirnaldas,
en tu amor florecidas,
y en un cabello mío entretejidas.

En sólo aquel cabello
que en mi cuello volar consideraste,
mirástele en mi cuello,
y en él preso quedaste,
y en uno de mis ojos te llagaste.[31]

Cuando tú me mirabas,
tu gracia en mí tus ojos imprimían;[32]
por eso me adamabas,[33]
y en eso merecían
los míos[34] adorar lo que en ti vían.

No quieras despreciarme,
que si color moreno en mí hallaste,[35]
ya bien puedes mirarme,
después que me miraste,
que gracia y hermosura en mí dejaste.

Cogednos las raposas,[36]
que está ya florecida nuestra viña,
en tanto que de rosas
hacemos una piña,[37]

y no parezca nadie en la montiña.
    Detente, cierzo[38] muerto;
ven, austro,[39] que recuerdas los amores,
aspira por mi huerto,
y corran sus olores,
y pacerá el Amado entre las flores.

Esposo

    Entrado se ha la esposa
en el ameno huerto deseado,[40]
y a su sabor reposa,
el cuello reclinado
sobre los dulces brazos del Amado.
    Debajo del manzano,
allí conmigo fuiste desposada,
allí te di la mano,
y fuiste reparada
donde tu madre fuera violada.[41]
    A las aves ligeras,
leones, ciervos, gamos, saltadores,
montes, valles, riberas,
aguas, aires, ardores
y miedos de las noches veladores,
    por las amenas liras,
y canto de serenas os conjuro,
que cesen vuestras iras,
y no toquéis al muro,
porque la esposa duerma más seguro.

Esposa

    Oh ninfas de Judea,
en tanto que en las flores y rosales
el ámbar perfumea,
morá[42] en los arrabales,
y no queráis tocar nuestros umbrales.
    Escóndete, Carillo,[43]
y mira con tu haz a las montañas,
y no quieras decillo;
mas mira las compañas[44]
de la que va por ínsulas extrañas.[45]

---

26 This refers to the delights of the mystic union with God.
27 de hecho — indeed, in fact, wholly.
28 ejido — common pasture grounds (where one is ordinarily seen).
29 The subject of *fuere* is *yo* (unexpressed).
30 hacerse perdidizo — to disappear, to get lost on purpose.
31 The look from just one eye was enough.
32 The Beloved imprints His grace on the soul, making it beautiful.
33 adamar — to win as a bride.
34 los míos — my eyes.
35 Cf. Song of Solomon 1:5; " I am black, but comely, O ye daughters of Jerusalem . . . "
36 Cf. Song of Solomon 2:15; " Take us the foxes, the little foxes, that spoil the vines: for our vines have tender grapes. "
37 piña — cluster; Here: bouquet.
38 cierzo — north wind.
39 austro — south wind; cf. Song of Solomon 4:16;

" Awake, O north wind; and come, thou south; blow upon my garden that the spices thereof may flow out. Let my beloved come into his garden, and eat his pleasant fruits. "
40 In this stanza the union has been perfected.
41 fuiste . . . violada — thou wert restored where thy mother was defiled (i.e. Eve was defiled, according to legend, under the apple tree. From this tree, legend says, Christ's cross was made. Hence the tree which ruined the mother became the instrument which, through Christ's sacrifice, saved the soul.
42 morá (morad) — dwell, remain.
43 Carillo — Beloved. San Juan liked diminutives.
44 San Juan explains that *las compañas* are intended to represent " la multitud de virtudes y dones y perfecciones y otras riquezas espirituales que él ha puesto ya en ella. "
45 Of *ínsulas extrañas* he says: " Es a saber, de mi alma que va a ti por extrañas noticias de ti y por modos y vías extrañas y ajenas de todos los sentidos y del común conocimiento natural. "

Esposo

La blanca palomica
al arca con el ramo se ha tornado,
y ya la tortolica
al socio[46] deseado
en las riberas verdes ha hallado.
  En soledad vivía,
y en soledad ha puesto ya su nido,
y en soledad la guía
a solas su querido,
también en soledad de amor herido.

Esposa

Gocémonos, Amado,[47]
y vámonos a ver en tu hermosura[48]
al monte o al collado,
do mana el agua pura,
entremos más adentro en la espesura.[49]
  Y luego a las subidas
cavernas de la piedra nos iremos,[50]
que están bien escondidas,
y allí nos entraremos,
y el mosto de granadas gustaremos.[51]
  Allí me mostrarías
aquello que mi alma pretendía,
y luego me darías
allí tú, vida mía,
aquello que me diste el otro día.[52]
  El aspirar del aire,[53]

el canto de la dulce Filomena,
el soto y su donaire,
en la noche serena
con llama que consume y no da pena.
  Que nadie lo miraba,[54]
Aminadab[55] tampoco parecía,
y el cerco sosegaba,[56]
y la caballería
a vista de las aguas descendía.[57]

Llama de amor viva[58]

  ¡Oh llama de amor viva,
que tiernamente hieres
de mi alma en el más profundo centro!,
pues ya no eres esquiva,[59]
acaba ya si quieres,
rompe la tela de este dulce encuentro.[60]
  ¡Oh cautiverio suave!,
¡Oh regalada llaga!,
¡Oh mano blanda!,   ¡Oh toque delicado,
que a vida eterna sabe,[61]
y toda deuda[62] paga!
Matando, muerte en vida la has trocado.
  ¡Oh lámparas de fuego,[63]
en cuyos resplandores,
las profundas cavernas del sentido,[64]
que estaba oscuro y ciego,[65]
con extraños primores
calor y luz dan junto a su Querido!

46 socio — Here: mate.
47 The soul now wants to receive the joy of love.
48 She wants to become like the Beloved.
49 She wants to know the secrets of the Beloved Himself.
50 The *subidas cavernas* are the mysteries of God's wisdom.
51 The pomegranates again represent God's wisdom.
52 Of *el otro día* San Juan says: " Por aquel otro día entiende el día de la eternidad de Dios, que es otro que este día temporal; en el cual día de la eternidad predestinó Dios al alma para la gloria. "
53 These are the things the Esposo will show the Esposa.
54 The soul is at rest now and unaffected by worldly things.
55 Aminadab, in San Juan's allegory, is a demon or devil.
56 The battle (cerco — siege) is over, passions have been subdued and natural appetites mortified.
57 Allegorically *aguas* represent blessings and spiritual delights which in this state the soul enjoys with God. The horsemen represent corporal senses which descend to view the spiritual waters.
58 This poem, subtitled " Canciones del alma en la íntima comunicación de unión de amor de Dios, " deals only with the third and final stage of the mystic experience, the " via unitiva. " In his commentary San Juan explains that the flame of love is the Holy Spirit which the soul feels within itself, as fire which not only consumes and transforms it but which burns in it and flames.

59 pues . . . esquiva — From the commentary: " pues ya no afliges, ni aprietas, ni fatigas como antes hacías. "
60 The soul asks that the final curtain be removed so that union may take place. San Juan explains that there are three curtains which stand between the soul and God, two of which have already been removed: " Las dos primeras telas, de necesidad se han de haber rompido para llegar a esta posesión de unión de Dios, por amor, en que todos las cosas del mundo están negadas y renunciadas, y todos los apetitos y afectos naturales mortificados, y las operaciones del alma hechas divinas . . . y no queda por romper más que la tercera de la vida sensitiva. "
61 The delicate touch of the Holy Spirit has the flavor of eternal life.
62 By *deuda* is meant the toils and troubles of the soul before achieving its present state.
63 By *lámparas de fuego* is meant the various attributes of God, such as omnipotence, wisdom, kindness, justice, mercy, etc., each of which shines like a lamp of fire.
64 The *profundas cavernas del sentido* are the potentials of the soul, such as memory, understanding and will, which are filled only with the infinite.
65 The senses *(sentido)* were in darkness and blind because they could not see the light of God. San Juan explains that the caverns of the soul, filled with light from the lamps of fire, give back to the Querido (God) the same light He has given.

¡Cuán manso y amoroso
recuerdas en mi seno,[66]
donde secretamente solo moras:

y en tu aspirar sabroso,
de bien y gloria lleno,
cuán delicadamente me enamoras![67]

---

66 The implied *recuerdo* in this verse is the movement
of God within the soul: " . . . este recuerdo es un movimiento que hace el Verbo en la sustancia del alma, de
tanta grandeza y señorío y gloria, y de tan íntima suavidad, que le parece al alma que todos los bálsamos y
especies odoríferas y flores del mundo se trabucan y
menean, revolviéndose para dar suavidad . . . "
67 San Juan, faced with the ineffability of the final
mystic rapture, cannot explain these last three verses:
" En aquel aspirar de Dios, yo no querría hablar ni aun
quiero; porque veo claro que no lo tengo de saber
decir, y parecería menos si lo dijese; . . . " Nevertheless,
he goes on with a brief statement about his meaning:
" . . . porque es una aspiración que Dios hace, en que
en aquel recuerdo del alto conocimiento de la Deidad
la aspira el Espíritu Santo con la misma proporción
que es la noticia en que la absorbe profundísimamente
en el Espíritu Santo, enamorándola delicadísimamente
según aquello que vió; porque siendo llena de bien y
gloria, la llenó de bondad y gloria el Espíritu Santo, en
que la enamoró de sí sobre toda lengua y sentido en los
profundos de Dios, y por eso, aquí lo dejo. "

MINOR POETS OF THE SIXTEENTH CENTURY[1]

Juan Boscán Almogáver, 1492?–1542[2] (pp. 292–93)

Although as a poet Boscán was surpassed in nearly every way by his friend, Garcilaso de la Vega, he shares with him the distinction of having introduced and popularized the Italian style of poetry. Boscán, in fact, preceded Garcilaso in this poetic revolution and experimented successfully with the hendecasyllable, the *canzone*, the *terza rima*, the *ottava rima*, and blank verse. He consequently had a very large influence on the poetry of the Renaissance and the Golden Age. Although he may not have had a poetic talent of the highest order, it is impossible to speak of his era without mentioning him. One of his achievements was to accomodate the sonnet more successfully to the Spanish language than his predecessor, the Marqués de Santillana.

Soneto

¡O gran fuerza de amor, que así enflaqueces
los que nacidos son para ser fuertes,
y les truecas así todas sus suertes,
que presto los más ricos empobreces!
¡O piélago de mar, que te enriqueces
con los despojos de infinitas muertes!
Trágaslos, y después luego los viertes,
porque nunca en un punto permaneces.
¡O rayo, cuyo efecto no entendemos,
que de dentro nos dexas abrasados,
y de fuera, sin mal, sanos nos vemos!
¡O dolencia mortal, cuyos estremos
son menos conocidos y alcanzados
por los tristes que más los padecemos!

Cristóbal de Castillejo, 1490?–1550 (pp. 297–98)

Castillejo declared himself the defender of native Spanish poetic meters and hoped to stem the rising tide of Italianism. He preferred the eight-syllable line and the strophe arrangements found in the *cancioneros*. Although formally he was a traditionalist, spiritually he belonged to the Renaissance. Nevertheless medieval themes are found among his poems. His love poetry, addressed to Ana de Schaumburg and later to Ana de Aragón, conforms to the Renaissance manner. He is best known, however, for the poems he wrote to attack Italianists such as Boscán and Garcilaso and to revive interest in traditional poetic meters.

Contra los que dejan los metros castellanos y siguen los italianos

Pues la santa Inquisición
suele ser tan diligente
en castigar con razón
cualquier secta y opinión
levantada nuevamente,
resucítese Lucero[3]
a corregir en España
una muy nueva y extraña,
como aquélla de Lutero
en las partes de Alemaña.
Bien se pueden castigar
a cuenta de anabaptistas,[4]
pues por ley particular
se tornan a bautizar
y se llaman petrarquistas.
Han renegado la fe
de las trovas castellanas,
y tras las italianas
se pierden, diciendo que
son más ricas y galanas . . .

Castillejo now cites famous poets, such as Mena and Jorge Manrique, who support his cause. He then attacks Garcilaso and Boscán directly.

Mas ellos,[5] caso que[6] estaban
sin favor y tan a solas,
contra todos se mostraban,
y claramente burlaban
de las coplas españolas,

---

1 In this section a few of the more important minor poets of the sixteenth century will be introduced with a very short statement concerning their work and a limited selection of their poetry, generally only one poem from each.
2 In a 1957 edition of his works, Martín de Riquer places Boscán's birth between 1487 and 1492.

3 Lucero, a famous inquisitor from Córdoba under Ferdinand and Isabella.
4 anabaptistas — Anabaptists, a religious sect that arose in Zurich in 1523 among the followers of Zwingli, Reformation leader in Switzerland.
5 *ellos* refers to Garcilaso and Boscán.
6 caso que (aunque) — although.

canciones y villancicos,
romances y cosa tal,
arte mayor y real,
y pies quebrados y chicos,
y todo nuestro caudal.
    Y en lugar de estas maneras
de vocablos ya sabidos
en nuestras trovas caseras,
cantan otras forasteras,
nuevas a nuestros oídos:
madrigales y canciones
de diferentes renglones,
de tercia y octava rima,
y otras lindas invenciones.
    Desprecian cualquier cosa
de coplas compuestas antes,
por baja de ley, y astrosa
usan ya de cierta prosa
medida sin consonantes.[7]
Ya muchos de los que fueron
elegantes y discretos
tienen por simples pobretos,
por sólo que no cayeron
en la cuenta a los sonetos.
    Daban, en fin, a entender
aquellos viejos autores
no haber sabido hacer
buenos metros ni poner
en estilos los amores;
y que el metro castellano
no tenía autoridad
de decir con majestad
lo que se dice en toscano[8]
con mayor facilidad.

Garcilaso and Boscán are both called on to
show a sample of their new kind of Italian
poetry and each does. Boscán offers a sonnet
and Garcilaso a stanza of *octava rima*. After
this Mena, Manrique, Cartagena, Garci-
Sánchez, and Torres Naharro take turns
criticizing the new poetry.

Anonymous (p. 303)

The famous sonnet given below has been
attributed to several different writers, among
them San Ignacio de Loyola, San Francisco
Javier, Santa Teresa de Jesús, Fray Miguel de
Guevara, Lope de Vega, and San Juan de la
Cruz. However, no satisfactory proof has as
yet been produced for any of these.

Soneto a Cristo Crucificado

    No me mueve, mi Dios, para quererte
el cielo que me tienes prometido,
ni me mueve el infierno tan temido
para dejar por eso de ofenderte.
    Tú me mueves, Señor; muéveme el verte
clavado en esa cruz y escarnecido;
muéveme ver tu cuerpo tan herido;
muévenme las angustias de tu muerte;[9]
    Muéveme, en fin, tu amor de tal manera[10]
Que, aunque no hubiera cielo, yo te amara,
Y aunque no hubiera infierno, te temiera.
    No me tienes que dar por qué te quiera;
Porque, si cuanto espero no esperara,
Lo mismo que te quiero te quisiera.

Baltasar del Alcázar, 1530–1606 (pp. 305–306)

Alcázar did not take his poetry too seriously
and thought of it mostly as a recreation. He
wrote religious and amatory verse, but he is
remembered for the festive manner in which he
expresses the very strong strain of humor in
his personality, sometimes with a bit of gentle
malice. Many rank him as Spain's best poet of
light poetry.

Cena jocosa

    En Jaén, donde resido,
vive don Lope de Sosa,
y diréte, Inés, la cosa
más brava que de él has oído.
    Tenía este caballero
un criado portugués ...,
pero cenemos, Inés,
si te parece, primero.
    La mesa tenemos puesta,
lo que se ha de cenar junto,
las tazas de vino a punto,
falta comenzar la fiesta.
    Comience el vinillo nuevo,
e échole la bendición;
yo tengo por devoción
de santiguar lo que bebo.
    Franco fué, Inés, este toque;[11]

---

7 Castillejo refers here to the *versos sueltos* used by
Boscán and Garcilaso.
8 toscano — Italian.
9 A variant of this line sometimes encountered is:
" muévenme tus afrentas y tu muerte. "

10 A variant of this line is: " Muévesme al tu amor en
tal manera. "
11 Franco ... toque — That was a generous serving,
Inés.

pero arrójame la bota,[12]
vale un florín[13] cada gota
de aqueste vinillo aloque . . .[14]
    La ensalada y salpicón[15]
hizo fin: ¿qué viene ahora?
la morcilla,[16] ¡oh gran señora,
digna de veneración!
    ¡Qué oronda[17] viene y qué bella!
¡qué través[18] y enjundia[19] tiene!
Paréceme, Inés, que viene
para que demos en ella.[20]
    Pues sús, encójase y entre,
que es algo estrecho el camino.
No eches agua, Inés, al vino;
no se escandalice el vientre.
    Echa de lo tras añejo,[21]
porque con más gusto comas;
Dios te guarde que así tomas,
como sabia, mi consejo . . .
    Probemos lo del pichel,[22]
alto licor celestial;
no es el aloquillo tal,
no tiene que ver con él.
    ¡Qué suavidad!   ¡Qué clareza!
¡Qué rancio gusto y olor!
¡Qué paladar!   ¡Qué color!
¡Todo con tanta fineza!
    Mas el queso sale a plaza,
la moradilla va entrando,
y ambos vienen preguntando
por el pichel y la taza.
    Prueba el queso, que es extremo:
el de Pinto no le iguala;
pues la aceituna no es mala,
bien puede bogar su remo.[23]
    Haz, pues, Inés lo que sueles,
daca[24] de la bota llena
seis tragos; hecha es la cena;
levántense los manteles.
    Ya que, Inés, hemos cenado.
tan bien y con tanto gusto,
parece que será justo
volver al cuento pasado.
    Pues sabrás, Inés hermana,
que el portugués cayó enfermo . . .
Las once dan, yo me duermo;
quédese para mañana.

Santa Teresa de Jesús,[25] 1515–82 (pp. 309–10; 470–75)

    Teresa de Cepeda y Blázquez de Ahumada, better known as Santa Teresa de Jesús, is Spain's greatest female literary figure. She flourished in the second half of the sixteenth century during the greatest flowering of Mysticism Spain has ever seen. Her literary achievements are mostly in prose *(Las moradas, El libro de su vida. El libro de las fundaciones, Camino de perfección)*, but she also wrote a few poems. The latter are permeated with her sincerity, and though not models of technical perfection, they attract by their simplicity and devotion. Teresa wrote her poems for the nuns in her convents and not for public distribution, but they became known anyway. Her influence as a spiritual leader was felt by many, especially by San Juan de la Cruz and Fray Luis de León.

Nada te turbe

    Nada te turbe,
nada te espante,
todo se pasa,
Dios no se muda,
la paciencia
todo lo alcanza;
quien a Dios tiene
nada le falta:
sólo Dios basta.

Vivo sin vivir en mí

    Vivo sin vivir en mí,
y de tal manera espero,
que muero porque no muero.
    Vivo ya fuera de mí,
después que muero de amor;
porque vivo en el Señor,
que me quiso para sí:
cuando el corazón le di
puso en él este letrero,
que muero porque no muero.
    Esta divina prisión,
del amor con que yo vivo,

---

12 bota — wineskin.
13 florín — florin (a coin).
14 aloque — clear red.
15 salpicón — salmagundi (a mixture of chopped meat, oil, vinegar, onions, and salt).
16 morcilla — blood pudding.
17 oronda — showy, beautiful.
18 través — Here: thickness.
19 enjundia — substance, body.

20 para que demos en ella — for us to eat it (do it justice).
21 lo tras añejo — wine several years old.
22 pichel — mug.
23 bien puede bogar su remo — it can pull its oar (it can hold its own).
24 daca — pour me.
25 See p. 351 for a sample of Teresa's prose.

ha hecho a Dios mi cautivo,
y libre mi corazón;
y causa en mí tal pasión
ver a Dios mi prisionero,
que muero porque no muero.

   ¡Ay, qué larga es esta vida!
¡Qué duros estos destierros![26]
¡Esta cárcel, estos hierros
en que el alma está metida!
Sólo esperar la salida
me causa dolor tan fiero,
que muero porque no muero.

   ¡Ay, qué vida tan amarga
do no se goza el Señor!
Porque si es dulce el amor,
no lo es la esperanza larga;
quíteme Dios esta carga,
más pesada que el acero,
que muero porque no muero.

   Sólo con la confianza
vivo de que he de morir,
porque muriendo el vivir,
me asegura mi esperanza;
muerte do el vivir se alcanza,

no te tardes, que te espero,
que muero porque no muero.

   Mira que el amor es fuerte;
vida no me seas molesta,
mira que sólo te resta,
para ganarte, perderte;
venga ya la dulce muerte,
el morir venga ligero,
que muero porque no muero.

   Aquella vida de arriba,
que es la vida verdadera,
hasta que esta vida muera,
no se goza estando viva;
muerte, no me seas esquiva;
vivo muriendo primero,
que muero porque no muero.

   Vida, ¿qué puedo yo darle
a mi Dios, que vive en mí,
si no es el perderte a ti,
para mejor a Él gozarle?
Quiero muriendo alcanzarle,
pues tanto a mi Amado quiero,
que muero porque no muero.

---

26 Teresa thinks of her soul as exiled and bound by chains in the prison of her body. She yearns to escape so that she may be with God and is therefore desolate because she does not die.

THE BAROQUE AGE

Luis de Góngora y Argote, 1561–1627 (pp. 314–19)

The Cordovan poet Luis de Góngora, whom Francisco de Cascales called "el primer hombre y más eminente de España en la poesía, sin excepción alguna," represents *culteranismo* better than any other Spanish poet. In recognition of this fact, that literary style is often spoken of as Gongorism. It was not the invention of Góngora, however, but the culmination of a long process of growth and change, the natural evolution of Renaissance art. Renaissance classicial architecture, based upon the Graeco-Roman forms in which the straight line predominated, gradually became more and more ornate. The smooth or empty space of Classical shapes were filled in with decorative elements copied from nature, such as leaves, fruits, vines, and flowers. When the process was completed baroque architecture was characterized by the curved or broken line, the zig-zag, and an abundance of ornamentation. In literature the same process took place. The Italian poetic forms brought to Spain by Boscán and Garcilaso absorbed decoration, particulary the auditory and visual elements relating to music and color, and also formal complication, new words, and twisted syntax. This evolution reached its final stage in Góngora, who achieved a maximum concentration of these elements; and though many imitated him none were able to go beyond the heights he attained. Furthermore, few had the ability to apply his system with success, and in the hands of second rate poets who followed him, Gongorism became an abuse of good taste and produced bad poetry.

For many years one spoke of the two Góngoras, the so-called "Angel of Light" who in his early years supposedly wrote simple, natural, unaffected poetry, and the "Angel of Darkness" who in the second period of his career produced obscure, incomprehensible verse. One spoke of "literary insanity" when referring to the second period and imagined the most difficult poems to be the product of a diseased mind. In his masterful studies on Góngora, Dámaso Alonso has shown that this dichotomy in the work of the poet does not exist in reality and that the elements of the baroque style as they crystallized in the *Soledades* and the *Polifemo* were present in Góngora's poetry from the beginning. There are not, therefore, two different periods of his work, but a culminating moment when the baroque elements, neither new nor invented by Góngora, are massed in his baroque masterpieces in great profusion. After reaching this climax in his career, Góngora tapered off and wrote poetry in which there was no great concentration of *cultista* elements.

Unlike the other great writers of his age, such as Lope de Vega and Quevedo, Góngora wrote little else besides poetry. He tried drama (*Las firmezas de Isabel*, 1610; *El doctor Carlino*, 1613) but left nothing worthwhile. He did not publish his own writings, though he helped Antonio Chacón Ponce de León in the preparation of a manuscript by correcting errors and establishing chronology. The Chacón manuscript was dedicated to the Conde-Duque de Olivares in 1628, one year after the poet's death, and gives the most reliable edition of the poet's work. According to Foulché-Delbosc only ninety-nine of the five hundred authentic poems of Góngora were printed in his lifetime, and these were scattered about in twenty-six different publications between the dates 1580 to 1623. Góngora was as well known a literary figure as anyone of the time, however. He became, after the appearance of the *Soledades*, the *Polifemo*, and the *Panegírico al duque de Lerma*, the center of a great controversy. Many admirers immediately defended his poetry, among them Francisco Fernández de Córdoba, Luis Cabrera, García de Salcedo Coronel, and Joseph Pellicer de Salas y Tovar. Among his detractors were Pedro de Valencia, Juan de Jáuregui, Lope de Vega, and Francisco de Quevedo. The quarrel over the merits of Gongorism continued in the eighteenth century. Góngora was disliked by Luzán who deplored what he regarded as the obscurity and excesses of his baroque manner. Quintana, however, found admirable qualities in his poetry. Toward the end of the nineteenth century the French Symbolists and Parnassians praised him, and Rubén Darío recognized the qualities in his poetry which moderns have found attractive. Since the 1920's the new generations of Spanish poets have rehabilitated Góngora, and the process of dispelling the myths and prejudices concerning him which Dámaso Alonso thought might take a hundred years was accomplished in far less time. Now, as the latter says in the third edition of his prose version of the *Soledades*, 1956, "hoy estamos muy alejados de toda contienda gongorina. Góngora ha sido incorporado al cuadro normal de la literatura europea. Eso es todo."

Góngora's poetry may be roughly divided into two categories: (1) the short poems, such as the *letrillas, romances,* and sonnets; and (2) the longer poems — the *Soledades,* the *Polifemo,* and the *Panegírico.* Many of the shorter poems where there is less concentration of Gongorine formulas are easy to read and were extremely well received in the seventeenth century. They have also been unanimously praised by critics through the ages, even by those who condemn the "second manner." The longer poems, particularly the *Soledades,* are difficult to read. Alonso says: "La lectura de las Soledades es ciertamente — sería necio el negarlo — muy difícil." He insists, however, that difficulty is one thing and incomprehensibility is another. The *Soledades,* though difficult, are not obscure and, except for a few places where the poet failed to convey his meaning, are understandable. They require a great deal of work, however, and often the help of an expert like Dámaso Alonso to be understood.

The plot of the *Soledades* is frail, but this does not detract from the poems, for Góngora was not a narrative poet and was uninterested in telling stories. Limitation of the plot to bare essentials allowed him to concentrate on beauty and ornamentation alone. He originally planned four *Soledades* to be devoted to *campos, riberas, selvas,* and *yermo,* but he completed only the first one (1901 lines of verse) and most of the second one (979 lines of verse).

To achieve the effects he desired, Góngora resorted to a number of stylistic devices, the most important of which are the following: (1) hyperbaton, (2) antithesis, (3) parallelism, (4) accumulation of epithets, (5) oxymoron, (6) chiasmus, (7) synecdoche, (8) litotes,

(9) repetition of certain words. But perhaps the most fascinating part of his work is his skill with metaphors. The individuality of an object disappears in the Gongorine style, and the object becomes a part of a generic concept expressed in a generalized metaphor. Distinctive elements or qualities of the object are repeated until they represent the object itself without naming it. Thus, anything golden or yellow becomes in the Gongorine language *oro*: a woman's hair, honey, wheat, olive oil, the sun, etc. Anything white becomes *nieve*: skin, cloth, a bird, etc. Góngora's nature is therefore highly stylized and is filled with *cristal, jaspes, oro, plata, nieve, marfil, nácar, rosas, lilios, claveles, diamantes.* He also used a great many words relating to sounds and color, and he always expressed the highest degree of beauty he could imagine, never shrinking from any hyperbole. There is nothing base or ugly in Góngora's world of poetry and he turned even unpleasant moments into beauty. He had great imagination and unexpected association of ideas, ability to synthesize and abstract, unsurpassed skill in creating musical, rhythmic lines of verse, and knowledge of most of the arts and sciences of his time. Pedro Henríquez Ureña believes that what gives Góngora exceptional eminence is his indefatigable pursuit of the "expresión nunca usada." Góngora's allusions to Classical mythology and exotic geography are troublesome for the modern reader, but they contribute meaning when understood and are sometimes the source of unexpected beauties. Most of the *cultismos* for which Góngora was censored have become standard Spanish today, and many of them were already being used by Spanish poets who preceded him by centuries.

Romancillo[1]

> La más bella niña
> de nuestro lugar,
> hoy viuda y sola
> y ayer por casar,
> viendo que sus ojos[2]
> a la guerra van,
> a su madre dice
> que escucha su mal:
>
> *Dejadme llorar*
> *orillas del mar*

---

1 This *romancillo* is written in six-syllable lines, with assonance in *a*. It is arranged in stanzas of eight lines separated by the *estribillo: Dejadme llorar,* etc. Pedro Henríquez Ureña calls this " una de las más delicadas canciones de nuestro idioma. " Lope de Vega twice used the *estribillo* of this poem in his own works.
2 sus ojos — her sweetheart.

Pues me distes, madre,
en tan tierna edad
tan corto el placer
tan largo el pesar,
y me cautivastes
de quien hoy se va
y lleva las llaves
de mi libertad,
     Dejadme llorar
     orillas del mar.

En llorar conviertan
mis ojos de hoy más
el sabroso oficio
del dulce mirar,
pues que no se pueden
mejor ocupar
yéndose a la guerra
quien era mi paz.
     Dejadme llorar
     orillas del mar.

No me pongáis freno
ni queráis culpar;
que lo uno es justo,
lo otro por demás.
Si me queréis bien
no me hagáis mal;
harto peor fuera
morir y callar.
     Dejadme llorar
     orillas del mar.

Dulce madre mía,
¿quién no llorará,
aunque tenga el pecho
como un pedernal,
y no dará voces
viendo marchitar
los más verdes años
de mi mocedad?
     Dejadme llorar
     orillas del mar.

Váyanse las noches,
pues ido se han
los ojos que hacían
los míos velar;
váyanse, y no vean
tanta soledad
después que en mi lecho
sobra la mitad.
     Dejadme llorar
     orillas del mar.

Romance[3]

Servía en Orán[4] al rey
un español con dos lanzas
y con el alma y la vida
a una gallarda africana,
     tan noble como hermosa,
tan amante como amada,
con quien estaba una noche
cuando tocaron al arma.
     Trescientos Cenetes[5] eran
deste rebato[6] la causa;
que los rayos de la luna
descubrieron sus adargas;
     las adargas avisaron
a las mudas atalayas,[7]
las atalayas los fuegos,
los fuegos a las campanas;
     y ellas al enamorado,
que en los brazos de su dama
oyó el militar estruendo
de las trompas y las cajas.
     Espuelas de honor le pican
y freno de amor le para;
no salir es cobardía,
ingratitud es dejalla.
     Del cuello pendiente ella,
viéndole tomar la espada,
con lágrimas y suspiros
le dice aquestas palabras:
     « Salid al campo, señor,
bañen mis ojos la cama;
que ella me será también,
sin vos, campo de batalla.
     « Vestíos y salid apriesa,
que el general os aguarda;
yo os hago a vos mucha sobra
y vos a él mucha falta.
     « Bien podéis salir desnudo[8]
pues mi llanto no os ablanda;
que tenéis de acero el pecho
y no habéis menester armas. »
     Viendo el español brioso
cuánto le detiene y habla,
le dice así: « Mi señora,
tan dulce como enojada,
     « porque con honra y amor
yo me quede, cumpla y vaya,
vaya a los moros el cuerpo,
y quede con vos el alma.
     « Concededme, dueño mío,
licencia para que salga

3 Though the meter is *romance* in this poem it breaks
naturally into 4 = line stanzas since a thought is completed at the end of nearly every four lines.
4 Orán is an administrative division of Algiers in North
Africa. The capital city is also Orán.

5 Cenetes were North African Berbers.
6 rebato — alarm.
7 atalayas — lookouts, sentinels.
8 desnudo — Here: without armor.

al rebato en vuestro nombre
y en vuestro nombre combata. »

Romancillo

Lloraba la niña
(y tenía razón)
la prolija ausencia
de su ingrato amor.
Dejóla tan niña,
que apenas creo yo
que tenía los años
que ha que la dejó.
Llorando la ausencia
del galán traidor,
la halla la Luna,
y la deja el Sol,
añadiendo siempre
pasión a pasión,
memoria a memoria,
dolor a dolor

Llorad, corazón,
que tenéis razón.

Dícele su madre:
« Hija, por mi amor,
que se acabe el llanto,
o me acabe yo. »
Ella le responde:
« No podrá ser, no;
las causas son muchas,
los ojos son dos.
Satisfagan, madre,
tanta sinrazón
y lágrimas lloren
en esta ocasión
tantas como dellos
un tiempo tiró
flechas amorosas
el arquero dios. [9]
Ya no canto, madre,

y si canto yo,
muy tristes endechas
mis canciones son;
porque el que se fué,
con lo que llevó,
se dejó el silencio,
y llevó la voz. »

Llorad, corazón,
que tenéis razón.

Angélica y Medoro[10]

En un pastoral albergue[11]
que la guerra entre unos robles
lo dejó por escondido
o lo perdonó por pobre,[12]
do la paz viste pellico
y conduce entre pastores
ovejas del monte al llano
y cabras del llano al monte,
mal herido y bien curado,
se alberga un dichoso joven,[13]
que sin clavarle Amor flecha
le coronó de favores.

Las venas con poca sangre,[14]
los ojos con mucha noche,[15]
le halló en el campo aquella
vida y muerte de los hombres.[16]

Del palafrén se derriba,[17]
no porque al moro conoce,
sino por ver que la yerba
tanta sangre paga en flores.[18]

Límpiale el rostro, y la mano
siente al Amor que se esconde
tras las rosas que la muerte
va violando sus colores.[19]

Escondióse tras las rosas,
porque labren sus arpones
el diamante de Catay[20]
con aquella sangre noble.

9 el arquero dios — the archer god (Cupid).
10 This *romance* is based on an incident from Ariosto's *Orlando furioso*, Canto 19, strophes 16–37. Though written in 1602, this novelesque *romance* contains, as Dámaso Alonso has shown, all the elements of the Gongorine style which culminated in the *Soledades*.
11 albergue — shelter, lodging.
12 This kind of parallelism is one of Góngora's stylistic devices.
13 The *joven* is Medoro, a wounded Moor. Note how Góngora embellished the simple statement " En un pastoral albergue ... se alberga un dichoso joven. "
14 Medoro is wounded; hence the lack of blood in his veins.
15 His eyes are clouded with the darkness (night) of death.
16 The periphrasis " aquella vida y muerte de los hombres " designates Angélica. She, life and death for men, found Medoro in the field.
17 se derriba — Here: dismounts.

18 la yerba . . . flores — the grass produces flowers in payment for (in return for) so much blood (i.e. the blood of Medoro has fallen on the grass and the grass, enriched by this, has produced flowers). Another possible interpretation is that the red blood covering the grass reminds the poet of red flowers.
19 The meaning of this stanza is that as Angélica wipes off Medoro's face she feels the power of Love, hidden behind Medoro's cheeks (*rosas* used metaphorically to suggest the color of rosy cheeks); but death is changing the color of the roses. Alonso points out that this is based on the adage which imagines snakes lurking in flowers to poison the unsuspecting.
20 Love hid itself behind the roses so that its arrows might attack the diamond-hard heart of Angélica, Queen of Cathay. It was an old superstition that diamonds could be cut only with other diamonds and could only be softened by blood. Thus, Medoro's blood will have a part in softening Angélica's heart.

Ya le regala los ojos,
ya le entra, sin ver por dónde,
una piedad mal nacida
entre dulces escorpiones.

Ya es herido el pedernal,
ya despide el primer golpe
centellas de agua,[21] ¡oh piedad,
hija de padres traidores!

Yerbas aplica a sus llagas,
que si no sanan entonces,
en virtud de tales manos
lisonjean[22] los dolores.

Amor le ofrece su venda,
mas ella sus velos rompe
para ligar sus heridas;
los rayos del sol perdonen.[23]

Los últimos nudos daba
cuando el cielo la socorre
de un villano en una yegua
que iba penetrando el bosque.

Enfrénanle de la bella
las tristes piadosas voces,
que los firmes troncos mueven
y las sordas piedras oyen;

y la que mejor se halla
en las selvas que en la corte,
simple bondad,[24] al pío ruego
cortésmente corresponde.

Humilde se apea el villano,
y sobre la yegua pone
un cuerpo con poca sangre,
pero con dos corazones.[25]

A su cabaña los guía;
que el sol deja su horizonte
y el humo de su cabaña
les va sirviendo de norte.

Llegaron temprano a ella,
do una labradora acoge

un mal vivo con dos almas,[26]
una ciega con dos soles.[27]

Blando heno en vez de pluma
para lecho los compone,
que será tálamo[28] luego
do el garzón sus dichas logre.

Las manos, pues, cuyos dedos
de esta vida fueron dioses,[29]
restituyen a Medoro
salud nueva, fuerzas dobles,

y le entregan, cuando menos,
su beldad y un reino en dote,[30]
segunda envidia de Marte,
primera dicha de Adonis.[31]

Corona un lascivo enjambre
de Cupidillos menores
la choza, bien como abejas
hueco tronco de alcornoque.[32]

¡Qué de nudos le está dando
a un áspid la Envidia torpe,[33]
contando de las palomas
los arrullos gemidores!

¡Qué bien la destierra Amor,
haciendo la cuerda azote,[34]
porque el caso no se infame
y el lugar no se inficione!

Todo es gala el africano,[35]
su vestido espira olores,
el lunado arco[36] suspende
y el corvo alfanje[37] depone.

Tórtolas enamoradas
son sus roncos atambores,
y los volantes de Venus[38]
sus bien seguidos pendones.

Desnuda el pecho anda ella,[39]
vuela el cabello sin orden;
si lo abrocha, es con claveles,
con jazmines[40] si lo coge.

---

21 The flint (Angélica's heart) has been struck and the first blow gives off sparks of water, i.e. tears come to her eyes.

22 lisonjean — Here: delight, please (i.e. the pains of the wounds feel good when tended by Angélica's hands).

23 Love offers his blindfold to bind Medoro's wounds, but Angélica tears up her own veils for bandages. In so doing, she uncovers her beautiful eyes, the rays of which cause the sun's own rays to seem inferior.

24 A rather elaborate hyperbaton. Read: " y la simple bondad, que se halla mejor en las selvas que en la corte, corresponde cortésmente al pío ruego. " The peasant's simple goodness, which is more readily found in the country than in the city, responds to Angélica's plea for help.

25 Medoro's body has little blood left in it, but it has two hearts since he has captured Angélica's.

26 un mal vivo — one hardly alive. Medoro has two souls, one of which is Angélica's, for she has fallen in love with him.

27 Angélica is blind with love but her eyes are as beautiful as two suns.

28 tálamo — marriage couch.

29 Her fingers were gods to his life since they gave him life again, i.e. they healed him.

30 Angélica was Queen of Cathay.

31 Mars was envious because Venus was in love with Adonis.

32 A swarm of little Cupids hovers over the shelter like bees over the hollow trunk of a cork tree.

33 Envy (sometimes characterized by the asp) ties a knot in an asp (an expression of his frustration) each time that the doves (the two lovers, Angélica and Medoro) caress.

34 Love sends the asp away, thereby conquering Envy. He whips Envy with the cord (the asp in which Envy was tying knots) and drives him off.

35 Medoro is the African.

36 The symbol of Mohammedanism is the crescent moon.

37 alfanje — cutlass: depone — he puts aside.

38 volantes de Venus — doves.

39 A construction Góngora borrowed from the Greek accusative. Read: Ella anda con el pecho desnudo.

40 *Claveles* and *jazmines* are metaphors which designate Angélica's hands (or fingers).

El pie calza en lazos de oro,
porque la nieve se goce,
y no se vaya por pies
la hermosura del orbe.[41]

Todo sirve a los amantes,
plumas les baten, veloces,[42]
airecillos lisonjeros,
si no son murmuradores.

Los campos les dan alfombras,
los árboles pabellones,[43]
la apacible fuente sueño,
música los ruiseñores.

Los troncos les dan cortezas,
en que se guarden sus nombres
mejor que en tablas de mármol
o que en láminas de bronce.

No hay verde fresno sin letra,
ni blanco chopo sin mote;
si un valle *Angélica* suena,
otro *Angélica* responde.

Cuevas do el silencio apenas
deja que sombras las moren,
profanan con sus abrazos
a pesar de sus horrores.

Choza, pues, tálamo y lecho,
cortesanos labradores,
aires, campos, fuentes, vegas,
cuevas, troncos, aves, flores,

fresnos, chopos, montes, valles,
contestes[44] destos amores,
el cielo os guarde, si puede,
de las locuras del Conde.[45]

Letrilla

Ande yo caliente,
y ríase la gente.

Traten otros del gobierno
del mundo y sus monarquías,
mientras gobiernan mis días,
mantequillas y pan tierno,
y las mañanas de invierno
naranjada y aguardiente,
y ríase la gente.

Coma en dorada vajilla
el príncipe mil cuidados
como píldoras dorados;

que yo en mi pobre mesilla
quiero más una morcilla
que en el asador reviente,
y ríase la gente.

Cuando cubra las montañas
de plata y nieve el enero,
tenga yo lleno el brasero
de bellotas y castañas,
y quien las dulces patrañas[46]
del rey que rabió me cuente,
y ríase la gente.

Busque muy en hora buena
el mercader nuevos soles;
yo, conchas y caracoles
entre la menuda arena,
escuchando a Filomena[47]
sobre el chopo de la fuente,
y ríase la gente.

Pase a medianoche el mar,
y arda en amorosa llama
Leandro[48] por ver su dama;
que yo más quiero pasar
de Yepes a Madrigar[49]
la regalada corriente,
y ríase la gente.

Pues Amor es tan cruel
que de Píramo[50] y su amada
hace tálamo una espada,
do se junten ella y él,
sea mi Tisbe un pastel,
y la espada sea mi diente,
y ríase la gente.

Letrilla

Caído se le ha un clavel[51]
hoy a la Aurora del seno.
¡Qué glorioso que está el heno,
porque ha caído sobre él.

Cuando el silencio tenía
todas las cosas del suelo,
y coronada de hielo
reinaba la noche fría,
en medio[52] la monarquía
de tiniebla tan crüel,[53]

caído se le ha un clavel, etc.

41 She binds her feet in golden bonds so that the whiteness of her feet may be the more enjoyed and so that with her feet thus bound she, the beauty of the earth, might not run away.
42 A mild hyperbaton. Read: plumas veloces les baten.
43 pabellones — canopies.
44 contestes — witnesses.
45 An allusion to Roland (the Orlando of Ariosto's poem), who, spurned by Angélica and maddened by her love for Medoro, wants to destroy all witnesses to their love.
46 patraña — fabulous story.
47 Filomena — nightingale.
48 Leander swam the Hellespont every night to see his sweetheart, Hero.
49 An allusion to the famous wines of Toledo (Yepes) and Ávila (Madrigal). These lines appear in another version as " del golfo de mi lagar la blanca o roja corriente. "
50 Pyramus found Thisbe's clothes stained with blood and thinking her dead, killed himself. When Thisbe returned she found him dead and killed herself to lie beside him in death.
51 *Clavel* refers here to the baby Jesus.
52 en medio (en medio de) — in the midst of.
53 la monarquía . . . cruel — the power of cruel darkness.

De un solo clavel ceñida
la Virgen, aurora bella,
al mundo se lo dió, y ella
quedó cual antes florida;[54]
a la púrpura caída
siempre fué el heno fiel.

Caído se le ha un clavel, etc.

El heno, pues, que fué dino,
a pesar de tantas nieves,
de ver en los brazos leves
este Rosicler[55] divino,
para su lecho fué lino,
oro para su dosel.

Caído se le ha un clavel, etc.

Letrilla

*Aprended, flores, en mí
lo que va de ayer a hoy,
que ayer maravilla[56] fui
y hoy sombra mía aun no soy.*

La aurora me dió cuna,
la noche ataúd me dió,
sin luz muriera si no
me la prestara la luna,
pues de vosotras[57] ninguna
deja de morir así.

Aprended, flores, en mí, etc.

Consuelo dulce el clavel
es a la breve edad mía,
pues quien me concedió un día,
dos apenas le dió a él;
efímeras del vergel,[58]
yo cárdenas, él carmesí.

Aprended, flores, en mí, etc.

Flor es el jazmín, si bella,
no de las más vividoras,
pues dura pocas más horas
que rayos tiene de estrella;
si el ámbar florece, es ella
la flor que contiene en sí.

Aprended, flores, en mí, etc.

Aunque el alhelí[59] grosero
en fragancia y en color,

más días ve que otra flor,
pues ve los de un mayo entero;
morir maravilla quiero,
y no vivir alhelí.

Aprended, flores, en mí, etc.

A ninguna flor mayores
términos concede el sol
si no es al girasol,
Matusalén[60] de las flores;
ojos son aduladores
cuantas en él hojas vi.

Aprended, flores, en mí, etc.

Letrilla

Da bienes Fortuna
que no están escritos:
*cuando pitos, flautas;
cuando flautas, pitos.*[61]

¡Cuán diversas sendas
se suelen seguir
en el repartir
honras y haciendas!
A unos da encomiendas,[62]
a otros sambenitos:[63]

*cuando pitos, flautas;
cuando flautas, pitos.*

A veces despoja
de choza y apero
al mayor cabrero,
y a quien se le antoja,
la cabra más coja
parió dos cabritos:

*cuando pitos, flautas;
cuando flautas, pitos.*

Porque en una aldea
un pobre mancebo
hurtó solo un huevo,
al sol bambolea,[64]
y otro se pasea[65]
con cien mil delitos:

*cuando pitos, flautas;
cuando flautas, pitos.*

---

54 florida — virgin.
55 Rosicler — little rose.
56 maravilla — four o'clock (a flower which begins blooming at 4 P.M. and lasts until the next morning). Góngora plays upon this and the other meaning of the word: *marvel*.
57 vosotras, i.e. the other flowers.
58 vergel — flower garden.
59 alhelí — gilliflower.
60 Matusalén — Methuselah, a Hebrew patriarch who is said to have lived 969 years. The word is used to refer to anything very old.
61 When you expect whistles you get flutes; when you expect flutes you get whistles. This is a popular expression which means that things often turn out contrary to what is expected.
62 encomiendas — honor appointments in the military orders.
63 *Sambenitos* were defaming signs placed in churches showing the punishments of those tried by the Inquisition. Also the special cloak worn by those convicted was known by this name.
64 bambolear — to swing, sway. He was hanged and is swinging in the sun.
65 se pasea — walks around.

Soneto

Mientras por competir con tu cabello,
oro bruñido, el sol relumbra en vano;
mientras con menosprecio en medio el llano
mira a tu blanca frente el lilio bello;

mientras a cada labio, por cogello,
siguen más ojos que al clavel temprano,
y mientras triunfa con desdén lozano
del luciente cristal tu gentil cuello;

goza cuello, cabello, labio y frente,
antes que lo que fué en tu edad dorada
oro, lilio, clavel, cristal luciente,

no sólo en plata o vïola troncada
se vuelva, mas tú y ello juntamente
en tierra, en humo, en polvo, en sombra,
[en nada.

Soneto[66]

La dulce boca que a gustar convida
un humor entre perlas destilado,
y a no envidiar aquel licor sagrado[67]
que a Júpiter ministra el garzón de Ida,[68]

amantes, no toquéis si queréis vida;
porque entre un labio y otro colorado
amor está, de su veneno armado,
cual entre flor y flor sierpe escondida.[69]

No os engañen las rosas que a la aurora
diréis que, aljofaradas[70] y olorosas,

se le cayeron del purpúreo seno;
manzanas son de Tántalo,[71] y no rosas,
que después huyen del que incitan ahora,
y sólo del amor queda el veneno.

Soledad primera

Era del año la estación florida
en que el mentido robador de Europa[72]
— media luna las armas de su frente,[73]
y el Sol todos los rayos de su pelo[74] —,
luciente honor del cielo,
en campos de zafiro pace estrellas;[75]
cuando el que ministrar podía la copa
a Júpiter mejor que el garzón de Ida,[76]
— náufrago y desdeñado, sobre ausente — [77]
lagrimosas de amor, dulces querellas[78]
da al mar; que condolido,
fué a las ondas, fué al viento
el mísero gemido,[79]
segundo de Arión dulce instrumento.[80]

Del siempre en la montaña opuesto pino
al enemigo Noto,[81]
piadoso miembro roto[82]
— breve tabla — delfín no fué pequeño[83]
al inconsiderado[84] peregrino
que a una Libia[85] de ondas su camino
fió, y su vida a un leño.[86]

---

66 This is a free version of a sonnet by Torquato Tasso.
67 licor sagrado — nectar (of the gods).
68 garzón de Ida — Ganymede, Jupiter's cupbearer. The kiss will be so sweet that one will not envy the nectar of the gods. Cf. note 76.
69 It was an old superstition that serpents lay hidden in flowers to strike unexpectedly.
70 aljofaradas — covered with dew.
71 Tantalus was punished by being made to stand up to his neck in water which receded whenever he tried to drink of it. Fruit which grew over his head was always just out of reach.
72 mentido robador de Europa — the deceitful kidnapper of Europa. This is an allusion to Jupiter, who fascinated by Europa's beauty took the form of a bull, mingled with the cattle while Europa and her maidens were frolicking on the shore, and with his tameness enticed her to mount on his back. He then swam to Crete with her where she bore him several children. Góngora associates the bull of this legend with the second sign of the Zodiac, Taurus, also a bull, through which the sun passes about April 21. Hence the season referred to here is spring. Note also that *robador* is the subject of the verb *pace* in the sixth line.
73 The crescent-shaped weapons of the bull's forehead are its horns.
74 Since Taurus is a sign of the Zodiac and also a constellation Góngora imagines the hairs of the stellar bull to be like bright rays of sunlight.
75 The poet pictures Taurus grazing in sapphire fields of stars.
76 The handsome lad from Ida refers to Ganymede, the cupbearer of the gods. Because of his great beauty he was carried off to Olympus by the gods. Later forms

of the legend insist that Jupiter himself carried him away and made him his personal attendant. This is Góngora's way of saying that the shipwrecked boy being washed ashore is most handsome.
77 The shipwrecked young man is disdained by his sweetheart and besides is absent from her.
78 A mild hyperbaton. Read: dulces querellas lagrimosas de amor.
79 The young man's lament moves the waves and the wind to be calm.
80 By calming the wind and sea the shipwrecked man performs an act similar to the one accomplished by Arion, whose lyre produced such beautiful music that it attracted dolphins and calmed the seas. When his shipmates threatened to rob him and throw him overboard, Arion jumped into the ocean where a dolphin carried him to shore.
81 Noto is the wind. It is the enemy of the pine because it always tries to blow it down.
82 Read these three lines: " Piadoso miembro roto del pino siempre opuesto al enemigo Noto en la montaña." The *piadoso miembro roto del pino* is the piece of the ship that the young man is floating on.
83 The broken piece of the ship is like the dolphin which saved Arion's life by carrying him to shore. *Delfín no fué pequeño* suggests that it was dolphin enough.
84 inconsiderado — unthinking, unwary.
85 Libia — Libya, used here metaphorically to represent a desert. The immense, barren sea suggests to Góngora's mind a desert of waves.
86 The traveler unwarily had set out upon the uncharted desert of waves and had entrusted his life to a ship.

Del Océano pues antes sorbido,
    y luego vomitado[87]
no lejos de un escollo coronado
de secos juncos, de calientes plumas,[88]
— alga todo y espumas —[89]
halló hospitalidad donde halló nido
    de Júpiter el ave.[90]

    Besa la arena, y de la rota nave
        aquella parte poca
que le expuso en la playa dió a la roca;[91]
        que aun se dejan las peñas
lisonjear de agradecidas señas.[92]

    Desnudo el joven, cuanto ya el vestido
        Océano ha bebido,[93]
restituir le hace a las arenas;
        y al sol lo extiende luego,
que, lamiéndolo apenas
su dulce lengua de templado fuego,
lento lo embiste, y con süave estilo
la menor onda chupa al menor hilo.[94]

    No bien pues de su luz los horizontes
— que hacían desigual, confusamente
montes de agua y piélagos de montes —
        desdorados los siente,[95]
cuando — entregado el mísero extranjero
en lo que ya del mar redimió fiero —[96]
entre espinas crepúsculos pisando,[97]

riscos[98] que aun igualara mal,[99] volando,
    veloz, intrépida ala,
— menos cansado que confuso — escala.

    Vencida al fin la cumbre
    — del mar siempre sonante,
    de la muda campaña
árbitro[100] igual e inexpugnable muro —,
    con pie ya más seguro
    declina al vacilante
breve esplendor de mal distinta lumbre;
    farol de una cabaña
que sobre el ferro está,[101] en aquel incierto
golfo de sombras anunciando el puerto.

    « Rayos[102] — les dice — ya que no de Leda
trémulos hijos,[103] sed de mi fortuna[104]
término luminoso. »   Y — recelando
de invidïosa bárbara arboleda
    interposición,[105] cuando
de viento no conjuración alguna[106] —
    cual, haciendo el villano
la fragosa montaña fácil llano,[107]
    atento sigue aquella
— aun a pesar de las tinieblas bella,
aun a pesar de las estrellas clara —
    piedra,[108] indigna tiara[109]
— si tradición apócrifa no miente —
de animal tenebroso, cuya frente

---

87 The traveler was first swallowed and later vomited (cast up on shore) by the ocean.
88 On top of the cliff (escollo) the eagles have built their nest of dried reeds and warm feathers.
89 The traveler is all covered with seaweeds and sea foam.
90 He found hospitality where Jupiter's bird (the eagle) found its nest.
91 He presents the plank on which he floated to shore to the rocks of the shore.
92 Even rocks are moved by gratitude.
93 The subject of *ha bebido* is *vestido*, i.e. the young man's clothes have drunk the ocean. He now makes them return to the sand all the ocean they have drunk. That is to say, he wrings out his clothes.
94 The sun sucks up the last bit of moisture *(la menor onda)* from the smallest thread of his clothes.
95 No sooner does he sense that the horizons have lost the golden color of the sunset, i.e. that it has become twilight. The horizons of the land and sea were confused so that he could not tell which were mountains and which were the ocean's waves; hence the horizons made mountains out of water and high seas out of mountains.
96 entregado . . . fiero — The wretched stranger given back to that which he had redeemed from the sea, i.e. having put on his clothes again.
97 Read: pisando espinas entre crepúsculos.
98 *Riscos* is the object of *escala* three lines later. He scales the cliffs.
99 igualara mal — could scarcely fly over. The cliff is so high that an intrepid, swift bird on the wing could scarcely fly over it. A typical Góngora hyperbole.

100 Góngora fancies the cliff as the arbiter and impregnable wall which separates the ever-sounding sea from the quiet countryside.
101 ferro — Here: anchor. In the poet's imagination he sees the cabin as a ship floating at anchor in a dim gulf of shadows.
102 The young man now speaks to the rays of light coming from the cabin.
103 The sons of Leda were Castor and Pollux, guardians of sailors. The fires of Castor and Pollux are, according to Dámaso Alonso, St. Elmo's fire, a luminous brush discharge from pointed objects in the air, often seen under stormy conditions. It hovers above such places as ships' masts, church steeples, mountain tops, and airplane wings which under stormy conditions may appear ringed with blue fire. Its appearance at sea supposedly indicates the approach of fair weather.
104 fortuna — Here: bad luck.
105 Read: recelando (la) interposición de (alguna) invidiosa bárbara arboleda. He fears that some grove of trees may interpose itself between him and the light of the cabin.
106 Read: cuando no alguna conjuración del viento. The wind may conspire to blow out the light.
107 The peasant walks through the craggy mountain as though it were a level plain.
108 Read: atento sigue aquella piedra, aun bella a pesar de las tinieblas, aun clara a pesar de las estrellas. The young man follows the light (piedra — gem) which is still beautiful despite the darkness and still bright despite the brightness of the stars.
109 *Indigna tiara* is in apposition with *piedra*.

carro es brillante de nocturno día:[110]
    tal,[111] diligente, el paso
    el joven apresura,
    midiendo la espesura
    con igual pie que el raso,
fijo[112] — a despecho de la niebla fría —
en el carbunclo,[113] norte de su aguja,
o el Austro brame o la arboleda cruja.[114]

    El can ya, vigilante,
convoca, despidiendo al caminante;[115]
    y la que desviada
luz poca pareció, tanta es vecina,[116]
que yace en ella la robusta encina,
mariposa en cenizas desatada.[117]

    Llegó pues el mancebo, y saludado,
sin ambición, sin pompa de palabras,
de los conducidores fué de cabras,
que a Vulcano tenían coronado.[118]

    « ¡Oh bienaventurado
    albergue a cualquier hora
templo de Pales,[119] alquería de Flora![120]
    No moderno artificio
borró designios, bosquejó modelos,[121]
al cóncavo ajustando de los cielos
    el sublime edificio;[122]

    retamas sobre robre
    tu fábrica son pobre,[123]
    do guarda, en vez de acero,[124]
    la inocencia al cabrero
más que el silbo al ganado.[125]
    ¡Oh bienaventurado
    albergue a cualquier hora!

    No en ti la ambición mora
    hidrópica de viento,[126]
    ni la que su alimento
    el áspid es gitano;[127]
no la que, en bulto comenzando humano,
    acaba en mortal fiera,[128]
    esfinge bachillera,[129]
    que hace hoy a Narciso
ecos solicitar,[130] desdeñar fuentes;[131]
ni la que en salvas[132] gasta impertinentes
la pólvora del tiempo más preciso:
    ceremonia profana
que la sinceridad burla villana[133]
    sobre el corvo cayado.
    ¡Oh bienaventurado
    albergue a cualquier hora.

    Tus umbrales ignora
    la adoración,[134] sirena[135]

110 Expanding the idea of the light as a shining gem, Góngora now imagines it to be worn on the head of some animal of the darkness (if the apocryphal legend is not mistaken). This crown or tiara, which because of its beauty and brillance the animal does not deserve to wear *(indigna tiara)*, transforms the animal's head into a chariot of a nocturnal sun.
111 tal — in just such a manner, i.e. like the peasant follows the light (as described in the preceding lines).
112 fijo — his eyes fixed.
113 carbunclo — precious gem, i.e. the light in the cabin.
114 o el Austro . . . cruja — whether the south wind roars or whether the trees of the forest grind their branches together.
115 The watch dog at the cabin thinks he is chasing away *(despidiendo)* the stranger, but is in reality by his barking giving him a sound to follow (convoca).
116 la que . . . vecina — the light which from a distance appeared to be small, up close is so great.
117 Góngora likens the burning trunk of the oak tree to a butterfly caught in the flames.
118 They had crowned Vulcan, the god of fire, in that they were in a sense worshipping the fire about which they were seated.
119 The goatherds' cabin is likened to the temple of Pales, goddess of shepherds.
120 alquería — farmhouse. Flora was the goddess of flowers.
121 Read: Moderno artificio no borró designios, no bosquejó modelos. Modern skill did not (draw and) erase plans, did not sketch models to build this rustic dwelling.
122 Read: ajustando el sublime edificio al cóncavo de

los cielos — fitting the sublime edifice to the arch of the heavens.
123 Read: retamas sobre robre son tu pobre fábrica. retamas — furze (a bush with many branches used to build the cabin). robre (roble) — oak (a cultism).
124 acero — weapons.
125 Read: do en vez de acero la inocencia guarda al cabrero más (mejor) que el silbo (guarda) al ganado.
126 hidrópica de viento — swollen with wind, i.e. full of vain wishes for glory, honor, etc.
127 That which nourishes itself on asps is envy.
128 That which begins with a human figure but ends up as a deadly wild animal is hypocrisy or pretense.
129 That which deceives pretending to be kind but is in reality unkind is like an educated sphinx, saying one thing but meaning another.
130 Such a creature makes Narcissus (the modern city dweller or courtesan) look for echoes, i.e. vain things which he wants to hear repeated. In mythology Echo was a nymph who was punished by Hera and deprived of the power of speech except to answer when she was first spoken to. Then her answer was obligatory. She fell in love with Narcissus, who did not love her, and Echo pined away until nothing was left of her but her voice.
131 Narcissus disdains fountains where he might see the true image of himself.
132 salvas — assurances, i.e. insincerity, flattery.
133 ceremonia . . . villana — a profane ceremony the simple sincerity of which the country folk mock as they lean upon their curved staffs.
134 adoración — Here: flattery, adulation.
135 The siren was a sea nymph who lured men to destruction by her beautiful song. Flattery is likened here to this pleasant but destructive power.

de reales palacios, cuya arena
      besó ya tanto leño:[136]
trofeos dulces de un canoro sueño.[137]
No a la soberbia está aquí la mentira
dorándole los pies, en cuanto gira
      la esfera de sus plumas,[138]
ni de los rayos baja a las espumas
      favor de cera alado.[139]
      ¡Oh bienaventurado
      albergue a cualquier hora!

    No pues de aquella sierra — engendradora
más de fierezas que de cortesía — [140]
      la gente parecía[141]
      que hospedó al forastero
con pecho[142] igual de[143] aquel candor
                 [primero,[144]
      que, en las selvas contento,
tienda[145] el fresno le dió, el robre alimento.

    Limpio sayal, en vez de blanco lino,
      cubrió el cuadrado pino;[146]
y en boj,[147] aunque rebelde, a quien el torno
forma elegante dió sin culto adorno,[148]
leche que exprimir vió la Alba aquel día[149]
      — mientras perdían con ella
los blancos lirios de su frente bella[150] —,
      gruesa le dan y fría,
impenetrable casi a la cuchara,
del viejo Alcimedón invención rara.[151]

   . . . .

Francisco de Quevedo y Villegas, 1580–1645 (pp. 321–24; 482–89)

Francisco de Quevedo is recognized chiefly as a prosist. His reputation as Spain's greatest satirist and wit is based largely on his picaresque novel, *El buscón* (see pp. 176–85) and *Los sueños*, satirico-moral visions (see p. 356). He wrote a great deal of poetry, however, and though his fame would not be as great without his prose, his name would be remembered on the basis of his verse alone. Quevedo never published his own poetry but allowed it to circulate in manuscript for many years. As death approached he tried to gather it together for an authorized edition, for some of it had been mutilated as it passed from hand to hand, but he died before he could complete the task. It remained for a friend, Jusepe Antonio González de Salas, to publish in 1648 a collection of his poems, entitled *El parnaso español, monte en dos cumbres dividido, con nueve musas castellanas.* Unfortunately, González de Salas felt it necessary to retouch and in some cases drastically revise Quevedo's originals. Unfortunate also is the fact that so much of Quevedo's poetic output was lost. González de Salas says that not one poem in twenty survived, though this is probably an exaggeration. A saner estimate would be that perhaps 50 per cent were destroyed. The first editor did not complete his task and published only six parts of the nine promised in the title. In 1670, Quevedo's nephew, Pedro Alderete Quevedo y Villegas, completed the job with *Las tres musas últimas castellanas, segunda cumbre del parnaso español.* Since that time many other poems have been recovered, and the most complete modern edition is that of Luis Astrana Marín in two volumes, one for prose and the other for verse and miscellaneous items.

136 tanto leño — so many ships. The poet likens courtiers to ships which have been wrecked by the flattering siren of the palaces. The ships have been piled up on the sands of the palaces.

137 The courtiers ruined by flattery are the sweet trophies of a melodious song.

138 No a la . . . plumas — Here lies are not gilding haughtiness' feet every time it exhibits the beautiful sphere of its feathers. Dámaso Alonso interprets this to mean that lying gilds the peacock's ugly feet when it shows the beauty of its tail, i.e. even the defects of the powerful are the object of servile flattery.

139 Read: ni favor alado de cera baja de los rayos a las espumas. This is an allusion to Icarus who daringly flew too near the sun. The wax holding his wings together melted and he fell into the Aegean sea. Góngora means that in the simple abode of the goatherds one does not witness the fall of overly ambitious courtiers and favorites.

140 The sierra where the stranger has arrived would seem to engender ferocity instead of courtesy.

141 Read: La gente no parecía de aquella sierra pues . . .

Note, however, that there is a long relative clause modifying *gente.*

142 pecho — heart.

143 igual de — just like, exactly like.

144 aquel candor primero — that original candor (before man became a sinner).

145 tienda — Here: shelter.

146 el cuadrado pino — the table (a block cut from a pine tree).

147 boj — boxwood.

148 boj . . . adorno — boxwood, though rebellious (not easily worked) to which the lathe gave an elegant form but not erudite decoration. Some sort of wooden bowl or receptacle has been made from boxwood on a lathe. Into this they pour the milk mentioned in the next line.

149 The milk was taken early in the morning.

150 The milk was so white that the white lilies of Alba's forehead would lose in competition with it.

151 The milk was so thick and cold that it was almost impenetrable to the spoon, the strange invention of old Alcimedon, a woodcarver and possible contemporary of Vergil.

Quevedo, one of the most complex figures in Spanish literature, wrote in nearly every known literary style. His poetry is of the most varied sort and reveals great technical virtuosity and an apparently inexhaustible creative power. His themes cover a very wide range and include the amatory, sacred, funereal, satirical, burlesque, jocular, lyric, panegyrical, philosophical, moral, and miscellaneous. He was an astonishingly cultured and learned man — he knew eight languages besides Spanish. He knew classical authors, some of whom he translated, and was familiar with biblical poets. In religion he was orthodox Catholic; in philosophy he was a stoic.

Unlike the other great writers of his age, such as Cervantes, Lope de Vega, and Góngora, Quevedo was much involved in the political life of his country and participated actively in its government. He was also one of the very few men who faced the reality of the times — Quevedo saw clearly the creeping decay of the Spanish empire under the weakness of the last two Felipes and the corruption of government by their favorites. Early in life, Quevedo decided that the times called for a man who would speak out to warn his fellow men of the impending ruin of their country, and that he would be that man. Much of his satire and violence spring from this self-appointed mission as censor, and while the nation dreamed of the past greatness of the reign of Carlos V and longed for its return, Quevedo flailed the people, great and small alike, for their blindness and failures. He was saddened by his country's plight and could not speak of it without grief, but did not clearly understand the reasons for it. Consequently, though he bitterly denounced corruption, dishonesty, injustice, immorality, and all other human weaknesses and failings, he had no constructive political suggestions. He fought for justice, virtue, fair play, and honesty (which he found nowhere) and stoically preached resignation before life's sufferings. Many of his poems were inspired by current events, and he kept up a running poetic commentary on the life of his times. For this reason he has been called the first journalist, though, of course, newspapers were unknown at the time. His *Memorial*, which contained an attack on the Condeduque de Olivares, has traditionally been considered the cause of his second incarceration which led to his illness and death. Recently, however, Gregorio Marañón has argued that this was not the cause of Quevedo's imprisonment. James O. Crosby concurs in this and mentions that there is some doubt as to whether Quevedo actually wrote it.

Quevedo's disillusionment went beyond economics and politics, however, for he could find little to admire in man himself, and his laughter at his fellow man and his wit were generally caustic and bitter. He had a keen perception of the ridiculous in human behavior, and one has the uneasy feeling that he laughed in order not to cry. He attacked many enemies, was repelled by fools, and found something foolish in nearly everyone, even himself. His critical attitude toward human kind may be attributable in part to his unhappy childhood (he was orphaned in infancy and raised by tutors and governesses at court) and to his physical deformities. He could not see without glasses (hence the word *quevedos* meaning spectacles) and he had a crippled foot. These physical impairments were the object of ridicule and laughter rather than pity or sympathy. He recognized his own unattractive qualities and referred to himself as "feo, cojo, ciego." In one poem he says: "Nací tarde, porque el sol / tuvo vergüenza de verme." Although he wrote a number of poems on love, he apparently had no such deep feelings. He was quite antagonistic to women and his marriage late in life failed after a few months. He was quarrelsome, irascible, and lonely. He may have had an appreciation for beauty, but he did not write of it.

Quevedo's virtuosity, incomparable according to Bouvier, is evident in his technical mastery of language and verse forms. His verses, said Antonio Papell, were "flúidos, espontáneos, poco trabajados, tal como salen de su vigorosa fantasía, empedrados todos ellos de epítetos brillantes e inesperados, de aliteraciones, asonancias y sobre todo de antítesis." His enormous vocabulary contains both erudite and popular items. He fought against *culteranismo*, made several direct attacks on Góngora, and edited the poems of Fray Luis de León and Francisco de la Torre as object lessons for aspiring poets. He tended to *conceptismo* himself, valued idea over form, and was an inveterate punner. But he went too far with his conceits and puns and like the *culteranistas* fell into obscurities and exaggerations, though for different reasons. He varied his tone to suit his theme, and while at one moment he was serious and sententious, the next moment he was jocular. His great intellect and knowledge is as impressive as his facility and versatility. Astrana Marín says:

"Absolutamente en ningún escritor del mundo, sin tiempo ni épocas, se ha dado con la intensidad que en don Francisco, tal diversidad de inspiraciones, tal movilidad de genio, tantos cambiantes de estilo, tantos matices, tantas aparentes contradicciones, tantos temas opuestos."

With all his multicolored brilliance, in the end Quevedo leaves his reader somewhat unsatisfied. One admires him for his courage, his love of fatherland, his intelligence, his creative power, his verbal skill, and many other qualities, but one wishes he could have seen life, like Cervantes, with a more sympathetic understanding of humanity. Yet, one recognizes that he was the product of his times and that in his confusion, disillusionment, and melancholy he represents his age better than any other man.

Letrilla

Poderoso caballero es don Dinero

Madre, yo al oro me humillo;
él es mi amante y mi amado,
pues de puro enamorado,
de contino ando amarillo;
que pues, doblón[1] o sencillo,[2]
hace todo cuanto quiero,
poderoso caballero
es don Dinero.

Nace en las Indias honrado,
donde el mundo le acompaña;
viene a morir en España,
y es en Génova enterrado.[3]
Y pues quien le trae al lado
es hermoso, aunque sea fiero,
poderoso caballero
es don Dinero.

Es galán y es como un oro,
tiene quebrado el color,[4]
persona de gran valor,
tan cristiano como moro.
Pues que da y quita el decoro
y quebranta cualquier fuero,[5]
poderoso caballero
es don Dinero.

Son sus padres principales,
y es de nobles descendiente,

porque en las venas de Oriente
todas las sangres son reales;[6]
y pues es quien hace iguales
al rico y al pordiosero,
poderoso caballero
es don Dinero.

¿A quién no le maravilla
ver en su gloria sin tasa[7]
que es lo más ruin de su casa
doña Blanca de Castilla?[8]
Mas pues que su fuerza humilla
al cobarde y al guerrero,
poderoso caballero
es don Dinero.

Sus escudos de armas nobles
son siempre tan principales,
que sin sus escudos reales,
no hay escudos de armas dobles;[9]
y pues a los mismos robles
da codicia su minero,
poderoso caballero
es don Dinero.

Por importar en los tratos
y dar tan buenos consejos,
en las casas de los viejos
gatos le guardan de gatos.[10]
Y pues él rompe recatos[11]
y ablanda al juez más severo,
poderoso caballero
es don Dinero.

Es tanta su majestad
(aunque son sus duelos hartos)
que aun con estar hecho cuartos,[12]
no pierde su calidad;
pero pues da autoridad
al gañán y al jornalero,[13]
poderoso caballero
es don Dinero.

Nunca vi damas ingratas
a su gusto y afición;
que a las caras de un doblón
hacen sus caras baratas;
y pues las hace bravatas
desde una bolsa de cuero,
poderoso caballero
es don Dinero.

Más valen en cualquier tierra
(mirad si es harto sagaz)

1 doblón — doubloon, an old gold coin of Spain.
2 sencillo — of less value (said of coins).
3 Much of the wealth of Spain brought from the New World passed on to the merchants and bankers of Genoa and Flanders.
4 tiene quebrado el color — is pale.
5 fuero — law.
6 A double pun on *venas* (veins of blood or gold) and *reales* (royal and coins).
7 sin tasa — measureless.

8 A pun on *blanca*, a coin of little worth. Blanca de Castilla was Queen of Castile.
9 Quevedo puns on the double meaning of *escudo*, which means *coat of arms* and *coin*.
10 Note double meaning of *gato* — thief; purse.
11 recatos — modesty, shyness.
12 cuarto — coin; quarter (one fourth).
13 gañán — laborer, farm hand; jornalero — day laborer.

sus escudos en la paz
que rodelas[14] en la guerra.
Pues al natural[15] destierra
y hace propio al forastero,
poderoso caballero
es don Dinero.

Epístola[16]

de don Francisco de Quevedo al Conde-duque
de San Lúcar

No he de callar, por más que con el dedo,
ya tocando la boca, ya la frente,
me representes o silencio o miedo.

¿No ha de haber un espíritu valiente?
¿Siempre se ha de sentir lo que se dice?
¿Nunca se ha de decir lo que se siente?

¿Habrá quien los pecados autorice,
y el púlpito y la cátedra comprados
harán que la lisonja eternice?

Y, bien introducidos los pecados,
¿verán a la verdad sin voz, desnuda,
y al interés echándola candados?

Pues sepa quien lo niega, y quien lo duda,
que es lengua la verdad de Dios severo,
y la lengua de Dios nunca fué muda.

Son la verdad y Dios, Dios verdadero:
ni eternidad divina los separa,
ni de los dos alguno fué primero.

Si Dios a la verdad se adelantara,
siendo verdad, que había de ser hubiera
verdad, antes que fuera y empezara.[17]

La justicia de Dios es verdadera,
y la misericordia, y todo cuanto
es Dios es la verdad siempre severa.

Señor Excelentísimo, mi llanto
ya no consiente márgenes ni orillas:
inundación será la de mi canto.

Veránse sumergidas mis mejillas,
la vista por dos urnas derramada
sobre el sepulcro de las dos Castillas.

Yace aquella virtud desaliñada,
que fué, si menos rica, más temida,
en vanidad y en ocio sepultada.

Y aquella libertad esclarecida,
que donde supo hallar honrada muerte
nunca quiso tener más larga vida.

Y, pródiga del alma, nación fuerte,

contaba en las afrentas de los años
envejecer en brazos de la suerte.

La dilación del tiempo y los engaños
del paso de las horas y del día,
impaciente acusaba a los extraños.

Nadie contaba cuánta edad vivía,
sino de qué manera; sola una hora
lograba con afán su valentía.

La robusta virtud era señora,
y sola dominaba el pueblo rudo:
edad, si mal hablada, vencedora.

El temor de la mano daba escudo
al corazón, que, en ella confiado,
todas las armas despreció desnudo.

Multiplicó en escuadras un soldado
honor precioso en ánimo valiente,
de sola honesta obligación armado.

Y debajo del Sol, aquella gente,
si no a más descansado, a más honroso
sueño entregó los ojos, no la mente.

Hilaba la mujer para su esposo
la mortaja primero que el vestido;
menos le vió galán que peligroso.

Acompañaba el lado del marido
más veces en la hueste que en la cama;
sano le aventuró; vengóle herido.

Todas matronas, y ninguna dama;
que nombres del halago cortesano
no admitió lo severo de su fama.

Derramado y sonoro el Océano,
era divorcio de las ricas minas,
que usurparon la paz del pecho humano.

Ni les trujo costumbres peregrinas
el áspero dinero, ni el Oriente
compró la honestidad con piedras finas.

Joya fué la virtud pura y ardiente;
gala el merecimiento y alabanza;
sólo se cudiciaba[18] lo decente . . .

¡Qué cosa es ver un infanzón de España
abreviado en la silla a la jineta,[19]
y gastar un caballo en una caña![20]

Que la niñez al gallo[21] le acometa
con semejante munición apruebo,
mas no la edad madura y la perfeta.

Ejercite sus fuerzas el mancebo
en frentes de escuadrones, no en la frente
del padre hermoso del Armento[22] nuevo.

El trompeta le llame diligente,

---

14 rodela — round shield, buckler.
15 natural — native.
16 One of Quevedo's most famous poems, this "epistle" shows him courageously speaking out against the evils of the times. In González de Salas' edition it has the title "Epístola satírica y censoria contra las costumbres presentes de los castellanos, escrita a don Gaspar de Guzmán, conde de Olivares, en su valimiento."
17 Read: Si Dios, siendo verdad, se adelantara a la

verdad, hubiera de ser que había verdad antes que fuera y empezara.
18 cudiciaba (codiciaba) — coveted.
19 a la jineta — with short stirrups and bent legs.
20 caña — staff (used in jousts, not a lethal weapon as used).
21 This refers to a game which children played on horseback. They tried to strike from horseback a rooster buried up to his neck in the ground.
22 Armento — flock.

dando fuerza de ley al viento vano,
y al son esté el ejército obediente.

¡Con cuánta majestad llena la mano
la pica, y el mosquete carga el hombro,
del que se atreve a ser buen castellano!

Con asco entre las otras gentes nombro
al que de su persona, sin decoro,
antes quiere dar nota que no asombro.

Jineta y caña son contagio moro;
restitúyanse justas y torneos,
y hagan paces las capas con el toro.

Pasadnos vos de juegos a trofeos;
que sólo grande rey y buen privado
pueden ejecutar estos deseos . . .

A S. M.[23] *el rey don Felipe IV*

Memorial

Católica, sacra, y real majestad,
que Dios en la tierra os hizo deidad:
un anciano[24] pobre, sencillo y honrado,
humilde os invoca y os habla postrado.

Diré lo que es justo, y le pido al cielo
que así me suceda cual fuere mi celo.

Ministro tenéis de sangre y valor,
que sólo pretende que reinéis, señor,
y que un memorial de piedades lleno
queráis despacharle con lealtad de bueno.

La Corte, que es franca, paga en nuestros días
más pechos y cargas que las behetrías.

Aun aquí lloramos con tristes gemidos,
sin llegar las quejas a vuestros oídos.

Mal oiréis, señor, gemidos y queja
de las dos Castillas, la Nueva y la Vieja.

Alargad los ojos; que el Andalucía
sin zapatos anda, sin un tiempo lucía.[25]

Si aquí viene el oro, y todo no vale,
¿qué será en los pueblos de donde ello sale?

La arroba[26] menguada de zupia y de hez[27]
paga nueve reales, y el aceite diez.

Ocho los borregos,[28] por cada cabeza,
y las demás reses, a rata[29] por pieza.

Hoy viven los peces, o mueren de risa;
que no hay quien los pesque, por la grande
[sisa.[30]

En cuanto Dios cría, sin lo que se inventa,
de más que ello vale se paga la renta.

A cien reyes juntos nunca ha tributado
España las sumas a vuestro reinado.

Y el pueblo doliente llega a recelar
no le echen gabela[31] sobre el respirar.

Aunque el cielo frutos inmensos envía,
le infama de estéril nuestra carestía.[32]

El honrado, pobre y buen caballero,
si enferma, no alcanza a pan y carnero.

Perdieron su esfuerzo pechos españoles,
porque se sustentan de tronchos de coles.

Si el despedazarlos acaso barrunta[33]
que valdrá dinero, lo admite la Junta.[34]

Familias sin pan y viudas sin tocas
esperan hambrientas y mudas sus bocas.

Ved que los pobretes, solos y escondidos,
callando os invocan con mil alaridos.

Un ministro, en paz, se come de gajes[35]
más que en guerra pueden gastar diez linajes.

Venden ratoneras los extranjerillos,
y en España compran horcas y cuchillos.

Y, porque con logro prestan seis reales,
nos mandan y rigen nuestros tribunales . . .

Mas de mil nos cuesta el daros quinientos;
lo demás nos hurtan para los asientos.

Los que tienen puestos, lo caro encarecen,
y los otros plañen, revientan, perecen.

No es buena grandeza hollar al menor;
que al polluelo tierno Dios todo es tutor.

En vano el Agosto nos colma de espigas,
si más lo almacenan logreros[36] que hormigas.[37]

Cebada que sobra los años mejores
de nuevo la encierran los revendedores.[38]

El vulgo es sin rienda ladrón homicida;
burla del castigo; da coz a la vida.

« ¿Qué importa mil horcas — dice alguna
[vez —,
si es muerte más fiera hambre y desnudez? »

Los ricos repiten por mayores modos:
« Ya todo se acaba, pues hurtemos todos. »

Perpetuos se venden oficios, gobiernos,
que es dar a los pueblos verdugos eternos.

Compran vuestras villas el grande, el
[pequeño;

---

23 S. M. is an abbreviation for Su Majestad. According to some accounts, this is the poem that precipitated Quevedo's second and most painful imprisonment. King Felipe IV supposedly found this poem in his napkin one morning at breakfast. Upon learning that Quevedo was the author, he had him imprisoned at San Marcos de León where he lived under terrible conditions. His health broken, he was released after Olivares' death and died shortly thereafter.
24 This poem was written in 1639 at which time Quevedo was fifty-nine years old.
25 Note the pun on the word *Andalucía*.
26 arroba — liquid measure.
27 zupia, hez — dregs.
28 borregos — lambs not a year old.
29 a rata — proportionately, pro rata.
30 sisa — tax.
31 gabela — tax.
32 carestía — lack, dearth; famine.
33 barrunta — Here: suggests, gives the idea.
34 lo admite la Junta — the Committee will deliberate on it.
35 gajes — salary, pay.
36 logreros — speculators.
37 hormigas — Here: laborers (who produce the harvest).
38 revendedores — retailers.

rabian los vasallos de perderos dueño.

En vegas de pasto realengo[39] vendido,
ya todo ganado se da por perdido.

Si a España pisáis, apenas os muestra
tierra que ella pueda deciros que es vuestra.

Así en mil arbitrios[40] se enriquece el rico,
y todo lo paga el pobre y el chico . . .

Si en algo he excedido merezco perdones:
duelos tan del alma no afectan razones.

Servicios son grandes las verdades ciertas;
las falsas razones son flechas cubiertas.

Estímanse lenguas que alaban el crimen,
honran al que pierde, y al que vence oprimen.

Las palabras vuestras son la honra mayor,
y aun si fueran muchas, perdieran, señor.

Todos somos hijos que Dios os encarga;
no es bien que, cual bestias, nos mate la carga.

Si guerras se alegan y gastos terribles,
las justas piedades son las invencibles.

No hay riesgo que abone, y más en batalla,
trinchando[41] vasallos para sustentalla . . .

Pero ya que hay gastos en Italia y Flandes,
cesen los de casa superfluos y grandes.

Y no con sangre de mí y de mis hijos
abunden estanques para regocijos . . .

Es lícito a un rey holgarse y gastar;
pero es de justicia medirse y pagar.

Piedras excusadas con tantas labores,
os preparan templos de eternos honores.

Nunca tales gastos son migajas pocas,
porque se las quitan muchos de sus bocas.

Ni es bien que en mil piezas la púrpura sobre,
si todo se tiñe con sangre del pobre.

Ni en provecho os entran, ni son agradables,
grandezas que lloran tantos miserables.

¿Qué honor, qué edificios, qué fiesta, qué
[sala,
como un reino alegre que os cante la gala?

Más adorna a un rey su pueblo abundante,
que vestirse al tope[42] de fino diamante.

Si el rey es cabeza del reino, mal pudo
lucir la cabeza de un cuerpo desnudo . . .

Vuestro es el remedio: ponedle, señor,
así Dios os haga, de Grande, el Mayor.

Grande sois Filipo, a manera de hoyo;
ved esto que digo, en razón de apoyo:

Quien más quita al hoyo más grande le hace;
mirad quien lo ordena, veréis a quien place.

Porque lo demás todo es cumplimiento
de gente civil que vive del viento.

Y así, de estas honras no hagáis caudal;
mas honrad al vuestro, que es lo principal.

Servicios son grandes las verdades ciertas;
las falsas lisonjas son flechas cubiertas.

Si en algo he excedido, merezca perdones.
¡Dolor tan del alma no afecta razones!

Soneto

Faltar pudo su patria al grande Osuna,[43]
pero no a su defensa sus hazañas;
diéronle muerte y cárcel las Españas,[44]
de quien él hizo esclava la Fortuna.

Lloraron sus invidias una a una
con las proprias naciones las extrañas;
su tumba son de Flandes las campañas,
y su epitafio la sangrienta Luna.

En sus exequias encendió al Vesubio[45]
Parténope,[46] y Trinacria[47] al Mongibelo;[48]
el llanto militar creció en diluvio.

Dióle el mejor lugar Marte en su cielo;
la Mosa, el Rhin, el Tajo y el Danubio[49]
murmuraron con dolor su desconsuelo.

Soneto[50]

¡Fué sueño Ayer; Mañana será tierra!
¡Poco antes, nada; y poco después, humo!
¡Y destino ambiciones, y presumo
apenas punto al cerco que me cierra!

Breve combate de importuna guerra,
en mi defensa soy peligro sumo;
y mientras con mis armas me consumo,
menos me hospeda el cuerpo que me entierra.

Ya no es Ayer; Mañana no ha llegado;
Hoy pasa, y es, y fué, con movimiento
que a la muerte me lleva despeñado.

Azadas son la hora y el momento,
que, a jornal de mi pena y mi cuidado,
cavan en mi vivir mi monumento.

---

39 realengo — said of lands belonging to the state or king.

40 mil arbitrios — a thousand different ways.

41 trinchar — to carve.

42 al tope — to the top, from head to toe.

43 This sonnet was written in memory of Don Pedro Girón, Duque de Osuna, at one time Viceroy of Italy. He fell from favor, however, and died in prison under Olivares. He was the friend and protector of Quevedo, who served him loyally and valiantly in Italy.

44 The Empire was sometimes referred to as Las Españas.

45 Vesubio — Vesuvius, the volcano near Naples.

46 Parténope — Naples. Parthenope was a mytholog-

ical siren who attempted to beguile Ulysses but, failing, hurled herself into the sea. Her body was washed ashore at Naples; hence the use of her name for the city.

47 Trinacria — Sicily (from Greek treis — three and akria — summit). Sicily is three-cornered with a promontory at each corner.

48 Mongibelo — Mt. Etna, a volcano on Sicily.

49 Quevedo's mention of the Meuse, the Rhine, the Tagus, and the Danube rivers indicates that all Europe mourned his death.

50 This moral sonnet deals with the brevity of life and carries the heading " Signifícase la propia brevedad de la vida; sin pensar y con padecer salteada de la muerte."

Soneto[51]

Miré los muros de la patria mía,
si un tiempo fuertes, ya desmoronados,[52]
de la carrera de la edad cansados,
por quien caduca[53] ya su valentía.

Salíme al campo, vi que el Sol bebía
los arroyos del yelo desatados,
y del monte quejosos los ganados,
que con sombras hurtó su luz al día.

Entré en mi casa; vi que, amancillada,
de anciana habitación era despojos;
mi báculo,[54] más corvo y menos fuerte.

Vencida de la edad sentí mi espada,
y no hallé cosa en que poner los ojos
que no fuese recuerdo de la muerte.

Soneto[55]

En crespa tempestad del oro undoso
nada golfos de luz ardiente y pura
mi corazón, sediento de hermosura,
si el cabello deslazas generoso.

Leandro[56] en mar de fuego proceloso
su amor ostenta, su vivir apura;
Ícaro[57] en senda de oro mal segura
arde sus alas por morir glorioso.

Con pretensión de fénix, encendidas
sus esperanzas, que difuntas lloro,
intenta que su muerte engendre vidas.

Avaro y rico, y pobre en el tesoro,
el castigo y la hambre imita a Midas,[58]
Tántalo[59] en fugitiva fuente de oro.

Soneto[60]

A fugitivas sombras doy abrazos;
en los sueños se cansa el alma mía;
paso luchando a solas noche y día
con un trasgo que traigo entre mis brazos.

Cuando le quiero más ceñir con lazos,

y viendo mi sudor, se me desvía,
vuelvo con nueva fuerza a mi porfía,
y temas con amor me hacen pedazos.

Voyme a vengar en una imagen vana
que no se aparta de los ojos míos;
búrlame, y de burlarme corre ufana.

Empiézola a seguir, fáltanme bríos;
y, como de alcanzarla tengo gana,
hago correr tras ella el llanto en ríos.

Soneto[61]

¡Cómo de entre mis manos te resbalas!
¡Oh, cómo te deslizas, vida mía!
¡Qué mudos pasos trae la muerte fría
con pisar vanidad, soberbia y galas!

Ya cuelgan de mi muro sus escalas,
y es su fuerza mayor mi cobardía;
por nueva vida tengo cada día
que al cano Tiempo nace entre las alas.

¡Oh mortal condición!   ¡Oh dura suerte
que no puedo querer ver a mañana,
sin temor de si quiero ver mi muerte!

Cualquier instante desta vida humana
es un nuevo argumento que me advierte
cuán frágil es, cuán mísera y cuán vana.

Soneto[62]

Retirado en la paz destos desiertos,
con pocos, pero doctos libros juntos,
vivo en conversación con los difuntos
y escucho con mis ojos a los muertos.

Si no siempre entendidos, siempre abiertos,
o enmiendan, o secundan mis asuntos;
y en músicos callados contrapuntos
al sueño de la vida hablan despiertos.

Las grandes almas que la muerte ausenta,
de injurias de los años, vengadora,
libra, ¡oh gran don Josef!, docta la imprenta.

---

51 This poem which reflects on the decay of Spain
carries the explanatory heading " Enseña cómo todas
las cosas avisan de la muerte. "
52 desmoronados — crumbled.
53 caduca — worn out, decrepit.
54 báculo — walking stick.
55 This poem carries the heading " Afectos varios de
su corazón, fluctuando en las ondas de los cabellos de
Lisi. " According to Astrana Marín, Lisi (Lisis, Lísida)
refers to Luisa de la Cerda of the Medinaceli family for
whom Quevedo sighed in vain for twenty-two years.
This sonnet is a good sample of Quevedo's *conceptista*
style.
56 In mythology Leandro was a young Greek from
Abydos who swam the Hellespont every night in order
to see Hero, priestess of Venus.
57 Icarus, son of Daedalus, escaped from the labrynth
on the island of Crete by means of wings stuck
together with wax. When he flew too near the sun, the
wax melted and he fell into the Aegean sea and
drowned.

58 King Midas of Phrygia. Bacchus made it possible
that everything he touched turned to gold.
59 Tantalus, son of Jupiter and king of Lydia, was
condemned to stand in water up to his neck. When he
tried to quench his tormenting thirst the water constantly eluded him. Luscious fruits which grew over
his head were always just out of his reach.
60 This poem's heading, " En vano busca la tran-
quilidad, " reveals its theme. It is classified among the
" Poesías amorosas " by Astrana Marín.
61 There are three different versions of this sonnet. All
three treat the same theme: the brevity of life.
62 According to González de Salas this sonnet was
sent to him from la Torre de Juan Abad, Quevedo's
estate, a few days preceding his imprisonment. The
Don Josef in line eleven refers to the above-named
editor whose first name was Jusepe. Astrana Marín
prints a different version of this sonnet on solitude in
which the name is not Don Josef but Don Juan, possibly
referring to Don Juan de Herrera or Don Juan de la
Cerda, Duque de Medinaceli, both friends of Quevedo.

En fuga irrevocable huye la hora;
pero aquella el mejor cálculo cuenta
que en la lección y estudios nos mejora.

Soneto

A una nariz

Érase un hombre a una nariz pegado,
érase una nariz superlativa,
érase una nariz sayón y escriba,
érase un peje espada muy barbado
era un reloj de sol mal encarado,
érase una alquitara pensativa,
érase un elefante boca arriba,
era Ovidio Nasón[63] más narizado,
érase un espolón de una galera,
érase una pirámide de Egipto,
las doce tribus de narices era,
érase un naricísimo infinito,
muchísimo nariz, nariz tan fiera,
que en la cara de Anás[64] fuera delito.

Aguja de navegar cultos

Receta

Quien quisiere ser culto en sólo un día,[65]
la jeri aprenderá gonza siguiente:[66]
fulgores, arrogar, joven, presiente,[67]
candor, construye, métrica, armonía;
poco, mucho, si no, purpuracía,
neutralidad, conculca, erige, mente,
pulsa, ostenta, librar, adolescente,
señas, traslada, pira, frustra, harpía.
Cede, impide, cisuras, petulante,
palestra, liba, meta, argento, alterna,
si bien, disuelve, émulo, canoro.
Use mucho de *líquido* y de *errante,*
su poco de *nocturno* y de *caverna,*
anden listos *livor, adunco* y *poro;*
que ya toda Castilla,
con sola esta cartilla,
se abrasa de poetas babilones,
y en la Mancha pastores y gañanes,
atestadas de ajos las barrigas,
hacen ya *Soledades*[68] como migas.

Lope de Vega, 1562–1635 (pp. 82–87; 324–26)

Lope de Vega's fame as a dramatist has overshadowed his literary activity in other genres to such an extent that one forgets that he was also one of the leading lyric poets of his age.[1] Montesinos feels that one of the reasons Lope has never received the acclaim he deserves as a lyric poet is the fact that his lyric poetry has shared the condemnation of the rest of his nondramatic work. In addition, the overwhelming quantity and variety of his lyric output have discouraged conclusive studies. The lack of a definitive edition also accounts in part for his neglect as a non-dramatic poet. Recent criticism, however, is striving to reestablish his reputation as a lyricist. Sainz de Robles, for example, rates him as one of the four greatest lyric poets of Spain, along with Garcilaso de la Vega, Fray Luis de León, and Luis de Góngora. Del Río asserts that Lope forms a poetic trinity with Quevedo and Góngora.

Spaniards of the seventeenth century idolized Lope, for in him they found a poet who expressed in terms they could understand the essence of their national spirit. The Italian forms of poetry and the Renaissance culture in general had triumphed by the time Lope began to write. Lope inherited this tradition and wrote in accordance with it. Nevertheless, this was not sufficient for him as a lyric poet, for he felt that Italian meters, strophes, and other innovations were useful mainly for decorative purposes. The substance of his poetry, its spirit so to speak, he sought in the traditional folk poetry of Spain, to which he grafted the Italian style. By harmonizing these two currents, he hoped to rejuvenate and ennoble the native Spanish product. He admired the older poets of Spain not for their form or language, which he referred to as "bárbara lengua," but for their ingenuity, their subtleness, and their ideas. The heart of poetry, Lope thought, was the *concepto*, and

---

63 Quevedo puns on the surname of the Latin poet which resembles the Latin noun for nose: *nasus.* The augmentative ending heightens the comic effect: nasón — big nose.
64 Anás — Annas, one of the high priests involved in Jesus' trial.
65 The original version of this attack on *culteranismo* showed the following first line: " Quien quisiere ser Góngora en un día. "
66 This line pokes fun at the extravagant use of hyper-

baton, i.e. the separation of elements of a sentence which by logic or custom go together. Here Quevedo splits the word *jerigonza* — gibberish, jargon.
67 Many of the words which Quevedo ridicules have since become standard usage.
68 Góngora's composition which is the supreme expression of *culteranismo.*

1 See pp. 49–57 for an example of Lope's drama.

this he found in national poetry, a raw material which he adorned in the Italian style to express the greatest subtlety with the greatest technical virtuosity. But he also lived at the moment when the Renaissance culture was evolving into the final stage of its development, the Baroque. Lope was hostile to *culteranismo* and satirized it in many poems and dramas, especially in plays written after 1620. He felt that Gongorism over-emphasized the decorative elements of poetry, and while he praised Góngora for his genius, he deplored the excesses of Baroque poetry, criticizing particularly its syntactical disarrangements and excessive use of figured speech. Yet Lope himself at one time or another used all the devices of Gongorism.

Lope wrote a number of narrative poems, such as *La hermosura de Angélica, La Dragontea, La Gatomaquia, Jerusalén conquistada*; but he is superior as a lyric poet. In his shorter poems, particularly those drawing upon traditional elements for both substance and meter, he exhibits grace, spontaneity, versatility, feeling, and sheer creative power. His *romances*, for example, include some of his best poems, among them love poems which reflect Lope's soul states and the story of his love life. His moods run the gamut of emotions as he expresses tenderness, remorse, forgiveness, reproach, jealousy, repentance, and devotion. In his more mature years his ballads lost some of their fire and impetuosity and became permeated with a gentle melancholy and seriousness. Lope was unsurpassed in other traditional forms, such as *letrillas para cantar, villancicos*, and *seguidillas*. He wrote almost 3,000 sonnets, many of them scattered through his dramas, and was the best sonneteer of the seventeenth century. In his sonnets he was influenced by the Petrarchian tradition, but, as in his other poetry, he fused the erudite and the popular. He wrote a great many poems on religious themes in which he exhibits sincere faith and true devotion, as his mood ranges from the repentance of a sinner to the adoration of Jesus.

Lope loved many women and addressed much of his poetry to them, giving them the poetic names Marfisa, Filis, Belisa, Lucinda, Gerarda, and Amarilis. Although his affections changed from time to time, he was nevertheless capable of the noblest sentiments.

He was a loving father and many of his poems reveal genuine love for his children and deeply felt grief at their death. These expressions of love and other personal human emotions permeate some of Lope's lyric production and give it much of its warmth. Despite the incredible quantity of his output, Lope often discloses a human glow and an effusion of reality from his own experience which finds a response in most hearts.

Poetry seemed to well up out of Lope from some inexhaustible source, controlled by his nearly infallible poetic instinct. He could not repress it even in his prose works, and many of his finest lyrics are inserted in his novels. His dramas, too, contain many singable poems, and hardly one is lacking a sonnet. Some of these poems have been collected, but as yet no complete edition of his lyric poetry has appeared. His important collections, however, are (1) *Rimas humanas*, 1604; (2) *Rimas sacras*, 1614; (3) *Triunfos divinos*, 1625; (4) *Romancero espiritual*, 1625; (5) *Rimas humanas y divinas*, (published under the pseudonym of Tomé de Burguillos), 1634; (6) *La vega del Parnaso*, 1637.

Romance[2]

> A mis soledades voy,
> de mis soledades vengo,
> porque para andar conmigo
> me bastan mis pensamientos.
> No sé qué tiene el aldea
> donde vivo y donde muero,
> que con venir de mí mismo
> no puedo venir más lejos.
> Ni estoy bien ni mal conmigo,
> mas dice mi entendimiento
> que un hombre que todo es alma
> está cautivo en su cuerpo.
> Entiendo lo que me basta
> y solamente no entiendo
> cómo se sufre a sí mismo
> un ignorante soberbio.
> De cuantas cosas me cansan
> fácilmente me defiendo,
> pero no puedo guardarme
> de los peligros de un necio.
> El dirá que yo lo soy,
> pero con falso argumento,
> que humildad y necedad
> no caben en un sujeto.
> La diferencia conozco

---

2 This ballad is from *La Dorotea* and exemplifies the combination of the popular and the *culto*. It is sometimes printed in stanzas of four lines each though the ballad meter does not naturally fall into stanzas. Lope develops a new thought, however, nearly every four lines.

porque en él y en mí contemplo
su locura en su arrogancia,
mi humildad en mi desprecio.
O sabe naturaleza
más que supo en este tiempo,
o tantos que nacen sabios
es porque lo dicen ellos.
« Sólo sé que no sé nada, »
dijo un filósofo, haciendo
la cuenta con su humildad,
adonde lo más es menos.
No me precio de entendido,
de desdichado me precio,
que los que no son dichosos
¿cómo pueden ser discretos?
No puede durar el mundo,
porque dicen, y lo creo,
que suena a vidrio quebrado
y que ha de romperse presto.
Señales son del juicio
ver que todos le perdemos,
unos por carta de más,
otros por carta de menos.
Dijeron que antiguamente
se fué la verdad al cielo;
tal la pusieron los hombres
que desde entonces no ha vuelto.
En dos edades vivimos
los propios y los ajenos;
la de plata los extraños
y la de cobre los nuestros.
¿A quién no dará cuidado,
si es español verdadero,
ver los hombres a lo antiguo
y el valor a lo moderno?
Todos andan bien vestidos,
y quéjanse de los precios,
de medio arriba, romanos,
de medio abajo, romeros.
Dijo Dios que comería
su pan el hombre primero
en el sudor de su cara,
por quebrar su mandamiento,
y algunos inobedientes
a la vergüenza y al miedo,
con las prendas de su honor
han trocado los efectos.
Virtud y filosofía
peregrinan como ciegos:
el uno se lleva al otro,
llorando van y pidiendo.
Dos polos tiene la tierra,
universal movimiento;
la mejor vida, el favor,
la mejor sangre, el dinero.
Oigo tañer las campanas,
y no me espanto, aunque puedo,

que en lugar de tantas cruces
haya tantos hombres muertos.
Mirando estoy los sepulcros,
cuyos mármoles eternos
están diciendo sin lengua
que no lo fueron sus dueños.
¡Oh bien haya quien los hizo,
porque solamente en ellos
de los poderosos grandes
se vengaron los pequeños!
Fea pintan a la envidia,
yo confieso que la tengo
de unos hombres que no saben
quién vive pared en medio.
Sin libros y sin papeles,
sin tratos, cuentas ni cuentos,
cuando quieren escribir
piden prestado el tintero.
Sin ser pobres ni ser ricos
tienen chimenea y huerto;
no los despiertan cuidados,
ni pretensiones, ni pleitos.
Ni murmuraron del grande
ni ofendieron al pequeño;
nunca, como yo, firmaron
parabién ni Pascuas dieron.
Con esta envidia que digo
y lo que paso en silencio,
a mis soledades voy,
de mis soledades vengo.

Romance[3]

Mira, Zaide, que te aviso
que no pases por mi calle
ni hables con mis mujeres,
ni con mis cautivos trates,
ni preguntes en qué entiendo
ni quien viene a visitarme,
qué fiestas me dan contento
o qué colores me aplacen;
basta que son por tu causa
las que en el rostro me salen,
corrida de haber mirado
moro que tan poco sabe.
Confieso que eres valiente,
que hiendes, rajas y partes
y que has muerto más cristianos
que tienes gotas de sangre;
que eres gallardo ginete,
que danzas, cantas y tañes,
gentil hombre, bien criado
cuanto puede imaginarse;
blanco, rubio por extremo,
señalado por linaje,

3 Lope wrote mostly pastoral and Moorish ballads.
This one is an example of the latter and was extremely
popular in Lope's lifetime.

el gallo de las bravatas,
la nata de los donaires,
y pierdo mucho en perderte
y gano mucho en amarte,
y que si nacieras mudo
fuera posible adorarte;
y por este inconveniente
determino de dejarte,
que eres pródigo de lengua
y amargan tus libertades,
y habrá menester ponerte
quien quisiere sustentarte
un alcázar en el pecho
y en los labios un alcaide.
Mucho pueden con las damas
los galanes de tus partes,
porque los quieren briosos,
que rompen y que desgarren;
mas tras esto, Zaide amigo,
si algún convite te hacen,
al plato de sus favores
quieren que comas y calles.
Costoso fué el que te hice;
venturoso fueras, Zaide,
si conservarme supieras
como supiste obligarme.
Apenas fuiste salido
de los jardines de Tarfe
cuando hiciste de la tuya
y de mi desdicha alarde.
A un morito mal nacido
me dicen que le enseñaste
la trenza de los cabellos
que te puse en el turbante.
No quiero que me la vuelvas
ni quiero que me la guardes,
mas quiero que entiendas, moro,
que en mi desgracia la traes.
También me certificaron
cómo le desafiaste
por las verdades que dijo,
que nunca fueran verdades.
De mala gana me río;
¡qué donoso disparate!
No guardas tú tu secreto
¿y quieres que otro le guarde?
No quiero admitir disculpa;
otra vez vuelvo a avisarte
que ésta será la postrera
que me hables y que te hable.
Dijo la discreta Zaida
a un altivo bencerraje
y al despedirle repite:
« Quien tal hace, que tal pague. »

Romance de la barquilla[4]

¡Pobre barquilla mía,
entre peñascos rota,
sin velas, desvelada,
y entre las olas sola!
¿Adónde vas perdida?
¿Adónde, di, te engolfas?,
que no hay deseos cuerdos
con esperanzas locas.
Como las altas naves,
te apartas animosa
de la vecina tierra,
y al fiero mar te arrojas.
Igual en las fortunas,
mayor en las congojas,
pequeña en las defensas,
incitas a las ondas.
Advierte que te llevan
a dar entre las rocas
de la soberbia envidia,
naufragio de las honras.
Cuando por las riberas
andabas costa a costa,
nunca del mar temiste
las iras procelosas.[5]
Segura navegabas;
que por la tierra propia
nunca el peligro es mucho
adonde el agua es poca.
Verdad es que en la patria
no es la virtud dichosa,
ni se estima la perla
hasta dejar la concha.
Dirás que muchas barcas
con el favor en popa,
saliendo desdichadas,
volvieron venturosas.
No mires los ejemplos
de las que van y tornan;
que a muchas ha perdido
la dicha de las otras.
Para los altos mares
no llevas, cautelosa,
ni velas de mentiras,
ni remos de lisonjas.
¿Quién te engañó, barquilla?
Vuelve, vuelve la proa;
que presumir de nave
fortunas ocasiona.
¿Qué jarcias[6] te entretejen?
¿Qué ricas banderolas
azote son del viento
y de las aguas sombra?
¿En qué gavia[7] descubres,

---

4 This colorful ballad is also from *La Dorotea*.
5 procelosas — stormy, tempestuous.

6 jarcias — rigging.
7 gavia — main topsail.

del árbol alta copa,
la tierra en perspectiva,
del mar incultas orlas?
¿En qué celajes[8] fundas
que es bien echar la sonda[9]
cuando, perdido el rumbo,
erraste la derrota?[10]
Si te sepulta arena,
¿qué sirve fama heroica?;
que nunca desdichados
sus pensamientos logran.
¿Qué importa que te ciñan
ramas verdes o rojas,
que en selvas de corales
salado césped brota?
Laureles de la orilla
solamente coronan
navíos de alto bordo,
que jarcias de oro adornan.
No quieras que yo sea,
por tu soberbia pompa,
faetonte[11] de barqueros
que los laureles lloran.
Pasaron ya los tiempos
cuando lamiendo rosas
el céfiro bullía
y suspiraba aromas.
Ya fieros huracanes
tan arrogantes soplan
que, salpicando estrellas,
del sol la frente mojan;
ya los valientes rayos
de la vulcana forja,[12]
en vez de torres altas,
abrasan pobres chozas.
Contenta con tus redes,
a la playa arenosa
mojado me sacabas;
pero vivo, ¿qué importa?
Cuando de rojo nácar
se afeitaba la aurora
más peces te llenaban
que ella lloraba aljófar.[13]
Al bello sol que adoro,
enjuta ya la ropa,
nos daba una cabaña
la cama de sus hojas.

Esposo me llamaba,
yo la llamaba esposa,
parándose de envidia
la celestial antorcha.
Sin pleito, sin disgusto,
la muerte nos divorcia:
¡ay de la pobre barca
que en lágrimas se ahoga!
Quedad sobre la arena,
inútiles escotas;
que no ha menester velas
quien a su bien no torna.
Si con eternas plantas
las fijas luces doras,
¡oh dueño de mi barca!,
y en dulce paz reposas,
merezca que le pidas
al bien que eterno gozas,
que adonde estás, me lleve,
más pura y más hermosa.
Mi honesto amor te obligue;
que no es digna victoria
para quejas humanas
ser las deidades sordas.
Mas, ¡ay, que no me escuchas!;
pero la vida es corta:
viviendo, todo falta;
muriendo, todo sobra.

Letras para cantar

CANCIÓN DE VELADOR[14]

— Velador que el castillo velas,
vélale bien y mira por ti,
que velando en él me perdí.
— Mira las campañas[15] llenas
de tanto enemigo armado.
— Ya estoy, amor, desvelado
de velar en las almenas.
Ya que las campanas suenas,
toma ejemplo y mira en mí,
que velando en él me perdí.

CANTAR DE SIEGA[16]

Blanca me era yo
cuando entré en la siega;
dióme el sol y ya soy morena.

---

8 celajes — clouds.
9 echar la sonda — to take depth soundings.
10 derrota — route, way.
11 faetonte — phaeton. Phaeton, driving Phoebus'
chariot of the sun for one day, showed such lack of
skill that he would have set the world on fire had Jupiter
not struck him with a thunderbolt into the river Po.
12 rayos de la vulcana forja — lightning bolts. Vulcan
was the god of fire in its fearful aspects and lightning
was thought to come from his forge.

13 aljófar — dewdrops.
14 This letra is inserted in the drama Las almenas de
Toro, 1620.
15 campañas — Here: fields.
16 This famous harvesting song is from the drama
El gran duque de Moscovia, 1603–06. It treats a theme
not uncommon at this time, that of the dark-skinned
girl defending or justifying herself.

Blanca solía yo ser
antes que a segar viniese
mas no quiso el sol que fuese
blanco el fuego en mi poder.
Mi edad al amanecer
era lustrosa azucena;
dióme el sol y ya soy morena.

CANTAR DE VENDIMIA[17]

A la viña, viñadores,
que sus frutos de amores son;
a la viña tan garrida,
que sus frutos de amores son;
ahora que está florida,
que sus frutos de amores son,
a las hermosas convida
con los pámpanos[18] y flores:
a la viña, viñadores,
que sus frutos de amores son. . . .

TRÉBOLE[19]

Trébole, ¡ay Jesús, cómo huele!
Trébole, ¡ay Jesús, qué olor!
Trébole de la casada
que a su esposo quiere bien;
de la doncella también
entre paredes guardada,
que fácilmente engañada
sigue su primer amor.
Trébole, ¡ay Jesús, cómo huele!
Trébole, ¡ay Jesús, qué olor!
Trébole de la soltera
que tantos amores muda;
trébole de la viuda
que otra vez casarse espera,
tocas blancas[20] por defuera
y faldellín[21] de color.
Trébole, ¡ay Jesús, cómo huele!
Trébole, ¡ay Jesús, qué olor!

CANCIÓN DE LA VIRGEN[22]

Pues andáis en las palmas,
ángeles santos,
que se duerme mi niño,
tened los ramos.
Palmas de Belén
que mueven airados
los furiosos vientos,
que suenan tanto,
no le hagáis ruido,
corred más paso;

que se duerme mi niño,
tened los ramos.
El niño divino,
que está cansado
de llorar en la tierra,
por su descanso
sosegar quiere un poco
del tierno llanto;
que se duerme mi niño,
tened los ramos.
Rigurosos hielos
le están cercando,
ya veis que no tengo
con que guardarlo:
ángeles divinos,
que vais volando,
que se duerme mi niño,
tened los ramos.

LETRA

Si os partiéredes al alba,
quedito, pasito, amor,
no espantéis al ruiseñor.
Si os levantáis de mañana
de los brazos que os desean,
porque en los brazos no os vean
de alguna envidia liviana,
pisad con planta de lana,
quedito, pasito, amor,
no espantéis al ruiseñor.

LETRA

Blancas coge Lucinda
las azucenas
y en llegando a sus manos
parecen negras.
Cuando sale el alba
Lucinda bella
sale más hermosa,
la tierra alegra.
Con su sol enjuga
sus blancas perlas;
si una flor le quita
dos mil engendra.
Porque son sus plantas
de primavera
y como cristales
sus manos bellas.
Y ansí, con ser blancas
las azucenas,
en llegando a sus manos
parecen negras.

17 From *El heredero del cielo*.
18 pámpanos — young shoots, tendrils.
19 trébole (trébol) — clover. The paragogic *e* was probably used by Lope to impart an archaic flavor. This poem appears in *Peribáñez y el Comendador de Ocaña*.

20 tocas blancas — white headdress. This was part of the mourning costume worn by women.
21 faldellín — petticoat.
22 This lullaby is sung by Mary in *Los pastores de Belén*, 1611.

Soneto

Daba sustento[23] a un pajarillo un día
Lucinda, y por los hierros del portillo
fuésele de la jaula el pajarillo
al libre viento en que vivir solía.

Con un suspiro a la ocasión tardía
tendió la mano y no pudiendo asillo[24]
dijo, y de las mejillas amarillo
volvió el clavel que entre su nieve ardía:[25]

«¿Adónde vas, por despreciar el nido
al peligro de ligas[26] y de balas,
y el dueño huyes que tu pico adora?»

Oyóla el pajarillo enternecido
y a la antigua prisión volvió las alas.
¡Qué tanto puede una mujer que llora!

Soneto

Desmayarse, atreverse, estar furioso,
áspero, tierno, liberal, esquivo,
alentado, mortal, difunto, vivo,
leal, traidor, cobarde y animoso;

no hallar fuera del bien centro y reposo,
mostrarse alegre, triste, humilde, altivo,
enojado, valiente, fugitivo,
satisfecho, ofendido, receloso;

huir del rostro al claro desengaño,
beber veneno por licor süave,
olvidar el provecho, amar al daño;

creer que un cielo en un infierno cabe,
dar la vida y el alma a un desengaño:
esto es amor, quien lo probó lo sabe.

Soneto

Un soneto me manda hacer Violante,[27]
que en mi vida me he visto en tanto aprieto;
catorce versos dicen que es soneto,
burla burlando van los tres delante.

Yo pensé que no hallara consonante
y estoy a la mitad de otro cuarteto,
mas si me veo en el primer terceto,
no hay cosa en los cuartetos que me espante.

Por el primer terceto voy entrando,
y parece que entré con pie derecho
pues fin con este verso le voy dando.

Ya estoy en el segundo y aun sospecho
que voy los trece versos acabando:
contad si son catorce y está hecho.

Soneto

Pastor,[28] que con tus silbos amorosos
me despertaste del profundo sueño;
tú, que hiciste cayado dese leño[29]
en que tiendes los brazos poderosos;

vuelve los ojos a mi fe piadosos,
pues te confieso por mi amor y dueño
y la palabra de seguirte empeño
tus dulces silbos y tus pies hermosos.

Oye, Pastor, que por amores mueres,
no te espante el rigor de mis pecados,
pues tan amigo de rendidos eres.

Espera, pues, y escucha mis cuidados —
pero, ¿cómo te digo que me esperes
si estás para esperar los pies clavados?

Soneto

¿Qué tengo yo que mi amistad procuras?
¿Qué interés se te sigue, Jesús mío,
que a mi puerta, cubierto de rocío,
pasas las noches del invierno escuras?

¡Oh cuánto fueron mis entrañas duras,
pues no te abrí!   ¡Qué extraño desvarío
si de mi ingratitud el hielo frío
secó las llagas de tus plantas puras!

¡Cuántas veces el ángel me decía:
Alma, asómate ahora a la ventana,
verás con cuánto amor llamar porfía!

¡Y cuántas, Hermosura soberana:
Mañana le abriremos, respondía,
para lo mismo responder mañana!

Soneto

De hoy más las crespas sienes de olorosa
verbena y mirto coronarte puedes,
juncoso Manzanares,[30] pues excedes
del Tajo la corriente caudalosa.

Lucinda en ti bañó su planta hermosa;
bien es que su dorado nombre heredes
y que con perlas por arenas quedes
mereciendo besar su nieve y rosa.

Y yo envidiar pudiera tu fortuna,
mas he llorado en ti lágrimas tantas,
(tú buen testigo de mi amargo lloro),

que mezclada en tus aguas pudo alguna
de Lucinda tocar las tiernaa plantas
y convertirse en tus arenas de oro.

---

23 sustento — Here: food.
24 asillo (asirlo) — to grasp it, seize it, catch it.
25 Read: y el clavel de las mejillas, que entre su nieve ardía, volvió amarillo.
26 ligas — birdlime (a sticky substance placed on branches to catch small birds).

27 This sonnet, sometimes given the title *Soneto de repente*, is from *La niña de plata*, 1613 (?).
28 *Pastor* refers to Jesus, the Good Shepherd. Longfellow translated this and the previous sonnet.
29 leño — Here: cross.
30 The Manzanares is a winding tributary of the Tajo.

Soneto

Que otras veces amé negar no puedo,
pero entonces amor tomó conmigo
la espada negra[31] como diestro amigo
señalando los golpes en el miedo.

Mas esta vez que batallando quedo,
blanca la espada y cierto el enemigo,
no os espantéis que llore su castigo,
pues al pasado amor amando excedo.

Cuando con armas falsas esgremía
de las heridas truje en el vestido;
sin tocarme en el pecho los señales;
mas en el alma ya, Lucinda mía,
donde mortales en dolor han sido
y en el remedio heridas inmortales.

Soneto

No sabe qué es amor quien no te ama,
celestial hermosura, esposo bello;
tu cabeza es de oro, y tu cabello
como el cogollo que la palma enrama;

tu boca como lirio, que derrama
licor al alba; de marfil tu cuello;
tu mano el torno, y en su palma el sello,
que el alma por disfraz jacintos llama.

¡Ay Dios!   ¿En que pensé cuando, dejando
tanta belleza, y las mortales viendo,
perdí lo que pudiera estar gozando?

Mas si del tiempo que perdí me ofendo,
tal prisa me daré, que un hora amando
venza los años que pasé fingiendo.

---

31 The black sword is the practice sword with a blunted tip. The white sword is used for real combat. Lope is saying that former love affairs were merely practice for the present one.

Part V NONFICTION PROSE

NONFICTION PROSE OF THE MIDDLE AGES

Alfonso X, el Sabio, 1221–84 (pp. 274–75; 415–21)

Alfonso X, known as the Wise King, headed a great cultural renaissance in Spain in the second half of the thirteenth century. As a result of his leadership and promotion of all the known arts and sciences he is recognized as the great patron of the Middle Ages. As a politician he has not fared so well. Several legends harmful to his reputation and which do not give an accurate picture of the man as a ruler and a human being have been perpetuated through the years. It was the historian Mariana who remarked that Alfonso lost his kingdom while stargazing, implying that he was so engrossed in intellectual daydreaming that he paid little attention to the affairs of the realm. The *romances* have also contributed to this impression of an idle king, and in later centuries Padre Isla and Marquina kept the story alive with their poetic comments.

Actually, Alfonso X was extremely busy with the government of his kingdoms and though his reign was very difficult and troubled it cannot be said that his difficulties arose because of negligence on his part. He made many decisions, but he had a knack for making bad ones which led to trouble in the long run. He tampered with the currency twice, which made him unpopular with all classes of society. He tried for eighteen years and spent huge sums of money to secure the throne of Germany and the crown of the Holy Roman Empire, which he claimed as the son of Doña Beatriz de Suabia. He failed to control the powerful nobles in his territory, and, hoping to satisfy them, acceded to their demands time after time, thereby weakening his own position. He had some success fighting the Moors, but his naval expedition to Africa ended in disaster. Finally, he had difficulty naming an heir to his throne, and, pressured from all sides, he disinherited his son. Supported by Alfonso's enemies among the nobles, Sancho rebelled against his father but avoided open conflict. No medieval king could have devoted more time and energy to government than Alfonso, but he did not have the strength or ruthlessness to suppress his rebellious barons (the principal source of his troubles). He was plagued with bad luck, and, although he had his shortcomings as a ruler, neglect of office was not one of them.

Alfonso is supposed to have said: "Si Dios me hubiera consultado, habría hecho el mundo de otra manera." Byron perpetuated this legend in his *Vision of Judgement* where he said: "I settle all things by intuition . . . like King Alfonso. When I thus see double, I save the Deity some worlds of trouble." Solalinde maintains that this story too is false so far as Alfonso X is concerned and observes that it was invented in Catalonia either by Pedro IV or his historian, Bernat Descoll.

Alfonso may not have been successful in politics, but he remains unchallenged as a royal organizer of culture. He was responsible for the compilation of enormous historical, juridical, and scientific works. He did not write all of them himself but apparently gathered together historical scholars, legal experts, and scientists, disregarding their nationality and religion. He then outlined projects and guided their work. The *Libro de la esfera* refers to Alfonso's active participation as a kind of general editor in the preparation of his books: "Tolló[1] las razones que entendió eran sobejanas et dobladas[2] et que non eran en castellano derecho, et puso las otras que entendió que complían;[3] et quanto al lenguaje endereçóle él por sise."[4] The illustrations on some of the Alfonsine manuscripts show the king seated in the midst of his scholars as though consulting on some difficult point. This system of guided scholarship produced the most important legal code and encyclopedia of the Middle Ages, the *Siete Partidas*, and a history unsurpassed anywhere in the medieval period, the *Primera crónica general*. In addition to these two capital works, Alfonso's cultural college produced the *General estoria*, more ambitious than the *Primera crónica* but uncompleted, and a number of scientific and technical works, among them the *Libros del saber de astronomía*, the *Tablas alfonsíes*, and the *Lapidario*.

1 tolló — he removed.
2 sobejanas et dobladas — excessive and ambiguous.
3 complían — were appropriate.
4 él por sise — he himself.

Spanish literary prose and the Spanish language matured greatly under Alfonso's tutelage. Fernando III, his father, had recognized Spanish as an official language for record keeping. Alfonso used it widely for official acts and, though Latin was used for diplomatic purposes, he occasionally wrote his letters to foreign monarchs in Spanish. As customary in the thirteenth century he composed his lyric poetry in Galician, but he insisted on Spanish for prose works. Because of the variety of the subjects he dealt with and the wide range of vocabulary needed, his scholars and researchers greatly enriched Spanish.

The *Primera crónica general* is the result of Alfonso's desire to write the first complete national history of Spain. He began it probably around 1270 but was unable to complete it, putting it aside temporarily perhaps to work on his *General estoria*. Students of the work believe that Alfonso finished it probably up to Chapter 627 with which the oldest manuscripts end. Sancho IV, Alfonso's rebellious son, continued it after his father's death and finished it in 1289. It covers the history of mankind from the wanderings of Noah's sons through the reign of Fernando III, which ended in 1252. Some chapters are devoted to events outside of Spain, but the main body of the narrative concentrates on the peoples who shaped the peninsula's early history. The story of Spain under the Greeks, the Carthaginians, the Romans, the Goths and other Germanic tribes occupies approximately the first half of the work. The fall of Spain to the Moors strikes a pessimistic note as the first half ends, but there is a glimmer of hope as Pelayo rises in the North and the reconquest begins. The second half, which is more interesting to literature students for the prosifications of old epic songs it contains, covers Spanish history from Pelayo to the end of Fernando III, *el Santo*'s reign.

The *Siete partidas* is much more than a legal code. In addition to standardizing all the law of Spain in one system, it is a comprehensive treatise on all aspects of medieval Spanish life and contains many didactic and theoretical elements intended to improve and regulate the lives of thirteenth century Spaniards. The codification of laws was begun under Fernando and completed under Alfonso, but the

laws were not put into effect until 1348 under Alfonso XI. The *Partidas* was the most complete legislative compilation of the Middle Ages, and is still cited as an authority in legal problems both in Europe and America.

As the name states, the *Partidas* consists of seven parts. The first words of each section begin with the letters of Alfonso's name forming the following acrostic:

> A serviçio de Dios . . .
> La fe católica . . .
> Fizo nuestro Señor . . .
> Onrras sennaladas . . .
> Nascen entre los omes . . .
> Sesudamente dixeron los sabios . . .
> Olvidanza et atrevimiento . . .

The first *Partida* deals mostly with the ecclesiastical and liturgical code and the second with rulers and high ranking nobles. The third through the sixth contain civil law and deal with such things as the administration of justice, marriage, contracts, wills, and inheritances. The seventh contains the penal code. Of more interest than the legal aspects of the *Partidas* is the complete documentation of all phases of medieval Spanish life. No social class is overlooked and the responsibilities and duties of all citizens from the king down are clearly set forth.

Partida II
Título VII
LEY V

QUÉ COSAS DEBEN COSTUMBRAR[5] LOS AYOS A LOS FIJOS DE LOS REYES PARA SER LIMPIOS E APUESTOS EN EL COMER

Sabios y hobo[6] que fablaron de cómo los ayos deben nodrir[7] a los fijos de los reyes, et mostraron muchas razones por que los deben costumbrar a comer et a beber bien et apuestamente. Et porque nos semejó[8] que eran cosas que debíen ser sabudas,[9] porque los ayos pudiesen mejor guardar sus criados que non cayesen en yerro por mengua[10] de las non saber, mandámoslas aquí escrebir.

Et dixieron que la primera cosa que los ayos deben facer aprender a los mozos es que coman et beban limpiamente et apuesto: et magüer[11] el comer et el beber es cosa que ninguna criatura non la puede escusar,[12] con todo

---

5 costumbrar (acostumbrar) — Here: to teach.
6 y hubo — there were.
7 nodrir — to educate, instruct.
8 nos semejó — it seemed to us.

9 sabudas (sabidas) — known.
10 mengua — lack.
11 magüer (maguer) — although.
12 escusar — Here: to avoid, do without.

eso los homes non lo deben facer bestial-
mente, comiendo et bebiendo además et des-
apuesto, am et yormente los fijos de los reyes
por el linage onde vienen,[13] et el lugar que han
de tener, et de quien los otros han de tomar
enxiemplo.

Et esto dixeron por tres razones: la primera
porque del comer et del beber les viniese pro;
la segunda por escusallos del daño que les
podríe venir cuando los ficiesen comer o beber
además;[14] la tercera por costumbralos a seer
limpios et apuestos, que es cosa que les conviene mucho, ca mientre que[15] los niños
comen et beben cuanto les es menester, son por
ende más sanos et más recios; et si comiesen
además, seríen por ende más flacos et enfer-
mizos, et avenirles híe[16] que el comer et el
beber, de que les debíe venir vida et salud, se
les tornaríe en enfermedat o en muerte.

Et apuestamente dixeron que les debíen
facer comer, non metiendo en la boca otro
bocado fasta que hobiesen comido el primero,
porque sin la desapostura que y ha,[17] podríe
ende[18] venir tan grand daño, que se afogaríen[19]
a so hora.[20] Et non les deben consentir que
tomen el bocado con todos los cinco dedos de
la mano, porque non los fagan grandes; et
otrosí que non coman feamente con toda la
boca, mas con la una parte; ca mostrarse
híen* en ello por glotones, que es manera de
bestias más que de homes; et de ligero non se
podríe guardar el que lo ficiese que non saliese
de fuera de aquello que comiese, si quisiese
fablar.

Et otrosí dixeron que los deben acostumbrar a comer de vagar et non apriesa, por que
quien dotra guisa[21] lo usa, non puede bien
mascar lo que come, et por ende[22] non se
puede bien moler, et por fuerza se ha de dañar
et tornarse en malos humores, de que vienen
las enfermedades.

Et débenles facer lavar las manos antes de
comer, porque sean limpios de las cosas que
ante habíen tañido,[23] porque la vianda cuanto
más limpiamente es comida, tanto mejor sabe,
et tanta mayor pro face; et después de comer

gelas* deben facer lavar, porque las lleven
limpias a la cara et a los ojos. Et alimpiarlas
deben a las tobaias[24] et non a otra cosa; porque sean limpios et apuestos, ca non las deben
alimpiar en los vestidos, así como facen
algunas gentes que non saben de limpiedat
nin de apostura.

Et aún dixeron que non deben mucho
fablar mientra que comieren, por que si lo
ficiesen, non podría seer que non menguasen
en el comer o en la razón que dexiesen. Et non
deben cantar cuando comieren, porque non es
lugar conveniente para ello, et semejaríe que
lo facíen más con alegría de vino que por otra
cosa.

Otrosí* dixeron que non los dexasen
mucho baxar sobre la escudilla[25] mientre que
comiesen, lo uno porque es grant desapostura,
lo al porque semejaríe que lo queríe todo para
sí el que lo ficiese, et que otro non hobiese
parte en ello.

Partida VII

Título XXX

DE LOS TORMENTOS[26]

Cometen los homes a facer[27] grandes yerros
et malos fechos encubiertamente de manera
que non pueden seer sabidos nin probados;
et por ende tovieron por bien los sabios antiguos que ficiesen tormentar a tales homes
como éstos porque pudiesen saber la verdat
dellos. Onde pues que en título ante déste
fablamos de cómo los presos deben seer recabdados,[28] queremos aquí decir cómo los deben
tormentar; et mostraremos qué quiere decir
tormento, et a qué tiene pro, et cuántas
maneras son dellos, et quién los puede facer,
et en qué tiempo, et a quáles, et en qué
manera, et por quáles sospechas o señales se
deben dar, et ante quien, et qué preguntas les
deben facer mientra los tormentaren, et otrosí
después que los hobieran tormentado, et
quáles conoscencias[29] deben valer de las que
son fechas por razón de los tormentos, et
quáles non.

---

13 por . . . vienen — because of the lineage from which
they come.
14 además — to excess.
15 mientre (mientras) que — while.
16 avenirles híe (les avendría) — it might happen, it
could happen. (The conditional was often split in
medieval Spanish as in this example. See below: mostrarse híen).
17 y ha (hay) — there is; Here: results.
18 ende — from it.
19 afogaríen (ahogarían) — they would choke.

20 a so hora — suddenly, unexpectedly (also written:
asohora).
21 dotra guisa (de otra guisa) — otherwise, in another
manner.
22 por ende — therefore.
23 tañer — to touch.
24 tobaias (toallas) — towels.
25 escudilla — bowl.
26 tormento — torture.
27 Cometen los homes a facer — Men make.
28 recabdados — arrested, captured.
29 conoscencias — confessions.

LEY I

QUÉ QUIERE DECIR TORMENTO, ET A QUÉ TIENE
PRO, ET QUÁNTAS MANERAS SON DÉL

Tormento es manera de pena que fallaron los que fueron amadores de la justicia para escodriñar et saber la verdat por él[30] de los malos fechos que se facen encubiertamente, que non pueden seer sabidos nin probados por otra manera; et tienen muy grant pro para cumplirse la justicia; ca por los tormentos saben los judgadores muchas veces la verdat de los fechos encubiertos, que non se podríen saber de otra guisa. Et como quier que las maneras de los tormentos son muchas, pero las principales son dos: la una se face con feridas de azotes; la otra es colgando al home que quieren tormentar de los brazos, et cargándol las espaldas et las piernas de lorigas[31] o de otra cosa pesada.

LEY II

QUIÉN PUEDE MANDAR TORMENTAR LOS PRESOS,
ET EN QUÉ TIEMPO ET A QUÁLES

Tormentar los presos non debe ninguno sin mandado de los jueces ordinarios que han poder de facer justicia dellos. Et aun los judgadores non los deben mandar tormentar luego que fueren acusados, a menos de saber ante presunciones et sospechas ciertas de los yerros sobre que[32] son presos. Et otrosí* decimos que non deben meter a tormento a ninguno que sea menor de catorce años, nin a caballero, nin a maestro de leyes o de otro saber, nin a home que fuese consejero señaladamente del rey o del común[33] de alguna cibdat o villa del regno, nin a los fijos destos sobredichos, seyendo[34] los fijos homes de buena fama, nin a muger que fuese preñada fasta que para, magüer* fallasen señales o sospechas contra ella: et esto es por honra de la esciencia[35] o de la nobleza que han en sí; et a la mujer, por razón de la criatura que non merece mal. Pero decimos que si alguno de los consejeros sobredichos hobiese sido escribano del rey o de algunt concejo, et lo acusasen después de alguna carta falsa, que hobiese fecho enante que llegase a la honra de seer

consejero, que bien lo pueden meter a tormento para saber la verdat, si es así como lo acusaron o non, si fuere fallada sospecha contra él.

LEY III

EN QUÉ MANERA ET POR QUÁLES SOSPECHAS O SEÑALES DEBEN SEER TORMENTADOS LOS PRESOS, ET ANTE QUIÉN ET QUÉ PREGUNTAS LAS DEBEN FACER MIENTRA LOS TORMENTAREN

Fama seyendo comunalmente entre los homes que aquél que está preso fizo el yerro porque lo prisieron, o seyéndol probado por un testigo que sea de creer, que non sea de aquéllos que diximos en la ley ante désta que non deben seer metidos a tormento, et si fuere home de mala fama o vil, puédelo mandar tormentar el judgador, pero debe estar él delante cuando lo tormentaren. Et otrosí el que ha de cumplir la justicia por su mandado et el escribano que ha de escribir los dichos déletos[36] que lo han de atormentar, et non otri. Et débele dar el tormento en lugar apartado en su puridat,[37] preguntándole por sí mismo en esta manera al que metiere al tormento. Tú, fulán,[38] sabes alguna cosa de la muerte de fulán, agora di lo que sabes et non temas, ca non te faré ninguna cosa sinon con derecho. Et non le debe preguntar si lo mató él, ni señalar otro ninguno por su nombre por quién preguntase, ca tal pregunta como ésta non seríe buena, porque podríe acaescer quel daríe[39] carrera para decir mentira. Et en esta misma manera deben preguntar a los presos sobre todos los otros yerros por los que hobiesen a tormentar.

Primera crónica general

DEL LOOR DE ESPANNA COMO ES COMPLIDA
DE TODOS BIENES

Pues que el rey Rodrigo[40] y los cristianos fueron venzudos[41] et muertos, la muy noble yente de los godos que muchas batallas crebantara,[42] et abaxara[43] muchos regnos, fué entonces crebantada et abaxada, et las sus preciadas señas[44] abatidas.

---

30 por él — by it (i.e. through torture).
31 lorigas — cuirass; Here: weights.
32 sobre que — on the basis of which.
33 común — people.
34 seyendo (siendo) — being.
35 esciencia — knowledge (this refers to the *maestros* a few lines above).
36 déletos — choices (refers to the manners of torture chosen by the judge).

37 en su puridat — in secret.
38 fulán (fulano) — Mr. So-and-so, John Doe.
39 quel daríe (que le daría) — which would give him.
40 Rodrigo, last king of the Goths, who lost his kingdom to the Moors in the eighth century.
41 venzudos (vencidos) — conquered.
42 crebantara (quebrantara) — Here: had won.
43 abaxara (abajara) — had subjugated.
44 señas — Here: banners, flags.

Los godos que conqueriran[45] Scitia, Ponto, Asia, Grecia, Macedonia, Illírico,[46] et las robaron et las desgastaron, e aun las sus mugieres dellos, que vencieron et metieron so el su señorío toda tierra de Orient, e prisieron en batalla a aquel grand Ciro[47] rey de Babilonia, de Siria, de Media[48] et de Ircania,[49] yl mataron en un odre lleno de sangre; aquella yente a la que los de Roma que eran señores de toda la tierra fincaron los inoios,[50] conosciendo se les por venzudos, e la de quien ell emperador Valent[51] fué quemado en un fuego, e a la que aquel grand Atila[52] rey de los hugnos[53] conosció señorío en la batalla de los Campos Cathalanos,[54] e a quien los alanos[55] fuyendo dexaron tierra de Hongría, e a quien desampararon los uvándalos[56] las Gallias fuyendo; la yente que con sus batallas espantóse tod el mundo así como el grand tronido espanta los homnes; aquella yente de los godos tan briosa et tan preciada estonces, la aterró en una batalla el poder de Mahomat el revellado,[57] que se alzara aun tanto como ell otro día.

Todos deben por esto aprender que non se deba ninguno preciar: nin el rico en riqueza, nin el poderoso en su poderío, nin el fuert en su fortaleza, nin el sabio en su saber, nin ell alto en su alteza, nin en su bien; mas quien se quisiere preciar, préciese en servir a Dios, ca él fiere et pon meleniza,[58] éll llaga et él sanna,[59] ca toda la tierra suya es; e todos pueblos et todas las yentes, los regnos, los lenguages, todos se mudan et se cambian, mas Dios criador de todo, siempre dura et está en un estado.

E a cada una tierra de las del mundo et a cada provincia honró Dios en señas guisas,[60] et dió su don; mas entre todas las tierras que éll honró más, España la de Occidente fué; ca a ésta abastó él de todas aquellas cosas que homne suel[61] cobdiciar. Ca desde que los godos andidieron[62] por las tierras de la una parte et de la otra, provándolas por guerras et por batallas, et conquiriendo muchos logares en las provincias de Asia et de Europa, así como dixíemos, probando muchas moradas en cada logar, et catando[63] bien et escogiendo entre todas las tierras el más provechoso logar, fallaron que España era el meior de todos, et muchol preciaron[64] más que a ninguno de los otros, ca entre todas las tierras del mundo España ha una estremanza de abondamiento[65] et de bondad más que otra tierra ninguna.

Demás es cerrada toda en derredor: dell un cabo de los montes Pireneos que llegan fasta la mar, de la otra parte del mar Océano, de la otra del mar Tirreno.[66] Demás es en esta España la Gallia Gótica,[67] que es la provincia de Narbona,[68] desouno[69] con las cibdades Rodes, Albia et Beders, que en el tiempo de los godos pertenescíen a esta misma provincia. Otrosí en África habíe una provincia señora de diez cibdades, que fué llamada Tingintana,[70] que era so el señorío de los godos, así como todas estas otras.

Pues esta España que decimos tal es como el paraíso de Dios, ca riégase con cinco ríos

---

45 conqueriran (conquistaran) — had conquered.
46 Scitia — Escitia, the name by which in ancient times the northeastern parts of Asia were known. Ponto was a region in the northeastern part of Asia Minor. Macedonia was a large region on the Balkan peninsula. Illírico (from Latin *illyricus*) refers to islands in the Adriatic sea near the coast of Yugoslavia (sometimes called Ilíricas).
47 Ciro — Cyrus the Great, b. 600 B.C. (?), King of Persia who conquered Babylon in 538 B.C.
48 Media was a region in Asia which bordered on the Caspian Sea and touched Persia, Assyria, Partia, and Armenia.
49 Ircania — Hircania, an area on the southeast coast of the Caspian sea.
50 fincaron los inoios — (they) kneeled.
51 Flavius Valentinian, Roman emperor, 328–278 B.C., who was killed by the Goths at Adrinópolis.
52 Atila — Attila, ruler of the Huns.
53 hugnos — Huns.
54 Campos Cathalanos — Campos Cataláunicos (today Chalons-sur-Marne), where a great battle took place between the Goths and their allies and Attila's armies, which were defeated.
55 alanos — Alans, a Germanic tribe.
56 uvándalos — Vandals, a Germanic tribe.
57 revellado (rebelado) — rebel; Here: infidel.

58 meleniza (meleçina, medicina) — medicine; Here: cure.
59 sanna (sana) — heals.
60 en señas guisas (en sendas guisas) — each in a different way.
61 suel (suele) — is wont to, is in the habit of.
62 andidieron (anduvieron) — walked; Here: traveled.
63 catar — to look.
64 muchol (mucho la) preciaron — they esteemed (prized) it highly.
65 estremanza de abondamiento — very great abundance.
66 mar Tirreno — Tyrrhenian Sea. Tyrrhenia (known also as Etruria, land of the Etruscans) was a country in central Italy bordering on the Mediterranean. Hence Tyrrhenian Sea refers to the Mediterranean Sea.
67 Gallia Gótica — Gothic Gaul (that area of Gaul overrun by Goths).
68 Narbona — Narbonne, an area in southern France colonized by the Phoenicians and later taken by the Romans, the Franks, the Visigoths, the Saracens and finally by Charlemagne.
69 desouno — jointly, together.
70 Tingintana, the ancient name of the eastern part of Mauretania in North Africa. It is based on the Latin name of the city Tingi, today Tangiers.

cabdales,[71] que son Ebro, Duero, Tajo, Guadalquivil, Guadiana; e cada uno dellos tiene entre sí et ell otro grandes montañas et tierras; et los valles et los llanos son grandes, et anchos, et por la bondat de la tierra et ell humor de los ríos lievan[72] muchos frutos et son abondados. España la mayor parte della se riega de arroyos et de fuentes, et nuncual[73] minguan[74] pozos cada logar o los ha mester.

España es abondada de mieses, deleitosa de fructas, viciosa[75] de pescados, sabrosa de leche et de todas las cosas que se della facen; lena[76] de venados et de caza, cubierta de ganados, lozana de caballos, provechosa de mulos, segura et bastida[77] de castiellos, alegre por buenos vinos, folgada de abondamiento[78] de pan; rica de metales, de plomo, de estaño, de argent vivo,[79] de fierro, de arambre,[80] de plata, de oro, de piedras preciosas, de toda manera de piedra mármol, de sales de mar et de salinas de tierra et de sal en peñas, et dotros mineros muchos: azul, almagra, greda, alumbre[81] et otros muchos de cuantos se fallan en otras tierras; briosa de sirgo[82] et de cuanto se face dél, dulce de miel et de azúcar, alumbrada de cera, complida de olio, alegre de azafrán.

España sobre todas es engeñosa,[83] atrevuda et mucho esforzada en lid, ligera en afán, leal al señor, afincada[84] en estudio, palaciana en palabra, complida de todo bien; non ha tierra en el mundo que la semeje en abondanza, nin se eguale ninguna a ella en fortalezas, et pocas ha en el mundo tan grandes como ella. España sobre todas es adelantada en grandez et más que todas preciada por lealtad. ¡Ay España!, non ha lengua nin engeño que pueda contar tu bien.

Sin los ríos cabdales* que dixiemos de suso,[85] muchos otros hay que en su cabo entran en la mar non perdiendo el nombre, que son otrosí ríos cabdales, así como es Miño, que nasce et corre por Gallicia et entra en la mar; e deste río lieva* nombre aquella provincia Miñea, e muchos otros ríos que ha en Galicia et en Asturias et en Portogal et en ell Andalucía, et en Aragón et en Catalonia et en las otras partidas de España que entran en su cabo en la mar. Otrosí Alvarrecén et Segura, que nascen en esa misma sierra de Segura, que es en la provincia de Toledo, et entran en el mar Tirreno, et Mondego en Portogal que non son nombrados aquí.

Pues este regno tan noble, tan rico, tan poderoso, tan honrrado, fué derramado et astragado en una arremesa[86] por desavenencia de los de la tierra que tornaron sus espadas en sí mismos unos contra otros, así como si les minguasen enemigos; et perdieron y todos, ca todas las cibdades de España fueron presas de los moros et crebantadas* et destroídas de mano de sus enemigos.

DEL DUELO DE LOS GODOS DE ESPAÑA ET DE LA RAZÓN PORQUE ELLA FUÉ DESTROIDA

Pues que la batalla fué acabada desaventuradamientre et fueron todos muertos, los unos et los otros — ca en verdad non fincara ninguno de los cristianos en la tierra que a la batalla non viniese, qué dell un cabo qué[87] dell otro, dellos[88] en ayuda del rey Rodrigo, dellos del cuende Julián[89] — fincó toda la tierra vacía del pueblo, lena* de sangre, bañada de lágrimas, conplida de apellidos,[90] huéspeda de los estraños, enagenada de los vecinos, desamparada de los moradores, viuda et desolada de sus fijos, confonduda de los bárbaros, esmedrida[91] por la llaga, fallida de fortaleza, flaca de fuerza, menguada de conort,[92] et desolada de solaz de los suyos.

Allí se renovaron las mortandades del tiempo de Hércules, allí se refrescaron et podrescieron[93] las llagas del tiempo de los uvándalos, de los alanos et de los suevos que comenzaran ya a sanar. España, que en ell otro tiempo fuera llagada por la espada de los romanos, pues que guaresciera et cobrara por la melezina* et la bondad de los godos,

71 cabdales (caudales) — large.
72 lievan (llevan) — bear, produce.
73 nuncual (nunca le) minguan — it is never lacking in.
74 *Minguan* is from *menguar* — to lack, to be lacking (equivalent of modern *faltar*).
75 viciosa — abundant, rich.
76 lena (llena) — full, filled.
77 bastida (abastecida) — supplied, provided.
78 folgada (holgada) de abondamiento — enjoying an abundance.
79 argent vivo — mercury.
80 arambre (alambre) — copper.
81 azul — copper sulphate, blue vitriol. almagra — red ochre. greda — potters clay, chalk. alumbre — alum.
82 sirgo — silk.

83 engeñosa (ingeniosa) — ingenious.
84 afincada — diligent, industrious.
85 de suso — above.
86 derramado et astragado en una arremesa — overrun and ravaged in a single attack.
87 qué . . . qué (quier . . . quier) — either . . . or.
88 dellos (algunos de ellos) — some of them.
89 Conde Julián, Spanish governor of Ceuta, supposedly conspired with the Moors in their conquest of Spain in the first years of the eighth century.
90 conplida de apellidos — filled with cries (of anguish).
91 esmedrida — weakened.
92 menguada de conort — lacking in comfort or consolation.
93 podrescieron — rotted.

estonces era crebantada,* pues que eran muertos et aterrados cuantos ella criara.

Oblidados[94] le son los sus cantares, et el su lenguage ya tornado es en ageno et en palabra estraña. Los moros de la hueste, todos vestidos del sirgo* et de los paños de color que ganaran; las riendas de los sus caballos tales eran como de fuego; las sus caras dellos, negras como la pez; el más fremoso dellos, era negro como la olla, así lucíen sus ojos como candelas; el su caballo dellos ligero como leopardo, e el su caballero mucho más cruel et más dañoso que es el lobo en la grey de las ovejas en la noche.

La vil yente de los africanos que se non solíe preciar de fuerza nin de bondad et todos sus fechos facíe con art[95] et a engaño, et non se solíen amparar si non pechando grandes riquezas et grand haber,[96] esora[97] era exaltada, ca crebantó en un hora más aína[98] la nobleza de los godos que lo non podríe homne decir por lengua.

¡España, mezquina! Tanto fué la su muert coitada, que solamientre non fincó y ninguno que la llante;[99] lámanla[100] dolorida, ya más muerta que viva, et suena su voz así como dell otro sieglo, e sal la su palabra así como de so tierra, e diz con la grand cueta: « Vos, homnes, que pasades por la carrera, parad mientes[101] et veed si ha cueta nin dolor que se semeje con el mío. » Doloroso es el llanto, llorosos los alaridos, ca España llora los sus fijos et non se puede conortar,* porque ya non son. Las sus casas et las sus moradas todas fincaron yermas et despobladas; la su honra et el su prez tornado es en confusión, ca los sus fijos et los sus criados todos moriron[102] a espada; los nobles et fijos dalgo cayeron en cativo; los príncipes et los altos homnes idos son en fonta[103] et en denosto,[104] e los buenos combatientes perdiéronse en estremo.

Los que antes estaban libres, estonces eran tornados en siervos; los que se preciaban de caballería, corvos andaban a labrar con rejas et azadas; los viciosos del comer non se abon-

daban de vil manjar;[105] los que fueran criados en paños de seda, non habíen de qué se crobir[106] nin de tan vil vestidura en que ante non porníen[107] ellos sus pies. Tan asohora* fué la su cueta et el su destroimiento, que non ha torvellino nin lluvia nin tempestad de mar a que lo homne* pudiese asmar.

¿Cuál mal o cuál tempestad non pasó España? Con los niños chicos de teta dieron a las paredes, a los mozos mayores desficieron con feridas, a los mancebos grandes metiéronlos a espada, los ancianos et viejos de días moriron* en las batallas, et fueron todos acabados por guerra; los que eran ya pora honrar et en cabo de sus días, echólos a mala fonta* la crueleza de los moros; a las mezquinas de las mugieres guardaban las pora deshonrarlas, e la su fermosura dellas era guardada pora su denosto.* El que fué fuert et corajoso murió en batalla; el corredor et ligero de pies non guaresció[108] a las saetas; las espadas et las otras armas de los godos perdonaron a los enemigos et tornaron se en sus parientes et en sí mismos, ca non habíe y ninguno qui los acorriese nin departiese unos dotros.

¿Quién me daríe agua que toda mi cabeza fuese ende[109] bañada, e a míos ojos fuentes que siempre manasen llágrimas por que llorase et llanniese[110] la pérdida et la muerte de los de España et la mezquindad et ell aterramiento[111] de los godos? Aquí se remató[112] la santidad et la religión de los obispos et de los sacerdotes; aquí quedó et minguó ell abondamiento de los clérigos que sirvíen las eglesias; aquí peresció ell entendimiento de los prelados et de los homnes de orden; aquí fallesció ell enseñamiento de la ley[113] et de la sancta fe.

Los padres et los señores todos prescieron[114] en uno; los santuarios fueron destroídos; las eglesias, crebantadas;* los logares que loaban a Dios con alegría, esora* le denostaban yl maltraíen;[115] las cruces et los altares echaron de las eglesias; la crisma[116] et los libros et las

---

94 oblidados (olvidados) — forgotten.
95 art — trickery, deception.
96 si non . . . haber — except when they could collect great wealth and property.
97 esora — then, at that time.
98 aína — fast, quickly.
99 llante (llore) — weep (for it).
100 lámanla (llámanla) — they call it.
101 parar mientes — to heed.
102 moriron (murieron) — died.
103 fonta — shame.
104 denosto — revilement, shame, injury.
105 los viciosos . . . manjar — those accustomed to good food did not even have vile fare.

106 crobir (cubrir) — to cover.
107 porníen (pondrían) — they would put.
108 non guaresció — did not escape.
109 ende — by it, with it.
110 llanniese (planniese) — (so that) I might lament.
111 aterramiento — terror.
112 se remató — ended.
113 la ley — Here: religion, faith.
114 prescieron (perecieron) — perished.
115 yl maltraíen (y le maltrataban) — abused Him, mistreated Him.
116 crisma — chrism (an ointment of oil and balm used for anointing).

cosas que eran pora honra de la cristiandad, todo fué esparzudo et echado a mala part; las fiestas et las sollempnías,[117] todas fueron olidadas;* la honra de los Santos et la beldad de la eglesia toda fué tornada en laideza et en viltanza;[118] las eglesias et las torres o solíen loar a Dios, esora* confesaban en ellas et llamaban a Mahomat; las vestimentas et los calces[119] et los otros vasos de los santuarios eran tornados en uso de mal, et enlixados de los descreídos.[120]

Toda la tierra desgastaron los enemigos, las casas hermaron,[121] los homnes mataron, las cibdades quemaron, los árbores, las viñas et cuanto fallaron verde cortaron. Tanto pujó esta pestilencia et esta cueta, que non fincó en toda España buena villa nin cibdad o[122] obsipo hobiese que non fuese o quemada o derribada o retenida de moros; ca las cibdades que los alárabes[123] non pudieron conquerir, engañáronlas et conquiríronlas por falsas pleitesías.[124]

Oppa, fijo del rey Egica, arzobispo que fué de Sevilla, andaba predigando a los cristianos, que se tornasen con los moros et visquiesen[125] so ellos et les diesen tributo; e si por ventura hobiese Dios dellos merced et acorriese a la tierra, que daríen ellos ayuda a los que acorriesen. Et por tal encubierta fueron los homnes engañados, e dieron los castiellos et las fortalezas de las villas; et fincaron los cristianos mezclados con los alárabes, et aquéllos hobieron nombre dallí adelante mozárabes, porque vivían de vuelta con ellos, e este nombre et el linage dura hoy en día entre los toledanos.

Los moros por este engaño prisieron toda la tierra; et pues que la hobieron en su poder, crebantaron toda la pleitesía, et robaron las eglesias et los homnes, et levaron todos los tesoros dellos et tod ell haber de la tierra, que non fincó y nada sinon los obispos que fuxieron[126] con las reliquias et se acogieron a las Asturias.

Cuanto mal sufrió aquella grand Babiloña, que fué la primera et la mayoral en todos los regnos del mundo cuando fue destroída del rey Ciro* et del rey Darío,[127] si non tanto que el destroimiento de Babilonia dura por siempre et non moran y sinon bestias bravas et sierpes; e cuanto mal sufrió Roma, que era señora de todas las tierras, cuando la priso et la destruxo Alarigo et después Adaúlfo, reys de los godos, desí[128] Genserico rey de los uvándalos; e cuanto mal sufrió Ierusalem que segund la profecía de Nuestro Señor Iesu Cristo, fué derribada et quemada que non fincó en ella piedra sobre piedra; e cuanto mal sufrió aquella noble Cartago cuando la priso et la quemó Scipión cónsul de Roma; pos,[129] tanto mal et más que a aquéste sufrió la mezquina de España, ca en ella se ayuntaron todas estas cuitas et estas tribulaciones et aún más desto, en guisa que non fincó y ninguno que della hobiese duelo. E digamos agora onde le vino esta cueta et este mal et por cuál razón.

Todos los homnes del mundo se forman et se asemejan a manera de su rey, e por ende los que fueron en tiempo del rey Vitiza et del rey Rodrigo, que fué el postrimero rey de los godos, et de los otros reys que fueron ante dellos et de cuales algunos fueron alzados reys por aleve,[130] algunos por traición de muerte de sus hermanos o de sus parientes, non guardando la verdad nin el derecho que debieran y[131] guardar por quexa de ganar el señorío mal et torticieramientre[132] como non debíen, por ende los otros homnes que fueron otrosí en sus tiempos dellos formáronse con ellos et semejáronles en los pecados; e por esta razón avivóse la ira de Dios sobrellos, et desamparóles la tierra que les mantoviera et guardara fasta allí, et tollió[133] dellos la su gracia. E pero que[134] Dios les sofrira en la heregía arriana desdel tiempo dell emperador Valent* fastal tiempo del rey Recardo,[135] como dixíemos ya ante desto en la estoria, esora* fué ya irado por las nemigas de Vitiza et por las avolezas[136] de los otros reys, et non les quiso más sofrir nin los quiso mantener.

E nos por ende tovíemos por bien sobresta razón de poner agora aquí los nombres de los

117 sollempnías (solemnidades) — solemnities, solemn occasions.
118 en laideza et en viltanza — into ugliness and vileness.
119 calces (cálices) — chalices.
120 enlixados de los descreídos — defiled by the infidels.
121 hermaron (yermaron) — they destroyed, laid waste.
122 o — Here: where.
123 alárabes — Arabs.
124 pleitesías — pacts, agreements.
125 visquiesen (viviesen) — Here: to live.
126 fuxieron (huyeron) — fled, ran off.
127 Darío — Darius the Great, d. 485 B.C., king of Persia.
128 desí (después) — afterwards.
129 pos (pues) — well.
130 por aleve — by treachery.
131 Omit y in translating.
132 torticieramientre — wrongly, illegally.
133 tollió — removed, took away.
134 pero que (aunque) — although.
135 Recardo — Recaredo, one of the Gothic kings.
136 avolezas (vilezas) — evils, evil deeds, vile deeds.

reys godos que moriron a espada o en otra manera desguisada: Adaúlfo, rey de los godos, fué muerto a traición, en Barcilona, et matól un su vasallo o seíe fablando[137] en su solaz; a Sigerico otrosí matáronle sus vasallos; Turismundo fué muerto en Tolosa et matól un su sergent[138] por consejo de su hermano; a Teoderigo matól su hermano Eurigo; a Amalarigo matáronle sus vasallos en Narbona, estando en medio de la plaza; a Teudio matól uno, que se facíe sandio[139] por tal de haber entrada a éll; a Teodisclo matól un su vasallo en Sevilla o seíe comiendo; a Agila matáronle sus vasallos en Mérida; Leovegildo mató a su fijo Ermenegildo por que non queríe consentir con éll en su heregía; Luiba, fijo del rey Recaredo, matól Viterigo a traición; a Viterigo mataron unos que se yuraron contra éll, o seíe comiendo; a Vitiza cegól el rey Rodrigo; al rey Rodrigo cuedan[140] quel mató el cuende Iulián; Fruela mató a su hermano Vimarano con sus manos — et esto viene adelante aun en la estoria — e después sus vasallos mataron a Fruela en Cangas por venganza dell hermano.

---

137 seíe fablando (estaba hablando) — he was talking.
138 sergent — servant.
139 se facíe sandio — he pretended to be mad (insane).
140 cuedan (cuidan) — they think.

NONFICTION PROSE OF THE FIFTEENTH CENTURY

Fernán Pérez de Guzmán, 1377?–1460? (pp. 432–33)

Fernán Pérez de Guzmán, member of an illustrious family, was the nephew of Pero López de Ayala and the uncle of the Marqués de Santillana. Like almost every nobleman of the fifteenth century, Pérez de Guzmán took his turn at writing verses, and some of his poems appeared in the *Cancionero de Baena* and other collections. His earlier verses were the usual *decires* and *cantigas de amor* in style at the time. Later in life his poetry took a more serious tone and philosophical attitude. His best poetry is from this mature period and is represented by *Loores de los claros varones de España*, some *Coplas* on the death of Diego Hurtado de Mendoza, and an elegy to Alonso de Cartagena entitled *Que las virtudes son buenas de invocar e malas de platicar*. His most significant work, however, is a series of thirty-four prose biographies entitled *Generaciones y semblanzas*, originally published in 1512 as the third part of a book called *Mar de historias*. The first two parts contain material on famous emperors, both Christian and pagan, up to 1240, and on men known for their virtue or knowledge. Of more interest to students of Spanish literature is the third part which gives short character sketches of famous Spaniards of his day. He includes two well-known literary figures: Pero López de Ayala and Enrique de Villena. Others in the collection are Ruy López Dávalos, Diego Hurtado de Mendoza, Álvaro de Luna, Lorenzo Suárez de Figueroa, and three kings: Enrique IV and Juan II of Castilla, and Fernando I of Aragón.

The only woman in the series is Doña Catalina de Lancáster, wife of Enrique III. The author says she was "alta de cuerpo e muy gruesa, blanca e colorada e rubia. En el talle e meneo del cuerpo tanto parecía hombre que mujer." Doña Catalina allowed herself to be dominated by favorites, "vicio común de los reyes," and was afflicted with a kind of paralysis "de la cual non quedó bien suelta de la lengua nin libre del cuerpo."

Pérez de Guzmán explains in his prologue what prompted him to write his descriptions of his contemporaries: "Muchas veces acaesce que las corónicas e estorias que fablan de los poderosos reyes e notables príncipes e grandes cibdades son avidas por sospechosas e inciertas e les es dada poca fe e autoridat . . ." The reasons for this suspicion and distrust are twofold: (1) some historians are shameless and prefer to relate strange or marvelous events rather than true ones in the belief that history which is not sensational will not be popular; (2) histories are written at the command of kings and princes, and historians write what kings want to hear about themselves rather than the truth. As an example of the unreliable historian who fills his work with "trufa e mentira paladina," Pérez de Guzmán cites Pedro del Corral, who wrote the *Crónica sarracina*, 1443(?).

Finding himself thus in disagreement, Pérez suggests three cures for the ills of history writing: (1) the historian must be discreet, wise, and well versed in rhetoric in order to write his history in a beautiful, elevated style; (2) the author must be present at all notable events of war and peace or depend on eye witnesses worthy of credence; (3) the history of a king's reign must not be published during his lifetime so that the historian may be free to write the truth. The great danger in distorted history is that men who accomplish good expect to see their deeds accurately recorded and their reputations established on truth. If whimsical historians deny them their fame, they will cease doing good.

Pérez admits that he is not a historian and could not write history if he wanted to, for he does not know the facts well enough. Therefore, he says, "pensé de escrivir como en manera de registro o memorial de dos reyes que en mi tiempo fueron en Castilla la generación de ellos e los semblantes y costumbres dellos e, por consiguiente, los linajes e facciones e condiciones de algunos grandes señores, perlados e cavalleros, que en este tiempo fueron. E si, por ventura, en esta relación fueren envueltos algunos fechos, pocos e brevemente contados, que en este tiempo acaescieron, será de necesidad, e porque la materia así lo requirió."

Pérez de Guzmán tried to be objective and honest in his appraisals. He saw men's virtues as well as their shortcomings and was no servile sycophant even where royalty was concerned. Although he found Juan II to be accomplished in the gentle arts of music and poetry, he found him to be "muy defetuoso" in government. Conditions were worse under Juan II than they had been for two hundred years because the king took no interest in running the country: "Tanta fué la negligencia e remisión en la gobernación del reino, dándose a otras obras más pazibles e deleytables que útiles nin honorables, que nunca en ello quiso entender." With his straightforward, objective reporting of the truth as he saw it and his interesting comments on important persons of his time, Pérez de Guzmán introduced and popularized a new literary type which immortalized his name.

Gómez Manrique

Gómez Manrique,[1] Adelantado[2] de Castilla, fué hijo bastardo del Adelantado Pedro Manrique el viejo, e fué dado en rehenes[3] al rey de Granada con otros hijos de caballeros de Castilla, e como era niño, por inducimiento e engaño de los moros tornóse moro, e desque fué hombre, conosció el error en que vivía, e vínose a Castilla e reconcilióse a la fe cristiana.

Fué este Gómez Manrique de buena altura e fuertes miembros, bazo[4] e calvo, e el rostro grande, la nariz alta, buen caballero, ardid,[5] cuerdo, e bien razonado e de gran esfuerzo, muy soberbio e porfioso,[6] buen amigo, e cierto con sus amigos, mal ataviado de su persona, pero su casa tenía bien guarnida.[7] Como quier que verdadero e cierto fuese en sus hechos, pero por manera de alegría, o por hacer gasajado[8] a los que con él estaban, contaba algunas veces cosas estrañas e maravillosas que había visto en tierra de moros, las quales eran graves e dubdosas de creer. Murió en edad de cinqüenta e cinco años; yace enterrado en el Monesterio que él hizo, que llaman Frey del Val.

1 This Gómez Manrique is not to be confused with the uncle of Jorge Manrique.
2 adelantado — governor (of a border province).
3 dado en rehenes — given as hostage.
4 bazo — dark colored with tinges of yellow; yellowish brown.
5 ardid (ardido) — ardent, energetic.
6 porfioso (porfiado) — obstinate, stubborn.
7 guarnida (guarnecida) — decorated.
8 por hacer gasajado (agasajado) — to regale, to entertain.

NONFICTION PROSE OF THE SIXTEENTH CENTURY

Juan de Valdés, d. 1541 (pp. 450–52)

Juan de Valdés and his brother Alfonso, who was better known at the time because of his political influence and Castiglione's attack on him, were important cultural and religious figures in the first half of the sixteenth century and represent Erasmism when it was most popular in Spain. Both brothers were in personal contact with Erasmus by correspondence, and he encouraged Juan to complete his education. Juan's first publication, *Diálogo de doctrina cristiana*, was dedicated to the scholarly Marqués de Villena and appeared in Spain in 1529. Like most of his writings, it treated religious subjects. Because of its Erasmist tendencies it was studied by the Inquisition, and Valdés, fearing trouble, left Spain and went to Italy. It is not clear just when he left Spain, but he was definitely in Rome in 1531. He remained in Italy the rest of his life, serving as chamberlain to Pope Clement VII until the latter's death in 1534.

Juan de Valdés devoted his later life to religious teaching in Italy. There was much religious unrest there in these years and the cultured, pleasant Spaniard provided the answers some were looking for. Among his pupils was Giulia Gonzaga, a young Italian beauty whose portrait was painted by Sebastián del Piombo and who was celebrated in poetry by Ariosto and Torquato Tasso. Married at fourteen to an old man and widowed at fifteen, Giulia went to Valdés at the age of twenty-two in search of salvation for her soul and assurance of eternal life. One of the results of their conversations was Valdés' *Alfabeto cristiano*, recorded in 1536, in which he gives religious instruction to the young lady. Translated for her by Marco Antonio Magro, the work is intended as a guide to Christian perfection.

Among Valdés' other noteworthy religious treatises are *Las ciento diez consideraciones divinas* which reflect many of the themes of the Protestant Reformation, and *Comentarios a la epístola de San Pablo a los romanos*. Although he lived many years in Italy, knew Italian, and dealt mainly with Italians, Valdés always wrote in Spanish. In the sixteenth century his contributions to religious reform were known throughout Europe, though he was forgotten shortly thereafter. His works were not published during his lifetime; in fact, the first printing of the famous *Diálogo de la lengua*, written probably in 1535, was not made until centuries later when Mayáns y Siscar published it in his *Orígenes de la lengua castellana*. Other works were not printed until the nineteenth and twentieth centuries. In view of this immense time lag and the precarious life of manuscripts, it is quite possible that some of Valdés' writings have been lost.

Juan de Valdés' importance to Spanish literature rests mainly upon a single prose work, *Diálogo de la lengua*, an interesting and informative treatise on sixteenth century Spanish. Suggested probably by Cardinal Pietro Bembo's *Prose della vulgar lingua*, 1525, and Machiavelli's *Dialogo sulla lingua*, Valdés' dialogue contains a wealth of linguistic information. As a pioneer in this field, Valdés is sometimes called the father of Spanish philology. Stylistically the dialogue was a triumph and has earned its author the reputation of Spain's leading prose stylist in the first half of the sixteenth century. It is sober and mature, direct and unaffected, simple and natural, correct in diction, and gracefully presented. Like the *Alfabeto cristiano*, the *Diálogo* could very well have grown out of conversations between the author and his Italian friends. Naples, where Valdés was living when he wrote the dialogue, was swarming with Spaniards, and it was fashionable and in some cases necessary to speak Spanish. Grammars of the language or manuals for study did not exist (except for Nebrija's grammar). It was natural, therefore, that Italians should have sought out Valdés, a Spaniard skilled in his language, for help in learning the foreign tongue. Four men take part in the dialogue: Valdés; a Spaniard named Pacheco; and two Italians, Coriolano and Marcio. The latter two may have been Coriolano Martirano, bishop of San Marco, and his nephew Marcio, according to an estimate by Hedwig Boehmer. In discussing the Spanish language Valdés intended to establish norms and practices that would standardize it and make of it a versatile and reliable instrument of expression. He made many interesting comments on the history of the language and suggested certain reforms on the basis of common sense. He also commented on several literary works and his evaluations are still regarded as basically sound. He had a strange antipathy toward Antonio Nebrija and criticized him repeatedly. His dislike for Nebrija's work was ostensibly based on the fact that the latter was from Andalucía and his Castilian was consequently unreliable. The real reason may never be known.

When the dialogue opens, Valdés' three friends persuade him to teach them how to use Spanish properly, for they had noticed his skill in letters he had written them. They divide their questions into eight parts: (1) the origin of Spanish and other languages spoken in Spain; (2) grammar; (3) the use of certain letters more than others; (4) the addition or removal of syllables with certain words; (5) why he does not use many words others use; (6) how he achieves stylistic beauty; (7) his opinion on books in Spanish; (8) whether Italian or Spanish conforms more closely to Latin.

Valdés believed that the written language should conform to the spoken ("escrivo como hablo"), and he frequently cites usage to justify his opinion on correctness of expression. He quotes proverbs as his examples because, as he says, "para considerar la propiedad de la lengua castellana, lo mejor que los refranes tienen es ser nacidos en el vulgo." Other reasons he relies upon are euphony ("porque assí me suena mejor"), example of good writers ("assí escriven en Castilla los que se precian de scrivir bien"), and personal habit or preference ("siempre lo he usado assí"). He suggests many innovations in spelling and consistently attempts to reform the writing of Spanish with the aim of removing possible ambiguities and helping the reader understand the writer's meaning ("por no hacer tropeçar al letor"). He believes his opinions are correct but refuses to force them on others. He advocated simplicity and clarity in the use of Spanish and himself exhibited good common sense. His dialogue is not a complete grammar by any means, but is rather an interesting statement of the status of Spanish in his time.

Sixteenth century Spaniards were unaware of Valdés' linguistic treatise. That he was something of a prophet, however, is shown by the fact that many of the principles he espoused were adopted by later generations. Had he lived in Spain and had his dialogue been published immediately, he probably would have had a marked effect on the development and standardization of the Spanish language.

Diálogo de la lengua

MARCIO

— Assí lo haremos como lo dezís, por obedeceros.[1]

VALDÉS

— Hazedlo por lo que os cumple, que a mi poco me importa. Más me cumple acabar esta jornada de oy,[2] y por esto passo a la tercera regla. Ésta es que en la pronunciación de los vocablos miréis bien en qué sílaba ponéis el acento, porque muchas veces el acento haze variar la sinificación[3] del vocablo, como parece en este refrán que dize: *Dure lo que durare, como cuchara de pan*, adonde, si ponéis el acento en las últimas sílabas del *dure* y *durare*, no diréis nada, porque haréis al uno pretérito y al otro futuro, pero si en el *dure* ponéis el acento en la *u* y en el *durare* en la *a*, la sentencia estará buena; y si, diziendo: *Quien haze un cesto, hará ciento*, en el *haze* ponéis el acento en la última, haziendo imperativo, gastaréis la sentencia, y por el contrario si diziendo: *Quien sufrió, calló y vido lo que quiso*, en el *callo* ponéis el acento en la *a*, haziéndolo presente, no diréis nada. Esto mesmo acontece en otros muchos verbos, como en *burlo* y *lloro*, diziendo: *Quien con su mayor burló, primero riyó*[4] *y después lloró.* Y por esta causa, quando yo escrivo alguna cosa con cuidado, en todos los vocablos que tienen el acento en la última, lo señalo con una rayuela. Bien sé que ternán[5] algunos ésta por demasiada y supérflua curiosidad, pero yo no me curo, porque la tengo por buena y necessaria.

MARCIO

— Luego, ¿ésta es la causa que os mueve a señalar los acentos como hazéis?

VALDÉS

— Esta mesma.

---

1 Valdés has just explained the definite article and its use and Marcio agrees to obey the rules he set down.
2 Valdés preferred the spelling *oy* for modern *hoy*.
3 When writing for Castilians Valdés omitted the *g* of *significación* and similar words but retained it when writing for Italians.
4 riyó (rió) — laughed.
5 ternán (tendrán) — Here: they will take, consider.

MARCIO

— Pues yo os certifico que ésta de los acentos es una de las principales cosas con que yo venía armado contra vos, y paréceme lo que sobrêsto[6] dezís tan bien, que no puedo dexar de aprovarlo, aunque hasta aquí me parecía cosa bien demasiada.

VALDÉS

— Huélgome de averos satisfecho antes que me lo preguntássedes.

MARCIO

— ¿Y querríades que todos usassen[7] este señalar de acentos en el escrivir?

VALDÉS

— Sí querría, a lo menos los que scriven[8] libros de importancia, y los que scriven cartas familiares a personas que no son naturales de Castilla, porque a poca costa les enseñarían cómo an de leer lo que les escriven.

MARCIO

— ¿Tenéis alguna regla cierta para esto de los acentos?

VALDÉS

— Ninguna tengo que salga siempre verdadera; es bien verdad que por la mayor parte los verbos que tienen el acento en la última son terceras personas, o de pretérito, como amó, o de futuro, como enseñará.

MARCIO

— ¿Avéis notado alguna otra regla que pertenezca al acento?

VALDÉS

— Ninguna, porque ya sabes que las lenguas vulgares de ninguna manera se pueden reduzir a reglas de tal suerte que por ellas se puedan aprender; y siendo la castellana mezclada de tantas otras, podéis pensar si puede ninguno ser bastante a reduzirla a reglas. Y porque me avéis preguntado de la gramática y pertenece también a ella saber juntar el pronombre con el nombre, quiero sepáis que la lengua castellana siempre quiere el pronombre delante del nombre, sino es quando el nombre stá en vocativo, que stonces[9] el pronombre sigue al nombre, de manera que, hablando bien, avéis de dezir mi señor y mi señora, mi padre y mi madre, quando están en nominativo, pero, si estos nombres están en vocativo, avéis de dezir señor mío y señora mía, padre

mío y madre mía. Mas quiero sepáis que si, estando estos nombres en vocativo, ponéis el pronombre antes que el nombre, hazéis que la cortesía sea mucho menor, y de aquí es que ay muy gran diferencia de scrivir a una dama señora mía o mi señora, porque, luego que de industria os apartáis del propio estilo de la lengua en que habláis o escrivís, mostráis tener por inferior a la persona con quien habláis o a quien escrivís.

MARCIO

— ¿Tenéis que essa regla sea siempre verdadera?

VALDÉS

— Yo por tal osaría vender; bien puede ser que tenga alguna ecepción de que yo no me acuerde.

PACHECO

— Mirad cómo habláis, porque ecepción, pues yo no lo entiendo, no es vocablo puro castellano.

VALDÉS

— Tenéis razón, pero, pues me hazéis hablar en esta materia, en que no he visto cómo otros castellanos an hablado, es menester que sufráis me aproveche de los vocablos que más a propósito me parecerán, obligándome yo a declararos los que no entendiéredes, y assí digo que tener ecepción una regla es tener algunas cosas que salen de aquella orden que la regla pone.

PACHECO

— Ya lo entiendo, y soy contento de sufriros el uso destos vocablos, pero con la condición que dezís.

VALDÉS

— También pertenece a la gramática el saber juntar el pronombre con el verbo, en lo qual veo un cierto uso, no sé de donde sea nacido, y es que muchos dizen poneldo y embialdo por dezir ponedlo y embiadlo, porque el poned y embiad es el verbo, y el lo es el pronombre; no· sé qué sea la causa por que lo mezclan desta manera; yo, aunque todo se puede dezir, sin condenar ni reprehender nada, todavía tengo por mejor que el verbo vaya por sí y el pronombre por sí, y por esto digo: Al moço malo, ponedle la mesa y embiadlo al mandado. La mesma razón ay en dezir ayu-

---

6 Valdés objected to too many vowels being written together and he thus authorized certain contractions: nuestra ama — nuestrâma; desta agua — destâgua; sobre esto — sobrêsto.

7 Valdés preferred the ss in verb and noun endings: condessa, hiziesse, etc.

8 In words beginning with es plus a consonant, Valdés omitted the e if the preceding word ended in e: casa de sgrimidores; el socorro de Scalona.

9 Valdés preferred estonces over entonces. His reason was el uso de los que bien escriven.

darte a por *ayudaráte;* yo siempre digo: *Ayúdate y ayudaráte Dios.* Lo mesmo es *sacarte a* o *sacaráte,* como diziendo: *Cría cuervo y sacaráte el ojo* . . . . . .

MARCIO

— ¿Qué es la causa por que vos no ponéis una *d* entre dos aes como la ponen muchos, diziendo *ad aquel,* y assí en otras partes?

VALDÉS

— Esso hazen solamente algunos aragoneses,[10] lo qual, según parece, hazen por huir el mal sonido que causan dos aes juntas, pero, a mi ver, por huir de un inconveniente caen en dos: el uno es que dan a la lengua lo que no es suyo, y el otro, que no alcançan lo que pretenden, que es adobar el mal sonido, porque si bien lo consideráis, peor suena dezir *ad aquel* que *a aquel.*

MARCIO

— Digo que, si sólo por esso ponen la *d* ellos, a mi ver lo yerran, porque aliende de[11] lo que vos avéis dicho, no tienen autoridad de ninguna otra lengua que haga una cosa semajante donde se puedan fundar; por tanto de oy más yo les dexo su *d* que allá se avengan con ella. Y vos dezidnos por qué entre vosotros unos ponéis algunas veces una *d* al fin de las segundas personas de los imperativos, y otros siempre la dexáis; escriviendo unas vezes *tomá,* otras *tomad,* unas *comprá,* otras *comprad,* unas *comé,* otras *comed.*

VALDÉS

— A los que no la ponen querría que demandássedes por qué la dexan, que yo, que la pongo, bien os diré la causa.

MARCIO

— Essa nos abasta a nosotros saber.

VALDÉS

— Póngola por dos respetos: el uno, por henchir más el vocablo, y el otro, porque aya diferencia entre el *toma,* con el acento en la *o,* que es para quando hablo con un muy inferior, a quien digo *tú,* y *tomad* con el acento en la *a,* que es para quando hablo con un casi igual, a quien digo *vos;* lo mesmo es en *compra* y *comprad,* y en *corre* y *corred.*

MARCIO

— Quanto a esto, yo quedo bien satisfecho, y holgaría me satisficiéssedes tan bien a lo que agora os preguntaré. ¿Qué es la causa porque vos escrivís con *h* casi todos los

vocablos que el latino escrive con *f*? Y sabed que lo que me haze star más maravillado desto, es ver que muchos castellanos los escriven con *f.*

VALDÉS

— Si os acordássedes bien de lo que avemos dicho, hallaríades que stáis respondido a esso, pero, pues tenéis mala memoria, torno a dezir que de la pronunciación aráviga le viene a la castellana el convertir la *f* latina en *h,* de manera que, pues la pronunciación es con *h,* yo no sé por qué ha de ser la escritura con *f,* siendo fuera de propósito que en una lengua vulgar se pronuncie de una manera y escriva de otra. Yo siempre he visto que usan la *h* los que se precian de scrivir el castellano pura y castamente; los que ponen la *f* son los que, no siendo muy latinos, van trabajando de parecerlo.

MARCIO

— No me desplaze lo que dezís, pero veo también que en vocablos que no son latinos hazéis lo mismo.

VALDÉS

— Y en essos mucho mejor quiero guardar mi regla de scrivir como pronuncio.

PACHECO

— No sé yo si osaríades vos dezir esso en la cancellería de Valladolid.

VALDÉS

— ¿Por qué no?

PACHECO

— Porque os apedrearían aquellos notarios y escrivanos, que piensan levantarse diez varas de medir sobre el vulgo porque, con saber tres maravedís de latín, hazen lo que vos reprehendéis.

VALDÉS

— Por esso me guardaré yo bien de írselo dezir a ellos. Ni aun a vosotros lo dixera si no me uviérades importunado.

PACHECO

— ¿Por qué?

VALDÉS

— Porque es la más rezia cosa del mundo dar reglas en cosa donde cada plebeyo y vulgar piensa que puede ser maestro.

PACHECO

— Aunque sea fuera de propósito, os suplico me digáis a quien llamáis plebeyos y vulgares.

---

10 He criticizes several times the speech of the Aragonese, and he attacks the Andalusians repeatedly through Nebrija.

11 aliende de — besides.

VALDÉS

— A todos los que son de baxo ingenio y poco juizio.

PACHECO

— ¿Y si son altos de linage y ricos de renta?

VALDÉS

— Aunque sean quan altos y quan ricos quisieren, en mi opinión serán plebeyos si no son altos de ingenio y ricos de juizio . . .

(Later the friends talk about the use of certain words, as Valdés explains usage to them.)

VALDÉS

— Vuestra cortesía me obliga más que mi promessa. Por tanto avéis de saber que, quando yo hablo o escrivo, llevo cuidado de usar los mejores vocablos que hallo, dexando siempre los que no son tales. Y assí no digo *acucia*, sino *diligençia*. No digo *ál* adonde tengo que dezir *otra cosa*, aunque se dize: *So el sayal ay ál* y *En ál va el engaño*. No *asaz*, sino *harto*. No *adufre*, sino *pandero*. No *abonda*, sino *basta*. No *ayuso*, sino *abaxo*. Ni tampoco digo, como algunos, *ambos* y *ambas* por *entramos* y *entramas*, porque, aunque al parecer se conforman más con el latín aquéllos que éstos, son éstos más usados y an adquerido opinión de mejores vocablos. *Aya* y *ayas* por *tenga* y *tengas* se dezía antiguamente y aún lo dizen agora algunos, pero en muy pocas partes quadra; úsanse bien en dos refranes, de los quales el uno dize: *Bien aya quien a los suyos se parece*, y el otro: *Adonde quiera que vayas, de los tuyos ayas*. *Arriscar* por *aventurar* tengo por buen vocablo, aunque no lo usamos mucho; y assí *arriscar* como a *apriscar*, que también me contenta, creo avemos desechado, porque tienen del pastoril; a mi bien me contentan, y bien los usa el refrán pastoril que dize: *Quien no arrisca, no aprisca*. *Ahe*, que quiere dezir *ecce*, ya no se usa, no sé por qué lo avemos dexado, especialmente no teniendo otro que sinifique lo que él. De *venturas* avemos hecho un muy galán vocablo, del que yo, por buen respeto, estoy muy enamorado, y es *aventurar*, del qual usa el refrán que dize: *Quien no aventura, no gana*; de aventurar dezimos también *aventurero* al que va buscando la ventura, del qual vocablo están muy bien llenos nuestros mintrosos escritos en romance. Pésame que no se use *artero*, porque, como véis, es buen vocablo, y stá usado entre los refranes. Uno dize: *A escasso señor, artero servidor*, y otro: *De los escarmentados se levantan los arteros*. Pésame también que ayamos dexado éste: *arregostar*, pues un refrán dize: *Arregostóse la vieja a los bredos y ni dexó verdes ni secos*. *Aleve, alevoso* y *alevosía* me parecen gentiles vocablos, y me maravillo que agora ya los usamos poco.

MARCIO

— ¿Usávanse antiguamente?

VALDÉS

— Sí, mucho, y si os acordáis los avréis leído en algunos libros, y un refrán dize: *A un traidor dos alevosos*.

MARCIO

— ¿Qué sinifica *alevoso*?

VALDÉS

— Pienso sea lo mesmo que *traidor* . . .

VALDÉS

Por lo que algunos dizen *inojos* o *hinojos*, yo digo *rodillas*, no embargante que se puede dezir el uno y el otro. Entre gente vulgar dizen *yantar*, en corte se dize *comer*; un refrán no malo usa *yantar*, diziendo: *El abad de donde canta, de allí yanta*. *Luengo*, por largo, aunque lo usan pocos, yo lo uso de buena gana, y úsalo también el refrán que dize: *De luengas vías, luengas mentiras*. *Lisiar* dizen algunos por *cortar*, y es vocablo antiguo, corrompido según pienso de *laedere*; y porque ay diferencia entre *cortar* y *lisiar*, porque *cortar* es general a muchas cosas, y *lisiar* solamente sinifica herir con hierro, no quisiera que lo uviéramos dexado. Bien es verdad que lo usamos en otra sinificación, porque si veemos un cavallo muy gruesso, dezimos que stá lisiado, y quando queremos dezir que uno quiere mucho una cosa, dezimos que stá lisiado por ella; la sinificación me parece algo torcida, pero basta que assí se usa . . .

(Valdés talks on at some length about words, their proper meanings and forms, and those that have been dropped from the language, constantly quoting proverbs as his authority for good usage. He also shows his friends how puns are made, illustrating his puns with little anecdotes.)

VALDÉS

— A lo que en latín llamáis *vibex*, en España llamamos *cardenal*, pienso que porque es cárdeno; también llamamos cardenales a los reverendíssimos que haze su santidad. Hora sabed que quando el papa León crió los treinta y un cardenales, un fraile en un sermón introduxo la iglesia que se quexava a Dios que su marido la tratava mal, y hízole que dixesse: « y si no me queréis, Señor, creer, mirad los cardenales que agora me acaba de hazer » . . .

Dezimos *pensar* por *cogitare*, y también *pensar* por *governar las bestias*. De donde nació la simpleza del vizcaíno, que sirviendo a un escudero, porque tenía cargo de pensar el cavallo, no lo quería ensillar. Preguntado por qué, dixo porque avía oído un refrán que dezía: *Uno piensa el bayo y otro el que lo ensilla*.

MARCIO

— Propia inteligencia de vizcaíno.

(Later Marcio asks Valdés how he maintains style in his writing and speaking, and Valdés sums up his creed on good style in a few words.)

VALDÉS

— Para deziros la verdad, muy pocas cosas observo, porque el estilo que tengo me es natural, y sin afetación ninguna escrivo como hablo, solamente tengo cuidado de usar de vocablos que sinifiquen bien lo que quiero dezir, y dígolo quanto más llanamente me es posible, porque a mi parecer en ninguna lengua stá bien el afetación.

(After more discussion about the use and meaning of words, Coriolano asks Valdés to give his opinions on books and authors.)

CORIOLANO

— Pues conocéis ser esto assí, para que ayáis enteramente cumplido vuestra jornada, resta que nos digáis qué libros castellanos os parece podemos leer para hazer buen estilo, y también de quáles tenéis por bien que nos guardemos.

VALDÉS

— Demanda es más dificultosa de lo que pensáis. Ya sabéis en qué laberinto se mete el que se pone a juzgar las obras agenas.

CORIOLANO

— Vos dezís verdad quando lo que se dize es público, pero aquí estamos solos y todo puede passar.

VALDÉS

— Con condición que no me deis por autor de lo que aquí sobrêsto os diré, soy contento de deziros mi parecer acerca de los escritores. Ya sabéis que, así como los gustos de los hombres son diversos, así también lo son juizios, de donde viene que muchas vezes lo que uno aprueva condena otro, y lo que uno condena aprueva otro. Yo, que hago professión de star bien con todo el mundo, no querría sin propósito ofender a otros por complazer a vosotros.

MARCIO

— Seguramente podéis dezir lo que quisiéredes, que yo por todos tres prometo el secreto.

VALDÉS

— Confiando en essa promesa, digo que, como sabéis, entre lo que stá escrito en lengua castellana principalmente ay tres suertes de scrituras, unas en metro, otras en prosa, compuestas de su primer nacimiento en lengua castellana, agora sean falsas, agora verdaderas; otras ay traduzidas de otras lenguas, especialmente de la latina. El leer en metro no apruevo, en castellano ni en ninguna otra lengua, para los que son aprendizes en ella.

MARCIO

— Mucho ha que yo soy dessa mesma opinión.

VALDÉS

— Pero, porque digamos de todo, digo que, de los que an escrito en metro, dan todos comunmente la palma a Juan de Mena, y a mi parecer, aunque la merezca quanto a la dotrina y alto estilo, yo no se la daría al usar propios y naturales vocablos, porque si no m'engaño, se descuidó mucho en esta parte, a lo menos en aquellas sus *Trescientas*, en donde, quiriendo mostrarse doto, escrivió tan escuro, que no es entendido, y puso ciertos vocablos, unos que por grosseros se devrían desechar y otros que por muy latinos no se dexan entender de todos, como son *rostro jocundo*, *fondón del polo segundo*, y *cinge toda la sfera*, que todo esto pone en una copla, lo qual a mi ver es más scrivir mal latín que buen castellano. En las coplas de amores que stán en el *Cancionero general* me contenta harto, adonde en la verdad es singularíssimo. En el mismo *Cancionero* ay algunas coplas que tienen buen estilo como son las de Garci Sánchez de Badajoz y las del bachiller de la Torre y las de Guevara, aunque éstas tengan mejor sentido que estilo, y las del marqués de Astorga. Y son mejores las de don Jorge Manrique que comiençan *Recuerde el alma dormida*, las quales a mi juizio son muy dinas de ser leídas y estimadas, así por la sentencia como por el estilo. Juan del Enzina escrivió mucho, y así tiene de todo; lo que me contenta más es la farsa de *Plácida y Vitoriano* que compuso en Roma. El estilo que tiene Torres Naharro en su *Propaladia*, aunque peca algo en las comedias, no guardando bien el decoro de las personas, me satisfaze mucho, porque es muy llano y sin afetación ninguna, mayormente en las comedias de

Calamita y *Aquilana*, porque en las otras tiene de todo, y aun en éstas ay algunas cosas que se podrían dezir mejor, más casta, más clara, y más llanamente . . .

MARCIO

— Desseo nos dixéssedes algunas señales por donde conociéssemos quáles son buenas coplas y quáles no.

VALDÉS

— Por buenas tengo las que tienen buena y clara sentencia, buenos vocablos, acomodados a ella, buen estilo, sin superfluidad de palabras y sin que aya ni una sílaba supérflua por causa del metro, ni un vocablo forçado por causa del consonante, y por malas tengo las que no son desta manera. Y mirad que digo buena y clara sentencia, porque ay algunas cosas trobadas que al parezer dizen algo y, si las queréis esaminar bien, hallaréislas vazías de sentencia . . . Desta suerte os podría dezir otros muchos, los quales nacen de personas que no van acomodando, como dixe se deve hazer, las palabras a las cosas, sino las cosas a las palabras, y assí no dizen lo que querrían, sino lo que quieren los vocablos que tienen.

PACHECO

— Por mi fe, que tenéis razón y que agora caigo en ello.

VALDÉS

— Pues las palabras o partezillas que se ponen solamente por henchir el verso o por hazer la consonancia, ya vosotros podéis ver quán mal parecen. Y porque mejor lo entendáis, miradlo en esta canción, que dize:

> Destas aves su nación
> es cantar con alegría,
> y de vellas en prisión
> siento yo grave passión,
> sin sentir nadie la mía.

Adonde muy impropiamente puso *su nación*, quiriendo entender su natural condición, porque respondiesse a *prisión* y *passión* . . . Y siendo assí que la gentileza del metro castellano consiste en que de tal manera sea metro que parezca prosa, y que lo que se scrive se diga como se diría en prosa, tengo por buenos muchos de los *romances* que stán en el *Cancionero general*; porque en ellos me contenta aquel su hilo de dezir que va continuado y llano, tanto que pienso que los llaman romances porque son muy castos en su romance. De las *canciones* me satisfazen pocas, porque en muchas veo no sé qué dezir baxo y plebeyo y no nada conforme a lo que

pertenece a la canción. Algunos *motes* ay buenos y bien glosados. En las *invenciones* ay qué tomar y qué dexar, y entre las *preguntas* ay muchas ingeniosas. Los *villancicos* en su género no son de desechar. Pero advertid que, si no halláredes guardadas las reglas que aquí os he dicho, ni aun en lo que os alabo, no os maravilléis, porque avéis de pensar que parte de la culpa tiene el tiempo, que no mirava las cosas tanto por el sutil como conviene, y parte tienen los impressores, que en todo estremo son descuidados, no solamente en la ortografía, pero muchas vezes en depravar lo que no entienden.

(Valdés now speaks to his friends about the difficulties of translation but states that he has read few translations since he knows both Italian and Latin and prefers to read originals. He then gives his opinions on novels of chivalry.)

VALDÉS

— Entre los que an escrito cosas de sus cabeças comunmente se tiene por mejor estilo el del que scrivió los quatro libros de *Amadís de Gaula*, y pienso tienen razón, bien que en muchas partes va demasiadamente afetado y en otras muy descuidado; unas vezes alça el estilo al cielo y otras lo abaxa al suelo, pero al fin, assí a los quatro libros de *Amadís*, como a los de *Palmerín* y *Primaleón*, que por cierto respeto an ganado crédito conmigo, terné y juzgaré siempre por mejores que essotros, *Esplandián*, *Florisando*, *Lisuarte*, *Cavallero de la Cruz* y que los otros no menos mentirosos que éstos: *Guarino mezquino*, *La linda Melosina*, *Reinaldos de Montalván* con *La Trapisonda* y *Oliveros* que es intitulado *de Castilla*, los quales, demás de ser mentirosíssimos, son tan mal compuestos, assí por dezir las mentiras muy desvergonçadas, como por tener el estilo desbaratado, que no hay buen estómago que los pueda leer.

MARCIO

— ¿Avéislos vos leído?

VALDÉS

— Sí, que los he leído.

MARCIO

— ¿Todos?

VALDÉS

— Todos

MARCIO

— ¿Cómo es possible?

VALDÉS

— Diez años, los mejores de mi vida, que gasté en palacios y cortes, no me empleé en exercicio más virtuoso que en leer estas mentiras, en las quales tomava tanto sabor, que me comía las manos tras ellas. Y mirad qué cosa es tener el gusto estragado: que si tomava en la mano un libro de los romançados en latín, que son de historiadores verdaderos, o a lo menos que son tenidos por tales, no podía acabar conmigo de leerlos . . .

MARCIO

— Y dezidnos si de los que an escrito las historias de los reyes de Spaña, tenéis algunas que tengan buen estilo.

VALDÉS

— Para deziros verdad, ninguno de los que he visto me satisfaze tanto que osasse alabároslo enteramente. Mosén Diego de Valera, el que scrivió la *Valeriana*,[12] es gran hablistán, y aunque al parecer lleva buena manera de dezir, para mi gusto no me satisfaze, y téngolo por gran parabolano.[13] Del mesmo autor creo sea parte de la corónica del rey don Juan, segundo deste nombre, en la qual, como ay diversos estilos, no puede hombre juzgar bien de toda la obra; pero, a mi ver, se puede leer para lo que pertenece a la lengua después de *Amadís de Gaula*, *Palmerín*, y *Primaleón* . . .

MARCIO

— ¿Qué dezís de *Celestina*?, pues vos mucho su amigo soléis ser.

VALDÉS

— *Celestina*, me contenta el ingenio del autor que la començó, y no tanto el del que la acabó; el juizio de todos dos me satisfaze mucho, porque sprimieron a mi ver muy bien y con mucha destreza las naturales condiciones de las personas que introduxeron en su tragicomedia, guardando el decoro dellas desde el principio hasta la fin.

MARCIO

— ¿Qué personas os parecen que stán mejor esprimidas?

VALDÉS

— La de Celestina está a mi ver perfetíssima en todo quanto pertenece a una fina alcahueta, y las de Sempronio y Pármeno; la de Calisto no stá mal, y la de Melibea pudiera estar mejor . . .

PACHECO

— Dezidnos qué os parece del estilo.

VALDÉS

— El estilo, en la verdad, va bien acomodado a las personas que hablan. Es verdad que

peca en dos cosas, las quales fácilmente se podrían remediar, y quien las remediasse, le haría gran honra. La una es en el amontonar de vocablos algunas vezes tan fuera de propósito como *Magnificat* a maitines; la otra es en que pone algunos vocablos tan latinos que no s'entienden en el castellano, y en partes adonde podría poner propios castellanos, que los ay. Corregidas estas dos cosas en Celestina, soy de opinión que ningún libro ay escrito en castellano donde la lengua sté más natural, más propia ni más elegante.

Santa Teresa de Jesús, 1515–82 (pp. 470–75)

Teresa de Jesús, born Teresa de Cepeda y Ahumada, represents the culmination of the mystic movement in Spain in the sixteenth century.[1] The great names of Spanish mysticism, San Juan de la Cruz, Fray Luis de Granada, Fray Luis de León, and even the lesser ones, Alejo Vanegas, Pedro Malón de Chaide, Juan de Ávila, and Diego de Estella, were her contemporaries; but all recognized the great talents and acknowledged the superiority of the Saint from Ávila. She was easily the greatest woman of her century and is considered by many to be the outstanding feminine figure in all Spanish history.

Teresa's life was not an easy one. Her health was fragile and she suffered a great deal physically. She was subject to headaches and fainting spells and was at one time partially paralyzed. Despite these and other physical handicaps she lived a life of intense activity for she was a woman of great capability and energy. She joined her religious order before she was twenty years of age, but did not undergo her crucial religious experience until about twenty years later. Wishing that others might have a similar experience and convinced that she herself had been kept from it by the easy access to the world allowed by the relatively lax rules of her order, she felt that reforms were necessary. A cloistered life would reduce outside distractions and provide the quiet and solitude for the cultivation of the mystic experience. Against the stiffest opposition Teresa organized the branch of the Carmelites known as the *descalzas* (Discalced Carmelites) and spent the

---

12 This history was also known as the *Crónica abreviada* and *Crónica de España* and deals with events from the reign of Enrique IV.

13 parabolano — one who invents or spreads false or exaggerated information.

1 See pp. 303–304 for a sample of her lyric poetry.

rest of her life founding additional chapters of her organization. One of her disciples, Juan de la Cruz, joined her in this work and carried the reforms to the male branch of the order. Teresa travelled widely over Spain, often under the most difficult conditions, visiting her convents. Throughout her life she was opposed in her work by influential church figures, but nothing could stop her. One of the miracles of her life is that she could accomplish so much under adverse conditions.

Teresa's literary works are a product of her life, and they are all more or less autobiographical. She had no literary aspirations and wrote in obedience to the requests of her superiors who wanted her wisdom and persuasive counsel as well as her mystic experiences preserved in writing. Her important books are *El libro de su vida* (which she preferred to call *El libro de las misericordias de Dios*), *El libro de las fundaciones*, *Camino de perfección*, and *Las moradas* (also called *El castillo interior*). These books were written in the years of her greatest activity, as she travelled from convent to convent. She wrote at night by candlelight after the day's work had been concluded. Witnesses reported that she wrote with incredible speed, and one visitor to her cell was asked to sit down and wait until she had finished writing what the Lord had shown her lest she forget it. Her haste in writing accounts in part for that fact that her works contain unfinished thoughts sometimes difficult to follow. E. A. Peers has pointed out that in her writing she was "unconventional, disjointed, elliptical, frequently ungrammatical and too often obscure." She wrote as she talked—in a natural, unaffected, spontaneous manner which reflects accurately the spoken Castilian of the sixteenth century. Her language is sprinkled with proverbs, homely expressions, and solecisms, and her spelling mistakes reveal her pronunciation. In his essay on Teresa's style, Menéndez Pidal speaks of "espontaneidad teresiana" and "improvisación llevada a grado extremo." He also points out that Teresa "propiamente ya no escribe, sino que habla por escrito." However, the description of her deep religious experiences in simple language and what she acknowledged as rough style is one of Teresa's enduring charms. She never lost sight of reality and always revealed a practical side. Because of her colloquial style, her common sense, her knack for simple and often picturesque expression, and her earnest desire to teach others, Teresa comes near to communicating the mystic experience to others.

She did not expect her works to be published and was distressed when she learned that they were being circulated. Six years after her death, Fray Luis de León first published them with his preface directed to the Carmelite nuns at Madrid. Fray Luis had not known Teresa in life, but he judged her writings very highly "porque en la alteza de las cosas que trata, y en la delicadeza y claridad con que las trata, excede a muchos ingenios; y en la forma del decir, y en la pureza y facilidad del estilo, y en la gracia y buena compostura de las palabras, y en una elegancia desafeitada, que deleita en estremo, dudo yo que haya en nuestra lengua escritura que con ellos se iguale."

Teresa's best work is *Las moradas*, a doctrinal treatise on prayer in which she traces the soul's experiences through the various stages of the mystic ascent. This book, written when she was sixty-two, repeats much that she had already expressed in her previous writings, but surpasses them all in originality and in style. Her superior, Padre Jerónimo Gracián de la Madre de Dios, asked her to write it, and, with Fray Diego Yanguas, went over it with her after it was written and made a number of changes with the intention of improving the style and removing obscurities. These changes irritated Fray Luis de León and he restored Teresa's original wordings before he released the manuscript for printing, for he thought it impertinent to change the text of someone through whom the Holy Spirit spoke.

Teresa's masterpiece is divided into seven parts called *moradas* and subdivided into chapters. She probably took her idea of the dwelling places of the soul *(moradas)* from the Biblical verse: "In my Father's house there are many mansions." The innermost of these mansions is where the soul will eventually find union with God after progressing through the six other stages. Teresa follows the traditional *vías* of mysticism as she endeavors to lead her sisters into high religious experience. The *vía purgativa* begins with the *moradas primeras*, the abode of humility, which the soul in God's grace reaches even though burdened with sin. In the second mansion the soul is tested, but with the hope of reaching higher defends itself against doubt and temptations. In the third stage the soul emerges from the *vía purgativa* and enters the *vía iluminitiva*, and even though there is assurance of salvation now Teresa warns her readers that they cannot relax but must carry on the struggle against enemies and be much in prayer. In the fourth mansion Teresa mentions experiences so beautiful that they cannot be described and can be known only by those who experience them. Many arrive at the doors of the fifth mansion, but few enter. Those who do, find the soul freed from worldly associations and entirely devoted to God. In the *moradas sextas*, to which Teresa devotes more than a third of the entire book, the soul makes the final preparations for union with God. Here Teresa recalls some of her own past struggles and suffering and answers questions pertaining to the mystic experience. In the seventh mansion the *vía unitiva* is reached as the soul achieves its final and complete union with God. Teresa then concludes her book by saying: "Plega a su Majestad, hermanas y hijas mías, que nos veamos todas adonde siempre le alabemos, y me dé gracia para que yo obre algo de lo que os digo, por los méritos de su Hijo, que vive y reina por siempre jamás, amén; que yo os digo que es harta confusión mía, y ansí os pido por el mesmo Señor que no olvidéis en vuestras oraciones esta pobre miserable."

Las Moradas

Moradas Primeras

Capítulo Primero

Estando hoy suplicando a Nuestro Señor hablase por mí, porque yo no atinaba a cosa que decir ni cómo comenzar a cumplir esta obediencia,[2] se me ofreció lo que ahora diré, para comenzar con algún fundamento: que es, considerar nuestra alma como un castillo todo de diamante o muy claro cristal, adonde hay muchos aposentos, ansí como en el cielo hay muchas moradas.[3] Que si bien lo consideramos, hermanas, no es otra cosa el alma del justo, sino un paraíso, adonde dice Él tiene sus deleites. Pues ¿qué tal os parece que

será el aposento a donde un Rey tan poderoso, tan sabio, tan limpio, tan lleno de todos los bienes se deleita?[4] . . . . Pues consideremos que este castillo tiene, como he dicho, muchas moradas, unas en lo alto, otras en bajo, otras a los lados; y en el centro y mitad de todas éstas tiene la más principal, que es adonde pasan las cosas de mucho secreto entre Dios y el alma . . . . Pues tornando a nuestro hermoso y deleitoso castillo, hemos de ver cómo podremos entrar en él. Parece que digo algún disparate; porque si este castillo es el ánima, claro está que no hay para qué entrar, pues se es él mesmo: como parecería desatino decir a uno que entrase en una pieza, estando ya dentro. Mas habéis de entender que va mucho de[5] estar y estar; que hay muchas almas que se están en la ronda del castillo, que es adonde están los que le guardan, y que no se les da nada de entrar dentro, ni saben qué hay en aquel tan precioso lugar, ni quién está dentro, ni an[6] qué piezas tiene. Ya habréis oído en algunos libros de oración aconsejar al alma que entre dentro de sí; pues esto mesmo es. Decíame poco ha un gran letrado que son las almas que no tienen oración como un cuerpo con perlesía o tollido;[7] que anque tiene pies y manos, no los puede mandar; que ansí son, que hay almas tan enfermas y mostradas[8] a estarse en cosas esteriores, que no hay remedio, ni parece que pueden entrar dentro de sí; porque ya la costumbre la tiene tal de haber siempre tratado con las sabandijas[9] y bestias que están en el cerco del castillo, que ya casi está hecha como ellas; y con ser de natural tan rica, y poder tener su conversación, no menos que con Dios no hay remedio. Y si estas almas no procuran entender y remediar su gran miseria, quedarse han hechas estatuas de sal, por no volver la cabeza hacia sí, ansí como lo quedó la mujer de Lod[10] por volverla. Porque a cuanto yo puedo entender, la puerta para entrar en este castillo es la oración y consideración; no digo más mental que vocal, que como sea oración, ha de ser con consideración; porque la que no advierte con quien habla, y lo que pide, y quién es

---

2 Teresa refers to the request of her superior to write this book.
3 Cf. John 14:2, " In my Father's house are many mansions: if it were not so I would have told you. I go to prepare a place for you. "
4 Teresa's description of the castle is broken up by digressions in which she illustrates her ideas or tries to explain them. We shall omit some of these digressions.
5 va mucho de — there is a lot of difference between.

6 Teresa consistently wrote *anque* for *aunque* and *an* for *aun*.
7 perlesía — paralysis; tollido (tullido) — partially or totally paralyzed, said especially of the legs.
8 mostradas — Here: accustomed.
9 sabandijas — small, nasty insects or reptiles.
10 Lod — Lot, whose wife disobeyed the command of the Angel of the Lord as they escaped from Sodom. When she looked back she was turned into a pillar of salt.

quien pide, y a quien, no la llamo oración, anque mucho menee los labrios[11]. . .

Capítulo segundo

Antes que pase adelante, os quiero decir que consideréis qué será ver este Castillo, tan resplandeciente y hermoso, esta perla oriental, este árbol de vida, que está plantado en las mesmas aguas vivas de la vida, que es Dios, cuando cay[12] en un pecado mortal; no hay tinieblas más tenebrosas ni cosa tan oscura y negra, que no lo esté mucho más . . . . Pues tornemos ahora a nuestro castillo de muchas moradas. No habéis de entender estas moradas una en pos de otra, como cosa en hilada, sino poné[13] los ojos en el centro, que es la pieza o palacio adonde está el Rey, y considerad como un palmito,[14] que para llegar a lo que es de comer tiene muchas coberturas que todo lo sabroso cercan; ansí acá en rededor de esta pieza están muchas, y encima lo mesmo, porque las cosas del alma siempre se han de considerar con plenitud y anchura y grandeza, pues no le levantan nada, que capaz es de mucho más que podremos considerar, y a todas partes de ella se comunica este sol, que está en este palacio . . . .

Habéis de notar que en estas moradas primeras an no llega casi nada la luz que sale del palacio donde está el Rey, porque anque no están oscurecidas y negras, como cuando el alma está en pecado, está oscurecida en alguna manera, para que no la pueda ver, el que está en ella digo, y no por culpa de la pieza, que no sé darme a entender, sino porque con tantas cosas malas de culebras y víboras y cosas emponzoñosas, que entraron con él, no le dejan advertir a la luz. Como si uno entrase en una parte adonde entra mucho sol, y llevase tierra en los ojos, que casi no los pudiese abrir; clara está la pieza, mas él no lo goza por el impedimento o cosas de estas fieras y bestias, que le hacen cerrar los ojos para no ver sino a ellas. Ansí me parece debe ser un alma, que anque no está en mal estado, está tan metida en cosas del mundo, y tan empapada en la hacienda o honra o negocios, como tengo dicho, que anque en hecho de verdad se querría ver y gozar de su hermosura, no le dejan, ni parece que puede descabullirse de tantos impedimentos. Y conviene mucho para haber de entrar a las segundas moradas, que procure dar de mano[15] a las cosas y negocios no necesarios, cada uno conforme a su estado. Que es cosa que le importa tanto para llegar a la morada principal, que si no comienza a hacer esto, lo tengo por imposible, y an estar sin mucho peligro en la que está, anque haya ésta entrado en el Castillo, porque entre cosas tan ponzoñosas, una vez o otra es imposible dejarle de morder.

¿Pues qué sería, hijas, si a las que ya están libres de estos tropiezos, como nosotras, y hemos ya entrado muy más dentro a otras moradas secretas del Castillo, si por nuestra culpa tornásemos a salir a estas baraúndas,[16] como por nuestros pecados debe haber muchas personas, que las ha hecho mercedes, y por su culpa las echan a esta miseria? Acá libres estamos en lo esterior: en lo interior plega el Señor que lo estemos, y nos libre. Guardaos, hijas mías, de cuidados ajenos. Mirá que en pocas moradas de este Castillo dejan de combatir los demonios. Verdad es que en algunas tienen fuerza las guardas para pelear, como creo he dicho, que son las potencias; mas es mucho menester no nos descuidar para entender sus ardides, y que no nos engañe hecho ángel de luz, que hay una multitud de cosas con que nos puede hacer daño entrando poco a poco, y hasta haberlo hecho no le entendemos. Ya os dije otra vez, que es como una lima sorda,[17] que hemos menester entenderle a los principios. Quiero decir alguna cosa para dároslo mejor a entender. Poned en una hermana varios ímpetus de penitencia, que le parece no tiene descanso, sino cuando se está atormentando. Este principio bueno es; mas si la priora ha mandado que no hagan penitencia sin licencia, y le hace parecer que en cosa tan buena bien se puede atrever, y escondidamente se da tal vida que viene a perder la salud, y no hacer lo que manda su Regla, ya veis en qué paró este bien. Poné a otra un celo de la perfección muy grande; esto muy bueno es; mas podría venir de aquí, que cualquier faltita de las hermanas le pareciese una gran quiebra, y un cuidado de mirar si las hacen, y acudir a la priora; y an a las veces podría ser no ver las suyas, por el gran celo que tiene de la religión: como las otras no entienden lo interior y ven el cuidado, podría ser no la tomar tan bien. Lo que aquí pretende el Demonio no es poco, que es en-

---

11 labrios (labios) — lips.
12 cay (cae) — it falls.
13 poné (poned) — set, place, fix.
14 palmito — the heart of a palm sprout which is edible.

15 dar de mano — abandon, leave.
16 baraúndas — confusion, noise, distractions.
17 lima sorda — muted file (i.e. one which operates silently).

friar la caridad y el amor de unas con otras, que sería gran daño. Entendamos, hijas mías, que la perfeción verdadera es amor de Dios y del prójimo, y mientra con más perfección guardaremos estos dos mandamientos, seremos más perfetas. Toda nuestra Regla y Costituciones[18] no sirven de otra cosa sino de medios para guardar esto con más perfeción. Dejémonos de celos indiscretos, que nos pueden hacer mucho daño: cada cual se mire a sí. Porque en otra parte os he dicho harto sobre esto, no me alargaré. Importa tanto este amor de unas con otras, que nunca querría que se os olvidase; porque de andar mirando en las otras unas naderías,[19] que a las veces no será imperfeción, sino como sabemos poco quizá lo echaremos a la peor parte, puede el alma perder la paz y an inquietar la de las otras: mirá si costaría caro la perfeción.

También podría el Demonio poner esta tentación con la priora, y sería más peligrosa. Para esto es menester mucha discreción; porque si fuesen cosas que van contra la Regla y Costitución, es menester que no todas veces se eche a buena parte,[20] sino avisarla; y si no se enmendare, al perlado: esto es caridad. Y también con las hermanas, si fuese alguna cosa grave; y dejarlo todo por miedo si es tentación, sería la mesma tentación. Mas hase de advertir[21] mucho, porque no nos engañe el Demonio, no lo tratar una con otra, de que aquí puede sacar el Demonio gran ganancia y comenzar costumbre de mormuración, sino con quien ha de aprovechar, como tengo dicho. Aquí, gloria a Dios, no hay tanto lugar, como se guarda tan contino silencio, mas bien es que estemos sobre aviso.

---

18 Regla y Costituciones — rules and regulations.
19 naderías — trifles.

20 echarse a buena parte — to be interpreted as good.
21 hase (se ha) de advertir — it is to be noted.

NONFICTION PROSE OF THE GOLDEN AGE

Francisco de Quevedo y Villegas, 1580–1645 (pp. 321–24; 482–89)

According to Antonio Papell, Quevedo is the most complete writer of Spanish literature and one of the greatest prosists of humanity. Menéndez y Pelayo refers to him as a gigantic spirit who fits into no literary school. He was also Spain's most typical representative of *conceptismo* and a very prolific writer. His creative vein seems to have been nearly inexhaustible despite the fact that he was for many years intimately involved in politics and government and devoted much time to them. Although he did not write as much as Lope de Vega, Quevedo left nothing literary untried and a survey of the titles of his works reveals an impressive variety. In the field of prose he produced festive pieces *(Origen y definiciones de la necedad)*, satirico-moral works *(Sueños)*, moral fantasies *(La hora de todos y la Fortuna con seso)*, political essays *(Política de Dios, gobierno de Cristo)*, literary criticism *(El cuento de cuentos)*, philosophical works *(De los remedios de cualquiera fortuna)*, ascetic works and lives of saints *(La cuna y la sepultura; Vida de Fray Tomás de Villanueva)*, translations *(Epístolas de Séneca)*, epitaphs, letters, and a variety of other writings.[1]

Despite its great variety and volume, however, all Quevedo's work is unified by one common denominator: satire. Don Francisco lived in a period of great moral crisis in Spain and witnessed sorrowfully the collapse of his nation and the inability of its rulers to prevent it. He saw clearly what many of his contemporaries closed their eyes to, even though he did not fully understand it. A champion of the past, as Astrana Marín calls him, Quevedo remembered former days of national glory and, clinging to the ideals of the Renaissance, considered it his mission in life to crusade against the degeneration of all phases of Spanish life. He spared no social classes in his criticism, not even kings and their favorites. This prompted Juderías to call him "si no un demócrata a la moderna, un demócrata en el verdadero sentido de la palabra." As the

censor of his world, which he knew better than most, Quevedo spoke out in caustic, bitter terms against the social evils and abuses which he thought had corrupted his people and his country. His criticism had a negative tone for he only found fault without offering solutions. Despite the ever-present undercurrent of humor, his satire leaves a bitter and pessimistic impression.

The *Sueños* constitute Quevedo's chief claim to fame as a prosist. He began this series of short satirico-moral fantasies with *El sueño del juicio final* in 1606 and added to the list through 1622 until he brought the total to five. Although he had secured permission to print several of them in 1612, they were not published until 1627. Many manuscripts of them were circulating, however, long before this date. In the first printing the five *Sueños* appeared under the general heading *Sueños y discursos de verdades descubridoras de abusos, vicios y engaños de todos los oficios y estados*, a very succint statement of their contents. The individual subtitles of the first edition were: (1) *El sueño del juicio final*, 1606; (2) *El alguacil endemoniado*, 1607; (3) *El sueño del infierno*, 1608; (4) *El mundo por de dentro*, 1612; (5) *El sueño de la muerte*, 1621–22. Official censors objected to the mixing of sacred and grotesque matters in the *Sueños* and suggested that the author reprint them after removing certain references to the Christian religion. Quevedo agreed to do this and in 1629 prepared another edition in which the changes were made, but which did not appear until 1631. In the new printing the general heading reads *Juguetes de la niñez y travesuras del ingenio*. All but one of the *Sueños* now had a different title: (1) *El sueño de las calaveras*; (2) *El alguacil alguacilado*; (3) *Las zahurdas de Plutón*; (4) *El mundo por de dentro*; (5) *La visita de los chistes*. Two other works are sometimes printed with and included as part of the *Sueños* because of their similarity to the original five. They are *Discurso de todos los diablos, o infierno enmendado* (also known as *El entremetido, la dueña y el soplón*, 1627–28), and *La hora de todos y Fortuna con seso*, 1635–36.

The use of the dream or vision as a literary device was not an invention of Quevedo. It

---

1 For a sample of his poetry see pages 315–22. Excerpts from his picaresque novel *El buscón* are found on pages 176–85.

had been used before him by Dante, Lucian, in the Dance of Death, by Hippolytus, and by Cristóbal de Villalón in his *Crotalón*. As a satirist Quevedo was the heir of several classical writers, among them Seneca, Horace, Martial, Juvenal, Petronius, and Persius. In adapting the dream sequence, Quevedo hit upon a literary form quite suited to his temperament. The *Sueños* are episodic and like real dreams sometimes disjointed, as Quevedo, with the idea of death always in his mind, transfers human life from earth to hell. They are semi-narrative, semi-descriptive. The fantasy and unreality as well as the grotesque confusion of the dream or nightmare characterize them, and Quevedo, not bound to reality, logic, or verisimilitude, gave his rich imagination free rein. The kaleidoscopic scenes succeed one another much in the manner of the old Dance of Death, as all the major social types of the seventeenth century pass in review to have their evils exposed. The *Sueños* reflect life, even though in distortion, for, as Cejador has pointed out, they are the newspapers of the days of Felipe III and Felipe IV. In his judgment of Quevedo as author of the *Sueños*, Capmany said: "En ninguno de sus escritos muestra más maestría y variedad en la locución, más conocimiento y manejo de la índole y riqueza de esta misma lengua, más valentía en las descripciones, ni más inventiva en los términos de los retratos que dibuja, como en los Sueños."

Quevedo was the master of the Spanish language and king of the *conceptistas*. Nobody carried further the associations of ideas on which the conceit is based. He had an enormous vocabulary, both learned and popular, and he shrank from no word to express his precise thought. He punned frequently, gave old words new values, coined new ones, and used all the *conceptista* manipulations of the language. His view of the world was often caricatural, and he deformed reality through hyperbole. Stoicism was his

philosophy and through it he steeled himself against the baseness and folly of mankind. His allusions, his lexical whims and inventions, his concision and concentration of thought and expression, his neologisms, his slang, his conceits and other stylistic devices, make Quevedo a difficult but fascinating author to read.

El sueño del juicio final[2]

Discurso

Los sueños, señor,[3] dice Homero, que son de Júpiter, y que él los envía; y en otro lugar que se han de creer. Es así, cuando tocan en cosas importantes y piadosas, o las sueñan reyes y grandes señores, como se colige del doctísimo y admirable Propercio[4] en estos versos:

Nec tu sperne piis venientia somnia portis.
Quum pia venerunt somnia, pondus habent.[5]

Dígolo a propósito que tengo por caído del cielo uno que yo tuve estas noches pasadas, habiendo cerrado los ojos con el libro del beato Hipólito,[6] de la *Fin del mundo y segunda venida de Cristo*, lo cual fué causa de soñar que veía el Juicio Final.

Y aunque en casa de un poeta es cosa dificultosa creer que haya cosa de juicio (aun por sueños), le hubo en mí por la razón que da Claudiano[7] en la prefación al libro segundo del *Rapto*, diciendo que todos los animales sueñan de noche cosas como sombras de lo que trataron de día. Y Petronio Arbitro[8] dice:

Et canis in somnis leporis vestigia latrat.[9]

Y hablando de los jueces:

Et pavido cernit inclusum corde tribunal.[10]

Parecióme, pues, que veía un mancebo que, discurriendo por el aire, daba voz de su aliento a una trompeta, afeando en parte con la fuerza su hermosura. Halló el son obediencia en los mármoles, y oídos en los muertos; y así, al punto comenzó a moverse toda la

---

2 This *Sueño*, though written at the age of twenty-six, shows not only Quevedo's pessimism, bitterness, disillusionment, and sadness, but also his irony, satire, sarcasm, and wit. Also, his contrasts of two worlds recall Bouvier's description of him: "homme du diable, homme de Dieu."

3 The word *señor* refers to the Conde de Lemos to whom this *Sueño* was dedicated.

4 Propercio — Sextus Propertius, born ca. 50 B.C., one of the greatest of the Roman elegiac poets.

5 Do not scorn dreams when they come from sacred portals. When sacred dreams come, they carry weight with them.

6 Hipólito — Hippolytus, died ca. 230, a voluminous writer of the early church in Rome.

7 Claudiano — Claudianus, an Egyptian by birth, who came to Rome in 395. He wrote the *Rape of Proserpine*, an unfinished epic poem.

8 Petronio Arbitro — Petronius Arbiter, Roman writer of the first century A.D. who wrote the *Petronii Arbitri Satirae*, a satirical series of which only the fifteenth and sixteenth books remain. His picaresque-like narrative is referred to as the *Satyricon*.

9 And the dog barks at the rabbit's tracks in his dreams.

10 And he discerns a tribunal enclosed in his terrified heart.

tierra, y a dar licencia a los güesos[11] que anduviesen unos en busca de otros. Y pasando tiempo (aunque fué breve), vi a los que habían sido soldados y capitanes levantarse de los sepulcros con ira, juzgándola por seña de guerra; a los avarientos, con ansias y congojas, recelando algún rebato;[12] y los dados a vanidad y gula, con ser áspero el son, lo tuvieron por cosa de sarao[13] o caza.

Esto conocía yo en los semblantes de cada uno, y no vi que llegase el ruido de la trompeta a oreja que se persuadiese que era cosa de juicio. Después noté de la manera que algunas almas huían, unas con asco y otras con miedo, de sus antiguos cuerpos: a cuál faltaba un brazo; a cuál, un ojo; y dióme risa de ver la diversidad de figuras, y admiróme la providencia de Dios en que, estando barajados unos con otros, nadie por yerro de cuenta se ponía las piernas ni los miembros de los vecinos. Sólo en un cementerio me pareció que andaban destrozando cabezas, y que vi a un escribano que no le venía bien el alma y quiso decir que no era suya por descartarse della.

Después, ya que a noticia de todos llegó que era el día del Juicio, fué de ver cómo los lujuriosos no querían que los hallasen sus ojos, por no llevar al tribunal testigos contra sí; los maldicientes, las lenguas; los ladrones y matadores gastaban los pies en huir de sus mismas manos. Y volviéndome a un lado, vi a un avariento que estaba preguntando a uno (que por haber sido embalsamado y estar lejos sus tripas no hablaba, porque aún no habían llegado) si pues habían de resucitar aquel día todos los enterrados, si resucitarían unos bolsones suyos.

Riérame, si no me lastimara a otra parte el afán con que una gran chusma[14] de escribanos andaban huyendo de sus orejas, deseando no las llevar, por no oír lo que esperaban; mas solos fueron sin ellas los que acá las habían perdido por ladrones;[15] que por descuido no fueron todos. Pero lo que más me espantó fué ver los cuerpos de dos o tres mercaderes que se habían calzado las almas del revés, y

tenían todos los cinco sentidos en las uñas[16] de la mano derecha.

Yo veía todo esto de una cuesta muy alta, al punto que oigo dar voces a mis pies que me apartase; y no bien lo hice, cuando comenzaron a sacar las cabezas muchas mujeres hermosas, llamándome descortés y grosero porque no había tenido más respeto a las damas (que aun en el infierno están las tales sin perder esta locura). Salieron fuera, muy alegres de verse gallardas y desnudas entre tanta gente que las mirase; aunque luego, conociendo que era el día de la ira, y que su hermosura las estaba acusando de secreto, comenzaron a caminar al valle con pasos más entretenidos. Una que había sido casada siete veces iba trazando disculpas para todos los maridos. Otra dellas, que había sido pública ramera, por no llegar al valle no hacía sino decir que se le habían olvidado dos muelas y una ceja, y volvía y deteníase; pero al fin llegó a vista del teatro, y fué tanta la gente de los que había ayudado a perder y que señalándola daban gritos contra ella, que se quiso esconder entre una caterva de corchetes,[17] pareciéndole que aquella no era gente de cuenta en aquel día.

Divirtióme desto un gran ruido que por la orilla de un río venía de gente en cantidad tras un médico, que después supe que lo era en la sentencia.[18] Eran hombres que había despachado con razón antes de tiempo, y venían por hacerle que pareciese, y al fin, por fuerza le pusieron delante del trono. A mi lado izquierdo oí como ruido de alguno que nadaba, y vi un juez, que lo había sido, que estaba en medio de un arroyo lavándose las manos, y esto hacía muchas veces. Lleguéme a preguntarle por qué se lavaba tanto; y díjome que en vida, sobre ciertos negocios, se las habían untado,[19] y que estaba porfiando allí por no parecer con ellas de aquella suerte delante de la universal residencia.

Era de ver una legión de espíritus malos con azotes, palos y otros instrumentos cómo traían a la audiencia una muchedumbre de taberneros, sastres, zapateros y libreros, que

---

11 güesos (huesos) — bones.

12 rebato — surprise attack (the misers fear someone may attack them by surprise and take their wealth).

13 sarao — evening party with music and dancing.

14 chusma — crowd, mob, gang.

15 Thieves' ears were sometimes cut off as punishment.

16 The word *uña* suggests thievery. The implication is that the merchants dedicated their five senses to stealing or defrauding.

17 caterva de corchetes — swarm of cops. Acc. to Covarrubias the *corchete* was a two-piece buckle of which one piece hooked into the other. By analogy the policemen who carried prisoners off to jail on orders of the sheriff *(alguacil)* were called *corchetes* because they held as tightly as the hook of the buckle.

18 que después ... sentencia — as I learned he was when he was sentenced later.

19 untar las manos — to anoint the hands, i.e. to bribe; cf. English: to grease the palm.

de miedo se hacían sordos; y aunque habían resucitado no querían salir de las sepulturas. En el camino por donde pasaban, al ruido, sacó un abogado la cabeza y preguntóles que adónde iban; y respondiéronle « que al justo Juicio de Dios, que era llegado. » A lo cual, metiéndose más adentro, dijo: « Esto me ahorraré de andar después, si he de ir más abajo. »

Iba sudando un tabernero, de congoja, tanto que, cansado, se dejaba caer a cada paso, y a mí me pareció que le dijo un demonio: « Harto es que sudéis el agua, y no la vendáis por vino. »

Uno de los sastres, pequeño de cuerpo, redondo de cara, malas barbas y peores hechos, no hacía sino decir: « ¿Qué pude hurtar yo,[20] si andaba siempre muriéndome de hambre? » Y los otros le decían (viendo que negaba haber sido ladrón) que qué cosa era despreciarse de su oficio.

Toparon con unos salteadores y capeadores[21] públicos que andaban huyendo unos de otros, y luego los diablos cerraron con ellos, diciendo que los salteadores bien podían entrar en el número, porque eran a su modo sastres[22] silvestres y monteses, como gatos del campo. Hubo pendencia entre ellos sobre afrentarse los unos de ir con los otros, y al fin juntos llegaron al valle.

Tras ellos venía la locura en una tropa, con sus cuatro costados: poetas, músicos, enamorados y valientes, gente en todo ajena deste día[23]. . .

Pero tales voces, como venían tras de un malaventurado pastelero, no se oyeron jamás de hombres hechos cuartos; y pidiéndole que declarase en qué les había acomodado sus carnes, confesó que en los pasteles; y mandaron que les fuesen restituídos sus miembros de cualquier estómago en que se hallasen. Dijéronle si quería ser juzgado, y respondió que sí, a Dios y a la buena ventura. La primera acusación decía no sé qué de gato por liebre;[24] tanto de güesos,[25] y no de la misma carne, sino advenedizos;[26] tanto de oveja y cabra, caballo y perro;[27] y cuando él

vió que se les probaba a sus pasteles haberse hallado en ellos más animales que en el arca de Noé (porque en ella no hubo ratones ni moscas, y en ellos sí) volvió las espaldas y dejólos con la palabra en la boca . . .

Llegó tras ellos un avariento a la puerta, y fué preguntado qué quería, diciéndole que los diez mandamientos guardaban aquella puerta de quien no los había guardado; y él dijo que en cosas de guardar era imposible que hubiese pecado. Leyó el primero: *Amar a Dios sobre todas las cosas*; y dijo que él solo aguardaba a tenerlas todas para amar a Dios sobre ellas. *No jurar su santo nombre en vano*; dijo que él aun jurando falsamente, siempre había sido por muy grande interés; y que, así, no había sido en vano. *Guardar las fiestas*; éstas, y aun los días de trabajo, guardaba y escondía. *Honrar padre y madre*: « Siempre les quité el sombrero. » *No matar*; por guardar esto no comía, por ser matar la hambre comer. *No fornicar*: « En cosas que cuestan dinero, ya está dicho. » *No levantar falso testimonio*.

« Aquí, » dijo un diablo, « es el negocio, avariento; que si confiesas haberle levantado, te condenas, y si no, delante del Juez te le levantarás a ti mismo. »

Enfadóse el avariento, y dijo: « Si no he de entrar, no gastemos tiempo. » Que hasta aquello rehusó de gastar. Convencióse con su vida, y fué llevado adonde merecía . . .

En esto dieron con muchos taberneros en el puesto, y fueron acusados de que habían muerto mucha cantidad de sed a traición, vendiendo agua por vino. Estos venían confiados en que habían dado a un hospital siempre vino puro para las misas; pero no les valió, ni a los sastres decir que habían vestido niños jesuses; y así, todos fueron despachados como siempre se esperaba . . .

Vino un caballero tan derecho, que al parecer quería competir con la misma justicia que le aguardaba; hizo muchas reverencias a todos, y con la mano una ceremonia usada de los que beben en charco. Traía un cuello tan grande, que no se le echaba de ver si tenía cabeza. Preguntóle un portero, de parte de

---

20 ¿Qué pude hurtar yo? — What could I have stolen?
21 capeador — one who steals capes (usually at night), a cape snatcher.
22 Tailors had the reputation of being thieves.
23 gente . . . día — people foreign to this day, i.e. they were foreign to (knew nothing about) sanity *(juicio)*. Remember that it was the *Día del juicio* Quevedo dreamed of.
24 The pastry cook had substituted cat for rabbit in his meat pies and, as the rest of the sentence shows,

had made other substitutions to which his customers objected. Such practices were so common that laws were passed against the use of meats other than beef in pastries.
25 tanto de güeso (hueso) — the same (he said) for bones.
26 y no . . . advenedizos — and not bones with meat on them but bare.
27 The *pasteleros* passed off mutton, goat meat, horse meat and dog meat as beef.

Dios, que si era hombre; y él respondió con grandes cortesías que sí, y que por más señas se llamaba don Fulano, a fe de[28] caballero. Rióse un diablo, y dijo: « De cudicia es el mancebo para el infierno. »[29]

Preguntáronle qué pretendía, y respondió: « Ser salvado. » Y fué remitido a los diablos para que le moliesen; y él sólo reparó en que le ajarían[30] el cuello. Entró tras él un hombre dando voces, y decía: « Aunque las[31] doy, no traigo mal pleito;[32] que a cuantos santos hay en el cielo, o a lo menos a los más, he sacudido el polvo. »[33]

Todos esperaban ver un Diocleciano[34] o Nerón,[35] por lo de sacudir el polvo, y vino a ser un sacristán que azotaba los retablos;[36] y se había ya con esto puesto en salvo, sino que dijo un diablo que se bebía el aceite de las lámparas y echaba la culpa a unas lechuzas, por lo cual habían muerto sin ella;[37] que pellizcaba de los ornamentos[38] para vestirse; que heredaba en vida a las imágenes, y que tomaba alforzas a los oficios.[39]

No sé qué descargo se dió, que le enseñaron el camino de la mano izquierda.

Dando lugar unas damas alcorazadas,[40] que comenzaron a hacer melindres de las malas figuras de los demonios, dijo un ángel a Nuestra Señora que habían sido devotas de su nombre aquéllas; que las amparase. Y replicó un diablo que también fueron enemigas de su castidad.

« Sí por cierto, » dijo una que había sido adúltera.

Y el demonio la acusó que había tenido un marido en ocho cuerpos; que se había casado de por junto en uno para mil.[41] Condenóse ésta sola, y iba diciendo: « Ojalá yo supiera que me había de condenar, que no hubiera oído misa los días de fiesta. »

En esto, que era todo acabado, quedaron descubiertos Judas, Mahoma y Martín Lutero, y preguntando un diablo cuál de los tres era Judas, Lutero y Mahoma dijeron cada uno que él; y corrióse Judas tanto, que dijo en altas voces: « Señor, yo soy Judas, y bien conocéis vos que soy mucho mejor que éstos, porque si os vendí remedié al mundo, y éstos, vendiéndose a sí y a vos, lo han destruído todo. »

Fueron mandados quitar de delante; y un ángel que tenía la copia, halló que faltaban por juzgar los alguaciles y corchetes. Llamáronlos, y fué de ver que asomaron al puesto muy tristes, y dijeron: « Aquí lo damos por condenado;[42] no es menester nada. »

No bien lo dijeron, cuando cargado de astrolabios y globos entró un astrólogo dando voces, y diciendo que se habían engañado, que no había de ser aquel día el del Juicio porque Saturno no había acabado sus movimientos, ni el de crepitacion[43] el suyo. Volvióse un diablo, y viéndole tan cargado de madera y papel, le dijo: « Ya os traéis la leña[44] con vos, como si supiérades que de cuantos cielos habéis tratado en vida estáis de manera, que por la falta de uno solo, en muerte, os iréis al infierno. »

« Eso, no iré yo, » dijo él.

« Pues llevaros han. »

Y así se hizo. Con esto se acabó la residencia y tribunal.

Huyeron las sombras a su lugar, quedó el aire con nuevo aliento, floresció la tierra, vióse el cielo, y Cristo subió consigo a descansar en sí los dichosos, por su pasión. Yo me quedé en el valle; y discurriendo por él, oí mucho ruido y quejas en la tierra.

Lleguéme por ver lo que había, y vi en una cueva honda (garganta del Averno)[45] penar

---

28 a fe de — upon the word of.
29 cudicia (codicia) — greed. De cudicia . . . infierno — The lad is really quite eager to get to hell.
30 ajar — to rumple. Quevedo made fun of large collars on several occasions.
31 *Las* refers to the preceding *voces*.
32 no traigo mal pleito — my case is not so bad.
33 sacudir el polvo — to slap or hit. The sexton is referring to dusting off the statues of saints in the church, probably by flicking them with a duster or cloth.
34 Diocleciano — Diocletian, Roman Emperor from 284–305, memorable for his persecutions of Christians.
35 Nerón — Nero, Roman Emperor from 54–68, noted for his cruelties. In Christian tradition Nero appears as Antichrist destined at a later date to harass the saints.
36 azotaba los retablos — he whipped the altar pieces, i.e. he dusted them.
37 *Ella* refers to the preceding *culpa*.

38 pellizcaba de los ornamentos — he pilfered the sacred vestments.
39 alforza — tuck or pleat taken to shorten a garment. Tomaba alforzas a los oficios — He cut short his duties.
40 alcorazadas — elegantly dressed. alcoraza — white icing used to frost cakes.
41 de por junto — wholesale. Quevedo suggests she married one (for appearance's sake) but bestowed her favors upon a thousand.
42 lo damos por condenado — we consider ourselves condemned.
43 crepitación — crackling (as of a fire). Quevedo alludes here apparently to the end of the world by fire.
44 The allusion is to the instruments of the astrologer which were made of wood and will serve as fuel for the fires of hell.
45 Averno — Avernus, the infernal regions, so called after a small lake in Italy, the vapors of which were fabled to kill birds flying through them.

muchos, y entre otros un letrado revolviendo no tanto leyes como caldos,[46] y un escribano comiendo solo letras que no había querido leer en esta vida. Todos los ajuares[47] del infierno, y las ropas y tocados de los condenados, estaban allí prendidos, en vez de clavos y alfileres, con alguaciles; un avariento contando más duelos que dineros; un médico penando en un orinal, y un boticario en una jeringa.[48]

Dióme tanta risa de ver esto, que me despertaron las carcajadas; y fué mucho quedar de tan triste sueño más alegre que espantado.

Sueños son éstos, señor, que si se duerme vuecelencia sobre ellos, verá que por ver las cosas como las veo, las esperará como las digo.

Baltasar Gracián y Morales, 1601–58 (pp. 489–93)

Baltasar Gracián y Morales, an Aragonese Jesuit who published under the pseudonyms Lorenzo Gracián (held by some to be the name of a brother as yet unidentified) and García de Marlones (an obvious anagram of his two names), was the last important nonfiction prosist of the Golden Age. Like Quevedo he was a satirist and reflected the pessimism and tension of the times. His satire, however, was not as bitter or uncompromising as Quevedo's, and he also lacked the latter's fondness for the grotesque and the caricature. Missing also in Gracián is the undercurrent of humor and sarcasm ever present in the author of *Los sueños*. Stylistically Gracián stands second only to Quevedo as a *conceptista*, for he was more interested in ideas than in form. But Gracián was also a *culterano* and prepared a manual for the guidance of practitioners of the Baroque manner, *Agudeza y arte de ingenio*, 1648.

Gracián was a philosopher, a moralist, and a keen observer and censor of human conduct. He was an expert at psychological analysis of man and groups of men, including his own countrymen. Romera-Navarro calls him "el más sagaz de los psicólogos españoles." He knew human conduct thoroughly both from his wide readings and from his role as preacher, teacher, and confessor. He frankly accepted a world full of imperfect, wicked, corrupt human beings, evaluated it objec-

tively, and then recommended modes of behavior which would allow one to live in such a world. Although he was not irreligious, religion was of little concern to him in his writings. He did not propose to furnish a guide to heaven but one to successful living on earth. He did not address himself to ordinary men, but to those in high position. Like Quevedo he scorned fools and found too many of them. His view of humanity, however, was not entirely hopeless, for he believed that a few men in every generation would rise to greatness through virtue. He also believed that one of the great blessings in life was true friendship, and he himself cultivated a few assiduously.

Because of his coldly objective appraisal of human folly and his frankly practical and opportunistic guides to conduct, he has often been charged with cynicism and hypocrisy. Although there may be truth in this accusation, he also prescribes rules of conduct which inculcate high virtue and integrity and impart a high moral and ethical tone to his work in contrast to the more cynical portions. He teaches, for example, that a man should speak well of those who speak ill of him, that he should change the conversation when others talk scandal, and that the secret of a long life is a good one.

Compared to other major writers of his time Gracián wrote comparatively little. His preserved works number seven, and two are presumed lost. They may be divided into the following categories: (1) moral treatises: *El héroe*, 1637; *El político don Fernando el Católico*, 1640; *El discreto*, 1646; *Oráculo manual y arte de prudencia*, 1647; (2) literary criticism: *Agudeza y arte de ingenio*, 1648 (a revision of an earlier work entitled *Arte de ingenio, tratado de agudeza*); (3) allegorical novel: *El criticón*, 1651–57; (4) religious treatise: *El comulgatorio*, 1655.

His two most important works are *Oráculo manual* and *El criticón*. The *Oráculo* is a compendium of Gracián's most important thoughts concerning the conduct of life on earth and consists of 300 maxims with explanatory paragraphs. This is Gracián's best known work outside of Spain and has been translated into eight foreign languages. It had a marked influence on European thought and left its imprint on Schopenhauer, who was attracted by its pessimism and translated it

---

46 revolver caldos — to stir up trouble, strife.
47 ajuares — furnishings.

48 jeringa — syringe.

NONFICTION
PROSE

though with a number of errors, and on La Rochefoucauld and la Bruyère. It summarizes the important advice which the author had included in his three earlier moral treatises and states it more succinctly, for as he said, "Más obran quintas esencias que fárragos." His maxims are not mere aphoristic comments on life but advise a definite course of action. Gracián says in effect: "This is life whether you like it or not and if you want to make the best of it follow my advice." He is sometimes inconsistent and occasionally contradicts himself, but though he gives opposite advice on different occasions the prudent man will adapt to circumstances and apply that which fits the situation. The burden of Gracián's advice in the *Oráculo* is to be prudent, by which he means to choose a course of action in every circumstance which will provide the best life in a wicked world.

The *Oráculo* exhibits Gracián's characteristic style—a highly condensed, concise manner of expression which uses the fewest words possible and often leaves part of the thought intentionally unexpressed. Gracián's style is not obscure in the sense that it is unintelligible, but it is sometimes difficult because of its laconicism and compression. This economy of expression is attractive after one becomes accustomed to it and in the age of complicated verbal expression marks Gracián as one apart. Menéndez y Pelayo once described the *Oráculo* as the most confusing and difficult work in the Spanish language. Azorín, on the other hand, felt that Gracián's work needed careful reading but that there was nothing in it that could not be understood.

El criticón, sometimes called the "Spanish Pilgrim's Progress," is universally judged to be Gracián's masterpiece, though it is less well known than the *Oráculo*. It is an allegorical, philosophical, moralistic work generally classified as a novel, though it is not strictly one. It is Gracián's most ambitious effort and contains the fullness of his thought on and judgment of the human race. Gracián published his book without the consent of his superiors. He divided it into three parts which he named after the seasons of the year to show the different stages of a man's life. Part I, published in 1651 and again in 1658 in corrected form, was entitled *En la primavera y en el estío de la juventud*. Part II, 1653, appeared under the title of *Juiciosa cortesana filosofía en el otoño de la varonil edad*. Part III,

1657, was called *En el invierno de la vejez*. The three parts are subdivided into thirty-eight chapters called *Crisis*.

When Part I appeared Gracián held the Chair of Sacred Scripture in the Jesuit school at Zaragoza. His colleagues denounced him to the General of the Order in Rome, at that time a German named Goswin Nickel, for having published certain works which were "poco serias y muy alejadas de su profesión," but no direct action was taken against him. The second part appeared also without permission, but Gracián again escaped disciplinary action. The printing of the third part under similar conditions, however, brought an inquiry; Gracián was removed from his professorship, publicly reprimanded, and ordered to fast on bread and water. His punishment was not for what his works contained but for his defiance of authority and breaking his vow of obedience. Eventually he was removed to Tarazona, where he died in what amounted to exile.

The interest of *El criticón* lies in Gracián's philosophical observations. The narrative framework upon which he embroiders his thought is feeble, but it was intended to be so. It recounts the adventures of two wanderers as they travel along the road of life. Critilo, representing the man of reason and culture, is washed onto the Isle of St. Helena after a shipwreck. There he meets a young man who was raised by wild animals and has grown up without contact with the human race. He symbolizes man in his natural, primitive state, unspoiled by civilization and without prejudice. Critilo names him Andrenio, teaches him to talk, warns him of the evils of men, and then sets out with him on a long journey through Spain, France, Germany, and Italy. Andrenio is often victimized by the wickedness of men, but Critilo rescues him. They have many encounters with a variety of allegorical figures as Gracián explores human nature. All the while they search for Felisinda, Critilo's wife (and as it turns out, Andrenio's mother) who represents happiness. Not finding her, they finally make their way to Rome where they are told that she is no longer on earth but in Heaven, which they too may reach through good conduct. Critilo and Andrenio, now old, are about to be taken by Death when, as a reward for their virtue and valor, they are transferred to the Isle of Immortality, a place entered only by "los varones eminentes, cuyos hechos se apoyan en la Virtud, porque en el vicio no cabe cosa grande ni digna de eterno aplauso."

Oráculo manual y arte de prudencia

1. *Todo está ya en su punto[1] y el ser persona en el mayor.[2]* Más se requiere hoy para un sabio que antiguamente para siete, y más es menester para tratar con un solo hombre en estos tiempos que con todo un pueblo en los pasados.

7. *Escusar victorias del patrón.* Todo vencimiento es odioso, y del dueño, o necio o fatal. Siempre la superioridad fué aborrecida, cuanto más de la misma superioridad.[3] Ventajas vulgares suele disimular la atención,[4] como desmentir la belleza con el desaliño. Bien se hallará quien quiera ceder en la dicha y en el genio;[5] pero en el ingenio[6] ninguno, cuanto menos una soberanía: es éste el atributo rey, y así, cualquier crimen contra él fué de lesa majestad. Son soberanos, y quieren serlo en lo que es más.[7] Gustan de ser ayudados los príncipes, pero no excedidos, y que el aviso haga antes viso de[8] recuerdo de lo que olvidaba, que de luz de lo que no alcanzó. Enséñannos esta sutileza los astros con dicha; que aunque hijos y brillantes, nunca se atreven a los lucimientos del sol.

8. *Hombre inapasionable, prenda de la mayor alteza de ánimo.* Su misma superioridad le redime de la sujeción a peregrinas vulgares impresiones. No hay mayor señorío que el de sí mismo, de sus afectos; que llega a ser triunfo del albedrío; y cuando la pasión ocupare la personal,[9] no se atreva al oficio,[10] y menos cuanto fuere más;[11] culto modo de ahorrar disgustos, y aun de atajar para la reputación.

11. *Tratar[12] con quien se pueda aprender.* Sea el amigable trato escuela de erudición, y la conversación enseñanza culta; un hacer de los amigos maestros, penetrando el útil del aprender con el gusto de conversar. Altérnase la fruición[13] con los entendidos,[14] logrando lo que se dice, en el aplauso con que se recibe, y lo que se oye en el amaestramiento. Ordinariamente nos lleva a otro la propia conveniencia.[15] Aquí, realzada,[16] frecuenta el atento las casas de aquellos héroes cortesanos, que son más teatros de la heroicidad que palacios de la vanidad. Hay señores acreditados de discretos, que a más de[17] ser ellos oráculos de toda grandeza con su ejemplo y en su trato, el cortejo de los que los asisten es una cortesana academia de toda buena y galante discreción.

13. *Obrar de intención, ya segunda, y ya primera.*[18] Milicia es la vida del hombre contra la malicia del hombre; pelea la sagacidad con estratagemas de intención. Nunca obra[19] lo que indica: apunta sí para deslumbrar: amaga al aire con destreza, y ejecuta en la impensada realidad, atenta siempre a desmentir. Echa una intención para asegurarse de la émula atención, y revuelve luego contra ella, venciendo por lo impensado. Pero la penetrante inteligencia la previene con atenciones, la acecha con reflejos; entiende siempre lo contrario de lo que quiere que entienda, y conoce luego cualquier intentar de falso: deja pasar toda primera intención, y está en espera a la segunda, y aun a la tercera. Auméntase la simulación al ver alcanzado su artificio, y pretende engañar con la misma verdad: muda de juego, por mudar de treta, y hace artificio del no artificio, fundando su astucia en la mayor candidez. Acude[20] la observación, entendiendo su perspicacia,[21] y descubre las tinieblas revestidas de la luz; descifra la intención, más solapada[22] cuanto más sencilla. De esta suerte combate la calidez de Pitón, contra

---

1 punto — zenith, acme, high point.
2 el ser . . . mayor — being a human being is the greatest of all.
3 cuanto . . . superioridad — especially to those in high position.
4 atención — care (i.e. one can conceal one's ordinary advantages by being careful).
5 genio — character.
6 ingenio — understanding.
7 lo que es más (lo que es más soberano) — that which is more sovereign (i.e. the intelligence).
8 hacer viso de — to appear to be.
9 la personal (la parte personal) — the personality.
10 oficio — position, profession.
11 menos cuanto fuere más — the greater it is the less (i.e. the higher the position, the less passion should control it).

12 tratar — to deal with, associate with.
13 fruición — pleasure.
14 entendidos — sensible persons.
15 conveniencia — interest.
16 realzada (la conveniencia realzada) — the interest raised to a higher level, ennobled.
17 a más de — besides.
18 Obrar . . . primera — Act (behave) sometimes with concealed intentions, sometimes with obvious intentions.
19 The subject of *obra* is *sagacidad* of the preceding sentence. Also of *echa* below.
20 acude — steps in, enters the picture.
21 entendiendo su perspicacia — with its understanding perspicacity.
22 solapada — crafty, cunning.

la candidez de los penetrantes rayos de Apolo.[23]

17. *Variar de tenor en el obrar.*[24] No siempre de un modo,[25] para deslumbrar la atención, y más si emula.[26] No siempre de primera intención,[27] que le cogerán la uniformidad, previniéndole y aun frustrándole las acciones. Fácil es de matar al vuelo el ave que le tiene seguido:[28] no así la que le tuerce. Ni siempre de segunda intención, que le entenderán a dos veces la treta. Está a la espera la malicia; gran sutileza es menester para desmentirla; nunca juega el tahur la pieza[29] que el contrario presume, y menos la que desea.

26. *Hallarle su torcedor a cada uno.*[30] Es el arte de mover voluntades; más consiste en destreza que en resolución un saber por donde se le ha de entrar a cada uno:[31] no hay voluntad sin especial afición, y diferentes según la variedad de los gustos. Todos son idólatras, unos de la estimación, otros del interés y los más del deleite; la maña está en conocer estos ídolos para el motivar, conociéndole a cada uno su eficaz impulso: es como tener la llave del querer ajeno. Hase de ir al primer móvil,[32] que no siempre es el supremo;[33] las más veces es el ínfimo, porque son más en el mundo los desordenados[34] que los subordinados. Hásele de prevenir el genio primero, tocarle el verbo;[35] después cargarle con la afición, que infaliblemente dará mate[36] al albedrío.

31. *Conocer los afortunados para la elección, y los desdichados para la fuga.* La infelicidad es de ordinaro crimen de necedad, y de participantes no hay contagión tan apegadiza: nunca se le ha de abrir la puerta al menor mal, que siempre vendrán tras él otros muchos, y mayores en celada. La mejor treta del juego es saberse descartar: más importa la menor carta del triunfo que corre,[37] que la mayor del que pasó. En duda, acierto es llegarse a los sabios y prudentes, que tarde o temprano topan con la ventura.

32. *Estar en opinión de dar gusto.*[38] Para los que gobiernan, gran crédito de agradar:[39] realce de soberanos para conquistar la gracia universal. Ésta sola es la ventaja del mandar: poder hacer más bien que todos; aquéllos son amigos que hacen amistades. Al contrario, están otros prestos[40] en no dar gusto, no tanto por lo cargoso, cuanto por lo maligno, opuestos en todo a la divina comunicabilidad.

53. *Diligente e inteligente.* La diligencia ejecuta presto lo que la inteligencia prolijamente piensa. Es pasión de necios la prisa, que como no descubren el tope,[41] obran sin reparo. Al contrario, los sabios suelen pecar de detenidos,[42] que del advertir nace el reparar. Malogra tal vez la ineficacia de la remisión lo acertado del dictamen.[43] La presteza es madre de la dicha. Obró mucho el que nada dejó para mañana. Augusta empresa correr a espacio.[44]

70. *Saber negar.* No todo se ha de conceder, ni a todos. Tanto importa como el saber conceder; y en los que mandan es atención urgente. Aquí entra el modo. Más se estima el no de algunos que el sí de otros, porque un no dorado satisface más que un sí a secas. Hay muchos que siempre tienen en la boca el no, con que todo lo desazonan. El no es siempre el primero en ellos, y aunque después todo lo vienen a conceder, no se les estima porque precedió aquella primera desazón. No se han de negar de rondón[45] las cosas; vaya a

---

23 A reference to Python, a huge, nameless female serpent killed by Apollo at Delphi immediately after his birth either because it would not let him consult the oracle or because it persecuted his mother, Leto, during her pregnancy. Python is the symbol of the old earth divinity whose home was the place of " inquiry. " In the solar explanation the serpent is the darkness driven away by the rays of the sun.
24 Variar . . . obrar — Vary your manner of behaving (acting).
25 Gracián has suppressed the verb here. Read: No obrar siempre de un modo. Gracián sometimes used the infinitive as an imperative.
26 si emula — if there is competition.
27 The verb is again omitted. Supply: obrar.
28 que le tiene seguido — that flies straight.
29 nunca . . . pieza — the card sharp never plays the card.
30 Hallar . . . uno — Find everyone's weak spot (thumbscrew).

31 un saber . . . uno — knowing how to get at everyone.
32 primer móvil — main motive.
33 el supremo — the highest one.
34 desordenados — undisciplined. subordinados — self-disciplined.
35 tocarle el verbo — analyze his speech.
36 dará mate — will checkmate.
37 la menor . . . corre — the least trump of the game in progress.
38 Estar . . . gusto — Seek the reputation of being pleasant.
39 Read: gran crédito es de agradar.
40 prestos — quick.
41 el tope — the difficulty, snag.
42 de detenidos — on the side of procrastination.
43 lo acertado del dictamen — good judgment.
44 a espacio (despacio) — slowly. correr a espacio — to make haste slowly.
45 de rondón — abruptly.

tragos[46] el desengaño; ni se ha de negar del todo, que sería desahuciar la dependencia.[47] Queden siempre algunas reliquias de esperanza para que templen lo amargo del negar. Llene la cortesía el vacío del favor, y suplan las buenas palabras la falta de las obras. El no y el sí son breves de decir, y piden mucho pensar.

89. *Comprensión de sí.* En el genio, en el ingenio, en dictámenes, en afectos.[48] No puede uno ser señor de sí, si primero no se comprende. Hay espejos del rostro, no los hay de ánimo; séalo la discreta reflexión sobre sí, y, cuando se olvidare de su imagen exterior, conserve la interior para emendarla, para mejorarla. Conoce[49] las fuerzas de su cordura y sutileza para el emprender; tantee la irascible para el empeñarse;[50] tenga medido su fondo y pesado su caudal para todo.

111. *Tener amigos.* Es el segundo ser. Todo amigo es bueno y sabio para el amigo. Entre ellos todo sale bien. Tanto valdrá uno cuanto quisieren[51] los demás; y para que quieran, se les ha de ganar la boca por el corazón. No hay hechizo como el buen servicio, y para ganar amistades, el mejor medio es hacerlas. Depende lo más y lo mejor que tenemos de los otros. Hase de vivir o con amigos o con enemigos: cada día se ha de diligenciar uno, aunque no para íntimo, para aficionado; que algunos se quedan después para confidentes pasando por el acierto del delecto.

126. *No es necio el que hace la necedad, sino el que hecha, no la sabe encubrir.* Hanse de sellar[52] los afectos, cuanto más los defectos. Todos los hombres yerran, pero con esta diferencia, que los sagaces desmienten las hechas, y los necios mientan las por hacer. Consiste el crédito en el recato, más que en el hecho, que si no es uno casto sea cauto. Los descuidos de los grandes hombres se observan más, como eclipses de las lumbreras mayores. Sea excepción de la amistad el no confiarla

los defectos, ni aun, si ser pudiese, a su misma identidad; pero puédese valer aquí de aquella otra regla del vivir, que es saber olvidar.

133. *Antes loco con todos que cuerdo a solas,* dicen políticos. Que si todos lo son, con ninguno perderá; y si es sola la cordura, será tenida por locura. Tanto importará seguir la corriente: es el mayor saber a veces no saber, o afectar no saber.[53] Hase de vivir con los otros, y los ignorantes son los más. Para vivir a solas ha de tener o mucho de Dios, o todo de bestia; mas yo moderaría el aforismo, diciendo: « Antes cuerdo con los demás, que loco a solas. » Algunos quieren ser singulares en las quimeras.[54]

145. *No descubrir el dedo malo,* que todo topará allí.[55] No quejarse de él, que siempre sacude[56] la malicia adonde le duele a la flaqueza. No servirá el picarse[57] uno, sino de picar el gusto[58] al entremetimiento: va buscando la mala intención el achaque de hacer saltar; arroja varillas para hallarle el sentimiento; hará la prueba de mil modos hasta llegar al vivo. Nunca el atento se dé por entendido,[59] ni descubra su mal, o personal o heredado, que hasta la fortuna se deleita a veces de lastimar donde más ha de doler. Siempre mortifica en lo vivo: por esto no se ha de descubrir, ni lo que mortifica ni lo que vivifica: uno para que se acabe, otro para que dure.

152. *Nunca acompañarse con quien le pueda deslucir, tanto por más cuanto por menos.* Lo que[60] excede en perfección excede en estimación. Hará el otro el primer papel siempre, y él el segundo, y si le alcanzase algo de aprecio, serán las sobras de aquél. Campea la luna mientras una entre las estrellas, pero en saliendo el sol, o no parece o desaparece. Nunca se arrime a quien le eclipse, sino a quien le realce. De esta suerte pudo parecer hermosa la discreta Fabulla[61] de Marcial: "y lució entre la fealdad o el desaliño de sus

---

46 a tragos — a little bit at a time (lit. swallow by swallow).
47 desahuciar la dependencia — to remove all hope of dependency (i.e. complete denial would make people no longer dependent on you).
48 afectos — emotions.
49 Read: Conozca.
50 tantee ... empeñarse — measure your irascibility before committing yourself.
51 quisieren — may wish to give him.
52 sellar — to conceal.
53 es el mayor ... saber — it is the greatest knowledge at times not to know or pretend not to know.
54 quimeras — chimeras, whims, fancies.
55 todo topará allí — everything will bump into it.
56 sacude — attacks, shakes.
57 picarse — to become annoyed, vexed.
58 picar el gusto — to please, to encourage.
59 se dé por entendido — appear to be aware (of the attacks of meddlers).
60 Lo que — The amount which.
61 Fabulla was a person who was always accompanied by old, ugly women so that she might shine by contrast. Marcial — Marcus Valerius Martialis, 40(?)–104, Roman epigrammatist.

doncellas." Tampoco ha de peligrar de mal de lado,[62] ni honrar a otros a costa de su crédito. Para hacerse,[63] vaya con los eminentes, para hecho[64] entre los medianos.

181. *Sin mentir, no decir todas las verdades.* No hay cosa que requiera más tiento que la verdad: que es un sangrarse del corazón. Tanto es menester para saberla decir como para saberla callar. Piérdese con sola una mentira todo el crédito de la entereza: es tenido el engaño por falto[65] y el engañador por falso, que es peor. No todas las verdades se pueden decir: una porque me importan a mí, otras porque al otro.

201. *Son tontos todos los que lo parecen y la mitad de los que no lo parecen.* Alzóse con el mundo la necedad, y si hay algo de sabiduría, es estulticia con[66] la del cielo; pero el mayor necio es el que no se lo piensa y a todos los otros define. Para ser sabio, no basta parecerlo, menos parecérselo: aquél sabe que piensa que no sabe; y aquél no ve que los otros ven. Con estar todo el mundo lleno de necios, ninguno hay que lo piense, ni aun lo recele.

220. *Cuando no puede uno vestirse de piel de león, vístase la de la vulpeja.*[67] Saber ceder al tiempo es exceder: el que sale con su intento nunca pierde reputación; a falta de fuerza, destreza; por un camino o por otro, o por el real[68] del valor o por el atajo[69] del artificio. Más cosas ha obrado la maña que la fuerza, y más veces vencieron los sabios a los valientes, que al contrario. Cuando no se puede alcanzar la cosa, entra el desprecio.[70]

297. *Obrar siempre como a vista.* Aquél es varón remirado[71] que mira que le miran o que le mirarán. Sabe que las paredes oyen, y que lo mal hecho revienta por salir. Aun cuando solo, obra como a vista de todo el mundo, porque sabe que todo se sabrá: ya mira como a testigos ahora a los que por la noticia lo serán después. No se recataba[72] de que le podían registrar en su casa desde las ajenas, el que deseaba que todo el mundo le viese.

300. *En una palabra, santo,* que es decirlo todo de una vez. Es la virtud cadena de todas las perfecciones, centro de las felicidades. Ella hace un sujeto prudente, atento, sagaz, cuerdo, sabio, valeroso, reportado, entero, feliz, plausible,[73] verdadero y universal héroe. Tres eses hacen dichoso: santo, sano, y sabio. La virtud es sol del mundo menor[74] y tiene por hemisferio la buena conciencia. Es tan hermosa, que se lleva la gracia de Dios y de las gentes. No hay cosa amable sino la virtud, ni aborrecible sino el vicio. La virtud es cosa de veras: todo lo demás, de burlas. La capacidad y grandeza se ha de medir por la virtud, no por la fortuna. Ella sola se basta a sí misma. Vivo el hombre,[75] le hace amable; y muerto, memorable.

El criticón

CRISI IV[76]
El despeñadero de la vida
· · · · · · · ·

« ¿No ves, Andrenio, » dijo, « no ves? Mira allá, acullá lejos. ¿Qué ves? »

« Veo, » dijo éste, « unas montañas que vuelan, cuatro alados monstruos marinos, si no son nubes, que navegan. »

« No son sino naves, » dijo Critilo, « aunque bien dijiste nubes, que llueven oro en España. »

Estaba atónito Andrenio, mirándoselas venir, con tanto gusto como deseo. Mas Critilo comenzó a suspirar, ahogándose entre penas.

« ¿Qué es esto? » dijo Andrenio. « ¿No es ésta la deseada flota que me decías? »

« Sí. »

« ¿No vienen allí hombres? »

« También. »

« ¿Pues de qué te entristeces? »

« Y aun por eso. Advierte, Andrenio, que ya estamos entre enemigos y ya es tiempo de abrir los ojos: ya es menester vivir alerta. Procura de ir con cautela en el ver, en el oír y mucho más en el hablar. Oye a todos y de ninguno te fíes. Tendrás a todos por amigos,

---

62 Tampoco . . . lado — Do not run the risk of bad companions either.
63 Para hacerse — in order to succeed, to get on.
64 para hecho — having succeeded.
65 falto — deficiency, defect.
66 con — compared to.
67 vulpeja — fox.
68 real — highway.
69 atajo — byway.
70 entra el desprecio — you are scorned, despised.
71 remirado — prudent, wise.

72 No se recataba — (He) did not mind.
73 plausible — honored.
74 mundo menor — little world (i.e. microcosm or man).
75 vivo el hombre — as long as man lives.
76 This excerpt takes up the narrative in the middle of Crisi IV as Critilo sees ships approaching the Isle of St. Helena. Knowing that Andrenio will soon enter the world of men, he cautions him. Note that the style of *El criticón*, in comparison to that of the *Oráculo*, is simple and straightforward.

pero guardarte has de todos como de enemigos. »

Estaba admirado Andrenio, oyendo estas razones, a su parecer tan sin ella,[77] y arguyóle de esta suerte:

« ¿Cómo es esto? Viviendo entre las fieras no me previniste de algún riesgo ¿y ahora con tanta exageración me cautelas? ¿No era mayor el peligro entre los tigres y no temíamos, y ahora de los hombres tiemblas? »

Humana fiereza

« Sí, » respondió con un gran suspiro Critilo, « que si los hombres no son fieras es porque son más fieros, que de su crueldad aprendieron muchas veces ellas. Nunca mayor peligro hemos tenido que ahora que estamos entre ellos. Y es tanta la verdad ésta, que hubo rey que temió y resguardó un favorecido suyo de sus cortesanos (¡qué hiciera de villanos!)[78] más que de los hambrientos leones de un lago![79] Y así selló con su real anillo la leonera, para asegurarle de los hombres, cuando le dejaba entre las hambrientas fieras. Mira tú cuáles serán éstos. Verlos has, experimentarlos has y dirásmelo algún día. »

« Aguarda, » dijo Andrenio, « ¿No son todos como tú? »

« Sí y no. »

« ¿Cómo puede ser eso? »

Variedad de genios

« Porque cada uno es hijo de su madre y de su humor, casado con su opinión. Y así todos parecen diferentes, cada uno de su gesto y de su gusto. Verás unos pigmeos en el ser y gigantes de soberbia. Verás otros al contrario, en el cuerpo gigantes y en el alma enanos. Toparás con vengativos, que la guardan toda la vida y la pegan aunque tarde, hiriendo como el escorpión con la cola. Oirás o huirás los habladores, de ordinario necios, que dejan de cansar y muelen. Gustarás que unos se ven, otros se oyen, se tocan y se gustan otros de los hombres de burlas, que todo lo hacen cuento, sin dar jamás en la cuenta. Embarazarte han los maníacos, que en todo se embarazan. ¿Qué dirás de los largos en todo, dando siempre largas?[80] Verás hombres más cortos que los mismos navarros, corpulentos sin sustancia.

Y finalmente hallarás muy pocos hombres que lo sean; fieras sí y fieros también, horribles monstruos del mundo, que no tienen más que el pellejo y todo lo demás borra, y así son hombres borrados. »

« Pues dime, ¿con qué hacen tanto mal los hombres, si no les dió la naturaleza armas, como a las fieras? Ellos no tienen garras como el león, uñas como el tigre, trompas como el elefante, cuernos como el toro, colmillos como el jabalí, dientes como el perro, boca como el lobo. ¿Pues cómo dañan tanto? »

« Y aun por eso, » dijo Critilo, « la próvida naturaleza privó a los hombres de las armas naturales y como a gente sospechosa los desarmó: no se fió de su malicia. Y si esto no hubiera prevenido, ¿qué fuera de su crueldad? Ya hubieran acabado con todo. »

Armas del hombre.

« Aunque no les faltan otras armas mucho más terribles y sangrientas que ésas, porque tienen una lengua más afilada que las navajas de los leones, con que desgarran las personas y despedazan las honras. Tienen una mala intención más torcida que los cuernos de un toro y que hiere más a ciegas. Tienen unas entrañas más dañadas que las víboras, un aliento venenoso más que el de los dragones, unos ojos envidiosos y malévolos más que los del basilisco, unos dientes que clavan más que los colmillos de un jabalí y que los dientes de un perro, unas narices fisgonas,[81] encubridoras de su irrisión,[82] que exceden a las trompas de los elefantes.

De modo que sólo el hombre tiene juntas todas las armas ofensivas que se hallaren repartidas entre las fieras y así él ofende más que todas. Y porque lo entiendas, advierte que entre los leones y los tigres no había más de un peligro, que era perder esta vida material y perecedera; pero entre los hombres hay muchos más y mayores, ya de perder la honra, la paz, la hacienda, el contento, la felicidad, la conciencia y aun el alma. ¡Qué de engaños, qué de enredos, traiciones, hurtos, homicidios, adulterios, envidias, injurias, detracciones y falsedades, que experimentarás entre ellos! Todo lo cual no se halla ni se conoce entre las fieras. Créeme que no hay lobo, no hay león, no hay tigre, no hay

---

77 sin ella (sin razón) — without meaning, senseless.
78 ¡qué hiciera de villanos! — what would he have done had they been commoners! (i.e. not noblemen).
79 lago — Here: pit, dungeon. Covarrubias gives as one of the definitions of *lago*: " Algunas vezes vale mazmorra, que es lugar profundo y seco, como el lago

de los leones, etc. " Gracián's example here is based on the story of Daniel and King Darius. See Daniel 6:1–24.
80 dar largas — to delay, procrastinate.
81 narices fisgonas — prying noses.
82 irrisión — derision, ridicule.

basilisco, que llegue al hombre: a todos excede en fiereza.

Y dicen por cosa cierta, y yo la creo, que, habiendo condenado en una república un insigne malhechor a cierto género de tormento muy conforme a sus delitos, que fué sepultarle vivo en una profunda hoya, llena de inmundas sabandijas, dragones, tigres, serpientes y basiliscos, tapando muy bien la boca, porque pereciese sin compasión ni remedio, acertó a pasar por allí un extranjero, bien ignorante de tan atroz castigo, y sintiendo los lamentos de aquel desdichado, fuése llegando compasivo, y movido de sus plegarias, fué apartando la losa que cubría la cueva. Al mismo punto saltó fuera el tigre con su acostumbrada ligereza, y cuando el temeroso pasajero creyó ser despedazado, vió que mansamente se le ponía a lamer las manos, que fué más que besárselas. Saltó tras él la serpiente, y cuando la temió enroscada entre sus pies, vió que los adoraba.

Lo mismo hicieron todos los demás, rindiéndosele humildes y dándole las gracias de haberles hecho una tan buena obra, como era librarles de tan mala compañía, cual la de un hombre ruin. Y añadieron que en pago de tanto beneficio le avisaban huyese luego, antes que el hombre saliese, si no quería perecer allí a manos de su fiereza. Y al mismo instante echaron todos ellos a huir, unos volando, otros corriendo.

Estábase tan inmoble el pasajero, cuan espantado, cuando salió el último el hombre, el cual, concibiendo que su bienhechor llevaría algún dinero, arremetió para él y quitóle la vida, para robarle la hacienda: que éste fué el galardón del beneficio. Juzga tú ahora, ¿cuáles son los crueles, los hombres o las fieras? »

« Más admirado, más atónito estoy de oír esto, » dijo Andrenio, « que el día que vi todo el mundo. »

« Pues aun no haces concepto cómo es, » ponderó Critilo, « y ves cuán malos son los hombres. Pues advierte que aun son peores las mujeres y más de temer. ¡Mira tú cuáles serán! »

« ¿Qué dices? »

« La verdad. »

« ¿Pues qué serán? »

« Son, por ahora, demonios; que despúes te diré más. Sobre todo te encargo y aun te juramento que por ningún caso digas quiénes somos ni como tú saliste a luz ni cómo yo llegué acá: que sería perder no menos que tu libertad y yo la vida.

CRISI V[83]

Entrada del mundo

Cauta, si no engañosa, procedió la naturaleza con el hombre al introducirle en este mundo, pues trazó que entrase sin género alguno de conocimiento, para deslumbrar todo reparo. A oscuras llega y aun a ciegas, quien comienza a vivir, sin advertir que vive y sin saber qué es vivir. Críase niño y tan rapaz, que, cuando llora, con cualquier niñería le acalla y con cualquier juguete le contenta. Parece que le introduce en un reino de felicidades y no es sino un cautiverio de desdichas que, cuando llega a abrir los ojos del alma, dando en la cuenta de su engaño, hállase empeñado sin remedio. Vese metido en el lodo de que fué formado y ya ¿qué puede hacer, sino pisarlo, procurando salir de él como mejor pudiere?

Persuádome que, si no fuera con este universal ardid, ninguno quisiera entrar en tan engañoso mundo y que pocos aceptaran la vida después, si tuvieran estas noticias antes. Porque ¿quién, sabiéndolo, quisiera meter el pie en un reino mentido y cárcel verdadera, a padecer tan muchas como varias penalidades? En el cuerpo hambre, sed, frío, calor, cansancio, desnudez, dolores, enfermedades y en el ánimo engaños, persecuciones, envidias, desprecios, deshonras, ahogos, tristezas, temores, iras, desesperaciones y salir al cabo condenado a miserable muerte, con pérdida de todas las cosas, casa, hacienda, bienes, dignidades, amigos, parientes, hermanos, padres y la misma vida, cuando más amada.

Bien supo la naturaleza lo que hizo y mal el hombre lo que aceptó. Quien no te conoce, ¡oh vivir!, te estime; pero un desengañado tomara antes haber sido trasladado de la cuna a la urna, del tálamo al túmulo. Presagio común es de miserias el llorar al nacer. Que, aunque el más dichoso cae de pies, triste posesión toma y el clarín con que este hombre rey entra en el mundo, no es otro que su llanto: señal que su reinado todo ha de ser de penas. Pero ¿cuál puede ser una vida que comienza entre los gritos de la madre que la da, y los lloros del hijo que la recibe? Por lo menos, ya que le faltó el conocimiento, no el presagio de sus males; si no los concibe, los adivina.

« Ya estamos en el mundo, » dijo el sagaz Critilo al incauto Andrenio, al salir juntos en tierra. « Pésame que entre en él con tanto

83 This excerpt from Crisi V recounts the wanderers' first encounter on their long journey.

conocimiento, porque sé que te ha de desagradar mucho. Todo cuanto obró el supremo Artífice está tan acabado, que no se puede mejorar; mas todo cuanto han añadido los hombres es imperfecto. Crióло Dios muy concertado y el hombre lo ha confundido. Digo, lo que ha podido alcanzar; que aun donde no ha llegado con el poder, con la imaginación ha pretendido trabucarlo. »

Mundo civil y natural

« Visto has hasta ahora las obras de la naturaleza y admirádolas con razón; verás de hoy adelante las del artificio, que te han de espantar. Contemplado has las obras de Dios; notarás las de los hombres y verás la diferencia. ¡Oh cuán otro te ha de parecer el mundo civil del natural y el humano del divino! Ve prevenido en este punto, para que ni te admires de cuanto vieres ni te desconsueles de cuanto experimentares. »

Comenzaron a discurrir por un camino tan trillado, como solo y primero. Mas reparó Andrenio que ninguna de las humanas huellas miraba hacia atrás; todas pasaban adelante: señal de que ninguno volvía. Encontraron a poco rato una cosa bien donosa y de harto gusto: era un ejército desconcertado de infantería, un escuadrón de niños de diferentes estados y naciones, como lo mostraban sus diferentes trajes. Todo era confusión y vocería.

Niñez inculta

Íbalos primero recogiendo y después acaudillando una mujer bien rara, de risueño aspecto, alegres ojos, dulces labios y palabras blandas, piadosas manos y toda ella caricias, halagos y cariños. Traía consigo muchas criadas de su genio y de su empleo, para que los asistiesen y sirviesen, y así llevaban en brazos los pequeñuelos, otros de los andadores y a los mayorcillos de la mano, procurando siempre pasar adelante.

Era increíble el agasajo con que a todos acariciaba aquella madre común, atendiendo a su gusto y regalo y para esto llevaba mil invenciones de juguetes con que entretenerlos. Había hecho también gran provisión de regalos, y en llorando alguno, al punto acudía afectuosa, haciéndole fiestas y caricias, concediéndole cuanto pedía, a trueque de que no llorase. Con especialidad cuidaba de los que iban mejor vestidos, que parecían hijos de gente principal, dejándolos salir con cuanto querían. Era tal el cariño y agasajo que esta al parecer ama piadosa los hacía que los mismos padres le traían sus hijuelos y se los entregaban, fiándolos más de ella que de sí mismos.

Mucho gustó Andrenio de ver tanta y tan donosa infantería, no acabando de admirar y reconocer al hombre niño. Y tomando en sus brazos uno en mantillas, decíale a Critilo:

« ¡Es posible que éste es el hombre! ¡Quién tal creyera! ¡Que este casi insensible, torpe e inútil viviente ha de venir a ser un hombre tan entendido a veces, tan prudente y tan sagaz como un Catón, un Séneca, un conde de Monterrey! »

« Todo es extremos el hombre, » dijo Critilo. « Ahí verás lo que cuesta el ser persona. Los brutos luego lo saben ser, luego corren, luego saltan; pero al hombre cuéstale mucho, porque es mucho. »

« Lo que más me admira, » ponderó Andrenio, « es el indecible afecto de esta rara mujer. ¡Qué madre como ella! ¿Puédese imaginar tal fineza? De esta felicidad carecí yo, que me crié dentro de las entrañas de un monte y entre fieras. Allí lloraba hasta reventar, tendido en el duro suelo, desnudo, hambriento y desamparado, ignorando estas caricias. »

« No envidies, » dijo Critilo, « lo que no conoces ni llames felicidad, hasta que veas en qué para. De estas cosas toparás muchas en el mundo, que no son lo que parecen, sino muy al contrario. Ahora comienzas a vivir; irás viviendo y viendo. »

Caminaban con todo este embarazo, sin parar ni un instante, atravesando países; aunque sin hacer estación alguna y siempre cuesta abajo, atendiendo mucho la que conducía el pigmeo escuadrón, a que ninguno se cansase ni lo pasase mal. Dábales de comer una sola vez, que era todo el día.

Hallábanse al fin de aquel paraje metidos en un valle profundísimo, rodeado a una y otra banda de altísimos montes, que decían ser los más altos puertos de este universal camino. Era noche y muy oscura, con propiedad lóbrega. En medio de esta horrible profundidad, mandó hacer alto aquella engañosa hembra y, mirando a una y otra parte, hizo la señal usada, con que al mismo punto, ¡oh maldad no imaginada!, ¡oh traición nunca oída!, comenzaron a salir de entre aquellas breñas y por las bocas de las grutas ejércitos de fieras, leones, tigres, osos, lobos, serpientes y dragones, que arremetiendo de improviso, dieron en aquella tierna manada de flacos y desarmados corderillos, haciendo un horrible estrago y sangrienta carnicería, porque arrastraban a unos, despedazaban a otros, mataban, tragaban y devoraban cuantos podían.

Monstruo había, que de un bocado se tragaba dos niños, y no bien engullidos aquéllos, alargaba las garras a otros dos. Fiera había, que estaba desmenuzando con los dientes el primero y despedazando con las uñas el segundo, no dando treguas a su fiereza. Discurrían todas por aquel lastimoso teatro, babeando sangre, teñidas las bocas y las garras en ella. Cargaban muchas con dos y con tres de los más pequeños y llevábanlos a sus cuevas, para que fuesen pasto de sus ya fieros cachorrillos. Todo era confusión y fiereza: espectáculo verdaderamente fatal y lastimero.

Y era tal la candidez o simplicidad de aquellos infantes tiernos, que tenían por caricias el hacer presa en ellos y por fiesta el despedazarlos, convidándolas ellos mismos risueños y provocándolas con abrazos.

Quedó atónito, quedó aterrado Andrenio, viendo una tan horrible traición, una tan impensada crueldad, y puesto en lugar seguro a diligencias de Critilo, lamentándose decía:

« ¡Oh traidora, oh bárbara, oh sacrílega mujer, más fiera que las mismas fieras! ¿Es posible que en esto han parado tus caricias? ¿Para esto era tanto cuidado y asistencia? ¡Oh inocentes corderillos, qué temprano fuisteis víctima de la desdicha! ¡Qué presto llegasteis al degüello! ¡Oh mundo engañoso! ¿Y esto se usa en ti? ¿De estas hazañas tienes? Yo he de vengar por mis propias manos una maldad tan increíble. »

Diciendo y haciendo, arremetió furioso para despedazar con sus dientes aquella cruel tirana; mas no la pudo hallar, que ya ella con todas sus criadas habían dado vuelta, en busca de otros tantos corderillos, para traerlos vendidos al matadero. De suerte que ni aquéllos cesaban de traer ni éstas de despedazar ni de llorar Andrenio tan irreparable daño.

En medio de tan espantosa confusión y cruel matanza, amaneció de la otra parte del valle, por lo más alto de los montes, con rumbos de aurora, otra mujer y con razón otra, que tan cercada de luz, como rodeada de criadas, desalada, cuando más volando, descendía a librar tanto infante como perecía. Ostentó su rostro muy sereno y grave, que de él y de la mucha pedrería de su recamado ropaje despedía tal inundación de luces que pudieron muy bien suplir y aun con ventajas la ausencia del rey del día.[84] Era hermosa por extremo y coronada por reina entre todas aquellas beldades sus ministras.

¡Oh dicha rara! Al mismo punto que la descubrieron las encarnizadas fieras, cesando

de la matanza se fueron retirando a todo huir, y dando espantosos aullidos, se hundieron en sus cavernas. Llegó piadosa ella y comenzó a recoger los pocos que habían quedado y aun ésos muy malparados de araños y de heridas.

Íbanlos buscando con gran solicitud aquellas hermosísimas doncellas y aun sacaron muchos de las oscuras cuevas y de las mismas gargantas de los monstruos, recogiendo y amparando cuantos pudieron. Y notó Andrenio que eran éstos de los más pobres y de los menos asistidos de aquella maldita hembra. De modo que en los más principales, como más lucidos, habían hecho las fieras mayor riza.[85]

Cuando los tuvo todos juntos, sacólos a toda prisa de aquella tan peligrosa estancia, guiándolos de la otra parte del valle, el monte arriba, no parando hasta llegar a lo más alto, que es lo más seguro. Desde allí se pusieron a ver y contemplar, con la luz que su gran libertadora les comunicaba, el gran peligro en que habían estado y hasta entonces no conocido.

Teniéndolos ya en salvo, fué repartiendo preciosísimas piedras, una a cada uno, que, sobre otras virtudes contra cualquier riesgo, arrojaban de sí una luz tan clara y apacible, que hacían de la noche día; y lo que más se estimaba era el ser indefectible. Fuélos encomendando a algunos sabios varones, que los apadrinasen y guiasen siempre cuesta arriba, hasta la gran ciudad del mundo.

Ya en esto se oían otros tantos alaridos de otros tantos niños que, acometidos en el funesto valle de las fieras, estaban pereciendo. Al mismo punto aquella piadosa reina, con todas sus amazonas, marchó volando a socorrerlos.

Estaba atónito Andrenio de lo que había visto, parangonando[86] tan diferentes sucesos y en ellos la alternación de males y de bienes de esta vida.

« ¡Qué dos mujeres éstas tan contrarias!, » decía. « ¡Qué asuntos tan diferentes! ¿No me dirás, Critilo, quién es aquella primera para aborrecerla y quién esta segunda para celebrarla? »

« ¿Qué te parece, » dijo, « de esta primera entrada del mundo? ¿No es muy conforme a él y a lo que yo te decía? Nota bien lo que acá se usa y, si tal es el principio, dime ¿cuáles serán los progresos y sus fines? Para que abras los ojos y vivas siempre alerta entre enemigos,

84 el rey del día — the sun.
85 riza — ravage, destruction.

86 parangonar — to compare.

saber deseas quién es aquella primera y cruel mujer, que tú tanto aplaudías. Créeme que ni el alabar ni el vituperar ha de ser hasta el fin. »

« Sabrás que aquella primera tirana es nuestra mala inclinación, la propensión al mal. Ésta es la que luego se apodera de un niño, previene a la razón y se adelanta. Reina y triunfa en la niñez, tanto que los propios padres, con el intenso amor que tienen a sus hijuelos, condescienden con ellos y, porque no llore el rapaz, le conceden cuanto quiere. Déjanle hacer su voluntad en todo y salir con la suya siempre y así se cría vicioso, vengativo, colérico, glotón, terco, mentiroso, desenvuelto, llorón, lleno de amor propio, de ignorancia, ayudando de todas maneras a la natural, siniestra inclinación. Apoderándose con esto de un muchacho, sus pasiones cobran fuerza con la paternal connivencia, prevalece la depravada propensión al mal y ésta con sus caricias trae un tierno infante al valle de las fieras, a ser presa de los vicios y esclavo de sus pasiones.

« De modo que, cuando llega la razón, que es aquella otra reina de la luz, madre del desengaño, con las virtudes sus compañeras, ya los halla depravados, entregados a los vicios y muchos de ellos sin remedio. Cuéstale mucho sacarlos de las uñas de sus malas inclinaciones y halla grande dificultad en encaminarlos a lo alto y seguro de la virtud. Porque es llevarlos cuesta arriba. Perecen muchos y quedan hechos oprobio de su vicio y más los ricos, los hijos de señores y de príncipes, en los cuales el criarse con más regalo es ocasión de más vicio. Los que se crían con necesidad y tal vez entre los rigores de una madrasta son los que mejor libran, como Hércules, y ahogan estas serpientes de sus pasiones en la misma cuna. »

« ¿Qué piedra tan preciosa es ésta, » preguntó Andrenio, « que nos ha entregado a todos con tal recomendación? »

« Has de saber, » le respondió Critilo, « que lo que fabulosamente atribuyeron muchos a algunas piedras aquí se halla ser evidencia, porque ésta es el verdadero carbunclo, que resplandece en medio de las tinieblas, así de la ignorancia como del vicio. Éste es el diamante finísimo, que entre los golpes del padecer y entre los incendios del apetecer está más fuerte y brillante. Ésta es la piedra de toque[87] que examina el bien y el mal. Ésta la piedra imán,[88] atenta al norte de la virtud. Finalmente ésta es la piedra de todas las virtudes, que los sabios llaman el dictamen de la razón, el más fiel amigo que tenemos . . .

---

87 piedra de toque — touchstone.

88 piedra imán — loadstone.

INDEXES

GENERAL INDEX

INDEX TO
FIRST LINES OF POETRY